Handbuch Führung

Henry Walter, Arbeits- und Organisationspsychologe, ist seit mehr als zwanzig Jahren mit der Arbeitspraxis und Schulung von Führungskräften vertraut. Er ist Geschäftsführer der Gesellschaft für Kommunikation und Weiterbildung in Hamburg. Bisherige Veröffentlichungen bei Campus: *Mobbing: Kleinkrieg am Arbeitsplatz* (2. Auflage 1997) und *Die Führungsfalle* (1995).

Henry Walter
unter Mitarbeit von Claudia Cornelsen

Handbuch Führung

Der Werkzeugkasten für Vorgesetzte

Campus Verlag
Frankfurt/New York

Die Deutsche Bibliothek – CIP-Einheitsaufnahme

Walter, Henry:
Handbuch Führung : der Werkzeugkasten für Vorgesetzte /
Henry Walter. Unter Mitarb. von Claudia Cornelsen. – Frankfurt/Main ;
New York : Campus Verlag, 1998
ISBN 3-593-36057-8

Umschlaggestaltung: Atelier Warminski, Büdingen
Satz: Leingärtner, Nabburg
Druck und Bindung: Druckhaus »Thomas Müntzer«, Bad Langensalza
Gedruckt auf säurefreiem und chlorfrei gebleichtem Papier.
Printed in Germany

Inhalt

Einleitung

1. Teil: Symptome

2. Teil: Konzepte und Methoden

3. Teil: Checklisten

Einleitung

Dieses Buch werden Sie sicher nicht von der ersten bis zur letzten Seite Wort für Wort, Zeile für Zeile lesen. Statt dessen können Sie in konkreten Situationen und vor schwierigen Führungsaufgaben unter dem entsprechenden Stichwort nachschlagen, sich informieren, Anregungen finden oder Ihr intuitives Führungsverständnis überprüfen. Dieses Buch versteht sich als praxisorientiertes Nachschlagewerk.

Es orientiert sich in seiner Gliederung an der Führungspraxis. Da gibt es zunächst konkrete Führungssituationen: Momente, in denen ein Mitarbeiter ein auffälliges Verhalten zeigt, auf das die Führungskraft angemessen reagieren muß – kurz: Symptome. Dann gibt es eine Vielzahl von Führungstechniken und Führungsmodellen, die ein Vorgesetzter kennen oder beherrschen sollte – kurz: Konzepte und Methoden. Und schließlich gibt es optimale Verhaltensabläufe, die ein guter Chef in seinem Führungsverhalten berücksichtigt. Sie lassen sich systematisch und übersichtlich ordnen und sind damit hilfreiche Grundsatzformeln – kurz: Checklisten.

Symptome

Die »Symptome« sind nach potentiellen, konkreten Verhaltensweisen der Mitarbeiter geordnet. Dabei gibt es zunächst 22 verschiedene Aktionsmuster, die alphabetisch sortiert sind von Alter bis Verschlossenheit. In sich sind sie nochmals aufgeschlüsselt – je nach Häufigkeit oder Intensität der Verhaltensauffälligkeit. Zu jedem Verhalten sind mehrere mögliche Ursachen ins Verhältnis gesetzt und entsprechend der Situation angemessene Reaktionsmöglichkeiten genannt. Grafisch ist dieser Teilbereich also in drei Spalten unterteilt:

- konkretes Mitarbeiterverhalten,
- mögliche Ursachen,
- angemessene Reaktionen.

Alle Ursachen, die zu einer konkreten Verhaltensweise des Mitarbeiters gehören, sowie alle Reaktionsmöglichkeiten, die zu einer möglichen Ursache passen, befinden sich jeweils in einer Zeile. Dadurch kann der Leser auf einen Blick erfassen, welche Reaktionsmöglichkeiten in einer bestimmten Situation angebracht sind. Zu allen genannten Reaktionen finden sich tiefergehende Informationen im Teil »Konzepte und Methoden«.

Konzepte und Methoden

Im zweiten Teil des Buches werden rund 140 Konzepte und Methoden kurz und prägnant dargestellt – alphabetisch sortiert von Abmahnung bis Zielvereinbarung. Der Umfang der Darstellung variiert nach Komplexität und Wichtigkeit des Themas für die Führungspraxis. In der Regel wird jeweils eine kurze Definition vorangestellt (Was ist …?), dann folgt eine ausführliche Erläuterung der praktischen Anwendung (Wie geht …?) und abschließend eine kurze Auflistung möglicher Einwände (Welche Risiken und Gefahren birgt … in sich?).

Zahlreiche Querverweise sind durch Hervorhebung kenntlich gemacht: Dabei verweist ***fette Kursivschrift*** auf Stichworte im Teil »Konzepte und Methoden«, ***zusätzliche graue Unterlegung*** auf Stichworte im Teil »Symptome«. Diese Querverweise sollen dazu anregen, im Buch zu blättern und die Zusammenhänge verschiedener Methoden und Konzepte in der Praxis deutlich machen.

Checklisten

Der dritte Teil ist Praxis pur: 43 Checklisten geben jedem Vorgesetzten konkrete Hilfe im Alltag. Schritt für Schritt kann die Führungskraft das eigene Verhalten planen und überprüfen. Übersichtlich sortiert und chronologisch geordnet sind die Details der wichtigsten Verhaltensformen alltagstauglich aufbereitet.

1. Teil

Symptome

Alter

Mitarbeiterverhalten	Mögliche Ursache	Angemessene Reaktion
Der/Die Mitarbeiter/in paßt noch nicht ins durchschnittliche Altersgefüge des Betriebes	Keine langfristige Personalplanung	• Personalplanung überprüfen
	Im Betrieb herrscht insgesamt eine überalterte Struktur	• Personalplanung auf jüngere Mitarbeiter ausrichten • Teams mit jungen und alten Mitarbeitern aufbauen
	Fehlende Ziel-(Aufgaben)orientierung	• Zielvereinbarungen treffen • verstärkte Weiterbildung
	Angst der Älteren, den Job zu verlieren	• Personalplanung überprüfen • interne Kommunikation intensivieren • Betriebsklima verbessern (Integration) • Teamentwicklung • Mentoring
	Junge versuchen, im Übereifer alles umzustoßen	• Teamentwicklung • Mitarbeitergespräch • klare Aufgabenstellung • Qualitätszirkel einführen
… paßt nicht mehr ins durchschnittliche Altersgefüge des Betriebes	Keine langfristige Personalplanung	• Personalplanung überprüfen
	Mangelndes Konfliktmanagement	• Betriebsklima verbessern • interne Kommunikation intensivieren • Konfliktmanagement einführen

Mitarbeiter-verhalten	Mögliche Ursache	Angemessene Reaktion
[... paßt nicht mehr ins durchschnittliche Altersgefüge des Betriebes]	Alte werden als nicht leistungsfähig betrachtet	• Zielvereinbarung • Mentoring • Betriebsklima verbessern • interne Kommunikation intensivieren
	Junge kämpfen um die Positionen der Alten	• Personalplanung überprüfen • Vorruhestand • Betriebsklima verbessern • Konfliktmanagement einführen • interne Kommunikation intensivieren
	Überforderung	• Personalplanung überprüfen • Vorruhestand • neue erreichbare Ziele vereinbaren • gezielte Weiterbildung • jungen Mitarbeiter als Paten zur Seite stellen
... zeigt mit zunehmendem Alter mangelnde Arbeits- oder Lernbereitschaft	Selbstpensionierung	• Zielvereinbarung • Mitarbeiterentwicklungsmaßnahmen • zum Mentoring heranziehen
... läßt in seiner Leistung nach	Fehlende Zielvorgaben	• Zielvereinbarung
	Mangelnde Weiterbildungsmaßnahmen	• Maßnahmen zur Mitarbeiterentwicklung einleiten

Mitarbeiterverhalten	Mögliche Ursache	Angemessene Reaktion
[… läßt in seiner Leistung nach]	Identifiziert sich nicht mehr mit Leistung	• Korrekturgespräch • Vorruhestand
… will in den Vorruhestand gehen	Fehlende Motivation	• Betriebsklima überprüfen • Maßnahmen zur Mitarbeiterentwicklung einleiten
	Fehlende Zielvorgaben	• Zielvereinbarung • Maßnahmen zur Mitarbeiterentwicklung einleiten
	Mobbing	• Mitarbeitergespräch • Versetzung • Betriebsklima verbessern • Konfliktmanagement • Gespräch mit direktem Vorgesetzten • Abmahnung • Kündigung
	Private Gründe	• Betriebsklima überprüfen • Vorruhestand
… nimmt keine Kritik mehr an	Selbstüberschätzung	• Mitarbeitergespräch • Zielvereinbarung
	Vergangenheitsorientierung	• Zielvereinbarung • Mentoring • neue Werte und Normen schaffen (Unternehmenskultur)
	Angst vor Prestigeverlust	• Beurteilungsgespräch • Mentoring

Mitarbeiter-verhalten	Mögliche Ursache	Angemessene Reaktion
[… nimmt keine Kritik mehr an]		• klare kontrollierbare Zielvereinbarung
… verweigert moderne Betriebsmittel (EDV)	Angst	• Personalentwicklung • Training • Anerkennungs-gespräch • Delegation überprüfen • Paten einsetzen
	Mangelnde Lern-bereitschaft	• Maßnahmen zur Mit-arbeiterentwicklung einleiten • Mitarbeitergespräch • Korrekturgespräch • Paten einsetzen • zur Not: Aufgaben neu delegieren
	Fehlende Information	• Training • Delegation überprüfen • interne Kommunika-tion verbessern
	Überforderung	• Training • Delegation überprüfen • Paten einsetzen
	Allgemeine Ablehnung neuer Betriebsmittel	• Nutzen betonen (visionäres Manage-ment • Informationspolitik verbessern (interne Kommunikation)

Arbeitsunzufriedenheit

Mitarbeiterverhalten	Mögliche Ursache	Angemessene Reaktion
Der/Die Mitarbeiter/in ist unzufrieden mit den Arbeitsbedingungen	Tatsächliche Unzufriedenheit	• Mitarbeitergespräch • Zielvereinbarung • Feedback-Gespräch • Versetzung • Arbeitsplatzgestaltung • betriebliches Vorschlagswesen einführen oder verbessern • Teamentwicklung fördern • interne Kommunikation überprüfen
	Unfähigkeit zur Eigeninitiative	• Mitarbeitergespräch
	Fehlende Bereitschaft zur Eigeninitiative	• Mitarbeitergespräch
	Ablenkung von eigenen Fehlern	• Beurteilungsgespräch
	Innere Kündigung	• Mitarbeitergespräch • neue Zielvereinbarung • Beurteilungsgespräch • Korrekturgespräch • Gehaltsgespräch
	Sieht keinen Sinn in der Arbeit	• Zielvereinbarung • betriebliches Vorschlagswesen einführen oder verbessern
… ist unzufrieden mit den Arbeitsinhalten	Tatsächliche Unzufriedenheit	• Mitarbeitergespräch • Anerkennungsgespräch • Versetzung • Weiterbildung • Zielvereinbarung

Mitarbeiterverhalten	Mögliche Ursache	Angemessene Reaktion
[... ist unzufrieden mit den Arbeitsinhalten]		• Mitarbeiterbeteiligung • die Wünsche des Mitarbeiters herausarbeiten
	Unterforderung	• Mitarbeitergespräch • Mitarbeiterentwicklung • Beurteilungsgespräch • Zielvereinbarung (neue Aufgabenstellung) • Zeitmanagement • Karriereplanung • Führungsstil ändern • Delegation überprüfen • Beförderung • Versetzung • Gehaltsgespräch
	Überforderung	• Mitarbeitergespräch • Zielvereinbarung • Zeitmanagement • Personalplanung überprüfen • Training • Coaching • Counselling • Mentoring • Delegation überprüfen • evtl. Konfliktmanagement
	Fehlende Anerkennung	• Mitarbeitergespräch • Anerkennungsgespräch • Beurteilungsgespräch

Mitarbeiter-verhalten	**Mögliche Ursache**	**Angemessene Reaktion**
[… ist unzufrieden mit den Arbeits-inhalten]	Fehlendes Feedback	• Mitarbeitergespräch • Anerkennungs-gespräch • Beurteilungsgespräch
	Innere Kündigung	• Feedback-Gespräch • eigenen Führungsstil überprüfen • Mitarbeitergespräch • neue Zielvereinbarung • Beurteilungsgespräch • Korrekturgespräch • Gehaltsgespräch • Selbstverantwortung erhöhen
	Sieht keinen Sinn in der Arbeit	• Mitarbeitergespräch • Anerkennungsgespräch • Mitarbeiterbeteiligung • Teamarbeit
	Erkennt den Gesamtzusammenhang nicht	• Mitarbeitergespräch • Zusammenhang dar-stellen • Mitarbeiterbeteiligung • interne Kommunika-tion verbessern (z. B. Mitarbeiterzeitschrift)
… beschwert sich über die Kollegen/die Untergebenen/den Vorgesetzten	Tatsächliche Probleme	• Mitarbeitergespräch mit betroffenen Mitar-beitern und Kollegen • Korrekturgespräch • Versetzung
	Profilierung	• Mitarbeitergespräch • Korrekturgespräch • Weiterbildungsmaß-nahmen

Mitarbeiterverhalten	Mögliche Ursache	Angemessene Reaktion
[… beschwert sich über die Kollegen/die Untergebenen/den Vorgesetzten]		• Betriebsklima verbessern • Versetzung
	Machtspiel	• Mitarbeitergespräch • Korrekturgespräch • bei Karriereplanung helfen
	Unfähigkeit, sachliche Kritik zu äußern	• Mitarbeitergespräch • Weiterbildung: Konfliktmanagement und soziale Kompetenz
	Mobbing	• Mitarbeitergespräch • Versetzung • Betriebsklima verbessern • Gespräch mit direktem Vorgesetzten • Abmahnung • Kündigung
… jammert permanent	Private Unzufriedenheit / Probleme	• Mitarbeitergespräch • Gehaltsgespräch • Versetzung • Weiterbildung
	Berufliche Unzufriedenheit	• Mitarbeitergespräch • Beurteilungsgespräch • Anerkennungsgespräch • Zielvereinbarung • Gehaltsgespräch • Beförderung • Versetzung • Weiterbildung
	Innere Kündigung	• Feedback-Gespräch • eigenen Führungsstil überprüfen

Mitarbeiter-verhalten	Mögliche Ursache	Angemessene Reaktion
[... jammert permanent]		• Mitarbeitergespräch • neue Zielvereinbarung • Beurteilungsgespräch • Korrekturgespräch • Gehaltsgespräch • Selbstverantwortung erhöhen
	Mangelnde Ziele	• Mitarbeitergespräch • Zielvereinbarung • Zielvorstellung des Mitarbeiters stärker einbinden (Mitarbeiterbeteiligung)
... beschwert sich sachlich	Tatsächliche berufliche Unzufriedenheit	• Personalgespräch • Feedback-Gespräch • Beurteilungsgespräch • Anerkennungsgespräch • Zielsetzung • Zielvereinbarung • Gehaltsgespräch • Beförderung • Versetzung • Weiterbildung

Arbeitsverweigerung

Mitarbeiter-verhalten	Mögliche Ursache	Angemessene Reaktion
Der/Die Mitarbeiter/in läßt Arbeit unkommentiert unerledigt (heimliche Verweigerung)	Schlamperei	• Mitarbeitergespräch • Zielvereinbarung • Korrekturgespräch • Beurteilungsgespräch • Zeitmanagement • evtl. Teamarbeit einführen
	Standesdünkel	• Mitarbeitergespräch • Korrekturgespräch • Anweisung • Beurteilungsgespräch
	Fehlende Motivation	• Mitarbeitergespräch • Zielvereinbarung
	Innere Kündigung	• Feedback-Gespräch • eigenen Führungsstil überprüfen • Mitarbeitergespräch • neue Zielvereinbarung • Beurteilungsgespräch • Korrekturgespräch • Gehaltsgespräch • Selbstverantwortung erhöhen
	Ineffizientes Arbeiten	• Zeitmanagement • Arbeitsorganisation überprüfen • Gesamtzusammenhang der Arbeit verdeutlichen
	Fehlende/ungenügende Zielvorgaben	• Zielvereinbarung • eigenen Führungsstil überprüfen

Mitarbeiterverhalten	**Mögliche Ursache**	**Angemessene Reaktion**
[... läßt Arbeit unkommentiert unerledigt (heimliche Verweigerung)]	Überforderung	• Mitarbeitergespräch • Zielvereinbarung • Zeitmanagement • Personalplanung überprüfen • Training • Coaching • Counselling • Mentoring • Delegation überprüfen • evtl. Konfliktmanagement
... täuscht Arbeit vor	Fehlende Motivation	• Mitarbeitergespräch • Beurteilungsgespräch • Zielvereinbarung • Korrekturgespräch • Stellenbeschreibung optimieren • Abmahnung
	Keine klare Aufgabenbeschreibung	• Zielvereinbarung • Stellenbeschreibung optimieren
	Innere Kündigung	• Feedback-Gespräch • eigenen Führungsstil überprüfen • Mitarbeitergespräch • neue Zielvereinbarung • Beurteilungsgespräch • Korrekturgespräch • Gehaltsgespräch • Selbstverantwortung erhöhen
	Belohnung ist arbeits- statt ergebnisorientiert	• Zielvereinbarung • Stellenbeschreibung optimieren

Mitarbeiter-verhalten	Mögliche Ursache	Angemessene Reaktion
… droht mit Krankheit	Gesundheitliche Probleme (z. B. Allergie)	• Mitarbeitergespräch • bei tatsächlichen gesundheitlichen Problemen Aufgabenumverteilung
	Mangelndes Verantwortungsgefühl	• Mitarbeitergespräch • Korrekturgespräch • Abmahnung • Coaching • dem Mitarbeiter verdeutlichen, daß er gebraucht wird
	Angst/Überforderung	• Mitarbeitergespräch • Zielvereinbarung • Zeitmanagement • Teamarbeit • Personalplanung überprüfen • Training • Coaching • Counselling • Mentoring • Delegation überprüfen • evtl. Konfliktmanagement
	Mangelnde Anerkennung	• Anerkennungsgespräch • deutliche Zielvereinbarung • erreichbare Ziele schaffen
… boykottiert bestimmte Arbeitsaufgaben	Ideologische Gründe	• Verständnis • Aufgabenumverteilung • Anweisung

Mitarbeiter-verhalten	Mögliche Ursache	Angemessene Reaktion
[… boykottiert bestimmte Arbeits-aufgaben]		• Abmahnung • Kündigung
	Standesdünkel	• Mitarbeitergespräch • Korrekturgespräch • Teamarbeit • Abmahnung
	Gesundheitliche Probleme (z. B. Allergie)	• Aufgabenum-verteilung • Frühpensionierung • Kündigung
	Überforderung	• Mitarbeitergespräch • Zielvereinbarung • Zeitmanagement • Personalplanung überprüfen • Training • Coaching • Counselling • Mentoring • Delegation überprüfen • evtl. Konfliktmanage-ment
	Innere Kündigung	• Feedback-Gespräch • eigenen Führungsstil überprüfen • Mitarbeitergespräch • neue Zielvereinbarung • Beurteilungsgespräch • Korrekturgespräch • Gehaltsgespräch • Selbstverantwortung erhöhen
	Mobbing	• Mitarbeitergespräch • Versetzung

Mitarbeiterverhalten	Mögliche Ursache	Angemessene Reaktion
[... boykottiert bestimmte Arbeitsaufgaben]		• Betriebsklima verbessern • Konfliktmanagement • Gespräch mit direktem Vorgesetzten • Abmahnung • Kündigung
... verweigert die Zusammenarbeit mit bestimmten Personen	Persönliche Antipathie/Teamunfähigkeit	• Korrekturgespräch • Teamentwicklung • Mitarbeitergespräch
	Ungelöste Konflikte	• Korrekturgespräch • Konfliktmanagement
	Mobbing	• Mitarbeitergespräch • Versetzung • Betriebsklima verbessern • Konfliktmanagement • Gespräch mit direktem Vorgesetzten • Abmahnung • Kündigung
... macht Dienst nach Vorschrift	Unzufriedenheit	• Mitarbeitergespräch • Beurteilungsgespräch • Zielvereinbarung • Anerkennungsgespräch • Gehaltsgespräch • Beförderung in Aussicht stellen • Karriereplanung mit dem Mitarbeiter durchführen
	Innere Kündigung	• Feedback-Gespräch • eigenen Führungsstil überprüfen

Mitarbeiterverhalten	**Mögliche Ursache**	**Angemessene Reaktion**
[… macht Dienst nach Vorschrift]		• Mitarbeitergespräch • neue Zielvereinbarung • Beurteilungsgespräch • Korrekturgespräch • Gehaltsgespräch • Selbstverantwortung erhöhen
	Störung im Verhältnis Führungskraft-Mitarbeiter	• Mitarbeitergespräch • Konfliktmanagement • eigenes Führungsverhalten überprüfen • Feedback-Gespräch
	Fehlende Motivation	• Korrekturgespräch • Selbstverantwortung des Mitarbeiters fördern • erreichbare Ziele vereinbaren
… verweigert offen	Standesdünkel	• Mitarbeitergespräch • Korrekturgespräch
	Psychische /physische Überforderung	• Mitarbeitergespräch • Zielvereinbarung • Zeitmanagement • Personalplanung überprüfen • Training • Coaching • Counselling • Mentoring • Delegation überprüfen • evtl. Konfliktmanagement

Mitarbeiter-verhalten	**Mögliche Ursache**	**Angemessene Reaktion**
[... verweigert offen]	Fehlende Kompetenz (falscher Ansprech-partner)	• Mitarbeitergespräch • Beurteilungsgespräch • Korrekturgespräch
	Offene Rebellion/ Sabotage	• Korrekturgespräch • Abmahnung • Kündigung
... beteiligt sich an einem Streik	Überzeugung	• legitimes Arbeits-kampf-Instrument • Identifikation zum Gesamtunternehmen erhöhen • interne Kommunika-tion verbessern
	Gruppenzwang	• legitimes Arbeits-kampf-Instrument • Identifikation zum Gesamtunternehmen erhöhen • Selbstwertgefühl und Selbstbewußtsein erhöhen • Mitarbeiterbeteiligung

Auftreten

Mitarbeiterverhalten	Mögliche Ursache	Angemessene Reaktion
Der/Die Mitarbeiter/in ist unfreundlich gegenüber Kollegen/Kunden/Vorgesetzten	Dienstleistungseinstellung nicht ausgeprägt genug	• Mitarbeitergespräch • Korrekturgespräch • Beurteilungsgespräch • Dienstleistungsgedanken im Unternehmen etablieren • eigenes Vorbildverhalten überprüfen
	Mobbing	• Mitarbeitergespräch • Versetzung • Betriebsklima verbessern • Konfliktmanagement • Gespräch mit direktem Vorgesetzten • Abmahnung • Kündigung
	Innere Kündigung	• Feedback-Gespräch • eigenen Führungsstil überprüfen • Mitarbeitergespräch • neue Zielvereinbarung • Beurteilungsgespräch • Korrekturgespräch • Gehaltsgespräch • Selbstverantwortung erhöhen
	Innere Unzufriedenheit	• Mitarbeitergespräch • Korrekturgespräch • neue Zielvereinbarung
… verstößt gegen gesellschaftliche Spielregeln beim Kundenkontakt, z. B. Schmatzen, lautes Lachen, Schlürfen etc.	Überforderung	• Mitarbeitergespräch • Zielvereinbarung • Zeitmanagement • Personalplanung überprüfen • Training

Mitarbeiterverhalten	Mögliche Ursache	Angemessene Reaktion
[… verstößt gegen gesellschaftliche Spielregeln beim Kundenkontakt, z. B. Schmatzen, lautes Lachen, Schlürfen etc.]		• Coaching • Counselling • Mentoring • Delegation überprüfen • evtl. Konfliktmanagement
	Dienstleistungseinstellung nicht ausgeprägt genug	• Mitarbeiterentwicklung • Mentoring • Dienstleistungsgedanken im Unternehmen etablieren • eigenes Vorbildverhalten überprüfen • Abmahnung
	Erziehung	• Anforderungen an die Arbeit genau definieren • Auftreten in Stellenbebeschreibung mit aufnehmen • eigenes Vorbildverhalten überprüfen • Anweisung • Versetzung • Abmahnung
	Fehlende Außenorientierung	• eigenes Vorbildverhalten überprüfen • Zusammenhang zwischen Leistung und Gewinn aufzeigen • Anweisung • Abmahnung

Mitarbeiterverhalten	Mögliche Ursache	Angemessene Reaktion
… zeigt einen unhöflichen Umgangston im Kundenkontakt, z. B. Befehlston, ins Wort fallen, Verzicht auf »bitte« und »danke« usw.	Fehlende Dienstleistungseinstellung	• Mitarbeiterentwicklung • Training • Coaching • Dienstleistungsgedanken im Unternehmen etablieren • Delegation überprüfen • eigenes Vorbildverhalten überprüfen • Stellenbeschreibung überarbeiten • Kontrollen verstärken
	Unmotiviertheit	• Mitarbeiterentwicklung • erreichbare Ziele setzen • Zusammenhang zwischen Kundenzufriedenheit und Gehalt verdeutlichen
	Innere Kündigung	• Feedback-Gespräch • eigenen Führungsstil überprüfen • Mitarbeitergespräch • neue Zielvereinbarung • Beurteilungsgespräch • Korrekturgespräch • Gehaltsgespräch • Selbstverantwortung erhöhen
	Fehlende Sensibilität	• Mitarbeiterentwicklung • Mentoring • Dienstleistungsgedanken im Unternehmen etablieren

Mitarbeiterverhalten	Mögliche Ursache	Angemessene Reaktion
[… zeigt einen unhöflichen Umgangston im Kundenkontakt, z. B. Befehlston, ins Wort fallen, Verzicht auf »bitte« und »danke« usw.]		• Versetzung • eigenes Vorbildverhalten überprüfen
	Vermeintliche Überlegenheit	• Korrekturgespräch • Mitarbeiterentwicklung • Versetzung • eigenes Vorbildverhalten überprüfen

Beschwerden

Mitarbeiterverhalten	Mögliche Ursache	Angemessene Reaktion
Der/Die Mitarbeiter/in beschwert sich über einen Kollegen	Beschwerde ist sachlich richtig	• für Beschwerde bedanken • Vorfall überprüfen • ggf. Korrekturgespräch mit dem Kollegen
	Persönlicher Frust aufgrund eines Vorfalls	• Korrekturgespräch • Kundenorientierung hervorheben • Training der emotionalen Intelligenz • Coaching
	Wenig Kooperationsbereitschaft gegenüber den Kollegen	• Mitarbeitergespräch • Teamentwicklung fördern • Betriebsklima verbessern
	Mobbing	• Mitarbeitergespräch • Versetzung • Betriebsklima verbessern • Konfliktmanagement • Gespräch mit direktem Vorgesetzten • Abmahnung • Kündigung
	Intrigen, Manipulation	• Mitarbeitergespräch • interne Kommunikation verbessern (mit offenen Karten spielen) • Abmahnung

Mitarbeiterverhalten	Mögliche Ursache	Angemessene Reaktion
… beschuldigt einen Kollegen wegen schlechter Arbeit (Petzen)	Profilierung	• Konfliktmanagement • Mitarbeitergespräch mit beiden Kollegen • Beurteilungsgespräch
	Ablenkung von eigenen Fehlern	• Kontrolle • Beurteilungsgespräch
	Hohe Identifikation mit dem Unternehmen	• Kontrolle bei den Kollegen verstärken • Training in Teamarbeit • Training in Konfliktmanagement
… beschwert sich über einen Vorgesetzten	Der Vorgesetzte fühlt sich schlecht	• Mitarbeitergespräch mit dem Vorgesetzten • Feedback-Gespräche einführen
	Ausrede, Manipulation	• Konfliktmanagement • Mitarbeitergespräch mit dem Vorgesetzten • offenen Umgang miteinander fördern
… beschwert sich intern/vor Kunden/ in aller Öffentlichkeit über das Unternehmen allgemein	Allgemeine Unzufriedenheit	• Konfliktmanagement • Mitarbeitergespräch • Zielvereinbarung • betriebliche Rahmenbedingungen überprüfen und evtl. verbessern (Arbeitsplatz-/ Arbeitszeitgestaltung) • interne Kommunikation verbessern
	Mobbing	• Mitarbeitergespräch • Versetzung • Betriebsklima verbessern

Mitarbeiterverhalten	**Mögliche Ursache**	**Angemessene Reaktion**
[… beschwert sich intern/vor Kunden/ in aller Öffentlichkeit über das Unternehmen allgemein]		• Konfliktmanagement • Gespräch mit direktem Vorgesetzten • Abmahnung • Kündigung
	Glaubt, auf anderem Weg nichts erreichen zu können	• Konfliktmanagement • Mitarbeitergespräch • Zielvereinbarung • Beurteilungsgespräch • eigenen Führungsstil überprüfen (ist man bei Problemen ansprechbar?)
… hetzt hinter dem Rücken der Betroffenen gegen Kollegen/Vorgesetzte	Mobbing	• Mitarbeitergespräch • Betriebsklima verbessern • Konfliktmanagement • Gespräch mit direktem Vorgesetzten • Versetzung • Abmahnung Kündigung
	Grundhaltung	• Konfliktmanagement • Korrekturgespräch • Abmahnung • Kündigung
… klagt über sexuelle Belästigung	Sexuelle Belästigung	• Mitarbeitergespräch (Ursachenforschung) • Abmahnung des Belästigenden • Kündigung
	Profilierung	• Mitarbeitergespräch (Ursachenforschung)

Mitarbeiterverhalten	Mögliche Ursache	Angemessene Reaktion
... klagt über Leerzeiten	Unterforderung	• Mitarbeitergespräch • Mitarbeiterentwicklung • Beurteilungsgespräch • Zielvereinbarung (neue Aufgabenstellung) • Zeitmanagement • Karriereplanung • Führungsstil ändern • Delegation überprüfen • Beförderung • Versetzung • Gehaltsgespräch
	Sieht Arbeit nicht	• Zielvereinbarung • stärkere Kontrollen einführen
	Falsches Führungsverhalten (z. B. Laissez-faire)	• Feedback-Gespräch • Führungsstil ändern • Anweisung
... klagt über Überstunden	Überforderung	• Mitarbeitergespräch • Zielvereinbarung • Zeitmanagement • Personalplanung überprüfen • Training • Coaching • Counselling • Mentoring • Delegation überprüfen • evtl. Konfliktmanagement
	Fehlende Leistungsbereitschaft	• Mitarbeitergespräch (Ursachenforschung) • Zielvereinbarung

Mitarbeiter-verhalten	Mögliche Ursache	Angemessene Reaktion
[... klagt über Überstunden]	Schlechtes Zeit-management	• Zeitmanagement • Zielvereinbarung
... klagt über zu geringe Anforderungen/ Routine	Unterforderung	• Mitarbeitergespräch • Mitarbeiterent-wicklung • Beurteilungsgespräch • Zielvereinbarung (neue Aufgaben-stellung) • Zeitmanagement • Karriereplanung • Führungsstil ändern • Delegation überprüfen • Beförderung • Versetzung • Gehaltsgespräch
	Überschätzung der eigenen Fähigkeiten	• Beurteilungsgespräch • Zielvereinbarung (neue Aufgaben-stellung)

Diebstahl/Sabotage

Mitarbeiterverhalten	Mögliche Ursache	Angemessene Reaktion
Der/Die Mitarbeiter/in verschmutzt häufiger Arbeitsmittel unnötig: z. B. Kaffee über der PC-Tastatur	Fehlende Sorgfalt, fehlendes Verantwortungsgefühl, Schlamperei	• Ordnungskriterien einführen • Korrekturgespräch • Beurteilungsgespräch • Delegation überprüfen • Mitarbeiterentwicklung (Training) • den Wert der Arbeitsmittel verdeutlichen
	Überforderung	• Mitarbeitergespräch • Zielvereinbarung • Zeitmanagement • Personalplanung überprüfen • Training • Coaching • Counselling • Mentoring • Delegation überprüfen • evtl. Konfliktmanagement
	Entfremdung zum Unternehmen	• Korrekturgespräch • Mitarbeiterentwicklung
	Fühlt sich und seine eigene Arbeit nicht genug wertgeschätzt (Übertragung)	• Beurteilungsgespräch • Anerkennungsgespräch • Delegation überprüfen • Mitarbeiterentwicklung
... läßt häufiger Arbeitsmittel zu Bruch gehen	Fehlende Sorgfalt, fehlendes Verantwortungsgefühl, Schlamperei	• Ordnungskriterien einführen • Korrekturgespräch • Beurteilungsgespräch • Delegation überprüfen

Mitarbeiterverhalten	Mögliche Ursache	Angemessene Reaktion
[... läßt häufiger Arbeitsmittel zu Bruch gehen]		• Mitarbeiterentwicklung (Training) • den Wert der Arbeitsmittel verdeutlichen
	Überforderung	• Mitarbeitergespräch • Zielvereinbarung • Zeitmanagement • Personalplanung überprüfen • Training • Coaching • Counselling • Mentoring • Delegation überprüfen • evtl. Konfliktmanagement
... beschädigt bewußt wichtige Arbeitsmittel	Cholerische Reaktion	• Führung der eigenen Person überprüfen • Korrekturgespräch • Beurteilungsgespräch • Abmahnung • Kündigung
	Sabotage	• Korrekturgespräch • Abmahnung • Kündigung
	Der Gesamtzusammenhang zum Unternehmen wird nicht gesehen	• Beurteilungsgespräch • Mitarbeitergespräch • interne Kommunikation überprüfen • den Mitarbeiter stärker in interne Prozesse einbinden (Mitarbeiterbeteiligung)
	Fühlt sich ungerecht behandelt	• Korrekturgespräch • Mitarbeitergespräch

Mitarbeiterverhalten	Mögliche Ursache	Angemessene Reaktion
[… beschädigt bewußt wichtige Arbeitsmittel]		• Führungsstil überprüfen (Erreichbarkeit für Mitarbeiter) • Feedback-Gespräch
… geht verschwenderisch mit betrieblichen Mitteln um – z. B. Heizen bei offenem Fenster, Licht brennen lassen, unnötiges Kopieren etc.	Fehlende Sorgfalt, fehlendes Verantwortungsgefühl, Schlamperei	• Ordnungskriterien einführen • Korrekturgespräch • Beurteilungsgespräch
	Sabotage	• Korrekturgespräch • Abmahnung • Kündigung
	Mobbing	• Mitarbeitergespräch • Versetzung • Betriebsklima verbessern • Konfliktmanagement • Gespräch mit direktem Vorgesetzten • Abmahnung • Kündigung
	Zusammenhang zwischen Gehalt und Gewinnsituation des Unternehmens wird nicht gesehen	• Ordnungskriterien einführen • Korrekturgespräch • Informationspolitik überprüfen (interne Kommunikation)
… nutzt betriebliche Mittel zu persönlichen Zwecken, z. B. »inoffizielles Ausleihen«, Diebstahl!	Unaufmerksamkeit	• Korrekturgespräch • Kontrolle verstärken • den Wert der Betriebsmittel verdeutlichen • Abmahnung • Kündigung

Mitarbeiterverhalten	**Mögliche Ursache**	**Angemessene Reaktion**
[… nutzt betriebliche Mittel zu persönlichen Zwecken, z. B. »inoffizielles Ausleihen«, Diebstahl!]	Gewohnheit aus früheren Arbeitsstellen	• Korrekturgespräch • klare Anweisungen geben • Kontrolle verstärken
	»Zweitlohn« (Gerechtigkeitsempfinden)	• Korrekturgespräch • Beurteilungsgespräch • Gehaltsgespräch • Abmahnung • Kündigung
	Identifiziert sich zu sehr mit dem Unternehmen	• Korrekturgespräch
… betrügt bei diversen Anlässen z. B. Stundenabrechnung, Vortäuschen von Leistung etc.	Falsche Selbsteinschätzung	• Beurteilungsgespräch • Korrekturgespräch • Selbstwertgefühl aufbauen • gemeinsame Kontrollen vereinbaren
	Angst vor Konsequenzen	• Korrekturgespräch • eigenen Führungsstil überdenken
	Ehrgeiz	• Korrekturgespräch • Beurteilungsgespräch • Lebensplanung • Karriereplanung
	Mitarbeiter ist korrupt	• Abmahnung • Kündigung
	Schlechte Unternehmenskultur	• eigenen Führungsstil überdenken • Unternehmenskultur neu gestalten • Mitarbeiterbeteiligung

Drogen

Mitarbeiterverhalten	Mögliche Ursache	Angemessene Reaktion
Der/Die Mitarbeiter/in stört sich am Rauchen der Kollegen	Nichtraucher/ Allergiker	• Mitarbeitergespräch (Ursachenforschung) • rauchfreie Zone einrichten (Sozialräume)
	Mangelndes Sozialgefühl untereinander	• Mitarbeitergespräch (Ursachenforschung) • Gruppengespräch • rauchfreie Zone einrichten (Sozialräume) • Konfliktmanagement
	Ausrede	• Mitarbeitergespräch (Ursachenforschung)
	Mobbing	• Mitarbeitergespräch • Versetzung • Betriebsklima verbessern • Konfliktmanagement • Gespräch mit direktem Vorgesetzten • Abmahnung • Kündigung
... steht häufig unter Tabletteneinfluß	Ärztliche Maßnahme	• Mitarbeitergespräch • Maßnahmen zur Gesundheitsförderung ergreifen • evtl. andere Aufgaben stellen
	Sucht	• Mitarbeitergespräch • Suchtberatung einschalten • Abmahnung • Kündigung

Mitarbeiterverhalten	Mögliche Ursache	Angemessene Reaktion
… fällt durch Alkoholgeruch auf	Einzelnes Ereignis	• Mitarbeitergespräch • deutlich machen, daß Alkoholkonsum am Arbeitsplatz nicht akzeptiert wird (Unternehmenskultur) • Suchtberatung einschalten • Abmahnung • Kündigung
	Alkoholismus	• Mitarbeitergespräch • Suchtberatung einschalten • Kur veranlassen • Abmahnung • Kündigung
… trinkt Alkohol am Arbeitsplatz	Festlichkeit	• Mitarbeitergespräch • Maßnahmen zur Gesundheitsförderung ergreifen • Abmahnung • Kündigung
	Alkoholismus	• Mitarbeitergespräch • Suchtberatung einschalten • Kur veranlassen • Abmahnung • Kündigung
	Unternehmenskultur	• Eigenen Führungsstil überprüfen • Unternehmenskultur neu gestalten • deutlich machen, daß Alkoholkonsum am Arbeitsplatz nicht akzeptiert wird

Mitarbeiterverhalten	Mögliche Ursache	Angemessene Reaktion
... nimmt harte Drogen	Sucht	• Mitarbeitergespräch • evtl. andere Aufgaben stellen • stärkere Kontrollen • Maßnahmen zur Gesundheitsförderung ergreifen • Suchtberatung einschalten • Abmahnung • Kündigung

Ehrgeiz

Mitarbeiterverhalten	Mögliche Ursache	Angemessene Reaktion
Der/Die Mitarbeiter/in leistet Überdurchschnittliches	Besondere Begabung	• Anerkennungsgespräch • Zielvereinbarung • Mitarbeiterentwicklung (Fördern durch Weiterbildung) • Delegation weiterer Aufgaben
	Ehrgeiz, Karrierestreben	• Anerkennungsgespräch • Zielvereinbarung • Mitarbeiterentwicklung • überprüfen, ob der Ehrgeiz nicht zu Lasten anderer geht (Teamentwicklung)
	Arbeitsaufgabe zu gering	• Anerkennungsgespräch • Zielvereinbarung • Mitarbeiterentwicklung • Aufgabenbereich erweitern
… fordert eine Gehaltserhöhung	Sucht Anerkennung	• Mitarbeitergespräch • Mitarbeiterentwicklung • Beurteilungsgespräch • Anerkennungsgespräch
	Sucht einen Grund zur Kündigung	• Mitarbeitergespräch • Beurteilungsgespräch • Vergleichen der Lohnniveaus • neue Zielvereinbarung

Mitarbeiterverhalten	Mögliche Ursache	Angemessene Reaktion
[… fordert eine Gehaltserhöhung]		• Stellenbeschreibung überarbeiten
	Braucht Geld	• mehr Gehalt mit mehr Leistung koppeln
	Angleichung an das allgemeine Lohnniveau	• mehr Gehalt mit mehr Leistung koppeln
… möchte mehr Verantwortung	Unterforderung	• Mitarbeitergespräch • Mitarbeiterentwicklung • Beurteilungsgespräch • Zielvereinbarung (neue Aufgabenstellung) • Zeitmanagement • Karriereplanung • Führungsstil ändern • Delegation überprüfen • Beförderung • Versetzung • Gehaltsgespräch
	Hat falsches Selbstbild	• Beurteilungsgespräch • Zielvereinbarung
	Ehrgeiz/Prestigedenken	• Zielvereinbarung • Delegation überprüfen • überprüfen, ob der Ehrgeiz nicht zu Lasten anderer geht (Teamentwicklung)
… bittet um Beförderung/ Versetzung	Unterforderung	• Delegation • Zielvereinbarung • Mitarbeitergespräch • Mitarbeiterentwicklung

Mitarbeiterverhalten	**Mögliche Ursache**	**Angemessene Reaktion**
[... bittet um Beförderung/ Versetzung]		• wenn angemessen: Versetzung oder Beförderung
	Schwierigkeiten mit Kollegen	• Unternehmenskultur überprüfen • Mitarbeitergespräch • Konfliktmanagement • Betriebsklima verbessern
	Ehrgeiz/Prestigedenken	• Delegation • Zielvereinbarung • Mitarbeitergespräch • Mitarbeiterentwicklung
	Persönliche Interessen, private Gründe	• Mitarbeitergespräch • soweit wie möglich unterstützen
	Mobbing	• Mitarbeitergespräch • Versetzung • Betriebsklima verbessern • Konfliktmanagement • Gespräch mit direktem Vorgesetzten • Abmahnung • Kündigung
... macht betriebliche Verbesserungsvorschläge	Mitverantwortung	• Anerkennungsgespräch • betriebliches Vorschlagswesen
... handelt eigenmächtig	Fühlt sich ungerecht eingeschränkt	• Klare Zielvereinbarung treffen • Kontrollen verstärken

Mitarbeiterverhalten	Mögliche Ursache	Angemessene Reaktion
[... handelt eigenmächtig]		• Freiheitsraum überprüfen • eigenen Führungsstil überdenken • Feedback-Gespräch • evtl. Aufgaben mit größerem Spielraum geben
	Prestigedenken	• Klare Zielvereinbarung treffen • Kontrollen verstärken • evtl. Aufgaben mit größerem Spielraum geben
	Selbstüberschätzung	• Korrekturgespräch • Beurteilungsgespräch • klare Zielvereinbarung treffen • Kontrollen verstärken
	Keine klare Zielvorgabe	• Klare Zielvereinbarung treffen • Kontrollen verstärken • eigenen Führungsstil überprüfen • Feedback-Gespräch
... überschreitet seine Befugnisse	Abwesende Führungskraft	• Führungsstil überprüfen • Kontrollen verstärken
	Selbstüberschätzung	• Korrekturgespräch • Beurteilungsgespräch • klare Zielvereinbarung treffen

Mitarbeiterverhalten	Mögliche Ursache	Angemessene Reaktion
[… überschreitet seine Befugnisse]	Befugnisse reichen nicht zur Erledigung der Aufgaben	• Führungsstil überprüfen • Kompetenzen erweitern • Aufgabenteilung
	Machtspiel, Provokation	• Korrekturgespräch • Kontrollen verstärken • auf Mobbingsymptome untersuchen
… akzeptiert die Führung nicht, spielt sich auf, ist arrogant	Führungskraft ist unfähig	• Führungsstil überprüfen • Aufgaben deutlicher definieren • klare Zielvereinbarung treffen • Kontrolle
	Selbstüberschätzung	• Korrekturgespräch • Beurteilungsgespräch • klare Zielvereinbarung treffen
	Unterforderung	• Mitarbeitergespräch • Mitarbeiterentwicklung • Beurteilungsgespräch • Zielvereinbarung (neue Aufgabenstellung) • Zeitmanagement • Karriereplanung • Führungsstil ändern • Delegation überprüfen • Beförderung • Versetzung • Gehaltsgespräch

Mitarbeiterverhalten	Mögliche Ursache	Angemessene Reaktion
[… akzeptiert die Führung nicht, spielt sich auf, ist arrogant]	Machtspiel, Provokation	• Korrekturgespräch • Führungsstil überprüfen
	Identifiziert sich nicht mit den Arbeitsinhalten	• Führungsstil überprüfen • Anerkennungsgespräch (Wichtigkeit des Mitarbeiters deutlich machen) • Arbeitsinhalte transparent machen (Sinnorientierung) • Gesamtzusammenhang der Arbeit mit dem Unternehmen verdeutlichen (interne Kommunikation)
… ist ungehorsam	Persönliche Eigenschaft	• Zielvereinbarung • Selbstverantwortung stärken • Korrekturgespräch • Kontrollen verstärken
	Machtspiel, Provokation	• Korrekturgespräch • Führungsstil überprüfen
	Will sich nicht unterordnen	• Korrekturgespräch • Zielvereinbarung • Selbstverantwortung stärken • Führungsstil überprüfen • evtl. eigenständige Aufgaben vergeben

Mitarbeiterverhalten	Mögliche Ursache	Angemessene Reaktion
… nimmt Kritik nicht an	Selbstüberschätzung	• Beurteilungsgespräch • Korrekturgespräch
	Machtspiel, Provokation	• Korrekturgespräch • Führungsstil überprüfen
	Angst vor Kritik	• Korrekturgespräch • das eigene Kritikverhalten überprüfen (ziel- und ergebnisorientiert? – Erfolgskreislauf!) • Feedback-Gespräch
	Innere Kündigung	• Feedback-Gespräch • eigenen Führungsstil überprüfen • Mitarbeitergespräch • neue Zielvereinbarung • Beurteilungsgespräch • Korrekturgespräch • Gehaltsgespräch • Selbstverantwortung erhöhen

Emotionen

Mitarbeiterverhalten	Mögliche Ursache	Angemessene Reaktion
Der/Die Mitarbeiter/in reagiert häufig ohne erkennbaren Anlaß verärgert/aggressiv	Private Probleme	• Mitarbeitergespräch • Hilfe anbieten
	Unsicherheit	• Anerkennungsgespräch • erreichbare Ziel setzen um das Selbstwertgefühl zu stärken
	Lebenshaltung	• Toleranz, wenn keine Änderung erforderlich ist • Korrekturgespräch • andere Aufgabenstellung
	Überforderung	• Mitarbeitergespräch • Zielvereinbarung • Zeitmanagement • Personalplanung überprüfen • Training • Coaching • Counselling • Mentoring • Delegation überprüfen • evtl. Konfliktmanagement
… albert oft herum	Unterforderung	• Mitarbeitergespräch • Mitarbeiterentwicklung • Beurteilungsgespräch • Zielvereinbarung (neue Aufgabenstellung) • Zeitmanagement • Karriereplanung • Führungsstil ändern • Delegation überprüfen

Mitarbeiterverhalten	Mögliche Ursache	Angemessene Reaktion
[… albert oft herum]		• Beförderung • Versetzung • Gehaltsgespräch
	Überforderung	• Mitarbeitergespräch • Zielvereinbarung • Zeitmanagement • Personalplanung überprüfen • Training • Coaching • Counselling • Mentoring • Delegation überprüfen • evtl. Konfliktmanagement
	Unerfahrenheit	• Mitarbeitergespräch • Mentoring
	Unsicherheit	• Mitarbeitergespräch • erreichbare Ziele setzen, um Selbstwertgefühl zu stärken • intensiver in Projekte einbinden
	Betriebsklima (Narrenrolle)	• Mitarbeitergespräch • Position im Unternehmen klären • Teamentwicklung
	Identifiziert sich nicht mit den Unternehmenszielen	• Mitarbeitergespräch • Position im Unternehmen klären • Interne Kommunikation verbessern • Ziele des Mitarbeiters mit den Zielen des Unternehmens verbinden

Mitarbeiter-verhalten	Mögliche Ursache	Angemessene Reaktion
[... albert oft herum]	Akzeptiert die Hierarchie nicht	• Mitarbeitergespräch • Position im Unternehmen klären • Zielvereinbarung • eigenen Führungsstil überprüfen • Feedback-Gespräch • Position mit mehr Eigenverantwortung schaffen
... ist verstockt	Mobbing	• Mitarbeitergespräch • Versetzung • Betriebsklima verbessern • Konfliktmanagement • Gespräch mit direktem Vorgesetzten • Abmahnung • Kündigung
	Angst vor Kritik	• Korrekturgespräch • das eigene Kritikverhalten überprüfen (ziel- und ergebnisorientiert? – Erfolgskreislauf!) • Feedback-Gespräch
	Erfolglosigkeit	• Neue Zielvereinbarung • erreichbare Ziele schaffen • Anerkennungsgespräch
	Innere Feindschaft zum Vorgesetzten	• Mitarbeitergespräch • Konfliktmanagement • neue Zielvereinbarung • Korrekturgespräch • Feedback-Gespräch

Mitarbeiterverhalten	Mögliche Ursache	Angemessene Reaktion
… ist extrem empfindlich	Private Probleme	• Mitarbeitergespräch • Hilfe anbieten
	Erpressungsversuch	• Mitarbeitergespräch • Korrekturgespräch • Zielvereinbarung • deutlich die Grenzen zeigen
… ist devot, sehr höflich und sehr unterwürfig	Fehlendes Selbstvertrauen	• Mitarbeitergespräch • Zielvereinbarung • Anerkennungsgespräch • Beurteilungsgespräch
	Versucht, sich beliebt zu machen	• Mitarbeitergespräch • Rolle als Führungskraft wahren (sich nicht einwickeln lassen) • Führungsstil überprüfen • Beurteilungsgespräch
	Abwehrmechanismus: Reaktionsbildung	• Führungsstil überprüfen (evtl. wird mit Angst und Vorwürfen geführt) • Feedback-Gespräch
… wird in schwierigen Situationen cholerisch	Unsicherheit	• emotionale Intelligenz fördern • erreichbare Ziele setzen, dann Anerkennung
	Fehlendes Konfliktlösungsvermögen	• emotionale Intelligenz fördern • Konfliktmanagement • Streß abbauen

Mitarbeiterverhalten	Mögliche Ursache	Angemessene Reaktion
[... wird in schwierigen Situationen cholerisch]	Hat in der Vergangenheit damit Erfolg gehabt	• emotionale Intelligenz fördern • Korrekturgespräch
... neigt zu Hektik und Nervosität	Drogen	• s. Drogen • Drogenbeauftragen einschalten
	Fehlende Ziele	• Zwischenziele setzen • Aufgabenbereich überprüfen • gemeinsame Kontrollen vereinbaren • Anerkennungsgespräch
	Überforderung	• Mitarbeitergespräch • Zielvereinbarung • Zeitmanagement • Personalplanung überprüfen • Training • Coaching • Counselling • Mentoring • Delegation überprüfen • evtl. Konfliktmanagement
	Nimmt sich zuviel vor	• Zwischenziele setzen • Aufgabenbereich überprüfen • Training: Führung der eigenen Person • Kontrolle (Ziele und Ergebnisse in kleineren Abständen kontrollieren und anpassen)

Mitarbeiterverhalten	Mögliche Ursache	Angemessene Reaktion
… neigt zu Trägheit	Lebenshaltung, Charakter	• Mitarbeitergespräch • Einstellungsgespräch überprüfen • Sinnorientierung stärken • Zwischenziele setzen • Kontrolle
	Fehlende Motivation	• Mitarbeitergespräch • Sinnorientierung stärken • Zwischenziele setzen • Anerkennungsgespräch
	Drogen	• s. Drogen • Drogenbeauftragten einschalten
	Überforderung, Streß	• Mitarbeitergespräch • Zielvereinbarung • Zeitmanagement • Personalplanung überprüfen • Training • Coaching • Counselling • Mentoring • Delegation überprüfen • evtl. Konfliktmanagement
… wirkt fahrig, hört nicht richtig zu, ist unkonzentriert	Unterforderung	• Mitarbeitergespräch • Mitarbeiterentwicklung • Beurteilungsgespräch • Zielvereinbarung (neue Aufgabenstellung) • Zeitmanagement

Mitarbeiterverhalten	Mögliche Ursache	Angemessene Reaktion
[... wirkt fahrig, hört nicht richtig zu, ist unkonzentriert]		• Karriereplanung • Führungsstil ändern • Delegation überprüfen • Beförderung • Versetzung • Gehaltsgespräch
	Überforderung	• Mitarbeitergespräch • Zielvereinbarung • Zeitmanagement • Personalplanung überprüfen • Training • Coaching • Counselling • Mentoring • Delegation überprüfen • evtl. Konfliktmanagement
	Streß	• Mitarbeitergespräch • Zwischenziele setzen • Streßmanagement • Belastung am Arbeitsplatz überprüfen • Arbeitsorganisation optimieren
	Drogen	• s. Drogen • Drogenbeauftragten einschalten

Engagement

Mitarbeiterverhalten	Mögliche Ursache	Angemessene Reaktion
Der/Die Mitarbeiter/in kümmert sich über die Arbeit hinaus um seine/ihre Kollegen/Kolleginnen/ den Betrieb	Positive Grundhaltung	• Anerkennungsgespräch
	Sucht soziale Zuwendung, evtl. private Probleme	• Mitarbeitergespräch • bei Problemen Hilfe anbieten • Anerkennungsgespräch
	Unterforderung	• Mitarbeitergespräch • Mitarbeiterentwicklung • Beurteilungsgespräch • Zielvereinbarung (neue Aufgabenstellung) • Zeitmanagement • Karriereplanung • Führungsstil ändern • Delegation überprüfen • Beförderung • Versetzung • Gehaltsgespräch
	Unsicherheit	• Mitarbeitergespräch • Delegation überprüfen • Anerkennungsgespräch
... engagiert sich in der Gewerkschaft	Politische Einstellung	• Toleranz • bei personellen/betrieblichen Umstrukturierungen einbeziehen
	Fühlt sich ungerecht behandelt	• Mitarbeitergespräch
... will einen Betriebsrat gründen	Grundsatzhaltung	• Toleranz (Betriebsratgründung darf nicht verhindert werden) • Unterstützung

Mitarbeiterverhalten	Mögliche Ursache	Angemessene Reaktion
[... will einen Betriebsrat gründen]	Schlechte Informationspolitik und Kommunikationsstrukturen	• interne Kommunikation verbessern • Workshop zur Verbesserung der Informationspolitik
	Autoritäre oder antiautoritäre Führung	• Führungsstil überprüfen
	Fehlende Identifikation, möchte gern in unternehmerische Entscheidungen einbezogen werden	• interne Kommunikation verbessern • Betriebsklima verbessern • Teamentwicklung fördern • Gruppengespräch • Workshops
	Einwirkung von außen	• interne Kommunikation verbessern • Betriebsklima verbessern • Identifikation mit dem Unternehmen fördern
	Angst vor Kündigung	• interne Kommunikation verbessern • Führungsstil überprüfen • Betriebsklima verbessern • Beurteilungsgespräch • Mentoring
... engagiert sich im Betriebsrat, bringt übermäßig viele Vorschläge	Selbstbehauptung	• Toleranz • betriebliches Vorschlagswesen • gute Vorschläge aufgreifen

Mitarbeiterverhalten	**Mögliche Ursache**	**Angemessene Reaktion**
[... engagiert sich im Betriebsrat, bringt übermäßig viele Vorschläge]	Beschäftigungstherapie	• Mitarbeiter stärker betrieblich fordern
	Angst vor Kündigung (sucht Schutz)	• betriebliche Rahmenbedingungen überprüfen • Betriebsklima verbessern • Mitarbeitergespräch
... engagiert sich außerbetrieblich stark, läßt aber bei der Arbeit nach	Mangelnde Anerkennung	• Mitarbeitergespräch
	Erkennt den Nutzen der eigenen Arbeit nicht (fehlender Sinn)	• Korrekturgespräch • Anerkennungsgespräch • neue Zielvereinbarung (Sinnorientierung)
... vergräbt sich plötzlich in Kleinkram, der besser von einer anderen Person erledigt würde	Abwehrmechanismus	• Mitarbeitergespräch • Korrekturgespräch • Führungsstil überprüfen • Feedback-Gespräch
	Regression nach Scheitern in einer anspruchsvolleren Aufgabe	• Mitarbeitergespräch • erreichbare Ziele setzen
	Fehlende Anerkennung	• Anerkennungsgespräch • Beurteilungsgespräch • Führungsverhalten überprüfen • Feedback-Gespräch
	Überforderung	• Mitarbeitergespräch • Zielvereinbarung • Zeitmanagement

Mitarbeiterverhalten	Mögliche Ursache	Angemessene Reaktion
[… vergräbt sich plötzlich in Kleinkram, der besser von einer anderen Person erledigt würde]		• Personalplanung überprüfen • Training • Coaching • Counselling • Mentoring • Delegation überprüfen • evtl. Konfliktmanagement
	Fehlendes Vertrauen in andere	• Korrekturgespräch • Teamentwicklung (Teamgedanken vertiefen) • Delegation überprüfen
… zerpflückt in einer Konferenz jeden gemachten Vorschlag	Abwehrmechanismus: möchte von eigener Unfähigkeit ablenken	• Mitarbeitergespräch • Korrekturgespräch • erreichbare Ziele setzen • dann Anerkennungsgespräch
	Profilierung	• Mitarbeitergespräch • Korrekturgespräch • neue Zielvereinbarung • neue interessante Aufgaben
	Fehlende Anerkennung	• Mitarbeitergespräch • Anerkennungsgespräch • Führungsstil überprüfen • Feedback-Gespräch
	Grundsatzhaltung	• Toleranz • Korrekturgespräch • als »advocatus diaboli« einsetzen

Erscheinungsbild

Mitarbeiterverhalten	Mögliche Ursache	Angemessene Reaktion
Der/Die Mitarbeiter/in verstößt gegen gesellschaftliche Spielregeln beim Kundenkontakt, z. B. Schmatzen, lautes Lachen, Schlürfen etc.	Überforderung	• Mitarbeitergespräch • Zielvereinbarung • Zeitmanagement • Personalplanung überprüfen • Training • Coaching • Counselling • Mentoring • Delegation überprüfen • evtl. Konfliktmanagement
	Dienstleistungseinstellung nicht ausgeprägt genug	• Mitarbeiterentwicklung • Mentoring • Dienstleistungsgedanken im Unternehmen etablieren • eigenes Vorbildverhalten überprüfen • Abmahnung
	Erziehung	• Anforderungen an die Arbeit genau definieren • Auftreten in Stellenbeschreibung mit aufnehmen • eigenes Vorbildverhalten überprüfen • Anweisung • Versetzung • Abmahnung
	Fehlende Außenorientierung	• Eigenes Vorbildverhalten überprüfen • Zusammenhang zwischen Leistung und Gewinn aufzeigen • Anweisung • Abmahnung

Mitarbeiterverhalten	Mögliche Ursache	Angemessene Reaktion
… erscheint in unpassender Kleidung bei der Arbeit/bei wichtigen Kundenterminen, z. B. over-/underdressed	Fehleinschätzung	• Mitarbeitergespräch • Beurteilungsgespräch • Korrekturgespräch
	Machtspiel, Provokation	• Mitarbeitergespräch • Korrekturgespräch
	Innere Kündigung	• Feedback-Gespräch • eigenen Führungsstil überprüfen • Mitarbeitergespräch • neue Zielvereinbarung • Beurteilungsgespräch • Korrekturgespräch • Gehaltsgespräch • Selbstverantwortung erhöhen
	Fehlende Korrektur	• Mitarbeitergespräch • Korrekturgespräch • Beurteilungsgespräch
… fällt durch unangenehmen Körpergeruch auf, z. B. Schweiß Parfüm, Mundgeruch	Falsche Selbstwahrnehmung bei Krankheit oder mangelnder Körperpflege	• Mitarbeitergespräch • Beurteilungsgespräch • Korrekturgespräch
	Private Probleme, private Veränderungen	• Mitarbeitergespräch • Beurteilungsgespräch • Korrekturgespräch • evtl. neue Ziele setzen
	Belastender Arbeitsplatz	• Dusch- oder Waschmöglichkeit schaffen • Arbeitsplatz überprüfen

Mitarbeiterverhalten	Mögliche Ursache	Angemessene Reaktion
… fällt durch ein insgesamt ungepflegtes Äußeres auf, z. B. Haare, Kleidung Nikotinfinger etc.	Falsche Selbstwahrnehmung bei mangelnder Körperpflege	• Mitarbeitergespräch • Beurteilungsgespräch • Korrekturgespräch • klare Kontrollen
	Persönliche Probleme, private Veränderung	• Mitarbeitergespräch • Beurteilungsgespräch • Korrekturgespräch • neue Ziele vereinbaren • Hilfe anbieten

Fehler

Mitarbeiterverhalten	Mögliche Ursache	Angemessene Reaktion
Der/Die Mitarbeiter/in erfüllt alle gestellten Aufgaben zu hundert Prozent	Perfekter Mitarbeiter	• Anerkennung • Beförderung • Karriereplanung • neue Aufgaben
	Fehlervertuschung	• Mitarbeitergespräch • Ergebniskontrolle • Beurteilungsgespräch • Arbeitsinhalte verändern • bei der Kontrolle nicht nach Fehlern, sondern auch nach Erfolgen suchen
	Unterforderung	• Mitarbeitergespräch • Mitarbeiterentwicklung • Beurteilungsgespräch • Zielvereinbarung (neue Aufgabenstellung) • Zeitmanagement • Karriereplanung • Führungsstil ändern • Delegation überprüfen • Beförderung • Versetzung • Gehaltsgespräch
	Macht nur Routineaufgaben	• Mitarbeitergespräch • Ergebniskontrolle • Beurteilungsgespräch • Arbeitsinhalte verändern • Delegation überprüfen
… erfüllt meistens alle Aufgaben gemäß den Vorgaben	Normales Arbeitsverhalten	• Anerkennungsgespräch

Mitarbeiterverhalten	Mögliche Ursache	Angemessene Reaktion
… erfüllt nur selten die ihm gestellten Aufgaben	Schlamperei, unkonzentriertes Arbeiten	• Mitarbeitergespräch • Beurteilungsgespräch • Korrekturgespräch • Kontrolle verstärken • Aufgabenbereich verändern
	Krankheit	• Mitarbeitergespräch • Maßnahmen zur Gesundheitsförderung ergreifen • kurzfristig Vertretung einsetzen
	Private Probleme	• Mitarbeitergespräch • Coaching • Hilfe anbieten
	Fehlende/fehlerhafte Anleitung	• Anleitung verbessern • eigenen Führungsstil überprüfen
	Unterforderung	• Mitarbeitergespräch • Mitarbeiterentwicklung • Beurteilungsgespräch • Zielvereinbarung (neue Aufgabenstellung) • Zeitmanagement • Karriereplanung • Führungsstil ändern • Delegation überprüfen • Beförderung • Versetzung • Gehaltsgespräch
	Überforderung	• Mitarbeitergespräch • Zielvereinbarung • Zeitmanagement

Mitarbeiterverhalten	Mögliche Ursache	Angemessene Reaktion
[… erfüllt nur selten die ihm gestellten Aufgaben]		• Personalplanung überprüfen • Training • Coaching • Counselling • Mentoring • Delegation überprüfen • evtl. Konfliktmanagement
	Streß	• Zeitmanagement • Arbeitsbedingungen verbessern • Störungen von außen einschränken • Arbeitsinhalte beschränken • Training: Streßmanagement • Coaching
	Gewohnheitstrott	• Feedback-Gespräch • Beurteilungsgespräch • eigenen Führungsstil überprüfen • Arbeitsinhalte variieren • Kontrolle verstärken • neue herausfordernde Aufgaben stellen
	Sabotage	• Mitarbeitergespräch • Korrekturgespräch • eigenen Führungsstil überprüfen • Abmahnung • Kündigung
	Mobbing	• Mitarbeitergespräch • Versetzung

Mitarbeiterverhalten	Mögliche Ursache	Angemessene Reaktion
[… erfüllt nur selten die ihm gestellten Aufgaben]		• Betriebsklima verbessern • Konfliktmanagement • Gespräch mit direktem Vorgesetzten • Abmahnung • Kündigung
	Versucht häufig, neue Wege zu gehen (fehlende Routine)	• Mitarbeitergespräch • Beurteilungsgespräch • Anleitung verbessern • Kontrolle • Anregungen aufnehmen (betriebliches Vorschlagswesen) • Sinn/Zielorientierung • Mentoren zur Seite stellen
… macht ständig Fehler	Störungen von außen	• Störungen einschränken • Selbstverantwortung stärken
	Private Probleme	• Mitarbeitergespräch • Coaching
	Überforderung	• Mitarbeitergespräch • Zielvereinbarung • Zeitmanagement • Personalplanung überprüfen • Training • Coaching • Counselling • Mentoring • Delegation überprüfen • evtl. Konfliktmanagement

Mitarbeiterverhalten	Mögliche Ursache	Angemessene Reaktion
[… macht ständig Fehler]	Streß	• Zeitmanagement • Arbeitsinhalte überprüfen • Führung der eigenen Person trainieren
	Alkohol-/Drogenprobleme	• s. Drogen
	Sabotage	• Korrekturgespräch • Abmahnung • Kündigung • eigenen Führungsstil überprüfen • Feedback-Gespräch
	Mobbing	• Mitarbeitergespräch • Versetzung • Betriebsklima verbessern • Konfliktmanagement • Gespräch mit direktem Vorgesetzten • Abmahnung • Kündigung
	Innere Kündigung	• Feedback-Gespräch • eigenen Führungsstil überprüfen • Mitarbeitergespräch • neue Zielvereinbarung • Beurteilungsgespräch • Korrekturgespräch • Gehaltsgespräch • Selbstverantwortung erhöhen
	Probleme mit dem Vorgesetzten	• Mitarbeitergespräch • Führungsstil überprüfen • Feedback-Gespräch einführen

Fehlzeiten

Mitarbeiterverhalten	Mögliche Ursache	Angemessene Reaktion
Der/Die Mitarbeiter/in fehlt kurzfristig	Krankheit	• überprüfen, ob der Vertretungsplan funktioniert • Arbeitsplatzgestaltung überprüfen, um evtl. Krankheitsursachen am Arbeitsplatz zu beseitigen • Wiederkehrergespräch
… erkrankt kurz vor einem wichtigen Termin	Krankheit	• Wiederkehrergespräch
	Angst, Unsicherheit	• Wiederkehrergespräch • Mitarbeiterentwicklung • Training • Coaching • evtl. andere Aufgaben stellen
… fehlt häufig kurzfristig	Krankheit	• Wiederkehrergespräch • Beurteilungsgespräch • Motivation prüfen
	Fehlende Leistungsbereitschaft	• Wiederkehrergespräch • Mitarbeitergespräch • Zielvereinbarung • Beurteilungsgespräch • Korrekturgespräch • Abmahnung
	Innere Kündigung	• Feedback-Gespräch • eigenen Führungsstil überprüfen • Mitarbeitergespräch • neue Zielvereinbarung • Beurteilungsgespräch • Korrekturgespräch • Gehaltsgespräch

Mitarbeiterverhalten	Mögliche Ursache	Angemessene Reaktion
[... fehlt häufig kurzfristig]		• Selbstverantwortung erhöhen
	Mobbing	• Mitarbeitergespräch • Versetzung • Betriebsklima verbessern • Konfliktmanagement • Gespräch mit direktem Vorgesetzten • Abmahnung • Kündigung
	Private Veränderung	• Wiederkehrergespräch • Mitarbeitergespräch • versuchen, private Bedürfnisse mit betrieblichen Ansprüchen zu koordinieren • Zielvereinbarung • Beurteilungsgespräch • Korrekturgespräch • Abmahnung
... fehlt lange aufgrund einer schweren Krankheit/Verletzung	Krankheit	• Vertretung organisieren und einarbeiten • Delegation überprüfen • Maßnahmen zur Gesundheitsförderung einleiten • Arbeitsplatzgestaltung und Arbeitszeitgestaltung überprüfen • Wiederkehrergespräch

Mitarbeiterverhalten	**Mögliche Ursache**	**Angemessene Reaktion**
... fehlt bis auf weiteres, und es ist unklar, ob er/sie an seinen/ihren Arbeitsplatz zurückkehren kann	Krankheit	• Vertretung organisieren und einarbeiten • Aufgaben neu delegieren • Maßnahmen zur Gesundheitsförderung einleiten • Arbeitsplatz- und Arbeitszeitgestaltung überprüfen • Wiederkehrergespräch
... fehlt unentschuldigt	Protesthaltung	• Mitarbeitergespräch • Korrekturgespräch • Feedback-Gespräch • Abmahnung
	Unmotiviertheit	• Mitarbeitergespräch • Karriereplanung • Zielvereinbarung • Korrekturgespräch • Abmahnung • Feedback-Gespräch
	Persönliche Probleme	• Mitarbeitergespräch • Hilfe anbieten
	Innere Kündigung	• Feedback-Gespräch • eigenen Führungsstil überprüfen • Mitarbeitergespräch • neue Zielvereinbarung • Beurteilungsgespräch • Korrekturgespräch • Gehaltsgespräch • Selbstverantwortung erhöhen

Mitarbeiterverhalten	Mögliche Ursache	Angemessene Reaktion
[… fehlt unentschuldigt]	Probleme am Arbeitsplatz	• Mitarbeitergespräch • Zielvereinbarung • Counselling • Arbeitsumfeld überprüfen
… fehlt immer an einem bestimmten Wochentag	Angst	• Mitarbeitergespräch • Mitarbeiterentwicklung (Weiterbildung) • Counselling • Coaching
	Private Anforderungen	• Mitarbeitergespräch • Korrekturgespräch • flexiblere Arbeitszeitgestaltung
	Nebenjob	• Mitarbeitergespräch • flexiblere Arbeitszeitgestaltung • Korrekturgespräch • Abmahnung
… verlängert seine/ihre Mittagspause unerlaubt	Protesthaltung	• Mitarbeitergespräch • Korrekturgespräch • Wichtigkeit seiner Arbeit verdeutlichen
	Profilierung	• Mitarbeitergespräch • überprüfen, ob der Mitarbeiter nicht dafür abends länger arbeitet • klare Regeln schaffen • Wichtigkeit seiner Arbeit verdeutlichen • eigenen Führungsstil überprüfen (Vorbild)

Mitarbeiter-verhalten	Mögliche Ursache	Angemessene Reaktion
[… verlängert seine/ ihre Mittagspause unerlaubt]	Unmotiviertheit	• Mitarbeitergespräch • Korrekturgespräch • Wichtigkeit seiner Arbeit verdeutlichen • Zielvereinbarung • Sinnorientierung • eigenen Führungsstil überprüfen (Vorbild)
	Innere Kündigung	• Feedback-Gespräch • eigenen Führungsstil überprüfen • Mitarbeitergespräch • neue Zielvereinbarung • Beurteilungsgespräch • Korrekturgespräch • Gehaltsgespräch • Selbstverantwortung erhöhen
	Pausenzeit reicht nicht	• Mitarbeitergespräch • Arbeitszeitgestaltung überdenken
… verspätet sich häufig	Private Anforderungen	• Mitarbeitergespräch • flexiblere Arbeitszeit-gestaltung
	Grundhaltung	• Mitarbeitergespräch • Wichtigkeit seiner Arbeit verdeutlichen
	Unmotiviertheit	• Mitarbeitergespräch • Wichtigkeit seiner Arbeit verdeutlichen • Zielvereinbarung • Sinnorientierung
	Innere Kündigung	• Feedback-Gespräch • eigenen Führungsstil überprüfen

Mitarbeiterverhalten	Mögliche Ursache	Angemessene Reaktion
[... verspätet sich häufig]		• Mitarbeitergespräch • neue Zielvereinbarung • Beurteilungsgespräch • Korrekturgespräch • Gehaltsgespräch • Selbstverantwortung erhöhen
	Äußere Umstände (Stau, Bahn, Kind etc.)	• Mitarbeitergespräch • flexiblere Arbeitszeitgestaltung • gemeinsame Lösung suchen
... verläßt den Arbeitsplatz oft früher	Private Anforderungen	• Mitarbeitergespräch • flexiblere Arbeitszeitgestaltung
	Unmotiviertheit	• Mitarbeitergespräch • Wichtigkeit seiner Arbeit verdeutlichen • Zielvereinbarung • Sinnorientierung
	Äußere Umstände (Stau, Bahn, Kind etc.)	• Mitarbeitergespräch • flexiblere Arbeitszeitgestaltung • gemeinsame Lösungen suchen
	Innere Kündigung	• Feedback-Gespräch • eigenen Führungsstil überprüfen • Mitarbeitergespräch • neue Zielvereinbarung • Beurteilungsgespräch • Korrekturgespräch • Gehaltsgespräch • Selbstverantwortung erhöhen

Krankheit

Mitarbeiter-verhalten	Mögliche Ursache	Angemessene Reaktion
Der/Die Mitarbeiter/in ist hin und wieder für kurze Zeit krank	Krankheit	• Wiederkehrergespräch (s. Fehlzeiten)
… ist häufig oder regelmäßig krank	Krankheit	• Mitarbeitergespräch • Wiederkehrergespräch • Beurteilungsgespräch • Arbeitsplatzbedingungen einmal genau unter die Lupe nehmen
	Ungesunde Lebensweise, private Belastung	• Mitarbeitergespräch • Wiederkehrergespräch • Korrekturgespräch • darauf hinweisen, wie wichtig der Mitarbeiter für den Betrieb ist
	Gesundheitliche Belastung am Arbeitsplatz (psychisch/physisch)	• Mitarbeitergespräch • Wiederkehrergespräch • Arbeitsplatzbedingungen einmal genau unter die Lupe nehmen
	Sekundärer Krankheitsnutzen (Erschleichen von Zuwendung)	• Mitarbeitergespräch • Wiederkehrergespräch • Beurteilungsgespräch • Anerkennungsgespräch • Korrekturgespräch • anspruchsvollere Aufgaben stellen
	Angst/Überforderung	• Mitarbeitergespräch • Zielvereinbarung • Zeitmanagement • Personalplanung überprüfen

Mitarbeiterverhalten	Mögliche Ursache	Angemessene Reaktion
[... ist häufig oder regelmäßig krank]		• Training • Coaching • Counselling • Mentoring • Delegation überprüfen • evtl. Konfliktmanagement
	Fehlende Motivation	• Mitarbeitergespräch • Wiederkehrergespräch • Beurteilungsgespräch • Arbeitsplatzbedingungen einmal genau unter die Lupe nehmen • Korrekturgespräch • Weiterbildung • neue Zielvereinbarung
	Innere Kündigung	• Feedback-Gespräch • eigenen Führungsstil überprüfen • Mitarbeitergespräch • neue Zielvereinbarung • Beurteilungsgespräch • Korrekturgespräch • Gehaltsgespräch • Selbstverantwortung erhöhen
	Sabotage	• Mitarbeitergespräch • Wiederkehrergespräch • Korrekturgespräch • Abmahnung • Kündigung
	Mobbing	• Mitarbeitergespräch • Versetzung • Betriebsklima verbessern

Mitarbeiterverhalten	Mögliche Ursache	Angemessene Reaktion
[… ist häufig oder regelmäßig krank]		• Konfliktmanagement • Gespräch mit direktem Vorgesetzten • Abmahnung • Kündigung
… ist dauerhaft krank	Krankheit	• Mitarbeitergespräch • Wiederkehrergespräch • Aufgabenstellung überprüfen • Arbeitsplatzbedingungen einmal genau unter die Lupe nehmen • Abmahnung • Kündigung • Vertretung organisieren und einarbeiten
	Gesundheitliche Belastung am Arbeitsplatz (psychisch/physisch)	• Mitarbeitergespräch • Wiederkehrergespräch • Arbeitsplatzbedingungen einmal genau unter die Lupe nehmen • Vertretung organisieren und einarbeiten • evtl. andere Arbeitsmittel und Arbeitsplatzumgestaltung
	Fehlende Motivation/ Innere Kündigung	• Mitarbeitergespräch • Wiederkehrergespräch • Beurteilungsgespräch • Arbeitsplatzbedingungen einmal genau unter die Lupe nehmen • Korrekturgespräch

Mitarbeiterverhalten	Mögliche Ursache	Angemessene Reaktion
[... ist dauerhaft krank]		• Weiterbildung • neue Zielvereinbarung • Vertretung organisieren und einarbeiten
	Sabotage	• Mitarbeitergespräch • Wiederkehrergespräch • Korrekturgespräch • Abmahnung • Kündigung • Vertretung organisieren und einarbeiten
	Mobbing	• Mitarbeitergespräch • Versetzung • Betriebsklima verbessern • Konfliktmanagement • Gespräch mit direktem Vorgesetzten • Abmahnung • Kündigung

Kündigung

Mitarbeiter-verhalten	Mögliche Ursache	Angemessene Reaktion
Der/Die Mitarbeiter/in bittet um Versetzung	Ehrgeiz	• Mitarbeitergespräch • Zielvereinbarung • Mitarbeiterent-wicklung • neue herausfordernde Aufgaben stellen
	Allgemeine Unzufriedenheit	• Mitarbeitergespräch • Anerkennungs-gespräch • Gehaltsgespräch • Zielvereinbarung • Ziele des Mitarbeiters erfragen • Mitarbeiterbeteiligung
	Unterforderung	• Mitarbeitergespräch • Mitarbeiterent-wicklung • Beurteilungsgespräch • Zielvereinbarung (neue Aufgabenstellung) • Zeitmanagement • Karriereplanung • Führungsstil ändern • Delegation überprüfen • Beförderung • Versetzung • Gehaltsgespräch
	Überforderung	• Mitarbeitergespräch • Zielvereinbarung • Zeitmanagement • Personalplanung überprüfen • Training • Coaching • Counselling • Mentoring

Mitarbeiter-verhalten	Mögliche Ursache	Angemessene Reaktion
[… bittet um Versetzung]		• Delegation überprüfen • evtl. Konfliktmanagement
	Private Gründe	• Mitarbeitergespräch • Gehaltsgespräch • Zielvereinbarung • Hilfe anbieten
	Schlechtes Betriebsklima	• Mitarbeitergespräch • eigenen Führungsstil überprüfen • Betriebsklima verbessern
	Falsches Führungsverhalten	• Mitarbeitergespräch • Zielvereinbarung • Feedback-Gespräch • eigenes Führungsverhalten überprüfen
… bewirbt sich bei der Konkurrenz, will kündigen	Ehrgeiz	• Mitarbeitergespräch • Anerkennungsgespräch • Zielvereinbarung • Beförderung • Versetzung • Karriereplanung • neue herausfordernde Aufgaben stellen
	Allgemeine Unzufriedenheit	• Mitarbeitergespräch • Anerkennungsgespräch • Gehaltsgespräch • Zielvereinbarung • Beförderung • Versetzung

Mitarbeiterverhalten	Mögliche Ursache	Angemessene Reaktion
[… bewirbt sich bei der Konkurrenz, will kündigen]	Unterforderung	• Mitarbeitergespräch • Mitarbeiterentwicklung • Beurteilungsgespräch • Zielvereinbarung (neue Aufgabenstellung) • Zeitmanagement • Karriereplanung • Führungsstil ändern • Delegation überprüfen • Beförderung • Versetzung • Gehaltsgespräch
	Überforderung	• Mitarbeitergespräch • Zielvereinbarung • Zeitmanagement • Personalplanung überprüfen • Training • Coaching • Counselling • Mentoring • Delegation überprüfen • evtl. Konfliktmanagement
	Private Gründe	• Mitarbeitergespräch • Gehaltsgespräch • Zielvereinbarung • evtl. Hilfe anbieten • Versetzung
	Fehlende Perspektiven	• Mitarbeitergespräch • Zielvereinbarung • Mitarbeiterentwicklung

Mitarbeiter-verhalten	Mögliche Ursache	Angemessene Reaktion
[… bewirbt sich bei der Konkurrenz, will kündigen]		• neue Aufgabenbereiche anbieten • Versetzung
	Wettbewerber bietet höheres Gehalt	• Mitarbeitergespräch • Gehaltsgespräch • eigene Gehaltspolitik überprüfen • Zielvereinbarung
	Wettbewerber bietet bessere Aufstiegschancen	• Mitarbeiterentwicklung verbessern • Aufstiegschancen schaffen
	Schlechtes Betriebsklima	• Mitarbeitergespräch • eigenen Führungsstil überprüfen • Betriebsklima verbessern
	Falsches Führungsverhalten	• Mitarbeitergespräch • Zielvereinbarung • Feedback-Gespräch • eigenen Führungsstil überprüfen
… droht mit Kündigung	Unzufriedenheit	• Mitarbeitergespräch • Anerkennungsgespräch • Zielvereinbarung • Beförderung • eigenen Führungsstil überprüfen
	Mangelnde Streitkultur	• Mitarbeitergespräch • Korrekturgespräch • Konfliktmanagement • Training

Mitarbeiter-verhalten	Mögliche Ursache	Angemessene Reaktion
[… droht mit Kündigung]		• eigenen Führungsstil überprüfen
	Will Gehalts-erhöhung	• Mitarbeitergespräch • Gehaltsgespräch • eigene Gehaltspolitik überprüfen • Zielvereinbarung
	Kann nichts bewirken	• Mitarbeitergespräch • Feedback-Gespräch • Korrekturgespräch • Beförderung
… kündigt	Innerliche Distanz zum Unternehmen	• Kündigung akzeptieren • Chance für ein letztes, offenes Feedback-Gespräch nutzen
	Frühere Alarmsignale wurden nicht erkannt	• Kündigung akzeptieren • sofort und regelmäßig Feedback-Gespräche mit allen Mitarbeitern führen • Betriebsklima verbessern

Leistungsmängel

Mitarbeiterverhalten	Mögliche Ursache	Angemessene Reaktion
Der/Die Mitarbeiter/in liefert Arbeitsergebnisse, die nicht der geforderten Qualität entsprechen	Überforderung	• Mitarbeitergespräch • Zielvereinbarung • Zeitmanagement • Personalplanung überprüfen • Training • Coaching • Counselling • Mentoring • Delegation überprüfen • evtl. Konfliktmanagement
	Fehlende Motivation	• Erfolgskreislauf initiieren • Anerkennungsgespräch • Kontrolle • Sinn und Ziel der Arbeit verdeutlichen
	Unklare Aufgabenstellung	• Aufgabenverständnis vom Mitarbeiter erklären lassen • Aufgaben eindeutig festlegen • neue Zielvereinbarung • Erfolgskreislauf initiieren • Stellenbeschreibung optimieren • Kontrolle
	Unklare Zielvereinbarung	• Zielvereinbarung deutlich machen • eigenen Führungsstil überprüfen • Kontrollen verstärken

Mitarbeiter-verhalten	**Mögliche Ursache**	**Angemessene Reaktion**
... liefert zu wenig Ergebnisse (Quantität)	Überforderung	• Mitarbeitergespräch • Zielvereinbarung • Zeitmanagement • Personalplanung überprüfen • Training • Coaching • Counselling • Mentoring • Delegation überprüfen • evtl. Konfliktmanagement • überprüfen, ob Arbeitsabläufe richtig sind
	Fehlende Motivation	• Mitarbeitergespräch • Aufgaben neu definieren • neue Zielvereinbarung • Erfolgskreislauf initiieren • Sinn und Ziel der Arbeit verdeutlichen • Zielvorstellungen des Mitarbeiters erfragen
	Ablenkungen, Störungen	• Arbeitsplatzumfeld überprüfen • Störungen beseitigen • Training: Streß-management
	Unklare Zielvereinbarung	• Neue Zielvereinbarung • Kontrolle • Sinn und Ziel der Arbeit verdeutlichen

Mitarbeiterverhalten	Mögliche Ursache	Angemessene Reaktion
[... liefert zu wenig Ergebnisse (Quantität)]	Fühlt sich ungerecht behandelt	• Mitarbeitergespräch • neue Zielvereinbarung • Erfolgskreislauf initiieren • Arbeitsplatzumfeld überprüfen • Beurteilungsgespräch • eigenen Führungsstil überprüfen • Feedback-Gespräch
	Unklare Arbeitsabläufe	• Mitarbeitergespräch • Einarbeitung verbessern • neue Zielvereinbarung • Störungen beseitigen • Arbeitsplatzumfeld überprüfen • Training • Coaching
	Innere Kündigung	• Feedback-Gespräch • eigenen Führungsstil überprüfen • Mitarbeitergespräch • neue Zielvereinbarung • Beurteilungsgespräch • Korrekturgespräch • Gehaltsgespräch • Selbstverantwortung erhöhen
	Gruppendruck	• Mitarbeitergespräch • Arbeitsplatzumfeld überprüfen • Beurteilungsgespräch • interne Kommunikation überprüfen • Mitarbeiterbeteiligung

Mitarbeiterverhalten	Mögliche Ursache	Angemessene Reaktion
… arbeitet zu langsam (Verhältnis Qualität zu Quantität)	Überforderung	• Mitarbeitergespräch • Zielvereinbarung • Zeitmanagement • Personalplanung überprüfen • Training • Coaching • Counselling • Mentoring • Delegation überprüfen • Kontrollverhalten überprüfen (Konzentration auf Fehler statt auf Erfolge) • erreichbare Ziele setzen, dann Anerkennung
	Fehlende Motivation	• Mitarbeitergespräch • Aufgaben neu definieren • neue Zielvereinbarung • Erfolgskreislauf initiieren • Sinn und Ziel der Arbeit verdeutlichen
	Ablenkungen, Störungen	• Arbeitsplatzumfeld überprüfen • Störungen beseitigen
	Unklare Zielvereinbarung	• Neue Zielvereinbarung • Kontrolle • Sinn und Ziel der Arbeit verdeutlichen • Gesamtzusammenhang des Arbeitsprozesses aufzeigen

Mitarbeiterverhalten	Mögliche Ursache	Angemessene Reaktion
[... arbeitet zu langsam (Verhältnis Qualität zu Quantität)]	Fühlt sich ungerecht behandelt	• Mitarbeitergespräch • neue Zielvereinbarung • Erfolgskreislauf initiieren • Arbeitsplatzumfeld überprüfen • Beurteilungsgespräch • eigenen Führungsstil überprüfen (Erreichbarkeit für Mitarbeiter) • Feedback-Gespräch
	Unklare Arbeitsabläufe	• Mitarbeitergespräch • Einarbeitung verbessern • neue Zielvereinbarung • Störungen beseitigen • Arbeitsplatzumfeld überprüfen • Training • Coaching • Arbeitsabläufe neu definieren
	Innere Kündigung	• Feedback-Gespräch • eigenen Führungsstil überprüfen • Mitarbeitergespräch • neue Zielvereinbarung • Beurteilungsgespräch • Korrekturgespräch • Gehaltsgespräch
	Gruppendruck	• Mitarbeitergespräch • Arbeitsplatzumfeld überprüfen • Beurteilungsgespräch • interne Kommunikation überprüfen • Mitarbeiterbeteiligung

Mitarbeiterverhalten	Mögliche Ursache	Angemessene Reaktion
… erledigt Arbeiten oft nicht termingerecht	Überforderung	• Mitarbeitergespräch • Zielvereinbarung (Termine) überprüfen • Zeitmanagement • Personalplanung überprüfen • Training • Coaching • Counselling • Mentoring • Delegation überprüfen • Kontrolle
	Fehlende Terminkontrolle	• Korrekturgespräch • Kontrolle • Führung der eigenen Person trainieren
	Fehlende Motivation	• Mitarbeitergespräch • Aufgaben neu definieren • neue Zielvereinbarung • Erfolgskreislauf initiieren • Sinn und Ziel der Arbeit verdeutlichen • im Netzplan darstellen, welche Konsequenzen Terminverschiebungen haben
	Falsche Selbsteinschätzung (hat zu kurzfristige Termine gesetzt)	• Korrekturgespräch • Kontrolle • Führung der eigenen Person trainieren • Coaching • gemeinsam üben Termine festzulegen

Mitarbeiterverhalten	Mögliche Ursache	Angemessene Reaktion
[... erledigt Arbeiten oft nicht termingerecht]	Störungen	• Arbeitsplatzumfeld überprüfen • Störungen beseitigen • Training: Streßbewältigung
	Führt Aufgaben außerhalb seines Rahmens durch	• Aufgaben neu definieren • Korrekturgespräch • Kontrolle • Kontakt mit Initiator der anderen Aufgaben aufnehmen • Fremdaufgabenverteilung unterbinden • Mitarbeiter auf eine Arbeit konzentrieren lassen
	Unklare Zielvereinbarung	• Neue Zielvereinbarung • Kontrolle • Sinn und Ziel der Arbeit verdeutlichen
	Innere Kündigung	• Feedback-Gespräch • eigenen Führungsstil überprüfen • Mitarbeitergespräch • neue Zielvereinbarung • Beurteilungsgespräch • Korrekturgespräch • Gehaltsgespräch
	Kann nicht Nein sagen, Angst vor Konflikten	• Korrekturgespräch • Führung der eigenen Person trainieren • Mentoring

Mitarbeiterverhalten	**Mögliche Ursache**	**Angemessene Reaktion**
[... erledigt Arbeiten oft nicht termingerecht]		• Counselling • Coaching • Konflikttraining
... fällt dadurch auf, daß er leichte Aufgaben fehlerhaft erledigt, obwohl er schwierige Aufgaben hervorragend löst	Unterforderung	• Mitarbeitergespräch • Mitarbeiterentwicklung • Beurteilungsgespräch • Zielvereinbarung (neue Aufgabenstellung) • Zeitmanagement • Karriereplanung • Führungsstil ändern • Delegation überprüfen • Beförderung • Versetzung • Gehaltsgespräch
	Fehlende Anerkennung bei Routine- und leichten Aufgaben	• Aufgaben neu definieren • Korrekturgespräch • Anerkennungsgespräch • Kontrolle verstärken
	Unklare Zielvereinbarung	• Aufgaben neu definieren • Sinn und Ziel der Arbeit verdeutlichen
... fällt dadurch auf, daß er leichte Aufgaben souverän bewältigt, bei schwierigeren Aufgaben jedoch Leistungsmängel zeigt	Überforderung	• Mitarbeitergespräch • Zielvereinbarung • Zeitmanagement • Personalplanung überprüfen • Training • Coaching • Counselling • Mentoring • Delegation überprüfen

Mitarbeiterverhalten	Mögliche Ursache	Angemessene Reaktion
[… fällt dadurch auf, daß er leichte Aufgagen souverän bewältigt, bei schwierigeren Aufgaben jedoch Leistungsmängel zeigt]		• evtl. Konfliktmanagement
	Unklare Zielvereinbarung	• neue Zielvereinbarung • Kontrolle • Sinn und Ziel der Arbeit verdeutlichen • Anerkennungsverhalten überprüfen (Lob nur bei Quantität?)
	Angst, Unsicherheit	• Korrekturgespräch • Führung der eigenen Person trainieren • Mentoring • Counselling • Coaching
	Falsche Einarbeitung	• Mitarbeitergespräch • Einarbeitung verbessern • Arbeitsplatzumfeld überprüfen • Training • Mentoring • Counselling
	Kennt Arbeitsmethoden nicht	• Mitarbeitergespräch • Einarbeitung verbessern • Personalauswahl überprüfen • Training • Mentoring • Counselling

Mitarbeiterverhalten	Mögliche Ursache	Angemessene Reaktion
… ist unmotiviert, ist nicht leistungsbereit	Schlechte Bezahlung	• Gehaltsgespräch • Selbstbestimmung der Arbeit • Mitarbeitergespräch • Korrekturgespräch
	Fehlende Selbstverantwortung	• Korrekturgespräch • Kontrolle • Führung der eigenen Person trainieren • Coaching • Mitarbeiterbeteiligung erhöhen
	Prestigedenken	• Korrekturgespräch • Kontrolle • Führung der eigenen Person trainieren • Coaching • Wert der Arbeit hervorheben • Zukunftsaussichten schaffen (Karriereplanung) • Personalentwicklung
	Anspruchslose Arbeit	• neue Zielvereinbarung • Arbeitsinhalte neu definieren • Mitarbeiterentwicklung • Sinn und Ziel der Arbeit verdeutlichen • Anerkennungsgespräch • Arbeit durch Erweiterung der Aufgaben und Anforde-

Mitarbeiterverhalten	Mögliche Ursache	Angemessene Reaktion
[… ist unmotiviert, ist nicht leistungsbereit]		rungen anspruchsvoller machen
	Fehlender Sinn der Arbeit	• neue Zielvereinbarung • Kontrolle • Sinn und Ziel der Arbeit verdeutlichen
	Innere Kündigung	• Feedback-Gespräch • eigenen Führungsstil überprüfen • Mitarbeitergespräch • neue Zielvereinbarung • Beurteilungsgespräch • Korrekturgespräch • Gehaltsgespräch • Selbstverantwortung erhöhen
	Fehlende Anerkennung	• Mitarbeitergespräch • neue Zielvereinbarung • Erfolgskreislauf initiieren • Arbeitsplatzumfeld überprüfen • Beurteilungsgespräch • Anerkennungsgespräch • eigenen Führungsstil überprüfen • Feedback-Gespräch
	Private Probleme	• Mitarbeitergespräch • Hilfe anbieten
… erledigt seine Aufgaben nicht	Unklare Zieldefinition	• neue Zielvereinbarung • Kontrolle

Mitarbeiterverhalten	**Mögliche Ursache**	**Angemessene Reaktion**
[... erledigt seine Aufgaben nicht]		• Sinn und Ziel der Arbeit verdeutlichen
	Sieht Aufgaben als unwichtig an	• Korrekturgespräch • Sinn und Ziel der Arbeit verdeutlichen • Anerkennungsgespräch
	Innere Kündigung	• Feedback-Gespräch • eigenen Führungsstil überprüfen • Mitarbeitergespräch • neue Zielvereinbarung • Beurteilungsgespräch • Korrekturgespräch • Gehaltsgespräch • Selbstverantwortung erhöhen
	Streik	• legitimes Arbeitskampf-Instrument • Identifikation zum Gesamtunternehmen erhöhen • Selbstwertgefühl und Selbstbewußtsein erhöhen • Mitarbeiterbeteiligung
... delegiert seine Arbeit an Kollegen weiter, nutzt Kollegen aus	Bequemlichkeit/ Cleverness	• Mitarbeitergespräch • Zielvereinbarung • Kontrolle • Stellenbeschreibung optimieren • Ergebnisorientierung
	Unterforderung	• Mitarbeitergespräch • Mitarbeiterentwicklung

Mitarbeiter-verhalten	Mögliche Ursache	Angemessene Reaktion
[… delegiert seine Arbeit an Kollegen weiter, nutzt Kollegen aus]		• Beurteilungsgespräch • Zielvereinbarung (neue Aufgabenstellung) • Zeitmanagement • Karriereplanung • Führungsstil ändern • Delegation überprüfen • Beförderung • Versetzung • Gehaltsgespräch
	Überforderung	• Mitarbeitergespräch • Zielvereinbarung • Zeitmanagement • Personalplanung überprüfen • Training • Coaching • Counselling • Mentoring • Delegation überprüfen • evtl. Konfliktmanagement
	Innere Kündigung	• Feedback-Gespräch • eigenen Führungsstil überprüfen • Mitarbeitergespräch • neue Zielvereinbarung • Beurteilungsgespräch • Korrekturgespräch • Gehaltsgespräch • Selbstverantwortung erhöhen
… ist unflexibel	Private Belastung	• Mitarbeitergespräch • Hilfe anbieten

Mitarbeiterverhalten	Mögliche Ursache	Angemessene Reaktion
[... ist unflexibel]	Hohes Sicherheitsbedürfnis, Angst vor Unbekanntem	• Mitarbeitergespräch • Anerkennungsgespräch • eigenen Führungsstil überprüfen (Kontrolle auf Erfolge statt auf Fehler ausrichten)
	Fehlende Leistungsbereitschaft	• Mitarbeitergespräch • Korrekturgespräch • Kreativitätstechniken vermitteln • Kontrolle verstärken • Ziele des Mitarbeiters ergründen
	Innere Kündigung	• Feedback-Gespräch • eigenen Führungsstil überprüfen • Mitarbeitergespräch • neue Zielvereinbarung • Beurteilungsgespräch • Korrekturgespräch • Gehaltsgespräch • Selbstverantwortung erhöhen
	Grundhaltung (Sturheit)	• Mitarbeitergespräch • Korrekturgespräch
... macht ständig Pause	Unterforderung	• Mitarbeitergespräch • Mitarbeiterentwicklung • Beurteilungsgespräch • Zielvereinbarung (neue Aufgabenstellung) • Zeitmanagement • Karriereplanung • Führungsstil ändern

Mitarbeiterverhalten	Mögliche Ursache	Angemessene Reaktion
[... macht ständig Pause]		• Delegation überprüfen • Beförderung • Versetzung • Gehaltsgespräch
	Überforderung	• Mitarbeitergespräch • Zielvereinbarung • Zeitmanagement • Personalplanung überprüfen • Training • Coaching • Counselling • Mentoring • Delegation überprüfen • evtl. Konfliktmanagement
	Protesthaltung	• Mitarbeitergespräch • Korrekturgespräch • Feedback-Gespräch • eigenen Führungsstil überprüfen
	Innere Kündigung	• Feedback-Gespräch • eigenes Führungsverhalten überprüfen • Mitarbeitergespräch • neue Zielvereinbarung • Beurteilungsgespräch • Korrekturgespräch • Gehaltsgespräch • Selbstverantwortung erhöhen
	Sieht sich nicht als wichtiger Bestandteil des Unternehmens	• Anerkennungsgespräch • Sinn und Ziel der Arbeit verdeutlichen

Mitarbeiterverhalten	Mögliche Ursache	Angemessene Reaktion
[… macht ständig Pause]		• Gesamtzusammenhang der Arbeit verdeutlichen
… ist oft nicht an seinem Platz	Arbeitsdrückerei	• Mitarbeitergespräch • Korrekturgespräch • Mitarbeiterziele und betriebliche Ziele koordinieren
	Sucht sozialen Kontakt	• Mitarbeitergespräch • Teamarbeit, evtl. anderer Arbeitsplatz
	Soziale Isolation in seinem Team, Mobbing	• Teamentwicklung • Training • Betriebsklima verbessern • Versetzung in anderes Arbeitsteam
	Fehlende Arbeitsmittel	• Arbeitsplatzgestaltung überprüfen • eigenen Führungsstil überprüfen • Feedback-Gespräch
… will keine Verantwortung übernehmen	Fehlendes Selbstvertrauen	• Anerkennungsgespräch • Beurteilungsgespräch • neue Zielvereinbarung • Führung der eigenen Person trainieren • Mentoring • Counselling • Coaching • erreichbare Ziele setzen, dann Anerkennungsgespräch

Mitarbeiterverhalten	Mögliche Ursache	Angemessene Reaktion
[… will keine Verantwortung übernehmen]	Angst vor Verantwortung	• Anerkennungsgespräch • Beurteilungsgespräch • neue Zielvereinbarung • Führung der eigenen Person trainieren • Mentoring • Counselling • Coaching • Kontrollverhalten überprüfen (Konzentration auf Fehler?) • Feedback-Gespräch
	Frustration	• Ergebnisorientierung • Erfolgskreislauf initiieren • Anerkennungsgespräch • Beurteilungsgespräch • neue Zielvereinbarung
	Protesthaltung gegen autoritäre Führung	• Feedback-Gespräch • eigenen Führungsstil überprüfen
	Innere Kündigung	• Feedback-Gespräch • eigenen Führungsstil überprüfen • Mitarbeitergespräch • neue Zielvereinbarung • Beurteilungsgespräch • Korrekturgespräch • Gehaltsgespräch • Selbstverantwortung erhöhen
	Fehlende Anerkennung (Fehlerorientierung)	• Anerkennungsgespräch • Beurteilungsgespräch

Mitarbeiterverhalten	Mögliche Ursache	Angemessene Reaktion
[… will keine Verantwortung übernehmen]		• eigenen Führungsstil überprüfen • Feedback-Gespräch • neue Zielvereinbarung
… zeigt ungewohnten Leistungsabfall	Private Probleme	• Mitarbeitergespräch • Korrekturgespräch • Weiterbildung • Training • Störungen ausschalten • Hilfe anbieten
	Störungen	• Mitarbeitergespräch • Störungen ausschalten
	Unklare Zielvereinbarung	• Mitarbeitergespräch • Beurteilungsgespräch • neue Zielvereinbarung
	Drogen	• s. Drogen
	Innere Kündigung	• Feedback-Gespräch • eigenen Führungsstil überprüfen • Mitarbeitergespräch • neue Zielvereinbarung • Beurteilungsgespräch • Korrekturgespräch • Gehaltsgespräch • Selbstverantwortung erhöhen
	Mobbing	• Mitarbeitergespräch • Versetzung • Betriebsklima verbessern • Konfliktmanagement • Gespräch mit direktem Vorgesetzten

Mitarbeiterverhalten	Mögliche Ursache	Angemessene Reaktion
[… zeigt ungewohnten Leistungsabfall]		• Abmahnung • Kündigung
	Veränderte Arbeitsabläufe	• Weiterbildung • Training • Mentoring • Counselling • neue Zielvereinbarung • interne Kommunikation verstärken • Einarbeitung optimieren
… beschuldigt sich selbst schlechter Arbeit	Abwehrmechanismus: anstatt andere zu kritisieren, Aggressionen gegen sich selbst	• Anerkennungsgespräch • Zielvereinbarung • Beurteilungsgespräch • Arbeitsqualität anderer Mitarbeiter überprüfen • erreichbare Ziele setzen, dann Anerkennungsgespräch

Nachlässigkeit/Unkonzentriertheit

Mitarbeiter-verhalten	Mögliche Ursache	Angemessene Reaktion
Der/Die Mitarbeiter/in arbeitet nachlässig	Unterforderung	• Mitarbeitergespräch • Mitarbeiterentwicklung • Beurteilungsgespräch • Zielvereinbarung (neue Aufgabenstellung) • Zeitmanagement • Karriereplanung • Führungsstil ändern • Delegation überprüfen • Beförderung • Versetzung • Gehaltsgespräch
	Überforderung	• Mitarbeitergespräc • Zielvereinbarung • Zeitmanagement • Personalplanung überprüfen • Training • Coaching • Counselling • Mentoring • Delegation überprüfen • evtl. Konfliktmanagement
	Fehlende Sorgfalt/Motivation	• Zielvereinbarung • Korrekturgespräch • Kontrolle • Ordnungskriterien einführen • Zusammenhang zwischen eigener Leistung und Unternehmenserfolg verdeutlichen

Mitarbeiterverhalten	Mögliche Ursache	Angemessene Reaktion
[... arbeitet nachlässig]	Innere Kündigung	• Feedback-Gespräch • eigenen Führungsstil überprüfen • Mitarbeitergespräch • neue Zielvereinbarung • Beurteilungsgespräch • Korrekturgespräch • Gehaltsgespräch • Selbstverantwortung erhöhen
	Fehlende Kundenorientierung	• Dienstleistungsgedanken verankern • Unternehmenskultur optimieren • eigenen Führungsstil überprüfen (Dienstleistungsgedanken) • Organisation auf das System der Internen Kundenorientierung umstellen
	Fehlende Ergebnisorientierung	• Zielvereinbarung • Kontrolle • Aufgabenverständnis des Mitarbeiters erklären lassen
... verbummelt wichtige Unterlagen	Unklare Aufgabenstellung	• Zielvereinbarung • Korrekturgespräch • eigenen Führungsstil überprüfen • Ordnungskriterien einführen • Kontrolle • Aufgabenverständnis des Mitarbeiters erklären lassen

Mitarbeiter-verhalten	**Mögliche Ursache**	**Angemessene Reaktion**
[... verbummelt wichtige Unterlagen]	Unterforderung	• Mitarbeitergespräch • Mitarbeiterent-wicklung • Beurteilungsgespräch • Zielvereinbarung (neue Aufgabenstellung) • Zeitmanagement • Karriereplanung • Führungsstil ändern • Delegation überprüfen • Beförderung • Versetzung • Gehaltsgespräch
	Überforderung	• Mitarbeitergespräch • Zielvereinbarung • Zeitmanagement • Personalplanung überprüfen • Training • Coaching • Counselling • Mentoring • Delegation über-prüfen • evtl. Konfliktmanage-ment
	Schlechte Selbstorganisation	• Ordnungskriterien einführen • Kontrolle • Weiterbildung • Training: Führung der eigenen Person
	Mobbing (andere verstecken Unterlagen)	• Mitarbeitergespräch • Versetzung • Betriebsklima ver-bessern

Mitarbeiterverhalten	Mögliche Ursache	Angemessene Reaktion
[... verbummelt wichtige Unterlagen]		• Konfliktmanagement • Gespräch mit direktem Vorgesetzten • Abmahnung • Kündigung
	Unternehmenskultur (Führungskraft ist auch unzuverlässig), fehlendes Vorbild	• Ordnungskriterien einführen • Feedback-Gespräch • eigenen Führungsstil überprüfen • Führung der eigenen Person trainieren
... räumt seinen Arbeitsplatz nicht auf	Fehlende Sorgfalt, Motivation	• Zielvereinbarung • Korrekturgespräch • Kontrolle • Ordnungskriterien einführen
	Grundhaltung	• Zielvereinbarung • Beurteilungsgespräch • Korrekturgespräch • Ordnungskriterien einführen • Kontrolle • Weiterbildung • Führung der eigenen Person trainieren
	Innere Kündigung	• Feedback-Gespräch • eigenen Führungsstil überprüfen • Mitarbeitergespräch • neue Zielvereinbarung • Beurteilungsgespräch

Mitarbeiter-verhalten	Mögliche Ursache	Angemessene Reaktion
[... räumt seinen Arbeitsplatz nicht auf]		• Korrekturgespräch • Gehaltsgespräch • Selbstverantwortung erhöhen
	Versucht, Arbeit vorzutäuschen	• Zielvereinbarung • Korrekturgespräch • Ordnungskriterien einführen • Kontrolle (Ergebnis-orientierung!) • Aufgabengebiet erweitern
... hat eine chaotische Arbeits-weise, die für seine Kollegen hinderlich ist	Wesenszug	• Zielvereinbarung • Beurteilungsgespräch • Korrekturgespräch • Ordnungskriterien einführen • Kontrolle • evtl. andere Aufgaben-bereiche definieren • evtl. Einzelarbeitsplatz und abgegrenzte Tätigkeit
	Mobbing	• Mitarbeitergespräch • Versetzung • Betriebsklima ver-bessern • Konfliktmanagement • Gespräch mit direk-tem Vorgesetzten • Abmahnung • Kündigung
	Teamunfähigkeit	• Beurteilungs-gespräch • Korrekturgespräch

Mitarbeiterverhalten	Mögliche Ursache	Angemessene Reaktion
[… hat eine chaotische Arbeitsweise, die für seine Kollegen hinderlich ist]		• Mitarbeiterentwicklung • Teamentwicklung • Mentoring • Betriebsklima überprüfen • evtl. anderen Aufgabenbereich definieren
	Erkennt den Zusammenhang nicht	• Beurteilungsgespräch • Korrekturgespräch • Ziel und Sinn der Arbeit verdeutlichen • Zielvereinbarung
… gibt Informationen nicht weiter	Fehlende Sorgfalt/ Motivation	• Zielvereinbarung • Beurteilungsgespräch • Korrekturgespräch • Weiterbildung • Anweisung • Abmahnung • Informationsmanagement verbessern (Verteilerschlüssel schaffen) • Kontrollen verstärken
	Mobbing	• Mitarbeitergespräch • Versetzung • Betriebsklima verbessern • Konfliktmanagement • Gespräch mit direktem Vorgesetzten • Abmahnung • Kündigung

Mitarbeiterverhalten	Mögliche Ursache	Angemessene Reaktion
[... gibt Informationen nicht weiter]	Machtstreben (Wissen ist Macht)	• Korrekturgespräch • interne Kommunikation verbessern (Informationsverteiler erstellen) • eigenen Führungsstil überprüfen (Vorbild) • Anweisung • Abmahnung • Kündigung
	Innere Kündigung	• Feedback-Gespräch • eigenen Führungsstil überprüfen • Mitarbeitergespräch • neue Zielvereinbarung • Beurteilungsgespräch • Korrekturgespräch • Gehaltsgespräch • Selbstverantwortung erhöhen
	Schlechte interne Kommunikation	• interne Kommunikation verbessern (Informationsverteiler erstellen) • Anweisung • eigenes Vorbildverhalten überprüfen
	Fehlendes Vorbild (Vorgesetzte geben Informationen auch nicht weiter)	• interne Kommunikation verbessern (Informationsverteiler erstellen) • eigenen Führungsstil überprüfen • alle Informationen allen zur Verfügung

Mitarbeiter-verhalten	Mögliche Ursache	Angemessene Reaktion
[... gibt Informationen nicht weiter]		stellen (z. B. via Intranet)
... vergißt wichtige Termine	Fehlende Sorgfalt/ Motivation	• Zielvereinbarung • Beurteilungsgespräch • Korrekturgespräch • Zeitmanagement • Kontrolle • Anweisung • Abmahnung • Kündigung
	Überforderung	• Mitarbeitergespräch • Zielvereinbarung • Zeitmanagement • Personalplanung überprüfen • Training • Coaching • Counselling • Mentoring • Delegation überprüfen • evtl. Konfliktmanagement
	Falsche Zeiteinteilung	• Korrekturgespräch • Kontrollen verstärken • Zeitmanagement • Führung der eigenen Person trainieren
	Schlechte Selbstorganisation	• Kontrolle • Training: Führung der eigenen Person
	Innere Kündigung	• Feedback-Gespräch • eigenen Führungsstil überprüfen

Mitarbeiter-verhalten	**Mögliche Ursache**	**Angemessene Reaktion**
[… vergißt wichtige Termine]		• Mitarbeitergespräch • neue Zielvereinbarung • Beurteilungsgespräch • Korrekturgespräch • Gehaltsgespräch • Selbstverantwortung erhöhen
	Termine werden als unwichtig oder unangenehm empfunden	• Zielvereinbarung • Wichtigkeit herausstellen • Qualität der Besprechungen überprüfen • Feedback-Gespräch
… ist unzuverlässig	Fehlende Sorgfalt/ Motivation	• Beurteilungsgespräch • Korrekturgespräch • Zielvereinbarung • Kontrolle • Anweisung • Abmahnung • Kündigung
	Überforderung	• Mitarbeitergespräch • Zielvereinbarung • Zeitmanagement • Personalplanung überprüfen • Training • Coaching • Counselling • Mentoring • Delegation überprüfen • evtl. Konfliktmanagement

Mitarbeiterverhalten	Mögliche Ursache	Angemessene Reaktion
[… ist unzuverlässig]	Störungen	• Störungen beseitigen • Training: Streßmanagement
	Unklare Zielvereinbarung	• neue Zielvereinbarung • Korrekturgespräch • eigenen Führungsstil überprüfen • Feedback-Gespräch
	Innere Kündigung	• Feedback-Gespräch • eigenen Führungsstil überprüfen • Mitarbeitergespräch • neue Zielvereinbarung • Beurteilungsgespräch • Korrekturgespräch • Gehaltsgespräch • Selbstverantwortung erhöhen
	Versucht, es allen recht zu machen	• Coaching • Konflikttraining • Mitarbeiter anweisen nur dann neue Aufgaben anzunehmen wenn die alten Aufgaben erledigt sind • Training: Konfliktmanagement

Privates

Mitarbeiterverhalten	Mögliche Ursache	Angemessene Reaktion
Der/Die Mitarbeiter/in wirkt schon vor Arbeitsbeginn abgespannt und müde	Private Probleme	• Mitarbeitergespräch • Coaching • Hilfe anbieten • kurzfristiger Urlaub
	Mobbing	• Mitarbeitergespräch • Versetzung • Betriebsklima verbessern • Konfliktmanagement • Gespräch mit direktem Vorgesetzten • Abmahnung • Kündigung
	Nebenjob	• Korrekturgespräch • darauf hinweisen, daß der Nebenjob nicht die Arbeit beeinträchtigen darf • Gehaltsgespräch
	Verarbeitet Probleme der Arbeit schlecht	• Mitarbeitergespräch • Coaching • Aufgaben und Ziele neu definieren
… macht freiwillig Überstunden, ohne daß die Notwendigkeit bestünde	Private Probleme	• Mitarbeitergespräch • Coaching • Hilfe anbieten
	Glaubt, wer mehr Überstunden macht, genießt mehr Ansehen	• eigenes Vorbildverhalten überprüfen • eigenen Führungsstil überprüfen (Anerkennung nicht auf Erfolge, sondern auf Einsatz gerichtet?)

Mitarbeiterverhalten	Mögliche Ursache	Angemessene Reaktion
[... macht freiwillig Überstunden, ohne daß die Notwendigkeit bestünde]		• Unternehmenskultur optimieren
	Stille Gehaltserhöhung	• Korrekturgespräch • Gehaltsgespräch • Aufgabenbereich erweitern bei gleichzeitiger Gehaltserhöhung
... klagt über persönliche Probleme	Private Probleme	• Mitarbeitergespräch • Coaching • Hilfe anbieten
	Ausrede	• Mitarbeitergespräch • eigenen Führungsstil überprüfen (Gesprächsbereitschaft signalisieren)
... bittet um unbezahlten Urlaub	Private Anforderungen	• Mitarbeitergespräch • Urlaub gewähren • Hilfe anbieten
... führt häufig Privatgespräche am Telefon	Private Probleme	• Mitarbeitergespräch • Coaching • Hilfe anbieten • Korrekturgespräch
	Fehlende Motivation	• Mitarbeitergespräch • Beurteilungsgespräch • Korrekturgespräch • Aufgabenbereich und Verantwortung erweitern
	Fehlendes Kostenverständnis	• Mitarbeitergespräch • Korrekturgespräch • Anweisung • Abmahnung

Mitarbeiter-verhalten	Mögliche Ursache	Angemessene Reaktion
[... führt häufig Privatgespräche am Telefon]		• Kündigung • Kosten für Telefonate aufschlüsseln
	Sabotage	• Mitarbeitergespräch • Korrekturgespräch • Abmahnung • Kündigung

Streß

Mitarbeiter-verhalten	Mögliche Ursache	Angemessene Reaktion
Der/Die Mitarbeiter/in ist nie gestreßt	Perfekte Arbeitsorganisation	• Anerkennungs-gespräch
	Unfähigkeit, Ziele zu erkennen	• Mitarbeitergespräch • Zielvereinbarung
	Unterforderung	• Mitarbeitergespräch • Mitarbeiterent-wicklung • Beurteilungsgespräch • Zielvereinbarung (neue Aufgabenstellung) • Zeitmanagement • Karriereplanung • Führungsstil ändern • Delegation überprüfen • Beförderung • Versetzung • Gehaltsgespräch
... ist hin und wieder gestreßt	Normales Arbeitsverhalten	• Anerkennungs-gespräch
... ist regelmäßig bei bestimmten Aufgaben gestreßt	Falsche Zeit-einteilung	• Zeitmanagement • Mitarbeitergespräch • Beurteilungsgespräch • Anweisung • Training
	Aversion gegen bestimmte Aufgaben	• Mitarbeitergespräch • Korrekturgespräch • Aufgabenbereich neu definieren • Weiterbildung • Training
	Überforderung	• Mitarbeitergespräch • Zielvereinbarung • Zeitmanagement

Mitarbeiter-verhalten	Mögliche Ursache	Angemessene Reaktion
[… ist regelmäßig bei bestimmten Aufgaben gestreßt]		• Personalplanung überprüfen • Training • Coaching • Counselling • Mentoring • Delegation überprüfen • evtl. Konfliktmanagement
	Unfähigkeit, Nein zu sagen	• Mitarbeitergespräch • Korrekturgespräch • Coaching • Konflikttraining • Mitarbeiter anweisen Aufgaben vorher auf Machbarkeit zu überprüfen
… steht unter Dauerstreß	Permanente Störungen von außen	• Störungen von außen beseitigen • Coaching/Training • Anerkennungsgespräch • Delegation überprüfen • mehr Personal einstellen
	Falsche Zeiteinteilung	• Zeitmanagement • Mitarbeitergespräch • Beurteilungsgespräch • Anweisung • Training
	Übertriebener Ehrgeiz	• Mitarbeitergespräch • Korrekturgespräch • neue Herausforderungen schaffen • erreichbare Ziele setzen

Mitarbeiterverhalten	Mögliche Ursache	Angemessene Reaktion
[... steht unter Dauerstreß]	Personelle Unterbesetzung	• Delegation überprüfen • Aufgaben neu verteilen • mehr Personal (Aushilfen) einstellen
	Allmachtsphantasien/ Besserwisserei (außer mir kann das doch sowieso keiner)	• Mitarbeitergespräch • Korrekturgespräch • Beurteilungsgespräch • Teamgedanken verankern
	Anerkennungssucht	• Mitarbeitergespräch • Korrekturgespräch • Beurteilungsgespräch • Coaching
	Falsche Aufgabenverteilung	• Zeitmanagement • Delegation überprüfen • eigenen Führungsstil überdenken • Feedback-Gespräch
	Kann nicht delegieren	• Delegation trainieren • Counselling • Mentoring • Weiterbildung • Training • Coaching • Aufgaben neu verteilen
	Streß ist Teil der Unternehmenskultur (Streß ist gesund)	• eigenes Vorbildverhalten überprüfen • Arbeitsabläufe optimieren • personelle Besetzung überprüfen • Zeitmanagement • Unternehmenskultur verändern (andere Erfolgskriterien als Streß festsetzen)

Überstunden

Mitarbeiterverhalten	Mögliche Ursache	Angemessene Reaktion
Der/Die Mitarbeiter/in macht nie Überstunden	Perfekte Zeiteinteilung und Aufgabenverteilung	• Gehaltsgespräch • evtl. zusätzliche Aufgabenbereiche definieren • Anerkennungsgespräch • Beurteilungsgespräch
	Fehlende Motivation	• Mitarbeitergespräch • Beurteilungsgespräch • evtl. neue Aufgabenbereiche definieren • Zielvereinbarung
	Unterforderung	• Mitarbeitergespräch • Mitarbeiterentwicklung • Beurteilungsgespräch • Zielvereinbarung (neue Aufgabenstellung) • Zeitmanagement • Karriereplanung • Führungsstil ändern • Delegation überprüfen • Beförderung • Versetzung • Gehaltsgespräch
… macht vereinzelt Überstunden	Notwendige Deckung kurzfristiger Bedarfsspitzen (z. B. Weihnachtsgeschäft)	• normales Arbeitsverhalten (also kein direkter Handlungsbedarf) • bedarfsspitzenqualifizierte Weiterbildung • Anerkennungsgespräch
	Organisationsprobleme	• Bedarfsspitzenqualifizierte Weiterbildung • kurzfristige Einstellung von Aushilfen • Organisationsentwicklung

Mitarbeiterverhalten	Mögliche Ursache	Angemessene Reaktion
… macht häufig Überstunden	Permanente Störungen von außen	• Störungen von außen beseitigen • Arbeitsplatzbeschaffenheit überprüfen • Mitarbeitergespräch • Anerkennungsgespräch • verhindern, daß andere dem Mitarbeiter Aufgaben geben
	Überforderung	• Mitarbeitergespräch • Zielvereinbarung • Zeitmanagement • Personalplanung überprüfen • Training • Coaching • Counselling • Mentoring • Delegation überprüfen • evtl. Konfliktmanagement
	Personelle Unterbesetzung	• Mitarbeitergespräch • Organisationsentwicklung überdenken • evtl. Neueinstellung • Aufgabenbereich neu definieren • Personalplanung überprüfen
	Unfähigkeit zu delegieren	• Mitarbeitergespräch • Korrekturgespräch • Weiterbildung • Training/Coaching

Mitarbeiterverhalten	**Mögliche Ursache**	**Angemessene Reaktion**
[… macht häufig Überstunden]	Ungenügende Aufgabenverteilung	• Mitarbeitergespräch • Aufgabenbereich neu definieren
	Private Probleme	• Mitarbeitergespräch • Hilfe anbieten
	Stille Gehaltserhöhung	• Korrekturgespräch • Kontrolle verstärken • Gehaltsgespräch
	Besitzt isoliertes Fachwissen	• Korrekturgespräch • Organisationsentwicklung überdenken • evtl. Neueinstellung • Weiterbildung anderer Mitarbeiter • Aufgabenbereich neu definieren • Arbeitsplatzbeschaffenheit überprüfen
… macht ständig Überstunden	Permanente Störung von außen	• Störungen von außen beseitigen • Arbeitsplatzbeschaffenheit überprüfen • Mitarbeitergespräch • Anerkennungsgespräch
	Überforderung	• Mitarbeitergespräch • Zielvereinbarung • Zeitmanagement • Personalplanung überprüfen • Training • Coaching • Counselling • Mentoring

Mitarbeiterverhalten	Mögliche Ursache	Angemessene Reaktion
[… macht ständig Überstunden]		• Delegation überprüfen • evtl. Konfliktmanagement
	Personelle Unterbesetzung	• Mitarbeitergespräch • Organisationsentwicklung überdenken • evtl. Neueinstellung • Aufgabenbereich neu definieren • Personalplanung optimieren
	Unfähigkeit zu delegieren	• Mitarbeitergespräch • Korrekturgespräch • Weiterbildung • Training/Coaching • Delegationsverhalten kontrollieren
	Ungenügende Aufgabenverteilung	• Mitarbeitergespräch • Aufgabenbereich neu definieren
	Private Probleme	• Mitarbeitergespräch • Hilfe anbieten
	Stille Gehaltserhöhung	• Korrekturgespräch • Kontrolle verstärken • Gehaltsgespräch • Aufgaben erweitern und gleichzeitig Gehalt erhöhen
	Besitzt isoliertes Fachwissen	• Korrekturgespräch • Organisationsentwicklung überdenken evtl. Neueinstellung • Weiterbildung anderer Mitarbeiter

Mitarbeiterverhalten	Mögliche Ursache	Angemessene Reaktion
[... macht ständig Überstunden]		• Aufgabenbereich neu definieren • Arbeitsplatzbeschaffenheit überprüfen
	Allmachtsanspruch	• Unternehmenskultur optimieren • Feedback-Gespräch • eigenen Führungsstil überprüfen (Vorbild)
	Arbeits- statt Ergebnisorientierung	• Zielvereinbarung • Feedback-Gespräch • eigenen Führungsstil überprüfen (Belohnung von Ergebnissen, nicht von Arbeit)
	Fehlendes Vorbild (Vorgesetzte machen auch Überstunden)	• Unternehmenskultur optimieren • Betriebsklima verbessern • Feedback-Gespräch • eigenen Führungsstil überprüfen (Vorbild)
	Will Präsenz zeigen	• Korrekturgespräch • Zielvereinbarung • Feedback-Gespräch • eigenen Führungsstil überprüfen (Belohnung von Ergebnissen, nicht von Arbeit) • eigenes Vorbildverhalten überprüfen

Unsoziales Verhalten

Mitarbeiter-verhalten	Mögliche Ursache	Angemessene Reaktion
Der/Die Mitarbeiter/in grüßt einzelne Kollegen/die Vorgesetzten/alle nicht mehr	Unaufmerksamkeit	• Mitarbeitergespräch • Korrekturgespräch
	Soziale Isolation	• Mitarbeitergespräch • Teamentwicklung • Hilfe anbieten • soziale Kompetenz trainieren • Betriebsklima verbessern • Konfliktmanagement
	Mobbing	• Mitarbeitergespräch • Versetzung • Betriebsklima verbessern • Konfliktmanagement • Gespräch mit direktem Vorgesetzten • Abmahnung • Kündigung
	Verärgerung, fühlt sich ungerecht behandelt	• Mitarbeitergespräch • Konfliktmanagement • Korrekturgespräch • offene Gesprächsatmosphäre schaffen
	Private Probleme	• Mitarbeitergespräch • Hilfe anbieten
… redet nicht mehr mit einzelnen Kollegen/seinen/ihren Vorgesetzten/niemandem	Soziale Isolation	• Mitarbeitergespräch • Teamentwicklung • Hilfe anbieten • soziale Kompetenz trainieren • Betriebsklima verbessern • Konfliktmanagement

Mitarbeiter-verhalten	**Mögliche Ursache**	**Angemessene Reaktion**
[... redet nicht mehr mit einzelnen Kollegen/seinen/ihren Vorgesetzten/ niemandem]	Mobbing	• Mitarbeitergespräch • Versetzung • Betriebsklima verbessern • Konfliktmanagement • Gespräch mit direktem Vorgesetzten • Abmahnung • Kündigung
	Private Probleme/ Streit mit Kollegen	• Mitarbeitergespräch • Hilfe anbieten • Moderation für klärendes Gespräch anbieten
	Verärgerung, fühlt sich ungerecht behandelt	• Mitarbeitergespräch • Konfliktmanagement • Korrekturgespräch
	Unzufriedenheit mit der Führung	• Feedback-Gespräch • eigenen Führungsstil überdenken
... schneidet einzelne Kollegen	Unsicherheit	• Mitarbeitergespräch • Korrekturgespräch • Teamentwicklung • Anerkennungsgespräch
	Aggression	• Mitarbeitergespräch • Korrekturgespräch • Betriebsklima verbessern • Teamentwicklung • Training: emotionale Intelligenz
	Mobbing	• Mitarbeitergespräch • Versetzung

Mitarbeiterverhalten	Mögliche Ursache	Angemessene Reaktion
[… schneidet einzelne Kollegen]		• Betriebsklima verbessern • Konfliktmanagement • Gespräch mit direktem Vorgesetzten • Abmahnung • Kündigung
	Ungelöster Konflikt	• Mitarbeitergespräch • Konfliktmanagement • Korrekturgespräch • Betriebsklima verbessern • Teamentwicklung
… verschmutzt Gemeinschaftsräume	Schlamperei	• Korrekturgespräch • klare Regeln schaffen, wer für die Sauberkeit zuständig ist • Gruppengespräch • Betriebsklima • Konfliktmanagement • Kritikgespräch
	Sozialer Unfrieden	• Mitarbeitergespräch • Teamentwicklung • Betriebsklima verbessern • Konfliktmanagement • klare Aufgabenverteilung
	Mobbing	• Mitarbeitergespräch • Versetzung • Betriebsklima verbessern • Konfliktmanagement • Gespräch mit direktem Vorgesetzten

Mitarbeiterverhalten	**Mögliche Ursache**	**Angemessene Reaktion**
[... verschmutzt Gemeinschaftsräume]		• Abmahnung • Kündigung
	Unklare Aufgabenverteilung (wer macht sauber?)	• Mitarbeitergespräch • Teamentwicklung • Konfliktmanagement • Aufgaben neu definieren • Zielvereinbarung • Kontrollen
	Überläßt das Saubermachen anderen (Arroganz)	• Korrekturgespräch • Teamentwicklung • Zielvereinbarung • Abmahnung
	Fehlende Kontrolle	• Korrekturgespräch • Ordnungskriterien aufstellen • Kontrolle verstärken
... zeigt sich wenig kooperativ, ist teamunfähig, fügt sich nicht in die Gruppe	Einzelgänger	• Mitarbeitergespräch • Mitarbeiterentwicklung • Konfliktmanagement • Korrekturgespräch • Teamentwicklung • soziale Kompetenz trainieren • Einstellungsverfahren überprüfen • Patensystem einführen • Mentoring
	Fehlende Integration in die Gruppe	• Mitarbeitergespräch • Teamentwicklung • Betriebsklima verbessern

Mitarbeiterverhalten	Mögliche Ursache	Angemessene Reaktion
[… zeigt sich wenig kooperativ, ist teamunfähig, fügt sich nicht in die Gruppe]		• soziale Kompetenz trainieren • Konfliktmanagement • Korrekturgespräch • Patensystem einführen
	Über-/Unterqualifizierung	• Mitarbeitergespräch • Teamentwicklung • Aufgabenbereiche neu definieren • Einstellungsverfahren überprüfen
… streitet mit einem/mehreren Kollegen	Sachliche Auseinandersetzung	• Mitarbeitergespräch • Workshop • Streitkultur etablieren
	Sozialer Unfrieden	• Mitarbeitergespräch • Teamentwicklung • Betriebsklima verbessern • Konfliktmanagement • Korrekturgespräch
	Mobbing	• Mitarbeitergespräch • Versetzung • Betriebsklima verbessern • Konfliktmanagement • Gespräch mit direktem Vorgesetzten • Abmahnung • Kündigung
… spinnt Intrigen	Ehrgeiz, Karrieredenken	• Nicht auf Intriganten hören! • Intrigantentum aufdecken • Mitarbeitergespräch

Mitarbeiterverhalten	**Mögliche Ursache**	**Angemessene Reaktion**
[... spinnt Intrigen]		• Betriebsklima verbessern • Korrekturgespräch • Teamentwicklung
	Mobbing	• Mitarbeitergespräch • Versetzung • Betriebsklima verbessern • Konfliktmanagement • Gespräch mit direktem Vorgesetzten • Abmahnung • Kündigung
	Profilierung	• Nicht auf Intriganten hören! • Intrigantentum aufdecken • Mitarbeitergespräch • Betriebsklima verbessern • Beurteilungsgespräch • Korrekturgespräch • Teamentwicklung • deutlich machen, daß Intrigen nicht akzeptiert werden

Verschlossenheit

Mitarbeiterverhalten	Mögliche Ursache	Angemessene Reaktion
Der/Die Mitarbeiter/in ist grundsätzlich verschlossen	Persönlicher Charakter	• Toleranz • eigenen Führungsstil überdenken • Personalauswahl überprüfen
	Angst, Machtstreben (Wissen ist Macht)	• Korrekturgespräch • interne Kommunikation verbessern • eigene Informationspolitk überprüfen (Vorbild)
	Fehlendes Vertrauen aufgrund schlechter Erfahrungen	• Anerkennungsgespräch • Coaching, offenes Gespräch suchen • eigenen Führungsstil überprüfen
… ist im direkten Gespräch verschlossen	Angst	• Gesprächssituation ändern • entspannte Atmosphäre schaffen (Ortswechsel, Situationswechsel, evtl. Berater) • Beurteilungsgespräch • Feedback-Gespräch • eigenen Führungsstil überprüfen (evtl. zu dominant)
	Frustration	• Gesprächssituation ändern • Korrekturgespräch • Feedback-Gespräch • eigenen Führungsstil • überprüfen (evtl. zu dominant)

Mitarbeiterverhalten	Mögliche Ursache	Angemessene Reaktion
[... ist im direkten Gespräch verschlossen]		• erreichbare Ziele setzen
	Protesthaltung	• Gesprächssituation ändern • Korrekturgespräch • Beurteilungsgespräch • Grund der Protesthaltung herausfinden • Feedback-Gespräch • eigenen Führungsstil überprüfen (evtl. zu dominant)
	Innere Kündigung	• Feedback-Gespräch • eigenen Führungsstil überprüfen • Mitarbeitergespräch • neue Zielvereinbarung • Beurteilungsgespräch • Korrekturgespräch • Gehaltsgespräch • Selbstverantwortung erhöhen
	Ohnmachtsgefühl	• Gesprächssituation ändern • Beurteilungsgespräch • Feedback-Gespräch • eigenen Führungsstil überprüfen (evtl. zu dominant) • Entscheidungskompetenzen erhöhen • aktives Zuhören • Fragetechnik

Mitarbeiterverhalten	Mögliche Ursache	Angemessene Reaktion
… ist bei Teamgesprächen verschlossen	Unsicherheit	• Informationspolitik überprüfen • Besprechung besser vorbereiten • direkt zum Reden auffordern • Beurteilungsgespräch • Weiterbildung (Rhetoriktraining)
	Unwissen	• Informationspolitik überprüfen • Besprechung besser vorbereiten • Weiterbildung • Mentoring • Counselling • evtl. Einstellungsverfahren überprüfen
	Unzureichender Informationsstand	• Informationspolitik überprüfen • Besprechung besser vorbereiten
	Andere Teammitglieder sind zu dominant	• Teamentwicklung • Weiterbildung (Rhetoriktraining) • soziale Kompetenz trainieren • Moderator einsetzen • Redezeiten begrenzen
… ist in Konfliktsituationen verschlossen	Ohnmachtsgefühl	• Beurteilungsgespräch • Konflikttraining • Training • Coaching • Counselling • Anerkennungsgespräch

Mitarbeiterverhalten	Mögliche Ursache	Angemessene Reaktion
[... ist in Konfliktsituationen verschlossen]		• Fragetechnik • aktives Zuhören
	Angst	• Konflikttraining • Coaching • Führungsstruktur überprüfen (Machtorientierung)
	Protesthaltung	• Korrekturgespräch • offenen Dialog fördern
	Konfliktscheu	• Korrekturgespräch • Konflikttraining • Streitkultur etablieren
... schweigt trotz Aufforderung zum Reden	Angst	• Gesprächssituation verändern • Störungen beseitigen • Beurteilungsgespräch • Anerkennungsgespräch • externe Berater • Besprechungen optimieren • Weiterbildung (Rhetoriktraining) • soziale Kompetenz trainieren • Coaching
	Frustation	• Gesprächssituation verändern • Störungen beseitigen • Besprechungen optimieren

Mitarbeiter-verhalten	Mögliche Ursache	Angemessene Reaktion
[... schweigt trotz Aufforderung zum Reden]	Protesthaltung, Arbeitsverweigerung	• Gesprächssituation verändern • Störungen beseitigen • Besprechungen optimieren • Feedback-Gespräch
	Innere Kündigung	• Feedback-Gespräch • eigenen Führungsstil überprüfen • Mitarbeitergespräch • neue Zielvereinbarung • Beurteilungsgespräch • Korrekturgespräch • Gehaltsgespräch • Selbstverantwortung erhöhen
	Hat nicht genügend Informationen	• Informationspolitik überprüfen • Besprechung besser vorbereiten
	Unwissen	• Informationspolitik überprüfen • Besprechung besser vorbereiten • Weiterbildung • Mentoring • Counselling • evtl. Einstellungsverfahren überprüfen
	Fühlt sich rhetorisch nicht gewachsen	• Teamentwicklung • Weiterbildung (Rhetoriktraining) • soziale Kompetenz trainieren • Moderator einsetzen

2. Teil

Konzepte und Methoden

Abmahnung

Was ist eine Abmahnung?

Der Arbeitgeber kann grobe Leistungsmängel des Arbeitnehmers mit Hilfe einer sogenannten Abmahnung beanstanden. Eine Abmahnung ist im Grunde nichts anderes als eine Vorstufe der ***Kündigung***. Mit ihr ist immer der Hinweis verbunden, daß in einem Wiederholungsfall Inhalt oder Bestand des Arbeitsverhältnisses gefährdet sind. Vor einer endgültigen Kündigung sollte in Zweifelsfällen immer abgemahnt werden.

Grundbedingung für die Abmahnung ist, daß sie »... auf eine Art und Weise erfolgt, die für den Arbeitnehmer hinreichend deutlich erkennbar ist«, wie es in der offiziellen Definition heißt. Abmahnungen werden deshalb immer in schriftlicher Form ausgesprochen. Idealerweise sollten sie an ein ***Mitarbeitergespräch*** gekoppelt sein. Dabei handelt es sich meistens um ein ***Korrekturgespräch***.

Abmahnungen können in verschiedenen Situationen sinnvoll sein:

- Der Mitarbeiter fehlt unentschuldigt.
- Der Mitarbeiter ist krank, reicht jedoch die notwendige Arbeitsunfähigkeitsbescheinigung von seinem behandelnden Arzt nicht ein.
- Der Mitarbeiter ist häufig oder sogar generell unpünktlich.
- Der Mitarbeiter bringt die von ihm geforderte Leistung nicht.
- Der Mitarbeiter hält die Zielvereinbarungen nicht ein, die gemeinsam mit ihm festgelegt wurden.
- Der Mitarbeiter erledigt Privatarbeiten während der Arbeitszeit.
- Der Mitarbeiter verweigert die Arbeit.
- Der Mitarbeiter verhält sich den Kunden, seinen Kollegen oder seinem Vorgesetzten gegenüber falsch.
- Der Mitarbeiter verletzt durch sein Verhalten die Unternehmensphilosophie.
- Der Mitarbeiter verstößt gegen das offizielle betriebliche Rauchverbot.
- Der Mitarbeiter fällt durch alkoholbedingtes Fehlverhalten auf.
- Einer Führungskraft fehlen die notwendigen Führungseigenschaften.

Die Voraussetzung für eine Abmahnung ist immer ein Fehlverhalten des Mitarbeiters.

Wie geht man bei einer Abmahnung vor?

Selbst wenn eine Führungskraft nicht kündigungsberechtigt ist, so darf sie in den meisten Fällen doch eine Abmahnung aussprechen. In Zweifelsfällen sollte das Vorgehen mit dem eigenen Vorgesetzten abgesprochen werden. Abmahnungen müssen immer in schriftlicher Form erfolgen.

Die notwendigen Inhalte einer Abmahnung sind:

1. der Hinweis darauf, daß es sich bei dem Schreiben um eine Abmahnung handelt,
2. die konkrete Bezeichnung des Fehlverhaltens,
3. die Androhung arbeitsrechtlicher Konsequenzen für den Wiederholungsfall,
4. ein Maßnahmenplan, wie die arbeitsrechtlichen Schritte abgewendet werden können.

Da Abmahnungen eine Vorstufe der Kündigung darstellen, sollte man sie keinesfalls leichtfertig aussprechen. Sie sind immer an ein konkretes Fehlverhalten des Mitarbeiters gebunden und sollten deswegen auf einen mehr oder weniger hieb- und stichfesten Punkt beschränkt sein. Abmahnungsgespräche müssen schriftlich festgehalten werden. Es gibt einige wichtige Grundregeln, die beim Aussprechen von Abmahnungen unbedingt eingehalten werden müssen:

- Bei der Zustellung von Abmahnungen ist mit derselben Sorgfalt wie bei Kündigungen zu verfahren.
- Der Aushang von Abmahnungen am Schwarzen Brett ist ebenso unzulässig wie die Erwähnung einer Abmahnung im Zeugnis.
- Die Wirkung von Abmahnungen ist zeitlich begrenzt. Bestimmte Fristen bestehen jedoch nicht.
- Nach einer Abmahnung darf eine Kündigung erst dann ausgesprochen werden, wenn die Abmahnung ihren Zweck verfehlt hat.
- Das Nachschieben von Abmahnungsgründen ist unzulässig. Neue Gründe können nur zum Gegenstand einer neuen Abmahnung gemacht werden.

Es gibt Situationen, in denen vorgeschrieben ist, daß vor der eigentlichen Kündigung eine Abmahnung ausgesprochen werden muß. Das ist beispielsweise vor der Kündigung eines Auszubildenden oder vor Änderungskündigungen der Fall.

Vor innerbetrieblichen Versetzungen ist eine Abmahnung im Regelfall nicht erforderlich. Abmahnungen werden während der Probezeit oder der ersten sechs Monate grundsätzlich nicht ausgesprochen. Denn wenn ein Mitarbeiter in dieser Anfangszeit durch gravierendes Fehlverhalten im Unternehmen auffällt, so kann ihm gekündigt werden, ohne daß er zuvor abgemahnt werden muß. Auch in Kleinbetrieben mit weniger als fünf Mitarbeitern muß vor einer Kündigung keine Abmahnung ausgesprochen werden.

Während bestehender Kündigungsverbote sind Abmahnungen grundsätzlich zulässig.

Abmahnungsgründe können Kündigungsgründe sein, müssen es aber nicht. Es gibt einige Grenzfälle, bei denen zwischen Abmahnung und Kündigung entschieden werden muß. Dazu gehören zum Beispiel:

- Schwere Pflichtverletzungen im Leistungsbereich,
- Androhung des Krankfeierns,
- Lohnpfändungen,
- Streiks,
- Arbeitsleistungen für Dritte während der Arbeitsunfähigkeit.
- Der Mitarbeiter tritt einen Urlaub eigenmächtig an, entweder ohne ihn vorher eingereicht zu haben oder trotz der Tatsache, daß ihm der Urlaub aus betrieblichen Gründen verweigert wurde.
- Der Mitarbeiter informiert das Unternehmen wiederholt zu spät von seiner Erkrankung oder reicht seine Arbeitsunfähigkeitsbescheinigung wiederholt zu spät ein.

Im Anschluß an eine Abmahnung sollte mit dem Mitarbeiter auf jeden Fall ein ***Zielvereinbarungsgespräch*** geführt werden. In diesem Gespräch legt man gemeinsam fest, was sich ändern muß und wie man die gewünschten Änderungen am besten erreichen kann. Man sollte dabei mit dem Mitarbeiter auch über mögliche Maßnahmen zur ***Kontrolle*** sprechen. Die Vereinbarungen, die in diesem Gespräch getroffen werden, dienen dann als Grundlage für ein späteres ***Beurteilungsgespräch***.

Eine Abmahnung kann als »Warnschuß« in Situationen eingesetzt werden, in denen man den Arbeitnehmer zwar noch nicht kündigen will, ihm aber den Ernst der Lage verdeutlichen muß. Die angedrohten Konsequenzen liegen plötzlich schwarz auf weiß vor dem Mitarbeiter und werden somit ernster genommen.

Welche Risiken beinhaltet das Aussprechen einer Abmahnung?

Die Wirkung einer Abmahnung ist in manchen Fällen fraglich. Der abgemahnte Mitarbeiter kann durchaus ganz anders reagieren als beabsichtigt:

- Der Mitarbeiter ist verängstigt und läßt dadurch in seinen Leistungen nach.
- Der Mitarbeiter fühlt sich ungerecht behandelt, und seine ***Motivation*** läßt deshalb stark nach.
- Der Mitarbeiter kündigt direkt im Anschluß an die Abmahnung selbst.

Literaturtip

Rischar, Klaus: Schwierige Mitarbeitergespräche erfolgreich führen, Landsberg am Lech 1994

Abwehrmechanismus

Was ist ein Abwehrmechanismus?

Das Modell des Abwehrmechanismus stammt aus der modernen Psychologie. Es soll erklären, warum manche Verhaltensauffälligkeit zustande kommt, die der Situation nicht angemessen zu sein scheint. So sind Verhaltensauffälligkeiten wie scheinbare Aggression, ***Verschlossenheit*** , Resignation oder ***innere Kündigung*** in Wahrheit oft nichts anderes als Abwehrmechanismen.

Sinn und Zweck eines Abwehrmechanismus ist es, das Selbstwertgefühl wiederherzustellen. Das funktioniert, indem an die Stelle einer verbotenen oder unerwünschten Gefühlsäußerung eine andere Verhaltensweise tritt, die zumindest erlaubt, wenn nicht sogar erwünscht ist.

Es gibt folgende Formen eines Abwehrmechanismus:

- *Verdrängung:* Der Mitarbeiter »vergißt« einfach unangenehme Termine und Ereignisse.
- *Verleugnung der Wirklichkeit:* Unangenehme Situationen und Gefühle werden ignoriert und somit als nicht vorhanden betrachtet: »Von meinen Kollegen erwarte ich doch sowieso gar nichts, warum sollten mich deren Hänseleien also aufregen?« oder »Ich habe sowieso keine beruflichen Ambitionen, also macht es mir auch nichts aus, daß ich bei jeder Beförderung übergangen werde.«
- *Projektion:* Anderen werden die Gefühle unterstellt, die man eigentlich selbst hat: »Ich bin doch nicht schlecht gelaunt – aber der Meier, der

schaut mich vielleicht immer grimmig an.« Auch eigene ***Fehler*** lassen sich so auf die anderen Kollegen projizieren: »Der Chef hat vielleicht ein Chaos auf seinem Schreibtisch, der scheint ja wirklich nie aufzuräumen – dann brauche ich auch keine Ordnung zu halten.« Eine gängige Verhaltensweise in diesem Zusammenhang ist auch, die eigenen Ansprüche auf andere zu übertragen: »Der Lehrling soll es mal besser haben, den fördere und unterstütze ich gerne, denn er hat schließlich Talent.«

- *Rationalisierung:* Um emotionale Konflikte zu lösen, werden rationale Sachzwänge vorgeschoben: »Ich lehne den Vorschlag von Schmidt nicht ab, weil ich ihn nicht leiden kann, das hat damit gar nichts zu tun. Tatsache ist, daß sich dieser Vorschlag aus folgenden technischen Gründen einfach nicht umsetzen läßt ...« oder »Der Job gefällt mir eigentlich schon, er macht mir nach wie vor viel Spaß. Es ist allerdings eine Tatsache, daß ich hier viel zu wenig verdiene.«
- *Reaktionsbildung/Sublimierung:* Sublimierung bedeutet, daß tabuisierte Bedürfnisse durch gesellschaftlich anerkannte Ersatzhandlungen befriedigt werden. Dabei versucht man beispielsweise, Aggressionen durch besondere Freundlichkeit zu übertünchen: »Eigentlich ist der Chef ja total in Ordnung. Und als Führungskraft ist der wirklich genau richtig. Der konnte mich eben einfach nicht befördern.« Das funktioniert aber auch andersherum. Mit besonderer Aggressivität soll oft auch die innere Zuneigung zu einer Person verdeckt werden: »Daß ich meinen Sohn nicht bevorzuge, sieht man daran, daß ich zu ihm immer besonders streng bin.«
- *Verschiebung:* Statt den Konflikt mit der eigentlich betroffenen Person auszutragen, wird sie auf eine nahestehende andere Person übertragen: »Die Frau vom Chef mag ich gar nicht! Die hat keinen guten Einfluß auf ihn.« Kritik oder Druck, die in Systemen mit einer ausgeprägten ***Hierarchie*** von oben nach unten weitergegeben werden, gehören ebenfalls zu diesen Verschiebungen. So kritisiert beispielweise der Geselle den Lehrling, nachdem er selbst gerade vom Meister kritisiert wurde.

Wann ist das Modell hilfreich?

Abwehrmechanismen greifen dann, wenn für das Ego Gefahr besteht. Sie werden unterschiedlich häufig und unbewußt aktiviert. Es gibt eine ganze Anzahl von möglichen tieferliegenden Gründen für unbefriedigte Wünsche, Frustrationen oder ein bedrohtes ***Selbstwertgefühl***. Fehlende Anerkennung gehört genauso dazu wie das Bloßstellen des Mitarbeiters vor anderen, die Bevorzugung anderer Kollegen oder auch das Hintergehen beziehungsweise das ungenügende Informieren des Mitarbeiters. (***Anerkennungsgespräch***, ***interne Kommunikation***)

Welche Risiken und Gefahren tragen Abwehrmechanismen in sich?

Die Hauptgefahr eines Abwehrmechanismus besteht darin, daß man ihn nicht als solchen erkennt. Abwehrmechanismen sind nur ein Symptom, das die Auswirkungen, nicht aber die Ursachen beschreibt. Es wäre also falsch, lediglich auf die Symptome zu reagieren. Zeigt ein Mitarbeiter Abwehrmechanismen, so muß sich die Führungskraft unbedingt fragen, welche Ursachen dem Verhalten zugrunde liegen. Wo ist der Mitarbeiter unbefriedigt geblieben? Warum könnte der Mitarbeiter frustriert sein? Inwiefern ist sein Selbstwertgefühl bedroht? Sind diese Hintergründe real oder hineinprojiziert? Eine Führungskraft muß über diese Fragen mit dem Mitarbeiter sprechen, um die genauen Ursachen des jeweiligen Mitarbeiterverhaltens herauszufinden. Oft wird leider nur das Symptom »Abwehrmechanismus« bekämpft.

Aktives Zuhören

Was ist aktives Zuhören?

Aktives Zuhören ist der Schlüssel zu einer erfolgreichen Kommunikation. Aktives Zuhören gehört zu den ***Gesprächsführungstechniken***.

Beim aktiven Zuhören gibt der Zuhörer zu erkennen, daß er sich auf den anderen einläßt. Aktives Zuhören bedeutet, eine positive Beziehungsebene zu dem Gesprächspartner aufzubauen. Der Zuhörer fühlt sich in den anderen ein und bestätigt dessen Aussagen durch kurze Feedbackschleifen.

Aktives Zuhören ist deshalb sinnvoll, weil sich Menschen einmal Gehörtes nur schwer merken können. Eine Nachricht bleibt aber dann besser im Gedächtnis haften, wenn man sie selbst formuliert hat. In autoritären Gesprächen (***Gesprächsführungstechnik***) wird deshalb häufig vom Gesprächspartner verlangt, daß er das Gehörte laut wiederholt.

Wie geht aktives Zuhören?

Eine erfolgreiche Gesprächsführung hängt vor allem von drei Dingen ab: erstens vom Zuhören, zweitens vom Zuhören und drittens nochmals vom Zuhören. Eine Führungskraft sollte ihrem Gegenüber deswegen in jedem Gespräch ihre volle Aufmerksamkeit schenken.

Beim aktiven Zuhören konzentriert man sich ganz besonders auf den Gesprächspartner, was man diesem sowohl in verbaler als auch in nonverbaler Hinsicht demonstriert.

Körpersprachlich gibt es verschiedene Möglichkeiten, das aktive Zuhören zu signalisieren: Man hält Blickkontakt oder nickt zustimmend. Das Nicken bedeutet in diesem Fall nicht unbedingt eine inhaltliche Zustimmung, sondern zeigt, daß man dem Gesagten folgt und daran interessiert ist.

Auch mit Worten kann man aktives Zuhören deutlich machen. Man wiederholt einen Teil der gehörten Sachverhalte. Aussagen wie »Habe ich Sie richtig verstanden, daß …?«, »Ich verstehe …«, oder »Sie meinen also, daß …« signalisieren dem Gesprächspartner, daß man seinen Ausführungen folgt.

Um aktives Zuhören erfolgreich einzusetzen, muß der Zuhörer seinem Gegenüber wirklichen Respekt und Wertschätzung entgegenbringen. Echtes Einfühlungsvermögen ist notwendig, um eine gemeinsame Wellenlänge zu finden.

Aktives Zuhören ist ein wesentlicher Teil des nondirektiven Gesprächsstils (***Gesprächsführungstechniken***). Im Gespräch sollte die Führungskraft folgende Punkte beachten:

- Zu Beginn des Gespräches wird der Gesprächsrahmen nur grob angedeutet und dann das Wort dem Gesprächspartner überlassen.

- Ein ehrliches Interesse an den Problemen des Gesprächspartners ist Voraussetzung. Es muß auf den Gesprächspartner und seine Bedürfnisse eingegangen werden.
- Der Gesprächspartner darf nicht nur manchmal zu Wort kommen, sondern er muß den Großteil des Gesprächs führen. Dabei ist darauf zu achten, auch Pausen des Gesprächspartners nicht zu unterbrechen.
- Der Vorgesetztenstatus ist bei einem nondirektiven Gespräch unwichtig und sollte in den Hintergrund treten. Es unterhalten sich zwei Gleichgestellte.
- Die Äußerungen des Gesprächspartners sollten nicht mit Werturteilen belegt werden.
- Der Gesprächspartner muß das Gefühl haben, daß ihm zugestimmt wird. Dies kann durch geeignete Formulierungen wie: »Ja, verstehe ...«, »bestimmt ...,« »sicher ...« oder »mmh ...« geschehen.
- Das bisher Gesagte sollte durch Wiederholung präzisiert werden. Etwa durch: »Mit anderen Worten ...«, »Sie finden also ...«, »Verstehe ich Sie richtig ...«.
- Man sollte das Gespräch möglichst mit offenen Fragen, also Fragen die nicht mit »Ja« oder »Nein« beantwortet werden können, steuern.

Welche Risiken und Gefahren beinhaltet aktives Zuhören?

Eine Gefahr besteht, wenn das aktive Zuhören als mechanische Technik eingesetzt wird. Der Gesprächspartner wird mißtrauisch, wenn er merkt, daß sein Gegenüber es nicht ernst meint. Dadurch kann der Zuhörer schnell den gegenteiligen Effekt erzielen: Der Gesprächspartner verschließt sich oder fühlt sich auf den Arm genommen.

Tip

Äußern Sie Ihre Meinung nie als erstes. Das ist ein einfacher Rat, den die meisten Führungskräfte sicherlich schon oft gehört haben – Tatsache ist aber leider immer noch, daß sich die wenigsten daran halten. Signalisieren Sie besonders bei schwierigen Gesprächen wie einem ***Beurteilungsgespräch*** oder ***Korrekturgespräch*** Problembewußtsein, Verständnis und Akzeptanz. Stellen Sie nach Möglichkeit nur offene Fragen. Fragen Sie nach, um besser verstehen zu können – aber nicht, um Ihre Meinung durchzusetzen.

Literaturtip

Gordon, Thomas: Managerkonferenz, Effektives Führungstraining, München 1995
Kartmann, Siegfried W.: Wie wir fragen und zuhören ... könnten!, Würzburg 1998

Anerkennungsgespräch

Was ist ein Anerkennungsgespräch?

Ein Anerkennungsgespräch ist ein Gespräch zwischen Führungskraft und Mitarbeiter, indem der Vorgesetzte den Untergebenen lobt und seine Leistung offen positiv bewertet.

Viele Führungskräfte glauben nach wie vor, daß ein Mitarbeiter nur dann gelobt werden sollte, wenn er sich durch besondere Leistungen auszeichnet. Diese Annahme ist jedoch falsch. Anerkennung ist für jeden Menschen wichtig, man kann davon kaum genug bekommen – das gilt auch und vor allem im Arbeitsleben. Ein Anerkennungsgespräch sollte also nicht nur dann stattfinden, wenn der Mitarbeiter Leistungen erbracht hat, die weit über die eigentliche ***Stellenbeschreibung*** hinausgehen. Auch wenn der Mitarbeiter beständig hohe Anforderungen erfüllt, sollte man regelmäßige Anerkennungsgespräche führen. Besonders nach ***Korrekturgesprächen*** und den danach erfolgten Verhaltensänderungen ist es für die ***Motivation*** der Mitarbeiter sehr wichtig, Anerkennungsgespräche zu führen.

Der Mitarbeiter muß wissen, was von ihm erwartet wird. Eine klare Stellenbeschreibung und präzise ***Zielvereinbarungen*** gehören daher zu den Grundvoraussetzungen eines Anerkennungsgespräches. Um die Leistung eines Mitarbeiters objektiv beurteilen zu können, sollte der Vorgesetzte den Mitarbeiter über einen längeren Zeitraum hinweg beobachten (***Beurteilung***).

Wie führt man ein Anerkennungsgespräch?

Ein Anerkennungsgespräch bezieht sich immer auf eine konkret erbrachte Leistung. Der Vorgesetzte lobt den Mitarbeiter dabei vor allem für folgende Dinge:

- Leistungen, die erbracht wurden,
- einige besondere Aspekte der Leistung,

- persönliche Eigenschaften, die zu der erfolgreichen Leistung geführt haben.

Ein Anerkennungsgespräch läuft in der Regel folgendermaßen ab:

Allgemeinen Hinweis geben

Der Vorgesetzte muß dem Mitarbeiter zunächst einmal deutlich machen, daß er eine Anerkennung aussprechen möchte. Dabei sollte das Thema der Anerkennung deutlich herausgestellt werden. Der Zuhörer muß darauf vorbereitet werden, was man ihm sagen will.

Besondere Beispiele nennen

Der Vorgesetzte stellt nun im weiteren Verlauf des Anerkennungsgespräches den Schwerpunkt seiner Betrachtung klar heraus. Er verdeutlicht dem Mitarbeiter seine Leistung anhand besonderer Beispiele. Durch diese Beispiele wird die Anerkennung für den Mitarbeiter zum einen erst glaubwürdig; andererseits erhält der Mitarbeiter damit gleichzeitig konkrete Informationen über sein eigenes Verhalten und seine Arbeitsleistung. In dieser Gesprächsphase macht die Führungskraft dem Mitarbeiter klar, was sie an der Leistung des Mitarbeiters besonders schätzt.

Persönliche Eigenschaften erwähnen

Die Führungskraft sollte in einem Anerkennungsgespräch immer darauf achten, auch die persönlichen Eigenschaften des Mitarbeiters hervorzuheben, die zu seiner Leistung geführt haben. Man kann dabei die Verhaltensweisen des Mitarbeiters, die man besonders schätzt, in aller Klarheit aufzeigen. Eine Führungskraft kann dabei auch signalisieren, daß sie sehr wohl um die Hintergründe weiß, die eine Arbeitsaufgabe beeinflußt haben – besonders dann, wenn es sich dabei um schwierige Voraussetzungen gehandelt hat. Auf die Bedürfnisse des Mitarbeiters einzugehen und seine Sichtweise ernst zu nehmen, ist beim Führen eines Anerkennungsgespräches zudem oberstes Gebot.

Entstandenen Nutzen darstellen

In einem Anerkennungsgespräch ist es außerdem wichtig, die Leistung des Mitarbeiters in einen Gesamtbezug zu bringen. Eine Führungskraft sollte deshalb ausdrücklich auf den Nutzen hinweisen, den die Leistung des Mitarbeiters für die Abteilung oder das Unternehmen hat. Dadurch bringt man dem Mitarbeiter die Ergebnisse seiner Arbeit besonders nahe und kann nochmals deutlich herausstellen, worauf man als Führungskraft besonderen Wert legt. Damit ebnet man als Vorgesetzter dem Mitarbeiter den Weg zu neuen Erfolgserlebnissen.

Anerkennungsgespräche stellen den ersten Schritt in den ***Erfolgskreislauf*** dar. Sie dienen dazu, den Mitarbeitern ein positives Feedback auf ihre Arbeitsleistungen zu geben. Anerkennung beflügelt – das Wissen, daß man eine Sache gut oder sogar sehr gut gemacht hat, befriedigt jeden Menschen. Somit wirken sich Anerkennungsgespräche vor allem positiv auf die ***Motivation*** der Mitarbeiter aus.

Darüber hinaus kann man Anerkennungsgespräche durchaus als Manifestation guten Verhaltens und guter Umgangsformen betrachten (***aktives Zuhören***).

Was sind Risiken und Gefahren eines Anerkennungsgespräches?

Generell sollte der Grundsatz gelten, daß man jemanden für gute Leistungen niemals genug, sondern höchstens zu wenig loben kann. Die größte Gefahr an einem Anerkennungsgespräch ist also, daß es gar nicht erst geführt wird.

Riskant ist es jedoch, die Leistungen des Mitarbeiters moralisch zu bewerten. Formulierungen wie: »Das haben Sie gut gemacht« sollte man deshalb vermeiden. Eine objektive Bewertung wäre: »Sie haben Ihr Ziel erreicht.« Daran kann man dann anschließen: »... und ich persönlich finde, daß Sie das ganz toll gemacht haben.«

Auch gönnerhafte Aussagen, die den Mitarbeiter schon fast zur Unterwerfung nötigen, sollte man im Laufe eines Anerkennungsgespräches unbedingt vermeiden. Dazu gehören beispielsweise die Sätze: »Das hätte ich selbst nicht besser machen können« oder »Meier, das hätte ich von Ihnen gar nicht erwartet« (***Transaktionsanalyse***).

Tip

Anerkennung für einen Mitarbeiter kann sehr schnell Neid und Abwehr bei den Kollegen auslösen. Führen Sie Anerkennungsgespräche deshalb niemals in Anwesenheit eines Dritten, sondern immer unter vier Augen.

Siehe auch Checkliste

Anerkennungsgespräch

Wenn eine Arbeit, deren Leistung Sie betrifft:

- Anforderungen übertrifft,
- beständig Anforderungen erfüllt,
- Mindestanforderungen erfüllt, die von dem Betroffenen gewöhnlich nicht erfüllt werden.

1. Geben Sie einen allgemeinen Hinweis auf die anzuerkennende Leistung.

2. Nennen Sie besondere Beispiele der Leistung.

3. Erwähnen Sie persönliche Verhaltensweisen, die zu der erfolgreichen Leistung beitrugen.

4. Erwähnen Sie den für die Abteilung, Firma und/oder Sie als Manager entstandenen Nutzen.

Literaturtip

Saamann, Wolfgang: Effizient führen: Mitarbeiter erfolgreich machen, Wiesbaden 1990

Angst

Was ist Angst?

Angst ist ein sehr starkes Gefühl des Unwohlseins. Anders als Schmerz oder Trauer hat dieses Gefühl jedoch meist keinen konkreten Anlaß. Es ist vielmehr ein auf die Zukunft gerichtetes Unwohlsein. Angst entsteht durch den Glauben an ein zukünftiges negatives Ereignis, das allerdings nicht notwendigerweise eintreffen muß. Oft ist die Angst vor einem solchen Ereignis sehr viel größer als die Wahrscheinlichkeit, daß es tatsächlich eintritt.

Im Unterschied zu Furcht ist Angst sehr viel abstrakter. Furcht richtet sich gezielt auf eine Person oder ein konkretes Ereignis. Man fürchtet sich zum Beipiel vor der Reaktion des Vorgesetzten auf ein negatives Ergebnis oder vor einer Präsentation. Angst ist dagegen meist ziellos. Manche Menschen verspüren ein Angstgefühl, ohne die Angst konkret orten zu können. Eine subtile Angst vor Arbeitsplatzverlust kann zum Beispiel dann entstehen, wenn die Arbeitslosigkeit allgemein steigt – und das auch, ohne daß Entlassungen im eigenen Unternehmen angekündigt sind.

Angst am Arbeitsplatz ist sehr verbreitet. Da gibt es nicht nur Angst vor Arbeitsplatzverlust, sondern Angst vor Sanktionen durch den Vorgesetzten, Angst vor Mißerfolg, Angst vor Neid, Angst vor Degradierung und so weiter.

Angst entsteht im Spannungsdreieck von Angst – ***Macht*** – Sicherheit. Wer Angst hat, will Sicherheit. Wer Sicherheit braucht, hat Angst. Macht basiert oft auf der Angst anderer. Aus diesem Grund verbreiten Vorgesetzte oft ein System des Schreckens um sich herum. Durch besondere Strenge eines Vorgesetzten beginnen Mitarbeiter, angedrohte Sanktionen zu fürchten. Aus der konkreten Furcht erwächst langsam eine latente Angst, vor allem, wenn Vorgesetzte willkürlich kritisieren, bestrafen oder abmahnen.

Was bedeutet Angst für die Führung?

Oft sind Mitarbeiter geprägt von früheren Erfahrungen, zum Beispiel aus autoritären Elternhäusern, durch Ausbildungssysteme oder frühere Arbeitgeber. Die schlechten Erfahrungen haben sie ängstlich werden lassen. Ziel einer guten Führungskraft muß deshalb sein, Angst in Vertrauen umzuwandeln. Das kann sein:

- *Vertrauen in sich selbst* (Selbstvertrauen, ***Selbstwertgefühl***, ***Führung der eigenen Person***): Wer seine eigenen Stärken und Schwächen kennt, hat keine allgemeine Angst mehr, sondern höchstens konkrete Furcht. Wer jedoch weiß, wo seine Schwachpunkte sind, kann sich für schwierige Situationen spezielle Hilfe und Unterstützung (***Coaching***, ***Training***, ***Weiterbildung***) suchen.

- *Vertrauen in den Vorgesetzten* (***Teamarbeit***): Wer die Beweggründe seiner Vorgesetzten versteht, lernt ihnen und ihren Entscheidungen zu vertrauen. Wer nachfragen darf, kann überprüfen; wer kritisieren darf, kann auch einsehen; wer fragen darf, kann lernen. Eine funktionierende und offene ***interne Kommunikation*** ist der Schlüssel zu dem Vertrauensverhältnis zwischen Chef und Mitarbeiter.
- *Vertrauen in den Mitarbeiter* (***Delegation***, ***Selbstverantwortung***): Vorgesetzte, deren Führungsstil auf ***Autorität*** aufgebaut ist, und die damit ein System der Angst um sich verbreiten, haben meist selbst Angst. Sie haben Angst, daß schlechte Leistungen ihrer Mitarbeiter sich auf ihr eigenes Ansehen und ihren erhofften Erfolg negativ auswirken. Oder sie haben Angst davor, daß ihre Macht in Frage gestellt werden könnte. Aus dieser Angst und Unsicherheit schaffen sie Regeln und Kontrollmechanismen, um sämtliche Gefährdungen und Unwägbarkeiten sofort beseitigen zu können (***Kontrolle***). Wer jedoch seinen eigenen Personalentscheidungen (***Personalauswahl***) und Führungsfähigkeiten (***Führungskompetenz***) vertraut, sollte auch seinen Mitarbeitern Vertrauen entgegenbringen. Wer statt Regeln klare ***Zielvereinbarungen*** formuliert und statt Mißtrauen sein Vertrauen ausspricht, wird statt auf Angst auf motivierte und engagierte Mitarbeiter treffen.

Angst beseitigt man in drei Schritten:

1. *Die Vergangenheit loslassen:* Im ersten Schritt muß man loslassen von alten Wunschbildern und früheren Erfahrungen. So ist es für manche schon ein großer Schritt, sich die Angst überhaupt einzugestehen. Manche Menschen haben nämlich Angst vor der Angst. Schließlich gilt die Eigenschaft »ängstlich« nicht gerade als Stärke. Doch nur wer seine Ängste kennt, kann beginnen, sie zu beseitigen.
2. *Die Wirklichkeit wahrnehmen:* Angst basiert auf Vorstellungen und Phantasien. Der Psychoanalytiker Sigmund Freud ging sogar so weit, daß er Ängste als »verdrängte Wünsche« bezeichnete. In jedem Fall entbehren Ängste meist einer realen Grundlage. Wer sich also auf die Wirklichkeit und auf die Gegenwart besinnt, verliert seine Angst meist recht schnell. In der nüchternen Analyse wird deutlich, welche Einflüsse Anlaß zur Furcht geben und wie man sich schützen kann.

3. *Positive Zukunft gestalten:* Im dritten Schritt geht es darum, die Zukunft nicht durch Schreckensbilder schwarz zu malen, sondern an positive Ereignisse zu denken (***visionäres Management***). Wie wird die Welt aussehen, wenn alles gut läuft? Welche Gefühle entstehen bei Erfolg? Wie werden die Bravo-Rufe klingen? Indem man sich gedanklich eine Welt des Erfolges erschafft, betritt man den ***Erfolgskreislauf***.

Welche Risiken und Gefahren stecken in der Angst?

Angst lähmt die Kreativität, verhindert ***Innovation*** und Eigeninitiative. Langfristig gesehen endet Angst immer in ***innerer Kündigung***. Die Kosten, die einem Unternehmen durch Angst am Arbeitsplatz entstehen, sind neueren Schätzungen zufolge vergleichbar mit den Kosten, die durch Mobbing entstehen.

Oft verdrängen Führungskräfte eigene Ängste und nehmen auch die Angst ihrer Mitarbeiter nicht ernst. Damit kann der Angst am Arbeitsplatz nicht entgegengewirkt werden.

Literaturtip

Henry Walter: Die Führungsfalle, Frankfurt a. M., New York 1995

Anweisung

Was ist eine Anweisung?

Eine Anweisung ist die Übertragung von Aufgaben oder Entscheidungen an einen Mitarbeiter. Sie unterscheidet sich von der ***Delegation*** dadurch, daß der Vorgesetzte ausdrücklich festlegt, wie eine Aufgabe erfüllt oder nach welchen Kriterien eine ***Entscheidung*** getroffen werden soll. Dem Mitarbeiter wird somit nicht nur das Ziel vorgegeben, sondern auch der Weg dorthin genau aufgezeigt.

Eine Anweisung ist dann sinnvoll:

- wenn ein Mitarbeiter eine bestimmte Aufgabe zum ersten Mal übernimmt,
- wenn allgemeingültige Rahmenbedingungen, beispielsweise für ***Entscheidungen,*** festgelegt werden sollen,

- wenn einheitliche Richtlinien, beispielsweise das Melden am Telefon, das Benutzen eines bestimmten Formulars oder die Kleidungsordnung auf einer Messe, festgelegt werden sollen,
- wenn unvorhergesehene Aufgaben dazwischengeschoben und schnell erledigt werden müssen,
- wenn ein Mitarbeiter unsicher ist und deswegen von sich aus um klare Anweisungen bittet,
- wenn während eines Arbeitsprozesses gefährliche Situationen auftreten können.

Nicht jeder läßt sich gerne eine Anweisung von seinem Kollegen geben – kommt sie jedoch vom Chef, so wird sie meist ohne Widerstand befolgt. Die Grundbedingung dafür, Anweisungen als Führungsinstrument wirkungsvoll einsetzen zu können, ist also das Vorhandensein einer klaren ***Hierarchie***. Ein Vorgesetzter, der Anweisungen gibt, muß dazu berechtigt sein: Er muß sogenannte Weisungsbefugnis haben. Darüber hinaus sollte er die nötige Fachkompetenz besitzen, um Anweisungen möglichst verständlich zu machen.

Wie geht das?

Anweisungen können mündlich oder schriftlich erteilt werden.

Es gibt keine allgemeingültigen Regeln dafür, wie Anweisungen im einzelnen zu gestalten sind. Zwar spielt bei der Gestaltung einer Anweisung die Bedeutung der Aufgabe eine wichtige Rolle. Wie genau und in welcher Form eine Anweisung letztendlich jedoch gegeben werden sollte, hängt vor allem von demjenigen ab, der sie erhalten soll. Dabei spielen beispielsweise Faktoren wie die individuelle Qualifikation eines Mitarbeiters, seine Initiative oder sein Ideenreichtum eine Rolle.

Die Inhalte unterschiedlicher Anweisungen unterscheiden sich vor allem durch die Genauigkeit, mit der sie festgelegt werden:

- *Zielvorgabe:* Gute Mitarbeiter werden vor allem durch ***Selbstverantwortung*** motiviert. Ist der Mitarbeiter entsprechend qualifiziert, so ist es in einem solchen Fall am besten, mit ihm gemeinsam ein klares Ziel zu vereinbaren – den Weg dorthin findet er dann selbst.
- *Vorgabe einzelner Schritte:* Besonders dann, wenn ein Mitarbeiter unsicher ist, kann es für ihn sehr hilfreich sein, die einzelnen Schritte, die zur Erreichung des Zieles führen, in Form einer Anweisung zu erhalten.

- *Detaillierte Vorgaben:* Genaueste mündliche oder sogar schriftliche Anweisungen sind nur dann notwendig, wenn die Aufgabe extrem wichtig ist oder der Mitarbeiter über wenig Erfahrung damit verfügt. Für Aufgaben, die extrem gefährlich sind, sollte man sich als Vorgesetzter rechtlich absichern. In solchen Situationen sind detaillierte Arbeitsanweisungen unumgänglich. Auch bei Notfallplänen sind genaue Handlungsanweisungen sinnvoll.

Eine Anweisung sollte dem Mitarbeiter möglichst viel Handlungsspielraum einräumen und ihn möglichst eigenverantwortlich handeln lassen. Die allgemeingültige Grundregel für eine Anweisung sollte sein: »So genau wie nötig, so offen wie möglich.«

Es ist ebenfalls wichtig, daß der Mitarbeiter nicht nur mit der eigentlichen Tätigkeit, sondern auch mit übergeordneten Plänen, Zielen und Hintergründen vertraut gemacht wird. Sobald er den Gesamtzusammenhang kennt, kann er besser verstehen, warum er etwas tun soll.

Schriftliche Anweisungen können als rechtliche Absicherung im Hinblick auf die Arbeitssicherheit dienen, beispielsweise bei der Erklärung von Unfallrisiken oder bei der Handhabung gefährlicher Arbeitsstoffe.

Welche Risiken beinhaltet eine Anweisung?

- Der Mitarbeiter fühlt sich bevormundet.
- Es können wichtige Details vergessen werden.
- Der Mitarbeiter hört auf mitzudenken. Er entwickelt keine Eigeninitiative mehr, sondern beschränkt sich darauf, nur noch das zu tun, was ihm aufgetragen wurde.
- Durch Lücken in der Anweisung können ***Fehler*** entstehen.
- Die Anweisung wird nicht sachlich gegeben, sondern so ausgesprochen, daß der Mitarbeiter innere Widerstände gegen die Tätigkeit aufbaut.

Literaturtip

Rischar, Klaus: Schwierige Mitarbeitergespräche erfolgreich führen, Landsberg am Lech 1994

Arbeitsplatz

Was gehört zu einem Arbeitsplatz?

Als Arbeitsplatz wird der Ort bezeichnet, an dem die Arbeit erledigt wird. Der Arbeitgeber stellt im Regelfall Aufgaben und Sachmittel zur Verfügung. Der Arbeitsplatz wird oft unabhängig vom jeweiligen Inhaber dieser Stelle gestaltet. Bei der ***Heimarbeit*** befindet sich der Arbeitsplatz dezentral meist in der Wohnung des Arbeitnehmers.

Wie Arbeitsplätze beschaffen sein müssen, regelt die Arbeitswissenschaft und Ergonomie. Auch das Betriebsverfassungsgesetz fordert die Berücksichtigung arbeitswissenschaftlicher Erkenntnisse bei der menschengerechten Gestaltung des Arbeitsplatzes. Dazu gehört auch die Einbeziehung der ***Sozialbereiche***.

Ziel der Arbeitsplatzgestaltung ist es, den Arbeitsplatz auf den Menschen abzustimmen und nicht umgekehrt. Die auf den Menschen einwirkenden körperlichen, geistigen und psychischen Belastungen sollten so gering wie möglich gehalten werden. Gleichzeitig sollen die Arbeitsaufgaben wirtschaftlich günstig erledigt werden können. Die Arbeitsplatzgestaltung hat eine anthropometrische, eine physiologische und eine psychologische Dimension.

Die anthropometrische Arbeitsplatzgestaltung zielt auf die Anpassung des Arbeitsplatzes an die jeweils relevanten menschlichen Körpermaße und -formen ab. Sitzhöhe, Arbeitshaltung oder Sehentfernung der Arbeitsmittel und zu bearbeitenden Objekte finden hier ihre Berücksichtigung.

Die physiologische Arbeitsplatzgestaltung berücksichtigt die Auswirkungen des Arbeitsplatzes auf die Körperfunktionen wie Kreislauf sowie Nerven- und Muskelreaktionen.

Die psychologische Arbeitsplatzgestaltung untersucht die mental-informatorische Beanspruchung der menschlichen Leistungsfähigkeit und Belastbarkeit. Hierzu zählen vor allem Beanspruchungen geistiger Art wie Gedächtnis- und Aufmerksamkeitsleistungen, aber auch das Ausmaß der Verantwortung des Mitarbeiters. Außerdem gehört die psychosoziale Beanspruchung dazu, diese berücksichtigt etwa die Art, Häufigkeit und Intensität der Beziehungen zu anderen Mitarbeitern.

Was ist wichtig beim Thema Arbeitsplatz?

Die konkrete Aufgabe der Arbeitsplatzgestaltung ist es, am Arbeitsplatz wirkende Faktoren möglichst so zu beeinflussen und zu gestalten, daß auf

Dauer weder Unterforderung noch Überforderung auftreten. Monotonie, mangelnde Bewegung und Streß sollen vermieden werden. Die Arbeitsplatzgestaltung ist ein wichtiges Element der Arbeitsbedingungen neben ***Betriebsklima*** und ***Führungsstil***. Diese Faktoren wirken sich nachhaltig auf Leistung, Zufriedenheit und ***Motivation*** aus. Deshalb sollte man ihnen ein hohes Maß an Aufmerksamkeit schenken.

Mittlerweile gibt es sehr viele unterschiedliche Prinzipien der Arbeitsplatzgestaltung:

- *Großraumbüro:* Das Großraumbüro stellt eine moderne Bürokonzeption dar, die Ende der fünfziger Jahre entwickelt wurde. Es unterscheidet sich von herkömmlichen Büros durch seine Größe und die Art seiner Ausstattung. Das Großraumbüro braucht eine Klimaanlage, und der Raum wird durch Stell- und Trennwände, Möbel und Regale gegliedert. Zur Ausstattung gehört ebenfalls die Arbeitsplatzanordnung, die symmetrisch oder asymmetrisch sein kann. Die symmetrische Form bewirkt den Eindruck straffer Organisation, Ordnung, Klarheit, aber auch einer gewissen Monotonie. Psychologisch bedingte Widerstände kommen hier stärker zum Tragen. Eine zweckmäßige Verteilung der Arbeitsplätze darf nicht den Eindruck eines Massenarbeitssaales hervorrufen.
- *Feng Shui:* Aus der chinesischen Heilkunde kommt die Lehre des Feng Shui, die unter anderem Erkenntnisse der Farbenlehre für die Gestaltung von Wohn- und Arbeitsräumen nutzt. Vor allem in den Boomländern Asiens werden die Gesetze des Feng Shui berücksichtigt. In Hongkong etwa stehen auf Grund dieser Gesetzmäßigkeiten fast alle Gebäude mit dem Rücken zu den Bergen und mit der Vorderseite zum Wasser. Auch hier in Westeuropa verbreitet sich diese Lehre langsam.

Seit den zwanziger Jahren dieses Jahrhunderts gelten die Verbesserung der Arbeitszufriedenheit und der sozialen Beziehungen im Betrieb als eigenständige Zielkriterien in der Unternehmensführung. So ist inzwischen unumstritten, daß es bei der Einführung ***neuer Technologien*** nicht genügt, lediglich die Arbeitsorganisation in technischer Hinsicht zu optimieren. Auch das soziale System ist gemeinsam mit dem technischen System zu gestalten.

Für das ideale Großraumbüro sind zahlreiche Maximen entwickelt worden:

- Das Großraumbüro wird für alle kaufmännischen, technischen und verwaltenden Mitarbeiter eines Betriebes oder eines Betriebsteiles eingerichtet; es umfaßt alle ***Hierarchie***stufen.
- Die Arbeitsplätze leitender Mitarbeiter sind optisch besonders gut abzuschirmen. Die Blickrichtung vom Arbeitsplatz eines leitenden Mitarbei-

ters soll nicht direkt auf die Arbeitsplätze der ihm unterstellten Mitarbeiter zeigen.
- Die Arbeitsplätze leitender Mitarbeiter dürfen nur einen Zugang haben, an dem, falls vorhanden, der Arbeitsplatz der Sekretärin oder eines sonstigen abschirmenden Mitarbeiters anzuordnen ist.
- Stellelemente sollen Bereiche kennzeichnen und abgrenzen und sind nicht nach dem Prestigebedürfnis einzelner anzuordnen.

Bei der Gestaltung kleinerer Büroeinheiten gelten folgende Kriterien als relevant:
- Jede Büroeinheit sollte angemessene Licht- und Raumverhältnisse haben und über die notwendigen Arbeitsmittel verfügen.
- Die Größe des Raumes sollte sich weniger nach Statusdenken als nach Funktionalität richten.
- Um eine funktionierende Kommunikationsstruktur zu schaffen, empfiehlt es sich, die Mitarbeiter quasi zwangsweise in Bewegung zu bringen: Reduzierung der internen Telefonate, statt dessen persönliche Kommunikation; keine Botendienste, sondern zentrale Informationsstellen, an denen sich jeder persönlich seine Post abholen muß.
- Es herrscht das Prinzip der offenen Tür. Um in Konzentrationsphasen Störungen zu vermeiden, empfiehlt es sich feste »Ruhezeiten« zu vereinbaren oder durch Schilder entsprechende Signale zu setzen.
- Häufige, am besten regelmäßige Besprechungen sind Pflicht; nur so ist ein funktionierender Informationsaustausch zu gewährleisten.
- Neuere Arbeitsplatzkonzepte versuchen, mit Rollcontainer-Arbeitsplätzen mobile Einheiten zu schaffen: Nicht der feste Arbeitsplatz ist ausschlaggebend, sondern die feste Arbeitsaufgabe. Die räumliche Mobilität gilt dabei als Ausdruck geistiger Flexibilität und schlanker Hierarchien.

Welche Chancen und welche Risiken beinhaltet die jeweilige Gestaltung eines Arbeitsplatzes?

An einem Arbeitsplatz arbeiten Menschen. Das heißt, daß der Arbeitsplatz auf den Menschen und seine Bedürfnisse abgestimmt sein muß. Darin liegen auch die Risiken. Ein Mitarbeiter wird an einem Arbeitsplatz, an dem er sich unwohl fühlt, keine gute Leistung erbringen können. Die Vor- und Nachteile eines Großraumbüros halten sich beispielsweise ziemlich die Waage:

Vorteile

- Die zur Verfügung stehende Fläche wird optimal ausgenutzt.
- Die Schaffung, Erweiterung und Umorganisation von Arbeitsgruppen und ganzen Abteilungen ist einfach zu bewerkstelligen.
- Der Informationsfluß innerhalb des Büros wird erleichtert und verbessert.
- Aktennotizen und telefonische Kontakte vermindern sich zugunsten persönlicher Kontakte.
- Gruppen- und Cliquenbildungen treten in den Hintergrund, eine kooperative ***Teamarbeit*** wird erleichtert.
- Das Verhältnis von Vorgesetzten zu ihren Mitarbeitern verbessert sich durch die jederzeit wahrnehmbare Kontaktmöglichkeit.
- Kontrollbesuche von Vorgesetzten sind nicht leicht als solche zu erkennen.
- Die Umgangsformen der Mitarbeiter verbessern sich zwangsläufig, da beispielsweise temperamentvolle Kontroversen nicht mehr austragbar sind, ohne die übrigen Mitarbeiter teilnehmen zu lassen.
- Eine wechselseitige Sozialerziehung ersetzt eine von außen gesteuerte Disziplinierung.
- Ungerechtigkeiten in der Arbeitsverteilung werden evident.
- Abwesenheitszeiten vermindern sich, weil sie von allen wahrgenommen werden können.

Nachteile

- Die Widerstände der in Großraumbüros arbeitenden Mitarbeiter oder solcher, die in einem Großraumbüro arbeiten sollen, sind in den letzten Jahren deutlich gewachsen.
- Aus dem weiter fortschreitenden Einzug der Computertechnik in alle Bereichen der Büroarbeit erwächst das Bedürfnis der Mitarbeiter, sich individuelle Freiräume zu schaffen. Diesem Bedürfnis scheint das kleine, überschaubare Gruppenbüro am ehesten gerecht zu werden.
- In Entsprechung dazu werden dem Großraumbüro stellvertretend für die moderne Bürotechnik Mängel nachgesagt. Der Wunsch nach Individualität, nach Gruppenkontakt, nach persönlichen Freiräumen ist in einem Großraumbüro schwieriger zu verwirklichen.
- Befragungen von Mitarbeitern selbst in gut konzipierten Großraumbüros haben, auch nach jahrelanger Gewöhnung, mehrheitlich negative Ergebnisse gebracht.

- Dem Verlangen nach Humanisierung der Arbeit und der Arbeitsplätze wird das Großraumbüro optisch nicht gerecht, selbst wenn fundierte, sachliche Argumente nicht vorgebracht werden können.

Arbeitszeit

Was versteht man unter Arbeitszeit?

Arbeitszeit ist die Zeit, in der ein Mitarbeiter für ein Unternehmen arbeitet. Die Arbeitszeit kann auf unterschiedliche Arten geregelt sein. Bei der ***Heimarbeit*** bleibt die Einteilung der Arbeitszeit meistens dem Mitarbeiter überlassen. Grob unterscheidet man zwei Hauptgruppen der Arbeitszeitregelung: Voll- und Teilzeitarbeit.

- *Vollzeitarbeit:* Bei der Vollzeitregelung arbeitet ein Arbeitnehmer ausschließlich für einen Arbeitgeber. Je nach Unternehmen, Branche, deren tariflichen Bestimmungen sowie dem individuellen Arbeitsvertrag ist die Arbeitszeit unterschiedlich lang. Die Regelarbeitszeit liegt zwischen fünfunddreißig und vierzig Wochenstunden, wobei täglich um die acht Stunden gearbeitet wird.
- *Teilzeitarbeit:* Ein Teilzeitarbeitsverhältnis ist ein Arbeitsverhältnis mit einer Arbeitszeit, die kürzer als die tarifliche oder betrieblich übliche Arbeitszeit ist. Ein Teilzeitbeschäftigter ist demnach ein Arbeitnehmer, der im Vergleich zur Vollzeitkraft kurzfristig oder in geringerem Umfang beschäftigt ist.

Detaillierte Bestimmungen der Arbeitszeit wie Gleitzeitregelungen, Arten der Zeiterfassung, Zeitkonten, Brückentage und Urlaubszeiten werden betriebsintern geregelt.

Was sollte man beim Thema Arbeitszeit beachten?

Als Führungskraft sollte man sich der verschiedenen Arbeitszeitmodelle bewußt sein. Ein flexibler Umgang damit ist in der heutigen Zeit unabdingbar. Die verschiedenen Arbeitszeitmodelle haben jedoch unterschiedlichen Nutzen.

Vollzeitarbeit beinhaltet folgende Vorteile:

- Eine gute Planung ist möglich. Die Führungskraft kann dic zu erwartende Arbeitsleistung des Mitarbeiters gut abschätzen. Der Mitarbeiter kann sich an der vorgegebenen Arbeitszeit orientieren.
- Der Mitarbeiter wird ausschließlich an das Unternehmen gebunden und setzt sich dort voll ein. Die Arbeitsbelastung ist für den Arbeitgeber einsehbar.
- Die Vollzeitbeschäftigung bietet gute Möglichkeiten hinsichtlich der ***Ergebniskontrolle*** und der Leistungskontrolle.
- Eine ***Teamentwicklung*** ist bei Vollzeitbeschäftigung eher möglich.
- Die Vollzeitbeschäftigung bietet finanzielle und soziale Sicherheit für den Mitarbeiter.
- Die ***Mitarbeiterentwicklung*** greift bei der Vollzeitbeschäftigung am stärksten.

Teilzeitarbeit bietet folgende Vorteile:
- In der Regel führt eine Verkürzung der Arbeitszeit zu einem Produktivitätszuwachs.
- Das Bewußtsein einer begrenzten Arbeitszeit kann sowohl psychisch als auch physisch zu einer höheren Leistungsbereitschaft führen.
- Teilzeitarbeit bietet jungen Elternpaaren mehr Gelegenheiten, sich den Kindern zu widmen.
- Teilzeitarbeit kann positive Wirkungen auf das ***Betriebsklima*** und die Produktivität haben, wenn dem Arbeitnehmer Entscheidungsfreiheit hinsichtlich der Arbeitszeit zugestanden wird.
- Der Mitarbeiter fühlt sich durch mehr Freizeit wohler und ausgeglichener.

Sonderregelungen wie Gleitzeit oder Zeitkonten bieten für beide Seiten eine größere Flexibilität:
- Die Zeiten hohen und niedrigen Arbeitsaufkommens können ausgeglichen werden.
- Der Mitarbeiter kann die Arbeitszeit an seine Bedürfnisse und privaten Verpflichtungen anpassen und nicht umgekehrt.

Brückentage können einen guten Ausgleich bieten, wenn die Anwesenheit des Mitarbeiters aus unternehmensbedingten Gründen regelmäßig länger als die tarifvertraglich geregelte Wochenarbeitszeit erforderlich ist. Dies kommt zum Beispiel dann zum Tragen, wenn ein Arbeitnehmer jeden Tag acht Stunden arbeitet, die Wochenarbeitszeit bei fünf regulären Arbeitstagen aber nur 35 Stunden beträgt.

Bei der Änderung von Arbeitszeiten treten oft Widerstände auf. Als Führungskraft gibt es verschiedene Möglichkeiten, diese Widerstände zu überwinden:

- Barrieren der Mitarbeiter, die bezüglich verschiedener Formen von Arbeitszeit wie Teilzeitarbeit oder Kurzarbeit bestehen, können durch gezielte Information abgebaut werden. Mit sorgfältiger Kommunikationsarbeit kann man den Mitarbeitern klarmachen, daß sie nicht »abgeschoben« werden sollen, sondern ihre Arbeitsleistung weiterhin gefragt und geschätzt wird. Mitarbeiter erkennen dann in der Arbeitszeitmaßnahme vielleicht sogar eine Option, Arbeit, Familie und persönliche Lebenspläne besser miteinander zu verbinden.
- Mitarbeiter können in die Gestaltung der Arbeitszeit aktiv mit einbezogen werden. Durch ***Mitarbeiterbefragungen***, Umfragen und ***Mitarbeitergespräche*** kann der Versuch unternommen werden, gemeinsam mit den Mitarbeitern eine zufriedenstellende Lösung zu finden.
- Bei jeder Form der Arbeitszeitregelung sollte man darauf achten, den Arbeitnehmern eine berufliche Perspektive zu bieten.
- Um Informationsverluste zu vermeiden, sollte man bei der Organisation von Teilzeitarbeit darauf achten, daß sich Teams aus Teilzeit- und Vollzeitarbeitskräften zusammensetzen. Diese sollten die gleichen inhaltlichen Arbeiten haben. Auf Teamtreffen kann dann Arbeit und Information übergeben werden. Auf diese Art kann die Gesamtzahl der Informationsträger erhöht und die Gefahr des Informationsverlustes damit reduziert werden. Voraussetzung dafür ist natürlich, daß die Kommunikation reibungslos funktioniert.

Welche Risiken beinhalten verschiedene Arbeitszeitformen?

Unterschiedliche Arbeitszeitformen bergen auch unterschiedliche Risiken in sich.

Die Gefahren der Vollzeitbeschäftigung sind folgende:

- Ohne Gleitzeitregelungen bestehen nur geringe Gestaltungsmöglichkeiten für den Mitarbeiter, was leicht zu Frustration führen kann.
- Im Fall von Krankheit oder ***Kündigung*** des Mitarbeiters muß ein relativ großes Arbeitspensum an andere Mitarbeiter verteilt werden.

Risiken der Teilzeitarbeit liegen hierin:

- Teilzeitarbeitskräften werden oftmals nur geringe oder gar keine beruflichen Entwicklungsmöglichkeiten angeboten. Das führt oftmals zu niedrigerer ***Motivation***.

- Das schlechte Image der Teilzeitarbeit in unserer Gesellschaft führt dazu, daß häufig nur solche Arbeitnehmer an Teilzeitstellen interessiert sind, die allgemein ein geringeres berufliches Engagement zeigen.
- Teilzeitarbeit innerhalb des Betriebes erfordert einen höheren organisatorischen Aufwand. Arbeitsplätze müssen auf verschiedene Mitarbeiter und ihre Eigenheiten abgestimmt werden, da sich mehrere Arbeitnehmer den gleichen Platz teilen.
- Außerdem besteht die Gefahr eines möglichen Verlustes von Informationen – vor allem auf höherer Ebene, auf der viel Koordinationsarbeit geleistet werden muß (***interne Kommunikation***).

Bei Gleitzeitregelungen ohne angeordnete Kernarbeitszeit besteht die Gefahr, daß ganze Abteilungen zu bestimmten Zeiten nicht besetzt sind.

Festgesetzte Brückentage und Betriebsurlaube wiederum schränken die Gestaltungsmöglichkeiten der Mitarbeiter ein.

Tip

Da Umstrukturierungen in der Arbeitszeit meist von massiven Protesten begleitet werden, sollten Sie diese frühzeitig offen darlegen, auch wenn es ungenehm für Sie sein könnte. Beteiligen Sie die betroffenen Mitarbeiter so weit wie möglich an der neuen Arbeitszeitgestaltung.

Literaturtip

Krause, Detlef: Arbeitszeiten und Fehlzeiten, Stuttgart 1992

Assessment-Center

Was ist ein Assessment-Center?

Ein Assessment-Center gehört zu den psychologischen Testverfahren. Es wird vor allem zur Auswahl geeigneter Bewerber für eine Führungsposition eingesetzt. Die Durchführung eines Assessment-Centers dient dazu, den Erfolg potentieller Führungskräfte zu prognostizieren. Mit Hilfe eines Assessment-Centers will man vor allem das Potential eines zukünftigen Mitarbeiters erfassen. Mehrere Bewerber werden dabei über einige Tage hinweg in verschiedenen Testsituationen von verschiedenen Beobachtern begutachtet und beurteilt.

Im Rahmen der Personalauswahl bilden Assessment-Center meist die letzte Entscheidungsstufe in mehrstufigen Auswahlmodellen.

Wie geht das?

Um ein Assessment-Center erfolgreich und effektiv zu gestalten, gilt es, einige Punkte zu berücksichtigen:

- Für die Abhaltung eines Assessment-Centers muß ein geeigneter Ort zur Verfügung stehen.
- Die Anzahl der Bewerber sollte pro Veranstaltung zwischen vier und zwanzig Personen liegen.
- Die Abläufe während des Assessment-Centers sollten, je nach Bewerberzahl, von einem oder mehreren Moderatoren geleitet werden.
- Je nach Anzahl der Bewerber sollte die Zahl der Beobachter zwischen drei und zwölf liegen.
- Die Planung eines Assessment-Centers muß an den spezifischen Arbeitsanforderungen der zu besetzenden Stelle ausgerichtet sein.
- Die Beobachter sollten die Arbeitsanforderungen der zu besetzenden Stellen aus der Praxis kennen. Es empfiehlt sich, daß sie dem Unternehmen, das einen neuen Mitarbeiter sucht, sogar selbst angehören. Durch ihre Berufstätigkeit bringen die Beobachter fundierte persönliche Maßstäbe mit. Auf diese Art können sie am besten einschätzen, welche Verhaltensweisen in den gegebenen Anforderungssituationen auch tatsächlich angemessen sind.

Während der Tests stehen vor allem Simulationen von Bewährungssituationen im Vordergrund. Das bedeutet, daß die potentiellen Mitarbeiter vor bestimmte Situationen gestellt werden, die sie lösen müssen. Durch die Festlegung von stellenspezifischen Kriterien werden die Soll-Werte bei der Konzeption des Assessment-Centers festgelegt. Das Verhalten des Bewerbers zeigt seinen Ist-Stand.

Assessment-Center zur Auswahl externer Bewerber dauern durchschnittlich einen bis anderthalb Tage, längstens werden drei Tage veranschlagt.

Während dieser Zeit werden zur Beurteilung der Bewerber sowohl psychologische Testverfahren als auch allgemein übliche Bewerbungsaufgaben angewendet, beispielsweise ein Interview als Einzelgespräch, bei dem mehrere Beobachter anwesend sind. Besonders auf die Selbsteinschätzungen der Bewerber zu bestimmten Problemsituationen wird dabei großer Wert gelegt. Zusätzlich läßt man im Assessment- Center die Bewerber sich gegenseitig einschätzen. Im großen und ganzen lassen sich drei Aufgabengebiete unterscheiden:

Analyseaufgaben

Durch Analyseaufgaben kann man das rechnerische, analytische und produktive Denken der Bewerber beurteilen. Die Testpersonen müssen dazu vorgegebene Fälle schriftlich ausarbeiten. Je nach Stellenanforderung kann man dabei die Schwierigkeit der Aufgaben variieren und in einzelnen Bereichen Schwerpunkte setzen. Zum Beispiel kann man ein besonderes Augenmerk auf das Verständnis von Tabellen und den Umgang mit Zahlen legen. Die Bewerber werden danach beurteilt, wie sie ihre Prioritäten setzen und wie sie sich entscheiden, wenn sie nur unvollständige Informationen zur Verfügung haben. Außerdem ist es von Interesse herauszufinden, ob die Bewerber in der Lage sind, unwichtige oder zweifelhafte Informationen als solche zu erkennen und auszusortieren. Ihre schriftliche Ausdrucksfähigkeit kann dabei ebenfalls getestet werden.

Auch sogenannte Postkorb-Aufgaben gehören zu den Analyseaufgaben. Hierbei wird der Bewerber mit einer großen Zahl von Schriftstücken konfrontiert. Er muß sie in begrenzter Zeit erfassen und nach vorher genau definierten Kriterien auswerten. Dabei muß er in der Lage sein, Verbindungen zwischen unterschiedlichen Informationen zu erkennen, Unwichtiges auszusortieren, Prioritäten zu setzen, zu entscheiden und zu planen. Die Auswertungsergebnisse werden vom Bewerber entweder schriftlich festgehalten oder mündlich anhand des ausgewählten Materials präsentiert.

Teamarbeit

Ein klassischer Bestandteil der Aufgaben in einem Assessment-Center sind die Teamaufgaben. Bei dieser Aufgabe müssen die Bewerber gemeinsam aktiv werden, entweder als ganze Gruppe oder in kleineren Gruppeneinheiten. Besonders bewertet werden dabei die ***soziale Kompetenz*** und die Interaktionsfähigkeit der einzelnen Teilnehmer. Die Moderatoren können bei dieser Art Aufgaben aktiv in den Gruppenprozeß eingreifen, beispielsweise wenn Diskussionen nicht lebhaft genug geführt werden (***Moderation***, ***Gruppen-*** und ***Teamarbeit***).

Rollenspiele sind eine beliebte Variante von Teamaufgaben. Dabei können die verschiedensten Situationen recht präzise simuliert werden. Rollenspiele eignen sich am besten dazu, Aufgaben auch tatsächlich stellenspezifisch zu gestalten. So können etwa besondere Führungssituationen, aber auch Verkaufs- oder Beratungsgespräche nachgespielt werden. Diese Form der Teamaufgabe eignet sich ebenfalls ausgezeichnet dazu, den Bewerber in schwierige Konflikt- oder Entscheidungssituationen hineinzuversetzen. Somit bieten Rollenspiele Beobachtungsmöglichkeiten für die unterschiedlichsten Aspekte der Sozialen Kompetenz. Realitätsnahe Situationen entstehen besonders dann, wenn der Bewerber in einem Rollenspiel dazu angehalten wird, möglichst er selbst zu sein. Verstärkt wird dieser Effekt dadurch, daß sein Partner sehr stark an seine Rolle gebunden wird. Dies ermöglicht den Beobachtern eine besonders zuverlässige Einschätzung des Bewerbers.

Vorträge und Präsentationen

Gerade die mündliche Darstellung von Inhalten ist für viele zu besetzende Stellen besonders wichtig. Die Beobachter können einen Bewerber bei Vorträgen und Präsentationen vor allem nach zwei Dingen beurteilen: Wie tritt er auf, und wie sieht es mit der inhaltlichen Qualität seines Vortrages aus? Bei dieser Art von Aufgaben kann die Belastbarkeit und die Selbstpräsentation des Bewerbers getestet werden. Aber auch seine Auffassungsgabe läßt sich damit beurteilen, wenn man ihm Thema und Material für die ***Präsentation*** vorgibt.

Ein Assessment-Center kann für vielfältige Aufgaben eingesetzt werden:

- Ein Assessment-Center eignet sich hervorragend zur ***Personalauswahl***. Mehrere Bewerber können in simulierten Situationen zielgerichtet daraufhin getestet werden, ob sie für eine bestimmte Stelle geeignet sind. Gerade im Aufgabenfeld der Neueinstellung von Hochschulabsolventen bietet ein Assessment-Center einem Unternehmen die Möglichkeit, die Fähigkeiten der Bewerber über die fachliche Qualifikation hinaus, gleichsam »unter Praxisbedingungen«, zu testen.
- Assessment-Center können zur ***Mitarbeiterentwicklung*** eingesetzt werden. Das Verfahren eignet sich zur Auswahl geeigneter Bewerber für eine bestimmte Führungsposition oder zur Auswahl von Mitarbeitern, die in höhere Positionen aufsteigen sollen.
- In einem Assessment-Center kann sowohl das Potential einer Testperson als auch ihr individueller Weiterbildungsbedarf ermittelt werden (***Weiterbildung***).
- Man kann gleichzeitig mehrere Personen unter denselben Bedingungen

testen. Durch den direkten Vergleich kann man den Bewerber herausfiltern, der für den Posten am geeignetsten erscheint.
- Man kann die Bewerber nicht nur auf fachliche Qualifikation und persönliches Auftreten hin aussuchen, sondern zudem ihre Soziale Kompetenz bei der Interaktion mit den anderen Gruppenmitgliedern und den Beobachtern beurteilen. ***Schlüsselqualifikationen*** wie ***emotionale Intelligenz***, Kommunikationsverhalten, die Fähigkeit, ***Entscheidungen*** zu fällen, oder die Fähigkeit, interdisziplinär zu denken und über den Tellerrand hinauszuschauen, können während eines Assessment-Centers eingehend geprüft werden (***Management versus Führung***).

Welche Gefahren beeinhaltet die Durchführung eines Assessment-Centers?

- Auch eine noch so realitätsnahe Gestaltung kann den »Laborcharakter« des Assessment-Centers nicht aufheben, selbst wenn die Tests eng an die zukünftigen Arbeitsaufgaben angelehnt sind.
- Die Ergebnisse des Assessment-Centers basieren auf einer Momentaufnahme des Bewerbers. Er kann einen besonders guten Tag haben oder einen besonders schlechten – die Ergebnisse müssen also nicht unbedingt mit seinen späteren Arbeitsleistungen und Fähigkeiten übereinstimmen.
- Starkes Lampenfieber kann die Bewerber ebenfalls negativ beeinflussen. Das Ergebnis muß dann nicht mit den tatsächlichen Fähigkeiten des Bewerbers übereinstimmen.
- Da es sehr viel Literatur zu diesem Thema gibt, sind Bewerber auf Assessment-Center meist sehr gut vorbereitet. Die Ergebnisse sind dann oft verzerrt.

Autorität

Was ist Autorität?

Autorität bezeichnet die Befugnis oder Chance, anderen ein bestimmtes Handeln oder Verhalten nahezubringen oder von ihnen verbindlich zu verlangen. Autorität beruht dabei auf der freiwilligen, nicht gewaltsam erzwungenen Akzeptanz durch die anderen.

Autorität läßt sich unterteilen in:

- *personale (oder persönliche) Autorität:* Die personale Autorität gründet in besonderen, von anderen geschätzten ***Persönlichkeit***smerkmalen. Dies können zum Beispiel Lebenserfahrung, besondere berufliche Leistungen und Erfolge, Alter oder ausgeprägte ***soziale Kompetenz*** sein. Ihre Grundlage ist eine Art Vertrauensverhältnis. Da man Vertrauen nicht befehlen kann, muß man es sich als Vorgesetzter erwerben. Die Voraussetzungen hierfür beim Vorgesetzten sind: integerer Charakter, Gerechtigkeitssinn, menschliches Verständnis und sachliche Kompetenz. Die drei zuerst genannten Eigenschaften werden heute häufig noch zu gering bewertet gegenüber der reinen Fachkenntnis (***Vorbild***).
- *formale (oder positionale) Autorität:* Die formale Autorität basiert auf der mit einer bestimmten hierarchischen Position in einer Organisation verbundenen Anordnungs- oder Weisungsbefugnis. Sie ist gebunden an ***Hierarchien*** und ***Organigramme***.
- *funktionale Autorität:* Die funktionale Autorität hat ihre Grundlage in einem bestimmten Sachverstand, Fach- oder Expertenwissen. Dieses Wissen ist für die Zielerreichung eines Unternehmens von besonderer Bedeutung. Sie ist unabhängig von hierarchischen Systemen, von Alter oder Persönlichkeit, sondern hängt allein mit dem speziellen Wissen einer Person zusammen.

Was bedeutet Autorität für die Führung?

Die Akzeptanz von Führungskräften bei Mitarbeitern erfordert ein Gleichgewicht zwischen formaler Autorität auf der einen und personaler und funktionaler Autorität auf der anderen Seite. Es ist Aufgabe der ***Mitarbeiterentwicklung***, die personale und funktionale Autorität eines Mitarbeiter so zu stärken, daß die mit seiner Stelle verbundene formale Autorität damit in Einklang steht.

Eine ideale Autorität ergibt sich aus der individuellen Balance zwischen den drei obengenannten Formen der Autorität; die individuelle Mischung ist ein wesentliches Element der ***Führungskompetenz*** und des ***Führungsstils***.

Welche Risiken und Gefahren beinhaltet Autorität?

- Autoritäres Verhalten und Autorität werden häufig verwechselt.
- Der Chef, der fachlich alles besser kann, fordert geradezu dazu heraus, daß seine Mitarbeiter ihre Aufgaben an ihn zurückdelegieren.

- Funktionale und fachliche Autorität ohne personale Autorität wird von den Mitarbeitern nicht akzeptiert. So kann ein mit guter Sachkenntnis ausgestatteter, zur Führungskraft aufgestiegener Mitarbeiter völlig überfordert sein bei der Mitarbeiterführung, wenn ihm die personale Autorität fehlt.

Literaturtip

Müller, Uwe Renald: Machtwechsel im Management, Drama und Chance, Freiburg 1997

Die Bedürfnispyramide

Wie sieht das Modell der Bedürfnispyramide aus?

Der amerikanische Wissenschaftler Abraham H. Maslow hat 1954 die Bedürfnispyramide als ***Motivations***modell geschaffen. Damit versuchte er, die Verhaltensweisen des Menschen zu erklären.

Menschen haben unterschiedliche Formen von Bedürfnissen. Sie lassen sich nach Maslow in eine hierarchische Ordnung bringen. Danach bauen sich menschliche Bedürfnisse in fünf Stufen aufeinander auf:

- In der ersten Stufe stehen die körperlichen Grundbedürfnisse des Menschen, dazu zählen zum Beispiel Schlaf, Essen, Trinken und Wärme. Die Befriedigung dieser Bedürfnisse sichert das reine Überleben und die Arterhaltung.
- In der zweiten Stufe sucht der Mensch nach Sicherheit und Geborgenheit. Innerliche Festigung erfährt er zum Beispiel durch Heirat, äußerlich drückt sich dieses Bestreben etwa darin aus, daß finanzielle Rücklagen gebildet werden.
- Sind diese beiden Bedürfnisformen befriedigt, sucht der Mensch auf der dritten Stufe nach Gesellschaft mit »seinesgleichen«. Er knüpft soziale Kontakte in der Familie, im Verein oder im Freundeskreis.
- Wenn diese Gruppen deutlich voneinander abgegrenzt sind, stellt sich auf der vierten Stufe die Macht-Frage: Wer ist besser oder hat innerhalb einer bestimmten Gruppe mehr zu sagen? Es bildet sich ein Ich-Bedürfnis. Innerhalb der sozialen Beziehungen entstehen Rangordnungen und ***Hierarchien***. Der Mensch strebt nach Führungsfunktionen und sammelt Statussymbole.
- Auf der fünften und höchsten Stufe kann sich der Mensch angstfrei und spontan in der Welt bewegen. Er versucht, sich selbst zu verwirklichen und

kann sich anderen Menschen zuwenden, neugierig und kreativ. Er strebt nach höheren Werten, nach moralischer Integrität und Idealen – Kunst, Kultur und Religion finden auf dieser Stufe statt. Allgemein findet auf dieser Stufe die gesamte ***Sinnorientierung*** des Menschen statt.

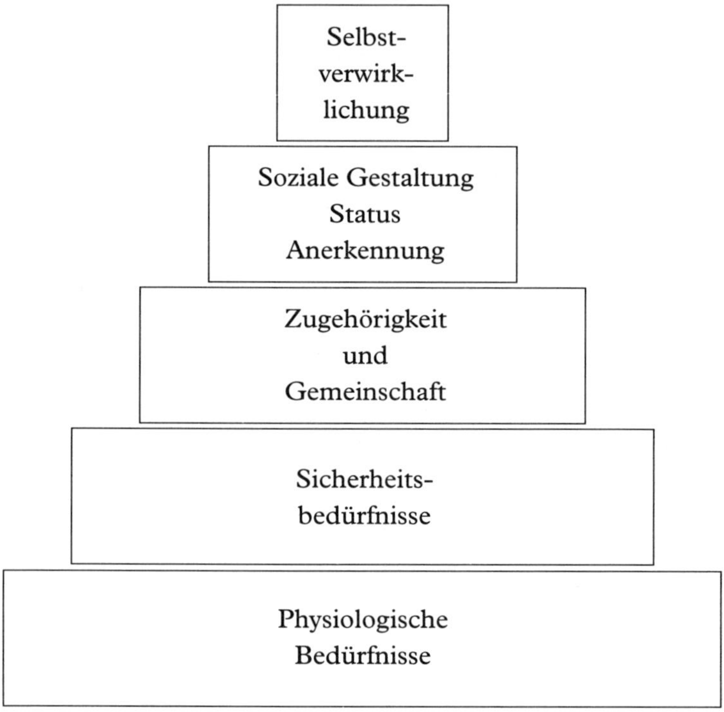

In welchen Situationen ist die Bedürfnispyramide hilfreich?

Generell sollte man dieses Modell bei dem alltäglichen Umgang mit Mitarbeitern immer im Hinterkopf haben. Wenn man über ***Motivation***, ***Mitarbeiterentwicklung*** oder Verhaltensänderungen nachdenkt, muß man sich immer der Tatsache bewußt sein, daß man nie von den eigenen Bedürfnissen auf die Bedürfnisse anderer schließen darf. »Gib an die Angel, was dem Fisch schmeckt und nicht, was der Angler mag«, sollte das Motto sein.

Bei der Kontrolle der eigenen Bedürfnisbefriedigung sollte man kritisch sein. Schlafdefizite und Eßstörungen treten bei Führungskräften oft auf. Auch das Bedürfnis nach Sicherheit ist nicht immer gewährleistet. Führungsposten sind selten Lebensstellungen. Soziale Kontakte und ***Privates*** werden bei Führungskräften ebenso häufig hintangestellt. Dafür bekommen Manager ja im Gegenzug auch viel Anerkennung in Form von ***Macht*** und einem hohen ***Gehalt***. Für die Selbstverwirklichung ist jedes Individuum selbst verantwortlich. Die richtige ***Führung der eigenen Person*** kann für eine ausgeglichene Befriedigung der verschiedenen Bedürfnisse sorgen. Denn auf Dauer wollen alle Ansprüche berücksichtigt werden (***Schichtentheorie***).

Beförderung

Was ist eine Beförderung?

Unter einer Beförderung versteht man das Versetzen eines Mitarbeiters in eine höhere Position. Erfolgreiche Führung und Zusammenarbeit setzen eine wohldurchdachte und praxisorientierte Personalentwicklung voraus, die auf die Personalpolitik abgestimmt sein sollte (***Karriereplanung***, ***Mitarbeiterentwicklung***).

Es gibt verschiedene Laufbahnentwicklungen:

- *Die klassische Laufbahnentwicklung:* Die klassische Laufbahnentwicklung orientiert sich in erster Lienie an den herrschenden ***Hierarchie***strukturen. So erfolgt der Aufstieg beispielsweise über die Position des Gruppenleiters, Abteilungsleiters oder Hauptabteilungsleiters.
- *Die Fachlaufbahn:* Charakteristisch für Positionen in der Fachlaufbahn ist ein hoher Anteil an reinen Fachaufgaben. Mitarbeiter, die in dieser Laufbahn aufsteigen, müssen trotz ihrer höheren Position meist nur einen geringen Umfang an zusätzlichen Personalführungs- und Verwaltungsaufgaben wahrnehmen.
- *Die Projektlaufbahn:* Die Projektlaufbahn zeichnet sich weniger durch hierarchische Strukturen aus als vielmehr durch projektbezogene und teamorientierte Organisationsstrukturen. Dort ist der Aufstieg in höhere Positionen in der Regel durch eine Zunahme an Koordinationsaufgaben gekennzeichnet. Die Verantwortung steigt – sowohl für die Projektabwicklung als auch die Mitarbeiter des jeweiligen Teams.

Das Peter-Prinzip

Das Peter-Prinzip ist eng mit der Beförderung und dem Aufstieg verbunden. Es besagt, daß jeder so lange befördert wird, bis er eine Position innehat, die er nicht mehr auszufüllen vermag, und er somit für seine Arbeit völlig unqualifiziert ist. Das führt dazu, daß manche Führungspositionen von Mitarbeitern besetzt sind, die eine Etage tiefer noch recht gut waren, für ihre jetzige Etage allerdings nicht mehr ausreichend qualifiziert sind (***Reifegrad des Mitarbeiters***).

In der wirtschaflichen Praxis gibt es genügend Beispiele für das Peter-Prinzip: Da wäre zum Beispiel jener erstklassige Verkaufsleiter, der zur Belohnung in einen freien Vorstandssessel befördert wurde. Da er sich jedoch weder für theoretische und abstrakte Denkweisen noch die Geheimnisse der Verwaltung erwärmen konnte, war er dort ein echter Versager. Auf diese Weise hatte man durch falsche Führungstechnik und unbedachte Beförderung einen erstklassigen Verkaufsleiter durch einen schlechten kaufmännischen Vorstand ersetzt. Das war ein doppelter Nachteil für den Betrieb – und für den Betroffenen außerdem eine zusätzliche Belastung.

Schuld an diesem Umstand sind fehlerhafte Personalbeurteilungen und -einschätzungen. Hier ist es die Aufgabe der ***Mitarbeiterentwicklung***, Stärken und Schwächen der einzelnen Mitarbeiter auszuloten und Schwachstellen durch gezielte ***Weiterbildung*** zu beheben. Nachweisliche Inkompetenz kann aber auch andere Ursachen haben, beispielsweise eine ausgeprägte Führungsschwäche oder -unsicherheit. In diesem Fall wäre es zum Beispiel denkbar, mit Hilfe eines ***Coachings*** steuernd einzugreifen. Auf keinen Fall sollte man jedoch aus der Angst heraus, ***Fehler*** einzugestehen, an einem solchen »Fehlgriff« festhalten.

Was ist bei Beförderungen zu beachten?

Beförderungen erfordern – wie alle personellen Maßnahmen – eine sorgfältige Handhabung. Sie dürfen keinesfalls ohne vorherige Planung erfolgen.

Eine Beförderung ist immer dann sinnvoll, wenn die Befähigung eines Mitarbeiters über seine derzeitige Tätigkeit hinausgeht. Man sollte ihn nur dann befördern, wenn er auch wirklich für eine höhere Position qualifiziert ist, sei es durch sein Wissen, seine Erfahrungen oder durch gezielte ***Weiterbildung***.

Beförderungen eignen sich auch dann, wenn ein Mitarbeiter ausgezeichnet werden soll.

Allerdings gibt es auch einige Voraussetzungen zu beachten:

- Im Unternehmen muß eine freie Stelle vorhanden sein, auf die der Mitarbeiter befördert werden kann.
- Der Mitarbeiter muß sich für die neue Position eignen.
- Der Mitarbeiter muß über genügend Fachkompetenz verfügen.
- Im Idealfall ist die Beförderung eines Mitarbeiters Bestandteil einer langfristigen ***Mitarbeiterentwicklung***.

Im Grunde ist eine Beförderung ein formloser Vorgang. Sie wird in kleinen Unternehmen oft mündlich ausgesprochen, in größeren ist eine schriftliche Mitteilung gang und gäbe. Eine schriftliche Beförderung sollte unbedingt mit einem ***Mitarbeitergespräch*** verbunden werden. In der Regel wird sie an ein ***Beurteilungs***- oder ***Anerkennungsgespräch*** gekoppelt. Beförderungen können auch Bestandteil eines ***Gehaltsgesprächs*** sein.

Interne Kommunikation ist in Verbindung mit Beförderungen ebenso wichtig wie die externe Kommunikation. Man sollte nicht nur den Mitarbeiter rechtzeitig informieren, der befördert wird, sondern auch alle, die mit ihm zu tun haben werden oder bis zum Zeitpunkt der Beförderung zu tun hatten, seien es Kollegen, Lieferanten oder Kunden. Auch das ***Organigramm*** sollte in diesem Zusammenhang so schnell wie möglich überarbeitet werden.

Eine Beförderung dient verschiedenen Zwecken:

- Die Beförderung stellt eine Belohnung für die geleistete Arbeit dar und ist somit eine Form, Anerkennung auszudrücken.
- Das persönliche Vorwärtskommen und der damit verbundene Aufstieg in der Hierarchie ist meist ein Grund für erhöhte Zufriedenheit. Auch die höhere Bezahlung, die mit einer Beförderung meist verbunden ist, wirkt sich positiv auf die ***Motivation*** eines Mitarbeiters aus.
- Durch eine Beförderung kann man den Handlungsspielraum für den Mitarbeiter vergrößern.
- Der Beförderte kann sein Wissen an seine Mitarbeiter weitergeben.

Welche Risiken beinhaltet eine Beförderung?

- Beförderung kann als Druck- oder ***Macht***mittel mißbraucht werden.
- Ein Mitarbeiter kann sich im Falle eines raschen Aufstiegs an regelmäßige Beförderungen gewöhnen: Bleiben diese dann einmal aus, kann dies zu ***Arbeitsunzufriedenheit*** führen.
- Eine Beförderung führt oft dazu, daß der Mitarbeiter sich auch von gewohnten Tätigkeiten, Personen und Räumlichkeiten verabschieden

muß. Diese Umstellung kann für den Mitarbeiter sehr schwierig sein und dadurch zu einem Leistungsabfall führen.

- Der Mitarbeiter fühlt sich durch die Beförderung überfordert und reagiert mit inneren Ängsten und Verspannung.
- Beförderungen, die nicht transparent gemacht und durch entsprechende ***interne Kommunikation*** begleitet werden, können anderen Mitarbeitern willkürlich und undurchschaubar erscheinen. Das weckt Unzufriedenheit, wirkt sich negativ auf das ***Betriebsklima*** aus und könnte darüber hinaus sogar ein Nährboden für ***Mobbing*** im Unternehmen sein.

Siehe auch Checkliste

Literaturtip

Weihrich, Hans: Management Basiswissen, Hamburg 1986

Benchmarking

Was ist Benchmarking?

Der Kerngedanke des Benchmarking ist es, die Leistungen des eigenen Unternehmens mit den Leistungen anderer erfolgreicher Unternehmen zu vergleichen, um sie dadurch verbessern zu können. Meist wählt man Firmen aus der eigenen Branche als Benchmarking-Partner aus. Die Vergleichspartner können jedoch auch aus einem anderen Wirtschaftszweig stammen. Wichtig ist nur, daß sie über Spezialwissen verfügen, das man für den eigenen Bereich nutzen kann. Eine renommierte Versandfirma zum Beispiel hat wahrscheinlich einige interessante Informationen über effiziente Logistik zu bieten, von denen andere Firmen lernen können.

Für das Benchmarking von Prozessen innerhalb eines Betriebes können auch eigene überdurchschnittlich gute Abläufe, beispielsweise aus anderen Abteilungen, herangezogen werden. Diese vergleicht man dann mit den internen Abläufen, bei denen man Optimierungsmöglichkeiten vermutet. Diesen Vergleich bezeichnet man als internes Benchmarking.

Beim Benchmarking sucht man nach Maßstäben, um Produkte, Output-Niveaus, Leistungsstandards, Service oder ***Kundenorientierung*** vergleichbar zu machen. Anders als bei der Wettbewerbsanalyse werden die Benchmarking-Partner dabei direkt angesprochen. Vergleichsdaten tauscht man mit Hilfe eines Fragebogens offen aus.

Benchmarking beinhaltet aber mehr, als nur Daten und Zahlenwerte einander gegenüberzustellen: Gerade die Analyse der Methoden und Praktiken, die durch einen gegenseitigen Besuch mit einem intensiven Erfahrungsaustausch gestützt werden sollten, ist wichtig, damit umsetzungsfähige Maßnahmen zur Leistungssteigerung des eigenen Unternehmens erkannt werden können.

Wozu ist Benchmarking gut?

Ein Unternehmen will durch Benchmarking die Bereiche finden, in denen Verbesserungen möglich sind. Das Ziel eines solchen Vergleichsverfahrens ist es, eigene Schwachstellen sichtbar zu machen und zu beseitigen. Die Untersuchung, bei der die Prozesse und Aktivitäten verschiedener Unternehmen verglichen werden, hilft auch dabei, Stärken im eigenen Unternehmen zu erkennen.

Benchmarking-Ergebnisse sollen die Leistungs- und Wettbewerbsfähigkeit des eigenen Unternehmens sichern. Das Ziel von Benchmarking besteht darin, Verbesserungsbereiche aufzuspüren und Veränderungen anzuregen (***Change Management***). Die Ergebnisse führen zu neuen Qualitätsanstrengungen, zur Umstrukturierung und zum ***Reengineering***. Ziel des Benchmarking ist es, dem Unternehmen einen dauerhaften Wettbewerbsvorteil zu bringen. Die Flexibilität und die Bereitschaft zur ***Innovation*** sollen gefördert und erhöht werden.

Benchmarking ist ein hervorragendes Instrument, um eine ***lernende Organisation*** zu unterstützen. Die Mitarbeiter des Unternehmens können direkt vor Ort bei einem Benchmarking-Partner erkennen, wie dieser bestimmte Dinge effizienter oder effektiver ausführt. Die hieraus entstehenden Anregungen und Anreize, die eigene Leistungsfähigkeit zu steigern, lassen sich für eine positive Veränderung des eigenen Unternehmens nutzen.

Die Bereitschaft zur Umsetzung wird dadurch erhöht, daß Ziele für die notwendige Leistungs- und Qualitätssteigerung nicht vom Management bestimmt, sondern von Benchmarking-Partnern abgeleitet werden. Die hierzu notwendigen Lösungen entspringen nicht irgendeiner »grauen Theorie«, sondern werden als praxiserprobte Lösungen von den Partnern adaptiert. Mithilfe von zuverlässigen Vergleichsdaten über Lieferzeiten beispielsweise kann man Managern, die eine Verbesserung ihrer Leistung nicht für möglich halten, sagen: »Die anderen können es, also können wir das auch.« Aus einer starren Organisation wird so eine lernende Organisation.

Benchmarking kann auch als Instrument der ***Mitarbeiterbeteiligung*** eingesetzt werden. Die eigenen Mitarbeiter können aktiv in die Studie mit einbezogen werden. Man kann sie etwa fragen, welche Unternehmen als Benchmarking-Partner ausgesucht werden sollen und welche Fragen man dem Benchmarking-Partner ihrer Meinung nach stellen sollte.

Welche Risiken und Gefahren beinhaltet Benchmarking?

- Auch bei direkten Vergleichen zwischen den Resultaten verschiedener Unternehmen bleibt möglicherweise unklar, mit welchen Methoden die erfolgreichsten Organisationen ihre Ergebnisse erzielt haben.
- Was in einem Unternehmen gut funktioniert, muß anderswo nicht unbedingt genauso gut funktionieren.
- Selbst wenn man aufschlußreiche und zuverlässige Informationen aus verschiedenen Quellen erhält, ist es nicht immer einfach, diese Ergebnisse in Aussagen zu übersetzen, die für das eigene Unternehmen sinnvoll sind.
- Unternehmen, die zum Vergleich herangezogen werden, versuchen möglicherweise, sich in ihrem besten Licht darzustellen und Probleme unter den Teppich zu kehren. Dies dürfte vor allem dann der Fall sein, wenn beide Unternehmen im gleichen Bereich agieren. Daher ist darauf zu achten, daß man Informationen über die tatsächlichen Leistungen des Benchmarking-Partners erhält – und nicht nur über seine Zukunftsabsichten oder Wunschvorstellungen. Denn oft kann man aus Mißerfolgen, schlechten Verfahren oder ***Fehlern*** von Vergleichsunternehmen genauso viel oder sogar mehr lernen als aus ihren Erfolgen.
- Beim Benchmarking werden oftmals nur die überprüfbaren harten Fakten beachtet. Weiche Einflußfaktoren wie beispielsweise ein gutes ***Betriebsklima***, das ebenfalls maßgeblich für den Erfolg eines Unternehmens verantwortlich sein kann, werden durch das Benchmarking in der Regel nicht erfaßt.
- Die Orientierung an anderen Unternehmen kann den realistischen Blick auf die eigenen Möglichkeiten und die eigene Leistungsfähigkeit beeinträchtigen. Möglicherweise ist ja das firmeninterne ***Innovations***potential noch gar nicht ausgeschöpft und könnte durch eine Forcierung des ***Vorschlagswesens*** oder durch ***Kaizen*** besser genutzt werden.

Literaturtip

Hilmer, Frederick G. /Donaldson, Lex: Jenseits der Management-Mythen, Kontinuität statt Trendhopping, Landsberg am Lech 1997

Besprechung/Konferenz

Was ist eine Besprechung?

Besprechungen und Konferenzen sind Gruppengespräche, in deren Verlauf ein oder mehrere Themen unter verschiedenen Aspekten vorgestellt und diskutiert werden. Bei einer Besprechung kommen mindestens zwei und möglichst nicht mehr als zwölf Menschen zusammen, um Informationen auszutauschen, gemeinsam Entscheidungen zu fällen oder Projekte zu planen und zu organisieren. Besprechungen dienen selten zur Analyse und Lösung von Problemen; hierzu werden meist ***Workshops*** einberufen (***Visualisierung***).

Wie geht das?

Man sollte in erster Linie darauf achten, daß der Anlaß für eine Besprechung auch die Einberufung einer Konferenz rechtfertigt. Besprechungen und Konferenzen sind also immer dann sinnvoll:

- wenn Entscheidungen zu komplexen Themen anstehen.
- wenn sie als Informationsveranstaltungen genutzt werden können. Daher sollten sie immer dann abgehalten werden, wenn verschiedene Mitarbeiter oder Abteilungen über den Stand eines oder mehrerer Projekte unterrichtet werden müssen.
- wenn die zukünftigen Arbeitsschritte verschiedener Abteilungen miteinander koordiniert werden sollen.

Um Besprechungen möglichst effektiv zu gestalten, sollten der Raum und die Umgebung möglichst frei von Störungen sein. Zur Beschleunigung von Besprechungen empfiehlt es sich, Sitzungen in »Stehungen« zu verwandeln. Im Stehen kann man besser denken, Stehen ist dynamischer und entscheidungsfreudiger. Weitere Voraussetzungen für eine erfogreiche Besprechung sind:

- Es muß ein angemessener Ort für die Besprechung zur Verfügung stehen.
- Alle Teilnehmer sollten über das Thema der Besprechung informiert und fachkundig sein (***interne Kommunikation***).
- Für jede Besprechung sollte ausreichend Zeit zur Verfügung stehen (***Zeitmanagement***).
- Ein Moderator sollte die Besprechung leiten (***Moderation***).

Jede Besprechung, egal ob Sitzung, Stehung oder Meeting, läuft nach dem gleichen Muster ab:
1. Phase: Aufgabendefinition und Zielformulierung
2. Phase: Aufgabenanalyse
3. Phase: Sammeln und Bewerten von Lösungsvorschlägen
4. Phase: Beschluß

Eine Besprechung sollte so lang wie nötig, aber so kurz wie möglich dauern. Je kürzer die Besprechung ist, desto zufriedener sind die Teilnehmer und desto präziser sind auch die Ergebnisse. Der Zeitaufwand einer Besprechung steigt mit der Zahl der Teilnehmer. Je weniger anwesend sind, desto geringer ist die Zeit, die man für eine Besprechung ansetzen muß. Deshalb sollte man vor einer Besprechung genau überlegen, wen man dazu einladen möchte.

Die Konzentration der Teilnehmer nimmt nach etwa einer Dreiviertelstunde rapide ab. Dem kann man dadurch begegnen, daß man entsprechende Pausen einlegt. Besprechungen sollten nur in Notfällen am frühen Nachmittag oder nach 16 Uhr stattfinden.

Es hat sich bewährt, im Verlauf einer Sitzung, Stehung, Konferenz oder eines Meetings einige wichtige Prinzipien einzuhalten:
- Man sollte mit der Besprechung pünktlich beginnen.
- In einer Vorstellungsrunde sollten die einzelnen Teilnehmer vorgestellt werden.
- Am Anfang jeder Besprechung sollten ein Time-Manager und ein Protokollschreiber bestimmt werden. Diese Aufgabenverteilung sollte auf freiwilliger Basis erfolgen. Die Aufgabe des Time-Managers ist es, während der Besprechung darauf zu achten, daß der vorgegebene Zeitrahmen eingehalten wird. Der Protokollschreiber sollte bei wiederkehrenden Besprechungen der Fairneß wegen im Rotationsverfahren wechseln.
- Am Anfang jeder Besprechung sollte das Thema kurz umrissen werden. Man sollte die aktuelle Sitzung mit einer Zusammenfassung der bisherigen Treffen einleiten, die einzelnen Tagesordnungspunkte klären und die Dauer der Besprechung festlegen.

- Nach der Besprechung sollten die Ergebnisse der Sitzung noch einmal kurz zusammengefaßt werden.
- Es empfiehlt sich darüber hinaus, am Ende jeder Besprechung einen Aktionsplan aufzustellen und genau festzulegen, wer was bis wann macht und wie er das tut.
- Am Ende einer Besprechung sollte man, wenn möglich, bereits den Termin für das nächste Treffen festlegen. Eventuell lassen sich aus den Ergebnissen der aktuellen Sitzung schon die Tagesordnungspunkte für die folgende Sitzung ableiten.
- Der Protokollführer hat die Aufgabe, nach der Sitzung ein schriftliches Protokoll zu erarbeiten und an alle Teilnehmer zu versenden.
- Nach einer Besprechung sollten die Ergebnisse nachbereitet werden, damit die Beschlüsse auch wirklich umgesetzt werden können.

Dazu kommen einige wichtige Verhaltenregeln:
- Der Leiter sollte ausdrücklich zu Kritik auffordern.
- Der Leiter selbst sollte seine Meinung nicht zu früh nennen.
- Bei wichtigen Entscheidungen sollten zwei Gruppen unterschiedliche Lösungen erarbeiten.
- Es sollte routinemäßig ein »advocatus diaboli« bestellt werden, der bewußt Gegenpositionen zur Gruppenmehrheit vertritt, sobald sich Einigkeit innerhalb der Gruppe andeutet.
- Die Entscheidungsgruppe sollte nicht beständig zusammenarbeiten, sondern zeitweilig in Untergruppen aufgespalten werden.

In Besprechungen lassen sich die verschiedenen Aspekte eines Themas umfassend betrachten. Verschiedene fachliche Aspekte und Meinungen können bei einer Besprechung gebündelt werden. Auf dieser Basis sind gemeinsame Entscheidungen und Problemlösungen am besten möglich (***Teamarbeit***).

Welche Risiken und Gefahren beinhalten Besprechungen?

- Besprechungen finden zu häufig statt. Wenn zu viele Meetings abgehalten werden, kommen die Mitarbeiter oft nicht dazu, ihre eigentliche Arbeit zu erledigen.
- Falls man darauf verzichtet, einen Time-Manager zu bestimmen, dauern Besprechungen in der Regel viel zu lange.

- Wenn Besprechungen nicht ausreichend organisiert und vorbereitet wurden, läßt sich der Zeitrahmen meist nicht einhalten. Darüber hinaus werden dadurch Entscheidungen erschwert.
- Es kann passieren, daß die Kommunikation nicht offen und ehrlich funktioniert.
- Ohne Moderator wird oft am Thema vorbei diskutiert.
- Besprechungen werden von Teilnehmern zur Profilierung mißbraucht.
- Beschlüsse werden selten umgesetzt.

Siehe auch Checkliste

Literaturtip

Haynes, Marion E.: Konferenzen erfolgreich gestalten, Wien 1991

Betriebsklima

Was ist das Betriebsklima?

Die Zusammenarbeit in einer Gruppe schafft eine Umwelt, der sich der einzelne nicht entziehen kann. Diese Umwelt wird von ihm wahrgenommen, wird durch sein Verhalten mitgestaltet und beeinflußt auch seine eigenen Reaktionen. Der Begriff Betriebsklima umfaßt die Summe aller Verhaltensweisen sämtlicher Betriebsangehöriger, die durch zwischenmenschliche Beziehungen hervorgerufen werden. Dabei wirkt eine Vielzahl von unterschiedlichen Einflüssen zusammen, die von den Mitarbeitern selbst als das spezifische Betriebsklima wahrgenommen werden.

Der Zustand des Betriebsklimas äußert sich im Umgangston der Kollegen untereinander, in der Stimmung und in der Atmosphäre, in der sich die zwischenmenschlichen Kontakte der Unternehmensangehörigen abspielen. Entscheidend dabei ist, daß das Betriebsklima das Verhalten der Mitarbeiter in einem sehr starken Maße beeinflußt. Es wirkt beispielsweise als starker Faktor auf die Leistungsbereitschaft ein.

Das jeweils herrschende Betriebsklima führt bei den Mitarbeitern eines Unternehmens zu einem Anpassungsdruck, der sich auf ihr tägliches Verhalten und ihre Einstellungen auswirkt. Damit bildet das Betriebsklima die Grundlage für die sich entwickelnden ***Unternehmenskulturen***. So betrachtet ist es das Betriebsklima, das bestimmt, inwieweit vorhandene Fähigkeiten eines Mitarbeiters bei der Arbeitsausübung zum Einsatz kommen. Das spezifische Betriebsklima in einem Unternehmen kann häufig auf das Verhalten der Unternehmensleitung zurückgeführt werden.

Das Betriebsklima ist dabei in seiner Bewertung oft einer starken Orientierung an seiner Funktionalität unterworfen: Wenn die ***interne Kommunikation*** klappt und das Verhalten der Mitarbeiter untereinander durch Freundlichkeit und Respekt geprägt ist, ist das Betriebsklima gut. Liegen aber diese menschlichen weichen Faktoren im argen, dann wird das Betriebsklima als schlecht bezeichnet.

Was bedeutet das Betriebsklima für die Führung?

Die weitreichenden Einflüsse, die vom Betriebsklima auf das Arbeitsverhalten ausgehen, zwingen die Führungskräfte eines Unternehmens zu einer aktiven Gestaltungspolitik:

- Das bestehende Betriebsklima sollte ständig mit den eigenen Soll-Vorstellungen verglichen werden. Eine Führungskraft sollte stets auf dem laufenden sein, was das vorhandene Betriebsklima betrifft.
- Das Zusammengehörigkeitsgefühl der Mitarbeiter sollte durch gemeinsame Aktivitäten gefördert werden.
- Den Mitarbeitern sollten die Firmenaktivitäten durch eine entsprechende Informationspolitik nahegebracht werden (***interne Kommunikation***).
- Es sollten Rahmenbedingungen geschaffen werden, in denen den Mitarbeitern sowohl der persönliche als auch der unternehmens- bzw. arbeitsbezogene Austausch erleichtert wird, beispielsweise durch die Einrichtung von ***Sozialbereichen***, einer entsprechenden Pausengestaltung oder Rundbriefen (***Arbeitsplatz***, ***interne Kommunikation***).
- Die Mitarbeiter sollten beim Schaffen dieser Rahmenbedingungen nach ihren Vorstellungen und Anregungen gefragt werden, um so in den Prozeß einbezogen zu werden (***Mitarbeiterbefragung***).
- Eine Führungskraft sollte immer auf Unstimmigkeiten in der Gruppe reagieren. Sie sollte versuchen, die Gründe dafür herauszufinden sowie auftretende Konflikte durch angemessenes ***Konfliktmanagement*** zu lösen.

Ein gutes Betriebsklima wirkt sich positiv auf die ***Motivation*** und somit die Leistungen der einzelnen Mitarbeiter aus. Gutes Betriebsklima erkennt man daran, daß die Mehrzahl der Mitarbeiter in der Regel gerne arbeitet, daß sie miteinander reden, sich gegenseitig unterstützen, aufeinander Rücksicht nehmen und vielleicht auch manchmal privat etwas gemeinsam unternehmen. In Unternehmen mit einem guten Betriebsklima herrscht ein freundlicher Umgangston.

Welche Risiken und Gefahren birgt der Faktor Betriebsklima in sich?

Ein schlechtes Betriebsklima in einem Unternehmen erkennt man daran, daß dort in der Regel die Kommunikationswege (***interne Kommunikation***) gestört sind. Unter den Arbeitnehmern herrscht eine gleichgültige Einstellung vor, die sowohl die Arbeit als auch den Umgang miteinander betrifft. ***Mobbing*** kann in solchen Unternehmen an der Tagesordnung sein, was die Mitarbeiter meist erheblich Zeit kostet und sie damit von ihrer eigentlichen Arbeit abhält. Die Leistungsbereitschaft – und damit natürlich auch die Leistung des einzelnen Mitarbeiters – sinkt immer mehr, je schlechter das Betriebsklima ist. Ein schlechtes Betriebsklima kann auch die Trennung eines Mitarbeiters vom Unternehmen bewirken: Es kann durchaus ein Grund für eine ***Kündigung*** sein.

Doch nicht nur schlechtes Betriebsklima, sondern auch zu gutes Betriebsklima kann sich negativ auswirken: In Gruppen, in denen Meinungsverschiedenheiten nicht ausgetragen werden, kann sich keine Streitkultur entwickeln. Menschen entwickeln dann eine Scheu vor Konflikten. Anstatt sie auszutragen, gehen sie ihnen lieber aus dem Weg. In solchen Gruppen brodelt es meist erheblich unter der glatt erscheinenden Oberfläche, und so manche Gemeinheit wird mit dem gewohnt freundlichen Umgangston kaschiert. Daraus kann eine Form von ***Mobbing*** entstehen, die besonders schwer zu erkennen ist. Das Aufdecken von Konflikten und auch die Durchführung eines erfolgreichen ***Konfliktmanagements*** ist in solchen Gruppen extrem schwierig.

Siehe auch Checkliste

Literaturtip

Krystek, Ulrich/Becherer, Doris/Deichelmann, Karl H.: Innere Kündigung, Ursache, Wirkungen und Lösungsansätze, München, Mering 1995

Beurteilung

Was ist eine Beurteilung?

Die Personalbeurteilung ist in erster Linie ein modernes Führungsmittel, das den Vorgesetzten in regelmäßigen Abständen anhält, über die Aufgaben, Leistungen und die berufliche Entwicklung seiner Mitarbeiter nachzudenken und mit ihnen darüber zu reden. Jeder eigenverantwortlich tätige Mitarbeiter hat einen Anspruch auf eine umfassende und möglichst objektive Beurteilung.

Aus betrieblicher Sicht ergeben sich insbesondere vier Nutzenaspekte der Mitarbeiterbeurteilung. Sie dient:

- als Kriterium zur Gehalts- bzw. Prämiendifferenzierung (***Gehalt***, ***Gehaltsgespräch***),
- als Grundlage für Personalentscheidungen wie ***Beförderung*** oder ***Versetzung***,
- als Grundlage für ***Mitarbeiterentwicklung*** und ***Karriereplanung***,
- als Basis für eine individuelle Beratung des Mitarbeiters durch den Vorgesetzten zur ***Kontrolle*** der Wirkungen betrieblicher, personalbezogener Maßnahmen.

Im Mittelpunkt der Mitarbeiterbeurteilung steht das Mitarbeitergespräch, das regelmäßig durchgeführt werden sollte. Diese Gespräche müssen durch Offenheit und Präzision auf beiden Seiten gekennzeichnet sein. Aus den Beurteilungsgesprächen resultieren sowohl Anerkennung als auch Kritik. Sowohl Mitarbeiter als auch Vorgesetzter nehmen dadurch die eigenen Aufgaben und die Erfüllung ihrer Ziele besser wahr. Darüber hinaus kann der Vorgesetzte dem Mitarbeiter auf der Basis von Beurteilungsgesprächen gezielte Hilfestellungen geben sowie Maßnahmen zur Mitarbeiterentwicklung ableiten (***Weiterbildung***).

Wie geht das?

Zunächst einmal gilt es, einige Prämissen zu beachten. Eine Beurteilung ist immer dann ratsam, wenn die Arbeitsleistungen eines Mitarbeiters beurteilt und bewertet werden müssen, beispielsweise vor Beendigung der ***Probezeit***, vor ***Beförderungen*** und ***Versetzungen*** oder vor ***Gehaltsgesprächen***.

Beurteilungen können jedoch nur dann aussagekräftig sein, wenn sie regelmäßig durchgeführt werden. Um Verbesserungen oder Verschlechterungen in den Leistungen eines Mitarbeiters feststellen zu können oder seinen Weiterbildungsbedarf zu ermitteln, sollte man Beurteilungen mindestens halbjährlich durchführen. Darüber hinaus bieten sich folgende Situationen für eine sinnvolle Beurteilung an:

- Drei Monate nach der Einstellung wird eine erste Kurzbeurteilung vorgenommen. Innerhalb der Probezeit ist sie ein erster Hinweis darauf, wie die Leistungen eines neuen Mitarbeiters einzuschätzen sind – sowohl für den Vorgesetzten als auch für den beurteilten Mitarbeiter.
- Vor Ablauf der Probezeit wird im Rahmen einer umfassenden Beurteilung die Übernahme in ein unbefristetes Arbeitsverhältnis empfohlen oder nicht.
- Bei einem Wechsel des Vorgesetzten sollte der neue Vorgesetzte innerhalb der ersten neun Monate eine Beurteilung seiner Mitarbeiter vornehmen.
- Bei einer ***Versetzung*** oder Umsetzung eines Mitarbeiters erfolgt durch den alten Vorgesetzten eine Beurteilung. Nach spätestens sechs Monaten wird der Mitarbeiter dann vom neuen Vorgesetzten beurteilt.

Jeder Beurteilung sollten folgende Voraussetzungen zugrunde liegen:

- eine präzise ***Stellenbeschreibung***,
- klare ***Zielvereinbarungen***,
- eindeutige Beurteilungskriterien, die vor der Beurteilung genau definiert und dem Mitarbeiter mitgeteilt werden,
- persönliche Reife des Beurteilenden.

Grundsätzlich kann man zwischen zwei verschiedenen Arten von Beurteilungen unterscheiden: die *Leistungsbeurteilung*, in der man die Leistungen des Mitarbeiters beurteilt, und die *Potentialbeurteilung*, die Aufschluß darüber gibt, was der Mitarbeiter leisten können muß oder was in Zukunft von ihm erwartet wird.

In der betrieblichen Praxis werden vor allem drei Arten von Beurteilungsmethoden eingesetzt:

- *Die freie Eindrucksschilderung:* Der Beurteilende beschreibt den zu Beurteilenden umfassend. Diese Form der Beurteilung hat den Nachteil, daß man Beurteilungen, die von verschiedenen Vorgesetzten durchgeführt wurden, schlecht miteinander vergleichen kann.
- *Das Rangordnungsverfahren:* Der Beurteilende wird gezwungen, die zu Beurteilenden im Hinblick auf einzelne Beurteilungskriterien in eine

Rangfolge zu bringen. Dieses Verfahren ist jedoch nur dann sinnvoll, wenn die Mitarbeiter auf vergleichbaren Arbeitsplätzen arbeiten. Zudem sagt es kaum etwas über die tatsächlichen Leistungen der einzelnen Mitarbeiter aus – es beschränkt sich vielmehr auf die Feststellung, daß Müller eben besser ist als Meier.

- *Das Einstufungsverfahren:* Bei dieser Form der Beurteilung stuft man Merkmale und Verhaltensweisen auf vorgegebenen Skalen ein. Diese Methode ist allerdings sehr anfällig für individuelle Urteilstendenzen des Beurteilenden. Auch wird es hier schwierig, bei mehreren, aufeinander folgenden Beurteilungen die Leistungssteigerungen des Mitarbeiters zu dokumentieren. Die Spitze der Fahnenstange ist bei guten Mitarbeitern sehr schnell erreicht, und ein sehr guter Mitarbeiter kann sich nach dieser Skala nicht mehr verbessern.

Die Beurteilung eines Mitarbeiters ist eng an das Anforderungsprofil seiner Arbeitsstelle geknüpft. In eine Beurteilung sollten allerdings nicht nur die vom Mitarbeiter erzielten Ergebnisse, sondern auch die Rahmenbedingungen seiner Arbeit einfließen. Teilbereiche einer Beurteilung können sein:

Die Kriterien für die Mitarbeiterbeurteilung sind eng an das individuelle Anforderungsprofil gekoppelt. Generelle Aussagen darüber, wie die genauen Merkmale aussehen sollen, nach denen man die Leistungen eines Mitarbeiters beurteilt, sind daher schwierig zu treffen. Die häufigsten Beurteilungskriterien lassen sich einteilen in:

1. *Fachkenntnisse:* Korrektheit und Qualität der Arbeitsausführung; Kritisches Denken, Entscheidungsfähigkeit; Einsatzbereitschaft, Leistungsbereitschaft und ***Motivation***; Strategische Planung, Klare ***Zielsetzungen***, Belastbarkeit, Ausdauer.
2. *Soziale Kompetenz:* Fähigkeit zur Kooperation, ***Teamarbeit***, Kommunikationsfähigkeit (***interne Kommunikation***), Kontaktfähigkeit; Selbstvertrauen, Selbstsicherheit, Umgang mit Sozialbereichen.
3. *Führungskompetenz:* Selbständigkeit (***Selbstverantwortung***), Urteilsvermögen, Überzeugungskraft, Aufgabenplanung, Fähigkeit zur Delegation, Flexibilität, Durchsetzungsvermögen, Verhandlungsgeschick, Organisationsfähigkeit, ***Verantwortungs***bewußtsein, Wirtschaftliches Denken, Abteilungsentwicklung.
4. *Verhältnis zum Unternehmen:* ***Innovations***freudigkeit, Kreativität, Improvisationstalent, Zuverlässigkeit, Loyalität, Repräsentation des Unternehmens nach außen, Umgang mit Kunden und Lieferanten.

Der Mitarbeiter wird in einem ***Beurteilungsgespräch*** differenziert und ausführlich über die Beurteilungsergebnisse informiert. Dabei spricht der Vorgesetzte mit dem Mitarbeiter die Einschätzung seiner Leistung durch.

Früher war die Anwendung des Beurteilungsverfahrens vor allem von aufwendig entwickelten Kriterien und Skalen für die übergeordnete Personalplanung gekennzeichnet. Heutzutage geht man immer mehr zu einem individuelleren Beurteilungsverfahren über, das hauptsächlich als Förder- und Führungsinstrument im Verhältnis des Vorgesetzten zum Mitarbeiter eingesetzt wird.

Die regelmäßige mündliche und schriftliche Beurteilung sollte vor allem aus folgenden Gründen durchgeführt werden:

- Die Beurteilung dient dazu, den Mitarbeiter zu fördern und ihm bei seiner Orientierung zu helfen. Beurteilungen dienen auf keinen Fall der Verurteilung der Mitarbeiter.
- Die Beurteilung gibt den Anstoß, sich mit dem Mitarbeiter intensiv zu beschäftigen und sich mit dem von ihm gewonnenen Bild kritisch auseinanderzusetzen.
- Sie gibt eine Leitlinie, um praktische Folgerungen aus der Beurteilung eines Mitarbeiters für seinen Arbeitseinsatz und seine Förderung zu ziehen und mit ihm über seine Aufgaben, seine Leistungen und seine weitere berufliche Entwicklung in der Firma zu reden. Ein Beurteilungsgespräch kann zur Grundlage einer individuellen ***Karriereplanung*** des Mitarbeiters werden.
- Für den Mitarbeiter stellt die Beurteilung eine Rückmeldung dar, wie seine Leistungen und sein Verhalten am Arbeitsplatz von seinem Vorgesetzten gesehen werden. Beurteilungsgespräche vermitteln somit Sicherheit. Nichts verunsichert mehr als das Gefühl, nicht zu wissen, wie man von den Vorgesetzten eingeschätzt wird, die immerhin einen wesentlichen Einfluß auf das berufliche Schicksal haben.
- Ein Beurteilungsgespräch verhilft dem Mitarbeiter zu einer realistischen Selbsteinschätzung.
- Für Führungskräfte schaffen die Beurteilungen einen Anreiz, sich mit den verbesserungsbedürftigen Aspekten des eigenen Verhaltens zu beschäftigen.

Auf Beurteilungen reagieren die meisten Menschen sehr sensibel und empfindlich. Deshalb sollten Beurteilungen sehr sorgfältig vorgenommen werden. Um Mißverständnisse zu vermeiden und Streit vorzubeugen, sollten Führungskräfte folgende Beurteilungsfehler vermeiden:

- Der Beurteiler muß sich strikt an die Beurteilungsrichtlinien halten.
- Die Nähe zum Mitarbeiter muß gegeben sein. Deshalb sollte der direkte Vorgesetzte den Mitarbeiter beurteilen.
- Um die Beurteilungskriterien gerecht einzuschätzen, ist eine systematische Beobachtung erforderlich.
- Beobachtungen und Beurteilungsnotizen müssen aus einem längeren Zeitraum stammen.
- Der Beurteiler muß seine Beobachtungen an den beidseitig bekannten Anforderungen orientieren.
- Der Beurteiler muß sich von alten Beurteilungen frei machen.
- Die Gewichte und Orientierung der Beurteilung müssen mit den Einschätzungen anderer Mitarbeiter, die ein ähnliches Anforderungsprofil haben, abgeglichen werden.
- Zum Beurteilen muß man sich Zeit nehmen, um sorgfältig abwägend zu einer gerechten Beurteilung zu kommen.
- Die Beurteilung sollte mit dem Beurteilten eingehend besprochen werden. Der Mitarbeiter soll erfahren, was der Beurteiler an ihm schätzt und was noch zu verbessern ist.

Welche Gefahren und Risiken beinhaltet eine Beurteilung?

- Beurteilungen können als Druckmittel mißbraucht werden.
- Beurteilungen sollten zwar so objektiv wie möglich sein, sind letztendlich jedoch immer subjektiv. Es gibt nie eine eindeutige Wahrheit.
- Der beurteilte Mitarbeiter akzeptiert die Einschätzung seines Vorgesetzten nicht.
- Das Lesen alter Beurteilungen kann bei einem neuen Vorgesetzten zu Vorurteilen gegenüber dem Mitarbeiter führen.

Siehe auch Checkliste

Literaturtip

Meier, Harald: Personalentwicklung, Konzept, Leitfaden und Checklisten, Wiesbaden 1991

Beurteilungsgespräch

Was ist ein Beurteilungsgespräch?

Ein Beurteilungsgespräch ist eine Form des ***Mitarbeitergesprächs***. In einem Beurteilungsgespräch spricht der Vorgesetzte gemeinsam mit dem Mitarbeiter dessen ***Beurteilung*** durch.

Das Beurteilungsgespräch steht im Mittelpunkt der Mitarbeiterbeurteilung. Daraus resultieren sowohl Anerkennung als auch Kritik (***Anerkennungsgespräch***, ***Korrekturgespräch***). Sowohl Mitarbeiter als auch Vorgesetzter nehmen durch das Führen eines Beurteilungsgespräches die eigenen Aufgaben und die Erfüllung ihrer Ziele besser wahr. Auf der Basis von Beurteilungsgesprächen kann der Vorgesetzte dem Mitarbeiter gezielte Hilfestellungen geben und Maßnahmen zur ***Mitarbeiterentwicklung*** ableiten (***Weiterbildung***).

Wie führt man ein Beurteilungsgespräch?

Beurteilungsgespräche müssen sachlich geführt werden (***vier Ebenen einer Nachricht***, ***Transaktionsanalyse***). Sie sollten durch Offenheit und Präzision auf beiden Seiten gekennzeichnet sein.

Ein Beurteilungsgespräch läuft in folgenden Schritten ab:

1. *Beurteilungsgespräch eröffnen:* Zunächst sollte der Vorgesetzte, wie in jedem Gespräch üblich, die richtige Atmosphäre für das Beurteilungsgespräch schaffen. Dabei hilft es, zunächst ein neutrales Thema oder ein Thema von gemeinsamem Interesse anzuschneiden. Der Zweck des nun folgenden Gespräches muß dann deutlich herausgestellt werden.
2. *Gesprächsbasis schaffen:* Führungskraft und Mitarbeiter müssen nun eine gemeinsame Gesprächsbasis schaffen. Zu diesem Zweck stellen Vorgesetzter und Mitarbeiter gemeinsam die Arbeitsaufgaben differenziert und ausführlich zusammen. Es ist wichtig, ein gemeinsames Verständnis der Aufgabenstellungen und Ziele herzustellen, um so eine sachliche Grundlage für das Gespräch zu schaffen.
3. *Durchsprache und Einschätzung der Tätigkeiten:* Der Vorgesetzte spricht nun mit dem Mitarbeiter über die Einschätzung seiner Leistung anhand der Beurteilungsmerkmale, die im Beurteilungsbogen definiert sind. Jede Führungskraft sollte sich dabei bewußt machen, daß eine Beurteilung neben objektiven Kriterien auch immer subjektive Kriterien beinhaltet.

Das Beurteilungsgespräch

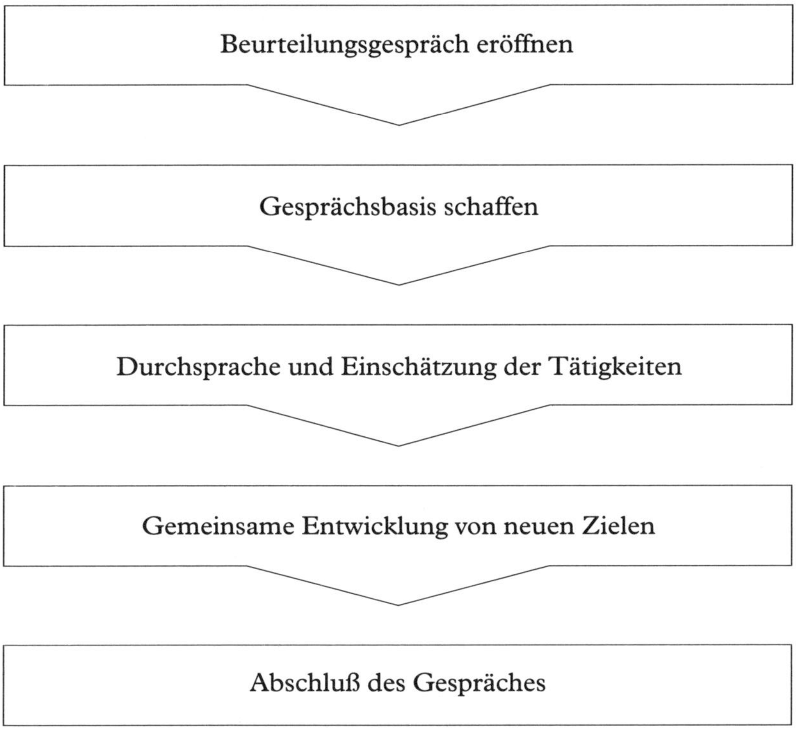

Nachdem der Vorgesetzte dem Mitarbeiter seine Einschätzung der Leistung dargelegt hat, fragt er ihn nach seiner eigenen Auffassung. Diese kann sich selbstverständlich von der Auffassung des Vorgesetzten unterscheiden. Über Beurteilungen kann man nicht diskutieren. Trotzdem sollte der Vorgesetzte auf die Sichtweise des Mitarbeiters eingehen und seine Bereitschaft zeigen, die Mitarbeiterargumentation zu überdenken. Bei stärkeren Abweichungen ist eine weitere Beurteilung zu einem späteren Zeitpunkt sinnvoll.

4. *Gemeinsame Entwicklung von neuen Zielen:* Beurteilungen zeigen immer auf, wie man den Beurteilten in der Vergangenheit erlebt hat. Eine Beurteilung ist also immer vergangenheitsorientiert. Wichtig ist jedoch die Zukunft. Es zählt nicht, was gewesen ist, sondern was man daraus lernen oder entwickeln kann. Deswegen sollte jedes Beurteilungsgepräch zum Anlaß dafür genommen werden, neue ***Zielvereinbarungen*** zu treffen.

Anhand der gerade besprochenen Beurteilung läßt sich nämlich sehr gut feststellen, welche Schwerpunkte sich für die künftige Entwicklungsrichtung des Mitarbeiters anbieten. Der Vorgesetzte kann gemeinsam mit dem Mitarbeiter konkrete Maßnahmen zur Verbesserung der Leistungen erarbeiten. Außerdem können sie neue Aufgaben vereinbaren und eventuelle ***Weiterbildungsmaßnahmen*** festlegen.

5. *Abschluß des Gespräches:* Am Ende eines Beurteilungsgespräches stimmen Vorgesetzter und Mitarbeiter die nun folgenden Schritte miteinander ab. Sie setzen exakte, realistische Termine fest, zu denen die geplanten Maßnahmen eingeleitet, umgesetzt und kontrolliert werden sollen (***Kontrolle***). In diesem Teil des Gesprächs sollte der Vorgesetzte darauf achten, das positive gemeinsame Ziel in den Vordergrund zu stellen (***Erfolgskreislauf***).

Auf ***Beurteilungen*** reagieren die meisten Menschen sehr sensibel und empfindlich. Deshalb sollten Beurteilungsgespräche mit sehr viel Fingerspitzengefühl geführt werden.

Welche Risiken und Gefahren beinhaltet ein Beurteilungsgespräch?

- Beurteilungsgespräche können als Druckmittel mißbraucht werden.
- Der beurteilte Mitarbeiter akzeptiert die Einschätzung seines Vorgesetzten nicht. Er fühlt sich ungerecht behandelt, seine Motivation läßt nach.

Siehe auch Checkliste

Bewußtes/Unbewußtes

Was versteht man unter den Begriffen »Bewußtes« und »Unbewußtes«?

Das Modell Bewußtsein/Unbewußtsein geht genau wie das ***Instanzenmodell*** auf Sigmund Freud zurück. Allerdings werden dabei nicht die verschiedenen Instanzen einer Persönlichkeit betrachtet, sondern die zwei Bereiche des Gedächtnisses. Das Modell geht davon aus, daß das Gedächtnis in zwei Bereiche unterteilt ist: Das Bewußte und das Unbewußte.

Im Bewußtsein ist all das gespeichert, auf was wir relativ schnell Zugriff haben: Fakten wie Namen und Zahlen oder Erlebnisse aus unserem täglichen Leben.

Im Unbewußten befinden sich Ereignisse, die wir scheinbar vergessen haben. Manchmal erinnert man sich plötzlich an etwas, dann überschreitet eine Information die Grenze zwischen Bewußtem und Unbewußtem.

Doch auch die unbewußten Informationen sind nicht einfach nur im Keller des Gehirns abgelagert. Sie beeinflussen unser Verhalten, ohne daß wir es merken. Zwischen Bewußtsein und Unbewußtsein liegt die Bewußtseinsschwelle. Hier verhindert der Verstand wie ein Zensor, daß uns unwichtige, unangenehme oder unpassende Informationen bewußt werden. Erlebnisse, die man während des Tages nicht direkt verarbeiten kann, werden nachts im Traum erneut durchlebt und somit bewältigt. Beschämende, peinliche oder schreckliche Erlebnisse schließlich werden verdrängt.

Dieses Verdrängte sucht sich, wenn es nicht ins Bewußtsein vordringen darf, alternative Auswege. Diese können Verhaltensstörungen, Phobien, Stottern, Nägelkauen, Lähmungen oder psychosomatische Erkrankungen sein. Aber auch ***Drogen-*** oder Alkoholprobleme sind oft Folgen von Verdrängung.

Wann ist das Modell hilfreich?

Oft ist das Unbewußte für Vorstellungen, Einstellungen oder Verhaltensweisen zuständig, die zunächst nicht erklärbar sind. Drogenprobleme, ***Mobbing***, Konfliktscheu oder Aggressivität lassen sich oft nur verstehen und verändern, wenn man das Unbewußte des Menschen berücksichtigt.

Allerdings ist es nicht Aufgabe der Führungskraft, den Mitarbeitern ihre unbewußten Seiten bewußt zu machen. Die ***Führung der eigenen Person*** sollte dieser auch überlassen bleiben. Bei Problemen sollte man die Hilfe von professionellen Psychologen und Psychiatern annehmen. Die Führungskraft sollte lediglich einsehen, daß nicht alles – auch in ihrem eigenen Verhalten – bewußt und mit Absicht geschieht.

Welche Risiken und Gefahren stecken im Modell Bewußtes/Unbewußtes?

Da das Modell aus der Psychoanalyse stammt, ist es für die Praxis nur wenig tauglich. Seinen angestammten und richtigen Platz hat das Modell in der

Therapie. Für psychologisch interessierte Führungskräfte besteht die Gefahr, daß sie sich zu sehr in die Intimsphäre ihrer Mitarbeiter drängen – und dann nicht mehr führen, sondern behandeln.

Brainstorming

Was ist ein Brainstorming?

Das Brainstorming gehört zu den ***Kreativitätstechniken***. Es ist ein kreatives Verfahren, eine ***Teamarbeit***, in deren Verlauf die Mitglieder einer Ideensuchgruppe möglichst viele Lösungsvorschläge unterbreiten sollen. Besonders bei der Durchführung von ***Workshops*** ist das Brainstorming eine beliebte Methode.

Während eines Brainstormings ist jegliche Kritik verboten, um die freie Äußerung von möglichst vielen Ideen zuzulassen. Als Ergebnis erhält man ein mehr oder weniger großes Ideenspektrum. Die Brainstorming-Technik ermöglicht es, völlig neue Denkansätze einzubringen (***Bewußtes/Unbewußtes***).

Der Nutzen der Brainstorming-Methode liegt darin, daß das in der Gruppe vorhandene Potential aktiviert wird. Es gibt keinen Druck, Übereinstimmungen erzeugen zu müssen. Die Denkrichtung der Teilnehmer ist lösungsorientiert, sie muß nicht der persönlichen Profilierung dienen.

Durch das rasche Sammeln von Geistesblitzen erleichtert die Brainstorming-Methode die Ideenfindung auf fast allen Gebieten. Ein Brainstorming ist daher in jeder Situation, in der neue Ideen gebraucht, Konzepte entwickelt und Lösungen gefunden werden müssen, sinnvoll. Allerdings sollte man einige Grundvoraussetzungen beachten:

- Die Aufgabenstellung muß genau definiert sein.
- An einem Brainstorming sollten mindestens zwei Personen teilnehmen; der Kreis kann auf bis zu neun oder zehn Personen erweitert werden. Nichtfachleute sollten ebenfalls in der Runde sitzen, denn ihnen fallen häufig besonders originelle und nützliche Ideen ein.
- Ein Moderator sollte das Brainstorming leiten (***Moderation***).
- Visuelle Hilfsmittel zur Dokumentation der einzelnen Ideen und Ergebnisse, beispielsweise Flipchart oder Pinnwand, müssen vorhanden sein (***Visualisierung***).
- Falls die Kartentechnik verwendet wird, sollten Karten und Stifte bereitliegen.

Wie funktioniert ein Brainstorming?

Ein Brainstorming gliedert sich in folgende Schritte:
1. Zu Beginn wird der thematische Rahmen vorgegeben und die eigentliche Aufgabe genau definiert.
2. Die Spielregeln für das Brainstorming werden anschließend geklärt. Dieser Schritt ist insbesondere deshalb wichtig, weil es bei einem Brainstorming auf die Einhaltung einiger Verhaltensregeln ankommt.
3. Das eigentliche Brainstorming, in dessen Verlauf Ideen gesammelt werden, dauert bis zu zehn Minuten. Die Ideen sollten währenddessen für alle sichtbar protokolliert werden, beispielsweise auf einem Flipchart.
4. Im Anschluß an die Ideensammlung wertet die Gruppe unter Anleitung des Moderators die Ideen aus. Dabei werden ähnliche Ideen zunächst zusammengefaßt. Im Anschluß daran werden die Ideen unter den Aspekten Nutzen oder Vorteil, Kosten und Machbarkeit bewertet.
5. Im letzten Schritt trifft die Gruppe eine Entscheidung darüber, wie das weitere Vorgehen aussehen soll. Eventuell kann auch bereits ein Aktionsplan aufgestellt werden, in dem man festlegt, wer was bis wann erledigt.

Bei der Durchführung eines Brainstormings ist es sehr wichtig, daß alle Teilnehmer einige Verhaltensregeln beachten, um das bestmögliche Ergebnis erzielen zu können. Die wichtigsten Verhaltensmaßregeln sind:
- Ideen und Gedanken werden niemals kritisiert.
- Gedanken sollen frei und ohne Hemmungen geäußert werden. Das gilt auch und vor allem für »Unsinn« oder »Spinnereien«. Unorthodoxe Vorschläge sind möglich und erwünscht.
- Quantität geht vor Qualität! Ziel ist es, so viele Ideen wie möglich zu produzieren.
- Die Ideen anderer sollen aufgegriffen und möglichst erweitert werden.

Es gibt verschiedene Methoden, die sich sehr gut in ein Brainstorming integrieren lassen und dieses zusätzlich ergänzen:
- *Brainwriting:* Das Brainwriting funktioniert ähnlich wie das Brainstorming, allerdings mit dem Unterschied, daß die eigenen Ideen von den Teilnehmern des Brainwritings gleich schriftlich fixiert werden. Diese Methode ist meist der Auftakt für die Kartenumlauftechnik oder die Galerie-Methode.
- *Kartenumlauftechnik:* Die Kartenumlauftechnik ist eine Gruppenarbeit, bei der die Teilnehmer ihre eigenen Ideen zum gestellten Thema oder

Problem erst einmal schriftlich fixieren. Die Karten werden dann reihum weitergegeben, und jeder Teilnehmer schreibt seine Assoziationen, die er beim Lesen der anderen Karten hat, noch einmal auf. Anschließend werden die Ideen gesammelt und der Gruppe vorgestellt.

- *Galerie-Methode:* Die Galerie-Methode wird in Gruppenarbeiten eingesetzt, am besten während des Brainstormings oder danach. Die gesammelten Ideen werden auf Karten schriftlich fixiert und für alle sichtbar, beispielsweise an einer Pinnwand, aufgehängt und sortiert. Mit Hilfe der Galerie-Methode lassen sich die Ergebnisse einer Ideensuche strukturieren.

Die Brainstorming-Methode bringt einige unübersehbare Vorteile mit sich. So werden unter anderem das Zusammengehörigkeitsgefühl und der Teamgeist durch Anwendung dieser Kreativitätstechnik gestärkt. Jeder Mitarbeiter kann sich einbringen, und alle arbeiten gemeinsam an einer Lösung oder Konzeptionierung mit. Keiner wird bevorzugt oder benachteiligt.

Jeder Teilnehmer kann ohne hierarchische oder rhetorische Berücksichtigung an der Diskussion teilnehmen. Dieser Effekt kann durch die Verwendung der Kartenabfragetechnik noch verstärkt werden, weil dabei außerdem eine gewisse Anonymität gewährleistet wird: Jeder Teilnehmer schreibt seine Gedanken und Geistesblitze auf Kärtchen, die eingesammelt und für alle sichtbar auf eine Pinnwand geheftet werden.

Welche Gefahren beinhaltet die Brainstorming-Methode?

- Bei ungeübten Teams treten häufig Akzeptanzprobleme für diese »Spielerei« auf.
- Destruktive Kommentare wie »Das klappt nie« oder »So ein Quatsch« können den Ideenfluß behindern und damit den Kreativitätsprozeß in Frage stellen.
- Die für das Brainstorming angesetzte Zeit kann leicht überschritten werden. Besonders dann, wenn keine brauchbaren Ideen entstehen, besteht die Gefahr, daß sich die Gruppe »festbeißt«.
- Brainstormings ohne zufriedenstellendes Ergebnis wirken häufig demotivierend.

Siehe auch Checkliste

Literaturtip

Malorny, Christian/Schwarz, Wolfgang/Backerra, Hendrik: Die sieben Kreativitätswerkzeuge, Kreative Prozesse anstoßen – Innovationen fördern, München, Wien 1997

Burn-out-Syndrom

Was ist das Burn-out-Syndrom?

Der Ausdruck Burn-out steht für das Gefühl des Ausgebranntseins. Unter dem Burn-out-Syndrom versteht man eine extreme Form der ***Arbeitsunzufriedenheit***. Menschen mit Burn-out leiden unter Schlafstörungen, ständigen Krankheiten, extremer Lustlosigkeit auch im Privatleben, einer Beeinträchtigung des ***Selbstwertgefühls*** und oft sogar starken Depressionen (***Mißerfolgskreislauf***).

Als ernsthaft gefährdet gelten Selbständige, leitende Angestellte, höhere Beamte, Personen mit hohem Publikumsverkehr und Menschen, die eine große Verantwortung für andere Personen, Materialien und Abläufe haben. Fast alle Burn-out-Kandidaten haben ihren Beruf selbst gewählt, diesen wirklich geliebt und waren zu Höchstleistungen motiviert. Eine besondere Gefährdung scheint von bürokratisch geprägten Strukturen auszugehen. Darin empfinden sich Betroffene als verloren und ausgeliefert. Sie glauben, daß ihr berufliches Engagement wirkungslos verpufft (***Arbeitszeit***).

Charakteristisch für den Verlauf des Burn-out-Syndroms sind folgende fünf Phasen:

1. *Enthusiasmus/Idealismus:* Der Mitarbeiter macht sich enthusiastisch an den Start. Die Arbeit macht Spaß, und der Mitarbeiter engagiert sich stark.
2. *Realismus/Pragmatismus:* Der Mitarbeiter bewältigt seinen Arbeitstag ohne nennenswerte Schwierigkeiten und akzeptiert das normale Auf und Ab.
3. *Stagnation/Überdruß:* Erste Anzeichen von Überdruß zeigen sich. Die ***Motivation*** sinkt.
4. *Frustration/Depression:* Der Mitarbeiter arbeitet nur noch das Nötigste. Dienst nach Vorschrift bestimmt den Arbeitsablauf.
5. *Apathie/Verzweiflung:* Der Mitarbeiter fühlt sich ausgebrannt, erledigt, zu nichts fähig und zu nichts mehr nütze. Die Krise am Arbeitsplatz führt zu einer echten Lebenskrise.

Was bedeutet das Burn-out-Syndrom für die Führung?

Zunächst ist es wichtig, die genauen Ursachen und Hintergründe zu erforschen, bevor man an eine Lösung denken kann. Vor allem gilt es, das Burn-out-Syndrom überhaupt zu erkennen. Folgende Symptome können ein Anzeichen dafür sein. Der Mitarbeiter:

- ist pessimistisch,
- zweifelt an sich selbst,
- läßt in seinen Arbeitsleistungen deutlich nach,
- ist reizbar,
- klagt über nachlassende soziale Kontakte,
- fühlt sich unterbezahlt.

Die Ursachen eines Burn-outs können in folgenden Umständen liegen:

- Dem Mitarbeiter fehlt die Anerkennung (***Anerkennungsgespräch***).
- Dem Mitarbeiter fehlt die ***Motivation***.
- Der Mitarbeiter fühlt sich überfordert.
- Dem Mitarbeiter fehlen Erfolgserlebnisse (***Erfolgskreislauf***).
- Es herrscht ein schlechtes ***Betriebsklima***.
- Der Mitarbeiter ist tatsächlich oder vermeintlich unterbezahlt (***Gehalt***).
- Der Mitarbeiter wird gemobbt (***Mobbing***).
- Die ***interne Kommunikation*** ist ungenügend.
- Der Mitarbeiter fühlt sich in der Bürokratie verloren.
- Der Mitarbeiter hat im Unternehmen die höchste Stufe erreicht und kann nicht mehr befördert werden (***Karriereplanung***).

Eine angemessene Reaktion auf Symptome eines Burn-out-Syndroms bei einem Mitarbeiter wären:

- Führung eines ***Anerkennungsgespräches***,
- Treffen einer ***Zielvereinbarung***,
- Führung eines ***Gehaltsgespräches***, bei dem zum Beispiel eine Bezahlung abhängig von erbrachten Leistungen vereinbart wird,
- ***Weiterbildung***,
- ***Zeitmanagement***,
- ***Coaching***,
- Gruppengespräche,
- Betriebsfeste oder betriebliche Freizeitveranstaltungen fördern,
- ***Teamentwicklung***,
- ***Mitarbeitergespräch***, ***Kritikgespräch***,

- ***Abmahnung***,
- ***Kündigung***,
- Verbesserung der Kommunikation,
- ***Delegation***,
- Belohnungssysteme entwickeln, zum Beispiel Prämien, Reisen oder Geschenke,
- externe Berater hinzuziehen.

Welche Risiken beinhaltet das Burn-out-Syndrom?

Das Risiko liegt darin, das Burn-out-Syndrom nicht oder nicht rechtzeitig zu erkennen. Die Folgen sind sowohl für den Mitarbeiter als auch für das Unternehmen weitreichend. ***Innere Kündigung*** oder tatsächliche Kündigung des Mitarbeiters sind die Folge.

Oft sind es aber die Führungskräfte selbst, die dem Burn-out-Syndrom unterliegen, weil sie sich zu hohe Ziele gesteckt haben oder sich in ihren eigenen Fähigkeiten überschätzt haben.

Literaturtip

Freudenberger, Herbert/North, Gail: Burn out bei Frauen, Frankfurt a. M. 1994

Change Management

Was ist Change Management?

Der Grundgedanke des Change Managements ist der, daß die ***Veränderung*** das einzig Konstante in einer Organisation ist. Effektiv ist jene Organisation, die bewußte Schritte unternimmt, um die Veränderungen zu ihren Gunsten zu steuern (***Kaizen***).

Beim Change Management ist die Einsicht wichtig, daß es im wesentlichen die Mitarbeiter sind, die diese Veränderung durchsetzen. Somit entscheiden ihr Verhalten und ihre Unterstützung über den Erfolg durch Wandel. Denn es geht nicht nur um die strukturelle Neugestaltung der Organisation, sondern vor allem um die Bereitschaft zum Wandel im gesamten Unternehmen. Die Mitarbeiter müssen ihre subjektiven Einstellungen und Wahrnehmungen an die ständig neuen Anforderungen anpassen.

Es gibt zwei Hauptarten von Veränderung im Unternehmen: die strategische und die operative Veränderung.

Strategische Veränderung

Die strategische Veränderung betrifft langfristige, grundlegende, unternehmensumspannende Aufgaben. Es geht darum, sich auf einen Zustand zuzubewegen, der genau definiert werden muß – sowohl in einer Unternehmensvision (***visionäres Management***) als auch in der Unternehmenstätigkeit.

Diese Veränderung umfaßt den Unternehmenszweck und Unternehmensauftrag, die ***Unternehmensphilosophie*** in bezug auf Wachstum, Qualität, ***Innovation*** und mitarbeiterbezogene Werte, die ***Kundenorientierung*** und den Einsatz neuer Technologien.

Diese umfassende Definition mündet in eine Festlegung der Wettbewerbsposition und der strategischen Ziele. Absicht dieser ***Zielsetzung*** ist es, Wettbewerbsvorteile zu schaffen oder Produktmärkte weiterzuentwickeln. Diese Ziele werden von Richtlinien für Marketing, Verkauf, Fertigung, Produkt- und Prozeßentwicklung, Finanz- und Personalmanagement unterstützt und flankiert.

Operative Veränderung

Die operative Veränderung betrifft neue Systeme, Verfahren, Strukturen und Technologien, die unmittelbar auf die Arbeitsabläufe der Organisation Einfluß haben. Veränderungen in diesen Bereichen können sich nachhaltiger und direkter auf die Mitarbeiter auswirken als allgemeinere strategische Veränderungen. Daher müssen sie mindestens ebenso sorgfältig durchgeführt werden (***neue Technologien***).

Die Schlüsselbausteine des Change Managements sind:

- eine klare Vision schaffen,
- Transparenz praktizieren,
- folgende Werte forcieren:
  Kundendienst, Reaktionsfähigkeit und Flexibilität, Mitarbeiterbetreuung, leistungsgerechte Entlohnung sowie Leistungsorientierung im Sinne von Wertschätzung für Mitarbeiter, die Resultate erbringen.

Was bedeutet Change Management für die Führung?

Was die Führung der Mitarbeiter betrifft, geht Change Management von drei Prämissen aus:

- Je enger die Verbindung zwischen einem bestimmten Verhalten und einem daraus folgenden Ergebnis ist, desto wahrscheinlicher ist es, daß man sich für dieses Verhalten entscheidet.
- Je wünschenswerter ein Ergebnis ist, desto wahrscheinlicher ist es, daß man sich für ein Verhalten entscheidet, das zu diesem Ergebnis führt.
- Je zuversichtlicher man ist, daß das Unternehmen zu einer Verhaltensänderung fähig ist, desto wahrscheinlicher ist es, daß man diese Veränderung anstreben wird.

Um das Verhalten der Mitarbeiter zu ändern, muß eine Führungskraft daher zuerst das Umfeld ändern, in welchem die Mitarbeiter arbeiten. Der nächste Schritt ist, den Mitarbeitern klarzumachen, daß dieses neue Verhalten zu einem Ergebnis führen wird, das für sie von Nutzen ist und das ihnen spürbare Vorteile bringt (***Zielsetzung***, ***Sinnorientierung***). Und anschließend muß man sie davon überzeugen, daß sie auch tatsächlich dazu imstande sind, sich das neue Verhalten anzueignen (***Training***).

Tatsächlich wird das individuelle Verhalten jedes einzelnen Mitarbeiters im wesentlichen von der Rolle geprägt, die er in der Organisation einnimmt. Die wirkungsvollste Methode zur Änderung des Verhaltens besteht daher darin, den Mitarbeitern neue Rollen, Verantwortlichkeiten und Beziehungen zuzuteilen (***Reengineering***). Damit wird ihre Stellung innerhalb des Unternehmens verändert. So entsteht eine Situation, die den Mitarbeiter praktisch dazu zwingt, neue Einstellungen und Verhaltensweisen anzunehmen.

Die Durchsetzung nachhaltiger Veränderungen erfordert ein starkes Engagement der Führungskräfte und ein ***visionäres Management***. Dabei ist es wichtig, daß ein Umfeld geschaffen wird, das den Wandel erleichtert und ihn sogar fördert. Das bedeutet, daß das Unternehmen in eine ***lernende Organisation*** umgewandelt werden muß.

Trotz einer bestehenden allgemeinen Veränderungsstrategie, die das angestrebte Gesamtziel im Blick behält, sollte der Wandel am besten schrittweise mit Hilfe von Zwischenzielen in Angriff genommen werden. Das Veränderungsprogramm wird in durchführbare Abschnitte unterteilt, für die der einzelne Mitarbeiter die konkrete Verantwortung übernimmt.

Welche Risiken und Gefahren beinhaltet Change Management?

- Veränderung wird immer sowohl Erfolge als auch Fehlschläge beinhalten. Man muß mit Mißerfolgen rechnen und darauf vorbereitet sein (***Fehler***). Auch bei einem Mißerfolg sollte man sich nicht entmutigen lassen. Gerade Fehler bieten ein großes Lernpotential. Man sollte allerdings vermeiden, daß sich bereits gemachte Fehler wiederholen.
- Veränderung bedeutet immer eine psychische, manchmal auch eine physische Belastung (***Streß***).
- Im Laufe der Veränderung entstehen eine Reihe von Konflikten. Erfolgreiches ***Konfliktmanagement*** ist deshalb sehr wichtig, denn ungelöst oder unbearbeitet können sich diese Konflikte zu ***Mobbing*** ausweiten.
- Es kann passieren, daß zwar das System geändert wird, nicht aber die Unternehmensphilosophie. In diesem Fall bleibt im Kern alles beim alten. Einzelne engagierte Mitarbeiter sind dann besonders enttäuscht. Dies kann beispielsweise ein Gefühl des Ausbrennens (***Burn-out-Syndrom)*** begünstigen. Es ist daher leichter, das Verhalten der Mitarbeiter durch die Umgestaltung von Abläufen, Strukturen und Systemen zu ändern, als die grundlegenden Einstellungen oder gar die gesamte ***Unternehmenskultur*** zu modifizieren.
- Wandel ist nicht einfach nur ein geradliniger Sprung von A nach B, sondern ein schrittweiser Prozeß der stetigen Neuorientierung. Bei langen Veränderungsprozessen ohne sichtbaren Zwischenerfolg resignieren manche Mitarbeiter (***innere Kündigung***).
- Oftmals wird der notwendige Veränderungsprozeß von den Mitarbeitern als Bedrohung gesehen, da sie die daraus resultierende ***Rationalisierung*** des Unternehmens als Jobkiller empfinden. Diesen verbreiteten Ängsten muß durch eine umfangreiche und ehrliche Informationspolitik (***interne Kommunikation***) von seiten des Managements Rechnung getragen werden. Wichtig für eine erfolgreiche Veränderung ist, daß alle Mitarbeiter das anvisierte Ziel als erstrebenswert ansehen.
- Der Wandel innerhalb eines Unternehmens hat oftmals eine Erhöhung der Produktion zur Folge. Dies bedeutet, daß der einzelne mehr arbeiten muß. Hieraus resultiert die Gefahr, die Leistungsfähigkeit der Mitarbeiter zu überfordern oder ihnen zumindest den Eindruck zu vermitteln.

Tip

Es gibt in einem Unternehmen immer Menschen, die Veränderungen und vor allem die mit ihnen einhergehenden Herausforderungen und Chancen begrüßen. Machen Sie diese Personen zu Protagonisten der Veränderung!

Literaturtip

Neubeiser, Marie-Louise: Management Coaching, Düsseldorf, Wien und New York 1991

Chaos Management

Was ist Chaos Management?

Der Grundgedanke des Chaos Managements basiert auf den Erkenntnissen der Chaos-Theorie. In einfachen Worten ausgedrückt, besagt er, daß langfristige Unternehmens-Strategien prinzipiell unmöglich umzusetzen sind. Denn schon eine winzige Änderung kann riesige unvorhersagbare Auswirkungen auf ein System oder eine Organisation haben. Anders ausgedrückt bedeutet das: Es ist völlig unrealistisch, wenn beispielsweise eine Fluggesellschaft in ihrer langfristigen Unternehmensplanung eine hundertprozentige Auslastung ihrer Flüge anstrebt. Wenn nämlich nur ein Mechaniker vergißt, eine wichtige Schraube anzuziehen, könnte sich ja dadurch ein Unfall ereignen. Und diese langfristige Image-Schädigung hätte zur Folge, daß das gesetzte Ziel niemals erreicht werden kann.

Die Erkenntnisse der Chaos-Theorie sind heute deshalb als Managementtheorie aktuell, weil daraus eine Reihe von Hilfestellungen zur Bewältigung des dynamischen Arbeitsumfeldes von Unternehmen abgeleitet werden kann. Die Turbulenzen auf den Märkten, die Unvorhersagbarkeit der Kundenwünsche und das hohe Tempo der ***Innovationen***, und damit des technologischen Wandels, sind in fast allen Branchen zu beobachten. Damit erfassen sie viele Unternehmen, egal ob sie nun große Konzerne oder mittelständische Betriebe sind.

Ziel muß es darum sein, solche Managementfähigkeiten zu entwickeln, die die Lebensfähigkeit des Unternehmens verbessern können und die Leistungsfähigkeit so erfolgreich wie möglich ausnutzen. Dabei ist es – unter

Berücksichtigung der Chaos-Theorie – notwendig, sich des Umstandes bewußt zu sein, daß Vorgänge ohne Störfaktoren genauso zum Tod führen wie Zustände, die ausschließlich aus Störfaktoren bestehen. In sich stabile Systeme verhärten sich und sterben aus. Die Spannung zwischen Wachstum und Stagnation, zwischen Gewinn und Verlust, zwischen Stab und Linie bilden eine Zustandsgröße.

Wichtig ist es, ein Unternehmen als ein offenes, dynamisches System zu begreifen. Deshalb ist es sinnvoll, innerhalb des eigenen Konzerns auch Verlustbetriebe zu besitzen, um sich stets dieses Spannungsfeld von ***Ordnung*** und Chaos vor Augen führen zu können.

Eine Wende im Management-Denken setzte bereits in den achtziger Jahren ein. Die schrittweise aufeinander aufbauende Logik der Massenproduktion wurde durch die zielbewußte Logik der ***Innovation*** (***visionäres Management***) und des Wandels abgelöst.

Die Massenproduktion baut auf festen Wachstumsraten, festen Unternehmenszielen, klaren Organisationsstrukturen und ***Rationalisierung***s-programmen auf. Mit ihr verbunden war das Streben, Veränderungen in der Grundordnung der Unternehmen so gering wie möglich zu halten. Dadurch wurde das Streben nach Stabilität untermauert. Das Denken der Massenproduktion beruhte auf dem einfachen Prinzip von Ursache und Wirkung. Wichtig hierfür waren streng hierarchische Modelle, die auf ein Funktionieren der Kommunikation von oben nach unten vertrauten (***Hierarchie***, ***interne Kommunikation***). Das Zusammenarbeiten sollte hauptsächlich reibungslos funktionieren; ein ausgeprägtes Zieldenken war vorherrschend (***Zielsetzung***). Diese Organisationsform basierte auf einer planbaren Strategie, die in einem klaren Rangordnungssystem von Vorgesetzten getragen wurde. Die Belegschaft hatte sich ausschließlich an den Zielen des Unternehmens zu orientieren.

Das Management-Denken der Erneuerung zeichnet sich vor allem durch kurze Produktzyklen aus (***Organisationsentwicklung***, ***Rationalisierung***). Produkte können sich dadurch schneller an die sich ständig ändernden Bedürfnisse anpassen. Diese Organisationsform kann eher mit den zunehmend instabilen Wachstumsraten umgehen. Durch dynamische Zielsetzung, flexible Organisation und Schnelligkeit können auf dem heutigen Markt Wettbewerbsvorteile erzielt werden.

Zukunftsorientiertes Management wird daher nur durch Systemanpassungen die vorherrschende Instabilität bewältigen können. Die systemische Logik der ***Innovation*** versteht Organisationen als Organismen, in denen nichtlineare Prozesse ablaufen. Dafür sind Netzwerkmodelle und parallele

Lösungsansätze notwendig. Derartige Organisationen operieren nicht nach einem pseudomilitärischen, sondern nach einem föderativen Modell. In ihnen herrschen eine horizontale Kommunikation und die Zusammenarbeit im Netzwerk und ***Team*** vor. Das Prozeßdenken rangiert vor dem Zieldenken. Für das systemische Denken dieser Organisationen ist Strategie synergetisch zu verstehen. Das zugehörige System ist durch Handlungsfreiheit und nicht durch Bevollmächtigte gekennzeichnet (***Selbstverantwortung***). Die Belegschaft kann also ihre Individualität verwirklichen. Als Management-Methoden kommen Transformation und Optimierung zur Anwendung. Nur durch eine kontinuierliche Unternehmenserneuerung wird es möglich, der globalen Marktdynamik zu entsprechen. Dadurch kann man sich jene Marktpositionen sichern, die den Lebensraum des jeweiligen Unternehmens darstellen.

Wozu ist Chaos Management in der Führung gut?

Chaos Management bringt für die Führungskraft ein Umdenken mit sich. Das Stichwort heißt »Führen durch Selbstorganisation« (***Selbstverantwortung***, ***Führung der eigenen Person***).

Die wichtigste Aufgabe des Systemmanagements besteht darin, die permanente Reorganisation der eigenen Strukturen zu bewältigen. Denn mit den kurzen Produktzyklen verbunden sind auch umfangreiche Forschungs- und Entwicklungsaufgaben – und damit auch hohe ***Innovations***kosten und -risiken. Es müssen also zusätzliche Methoden gefunden oder entwickelt werden, um die steigenden Innovationskosten zu bewältigen.

Abhilfe aus diesem Dilemma versprechen die ***lernende Organisation*** und Formen der Selbstorganisation. Das bedeutet nichts anderes, als Störungen im Umfeld so schnell wie möglich zu erkennen und darauf zu reagieren. Im weitesten Sinne heißt das, eine permanente Reorganisation zu akzeptieren und zu fördern (***Kaizen***). Dabei geht es jedoch nicht darum, alles zu ändern. Man sollte nur das verändern, was sich nicht bewährt hat oder einer Neuerung im Wege steht.

Die wichtigste Aufgabe des Managements ist es dabei, die Unternehmensstruktur so zu gestalten, daß eine Organisation entsteht, in der mehr Entscheidungen getroffen werden können. Je starrer eine Organisation ist, desto weniger wird entschieden.

Die Dezentralisierung großer Unternehmenseinheiten und damit die schrittweise Akzeptanz von Netzwerken führt zu Elementen der Selbstorganisation. Die Selbstorganisation vereint in sich zugleich individuelles und kollektives Verhalten, wobei jeder der beiden Aspekte im anderen enthalten sein muß.

Selbstorganisation und ***Selbstverantwortung*** werden damit zum wichtigsten Element von Leadership. Unternehmen müssen geführt und nicht gelenkt werden (***Management versus Führung***). Das Führen mit Visionen (***visionäres Management***) in selbstorganisatorischen Netzwerkstrukturen ermöglicht dabei die beste Anpassung an turbulente Umweltbedingungen, weil dadurch eine sich selbst erneuernde Führung von Unternehmen gewährleistet ist. Das Chaos Management ist dem ***Organischen Management*** verwandt, da Führungskräfte in beiden Managementvarianten ihr Verhalten am Mitarbeiter ausrichten müssen (***interne Kundenorientierung***) – und nicht umgekehrt. Führung ist dadurch von ***Dienstleistung*** und nicht mehr von ***Anordnungen*** geprägt.

Die Forderungen des Chaos Managements lauten, daß Führungskräfte lernen müssen, die Selbstorganisation zu akzeptieren. Konkret ausgedrückt bedeutet das:

- *Selbstlernfunktion:* Es besteht ein Recht auf Irrtum. Dadurch können die Mitarbeiter aus den Fehlern ihrer Arbeit selbst lernen.
- *Selbsterhaltungsfunktion:* Das Recht auf Wachstum der Unternehmensteile muß gefördert werden.
- *Selbststeuerungsfunktion:* Das Recht auf Entscheidungen ohne die Zustimmung der ***Hierarchie*** muß akzeptiert werden.

Welche Risiken und Gefahren beinhaltet das Chaos Management?

Der Verzicht auf alte ***Hierarchie***strukturen und das Vertrauen in die ***Selbstverantwortung*** verunsichert viele Mitarbeiter. Sie empfinden diese Verantwortung schnell als Laissez-faire-***Führungsstil*** und reagieren darauf mit dem Gefühl der Überforderung. In extremen Fällen kann dies statt zu erhöhter ***Motivation*** genau zum Gegenteil, nämlich zu einem Absinken der Motivation führen.

Literaturtip

Peters, Tom: Das Tom Peters Seminar, Management in chaotischen Zeiten, Frankfurt a. M., New York 1995

Coaching

Was ist Coaching?

Coaching kommt aus den USA und wurde dort zunächst für die psychologische Betreuung von Spitzensportlern eingesetzt, die von fachlich und persönlich geeigneten Beratern durchgeführt wurde. Mittlerweile wird unter Coaching auch die Unterstützung von Führungskräften durch einen psychologisch geschulten, meist externen Berater verstanden. Er unterstützt die Führungskräfte bei der Bewältigung von bestimmten Aufgaben oder persönlichen Problemen (***Persönlichkeit***).

Seit einiger Zeit wird der Begriff Coaching immer diffuser benutzt. So findet er zum Beispiel Verwendung für Führungsaufgaben, welche auf die persönliche wie fachliche Betreuung von Mitarbeitern im Rahmen einer allgemeinen ***Mitarbeiterentwicklung*** zielen.

Jede Führungskraft wird danach auch in der Rolle eines Coaches ihrer Mitarbeiter gesehen, was mit erhöhten Anforderungen vor allem an die persönlich-sozialen Kompetenzen der Vorgesetzten verbunden ist. Die Bezeichnung Coaching ist in diesem Fall jedoch falsch. Diese Art der Betreuung der Mitarbeiter durch die Vorgesetzten wird als ***Counselling*** bezeichnet.

Auch die Begriffe ***Mentoring*** oder ***Patenschaft*** werden oft mit Coaching verwechselt. Der Begriff »Mentoring« wird als eine innerbetriebliche Beratung eines jüngeren Mitarbeiters durch einen erfahrenen Mitarbeiter definiert. Und unter Patenschaft versteht man eine innerbetriebliche Maßnahme zur ***Einarbeitung*** eines neuen Mitarbieters.

Coaching ist eine effektive Alternative zu herkömmlichem Training. In einem Trainingsseminar lernt eine Gruppe von Menschen gemeinsam, Coaching findet jedoch immer in Einzelsitzungen statt. Hier geht es weniger um erlernbare Techniken wie Rhetorik oder Verkaufsgespräche als um eine intensive Weiterentwicklung persönlicher Stärken. Der Coach konzentriert seine Aufmerksamkeit auf eine einzige Person und bezieht immer auch die persönliche Lebenssituation seines Gesprächspartners ein …

Coaching ist zum Beispiel dann sinnvoll, wenn eine Führungskraft neutrale und unparteiische Hilfe von außen braucht. Es kann für eine Führungskraft Beratung und Hilfe in vielfältigen Bereichen bedeuten, beispielsweise

- bei der Beeinträchtigung der beruflichen Leistungsfähigkeit durch persönliche oder familiäre Schwierigkeiten,
- bei der ***Karriereplanung*** (***Zielsetzung***, ***Sinnorientierung***, ***visionäres Management***),

- zur Überwindung von ***Burn-out-Syndromen***,
- bei der Vorbereitung auf neue, anspruchsvolle Aufgabengebiete, die erhöhte Ansprüche an die ***Streß***resistenz oder ***soziale Kompetenz*** stellen, zum Beispiel Auslandsaufenthalte,
- aber auch in der Beratung und Hilfe bei öffentlichen Auftritten wie die Vorbereitung auf richtiges Verhalten bei Rundfunk- oder Fernsehinterviews,
- zur Verbesserung von persönlichen Arbeitstechniken wie ***Planung***, ***Ordnung*** oder ***Zeitmanagement*** (***Führung der eigenen Person***).

In letzter Zeit wird Coaching auch im Rahmen von Outplacements als Hilfe zur persönlichen und beruflichen Neuorientierung ausscheidender Mitarbeiter eingesetzt (***Kündigung***).

Voraussetzungen, um Coaching erfolgreich durchführen zu können, sind:

- *Freiwilligkeit:* Ein Coaching kann nur dann erfolgreich durchgeführt werden, wenn der zu Betreuende dieses Hilfsangebot selbst möchte und annimmt.
- *Arbeitsbezug:* Coaching ist keine Psychotherapie für labile Manager. Wer tiefergehende psychotherapeutische oder -analytische Hilfe braucht, findet im Coach nicht den richtigen Ansprechpartner.
- *Befristung:* Coaching ist ein zeitlich begrenzter Prozeß, der auf keinen Fall eine dauerhafte Freundschaft oder Partnerschaft ersetzen kann.
- *Konkretheit:* Coaching orientiert sich an den konkreten beruflichen Aufgaben, nicht an persönlichen Eigenschaften und Fähigkeiten. Es ist praxisbezogen und aktuell.

Wie geht Coaching?

Beim Coaching erhält der Klient die volle Aufmerksamkeit des Coachs. Dadurch kann das gemeinsame Vorgehen genau auf die Erfordernisse des gecoachten Klienten und seines Unternehmens ausgerichtet werden. Die Vorgehensweise des Coachs ist individuell auf den Klienten abgestimmt. Sie paßt sich der speziellen Situation des Klienten an. Coaching bewirkt auf diese Weise eine direkte Verbesserung der Leistungsfähigkeit.

Der Ablauf eines Coachings gliedert sich in sechs Schritte:

1. Kontaktaufnahme

Ein Coachingauftrag beginnt mit einem unverbindlichen Kennenlernen von Klient und Coach. Daraufhin wird eine mündliche Arbeitsvereinbarung getroffen. Der Coach formuliert diese Vereinbarung dann in Form eines schriftlichen Angebotes.

2. Formulierung des Kontraktes

Das Angebot wird dem Unternehmen zur Entscheidung vorgelegt. Darin wird eine bestimmte Anzahl von Coachingtagen festgelegt, die dann von dem Unternehmen genehmigt werden muß. Im Regelfall handelt es sich zunächst um sechs bis zehn fest vereinbarte Sitzungen. Somit wird einerseits sichergestellt, daß angelaufene Prozesse nicht vorzeitig und einseitig abgebrochen werden, weil die erhofften Veränderungen sich nicht sofort einstellen. Andererseits soll sich der Klient nicht von vornherein auf eine allzu lange Zeit binden müssen. In Einzelfällen, in denen ein längerer und kontinuierlicher Prozeß sinnvoll erscheint, kann ab einem gewissen Stadium des Coachingprozesses auch stundenweise zusammengearbeitet werden. Nach Ablauf der vereinbarten Termine wird neu entschieden, ob weitere Sitzungen erforderlich und sinnvoll sind.

3. Diagnostische Analyse

Sobald die Durchführung einer ersten Staffel von Coachingsitzungen von dem Unternehmen genehmigt ist, führt der Coach mit seinem Klienten eine Analyse seines Aufgabenfeldes durch. Das Ergebnis ist die Grundlage einer ***Zielvereinbarung***. Die Ziele werden gemeinsam bewertet und in einen zeitlichen Rahmen gesetzt. Nun werden vorhandene Fähigkeiten des Klienten analysiert, die zur Erreichung dieser Ziele dienen. Der Coach entwickelt gemeinsam mit seinem Klienten genaue Vorgehenspläne, wie weitere erforderliche Potentiale erschlossen und aufgebaut werden können. Die Pläne werden konkretisiert und in die zukünftige Terminplanung des Klienten integriert. In diesem Schritt werden ebenfalls Rahmenbedingungen festgelegt. Dazu gehört beispielsweise die Entscheidung darüber, wer von dem Coaching informiert werden soll oder überhaupt etwas wissen darf. Während des Coachings wird der Coach zu seinem Klienten ein sehr persönliches und enges Verhältnis aufbauen. Deshalb muß auch genau vereinbart werden, welche Rechte der Klient dem Coach zugesteht und welche Tabuzonen gelten.

4. Strategische Planung

Aufgrund der vorhandenen Informationen können nun die Etappenziele bestimmt und klar formuliert werden. Coach und Klient entwickeln Handlungsstrategien und üben taktische Manöver ein. Die Ergebnisse werden dann in einen zeitlichen Rahmen gefaßt. Der Zeitrahmen sollte dabei so flexibel wie möglich gehalten werden. Er kann an regelmäßigen Kontrollterminen überprüft und gegebenenfalls korrigiert werden. Schon das ***aktive Zuhören*** des Coachs in dieser Phase kann die Entwicklung neuer Verhaltensmuster bei dem Klienten in Gang setzen. Durchführung und Realisierung der im Coaching entwickelten Handlungsentwürfe liegen allein beim Klienten. Er verwirklicht die angestrebten Ziele schrittweise und in Eigenverantwortung. Der Coach stellt ihm das dafür nötige Know-how zur Verfügung. Er initiiert die Maßnahmen und beobachtet, in den Realisierungsprozeß greift er nur, wenn nötig, korrigierend ein.

5. Durchführung und Erfolgskontrolle

Jetzt beginnt der Klient systematisch, das Geplante erfolgreich in die Tat umzusetzen. Dafür eignet er sich gezielt das erforderliche Wissen an. Er führt klärende Gespräche, wendet neue Verhaltensweisen an, trifft Entscheidungen und leitet weiterführende Maßnahmen ein. Die geplanten und erreichten Veränderungen werden regelmäßig durch den Coach überprüft. Die Aufgabe des Coachs ist es auch, eventuelle »Nebenwirkungen« kritisch zu beobachten und in den Prozeß zu integrieren. Als Ergänzung können individuelle Checklisten, ***Trainings***programme oder spezielle Zeitpläne entwickelt werden.

6. Abschluß des Coachings

Nach erfolgreicher Durchführung der geplanten Intervention und sobald die gesteckten Ziele erreicht sind, sollte der Klient wieder ohne Coach seine Aufgaben meistern. Um das Erreichte zu sichern und eine kontinuierliche positive Weiterentwicklung zu gewährleisten, wird ein abschließender Ausblick auf die Zukunft vorgenommen. Sie soll den Klienten dazu befähigen, die grundlegenden Denk- und Handlungsansätze des Coaching in eigener Regie in seinem Berufsalltag fortzuführen. Zusätzlich besteht die Möglichkeit, in regelmäßigen größeren Zeitabständen oder bei akutem Bedarf den Coach erneut zu konsultieren.

Die inhaltlichen Ziele eines Coachingprozesses werden zu Beginn der gemeinsamen Arbeit individuell festgelegt. Im Regelfall lassen sich die Ziele folgenden Kategorien zuordnen:

- Bewältigen von aktuellen Aufgabenstellungen,
- Verbesserung der fachlichen Kompetenz,
- Verbesserung der ***sozialen Kompetenz***,
- Verbesserung der ***emotionalen Intelligenz***,
- Nutzung der persönlichen Potentiale und Ressourcen des Klienten.

Welche Risiken und Gefahren beinhaltet Coaching?

Da Coaching fälschlicherweise als Indiz dafür gilt, daß jemand seinen Aufgaben nicht gewachsen sei, ist der Gedanke an ein Coaching leider oft mit der Furcht vor einem Imageproblem verbunden. In manchen Betrieben gilt es sogar als verpönt, sich professionelle Unterstützung von außen zu suchen. Doch genau diese Angst vor dem Imageproblem ist schon ein Symptom für den tatsächlichen Bedarf von Coaching.

Möglicher Nachteil wäre auch, wenn ein Klient durch das Coaching das Gefühl bekommt, seinen Aufgaben ohne fremde Hilfe nicht mehr gewachsen zu sein. Es könnte zu einer Art Gewöhnungs- oder Abhängigkeitseffekt kommen. Ein verantwortungsvoller Coach wird diesem Effekt aber entgegenwirken.

Siehe auch Checkliste

Literaturtip

Neubeiser, Marie-Louise: Management-Coaching, Düsseldorf, Wien und New York 1991

Counselling

Was ist Counselling?

Counselling ist eine Führungsaufgabe, unter der man sowohl die persönliche wie auch die fachliche Betreuung von Mitarbeitern durch ihre Vorgesetzten versteht. Der Begriff Counselling läßt sich hier am besten mit dem deutschen Wort Beratung übersetzen. Counselling bedeutet, daß eine Führungskraft ihren Mitarbeitern als Berater zur Seite steht. Der Counsellor verzichtet dabei jedoch auf Urteile und Lösungsvorschläge. Vielmehr hilft er den Mitarbeitern mit seinen Fähigkeiten, aber vor allem mit seinen Erfahrungen dabei, ihre beruflichen und persönlichen Entscheidungen in ***Selbstverantwortung*** zu treffen.

Wie funktioniert Counselling?

Counselling kommt immer am besten dann zum Einsatz, wenn ein Mitarbeiter an seine Grenzen stößt und nicht mehr weiter weiß. Auch bei der Einarbeitung neuer Mitarbeiter läßt sich diese Form der Führung sinnvoll einsetzen. Damit ein Counselling auch funktioniert, sind allerdings einige wichtige Voraussetzungen zu berücksichtigen:

- Der Vorgesetzte oder der Mitarbeiter muß erkennen, daß und in welchem Bereich er Hilfe braucht.
- Um den Vorgesetzten überhaupt um Hilfe zu bitten, muß der Mitarbeiter genug Vertrauen in seinen Vorgesetzten haben.
- Der Counsellor muß daran glauben, daß der Mitarbeiter das Problem selbst lösen kann, auch wenn er dazu Hilfe braucht.
- Eine Führungskraft muß Schlüsselqualifikationen wie ***Führungskompetenz***, ***soziale Kompetenz*** und ***emotionale Intelligenz*** in ausreichendem Maß besitzen, um ihren Mitarbeitern als Counsellor zur Seite stehen zu können.

Der Counsellingprozeß als Führungsaufgabe gliedert sich in drei Phasen:

1. Wahrnehmung und Verständnis

In dieser Phase erkennt der Vorgesetzte die Schwierigkeiten des Mitarbeiters und dessen Bedürfnis nach Hilfe. In einem offenen ***Mitarbeitergespräch*** muß der Vorgesetzte genau nach den Ursachen der Schwierigkeiten forschen, um später auf den Kern des Problems und nicht nur dessen Symptome eingehen zu können. Hier ist besonders das Zuhören, Verstehen und Vermitteln wichtig. Der Counsellor muß dem Mitarbeiter klarmachen, daß er seine Sichtweise versteht und Verständnis dafür mitbringt. Eine Wertung findet nicht statt.

2. Empowerment

In dieser Phase wird der Mitarbeiter in die Lage versetzt, seine Schwierigkeiten deutlich zu erkennen und zu verstehen. Dadurch, daß sich Counsellor und Mitarbeiter gemeinsam intensiv mit dem Problem beschäftigen, wird die Perspektive des Mitarbeiters verändert – der erste Schritt, um eine Lösung zu finden.

3. Resourcing

In der letzten Phase des Counsellingprozesses werden konkrete Lösungsschritte eingeleitet. Der Mitarbeiter muß dabei allerdings selbst die richtigen Schritte herausfinden. Bei diesem Prozeß steht ihm der Counsellor tatkräftig mit der erforderlichen Sachkenntnis und Anleitung zur Seite. Hier entscheidet sich auch, ob der Mitarbeiter weitere Hilfe, beispielsweise in Form von ***Weiterbildungs***maßnahmen oder einem ***Coaching***, in Anspruch nehmen sollte. Dabei kann ebenfalls darüber nachgedacht werden, ob man vielleicht einen Spezialisten oder externen Fachmann heranziehen sollte.

Die Tätigkeit des Counsellings ist für den Vorgesetzten mit hohen Anforderungen verbunden, die vor allem an seine ***soziale Kompetenz*** und ***emotionale Intelligenz*** gestellt werden. Folgende Eigenschaften kennzeichnen einen guten Counsellor:

- Ein Counsellor kann ausgezeichnet zuhören (***aktives Zuhören***).
- Ein Counsellor besitzt sehr viel Sensibilität für individuelle Überzeugungen und Wertvorstellungen.
- Ein Counsellor hat sehr viel Einfühlungsvermögen, damit er die Gefühle und Ängste des anderen berücksichtigen kann.

Durch Counselling kann die Führungskraft einerseits persönliche Erfahrungen weitergeben, den Mitarbeitern damit bei der Bewältigung ihrer Aufgaben helfen und so einen Beitrag für ihre ***Weiterbildung*** leisten. Mit dem Counselling ist in den meisten Fällen eine Steigerung der ***Motivation*** verbunden. Counselling kann sich dadurch nicht nur positiv für einen Mitarbeiter, sondern für die gesamte ***Teamentwicklung*** auswirken.

Auf der anderen Seite trägt Counselling sowohl zur Entwicklung des persönlichen ***Reifegrades des Mitarbeiters*** wie auch des Counsellors bei.

Welche Risiken beinhaltet Counselling?

- Persönliche Erfahrungen können oft nicht ohne weiteres weitergegeben werden. Zudem sind sie oft nicht eins zu eins auf einen anderen Menschen übertragbar, dessen Erfahrungen, Background und Persönlichkeitsstruktur völlig anders sein können.
- Die eigenen Erfahrungen könnten vom Counsellor überbewertet werden.
- Die ***Persönlichkeit*** des Mitarbeiters könnte bei dem Counsellingprozeß vernachlässigt werden.
- Durch zu starkes Counselling besteht die Gefahr, »geklonte Mitarbeiter«, also Kopien des Counsellors, zu schaffen.

Delegation

Was ist Delegation?

Man spricht von Delegation, wenn eine Führungskraft Aufgaben und Entscheidungen aus ihrem Funktionsbereich auf einen Mitarbeiter überträgt. Delegiert werden dabei sowohl Routinearbeiten als auch schwierige Aufgaben und Entscheidungen. Delegation bedeutet weiterhin die Vergabe von Weisungsrechten und Vertretungsbefugnissen (***Entscheidung***).

Mit den Arbeitsaufgaben werden gleichzeitig auch die notwendigen Kompetenzen für die Aufgabenerfüllung übertragen. Der Vorgesetzte trägt jedoch weiter die Verantwortung für sein Führungsverhalten, dieses ist nicht delegierbar.

Die Absicht hinter der Delegation ist nicht, sich teilweise aus dem Geschäft zurückzuziehen, sondern das Konzept einer sinnvollen Aufgabenverteilung zwischen der Geschäftsführung und dem Mitarbeiter zu gewährleisten. Der Delegation muß eine systematische und auf Dauer angelegte Regelung zugrunde liegen.

Wie geht Delegation vor sich?

Delegation setzt voraus, daß bei einer Führungskraft einerseits der Wille und die Fähigkeit vorhanden sind, Aufgaben aus dem eigenen Verantwortungsbereich überhaupt an einen Mitarbeiter übetragen zu können. Außerdem muß der Vorgesetzte genügend Fachwissen besitzen, um dem Mitarbeiter die Aufgaben auch präzise erklären zu können.

Andererseits sollte eine Führungskraft immer entsprechend der Fähigkeiten und Kapazitäten ihrer Mitarbeiter delegieren. Der Mitarbeiter muß die geeignete Qualifikation, genug Zeit und den Willen besitzen, um die ihm übertragenen Aufgaben lösen zu können. Auch die persönlichen Eigenschaften der Mitarbeiter sollte man dabei berücksichtigen (***Reifegrad des Mitarbeiters***).

Es gibt verschiedene Kriterien, die für erfolgreiches Delegieren maßgebend sind:

Planung

Delegieren sollte man so frühzeitig wie möglich. Bereits bei der Aufstellung eines Arbeitsplanes sollte entschieden werden, an wen man was delegieren will oder muß. Delegierbar sind Aufgaben wie:

- Routinearbeiten,
- Spezialistentätigkeiten,
- echte Detailfragen,
- vorbereitende Aufgaben, beispielsweise Entwürfe für eine Präsentation,
- stellvertretende Teilnahme an ***Besprechungen***.

Nicht delegierbar hingegen sind:

- echte Führungsfunktionen wie ***Zielsetzung***, das Treffen unternehmenspolitischer Entscheidungen, ***Kontrolle***, Führung und ***Motivation*** der direkt unterstellten Mitarbeiter sowie Aufgaben von großer Tragweite oder hohem Risikoanteil,
- außergewöhnliche Sonderfälle,
- akute, eilige Aufgaben, die keine Zeit für Erklärungen und Überprüfungen lassen,
- streng vertrauliche Angelegenheiten.

Eine Führungskraft sollte bei der Planung von Delegation immer darauf achten, auch solche Aufgaben aus dem eigenen Arbeitsgebiet zu delegieren, die den Mitarbeiter motivieren und fachlich fördern können.

Ganzheitlichkeit

Arbeiten oder Aufgaben sollten möglichst vollständig weitergegeben werden. Die Delegation isolierter Teilaufgaben kann sich negativ auf die Motivation der Mitarbeiter auswirken. Zudem birgt sie zahlreiche ***Fehler***quellen. Sollten bei der Lösung der Aufgabe sogar Entscheidungen eine Rolle spielen, so kann der Mitarbeiter seine Arbeit nur dann optimal ausführen, wenn er die gesamten Zusammenhänge kennt.

Erklärung

Sinn und Zweck der Aufgabe sollten möglichst umfassend erklärt werden, damit der Mitarbeiter auch weiß, wie sich seine Arbeit in den Gesamtbetrieb einfügt. Das wirkt sich einerseits positiv auf die ***Motivation*** des Mitarbeiters aus, da er sich mit seiner Tätigkeit identifizieren kann. Andererseits kann der Mitarbeiter seine Aufgabe umso besser erfüllen, je genauer er deren ***Zielsetzung*** kennt.

Unterstützung

Der Mitarbeiter braucht nicht nur gezielte Unterstützung, sondern auch den Zugang zu allen notwendigen Informationen. Er sollte den Vorgesetzten bei Schwierigkeiten und Problemen stets um Rat und Unterstützung fragen können (***Counselling***). Außerdem sollte der Mitarbeiter die Möglichkeit haben, sich für eine ihm übertragene Aufgabe weiterzubilden, sei es durch Schulungen, Seminare, ***Training***, ***Coaching*** oder eine andere Art der ***Weiterbildung***.

Zwischenkontrolle

Auf Zwischenkontrolle wird im allgemeinen bei der Delegation von Aufgaben weitgehend verzichtet. Um trotzdem einen Einblick in die delegierten Arbeiten zu bekommen, kann es jedoch sinnvoll sein, sich in festgelegten Abständen über den Zwischenstand oder den Fortschritt der Arbeit berichten zu lassen.

Ergebniskontrolle

Delegation ist meist auf ***Ergebniskontrolle*** ausgerichtet. Wenn die Führungskraft die ***Kontrolle*** des Endergebnisses vorgenommen hat, sollte sie den Mitarbeiter sofort über das Kontrollergebnis informieren und es gemeinsam mit ihm durchsprechen. Falls ***Fehler*** gemacht wurden, sollte man auf keinen Fall Zeit mit der Suche nach Sündenböcken verschwenden, sondern ein offenes und konstruktives ***Korrekturgespräch*** führen. Es ist wichtig, zu wissen, wie man in Zukunft bessere Ergebnisse erzielen kann.

Anerkennung/Kritik

Eine Führungskraft sollte besonders in Verbindung mit Delegation darauf achten, genügend ***Anerkennungs***- oder ***Korrekturgespräche*** zu führen. Erfolgreiche Arbeit sollte ausreichend gelobt, Mängel und Mißerfolge konstruktiv kritisiert werden. Der Mitarbeiter sollte seine Aufgabe auch nach außen als seine Arbeit kennzeichnen, beispielsweise durch sein Namenszeichen, und auch in den entsprechenden Gremien mitpräsentieren.

Wichtig bei einer Delegation ist einerseits die korrekte Übertragung der einzelnen Aufgaben und Verantwortungsbereiche auf einen Mitarbeiter und dessen umfassende Information. Eine Führungskraft sollte andererseits jedoch auch sicherstellen, daß der Mitarbeiter die Aufgabe so optimal wie möglich erfüllen kann. Der Führungskraft stehen verschiedene Instrumente zur Verfügung, um delegierte Aufgaben und Entscheidungen abzusichern:

- Kompetenzfestlegung: Jeder muß wissen, welche Aufgabe er hat.
- ***Anweisungen***: Sie sollten so genau wie nötig und so offen wie möglich sein.
- Kommunikation: Kommunikationswege müssen festgelegt werden. Was nicht geregelt ist, kommt oft nicht an.
- ***Organigramm***: Wenn Hierarchien im Unternehmen bestehen, muß jeder wissen, wo er steht.
- ***Stellenbeschreibungen***: Jeder soll wissen, was er tun soll und was von ihm erwartet wird.

Dieselbe Aufgabe oder Tätigkeit sollte jedoch niemals aus Sicherheitsgründen zwei Mitarbeitern unabhängig voneinander übertragen werden. Diese Vorgehensweise eignet sich nicht zur Absicherung von Delegation, sie fördert höchstens das Mißtrauen und die ***Arbeitsunzufriedenheit*** der Mitarbeiter. Letztlich werden solche Arbeiten gar nicht durchgeführt, weil man sich darauf verläßt, daß es der Kollege schon machen wird.

Welche Argumente sprechen aus der Sicht einer Führungskraft für die Delegation von Aufgaben:

- Durch Delegation wird Arbeit sinnvoll aufgeteilt und Effizienz gesteigert.
- Delegation beinhaltet immer die Übertragung von ***Selbstverantwortung***. Dadurch steigen ***Selbstwertgefühl*** und ***Motivation*** der Mitarbei-

ter. Meist ist damit ebenfalls eine Leistungssteigerung verbunden (***Leistungsmanagement***).

- Durch richtige Delegation können die Potentiale der Mitarbeiter optimal eingesetzt und genutzt werden.
- Delegation kann im Rahmen der ***Mitarbeiterentwicklung*** eingesetzt werden. Potentiale der Mitarbeiter können nicht nur optimal eingesetzt, sondern auch gefördert oder überhaupt erst erkannt werden. Eine Führungskraft sollte bei der Anwendung des Führungsinstruments Delegation berücksichtigen, nicht nur die fähigsten Mitarbeiter einzusetzen. Es sollten auch Aufgaben an die Mitarbeiter delegiert werden, die schwierige Aufgaben übernehmen wollen, mehr Erfahrungen brauchen oder deren Fähigkeiten geprüft und entwickelt werden sollen. Fähige Mitarbeiter werden sonst auch leicht überlastet und können nicht mehr qualifiziert arbeiten.

Wann sollte ein Vorgesetzter daher Delegation als Führungswerkzeug einsetzen?

- Immer dann, wenn Arbeitsaufgaben und Vollmachten neu verteilt werden müssen,
- bei einer Reorganisation und Umstrukturierung der Abteilung,
- bei jedem Wechsel in der Mitarbeiterstruktur, sei es bei einer Neueinstellung, einer Beförderung oder einer Kündigung,
- bei der Einrichtung neuer Arbeitsgebiete oder der Zuweisung neuer Kompetenzen,
- grundsätzlich sollte er so oft und so viel wie möglich delegieren.

Welche Risiken und Gefahren beinhaltet Delegation?

Delegation birgt dann eine Gefahr, wenn man den Mitarbeiter, dem man die Aufgaben überträgt, unterfordert, überlastet oder nicht ausreichend informiert (***Einwandbehandlung***).

Die größte Gefahr, die das Führungsinstrument Delegation beeinhaltet, sind jedoch die Widerstände der Führungskräfte selbst gegen Delegation. Viele Vorgesetzte delegieren mit Widerwillen oder in unzureichendem Maße. Dahinter stecken folgende Beweggründe:

- Die Führungskraft wird von ihrer Arbeitssituation, beispielsweise Besucher, Telefon, Besprechungen oder andere Termine, angeblich so in Anspruch genommen, daß keine Zeit für die Erklärung und Kontrolle delegierbarer Aufgaben vorhanden ist.

- Die Führungskraft weiß selbst nicht genug über die Aufgabe und ihre Probleme, so daß ihr auch unklar ist, was genau weiterdelegiert werden muß und kann.
- Die Führungskraft glaubt, die Arbeit selbst schneller erledigen und somit kurzfristig Zeit einsparen zu können.
- Die Führungskraft befürchtet Konflikte mit dem eigenen Vorgesetzten, wenn sie eine an sie selbst übertragene Aufgabe weiterdelegiert.
- Die Führungskraft hängt an einer bestimmten Aufgabe oder Tätigkeit besonders, beispielsweise weil sie ihm besonders viel Spaß macht.
- Der Führungskraft fürchtet, die Mitarbeiter könnten eine Aufgabe besser als sie selbst lösen (***Konkurrenz***).
- Die Führungskraft fürchtet, die ***Kontrolle*** über die Arbeit zu verlieren, sobald sie sie aus den Händen gibt.
- Die Führungskraft mißtraut dem Können und der Leistungsbereitschaft ihrer Mitarbeiter und will kein Risiko eingehen.
- Die Führungskraft befürchtet, etwas von ihrer ***Autorität*** und ihrem Image zu verlieren, wenn bisher von ihr wahrgenommene Aufgaben jetzt von anderen Mitarbeitern übernommen werden.
- Die Führungskraft weiß nicht, wie sie reagieren soll, wenn andere die Delegation ablehnen (***Einwandbehandlung***).

Bei fehlender oder geringer Delegation von Entscheidungskompetenzen kann von seiten der Mitarbeiter jedoch kaum Motivation, Kreativität und Initiative erwartet werden.

Tip

Sie können als Führungskraft nicht alle Aufgaben im Alleingang erledigen. Sie sind auf gute und motivierte Mitarbeiter angewiesen. Deshalb sollten Sie sich immer einen Grundsatz vor Augen halten:

Zur Erfüllung zentraler Führungsaufgaben ist die Delegation anderer Aufgaben absolut notwendig!

Siehe auch Checkliste

Literaturtip

Peters, Tom: Das Tom Peters Seminar, Management in chaotischen Zeiten, Frankfurt a. M., New York 1995

Delphi-Technik

Was ist die Delphi-Technik?

Die Delphi-Technik ist eine Form der Expertenbefragung, die in den vierziger Jahren entwickelt wurde. Mit Hilfe dieser Technik werden Meinungen von Spezialisten aus verschiedenen Bereichen zusammengeführt und analysiert. Die Delphi-Technik gehört zu den kreativ-intuitiven ***Kreativitätstechniken***. Sie ist im Grunde nichts anderes als ein ***Brainstorming***, das auf einem besonders hohen fachlichen Niveau abläuft.

Wie geht das?

Bei der Delphi-Technik werden Experten zu einer komplexen Problemstellung zunächt einmal einzeln befragt. Meist handelt es sich bei einer solchen komplexen Aufgabe um eine Zukunftsprognose; man will also wissen, wie wahrscheinlich es ist, daß ein bestimmtes Ereignis in Zukunft eintreffen wird. Das kann besonders für strategische Entscheidungen, beispielsweise in der Entwicklungsabteilung eines Unternehmens, wichtig sein. Bevor sich also ein Automobilhersteller an die kostenintensive Entwicklung eines Fahrzeugs machen wird, das sowohl schwimmen als auch fliegen kann, werden mehrere Experten befragt.

Mit Hilfe der Delphi-Technik können diese Spezialisten dann darüber diskutieren, ob es überhaupt technisch möglich ist, ein solches Fahrzeug zu entwickeln und auch zu produzieren, wie lange das ungefähr dauern könnte und was das in etwa kosten würde.

Die Experten werden dazu in mehreren Durchgängen befragt. Sie müssen ihre Annahmen und Einschätzungen dabei genau begründen. Jeder Teilnehmer erhält die Gesamtergebnisse jedes Durchganges vor Beginn des nächsten Durchganges. Auf diese Art werden die unterschiedlichen Beurteilungen miteinander konfrontiert. Mit zunehmender Anzahl der Durchgänge verengen sich nun die Schätzwerte der einzelnen Teilnehmer, da sie in jeder Runde mit weiteren Informationen versorgt werden. Dadurch können sie für ihren Bereich immer präzisere Angaben, beispielsweise über die Kosten oder die Entwicklungsdauer, machen.

Dieser Bereich soll theoretisch immer kleiner werden, da langfristig nur die überzeugendsten Argumente die Grundlagen für alle weiteren Annahmen und Schätzwerte bilden. Auf diese Weise verengen sich die

Prognosen der Experten zu einer Vorhersage, die immer wahrscheinlicher wird.

Die Delphi-Technik wird oft zur Unterstützung der ***Szenario-Technik*** angewandt.

Welche Risiken und Gefahren beinhaltet die Delphi-Technik?

- Erfahrungsgemäß können bei solchen Expertenbefragungen die Meinungen auch oft zu gegensätzlichen Standpunkten konvergieren. Das Lager der Experten spaltet sich plötzlich in zwei Gruppen, und dann geht es nicht mehr um die Sache, sondern nur noch darum, wer recht hat.
- Beim Einsatz dieser Technik bleibt unklar, ob die Meinungen, die sich in der Expertenrunde herausbilden, einen Konsens darstellen, der auch tatsächlich ausschließlich auf Fakten und Expertenwissen basiert. Die Ergebnisse könnten schließlich genausogut dadurch entstehen, daß sich die weniger Überzeugten den stärker Überzeugten und Überzeugenden anpassen.

Tip

Setzen Sie bei dieser Brainstorming-Variante möglichst einen professionellen Moderator ein (***Moderation***).

Dienstleistung in der Führung

Was heißt Dienstleistung in der Führung?

Dienstleistung in der Führung bedeutet, den Dienstleistungsgedanken konsequent auf die Mitarbeiterführung zu übertragen. Dienstleistung in der Führung ist eine neuer, moderner ***Führungsstil***, der vor allem im ***organischen Management*** zum Einsatz kommt.

Dienstleistung in der Führung leitet sich vom Dienstleistungsgedanken in der ***Kundenorientierung*** ab und ist eine konsequente Fortführung des Modells der ***internen Kundenorientierung***, und zwar auf allen Führungsebenen. Der Vorgesetzte ist nicht länger der unantastbare Chef, der anordnet, fordert oder sogar befiehlt. Er begreift sich vielmehr als Dienstleister seiner Mitarbeiter und tut alles, was in seinen Kräften steht, um ihnen die Rahmenbedingungen für ihre Arbeit so optimal wie möglich zu gestalten. Das kann dann auch schon mal bedeuten, daß er derjenige ist, der seiner Sekretärin den Kaffee kocht.

Wie geht Dienstleistung in der Führung?

Unsere Gesellschaft entwickelt sich immer weiter weg von der Produktionsgesellschaft hin zu einer Dienstleistungsgesellschaft. Herkömmliche ***Führungsstile*** haben in einer Dienstleistungsgesellschaft jedoch ausgedient. Denn Mitarbeiter können optimale Kundenorientierung am besten dann lernen, wenn sie sie am eigenen Leib erfahren. Führungskräfte müssen Dienstleistung zuerst in ihrem eigenen Unternehmen etablieren, bevor sie sie dann nach außen praktizieren können. Diese Form der Führung ist demnach für jedes Unternehmen sinnvoll, das dienstleistungs- oder kundenorientiert arbeiten möchte. Denn so, wie man innerhalb des Unternehmens miteinander umgeht, so verhält man sich meist auch nach außen.

Führung als Dienstleistung zu begreifen heißt für die Führungskraft, dafür Sorge zu tragen, daß der Mitarbeiter erfolgreich arbeiten und seine Leistungsfähigkeit voll entfalten kann. Die Hauptaufgabe einer Führungskraft ist es hierbei, die organisatorischen und menschlichen Rahmenbedingungen dafür zu schaffen.

Die Grundidee der Dienstleistung in der Führung bedeutet den Abschied von der alten, in den meisten Unternehmen herrschenden Vorstellung, die Mitarbeiter seien vor allem für den Vorgesetzten da. Statt dessen muß die Grundeinstellung lauten: »Die Führungskraft ist für den Mitarbeiter da!«

Die Übertragung des Modells der ***Kundenorientierung*** auf die gesamte Organisation eines Betriebes setzt voraus, daß im Gesamtunternehmen ein Umdenken stattfindet, sowohl bei den Führungskräften als auch bei den Mitarbeitern. Denn mit der Einführung von Dienstleistung in der Führung wird die alte ***Hierarchie***pyramide komplett auf den Kopf gestellt: Der Chef dient nun seinem Mitarbeiter und nicht mehr umgekehrt.

Vorgesetzte werden bei dieser Methode neu gefordert und müssen sich neu definieren. Denn der Dienstleistungsgedanke in der Führung hat sehr viel mit der eigenen persönlichen Einstellung zu tun.

Um den Dienstleistungsgedanken in der Führung überhaupt einführen zu können, müssen folgende Voraussetzungen erfüllt sein:

- Die Führungskraft muß Vertrauen in die Fähigkeiten der Mitarbeiter besitzen.
- ***Emotionale Intelligenz*** muß sowohl auf seiten der Führungskräfte als auch auf seiten der Mitarbeiter vorhanden sein und gefördert werden.
- Der Mitarbeiter muß zur ***Selbstverantwortung*** fähig sein.
- Die ***interne Kommunikation*** muß reibungslos funktionieren.

Die Führungskraft unterstützt den Mitarbeiter auf folgenden Ebenen:

- *Sachebene:* Zur Sachebene gehört die Bereitstellung aller notwendigen Arbeitsmittel, eine befriedigende ***Arbeitszeit***regelung einschließlich einer sinnvollen Pausengestaltung sowie die optimale Gestaltung des ***Arbeitsplatzes*** hinsichtlich der Ergonomie und Raumverteilung.
- *Geistige Ebene:* Zu den Aufgaben, die eine Führungskraft zur Förderung der geistigen Ebene des Mitarbeiters erfüllen muß, gehören beispielsweise die Organisation ausreichender und gezielter ***Weiterbildungs***maßnahmen, die Optimierung der ***internen Kommunikation***, das Formulieren einer klaren Aufgabenstellung einschließlich präziser ***Zielvereinbarungen***. Auch häufige ***Beurteilungs***- und ***Feedback-Gespräche*** sind in diesem Zusammenhang zu nennen.
- *Sinnebene:* Um ***Sinnorientierung*** und damit letztlich auch die ***Selbstverantwortung*** des Mitarbeiters zu fördern und zu unterstützen, muß eine Führungskraft gemeinsam mit dem Mitarbeiter über seine ***Lebensplanung*** und ***Karriereplanung*** sprechen. Klare ***Zielvereinbarungen*** helfen ebenfalls dabei, die ***Motivation*** des Mitarbeiters über die Sinnebene zu fördern.

Eine Führungskraft, die nach dem Dienstleistungsprinzip führt, muß sich vor allem folgende Fragen stellen:

- Welche gemeinsamen Ziele wurden gesetzt und welche genauen Aufgaben erfüllt der Mitarbeiter?
- Welche Art der Unterstützung braucht der Mitarbeiter, um seine Aufgabe optimal zu erledigen (***Counselling***)?
- Wie müssen Zeitpläne und Checklisten gestaltet werden? Wie kann der Erfolg der Mitarbeiter durch ***Zeitmanagement*** unterstützt werden?
- Wie ist die optimale ***Arbeitsplatzgestaltung*** des Mitarbeiters? Welche Arbeitsmittel müssen dem Mitarbeiter bereitgestellt werden?
- Wie muß die Gesamtorganisation der Arbeit aussehen (***Stellenbeschreibung***, ***Organigramm***)?
- Wie können durch permanente ***Korrekturgespräche*** die Leistungen der Mitarbeiter gesteigert werden?

- Welche Arten von ***Kontrolle*** brauchen die Mitarbeiter zur erfolgreichen Bewältigung ihrer Aufgaben? Wie lassen sich die Führungsinstrumente ***Zielvereinbarung***, ***Anerkennungsgespräch*** und ***Beurteilungsgespräch*** für eine Leistungsoptimierung einsetzen?

Dienstleistung in der Führung heißt auch, daß der Erfolg des Mitarbeiters auch der Erfolg des Mitarbeiters bleibt. Führungskräfte, die den Dienstleistungsgedanken in der Führung praktizieren, benutzen besonders gute Leistungen ihrer Mitarbeiter nicht mehr dazu, sich selbst zu profilieren. Der Erfolg eines Mitarbeiters ist nie die Errungenschaft der Führungskraft, sondern höchstens ein Zeichen dafür, daß der Vorgesetzte die Rahmenbedingungen für den Mitarbeiter so gut gestaltet hat, daß dieser zu einer besonderen Leistung fähig war.

Ein Fehler des Mitarbeiters hingegen ist immer der ***Fehler*** des Vorgesetzten. Denn wenn der Mitarbeiter einen Fehler macht, dann ist das ein Ausdruck dafür, daß der Vorgesetzte die Rahmenbedingungen für die Arbeit des Mitarbeiters nicht hinreichend gestaltet hat. Werden Führungskräfte im ***Feedback-Gespräch*** auf eigene Führungsfehler oder Fehler von Mitarbeitern aufmerksam gemacht, so ist es die Aufgabe der Führungskraft, sich für die Fehlermeldung zu bedanken. Anschließend organisiert der Vorgesetzte die Fehlerbehebung, versucht den Schaden zu begrenzen und sorgt dafür, daß der Fehler möglichst nicht mehr passiert. Dies stellt für viele Führungskräfte eine große Umstellung in ihrem bisherigen Führungsstil dar.

Welche Risiken und Gefahren beinhaltet Dienstleistung in der Führung?

- Die Umstellung auf das Prinzip Dienstleistung in der Führung stellt eine radikale Maßnahme innerhalb der herrschenden hierarchischen Unternehmensorganisation dar. Sobald Führung als Dienstleistung verstanden wird, bedeutet dies eine Neuausrichtung einer bestehenden ***Macht***struktur hin zu einer ***Sinnorientierung***. Dabei stellen sich die bestehenden ***Hierarchien*** oft als Hindernisse dar.
- Bei der Einführung des Dienstleistungsgedankens in der Führung muß man mit einem starken Widerstand der Führungskräfte rechnen. Denn von ihnen wird ein geradezu revolutionäres Umdenken gefordert: Sie müssen von allen althergebrachten Vorstellungen Abschied nehmen, verlieren die Statussymbole der Führung, müssen auf einen großen Teil ihrer bisherigen ***Macht*** verzichten und sich darüber hinaus auch noch der Kri-

tik ihrer Mitarbeiter stellen. Verfolgt man diesen Gedanken konsequent zu Ende, so bedeutet das, daß eine Führungskraft im Grunde sogar abgewählt werden kann.

- Auch für die Mitarbeiter hat die Umstellung weitreichende Folgen. Überforderung könnte zunächst eine Folge sein. Umfassende ***Weiterbildungs***maßnahmen sind auch auf seiten der Mitarbeiter notwendig, um ihnen das Prinzip ***Selbstverantwortung*** nahezubringen.

Literaturtip

Garfield, Charles: Spitzenmanagement im Team, Funktionale Führung statt Hierarchie, Berlin 1995

Drama-Dreieck

Wie sieht das Modell aus?

Das Drama-Dreieck ist ein psychologisches Modell und beschreibt die Dynamik von drei in Konflikten miteinander verbundenen Personen. Durch die Eigendynamik von Konflikten geraten die beteiligten Personen in drei verschiedene Rollen: Täter, Opfer und Retter.

- *Der Täter:* Er ist derjenige, der aktiv gegen jemanden hetzt, ihm Vorwürfe macht, zurechtweist, kritisiert, auslacht und herabsetzt. Er braucht einen Partner:
- *Das Opfer:* Es ist derjenige, der sich dem Täter aussetzt, unterwürfig, kindlich, hilflos, schüchtern, unwissend oder verletzt reagiert. Es motiviert einen Dritten:

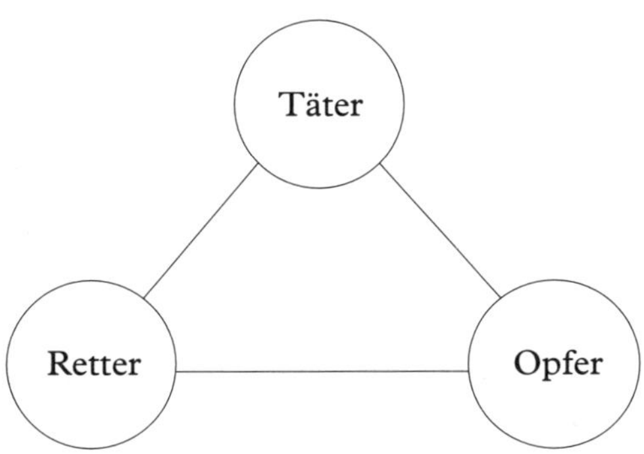

- *Der Retter:* Er ist derjenige, der dem Opfer helfend zur Seite springt, der tröstet und gute Ratschläge gibt.

Dieses intuitiv gesteuerte Verhalten führt aber oft in eine Falle. Denn um das Opfer zu beschützen, greift der Retter den Täter an, macht ihm Vorwürfe und weist ihn zurück. Der Täter wechselt dadurch seine Position und wird zum Opfer des Retters. Ein neuer Retter wird gebraucht, der diesen Konflikt löst. Seine Rolle übernimmt allzu oft das frühere Opfer, das nunmehr den früheren Täter beschützt: »So schlimm war es doch gar nicht …« Das Opfer wird also zum Retter. Dieses Dreieck bleibt dynamisch. Alle Beteiligten können die Rollen wechseln. So kann auch der Täter den Retter direkt angreifen. Dadurch kann sich das Opfer aufgefordert fühlen, nunmehr seinen einstigen Retter zu retten.

Außerhalb des Drama-Dreiecks gibt es noch eine vierte Position: Es handelt sich dabei um den Weisen oder den Narren. Der Weise betrachtet genau wie der Narr die Dinge mit einer gewissen Distanz. Er nimmt sie so wahr, wie sie sind, nimmt aber gleichzeitig wenig Einfluß. Er steht als Berater zur Verfügung und wägt dabei die unterschiedlichen Positionen gegeneinander ab. Die Entscheidung jedoch überläßt er den Betroffenen selbst.

Wann ist das Modell hilfreich?

Man sollte sich dieses Modells bewußt sein, um Konflikte besser zu verstehen und lösen zu können. Das Drama-Dreieck spielt eine Rolle in allen Konfliktsituationen, vom ***Korrekturgespräch***, über das ***Gehaltsgespräch*** bis zum ***Mobbing***. Auch in harmlosen Gruppensituationen kann ein verdeckter Konflikt anschwellen und in einer dynamischen Dreiecksbeziehung enden.

Tip

Wenn Sie jemandem helfen wollen, dürfen Sie nicht vergessen, daß Sie ihn dadurch in die Rolle des Opfers drängen können. Viele Menschen fühlen sich in dieser Rolle unwohl, daher ist eine subtile Vorgehensweise gefragt. Überlegen Sie zuerst, ob der andere wirklich Hilfe braucht, oder ob Sie vielleicht nur Ihrem Helfersyndrom erliegen. Sicher ist es wichtig, anderen Menschen zu helfen. Sie sollten jedoch in jeder Situation abklären, ob Ihr Partner wirklich Hilfe möchte.

Dynamische Balance

Wie sieht das Modell der dynamischen Balance aus?

Das Modell der dynamischen Balance stammt aus der themenzentrierten Interaktion, kurz TZI. Die Schule der TZI versucht sämtliche psychologischen, anthropologischen, philosophischen, soziologischen und pädagogischen Facetten der Didaktik zu berücksichtigen. Aus diesen wird eine Form der Zusammenarbeit entwickelt. Erst wenn diese äußere Arbeitsform stimmt, kann eine Gruppe tatsächlich sachbezogen und vernünftig lernen und entscheiden. Die Initiatorin der TZI und des zugehörigen ***Workshops*** Institute for Living-Learning (WILL) war die Psychoanalytikerin Ruth C. Cohn.

In Gruppensituationen besteht nach der Vorstellung der TZI ein Spannungsverhältnis zwischen jeder einzelnen Person (Ich), der Gruppe (Wir) und der Aufgabe (Es). Alle drei sollten gleichwertig behandelt werden. Außerdem muß auch das Umfeld mit berücksichtigt werden. Das wird nur durch eine dynamische Balance zwischen den verschiedenartigen Ebenen ermöglicht. Die Bedürfnisse des einzelnen, die Interaktion der Gruppe und deren Aufgaben müssen ausgewogen sein: Die Ich-Wir-Es-Balance. Diese dynamische Balance soll als Motor lebendigen Lernens und lebendiger Kommunikation wirken.

Ziel ist es,

- sich selbst und andere so zu leiten, daß wachstumsfreundliche und heilende statt gefährdende Tendenzen im Menschen angeregt werden.
- die Vermittlung von Wissen mit der Förderung der Persönlichkeiten zu verbinden. Dazu gehört, daß gesellschaftlich oder persönlich bedingte Illusionen vermindert werden. Der Weg zu einer echten Verantwortlichkeit soll gefördert werden.
- die Anforderungen der Arbeit mit Achtung vor der Person und zwischenmenschlichen Beziehungen zu verbinden.
- Arbeitsgruppen und -teams im Sinne lebendiger Kommunikation zu führen. Rivalitäten sollen zugunsten von Kooperation vermindert werden.

Die dynamische Balance setzt zwei zentrale Grundsätze voraus, an die sich die Beteiligten halten müssen:

- *»Jeder ist für sich selbst verantwortlich!«:* Bei dieser Regel liegt die Forderung zugrunde, daß nur jeder selbst sich seine innere und äußere Wirklichkeit bewußt machen kann. Zu dieser Wirklichkeit gehören andere Menschen, die Natur und die Umgebung. Es gilt, seine Sinne, Gefühle, Gedanken und Fähigkeiten zu nutzen und sich eigenverantwortlich für sein Tun zu entscheiden. Verhindert werden soll durch diese Regel, daß sich einzelne Teilnehmer von Gruppengesprächen in Helfer- oder Retterrollen begeben oder Bedürfnisse anderer aus Angst, sich selbst bloßzustellen, vorschützen. Wer also sagt: »Ich habe den Eindruck, Herr Müller hat die letzte These nicht verstanden.«, wird in seine Schranken verwiesen und aufgefordert, nur für sich selbst zu sprechen.

- *»Störungen haben Vorrang!«:* Soweit Störungen den Ich-, Wir- oder Sachprozeß betreffen, sollten sie vorrangig behandelt werden, um entweder vermindert oder integriert zu werden. Konkret sind nicht destruktive Störungen im Sinne von Dazwischenreden, Pöbeln oder gar Papierkügelchen schießen gemeint, sondern Störungen natürlicher Art wie Hunger, Durst oder Müdigkeit. Denn nur wer sich körperlich wohl fühlt, ist aufnahme- und diskussionsfähig. Braucht jemand also frische Luft, wäre es albern, dieses Bedürfnis zurückzustellen; die zweite Regel der dynamischen Balance fordert auf, die Diskussion nur mit geöffnetem Fenster fortzusetzen.

In welchen Situationen ist das Modell hilfreich?

Dynamische Balance ist in jeder Form von ***Gruppen***- oder ***Teamarbeit*** erforderlich. Auch bei ***Besprechungen*** und ***Konferenzen***, selbst bei Einzelgesprächen sind die Grundmaximen der dynamischen Balance hilfreich.

Eignungstest

Was ist ein Eignungstest?

Ein Eignungstest ist ein standardisiertes, routinemäßig anwendbares Verfahren zur Messung individueller Verhaltensmerkmale. Aus den Ergebnissen eines Eignungstests können Schlüsse auf die Eigenschaften der Testperson gezogen werden. In begrenztem Maße sind dadurch auch Vorhersagen darüber möglich, wie sich jemand in bestimmten Situationen verhalten wird. Das Ziel eines jeden Eignungstests ist die Prognose auf Persönlichkeit, Intelligenz und Fähigkeiten der Testperson.

Eignungstests wurden ursprünglich zur Untersuchung der rein fachlichen Qualitfikationen potentieller Arbeitnehmer benutzt. Heutzutage werden sie aber fast ausschließlich zur Ermittlung ***sozialer Kompetenz*** und der Persönlichkeitsstärke eingesetzt. Ziel ist dabei, frühzeitig hohen ***Fehlzeiten*** und starker Fluktuation aufgrund von Überforderung oder Anpassungssschwierigkeiten vorzubeugen. Eignungstests geben auch Aufschlüsse über weiche Faktoren wie ***Selbstwertgefühl*** oder ***Motivation***.

Im Laufe der letzten Jahrzehnte haben sich wichtige konzeptionelle und methodische Veränderungen von einst simplen Eignungstests ergeben. Ein Beispiel dafür sind die Methoden des ***Assessment Centers***. Im heutigen Berufsalltag bilden Eignungstests oft die Grundlage für weitreichende Entscheidungen, vor allem in der ***Mitarbeiterentwicklung*** und bei der ***Personalauswahl***.

Wie läuft ein Eignungstest ab?

Eignungstests werden am häufigsten bei Personalveränderungen, Neueinstellungen, ***Beförderungen*** oder ***Versetzungen*** eingesetzt. Auch in der wissenschaftlichen Forschung ist die Verwendung von Eignungstests sinnvoll. Eignungstests setzen eine genaue Kenntnis über Zweck und Grenzen des Verfahrens voraus. Es muß sich um ein wissenschaftlich anerkanntes, überprüfbares Verfahren handeln.

Um das geeignete Testverfahren auswählen und durchführen zu können, benötigt man:

- eine eindeutige Stellenbeschreibung,
- ein klares Anforderungsprofil und
- ein präzise definiertes Aufgabenfeld.

Bei den heutigen Eignungstests wird darauf geachtet, nicht nur die berufsrelevanten Fähigkeiten der Testperson, wie ihr Fachwissen, zu analysieren, sondern die Gesamtpersönlichkeit zu begutachten. Fachwissen sowie eine Tendenz der persönlichen Schlüsselqualifikationen lassen sich bereits in einer schriftlichen Bewerbung durch Zeugnisse dokumentieren. Um jedoch herauszufinden, welche sozialen Fähigkeiten oder ***Führungskompetenzen*** ein Bewerber besitzt, sind Eignungstests in der Regel unumgänglich. Ein guter Chemiker mag in einem abgeschlossenen Laboratorium hervorragende Arbeit leisten. Fehlen ihm jedoch ***Schlüsselqualifikationen*** wie ***soziale Kompetenz*** oder ***emotionale Intelligenz***, so eignet er sich weder für

Teamarbeit noch für eine Führungsposition – was aber unter Umständen zum Anforderungsprofil der ausgeschriebenen Stelle gehört.

Die Testperson wird mit einem ausgeklügelten System von Fragen und Aufgaben konfrontiert. Dabei lassen sich verschiedene Testmethoden unterscheiden. Es gibt schriftliche und mündliche Tests sowie Testverfahren, bei denen man den Bewerber auf seine Schnelligkeit oder sein Niveau hin überprüft.

Auch Beobachtungsverfahren und das Gespräch mit dem Psychologen gehören zur Gruppe der Eignungstests. Die Testverfahren können unterschieden werden nach:

- *Intelligenz- und Persönlichkeitstests:* Mit ihrer Hilfe können zum Beispiel analytische und/oder ***emotionale Intelligenz***, Aufmerksamkeit, Motorik oder Wahrnehmung getestet werden.
- *Situationstests* untersuchen das Beobachtungs- und Beurteilungsvermögen.
- *Tests, mit denen Strukturfaktoren überprüft werden:* Dazu zählen Fähigkeits-, Kognitions-, Aufmerksamkeits-, Wahrnehmungs-, Emotions-, und Motivationstests.
- *Kombinationstests:* Gute Beispiele hierfür sind der Person-Arbeit-Test, mit dessen Hilfe sich Aussagen über das zukünftige Arbeitsverhalten des Bewerbers im Betrieb treffen lassen sowie der Person-Ausbildung-Test oder der Person-Mitwelt-Test.

Zur Auswahl von Führungskräften werden diese Testverfahren meist in einem ***Assessment-Center*** gebündelt.

Eignungstests tragen grundsätzlich mehrere Nutzenaspekte in sich. Dazu gehören folgende Vorteile:

- Man kann die starken und schwachen Seiten der Testperson herausfinden. Das Beantworten teilweise unangenehmer Fragen und das Ausführen teilweise schwieriger Aufgaben kann für die Testperson spannend sein und als Herausforderung empfunden werden.
- Die Einstellung neuer Mitarbeiter ist oft eine heikle Angelegenheit. Es ist für Arbeitgeber und Arbeitnehmer gleichermaßen ärgerlich, wenn sich die beiderseitigen Erwartungen nicht erfüllen. Der Test vermittelt dem Auftraggeber und der Testperson ein Stück Sicherheit im Vorfeld einer wichtigen Entscheidung.
- Menschen können dadurch einigermaßen objektiv miteinander verglichen werden.
- Psychologische Tests sind in den meisten Fällen einfache, schnelle und schmerzlose Untersuchungsinstrumente.

Welche Risiken und Gefahren beinhaltet ein Eignungstest?

- Ein Test ist nur eine Momentaufnahme und macht Aussagen über die jetzige Verfassung der Testperson. Der Aussagewert eines Tests bleibt also fragwürdig.
- Testergebnisse können unterschiedlich ausfallen, je nachdem, wer den Test abnimmt.
- Die Ergebnisse eines solchen Tests unterliegen zwar dem Datenschutz, trotzdem besteht das Risiko, daß die Geheimhaltung nicht gewahrt wird.
- Die Testperson kann dadurch verunsichert werden, daß sie unter ständiger Beobachtung steht und die Absicht des Tests kennt.
- Standardisierte Tests sind oft schon bekannt und können manipuliert werden.

Literaturtip

Swan, William: Den richtigen Mitarbeiter finden, Das erfolgreiche Einstellungsgespräch, Zürich und Wiesbaden 1996

Einarbeitung

Was ist Einarbeitung?

Die Einarbeitung eines Mitarbeiters erfolgt nach Abschluß seines Arbeitsvertrages und der Einführung in den Betrieb. In der Einarbeitungsphase wird der neue Mitarbeiter mit seinem Aufgabengebiet, seinen Tätigkeiten und dem Unternehmen vertraut gemacht (***Probezeit***). Schlechte oder keine Einarbeitung ist in vielen Fällen eine Hauptursache für ***Kündigungen***.

Eine sorgfältig geplante und durchgeführte Einarbeitung ist absolut notwendig. Bausteine für Eingliederungsprogramme existieren zwar in der Theorie, werden aber in Deutschland – im Gegensatz zu den USA – nur selten eingesetzt. In einer Untersuchung gab von knapp dreihundert Führungskräften fast die Hälfte an, keine Einarbeitung erhalten zu haben.

Nach der Einführungsphase beginnt ein Mitarbeiter, sich zu etablieren und über den wachsenden Autonomieraum, den er sich erarbeitet, erste Schritte in seiner ***Karriereplanung*** zu unternehmen.

Wie geht die Einarbeitung vor sich?

Als erstes muß berücksichtigt werden, in welchen Situationen die Einarbeitung eines Mitarbeiters überhaupt angebracht ist. Sie ist sinnvoll:

- zum Arbeitsbeginn eines neuen Mitarbeiters,
- zur ***Versetzung*** oder ***Beförderung*** eines Mitarbeiters auf eine neue Position,
- wenn einem Mitarbeiter neue Aufgabengebiete übertragen werden (***Delegation***),
- wenn bei Urlaub oder Krankheit eine Vertetung für einen Mitarbeiter eingesetzt wird.

Eine Führungskraft sollte die Einarbeitung jedoch nicht einfach verfügen, sondern darauf achten, daß folgende Voraussetzungen erfüllt sind:

- Der einzuarbeitende Mitarbeiter muß über ein ausreichendes Verständnis der Aufgabenstellung verfügen. Er muß die Ziele und Zusammenhänge seiner Tätigkeit kennen.
- Erfahrene Mitarbeiter, die die Einarbeitung übernehmen können (***Mentoring***, ***Patenschaft***), müssen dazu genug Zeit haben.
- Traineeprogramme, die im Rahmen der ***Mitarbeiterentwicklung*** durchgeführt werden, sind eine optimale Methode zur Einarbeitung.

Die geeignete Vorgehensweise für die Einarbeitung eines Mitarbeiters muß sorgfältig durchdacht werden. Die Schonstrategie, den Mitarbeiter für die erste Zeit in Ruhe alleine arbeiten zu lassen, ist keine gute Basis für eine sinnvolle Einarbeitung. Genausowenig wie die Strategie, ihn direkt in das »kalte Wasser« seines neuen Arbeitsbereiches zu stoßen oder die schärfere Form der Entwurzelungsstrategie. Bei dieser wird der Mitarbeiter gleich mit schwierigen oder gar unlösbaren Aufgaben konfrontiert, mit denen er getestet oder gezielt verunsichert werden soll.

Sinnvoll ist vielmehr eine fordernde, aber zugleich lösbare Aufgabenstellung. Der Einarbeitung eines Mitarbeiters gehen zwei Phasen voran. Alle drei Phasen bergen Risikoquellen, denen in der Einarbeitung begegnet werden muß:

- *Rekrutierungsphase:* In der Rekrutierungsphase versuchen sowohl der Bewerber seine persönlichen Qualifikationen als auch das Unternehmen die zu besetzende Stelle und das Unternehmen an sich möglichst positiv zu zeichnen. Dadurch werden auf beiden Seiten überzogene Erwartungen geweckt.
- *Konfrontationsphase:* Die ersten Eindrücke lösen in der Konfrontationsphase einen Praxisschock aus. Die betriebliche Realität sieht in der Regel

eben doch anders aus als die idealisierten Vorstellungen des neuen Mitarbeiters. Wenn die Vorgesetzten dann noch versuchen, ihre Macht zu festigen, verstärkt sich dieser Praxisschock. Das Bild, den perfekten Job gefunden zu haben, bekommt so erst einmal einen Riß.

- *Einarbeitungsphase:* In der Einarbeitungsphase kann der Mitarbeiter leicht über- oder unterlastet werden. Das betrifft sowohl seine fachlichen Kenntnisse als auch die Menge der Arbeit. Rollenunklarheiten und mangelndes Feedback des Vorgesetzten hinsichtlich der Leistung tun ein übriges. Überlastung kann sowohl zu Frustrationen führen, aber auch zu ***Motivation*** und damit vermehrten Anstrengungen des Mitarbeiters. Unterforderung hingegen kann zur Umlenkung der Fähigkeiten in den privaten Bereich und letztlich zur ***inneren Kündigung*** oder tatsächlichen ***Kündigung*** führen.

Das Problem, welche Rolle dem neuen Mitarbeiter nun eigentlich genau zufällt, entsteht dadurch, daß er nicht genug Orientierungshilfen durch seinen Vorgesetzten erhält. Der Mitarbeiter weiß nicht, wie seine Arbeitsaufgaben in den Organisationszusammenhang einzuordnen sind. Eine Verbesserung der ***internen Kommunikation*** sowie übersichtliche und aussagekräftige ***Organigramme*** sind geeignete Maßnahmen, diesem Problem von Anfang an entgegenzuwirken.

Auch eine realistische ***Stellenbeschreibung***, die dem tatsächlichen Stelleninhalt entspricht, hilft dabei, Erwartungsenttäuschungen und Rollenunklarheiten zu vermeiden. Der Bewerber kann sich dadurch ein klares Bild über seine Eignung für die Aufgabe machen. Er kann sich gezielt über die Integration in die Organisation informieren. Auf diese Art kann der Praxisschock gemildert werden.

Regelmäßige und strukturierte ***Beurteilungs***- und ***Feedback-Gespräche*** bieten Unterstützung beim Abbau von Auslastungsproblemen und Rollenunklarheiten. Sie verdeutlichen darüber hinaus dem neuen Mitarbeiter seine Fortschritte und Defizite in der Einarbeitung auf konstruktiv-kritische Weise. Voraussetzung dafür ist die entsprechende Vorbereitung des Vorgesetzten. Die zu Anfang große Fülle an Führungsaufgaben erfordert zunächst häufige Gespräche. Mit steigender Orientierung und Einbindung des Mitarbeiters nimmt die Häufigkeit ab.

Eine ***Patenschaft*** eignet sich vor allem für die Eingliederung eines neuen Mitarbeiters hinsichtlich sozialer Belange. Dabei ist darauf zu achten, daß der Pate nicht im Sinne eines zusätzlichen Vorgesetzten die Rollenadaption und Aufgabenerfüllung steuert, sondern lediglich:

- den neuen Mitarbeiter mit seinem Arbeitsumfeld bekannt macht,
- die Kontaktaufnahme zu zukünftigen Kollegen, Mitarbeitern und sonstigen Gesprächspartnern unterstützt,
- ihn mit den geschriebenen und ungeschriebenen Gesetzen des Unternehmens vertraut macht und
- ihn eventuell in seinen Arbeitsbereich einweist.

Eine weitere Möglichkeit der Einarbeitung sind Einführungsseminare. Sie gehen speziell auf mögliche spezifische Probleme des bevorstehenden Eingliederungsprozesses ein und können dem neuen Mitarbeiter Methoden zur Problembewältigung aufzeigen. Gegenstand dieser Seminare ist nicht die fachliche Einführung, sondern lediglich die Sensibilisierung des Mitarbeiters für die Erkennung und Analyse eingliederungsbedingter Probleme und für denkbare Lösungswege.

Eine planvolle Einarbeitung sorgt dafür, daß der Mitarbeiter seine Leistungsfähigkeit möglichst schnell entfaltet. Er wird frühzeitig in das soziale Gefüge des Unternehmens integriert und dadurch zum Bleiben veranlaßt.

Ziel des geplanten Eingliederungsprozesses muß es sein, die Kreativität, Individualität und die bisherigen Erfahrungen des Neueinsteigers der eigenen Organisation nutzbar zu machen. Regelrechte Einarbeitungsprogramme, in denen verschiedene Abteilungen des Hauses durchlaufen werden, erhöhen die Integration. Trainee-Programme können hier als Vorbild dienen. In diesen Programmen ist es üblich, daß der zukünftige Mitarbeiter alle für die spätere Position relevanten Abteilungen, beispielsweise Vertrieb, Einkauf, Buchhaltung, Lager oder Werbung, in einer zweijährigen Einarbeitungsphase durchläuft.

Welche Risiken beinhaltet eine Einarbeitung?

Ein Risiko besteht dann, wenn ein einmal eingefahrenes Einarbeitungsprogramm über Jahre hinweg mit jedem neuen Mitarbeiter abgespult wird. Auf diese Art werden alte Fehler immer wieder verschleppt. Laufende ***Feedback-Gespräche*** mit den Betroffenen helfen dabei, Einarbeitungsprogramme ständig zu überprüfen und nötigenfalls zu ändern.

Tip

Gehen Sie in der Einarbeitungsphase besonders auf Fragen und Anregungen des neuen Mitarbeiters ein – er ist noch nicht betriebsblind. Besonders Begründungen wie »Das haben wir schon immer so gemacht« blockieren Innovationen. Es könnte sein, daß die Zeit reif ist, gerade jetzt Änderungen herbeizuführen.

Siehe auch Checkliste

Literaturtip

Swan, William: Den richtigen Mitarbeiter finden, Das erfolgreiche Einstellungsgespräch, Zürich und Wiesbaden 1996

Einstellungsgespräch

Was ist ein Einstellungsgespräch?

Das Einstellungsgespräch ist eine Methode der ***Personalauswahl***. Ein Einstellungsgespräch kann vom Ablauf her völlig frei, teilweise strukturiert oder gänzlich strukturiert durchgeführt werden. Ein vollkommen durchstrukturiertes Einstellungsgespräch verläuft nach einem festen Schema und beinhaltet standardisierte Abläufe und Fragestellungen.

Die Fragen, die in einem Einstellungsgespräch gestellt werden, beziehen sich vor allem auf Berufserfahrung und -ausbildung des Bewerbers sowie auf Aspekte seines Lebenslaufs. Gelegentlich wird auch auf persönliche Bereiche, beispielsweise den familiären Hintergrund oder die individuelle ***Lebensplanung*** des Bewerbers, eingegangen.

Nach einem Einstellungsgespräch werden sowohl die Antworten als auch das nonverbale Verhalten des Bewerbers durch den Gesprächsführer beurteilt. Bei der Besetzung von Führungspositionen im oberen Bereich wird das Einstellungsgespräch durch Treffen im privaten Rahmen ergänzt. Damit kann man sowohl das Auftreten des Bewerbers als auch seinen sozialen Umgang (Partner) kennenlernen.

Wie läuft ein Einstellungsgespräch ab?

Ein Einstellungsgespräch wird im Rahmen der Personalauswahl geführt, sobald die Vorauswahl unter den Bewerbern abgeschlossen ist. Das kann bereits nach der Sichtung der Bewerbungsschreiben sein oder erst nach der Durchführung von Eignungstests oder eines ***Assessment-Centers***.

Kompetent geführte Einstellungsgespräche erfordern eine sorgfältige Gesprächsvorbereitung von seiten des Gesprächsführers:

- Die Bewerbungsunterlagen müssen sorgfältig ausgewertet werden. Alle am Einstellungsgespräch beteiligten Personen müssen sich mit den relevanten Bewerbungsunterlagen vertraut gemacht haben.
- Der Ablauf des Gespräches sowie Fragen müssen auf der Basis der ***Stellenbeschreibung*** vorbereitet werden.
- Die Bewerber sowie alle am Gespräch teilnehmenden Personen müssen rechtzeitig schriftlich eingeladen werden.
- Um einen reibungslosen Ablauf des Einstellungsgespräches zu gewährleisten, sollte man kurz vor dem Gespräch den geplanten Ablauf noch einmal im Geiste durchgehen.

Wie jede ***Besprechung*** läuft auch ein Einstellungsgespräch in mehreren Phasen ab:

1. *Begrüßung und Kennenlernen:* Durch eine lockere Einleitung sollte die Führungskraft zu Beginn für eine entspannte Atmosphäre sorgen, in der sich der Bewerber wohl fühlt. Je weniger aufgeregt und je ungezwungener er ist, desto mehr entspricht die Einschätzung des Bewerbers der Realität.
2. *Durchführung des Interviews:* Ein Einstellungsgespräch orientiert sich stark an der ***Stellenbeschreibung***. Bei einem Einstellungsgespräch steht weniger die fachliche Kompetenz der Bewerbers im Vordergrund. Diese läßt sich durch Zeugnisse dokumentieren oder mit Hilfe geeigneter Tests abfragen. Der Gesprächsführer sollte sich vor allem darauf konzentrieren, auf die Aspekte und Merkmale zu achten, die man nur bei einem persönlichen Kennenlernen erfassen kann. Dazu gehört die Körpersprache, aber vor allem das Erkennen und Bewerten von ***Schlüsselqualifikationen*** wie ***emotionale Intelligenz***, ***soziale*** und ***Führungskompetenz*** oder Spaß an der Arbeit und deren Ergebnisse. Präzise Fragen und ***aktives Zuhören*** sind in dieser Phase sehr wichtig. Hier sollte auch die ***Lebensplanung*** des Bewerbers zur Sprache gebracht werden. Insbesondere seine Karrierevorstellung ist ein weiterer wichtiger Punkt, auf den man aus Gründen der ***Organisations***- und ***Mitarbeiterentwicklung*** einge-

hen sollte. Hierbei ist vor allem darauf zu achten, dem Bewerber genug Zeit für seine persönlichen Fragen einzuräumen.

3. *Abschluß des Interviews:* Gegen Ende des Gespräches sollten alle noch offenen Fragen zu Rahmenbedingungen, wie den ***Gehalts***vorstellungen des Bewerbers, seinen möglichen Eintrittstermin oder Urlaubsanspruch, ausreichend beantwortet werden.

Je weniger ein Einstellungsgespräch standardisiert ist, desto eher sollte man andere Beurteiler hinzuziehen. Wichtig ist es, während des Gespräches genau zwischen dem reinen Sammeln von Informationen und persönlicher Sympathie oder Antipathie zu unterscheiden, um anschließend die beste Entscheidung treffen zu können. Während des gesamten Gespräches sollte man sich stets das Anforderungsprofil vor Augen halten, das der Bewerber erfüllen muß.

Jeder Vorgesetzte, der an einem Einstellungsgespräch beteiligt ist, sollte sich immer wieder in Erinnerung rufen, wozu ein Einstellungsgespräch gut ist:

- Das Einstellungsgespräch ist das vielleicht wichtigste Instrument der ***Personalauswahl.*** Zum einen erhält der Bewerber in diesem Gespräch die Informationen über das Unternehmen, den Arbeitsplatz, die Tätigkeit und die genauen Arbeitsanforderungen, die den Ausschlag für seine Entscheidung geben.
- Zum anderen können sich zukünftige Kollegen und Vorgesetzte ein Bild von dem Bewerber und seinen Erwartungen machen. Qualifikationen und Verhalten mehrerer Bewerber können dabei miteinander verglichen und so der passende Mitarbeiter gefunden werden.
- In einem Einstellungsgespräch werden auch Rahmenbedingungen wie ***Gehalt***, Prämien oder Aufstiegsmöglichkeiten geklärt.

Welche Risiken und Gefahren beinhaltet ein Einstellungsgespräch?

- Die Aufregung, besonders von Berufsanfängern, ist meist sehr groß. Das Lampenfieber kann den Eindruck, den der Bewerber in diesem Zustand vermittelt, stark verzerren (***Transaktionsanalyse***).
- Ein Einstellungsgespräch ist nur eine Momentaufnahme und läßt daher keine endgültige Aussage über die Fähigkeiten des Bewerbers zu. Die kann erst in der Probezeit getroffen werden.
- Ein Einstellungsgespräch kann zu einer »Werbeveranstaltung« sowohl des Bewerbers als auch des Unternehmens werden. Beide Parteien zeigen

dort nur ihre beste Seite. Die Gefahr besteht, daß das Unternehmen den falschen Mitarbeiter einstellt, der zwar durch sein Auftreten glänzt, fachlich aber nicht über ausreichende Kompetenz verfügt oder nicht auf die jeweilige Stelle paßt.

Siehe auch Checkliste

Literaturtip

Swan, William: Den richtigen Mitarbeiter finden, Das erfolgreiche Einstellungsgespräch, Zürich und Wiesbaden 1996

Einwandbehandlung

Was ist eine Einwandbehandlung?

Die Einwandbehandlung ist eine Methode, die einer Führungskraft helfen kann, Widerständen zu begegnen, die während einer Verhandlungssituation auftreten. Im Grunde ist die Einwandbehandlung in jeder Verhandlungssituation sinnvoll. Sie läßt sich bei der ***Moderation*** von ***Besprechungen*** ebenso gut einsetzen wie in einem Verkaufsgespräch. Auch in den meisten ***Mitarbeitergesprächen***, beispielsweise bei einer ***Beurteilung***, in einem ***Korrekturgespräch*** oder ***Gehaltsgespräch***, muß man ebenfalls mit möglichen Einwänden der Mitarbeiter umgehen können. Darüber hinaus ist die Kenntnis der Einwandbehandlung beim ***Konfliktmanagement***, bei der ***Planung***, bei einer ***Zielvereinbarung*** oder bei der Durchführung von ***Kontrollen*** von Vorteil.

Wie funktioniert die Einwandbehandlung?

Eine Einwandbehandlung verlangt von der Führungskraft, daß sie in Gesprächssituationen aktiv zuhört, um die Einwände der Mitarbeiter zu erkennen und darauf reagieren zu können. Das setzt ebenfalls eine innere Distanz zu dem Thema, das gerade be- oder verhandelt wird, voraus. Denn jeder Mensch neigt dazu, bestimmte Dinge nicht hören zu wollen, sobald er mit dem Herzen bei der Sache ist.

Um Widerständen in einer Verhandlung begegnen zu können, muß man sich zunächst bewußt machen, welche Arten von Widerständen es gibt. Denn erst wenn man weiß, um welche Art von Widerstand es sich handelt, kann man optimal darauf reagieren. Es lassen sich drei Arten von Widerstandstypen unterscheiden:

Einwand

Ein echter Einwand läßt sich daran erkennen, daß er rational und wertungsfrei begründet ist. Wenn also der Produktionsleiter bei der exakten Zeitplanung für die Fertigstellung eines Produktes einwirft: »Der Termin Anfang März ist unrealistisch, denn wir bekommen die Rohstoffe erst in der letzten Februarwoche geliefert«, so handelt es sich um einen klar begründeten Einwand.

Auf Einwände muß man sofort konstruktiv eingehen. Sie dürfen niemals nach hinten geschoben werden, da sie das Ergebnis einer Besprechung entscheidend mitbestimmen. In dem Fall der Produktfertigstellung muß man also herausfinden, was man tun kann, um die Rohstoffe vielleicht doch früher geliefert zu bekommen – oder auf welchen Termin sich die Fertigstellung verschieben läßt. Ein Einwand muß beantwortet werden, man darf ihm nicht entgegnen. Die Formulierung »Ja, aber ...« hilft nicht weiter. Wichtig beim Eingehen auf Einwände ist die Zieldefinition. Die Fragestellung sollte deshalb immer lauten: »Was können wir tun, damit ...?« Um zu einer befriedigenden Lösung zu kommen, sollten Fragen grundsätzlich zukunftsorientiert gestellt werden.

Ausrede

Kennzeichen einer Ausrede ist Unsachlichkeit. Wenn der Produktionsleiter also den Termin Anfang März mit den Worten abtut: »Das bekommen wir nie hin. Unsere Terminierung klappt doch sowieso nie«, so geht seine Antwort klar am Thema vorbei. Denn die Terminierung in dem Betrieb ist nicht Gegenstand der eigentlichen Diskussion, sondern nur ein vorgeschobener Grund. Mit dem eigentlichen Thema, nämlich der Frage nach Fertigstellungstermin, hat diese »Scheinbegründung« gar nichts zu tun.

Hat man Ausreden einmal erkannt, geht man darauf am besten nicht weiter ein. Wenn der Produktionsleiter keine Möglichkeit sieht, Anfang März das Produkt fertiggestellt zu haben – sei es, weil er seine zwei Wochen Urlaub Ende Februar nicht aufgeben möchte oder einfach den Marketingchef nicht leiden kann – so wird man ihn in der gerade stattfindenden Besprechung kaum vom Gegenteil überzeugen können. Man sollte sich keinesfalls an dieser Stelle in eine Grundsatzdiskussion über den Sinn oder Unsinn von Terminierungen einlassen. Auch in einer solchen Situation ist wieder die Ziel- und Zukunftsorientierung wichtig. Man muß versuchen, trotz der Widerstände des Produktionsleiters zu einem Ergebnis zu kommen. In diesem Fall wäre die Frage nach seiner Einschätzung eines realistischen Termins angebracht: »Und wann sind wir Ihrer Meinung nach in der Lage, das Produkt liefern zu können?«

Vorwand

Einen Vorwand erkennt man daran, daß er als Behauptung formuliert wird. Ein Vorwand ist nicht begründet. Schießt der Produktionsleiter auf die Frage nach dem Fertigstellungstermin also nur das Statement: »Das geht nicht« ab, so kann das durchaus ein Einwand sein, der sich klar begründen läßt. Es kann sich dabei aber genausogut um einen Vorwand handeln. Bei Vorwänden gilt es, durch geschickte Fragen herauszufinden, ob es sich um einen begründeten Einwand oder eine Ausrede handelt. Man sollte in diesem Fall niemals nach dem »warum« fragen, obwohl es im ersten Moment einleuchtend erscheint. Falls es sich bei dem Vorwand um eine Ausrede handeln sollte, so treibt man den anderen mit dieser Frage in die Enge. Das hat zur Folge, daß er vollständig blockiert. Besser ist es auch in dieser Situation, konstruktiv und zukunftsorientiert zu denken, die Frage positiv zu formulieren und dabei das Wörtchen »nicht« einfach nicht aufzugreifen: »Welche Voraussetzungen müssen geschaffen werden, damit es geht?«

Regeln zur Einwandbehandlung

- Man muß lernen, Einwände, Vorwände und Ausreden voneinander zu unterscheiden, um eine Schlüssellösung finden zu können. Es ist wichtig, den echten Hintergrund für den Widerstand zu erfahren.
- Es hilft bei der Vorbereitung von Verhandlungen, mögliche Einwände einzukalkulieren und sich darauf vorzubereiten.
- Man sollte den Partner oder die anderen Teilnehmer sprechen lassen und aktiv zuhören (***aktives Zuhören***).
- Jeder muß ausreden können. In keinem Fall darf man anderen das Wort abschneiden.
- Die Argumentation der Gesprächspartner muß anerkannt werden, auch wenn man selbst nicht der gleichen Meinung ist.

- Bei der Behandlung von Einwänden ist Ruhe zu bewahren. Streit ist meist kein Weg zu einer zufriedenstellenden Lösung.
- Einwände sollten möglichst in Fragen verwandelt werden.
- Vorteile und Nachteile sollten sorgfältig gegeneinander abgewogen werden. Dabei läßt sich die Plus-Minus-Methode anwenden, in der man Vorteile und Nachteile tabellarisch gegenüberstellt. Bei größeren Gruppen empfiehlt sich zum ***Visualisieren*** die Verwendung eines Flipcharts.
- Soweit es möglich ist, sollte man versuchen, aus einem bemängelten Nachteil einen Vorteil zu machen: Aus einem Minus kann somit ein Plus werden.
- Nachteile, die offensichtlich sind oder eine Diskussion nicht lohnen, müssen zugegeben werden. Anschließend sollte man zu einem Punkt übergehen, den der Partner oder die anderen Teilnehmer als positiv empfinden. So kann man die positive Grundstimmung wiederherstellen und Blockaden vermeiden.

Einwandbehandlung hilft dabei, mit Widerständen konstruktiv umzugehen. Gespräche fahren sich nicht fest, sondern können in Fluß gehalten werden. Einwandbehandlung hilft ebenfalls dabei, die Hintergründe für die Widerstände der Gesprächspartner zu erkennen. Diskussionen können damit lösungsorientiert und auf der Sachebene geführt werden (***vier Ebenen einer Nachricht***).

Welche Risiken und Gefahren beinhaltet die Einwandbehandlung?

- Allzu häufiges Einsetzen der Einwandbehandlung birgt die Gefahr, daß die anderen Gesprächsteilnehmer das Gefühl bekommen, sie würden manipuliert. Die Folge davon ist meist Verärgerung und Blockade.
- Durch starkes Eingehen und Hinterfragen der Ausreden kann ein Gesprächsteilnehmer in die Enge getrieben werden. Er wird dann ebenfalls mit Verärgerung und Blockade reagieren.
- Gegen die Aussage oder das Denken »Ich will aber nicht!«, kommt man auch durch die Einwandbehandlung nicht an.

Literaturtip

Tschauder, Gunter: Training Verkauf, Von Null auf Hundert in sieben Lektionen, Düsseldorf, Regensburg 1997

Mayer, Robert: Der Verhandlungskünstler, Wien, Frankfurt a. M. 1998

Emotionale Intelligenz

Was ist emotionale Intelligenz?

Es gibt zwei Formen von Intelligenz: die rationale und die emotionale. Rationale Intelligenz allein ist kein Kriterium für Erfolg. So können rational intelligente Personen im Umgang mit ihren Mitmenschen scheitern. Emotionale Intelligenz ist die Fähigkeit, seine Gefühle zu beherrschen und sie strategisch einzusetzen (***Frauen in der Führung***).

Der Ausdruck emotionale Intelligenz beschreibt den Umgang mit den emotionalen Fähigkeiten. So ist es zu erklären, daß Menschen mit ähnlichen intellektuellen Fähigkeiten und Chancen völlig unterschiedliche Lebensläufe haben. Die emotionale Intelligenz trägt dem Umstand Rechnung, daß die meßbare Intelligenz nicht die einzige, sondern nur die einzig meßbare Form der Intelligenz ist. Es werden bis zu zwanzig unterschiedliche Arten von Intelligenz beschrieben. Emotionale Intelligenz behandelt dabei den Umgang mit unseren Gefühlen.

Fünf Kriterien sind in Zusammenhang mit der emotionalen Intelligenz wichtig. Dazu zählen:

1. *Das Erkennen der eigenen Emotionen:* Dadurch wird erst eine richtige Selbstwahrnehmung ermöglicht.
2. *Die Handhabung der Emotionen:* Sie zielt auf die Fähigkeit, seine Gefühle zu kontrollieren, aber nicht zu unterdrücken.
3. *Die Umsetzung der Emotionen:* Sie ermöglicht, Emotionen einzusetzen, damit ein Ziel erreicht wird.
4. *Empathie:* Sie befähigt dazu, sich in andere Menschen einzufühlen.
5. *Der souveräne Umgang mit Beziehungen:* Er ist Zeichen für ***soziale Kompetenz***.

Eine Schlüsselrolle bei der emotionalen Intelligenz spielt – als Grundlage von Wille und Charakter – die Selbstbeherrschung, also die Fähigkeit, mit Handlungsimpulsen umzugehen.

Was bedeutet emotionale Intelligenz in der Führung?

Emotionale Intelligenz ist lernbar. Es gibt sogar einen Lehrplan dafür, das sogenannte Self Science Curriculum; dieser Plan umfaßt folgende Punkte:

- *Selbstwahrnehmung:* Sie erfordert, sich selbst zu beobachten und die eigenen Gefühle zu erkennen, ein Vokabular für Gefühle zu entwickeln und den Zusammenhang zwischen Gedanken, Gefühlen und Reaktionen zu erkennen (***Selbstbild-/Fremdbild-Analyse***).
- *Treffen persönlicher Entscheidungen:* Das eigene Handeln wird durchdacht, und die Folgen werden berücksichtigt. Daraufhin erkennt man, ob eine ***Entscheidung*** vom Denken oder vom Gefühl bestimmt ist.
- *Umgang mit Gefühlen:* In einem »Selbstgespräch« sollte man seine Gefühle auf negative Botschaften, wie etwa stumme Kränkungen, überprüfen. Dadurch erkennt man, was wirklich hinter dem jeweiligen Gefühl steckt, und Wege zur Bewältigung von Angst, Trauer und Wut werden aufgezeigt (***Bewußtes/Unbewußtes***).
- *Abbau von Streß:* Um Streß abzubauen, hilft oft körperliche Bewegung, oder man erlernt gezielte Entspannungsmethoden.
- *Empathie:* Um die Gefühle und Sorgen anderer verstehen und sich in sie hineinversetzen zu können, sollte man zunächst lernen, abweichende Ansichten anderer anzuerkennen.
- *Kommunikation:* Um erfolgreich über Gefühle sprechen zu können, muß man ein guter Zuhörer (***aktiv Zuhören***) und Fragesteller werden. Man muß unterscheiden können zwischen dem, was einer sagt und tut, und den eigenen Reaktionen und Urteilen darüber. Statt Vorwürfen sollte man lieber »Ich«-Botschaften senden.
- *Sich offenbaren:* Offenheit ist die Basis jeder Beziehung. Offenheit zu zeigen und zu schätzen fördert das Vertrauen zueinander. Man muß wissen, wann man es wagen kann, von seinen persönlichen Empfindungen zu sprechen.
- *Einsicht:* Man sollte lernen, bestimmte Muster anhand von Reaktionen im eigenen Gefühlsleben und bei anderen zu erkennen.
- *Selbstakzeptanz:* Sich selbst zu akzeptieren und stolz auf sich zu sein, führt dazu, sich in einem grundsätzlich positiven Licht zu sehen. Man weiß um seine Stärken und Schwächen, erkennt sie an und kann über sich selbst lachen (***Selbstwertgefühl***).
- *Persönliche Verantwortung:* Man übernimmt Verantwortung für sich selbst, die Folgen der eigenen Entscheidungen und Handlungen. Man akzeptiert seine Gefühle und Stimmungen und hält Verpflichtungen ein.
- *Selbstsicherheit:* Man spricht seine Anliegen und Gefühle ohne Zorn oder Passivität aus.
- *Gruppendynamik:* Die Kooperation mit anderen wird anerkannt. Man weiß, wann und wie man die Führung übernehmen und wann man sich unterordnen soll.

- *Konfliktlösung:* Man setzt sich mit anderen fair auseinander und sorgt dafür, daß beim Aushandeln eines Kompromisses beide Seiten gewinnen (***Gewinner-Gewinner-Modell, Konfliktmanagement***).

Emotionale Intelligenz ist jedoch nicht nur für den einzelnen wichtig, sie steigert vielmehr auch die Fähigkeit zur ***Teamarbeit*** und die ***Motivation*** durch:

Soziale Kompetenz

Vier Fähigkeiten werden der emotionalen Intelligenz zugeordnet und bilden in der Gesamtheit die Grundlage höchster ***sozialer Kompetenz***:

- Gruppen zu organisieren und zu leiten bildet die entscheidende Fähigkeit des Führens.
- Lösungen auszuhandeln und durch emotional geschicktes Verhalten systematisch Konflikte zu verhindern zeichnet einen talentierten Vermittler aus.
- Die Herstellung von Beziehungen wird erst durch persönliche Verbindlichkeit möglich. Der gekonnte Umgang mit anderen wird dazu verwendet, Menschen zusammenzubringen.
- Um soziale Strukturen zu verstehen, muß die Fähigkeit da sein, Gefühle, Motive und Anliegen anderer zu verstehen, sie in sich selbst nachzuvollziehen und zu erfühlen.

Gruppenintelligenz

Neben der Emotionalen Intelligenz des einzelnen gibt es eine emotionale Gruppenintelligenz. Hier zeigt sich die emotionale Fähigkeit in der Gruppe. Beispielsweise das Ausmaß, in dem die Gruppenmitglieder fähig waren, einen Zustand innerer Harmonie zu erzeugen, um sich das ganze Talent der Gruppenmitarbeiter zunutze zu machen. Unternehmen, die erfolgreich sein möchten, täten gut daran, auch hier ihre Emotionale Intelligenz zu steigern (***Gruppenarbeit/Teamarbeit***).

Flow

Eine wesentliche Fähigkeit der Emotionalen Intelligenz ist es, Emotionen in den Dienst eines Ziels zu stellen. Die Mobilisierung von Gefühlen der Begeisterung, des Eifers und der Zuversicht, wenn man Großes erreichen will, ist von enormer Bedeutung. Als Flow bezeichnet man ein Gefühl spontaner

Freude, Verzückung, das Aufgehen in seiner Tätigkeit. Er trägt erheblich zur Selbstmotivation bei. Der Grund ist leicht zu erkennen. Der Zustand des »Fließens« trägt – durch das gute Gefühl dabei – den Lohn schon in sich. Die Aufmerksamkeit wird dermaßen konzentriert, daß man nur noch den eingegrenzten Wahrnehmungsbereich erlebt, der mit der ausgeübten Tätigkeit zusammenhängt. Zeit und Raum werden vergessen.

Risiken und Gefahren der emotionalen Intelligenz?

Gefahren bestehen nur darin, emotionale Intelligenz nicht anzuerkennen und zu würdigen oder rationale Intelligenz als wertvoller anzusehen. Nur das Zusammenspiel der verschiedenen Formen von Intelligenz führt langfristig zum Erfolg.

Literaturtip

Goleman, Daniel: Emotionale Intelligenz, München 1997

Empowerment

Was ist Empowerment?

Der Begriff Empowerment bezeichnet einen Umgestaltungsprozeß im Unternehmen, in dessen Verlauf den Mitarbeitern mehr Spielraum oder Macht gegeben wird. Dies dient dazu, daß sie ihre Tätigkeit selbst gestalten können und auch die Verantwortung dafür übernehmen. Empowerment bedeutet, die Mitarbeiter dazu zu bewegen, ihre Fähigkeiten im Interesse des Unternehmens, seiner Kunden und letztlich auch in ihrem eigenen Interesse einzusetzen (***organisches Management***).

Empowerment gibt dem einzelnen Mitarbeiter mehr Raum zur Entfaltung seiner Fähigkeiten. Es versetzt den Mitarbeiter in die Lage, selbstverantwortlich zu handeln und erheblichen Einfluß auf Entscheidungen zu nehmen (***Selbstverantwortung***). Das Konzept des Empowerment beruht auf der Überzeugung, daß jeder Mitarbeiter die Kompetenz zu wichtigen ***Entscheidungen*** besitzt.

Die Voraussetzung dafür, den Mitarbeitern mehr Entscheidungsfreiheit und Handlungsspielraum einzuräumen, setzt ein Umdenken sowohl bei den

Führungskräften als auch den Mitarbeitern voraus. Die Grundlagen, auf denen Empowerment entwickelt werden kann, sind großes Vertrauen und der Willen zum Teamwork (***Teamentwicklung***).

Eine solcherart »ermächtigte Organisation«, wie man den Begriff Empowerment übersetzen könnte, zieht den größtmöglichen Nutzen aus den Fähigkeiten und der Begeisterung ihrer Mitarbeiter. Damit unterscheidet sie sich grundlegend von den üblichen hierarchischen Organisationsformen (***Hierarchie***), die im wesentlichen auf die Autorität ihrer Führungskräfte bauen.

Wozu ist Empowerment in der Führung gut?

- Führungskräfte ermächtigen die Mitglieder ihrer Teams nicht dadurch, daß sie jede Form der ***Kontrolle*** aufgeben. Sie ändern lediglich die Art der Kontrolle. Die Kontrolle wird zum Teil einer gemeinsamen Vereinbarung zwischen der Führungskraft und dem Mitarbeiter (***Zielvereinbarung***). Den einzelnen Mitarbeitern und Teams muß bei ***Planung***, ***Delegation***, Durchführung und Überwachung ihrer eigenen Tätigkeit ein größerer Spielraum eingeräumt werden.
- Demnach haben Führungskräfte weiterhin die Pflicht, ihren Mitarbeitern die erforderliche Anleitung und Unterstützung zukommen zu lassen, beispielsweise durch ***Counselling***. Sie müssen ihnen auch helfen, die benötigten Fähigkeiten und Kompetenzen wie zum Beispiel Kreativität und Eigenverantwortlichkeit zu entwickeln. Eventuell sollten dafür ***Weiterbildungs***maßnahmen wie Schulungen, ***Coaching*** oder ***Training*** durchgeführt werden.
- Die Arbeitsteams erhalten nicht länger Befehle, die durch die ***Hierarchie*** nach unten durchsickern – also vom Manager über den Abteilungsleiter und die Aufsichtsperson zum Arbeiter. Statt dessen konfrontiert man die einzelnen Arbeitsteams mit Fragen und Herausforderungen, auf die sie in Eigenregie Antworten finden müssen. Ziele werden nicht länger vorgegeben (***Zielsetzung***). Statt dessen herrscht eine Politik der kontinuierlichen Verbesserung. Die Führungskräfte erwarten von ihren Mitarbeitern, daß sie schriftliche Aufzeichnungen über ihre eigenen Leistungen oder die ihres Teams führen. Die Leistungskurve sollte dabei grundsätzlich eine Aufwärtsentwicklung zeigen, kurzfristige Sprünge nach oben oder unten werden dabei natürlich toleriert.
- Stark hierarchische Strukturen haben die Tendenz, den Informationsfluß in beide Richtungen zu hemmen (***interne Kommunikation***). Die

Struktur einer Organisation, die auf Empowerment setzt, ist eher flach angelegt. Sie kommt mit sehr wenigen Managementebenen aus (***Lean Management***). Die Kommunikationswege werden dadurch deutlich verkürzt. Damit soll auch in niedrigeren Positionen die Bereitschaft verbessert werden, Entscheidungen zu treffen.

Welche Risiken und Gefahren beinhaltet Empowerment?

- Eine Verflachung der Hierarchie bedeutet immer einen ***Macht***verlust. Dieser Verlust wird in der Regel nicht von allen Mitarbeitern gleichermaßen mitgetragen. Vor allem die mittlere Managementebene wird sich durch Empowerment übergangen fühlen und diesem deshalb eher kritisch gegenüberstehen oder sogar versuchen, es zu blockieren.
- Viele Mitarbeiter sind es nicht gewohnt, eigene Entscheidungen zu treffen. Deshalb kann es passieren, daß sie anfangs eher ängstlich und unsicher bezüglich ihrer Entscheidungskompetenz sind. Vor allem dann, wenn die Mitarbeiter bislang der Meinung waren, daß ***Fehler*** eher bestraft würden, kann Empowerment blockiert werden. Diese Mitarbeiter müssen bei dem Prozeß besonders unterstützt und gefördert werden.
- Führungskräfte werden plötzlich dazu gezwungen, ihren Mitarbeitern in einem hohen Maß zu vertrauen. Dies ist für einige Manager eine neue Erfahrung, mit der sie Schwierigkeiten haben können. Hier könnten ***Weiterbildung***smaßnahmen angebracht sein.
- ***Kontrolle*** darf nicht länger als Repressionsmaßnahme angesehen werden. Viel eher sollte sie als Chance zum Erkennnen von eigenen Fehlern und somit als eine Art Dienstleistung gelten.
- Das Übertragen von Entscheidungskompetenz auf den einzelnen Mitarbeiter kann zur Folge haben, daß generell weniger miteinander geredet wird. Deshalb müssen klare Absprachen darüber getroffen werden, wann der Vorgesetzte angesprochen werden kann oder soll.
- Empowerment kann möglicherweise zu einem Abnehmen der Konfliktfähigkeit und Streitkultur führen, da jeder nur noch mit den ihm übertragenen Aufgaben beschäftigt ist. Damit lassen sich Fehler, die Auswirkungen auf mehrere Teammitglieder haben, schwieriger handhaben (***Konfliktmanagement***).

Tip

Verstärken Sie bei der Einführung von Empowerment vor allem die Aus- und ***Weiterbildungs***maßnahmen für alle Ihre Mitarbeiter!

Literaturtip

Süßmuth-Dyckerhoff, Dr. Claudia: Intrapreneuring, Ein Ansatz zur Vitalisierung reifer Großunternehmen, Bern, Stuttgart, Wien 1995

Entscheidung

Was ist eine Entscheidung?

Eine Entscheidung ist der Prozeß, unter Berücksichtigung möglichst aller Rahmenbedingungen zukünftige Vorgehensweisen zu definieren. Eine Entscheidung ist immer dann zu treffen, wenn mehrere Möglichkeiten zur Auswahl stehen. Entscheiden heißt, daß man sich aus mehreren Alternativen eine Möglichkeiten aussucht, die zur Lösung einer Aufgabenstellung geeignet ist. Im Idealfall trifft man dabei die richtige Auswahl und entscheidet sich für die beste Lösungsmöglichkeit.

Wie entscheidet man?

Entscheiden kann man auf unterschiedliche Weise:

- Autoritäre Entscheidung durch den Vorgesetzten ohne Rücksprache mit den Mitarbeitern (***Autorität***).
- Autoritäre Entscheidung durch den Vorgesetzten nach Einholung von Informationen bei den Mitarbeitern, ohne daß diesen mitgeteilt wird, warum welche Entscheidung letztendlich getroffen wurde (***Autorität***).
- Konsultative Entscheidung nach Beratung durch einzelne Mitarbeiter.
- Konsultative Entscheidung nach Beratung des Entscheidungsprozesses durch die ganze Gruppe. Die Mitarbeiter werden dabei darüber informiert, warum welche Entscheidung getroffen wurde (***interne Kommunikation***, kooperativer ***Führungsstil***).

- Entscheidungen werden gemeinsam mit den Mitarbeitern getroffen (***Mitarbeiterbeteiligung***).

Eine Führungskraft muß erkennen können, in welcher Situation welche Art von Entscheidungsverhalten adäquat ist. Entscheidungen müssen immer termingerecht, klar und verbindlich gefällt werden. Sie sollten nicht willkürlich, sondern jederzeit begründbar sein.

Was den Prozeß des Entscheidens betrifft, existieren nach wie vor viele Irrtümer in den Köpfen der Führungskräfte. Die häufigsten Fehler, die Entscheidungsprozesse blockieren oder beim Entscheiden gemacht werden, sind folgende Annahmen:

- *Das Problem sei immer klar:* Bevor man Entscheidungen im Unternehmen trifft, sollte man sich zuerst mit dem zu entscheidenden Sachverhalt auseinandersetzen und ihn genau analysieren. Probleme sind keinesfalls immer allen Beteiligten klar. Ziel der Analyse ist es, sich vor der Entscheidung einen möglichst vollständigen Informationsstand zu verschaffen.
- *Partizipation sei wichtig:* Es ist nicht immer notwendig, die Mitarbeiter an allen Entscheidungsprozessen zu beteiligen. Handelt es sich um sehr komplexe Entscheidungen, so besteht die Gefahr, daß die Mitarbeiter überfordert werden. Und bei kritischen Entscheidungen, beispielsweise zum Thema ***Personalabbau***, könnte der Vorgesetzte durch Partizipation sogar ***Angst*** verbreiten.
- *Konsens sei wichtig:* Wirklich wichtig bei Entscheidungsprozessen ist nicht Konsens, sondern Dissens. Denn wirklich tragfähige Entscheidungen kommen nur dadurch zustande, daß verschiedene Alternativen – wenn nötig auch heftig – ausdiskutiert werden. Nur so kann man mögliche Gefahren der einzelnen Alternativen erkennen. Wichtig ist dabei, daß Diskussionen offen geführt werden. Sie sollten nicht durch ***Macht***ansprüche oder Kompetenzrangeleien beeinflußt werden.
- *Es gäbe zu wenig Alternativen:* Das Vorhandensein vieler Alternativen muß eine Entscheidung nicht notwendigerweise erleichtern. Die Anzahl der Alternativen sagt auch nichts über die Qualität der endgültigen Entscheidung aus. Im Gegenteil: Je weniger Alternativen zur Verfügung stehen, desto höher ist – zumindest rechnerisch gesehen – die Trefferquote, die richtige Entscheidung zu treffen.
- *Die Entscheidung als solche sei wichtig:* Ein Fehler, der häufig gemacht wird, ist, daß in den Entscheidungsprozeß als solchen zu viele Energien gesteckt werden, so daß für die anschließende Umsetzung oftmals nicht mehr

genug Energiereserven übrig bleiben. Man glaubt, der Hauptteil der Arbeit sei nun getan. Diese Annahme ist jedoch falsch. Die Entscheidung als solche ist nicht das Wichtigste. Das Wichtigste an einer Entscheidung ist die nun folgende Realisierung.

- *Nur wer viele Entscheidungen treffe, sei ein guter Manager:* Das genaue Gegenteil ist der Fall: Gute Manager treffen wenige, dafür aber konsequent durchdachte Entscheidungen.

Entscheidungsprozesse sollten in folgende Schritte gegliedert werden:

1. *Analyse:* Man muß sich bewußt machen, worum es bei der Entscheidung wirklich geht. Dabei beginnt man nicht damit, die Fakten zu ordnen, sondern erst einmal die Meinung der Mitarbeiter, Kunden oder Kollegen zu bestimmten Fakten zu sammeln. Das Einsetzen von mehreren, verschiedenen Arbeitsgruppen kann daher bei der Problemerfassung sinnvoll sein. Am Abschluß dieser Situationsanalyse sollte eine Klassifizierung des Problems stehen: Handelt es sich um ein grundsätzliches Problem, dessen Lösung Änderungen von Regeln, Prinzipien oder Organisationsstrukturen erfordert? Oder handelt es sich um einen Einzelfall, der sich relativ schnell und pragmatisch lösen läßt? In dieser Phase ist Partizipation sehr wichtig, um möglichst alle Facetten eines Problems erkennen zu können.
2. *Festlegen der Spezifikation:* Es ist wichtig, genaue Minimalbedingungen festzulegen, unter denen das Treffen einer Entscheidung überhaupt sinnvoll ist. Es müssen Kriterien dafür entwickelt werden, was eine Entscheidung, beispielsweise an Einsparung, Gewinn oder Personalentlastung überhaupt bringen soll, bevor man weitere Schritte im Entscheidungsprozeß einleitet. Der Aufwand muß in einem gesunden Verhältnis zum Nutzen stehen – oder anders ausgedrückt: Es lohnt sich nicht, eine Stunde darüber zu diskutieren, wie man fünf Minuten Arbeit sparen kann.
3. *Suchen nach Alternativen:* Binden Sie Ihre Mitarbeiter auf der Suche nach Alternativen mit ein, getreu dem Motto: Vier Augen sehen mehr als zwei. Man sollte jedoch nur begrenzt nach Alternativen suchen, wenn es darum geht, eine Entscheidung zu treffen. Die Anzahl der Entscheidungen ist nicht maßgebend. Wenn man lange genug sucht, findet man immer noch eine weitere Möglichkeit, wie man sich entscheiden könnte. Oft ist die Suche nach weiteren Alternativen nichts anderes als ein Hinausschieben der eigentlichen Entscheidung. Am besten ist es deshalb, einen zeitlichen Rahmen vorzugeben, innerhalb dessen die Entscheidung getroffen werden soll. Zudem sollte man immer auch den Ist-Zustand als mögliche Alternative betrachten. Die bestehende Situation ist unter Umständen

besser als eine Änderung des Zustandes nur um einer Änderung willen. Mit falschen Entscheidungen kann man Dinge auch »verschlimmbessern«.

4. *Konsequentes Durchdenken der Folgen:* Die Folgen einer Entscheidung müssen genau durchdacht werden. Jede Entscheidung beinhaltet ein Risiko. Die Frage vor einer Entscheidung lautet nicht, wie klein das einzugehende Risiko rechnerisch ist, sondern ob man es sich leisten kann, das Risiko einzugehen – oder eben nicht.
5. *Bestimmung der Grenzbedingungen:* Abschließend sollten die Voraussetzungen festgelegt werden, unter denen man sich für eine bestimmte Sache entscheidet. Wenn nötig, sind in diesem Schritt noch letzte Informationen einzuholen, von denen die endgültige Entscheidung abhängen kann. Man sollte auch einkalkulieren, daß man möglicherweise eine Fehlentscheidung trifft. Für diesen Fall müssen Kriterien zur ***Kontrolle*** der eingeleiteten Maßnahmen entwickelt werden. Man sollte sich jetzt schon überlegen, welche Faktoren anzeigen, daß man sich getäuscht hat. Sollten diese Umstände dann wirklich eintreten, ist es wichtig, den bisherigen Plan fallenzulassen und eine neue Entscheidung zu treffen.
6. *Entschluß:* Man entscheidet. In diesem Schritt ist es durchaus empfehlenswert, neben dem Abwägen der Fakten auch auf die eigene, innere Stimme zu hören. Die Intuition darf jedoch nicht dazu führen, die Tatsachen außer acht zu lassen.
7. *Aktionsprogramm:* Dieser letzte Schritt wird bei Entscheidungen gern vergessen. Er ist jedoch ein integraler Bestandteil jedes Entscheidungsprozesses: In einem Aktionsprogramm wird festgelegt, welche Maßnahmen in die Wege geleitet werden und wer was bis wann tut. Termine sollten dabei möglichst knapp gesetzt werden. Ein solches Aktionsprogramm sollte immer schriftlich fixiert werden. Es kann somit jedem, der an der Beschlußfassung teilgenommen hat, als Protokoll und Arbeitsanweisung dienen. Außerdem läßt es sich als Vorlage für die nächste Besprechung benutzen, in der man die Wirkung und den Fortschritt der eingeleiteten Maßnahmen überprüft.

Bei schwierigen und komplexen Entscheidungsprozessen sollten mehrere Führungskräfte sowie alle sachverständigen Mitarbeiter zur Entscheidungsfindung herangezogen werden. Die Aufgabe einer Führungskraft ist es hierbei insbesondere, Einzelentscheidungen aus verschiedenen Tätigkeitsbereichen im Hinblick auf Gesamtziele und bereichsübergreifende ***Zielsetzungen*** zu koordinieren.

Entscheidungen und die zugehörigen Entscheidungsfindungsprozesse sollten abschließend noch einmal nach drei Kriterien bewertet werden, und zwar in der folgenden Reihenfolge:

1. *Qualität der Entscheidung:* Handelt es sich um die richtige Entscheidung?
2. *Akzeptanz der Entscheidung:* Wird die Entscheidung von allen akzeptiert und mitgetragen?
3. *Ökonomie des Entscheidungsverhaltens:* Stand der geplante Aufwand, der zur Entscheidungsfindung betrieben werden mußte, wie ***Besprechungen*** oder ***Workshops***, im richtigen Verhältnis zur Tragweite der Entscheidung?

Innerhalb des Verantwortungsbereiches ihrer Mitarbeiter sollten Führungskräfte nur dann entscheiden, wenn aus terminlicher oder auch aus sachlicher Sicht eine Ergebniserfüllung gefährdet erscheint. In solchen Fällen sollte sich die Führungskraft mit dem Mitarbeiter abstimmen. Mindestens erforderlich ist, daß die Führungskraft im nachhinein solche Entscheidungen dem Mitarbeiter begründet mitteilt.

Welche Risiken und Gefahren beinhaltet eine Entscheidung?

- Es werden zu schnelle Entscheidungen getroffen. Das kann vor allem bei Personalentscheidungen weitreichende Folgen haben.
- Oftmals wird nicht ausreichend durchdacht, was man an Instruktion, Werkzeug und ***Training*** tatsächlich braucht, um eine Entscheidung auch tätsächlich realisieren zu können.
- Bei der Realisierung von Entscheidungen werden manchmal aus Gründen der Zeit- und Kostenersparnis dringend notwendige Testphasen ausgelassen.
- Die meisten Führungskräfte glauben, nur selbst in der Lage zu sein, Entscheidungen treffen zu können. Eine Führungskraft muß Entscheidungen jedoch auch delegieren können. Sofern es kein Abschieben von ***Verantwortung*** darstellt, können und sollten Entscheidungen an Mitarbeiter übertragen werden (***Delegation***).
- Autoritäre ***Führungsstile*** arbeiten meist mit ***Anweisungen*** und halten Informationen zurück. Kooperative Führungsstile fördern jedoch die ***Selbstverantwortung*** der Mitarbeiter. Sie führen somit zu einer flexiblen Organisation und mehr ***Innovationen***.
- Es besteht die Gefahr, auch mal falsche Entscheidungen zu treffen. In

einem solchen Fall sollte man als Führungskraft zu seinen Fehlern stehen und gemeinsam mit den Mitarbeitern nach Lösungsansätzen suchen.

- Bei manchen Unternehmen stößt man auf ein anderes Phänomen: Führungskräfte entscheiden so gern, daß sie eine Sache immer wieder neu und jedesmal anders entscheiden.

Tip

Man kann sich zwar nicht ewig alle Wege offenlassen, doch man sollte bei Entscheidungen auch darauf achten, sich so wenig Möglichkeiten wie möglich zu verbauen. Eine Sackgasse ist immer auch das Ende eines Weges. Handeln und entscheiden Sie deshalb so, daß Sie nach der Handlung oder Entscheidung noch mehr Möglichkeiten haben als vorher.

Die Delegation von Aufgaben und Verantwortungen beinhaltet zugleich die Kompetenz des Mitarbeiters, innerhalb dieses Rahmens selbständig zu entscheiden. Geben Sie Ihrem Mitarbeiter diese Kompetenz. Unterstützen Sie ihn bei seiner Entscheidungsfindung (***Counselling***). Passen Sie jedoch auf, daß er Entscheidungen nicht aus Angst vor Fehlentscheidungen an Sie zurückdelegiert.

Siehe auch Checkliste

Literaturtip

Simon, Herbert A.: Entscheidungsverhalten in Organisationen, Landsberg am Lech 1981

Erfolgskreislauf

Wie sieht das Modell aus?

Der Erfolgskreislauf funktioniert nach den gleichen Mechanismen wie der ***Mißerfolgskreislauf***. Wenn jemand mit seiner Tätigkeit Erfolg hatte, so stellt sich ein Gefühl der Zufriedenheit ein. Ein Gefühl, das jeder gerne häufiger hat. Glaubt er, daß der Erfolg auf seine Fähigkeiten und sein Handeln zurückzuführen ist, so entsteht die ***Motivation***, erneut Erfolg herbeizuführen und zu haben. Der Betroffene macht sich auf die Suche nach neuen Erfolgswegen, steckt hierin alle seine Energie, denn schließlich hat er ja ein

Erfolgskreislauf

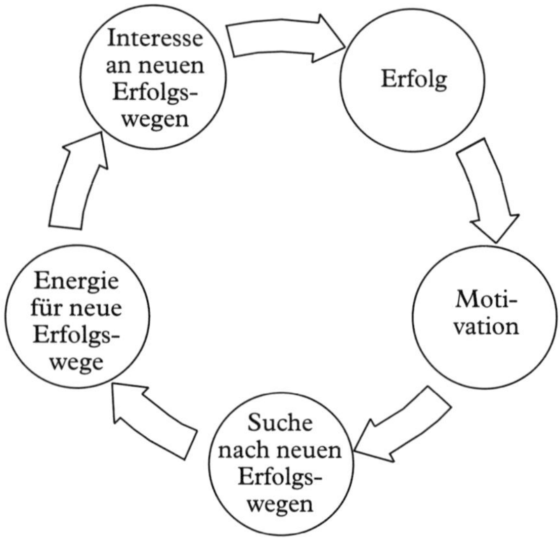

Interesse am Erfolg. Und tatsächlich hat er auf diese Weise große Chancen, ein weiteres Mal Erfolg zu haben. Der Kreislauf schließt sich. Zunächst muß jeder einzelne für sich den Erfolg definieren. Diese Fähigkeit muß erlernt werden (***Theorie X***).

In welchen Situationen ist das Modell hilfreich?

Bei jeder Art von Gespräch sollte man sich diese Mechanismen bewußt machen. Seltsam ist, daß über Erfolg so wenig geredet wird. Wenn jemand gut ist, spricht man nicht darüber. Es wird als selbstverständlich hingenommen. Es werden zu wenig ***Anerkennungsgespräche*** geführt. Dies würde die Motivation der Mitarbeiter erhöhen und zu mehr Erfolg führen. Das Denken in Lösungen und nicht in Problemen löst den Erfolgskreislauf aus, der ein zukunftsorientiertes Handeln möglich macht.

Literaturtip

LeBoeuf, Michael: Das oberste Erfolgsprinzip für Manager, Belohnungsstrategien und Aktionsprogramme zur Steigerung der Motivation, Landsberg am Lech 1990

Ergebniskontrolle

Was ist eine Ergebniskontrolle?

Die Ergebniskontrolle dient dazu, die Arbeitsleistung der Mitarbeiter zu überprüfen und zu beurteilen. Der Vorgesetzte prüft dabei sorgfältig nach, ob der Mitarbeiter eine bestimmte Arbeit oder Aufgabe richtig und erfolgreich ausgeführt hat. So weiß die Führungskraft genau, was seine Mitarbeiter selbständig leisten und wann ein Vorgang abgeschlossen ist. Die Ergebniskontrolle gehört allein in den Aufgabenbereich des Vorgesetzten (***Leistungsmanagement***).

Ergebniskontrollen sind nur dann sinnvoll, wenn der Arbeitsprozeß klar abzugrenzen ist. Bei der täglichen Arbeit in einer Buchhandlung zum Beispiel bewirkt die Ergebniskontrolle wenig – es sei denn, man betrachtet einen abgeschlossenen Monat. Eine fertig entwickelte Lernsoftware läßt sich hingegen ausgezeichnet am Resultat überprüfen. Besteht, wie beim ***Management by Objectives***, eine klare ***Zielvereinbarung*** zwischen Vorgesetztem und Mitarbeitern, so kann dieser die Ziele leicht am Ergebnis überprüfen.

Es müssen aber einige Voraussetzungen beachtet werden, damit Ergebniskontrollen sinnvoll und effektiv sind:

- Es muß ein überprüfbares Ergebnis vorliegen.
- Das Ergebnis muß sich schlüssig präsentieren lassen.
- Der Vorgesetzte muß über das entsprechende Fachwissen verfügen.
- Der Vorgesetzte muß sich auf die Richtigkeit der präsentierten Ergebnisse verlassen können.

Wie geht das?

In der modernen Führungstechnik unterscheidet man zwei Arten der Ergebniskontrolle:

Dienstaufsicht

Durch die Dienstaufsicht erhält der Vorgesetzte Einblick in die Arbeitsweise des Mitarbeiters. Er überzeugt sich lediglich durch Stichproben davon, daß die Arbeit richtig ausgeführt wird. So erhält er einen Überblick über mögliche ***Fehler***quellen und neue Lösungsansätze. Diese können bei der Führung, beim Personal oder in der Produktion zu finden sein. Der turnusmäßige Betriebsrundgang ist dafür ein klassisches Beispiel (***Management by Walking Around***).

Erfolgskontrolle

Sie hat das Ziel, das Endergebnis festzustellen und die Leistung der Mitarbeiter zu bewerten. Dabei können beispielsweise Betriebsabrechnungsbögen, EDV-Ausdrucke, Umsatzstatistiken oder Ausschußzahlen die ***Kontrolle*** erleichtern (***Heimarbeit***).

Auch die Qualität des ***Führungsstils*** kann beim Mitarbeiter kontrolliert werden. Das ***Betriebsklima*** in der betreffenden Abteilung gibt dazu wertvolle Hinweise, etwa in Form von ***Fehlzeiten***, Fluktuation, Informationsverhalten (***interne Kommunikation***), Gründe für eine ***Kündigung***. Insbesondere ein ***Feedback-Gespräch*** kann wichtige Informationen liefern, wenn die Aussagen sorgfältig bewertet werden.

Die Ergebniskontrolle entlastet die Führungskräfte bei ihrer täglichen Arbeit. So können sie sich auf ihre eigentlichen Aufgaben konzentrieren und müssen nicht permanent mit jedem Vorgang eines Arbeitsablaufes vertraut sein. Eine wichtige Voraussetzung ist allerdings ein hohes Vertrauen in die Fähigkeiten der Mitarbeiter. Nur wenn die Führungskraft den Mitarbeitern einen relativ großen Handlungsspielraum läßt, trägt die Ergebniskontrolle Früchte. Eine sehr hohe ***Selbstverantwortung*** des Mitarbeiters ist daher wichtig. Die Ergebniskontrolle kontrolliert somit noch einmal die Selbstkontrolle der Mitarbeiter.

Welche Risiken beinhaltet Ergebniskontrolle?

- *Übertriebene Kontrolle:* Unsichere Vorgesetzte neigen dazu, alles und jeden zu kontrollieren, und – was fast noch schlimmer ist – sie verlangen dies auch von den Führungskräften der untergeordneten Ebene. Dabei entspringt diese Einstellung nur ihrem persönlichen Drang nach Sicherheit oder einem pathologischen Mißtrauen. Dieses Verhalten demotiviert die Mitarbeiter, ist unwirtschaftlich und auf lange Sicht kontraproduktiv. Die wichtigste Voraussetzung dafür, zu weitgehende Kontrollen zu vermeiden, ist die Förderung eines persönlichen Verantwortungsbewußtseins bei allen Mitarbeitern.
- *Verspätete Kontrolle:* Eine entscheidende Gefahr trägt die Ergebniskontrolle ihrem Wesen nach bereits in sich: Wird nur das Endergebnis überprüft, so besteht die Möglichkeit, daß es fehlerhaft und nicht mehr zu korrigieren ist. Notwendige Änderungen können nicht mehr ergriffen werden. Deshalb sind in den meisten Unternehmen heutzutage Zwi-

schenkontrollen allgemein üblich. Nur auf die Ergebniskontrolle zu setzen, erscheint als veraltete Methode in unserer schnellebigen Zeit.

Siehe auch Checkliste

Literaturtip

Sallwey, Dieter: Der Weg zur Qualität, Prinzipien und Methoden zur Verwirklichung von TQM, Offenbach 1996

Feedback-Gespräch

Was ist ein Feedback-Gespräch?

Bei einem Feedback-Gespräch befindet sich der Vorgesetzte in einer außergewöhnlichen Rolle. Er will durch ein Gespräch mit einem Mitarbeiter möglichst genau erfahren, wie dieser die Führungskraft und ihren ***Führungsstil*** beurteilt. In dem Gespräch beurteilt also einmal nicht die Führungskraft den Mitarbeiter, sondern umgekehrt: Der Vorgesetzte erwartet ein Feedback über sein Verhalten im Umgang mit dem jeweiligen Mitarbeiter (***Transaktionsanalyse***). Bestandteile des Gesprächs sollten unbedingt die Punkte Führungsqualität, Mitbestimmung und klare Zielvorgaben sein (***Fragetechniken***, ***Gesprächsführungstechniken***).

Ein Feedback-Gespräch ist am besten nach einem ***Beurteilungsgespräch*** mit dem Mitarbeiter zu führen. Nach seiner eigenen Beurteilung ist der Mitarbeiter am ehesten bereit, selbst offene und ehrliche Kritik zu äußern. Wenn der Mitarbeiter gelernt hat, Kritik und Anerkennung sachlich zu äußern, und weiß, daß auch negative Bemerkungen nicht sanktioniert werden, ist ein Feedback-Gespräch sinnvoll (***Selbstbild-/Fremdbildanalyse***, ***Mitarbeiterbefragung***).

Wie geht das?

Für ein Feedback-Gespräch sollten mehrere Voraussetzungen geschaffen werden:

- Es besteht eine hohe Vertrauensbasis zwischen Mitarbeitern und Vorgesetztem.

- Führungskraft und Mitarbeiter sind in der Gesprächsführung geschult (***Gesprächsführungstechniken***, ***Konfliktmanagement***).
- Kritik wird von beiden Parteien als Freundschaftsdienst betrachtet. Vor allem die Mitarbeiter dürfen sich nach dem Gespräch keinesfalls bestraft und vorgeführt fühlen.

Der Vorgesetzte sucht ein offenes Gespräch mit seinem Mitarbeiter. Er sollte dies mindestens einmal im Jahr tun. Dadurch signalisiert die Führungskraft ihren Mitarbeitern, daß sie selbst bereit ist, sich zu verändern. Sie sollte die gewünschte Kritik ruhig aufnehmen und sich in keinem Fall vor dem Mitarbeiter verteidigen. Der Mitarbeiter muß seinerseits lernen, der Führungskraft die Wahrheit zu sagen. Es ist für den Mitarbeiter wesentlich schwieriger, kritische und vor allem ehrliche Rückmeldungen zu geben, als umgekehrt. Deshalb sind Feedback-Gespräche unbedingt nondirektiv zu führen; durch den Einsatz der richtigen Gesprächsführungstechnik kann der Vorgesetzte das Gespräch besser steuern. Wenn der Vorgesetzte das Gespräch gleichzeitig steuern und dabei erfahren will, wie der Mitarbeiter sein Führungsverhalten beurteilt, dann sollte er die folgenden Punkte ansprechen:

- *Einsatz:* Wird der Mitarbeiter entsprechend seiner Kenntnisse, Fähigkeiten und Wünsche eingesetzt?
- ***Delegation:*** Werden dem Mitarbeiter in ausreichendem Maße Aufgaben und Verantwortung übertragen? Erhält er den nötigen Freiraum?
- *Information:* Erhält der Mitarbeiter rechtzeitig alle nötigen Informationen zur Bewältigung seiner Aufgaben? (***interne Kommunikation***)
- *Qualifizierung:* Wird die berufliche ***Weiterbildung*** des Mitarbeiters genügend berücksichtigt?
- *Feedback:* Erhält der Mitarbeiter ausreichend ***Anerkennung*** und sachliche Kritik bei der Bewältigung seiner normalen Aufgaben?
- ***Zielsetzung:*** Werden die vereinbarten Ziele klar genug formuliert und ist die Zusammenarbeit konstruktiv?
- *Unterstützung und* ***Kontrolle:*** Wird der Mitarbeiter in seiner Arbeit ausreichend unterstützt und fühlt er sich ausreichend kontrolliert?
- *Beteiligung:* Wird der Mitarbeiter ausreichend an den Entscheidungsprozessen beteiligt?
- *Rückendeckung:* Erhält der Mitarbeiter genug Rückendeckung?
- *Zusagen:* Werden die Zusagen gegenüber dem Mitarbeiter eingehalten?
- *Zuhören:* Hat der Mitarbeiter das Gefühl, daß ihm gut zugehört wird? (***aktives Zuhören***)

Ein Feedback-Gespräch ist nicht einfach durch ein ***Jahresgespräch*** zu ersetzen. Beim Jahresgepräch geht es um allgemeinere Fragen und eine Beurteilung der Jahresleistung insgesamt. Ein offen und ehrlich geführtes Feedback-Gespräch dagegen hat vor allem den Effekt, daß der Vorgesetzte die besten Grundlagen dazu erhält, daß er sein eigenes Verhalten besser beurteilen kann. Er erhält so wichtige Anregungen, auf welche Art und Weise er seinen ***Führungsstil*** verbessern sollte. Unter Umständen könnten sich durch Feedback-Gespräche etwa Hinweise darauf ergeben, daß bei einer Führungskraft ein ***Coaching*** bedarf besteht. Wichtig hierfür ist allerdings die Einsicht, daß Führen auch in gewisser Weise Dienen heißt (***Dienstleistung in der Führung***).

Welche Risiken beinhaltet ein Feedback-Gespräch?

- Selbst heutzutage kann ein Feedback-Gespräch und damit eine offene Bewertung des Vorgesetzten durch seine Mitarbeiter in streng hierarchisch geführten Unternehmen eine mittelschwere Revolution bedeuten.
- Der Mitarbeiter hat Angst vor den Folgen offener Kritik und redet der Führungskraft deshalb nach dem Munde.

Die mit den Mitarbeitern getroffenen Vereinbarungen werden nicht umgesetzt. Dies kann sich schlecht auf das ***Betriebsklima*** auswirken und zu ***Arbeitsunzufriedenheit*** führen.

Siehe auch Checkliste

Literaturtip

Schulz von Thun, Friedemann: Miteinander reden, Reinbek 1998

Fordismus

Was ist Fordismus?

Henry Ford entwickelte das Prinzip der Arbeitsteilung (***Taylorismus***) weiter und übertrug es auf die rationelle Organisation von Großbetrieben. In seinen Fabriken verfolgte er zwei methodische Ziele: eine genau durchdachte

Arbeitsteilung sowie die Organisation der Arbeitsabfolge nach dem Fließprinzip. Infolgedessen wurde das Montageband für die arbeitsteilige industrielle Massenfertigung eingeführt. Das erste Ford-Automobilwerk, das durch Fließfertigung hergestellt wurde, entstand 1913.

Ford war der erste erfolgreiche Praktiker mechanisierter Massenproduktion. In seinen Fabriken war er aufgrund des allgemein niedrigen Bildungsstandards der Bevölkerung förmlich dazu gezwungen, die auszuführenden Tätigkeiten so einfach wie möglich zu gestalten. Er verwandelte gewissermaßen den Nachteil der Niedrigqualifikation in einen produktiven Vorteil, indem er die Prinzipien der Arbeitsteilung anwandte.

Ford experimentierte damit, die Produktion durch die Einführung von Fließbändern zu erhöhen. Er nutzte das Montageband als Tempomacher für die Arbeiter und konnte so auf die Überwachungsbürokratie verzichten, die bei Taylor notwendig war. In Taylors eigener Musterfabrik Tabor Manufacturing Company mußten 45 Arbeiter von 28 Angestellten angeleitet und überwacht werden. Die Fließbandarbeit unterschied sich von der bisherigen Arbeitsteilung dadurch, daß ein Produktionsabschnitt nicht nur aufgeteilt wurde, sondern außerdem verschiedene Teilabschnitte in der gleichen Zeit bewältigt werden mußten. Der Arbeitstakt mußte also unabhängig vom Inhalt der Arbeit eingehalten werden.

Bei Ford dienten die taylorschen Zeitstudien nicht mehr dazu, die Arbeitsgeschwindigkeit genau zu messen, sondern den Arbeitsrhythmus zu ermitteln. Fords Ziel war es auch, durch die Fließbandarbeit die Entlohnung radikal zu vereinfachen. Anstatt des für den ***Taylorismus*** typischen Akkordlohns wurde nur noch ein fester Zeitlohn bezahlt. Der Fordismus unterschied sich vom verwandten Taylorismus durch folgende Merkmale:

- Die Produkte waren in einem weitaus höheren Maße typisiert.
- Mechanisierung und Fließfertigung hielten Einzug in die Produktion.
- Hohe Löhne und niedrige Preise dienten der Förderung der Nachfrage durch die Stärkung der Kaufkraft.
- Gewerkschaften wurden in den Betrieben verboten.

Wozu ist Fordismus gut?

- Das Fließband legt die zeitliche und sachliche Abfolge der Arbeitsschritte fest.
- Es transportiert die Arbeit direkt an den Ort der Ausführung.

- Die Fließbandfertigung vereinheitlicht die Qualität der Erzeugnisse (***Total Quality Management***).
- Der Arbeiter muß sich nur auf den technischen Arbeitsablauf konzentrieren.
- Durch Fließbandfertigung können Arbeitsabläufe rationalisiert werden (***Rationalisierung***).

Ford leistete mit der Einführung der Fließbandarbeit einen maßgeblichen Beitrag zur technischen Weiterentwicklung industrieller Produktionsprozesse. Er legte damit den Grundstein für die spätere Massenfertigung.

Welche Risiken und Gefahren beinhaltet Fordismus?

Heute weiß man, daß die Nachteile dieses Systems seine Vorteile bei weitem überwiegen. Die Risiken und Gefahren des Fordismus entstehen vor allem durch die strikte Trennung von Denken und Handeln. Sie durchziehen alle Bereiche:

- Den Mitarbeitern fehlt die Einsicht in ihr Tun (***Sinnorentierung***).
- Die Mitarbeiter sind nicht motiviert (***Motivation, innere Kündigung***).
- Die Mitarbeiter reagieren auf die Arbeitsentfremdung vermehrt mit Krankheiten (***Fehlzeiten, Gesundheit***).
- Die Fließbandarbeit mit ihrem extremen Zwang zur Ausführung niedrigqualifizierter und repetitiver Tätigkeiten führt zu einer Reihe von Problemen (***Arbeitsunzufriedenheit*** , ***Mobbing***) im Unternehmen.

Wissenschaftler haben in Untersuchungen über die Auswirkungen der Mechanisierung und Arbeitsteilung herausgefunden, daß eine Kombinationslösung mit geringerer Arbeitsteilung zu weniger Fehlzeiten, weniger Unfällen und höheren Leistungen führt.

Fragetechniken

Was sind Fragetechniken?

Fragetechniken sind ein Mittel der mündlichen und schriftlichen Befragung sowie der Gesprächsführung (***Gesprächsführungstechniken***). Unter Fragetechniken versteht man verschiedene Arten, Fragen zu stellen. Je nach Zielsetzung – ob es sich beispielsweise um das Sammeln von Informationen, das Analysieren bestimmter Sachverhalte oder ein Mittel zur Entscheidungsfindung handelt – gibt es dafür geeignete Fragetechniken (***vier Ebenen einer Nachricht***).

Fragetechniken eignen sich vor allem für folgende Situationen:
- bei statistischen Datenerhebungen,
- bei der schriftlichen ***Mitarbeiterbefragung***,
- in jeder Gesprächssituation.

Wie funktionieren Fragetechniken?

Zunächst einmal muß man wissen, daß sich Fragen grundsätzlich in zwei Gruppen einteilen lassen: die Frageformen und die Fragearten.

Frageformen

Man unterscheidet grob zwei Arten von Fragen: die offenen und die geschlossenen Fragen. Diese beiden Frageformen unterscheiden sich durch den Spielraum von Beantwortungsmöglichkeiten, den sie dem Befragten einräumen:
- *Geschlossene Frage:* Auf eine geschlossene Frage kann man entweder mit »ja« oder mit »nein« antworten – mehr Möglichkeiten gibt es in der Regel nicht. Diese Fragen werden durch Verben oder Hilfsverben eingeleitet, beispielsweise »Haben Sie …?«, »Waren Sie …?«, »Können Sie …?«, »Wußten Sie …?«, »Ist es richtig, daß Sie …?« Geschlossene Fragen engen den Gesprächspartner in seinen Reaktionsmöglichkeiten stark ein – auf die Frage »Möchten Sie Kaffee?« kann er zwar »nein« sagen; die Möglichkeit zu erwähnen, daß er gerne ein Glas Wasser hätte, besteht für ihn erst einmal nicht direkt.
- *Offene Frage:* Offene Fragen lassen dem Befragten eine Vielzahl von Beantwortungsmöglichkeiten und schränken ihn in keiner Weise ein. Im Gegensatz zu den geschlossenen Fragen lassen sich offene Fragen nicht mit einem einfachen »ja« oder »nein« beantworten – im Gegenteil. Auf die Frage »Was möchten Sie trinken?« kann der Angesprochene jeden Wunsch äußern, angefangen beim Tee über den Multivitaminsaft bis hin zum Gin Tonic. Durch die Verwendung offener Fragen gibt man seinem Gegenüber bewußt die Möglichkeit zu sagen, was er denkt oder möchte. Offene Fragen werden durch Fragepronomen, sogenannte »W-Wörter« eingeleitet wie »Was, wer, wann, wie, weshalb, wo, warum, welche, wieso, wieviel, …«.

Fragearten

Neben den beiden unterschiedlichen Fragetypen der offenen und der geschlossenen Fragen gibt es zudem verschiedene Fragearten. Die Art der Frage, die man wählt, ist immer von dem Ziel abhängig, das man erreichen möchte:

- *Informationsfrage:* Mit einer Informationsfrage ermittelt man Sachverhalte und auch die Einstellungen des Gesprächspartners: »Mögen Sie Kaffee?«, »Was möchten Sie trinken?«
- *Alternativfrage:* Die Alternativfrage bietet dem Gesprächspartner Antwortmöglichkeiten, die vom Fragenden vorgegeben werden. Durch eine solche Frage kann man den Rahmen der Antwort vorgeben: »Möchten Sie Kaffee oder Tee?« Falls man keinen Saft im Haus hat, sollte man eine solche Alternativfrage der Informationsfrage »Was möchten Sie trinken?« vorziehen.
- *Suggestivfrage:* Die Suggestivfrage legt dem Befragten die Antwort in den Mund. Sie führt den Gefragten noch stärker in die gewünschte Richtung als die Alternativfrage: »Sie haben doch bestimmt auch Lust auf einen Kaffee?« Eine solche Frage ist besonders in den Fällen, in denen man nun wirklich nichts anderes außer Kaffee im Haus hat, sinnvoll. Suggestivfragen werden deshalb meist in Form geschlossener Fragen gestellt.
- *Gegenfrage:* Ein Befragter hat während einer Befragung die Möglichkeit, mit einer Gegenfrage zu antworten und damit die Initiative zurückzugewinnen. Auf die Frage nach dem Kaffee könnte eine solche Gegenfrage beispielsweise lauten: »Haben Sie auch Tee?« Gegenfragen sind auch ein gutes Mittel, sich vor Angriffen zu schützen. Fragt der Vorgesetzte beispielsweise »Meier, warum sind Sie immer noch nicht fertig?«, so kann Meier mit der Gegenfrage »Wann brauchen Sie denn das Ergebnis?« die Verantwortung zurückgeben. Gegenfragen kann man ebenfalls dazu benutzen, um beispielsweise Verständnisfragen von Mitarbeitern wie »Was soll ich jetzt machen?« zu präzisieren: »Was genau ist Ihnen denn an der Aufgabenstellung nicht klar?«.
- *Reflektierende Aussage:* Mit der reflektierenden Aussage kontrolliert man, ob man seinen Gesprächspartner richtig verstanden hat. Die reflektierende Aussage ist die positive Wiederholung einer Aussage des Partners. Dabei gibt es zwei Möglichkeiten. Man kann die vorangegangene Aussage entweder bestätigen und bekräftigen: »Sie möchten also Kaffee?« Man kann aber auch eine negative Aussage zum gemeinsamen Vorteil günstiger formulieren: »Ich trinke keinen Kaffee!« – »Darf ich Ihnen dann eine Tasse Tee anbieten?«.
- *Kontrollfrage:* Die Kontrollfrage überprüft die Übereinstimmung zwischen dem Fragesteller und dem Befragten. Mit Hilfe dieser Frage kann

man weitgehend ausschließen, daß bei der Beantwortung von vorhergehenden Fragen ausweichende oder gar falsche Antworten gegeben wurden: »Habe ich Sie richtig verstanden, Sie möchten einen Tee?« Andere Formulierungen für Kontrollfragen sind: »Sind wir uns also einig, daß ...?«, »Stimmen Sie mir soweit zu ...?«, »Haben Sie mich verstanden?«.

Gruppenfragetechnik

Die Gruppenfragetechnik gewährleistet, daß alle Teilnehmer einer Gruppe einbezogen werden können. Auf diese Art können Stimmungen offengelegt und ein Gruppenkonsens hergestellt werden. Ein Moderator (***Moderation***) kann die einzelnen Gruppenmitglieder durch direkte Fragen, die er jedem reihum stellt, an der Diskussion beteiligen, und die Antworten sogleich für alle lesbar festhalten (***Visualisierung***), beispielsweise am Flipchart.

Der Moderator sollte hierbei sehr auf die Art seiner Fragestellung achten. Fragen sollten zielorientiert sein, ohne eine Antwort vorzugeben. Dennoch sollten sie so konkret sein, daß sie beantwortbar sind. Die verwendeten Formulierungen dürfen nicht wertend oder suggestiv sein, damit das Team seinen eigenen Gestaltungsspielraum voll ausschöpfen kann.

Kartenabfragetechnik

Eine weitere wichtige Abfragetechnik ist die sogenannte Kartenabfrage. Dazu erhält jeder Teilnehmer Karten, auf denen die gestellten Fragen schriftlich beantwortet werden sollen. Auf jeder Karte darf nur ein Gedanke festgehalten werden; außerdem sollte man der Lesbarkeit wegen darauf achten, in großen Druckbuchstaben zu schreiben und nicht zu viel Text auf einer Karte unterzubringen. Die Karten werden anschließend eingesammelt und für alle sichtbar an die Pinnwand geheftet. Sie können anschließend inhaltlich sortiert werden. So lassen sich mit Hilfe dieser Technik beispielsweise einzelne Themenblöcke oder Handlungsgebiete herausarbeiten.

Fragetechniken eignen sich im Bereich der Führung vor allem aus folgenden Gründen:

- Fragen ist immer besser als behaupten oder anordnen, denn in der Behauptung liegt der Stachel zum Widerspruch. Trifft man aber Entscheidungen gemeinsam und sucht gemeinsam nach Lösungen, so hat der Gesprächspartner nicht das Gefühl, daß er überredet wird, oder daß man einfach über ihn verfügt. Jeder Mensch liebt es, um Rat gefragt zu werden, denn jeder hat das Bedürfnis nach Achtung.

- Fragen aktivieren den Gesprächspartner, regen ihn zum Denken an und bringen ihn zum Reden. Durch die richtigen Fragen werden die Wünsche, Motive und Einwände des Gegenübers offenbar – und somit kann man darauf reagieren.
- Mit gezielten Fragen kann man ein Gespräch in die gewünschte Richtung steuern und damit die Gesprächsführung und den Gesprächsablauf bestimmen.
- In einem Gespräch, das von Fragen bestimmt wird, kann man sowohl Übereinstimmung kontrollieren (Eigenkontrolle – Partnerkontrolle) als auch Diskrepanzen und Informationsdefizite aufdecken. Beim Formulieren der Fragen sollte man immer eines im Gedächtnis behalten: Positive Fragen lösen auch positives Denken aus.
- Bei einer Umfrage kann man durch den Einsatz geschlossener Fragen eine große Einheitlichkeit der Aussagen erreichen. Dadurch kann man sie besser miteinander vergleichen, was die Auswertung einer Umfrage wiederum erleichtert.
- Durch geschicktes Anwenden geschlossener Fragen lassen sich Dinge genau auf den Punkt bringen: »Habe ich richtig verstanden, daß ...?« Durch geschlossene Fragen kann man auch verhindern, daß sich der Gesprächspartner »herausredet«, indem man ihn durch seine eigenen Ja- und Nein-Antworten festnagelt. Vor allem in Streitgesprächen wird diese Frageform gerne angewendet, um den eigenen Punkt deutlich zu machen und den Gegenüber in eine bestimmte Richtung zu dirigieren: »Ist es nicht richtig, daß Sie ...?« »Und haben Sie nicht auch gesagt, daß ...?«
- Durch offene Fragen kann man eine Verzerrung der Antworten durch vorgefaßte Meinungen des Befragers vermeiden, da der Befragte direkt mit seiner Meinung antwortet.
- Mögliche Unwissenheiten des Befragten lassen sich mit Hilfe offener Fragen leicht aufdecken, ohne den Gegenüber dabei bloßzustellen – denn der Gesprächspartner erzählt vielleicht nicht alles, was man hören möchte, muß so aber nicht aktiv zugeben, daß er etwas nicht weiß.
- Durch die Anwendung offener Fragen bekommt man ein vollständiges Bild der Meinungen und Einstellungen des Gesprächspartners vermittelt.
- Offene Fragen haben eine wichtige Kontrollfunktion für das gegenseitige Verständnis: Wenn der Sinn der Frage nicht verstanden wurde, wird das schnell und leicht erkannt, da der Gefragte gezwungen ist, nachzufragen.
- Durch den Einsatz offener Fragen lassen sich positive Kontakte zwischen den Gesprächspartnern fördern.

Welche Gefahren beinhaltet der Einsatz von Fragetechniken?

- Wenn Fragetechniken unbedacht oder in einer unangemessenen Form angewandt werden, können Mißverständnisse entstehen oder der Gesprächspartner beeinflußt werden.
- Geschlossene Fragen können eine große Gefahr der Suggestivwirkung in sich tragen, wenn der Gegenüber von der Frage überrascht wird und nicht genug Zeit hatte, darüber nachzudenken: »Stimmen Sie nicht auch mit mir überein, daß …?«.
- Bei Alternativfragen bestehen kaum Möglichkeiten, Mißverständnisse zu kontrollieren.
- Wenn geschlossene Fragen nach sozialen Verhaltensweisen gestellt werden, neigt der Mensch im allgemeinen dazu, die sozial erwünschte Denkungsart anzugeben, anstatt die eigene Meinung frei von der Leber weg zu äußern.
- Offene Fragen stellen eine höhere Anforderung an das sprachliche Ausdrucksvermögen des Befragten. Deshalb sind Gesprächspartner mit geringem Wortschatz benachteiligt.
- Je größer hingegen das sprachliche Ausdrucksvermögen des Gegenübers ist, desto mehr wächst sein Widerstand, auf geschlossene Fragen zu antworten.

Literaturtip

Birkenbihl, Vera: Fragetechniken schnell trainiert, Landsberg am Lech 1997

Frauen in der Führung

Was heißt Frauen in der Führung?

Das Recht auf Berufstätigkeit im Sinne auch sozialer Billigung wird den Frauen heute von Männern kaum noch streitig gemacht. Anders verhält es sich jedoch, wenn sie eine Karriere anstreben, die zu einer Führungsposition führen soll. Mit dem Anspruch auf Führung und ***Autorität*** im beruflichen Bereich kündigt eine Frau ihren traditionell untergeordneten Platz im beruflich-funktionellen Gefüge auf; ein Vorgang, der vielen Männern nach wie vor Unbehagen bereitet.

Welche Bedeutung hat das Thema »Frauen in der Führung«?

Die Zukunft bei den Führungskräften könnte den Frauen gehören, denn vor allem im Bereich der ***Schlüsselqualifikation emotionale Intelligenz*** sind sie den Männern häufig überlegen. Die Art der Mitarbeiterführung wird in Zukunft mehr und mehr das ***Betriebsklima*** und damit auch den Erfolg von Unternehmen bestimmen (***Führungkompetenz***).

Im Vergleich zu den Männern sind die Frauen in bezug auf ganzheitliches Denken und die ***soziale Kompetenz*** zumeist überlegen. Diese Vorteile, die sich auch aus der unterschiedlichen gesellschaftlichen Prägung der Frauen erklären lassen, werden im Augenblick noch viel zu selten von den Unternehmen genutzt. Dabei bilden Frauen ein beachtliches Potential an Führungskräften, das noch viel zu wenig genutzt wird (***organisches Management***).

Frauen sollten nicht als Konkurrenten der Männer in Führungsfragen betrachtet werden. Beide sollten vielmehr bestrebt sein, sich als Teil eines Ganzen zu betrachten, für dessen Gestaltung sowohl die Stärken des einen wie auch die des anderen gebraucht werden.

Nach wie vor gibt es gängige Vorurteile gegen Frauen in Führungspositionen:

- *»Frauen können nicht führen«:* Die Tatsache, daß es im Management nur sehr wenige Frauen gibt, verleitet zu der Schlußfolgerung, daß dies an den Führungsqualitäten der Frauen selbst liegen würde. Die Schlüsselfigur für das Erkennen und Fördern von Führungspotential ist der fast ausschließlich männliche Vorgesetzte. In dem Maße, in dem er glaubt, Frauen seien für Führungsaufgaben weniger geeignet, wird er sie dementsprechend weniger fördern als seine männlichen Mitarbeiter. Auf diese Weise erhält sich das männlich dominierte System selbst. Frauen erhalten nur in seltenen Einzelfällen die Möglichkeit, ***Verantwortung*** auszuüben (***Vorbild***).
- *»Frauen wollen den Aufstieg gar nicht wirklich«:* Ein zu geringes ***Selbstwertgefühl*** bei der Ergreifung von Karrierechancen, mangelnde Karrieremotivation und eine zu geringe Breitschaft, sich auf den Kampf um Aufstieg und ***Macht*** einzulassen, wird den Frauen unterstellt. Daraus, so meint man, ließe sich unter anderem der nur mäßige Erfolg sogenannter Frauenfördermaßnahmen erklären. Tatsächlich deuten einige psychologische Untersuchungen auf einen gewissen Wahrheitsgehalt dieser These hin, das sogenannte »Selbstunterschätzungssyndrom«. Jedoch sollte diese Erkenntnis nicht dazu genutzt werden, um Frauen von Führungspositionen auszuschließen. Vielmehr muß man dies als Chance begreifen, in der Frauenförderung stärker als bisher über Möglichkeiten zur Verbesserung

der Aufstiegskompetenz nachzudenken und diese auch endlich umzusetzen (***Persönlichkeit***).

- *»Frauen verkörpern ein erhöhtes Kostenrisiko«:* Der Mythos vom Kostenrisiko der Frau hat seinen Ursprung in einer angeblich höheren Fluktuationsrate der Frauen im Vergleich zu ihren männlichen Kollegen. Infolgedessen steige das Risiko der Entstehung von Fluktuationskosten aufgrund von Leistungsausfall und neuer Stellenausschreibung proportional zum Frauenanteil in einem Funktionsbereich. Basis des Mythos ist die Ansicht, daß der Frau die primäre Rolle zufällt, sich um das Wohl der Familie zu sorgen. Im (Rollen-)Konfliktfall, so lautet die Behauptung, entscheidet sich die Frau meist gegen die Berufsrolle. Untersuchungen haben dagegen ergeben, daß die Rate der Frauen, die ihre Berufstätigkeit unterbrechen, stark gesunken ist. Die familiären Gründe für eine Berufsunterbrechung haben demnach an Bedeutung verloren. Die Unterbrechungsdauer wurde kürzer, und die Unterbrechung erfolgte erst später und nach längerer Berufstätigkeit. Eine zweite Untersuchung ergab, daß gerade einmal siebzehn Prozent der Akademikerinnen durch Kündigungen aus familiären Gründen ihre Berufstätigkeit unterbrachen.
- *»Frauen sind nur begrenzt einsetzbar«:* Diese Annahme beruht auf der Vorstellung, Frauen seien weniger flexibel und belastbar und weniger belastbar in bezug auf den Zeitaufwand und die Mobilität. Hintergrund ist natürlich die angenommene stärkere Familienverbundenheit. Mobilitätsuntersuchungen haben ergeben, daß Männer sich zwar mobilitätsbereiter zeigten, aber nur, weil sie häufiger das entsprechende Angebot bekamen.
- *»Managerinnen sind Außenseiterinnen«:* Dieses Vorurteil geht wiederum vom ›männlichen Managementmodell‹ aus und suggeriert, daß die Managerin nicht recht akzeptiert würde. Die Forschung zu diesem Thema stützt das Vorurteil nur teilweise. Sie bestätigt zwar den tendenziellen Außenseiterstatus der Managerin und ihre Benachteiligung bei der Ressourcenzuteilung. Jedoch, so hat sich gezeigt, bleibt ihre Führungseffizienz davon aber weitgehend unbeeinträchtigt. Zutreffend ist allein die mangelnde Akzeptanz durch die männlichen Kollegen. Und das kann man ändern, meine Herren!
- *»Männer haben Angst vor der Frau im Management«:* Es spricht einiges dafür, daß tatsächlich solche Ängste bestehen. Genaue Untersuchungen hierzu gibt es leider nicht. Gründe hierfür könnten aber sein:
  - Die Angst der Männer könnte darauf beruhen, daß ein Konkurrenzkampf um die knappen Ressourcen befürchtet wird.
  - Die Manager könnten sich in ihrer männlichen Identität bedroht fühlen.

- Unsicherheiten könnten entstehen aufgrund angenommener erotischer Verwicklungen.
- Angst vor einem Statusverlust müßte ebenfalls befürchtet werden.
- Einige Männer könnten auch häusliche Konsequenzen befürchten, wenn sie plötzlich von der neuen Kollegin erzählen.

Welche Gefahren und Risiken bergen Frauen in der Führung?

Die einzige Gefahr könnte darin bestehen, daß man nicht früh genug begreift, welche Chancen sich durch Frauen in der Führung eröffnen.

Literaturtip

Manning, Marilyn; Haddock, Patricia: Führungstechniken für Frauen, Ein Stufenplan für den Managementerfolg, Wien 1991

Führung der eigenen Person

Was heißt Führung der eigenen Person?

Beruflicher Erfolg und Karriere haben für viele Führungskräfte einen hohen Preis, den in erster Linie die Führungskraft selbst bezahlen muß. Nahezu zwangsläufig scheint beruflicher Aufstieg einen Lebensstil zu fordern, der über kurz oder lang die eigenen physischen und psychischen Kraftreserven angreift. Arbeitstage mit mehr als zwölf Stunden sind die Regel. Allmählich gerät man in einen Zustand, bei dem das Leben außerhalb des Berufes – Familie, Freizeit, Erholung, Muße, soziale Kontakte, persönliche Interessen, Hobbys – zu einer Restgröße zusammenschrumpft.

Persönlichkeitsentwicklung findet während der gesamten Lebensspanne statt. Die Führung der eigenen Person oder Selbstmanagement ist der Versuch, diesen Prozeß durch ständiges, bewußtes Nachdenken und eine genaue Planung und Zielsetzung aktiv zu gestalten. Dazu zählen alle Maßnahmen, durch die man sein Verhalten und seine Leistung bei der Arbeit optimieren kann. Beim Selbstmanagement sind zwei Gesichtspunkte wichtig:

- Die individuelle und optimale Planung und Organisation der Arbeit. Diese setzt voraus, daß man seine Arbeitszeit richtig einteilt, die Aufgaben nach den gesetzten Prioritäten bearbeitet und nicht vergißt, einen ange-

messenen Arbeitsrhythmus (Wechsel zwischen verschiedenen Tätigkeiten) einzuhalten (***Zeitmanagement***).
- Der Einsatz von Lernmethoden, die individuell helfen, Informationen aufzunehmen und zu behalten. Dafür gibt es ganz spezielle Lern- oder ***Kreativitätstechniken***, aber auch Verfahren zur Erhöhung der Eigenmotivation.

Die Führung der eigenen Person zielt aber auch auf die Fähigkeit von Mitarbeitern, am Arbeitsplatz selbständig zu arbeiten. Denn diese müssen ebenfalls in der Lage sein, zum Beispiel im Rahmen von ***Zielvereinbarungen***, erteilten Aufträgen oder delegierten Aufgaben ihre Arbeit angemessen zu planen und zu organisieren. Die Fähigkeit zum Selbstmanagement ist ein wichtiger Bestandteil der Qualifikation und Kompetenz von Mitarbeitern. Es wundert daher nicht, daß die Stärkung des Selbstmanagements ein besonderes Anliegen vieler Maßnahmen der betrieblichen ***Weiterbildung*** ist.

Die Fähigkeit zum Selbstmanagement ist im Arbeitsleben unverzichtbar, zumindest für den, der seine Arbeit beherrschen möchte und der nicht umgekehrt von ihr beherrscht werden will. Unbedingt erforderlich wird die Führung der eigenen Person, wenn Vorstufen oder Phasen eines ***Burn-out-Syndroms*** auftreten, und der Crash schon vorprogrammiert scheint.

Wie geht das?

Voraussetzungen für die Führung der eigenen Person sind:
- Ein realistisches Bild von sich selbst.
- Die Bereitschaft zur Kritik. Eine Führungskraft muß sich selbst in Frage stellen und Schwächen genau unter die Lupe nehmen können, damit sie überhaupt in der Lage ist, ihr eigenes Verhalten kontinuierlich zu verbessern.
- Eine genaue Zieldefinition: Wo steht man im Moment, und wo möchte man hin?
- Die Fähigkeit, die eigenen Gefühle, die eigene körperliche Befindlichkeit, die zwischenmenschlichen Beziehungen, die finanzielle Situation und die Zeit zu beherrschen.

Zur Führung der eigenen Person gehören folgende Schritte:
1. eine Standortbestimmung: Der Arbeitsbereich, Freizeit und Hobbys sowie die Familie und der Freundeskreis sollten berücksichtigt werden,
2. die Formulierung eines realistischen Zielkatalogs,

3. die Entwicklung von Strategien zur Erreichung der persönlichen ***Zielsetzung***,
4. die Realisierung der geplanten Veränderungen,
5. die erneute Standortbestimmung beziehungsweise die Kontrolle.

Wichtig ist aber vor allem die Veränderung vorhandener Grundeinstellungen und Verhaltensmuster. Zunächst sollte man – evtl. unbewußt – einschränkende Regeln abbauen, denn sie behindern den Veränderungsprozeß. Oft ist auch notwendig, ein individuelles Zeitmanagement für sich selbst einführen, denn auch der Tag eines Top-Managers hat nur 24 Stunden. Und schließlich braucht es eine gewisse Zeit, die eigene Empfindungsfähigkeit zu stärken. Im Arbeitsstreß härtet man nämlich nicht nur ab, sondern stumpft auch ab. Körperliche Müdigkeit und geistige Erschöpfung werden verdrängt (***Burn-out-Syndrom***), aber auch Freude am Erfolg und Lust und Spaß an der Arbeit werden vergessen. Zur Führung der eigenen Person gehört aber auch ein regelmäßiges ***Training***:

- der Fähigkeit zur Selbsterkenntnis und -kritik,
- der Fähigkeit zum Annehmen von externer Kritik,
- der Akzeptanz von eigenen und fremden Schwächen,
- der Fähigkeit zu einer universellen Sicht (über den eigenen Verantwortungsbereich hinaus),
- der Fähigkeit zur ***Sinnorientierung*** und -vermittlung.

Ziel eines solchen Trainings zur Führung der eigenen Person ist, die Selbstkontrolle über das eigene Leben zurückzugewinnen und ein selbstbestimmtes Verhalten zu verwirklichen. Dies muß nicht unbedingt mit den tatsächlichen oder vermuteten Rollenerwartungen der Gesellschaft übereinstimmen. Es geht darum, die individuellen Handlungspotentiale in den unterschiedlichen Lebensbereichen voll auszuschöpfen, Konfliktpotentiale zu reduzieren und Lösungen für festgefahrene Konfliktsituationen zu entwickeln. Am Ende entsteht ein stabiles Gleichgewicht in der Balance zwischen Beruf, Freizeit und Privatleben.

Welche Risiken und Gefahren beinhaltet die Führung der eigenen Person?

- Ein übertriebenes Selbstmanagement birgt die Gefahr, seinen Arbeitsalltag zu sehr zu organisieren. Es bleibt überhaupt keine Zeit mehr zur per-

sönlichen Verfügung übrig. Deshalb ist am besten, die Freizeit, regelmäßige Pausen und den Urlaub gleich miteinzuplanen.
- Die Zeit wird so zerstückelt, daß sie subjektiv schneller zu vergehen scheint. Das große Ganze entgleitet dem Blick, und aufgrund zu vieler Aktivitäten wird nichts mehr wirklich zu Ende gebracht.

Man akzeptiert sich selbst nicht so wie man ist, sondern strebt nach einem Idealbild. Das Resultat ist Unzufriedenheit mit sich selbst und der eigenen Arbeit (***Vorbild***).

Siehe auch Checkliste

Literaturtip

Besser-Siegmund, Cora: Coach yourself: Persönlichkeitskultur für Führungskräfte, Düsseldorf, Wien und New York 1991

Führungskompetenz

Was ist Führungskompetenz?

Führungskompetenz umfaßt alle Fähigkeiten, die eine Führungskraft benötigt, um Mitarbeiter zielorientiert zu motivieren und zu führen (***Persönlichkeit***). Dazu gehören:
- Überzeugungs– und Durchsetzungskraft,
- Konflikthandhabungs- und Konfliktlösungsfähigkeiten,
- die Fähigkeit zur Kommunikation,
- die Fähigkeit, Entscheidungen zu treffen,
- Moderationsfähigkeit.

Der Grund für eine Beförderung ist zumeist Sachkompetenz. Ein Mitarbeiter empfiehlt sich für eine Führungsaufgabe, weil er sich in seinem Aufgabenfeld sehr gut auskennt. Doch Sachkompetenz allein befähigt noch nicht automatisch zur Übernahme von Personalverantwortung. Im Rahmen der fachlichen Ausbildung kommen Punkte wie soziales Gruppenverhalten und der Umgang mit ***Macht*** und ***Autorität*** so gut wie nie vor. Zumeist hat man sich das Wissen darum aus der eigenen Erfahrung angeeignet. Doch auch Führungskompetenz ist erlernbar.

Führungskompetenz orientiert sich stark an den Erwartungen der Mitarbeiter und der Unternehmensleitung. Diesen beiden Faktoren muß der Manager gerecht werden und dabei noch seine eigenen Ansprüche befriedigen (***Selbstbild-/Fremdbild-Analyse***). Als Führungskraft hat er folgende Aufgaben:

- *Zielsetzung und Zielvereinbarung:* Der Vorgesetzte bestimmt Zielfelder (***Zielsetzung***). Bei der ***Zielvereinbarung*** arbeitet er konstruktiv mit den Mitarbeitern zusammen. Mit ihnen gemeinsam werden die Resultate bestimmt.
- *Organisation:* Die Tätigkeiten der Mitarbeiter müssen bestimmt und die Aktivitäten gestaltet werden. Der Vorgesetzte plant, steuert und kontrolliert den Einsatz der Mitarbeiter unter Berücksichtigung der Qualifikation, der Arbeitsmengen und der betrieblichen Regelungen (***Teamentwicklung***).
- ***Motivation:*** Der Vorgesetzte fordert die Leistung seiner Mitarbeiter ein. Er stellt Ansprüche an jeden Mitarbeiter und berücksichtigt dabei sowohl seine speziellen Stärken und Schwächen als auch Neigungen und Bedürfnisse. Er gibt den Mitarbeitern die Gelegenheit, erfolgreich zu sein (***Dienstleistung in der Führung***, ***organisches Management***) und freut sich mit ihnen am Erfolg. Der Vorgesetzte gestaltet dabei die Spielregeln der täglichen Zusammenarbeit gemeinsam mit den Mitarbeitern. Dabei geht er stets mit gutem Beispiel voran und setzt Maßstäbe durch sein eigenes Verhalten.
- *Qualifizierung:* Er unterstützt die Mitarbeiter in ihrem Streben nach Qualifikation und ***Weiterbildung***. Dazu muß er in der Lage sein, die Stärken und Entwicklungsmöglichkeiten seiner Mitarbeiter zu identifizieren, ihre Schwächen zu kompensieren und ihnen Chancen in ausreichender Zahl zu geben. Mögliche Hindernisse, die ihrer Arbeit im Wege stehen, beseitigt er, soweit es in seiner Macht steht (***Dienstleistung in der Führung***).
- ***Delegation:*** Der Vorgesetzte delegiert Aufgaben und Verantwortung. Dabei gibt er den Mitarbeitern den nötigen Freiraum und die notwendige Entscheidungskompetenz (***Entscheidung***), die sie zur Erfüllung der Aufgaben benötigen.
- *Information:* Aufgabe des Vorgesetzten ist es auch sicherzustellen, daß die ***interne Kommunikation*** so reibungslos wie möglich funktioniert und daß die Mitarbeiter stets ausreichend informiert sind. Dazu betreibt er professionelles Informationsmanagement.
- *Beurteilen:* Aufgabe des Vorgesetzten ist weiterhin, den Mitarbeitern offenes Feedback, Anerkennung und sachliche Kritik zu geben. Zu diesem

Zweck werden feste Kriterien und Maßstäbe etabliert und den Mitarbeitern bekannt gegeben. Die Resultate werden anschließend analysiert, interpretiert und vom Vorgesetzten beurteilt (***Beurteilung***). In diesem Zusammenhang führt er sowohl ***Beurteilungsgespräche*** als auch ***Korrektur***- und ***Anerkennungsgespräche***. Ebenso sieht ein Vorgesetzter in ***Feedback-Gesprächen*** ein Instrument, mit dem er die ehrliche Meinung der Mitarbeiter über die eigenen Führungsqualitäten erfragen kann.
- *Akzeptanz:* Er erreicht durch sein offenes Verhalten Akzeptanz bei den Mitarbeitern.

Eine Führungskraft sollte weiterhin:
- die ***Unternehmensphilosophie*** und -strategie gestalten und umsetzen können,
- übergreifende ***Zielsetzungen*** formulieren können,
- die Führungskultur mitprägen,
- den eigenen ***Führungsstil*** durchsetzen können,
- Einfluß auf die Gestaltung von ***Arbeitsplatz*** und ***Arbeitszeit*** nehmen können,
- das Recht wahrnehmen, Leistungen der Mitarbeiter mit positiven und negativen Sanktionen zu belegen, ***Beurteilungen*** regelmäßig durchführen sowie ***Anerkennungs***- und ***Korrekturgespräche*** führen,
- die ***Motivation*** der Mitarbeiter fördern,
- Konflikte handhaben können (***Konfliktmanagement***),
- ***Kontrollen*** offen und in ausreichendem Maße durchführen.

Wie erwirbt man Führungskompetenz?

Damit der Vorgesetzte erfolgreich Führungskompetenz erwerben und umsetzen kann, sollte er verschiedene Maßnahmen ergreifen:
- *Offene Kommunikation:* Die Führungskraft betreibt eine Politik der »offenen Tür«. Sie hält gemeinsame Sitzungen mit ihren Mitarbeitern ab. Sie geht durch ihren Arbeitsbereich und führt kurze Gespräche mit den Mitarbeitern (***Management by Walking around***). Sie spricht auch eigene Probleme an.
- *Einheit in Denken, Handeln und Reden:* Die Führungskraft vertritt eine klare Meinung und klare Ziele. Sie lebt die an die Mitarbeiter gestellten Eigenschaften wie Fleiß oder Pünktlichkeit vor. Sie hält Versprechen und

Abmachungen ein. Sie steht auch bei Schwierigkeiten zu ihren Mitarbeitern (***Vorbild*, *Führung der eigenen Person***).

- *Übernahme von Verantwortung für eigene Fehler:* Die Führungskraft versteckt sich nicht hinter Vorwänden und Sachzwängen, wenn sie Entscheidungen fällt, sondern übernimmt die Verantwortung für das eigene Denken und Handeln. Dazu gehört auch, für ***Fehler*** geradezustehen. Erst recht aber gehört dazu, die Leistungen der Mitarbeiter nicht als die eigenen Leistungen darzustellen.
- *Vermeidung von Bevorzugungen:* Trotz aller Emotionalität und der unvermeidbaren Tatsache, daß manche Mitarbeiter einem Vorgesetzten sympathischer sind als andere, achtet eine kompetente Führungskraft darauf, daß sie keinen Mitarbeiter bevorzugt oder benachteiligt.
- *Sachkunde:* Die Führungskraft arbeitet gelegentlich in Teams mit. Sie überzeugt durch Argumente, nicht durch Befehle. Sie greift Ideen der Mitarbeiter auf und setzt sie, wenn erfolgsversprechend, auch um (***Vorschlagswesen***).
- *Anerkennung:* Die Führungskraft lobt die Mitarbeiter für gute Leistungen, denn Lob ist wichtiger als ständige Kritik (***Erfolgskreislauf***).
- *Vertrauen:* Die Führungskraft bringt ihren Mitarbeitern Vertrauen entgegen. Sie gewährt Freiräume und sucht ganz allgemein nach vertrauensbildenden Maßnahmen. Sie stärkt die ***Selbstverantwortung*** der Mitarbeiter.

Welche Risiken beinhaltet Führungskompetenz?

Risiken beinhaltet nur mangelnde Führungskompetenz. Wenn Führungskräfte nur aufgrund ihrer Position und nicht aus ihrer Person heraus akzeptiert werden, führt dies zu einem schlechten ***Betriebsklima***, schlechten Leistungen sowie ***Arbeitsunzufriedenheit***.

Siehe auch Checkliste

Literaturtip

Weiss, Josef: Selbst-Coaching, Ein neuer Weg zu mehr Führungskompetenz, Paderborn 1990

Führungsstil

Was ist Führungsstil?

Der Führungsstil beschreibt die Art und Weise, in der ein Vorgesetzter seine Führungsaufgaben wahrnimmt. Besonders wichtig ist dabei, wie er sich seinen Mitarbeitern gegenüber verhält. Zur Beschreibung von Führungsstilen werden hauptsächlich drei Hauptmerkmale benutzt:

- das Ausmaß ihrer Aufgabenorientierung und ihrer Unternehmensorientierung,
- das Ausmaß ihrer Mitarbeiterorientierung und
- das Ausmaß ihrer Partizipationsorientierung.

Grundsätzlich gibt es natürlich nicht den einen genau bestimmten Führungsstil, den eine Führungskraft gegenüber jedem Mitarbeiter in allen Situationen anwendet. Zu viele Faktoren nehmen letztlich Einfluß auf die individuelle Ausprägung eines Führungsstils.

Zuerst einmal ist die ***Persönlichkeit*** des Vorgesetzten zu beachten – sein Menschenbild und seine Motive. Auch das Qualifikationsprofil, die Bedürfnisse und Führungserwartungen der Mitarbeiter wirken sich direkt auf den Führungsstil aus. Weitere Faktoren sind Arbeitsbedingungen und ***Unternehmenskultur***, ***Unternehmensphilosophie*** und Führungstechniken. Nicht zuletzt spielen das gesellschaftliche Wertesystem und Zeitgeistströmungen eine Rolle. Ein Führungsstil erfüllt seine Führungsaufgaben nur dann erfolgreich, wenn er sich an der aktuell geltenden Führungssituation orientiert.

Eine Führungskraft muß also die wechselnden Aufgaben, Qualifikationen und ***Motivationen*** der Mitarbeiter sowie die Stellenanforderungen berücksichtigen. Sie sollte über einen erkennbaren und konsistenten Führungsstil verfügen, dieser sollte jedoch dynamisch, flexibel und situationsgerecht umgesetzt werden.

Führungsstile lassen sich nicht pauschalisieren, sie müssen zum einen der eigenen Persönlichkeit entsprechen. Zum anderen richten sie sich nach den zu führenden Personen. Es gibt Mitarbeiter, die hart angefaßt werden wollen und wiederum andere, die bereits auf ein einziges kritisches Wort reagieren. Ein guter Chef wird in einer Situation nicht so handeln, wie es sein Image oder Ego erfordert, sondern so, wie es für den bestimmten Mitarbeiter in dieser Situation optimal ist (***Dienstleistung in der Führung***, ***Kundenorientierung***).

Prinzipiell gibt es also mindestens so viele Führungsstile wie Vorgesetzte. Jeder ideale Führungsstil stellt immer nur eine Grundform dar, die von der individuellen Persönlichkeit des Vorgesetzten interpretiert und mit Leben erfüllt wird. Es werden grob fünf Stilarten unterschieden, nämlich der autoritäre, der patriarchalische, der kooperative, der partizipative und der partnerschaftliche Führungsstil. Die einzelnen Führungsstile haben unterschiedliche Vorzüge. Jeder dieser Führungsstile basiert auf bestimmten, ihm eigenen Grundvoraussetzungen, hat spezifische Vorteile, aber auch ihm eigene Nachteile und Risiken.

1. Der autoritäre Führungsstil

Der autoritäre Führungsstil zeichnet sich dadurch aus, daß der Vorgesetzte alleine sämtliche Entscheidungen trifft und sie in Form von Befehlen und ***Anweisungen*** weitergibt. Seine ***Autorität*** begründet sich aus der formalen Stellung innerhalb der betrieblichen ***Hierarchie***, die sehr straff von oben nach unten organisiert ist. Eine Beteiligung der Mitarbeiter am Entscheidungsprozeß ist nicht gegeben (***Entscheidung***).

Der autoritäre Führungsstil beruht wie der patriarchalische Führungsstil zumeist auf einer strengen Hierarchie. Die Mitarbeiter akzeptieren die ***Autorität*** des Vorgesetzten und seine grundsätzlichen Entscheidungsbefugnisse (***Theorie X***). Der autoritäre Führungsstil ist notwendig, solange Mitarbeiter nicht bereit oder in der Lage sind, eigene Verantwortung zu übernehmen und alle Entscheidungbefugnis beim Vorgesetzten liegt.

Für den autoritären Führungsstil ist die strikte personale Trennung von Entscheidung, Ausführung und Kontrolle typisch. Allein der Vorgesetzte entscheidet. Die Mitarbeiter arbeiten unselbständig und unterliegen der Fremdkontrolle.

Vorteile

Der autoritäre Führungsstil kann in Krisen- und Konfliktsituationen sinnvoll sein. Ein einzelner trifft die Entscheidungen und trägt die Verantwortung allein, denn für Diskussionen wird weder Zeit noch Raum gegeben. Autoritäre Führung ist hilfreich, wenn sich das Unternehmen in einer Ausnahmesituation befindet. In Krisensituationen werden klare Anweisungen, die ohne Widerspruch durchgeführt werden, erwartet.

Risiken/Nachteile

Beim autoritären Führungsstil haben die Mitarbeiter oft zu wenig Handlungsspielraum. Der Vorgesetzte hält sich für unersetzlich und dementsprechend läuft in seiner Abwesenheit in der Firma nichts, da die Mitarbeiter sich nicht trauen, Verantwortung zu übernehmen.

2. Der patriarchalische Führungsstil

Der patriarchalische Führungsstil ist durch Treue und Fürsorge gegenüber den Angestellten charakterisiert. Der Vorgesetzte entscheidet, ist aber bestrebt, die Untergebenen von seinen Verfügungen zu überzeugen, bevor er sie anordnet. Die Autorität des Familienvaters (Patriarch) und dessen Anerkennung durch die Familienmitglieder ist das ***Vorbild*** für diesen Stil, der auch heute noch vor allem in kleineren Unternehmen oder Familienbetrieben anzutreffen ist.

Der patriarchalische Führungsstil hängt meist sehr eng mit der Firmenstruktur zusammen. Er ist inzwischen meist nur noch in Familienunternehmen anzutreffen.

Beim *patriarchalischen Führungsstil* herrscht ein ausgeprägtes Lehrer-Schüler-Verhältnis, manche sprechen auch von einer Vaterfigur des Vorgesetzten. Trotz strenger Hierarchie besteht zwischen Vorgesetztem und Mitarbeitern ein eher persönliches Verhältnis. Meist leitet der »Patriarch« ein traditionsreiches Familienunternehmen und fühlt sich daher dem Wohl der Firma und der Mitarbeiter besonders verpflichtet.

Vorteile

Der patriarchalische Führungsstil ist in schwierigen Situationen nützlich. Er eignet sich auch dann, wenn die Mitarbeiter nicht über das nötige Vorwissen verfügen können, um sich an der Diskussion kompetent zu beteiligen. Als Beispiel hierfür mag das Verhältnis zwischen einem jungen Auszubildenden und seinem erfahrenen Meister gelten. Da eine Entscheidung fallen muß, ist es nötig, daß die Führungskraft die Richtung vorgibt, aber ihre Entscheidung erklärt. Dadurch wird ein Reifeprozeß initiiert (***Reifegrad des Mitarbeiters***).

Risiken/Nachteile

Beim patriarchalischen Führungsstil besteht die Gefahr, daß der Vorgesetzte zu sehr in das Leben seiner Mitarbeiter eingreift und sie bevormundet. Da er sich für alle Belange zuständig fühlt, ist er oft überlastet. Das ***Betriebsklima*** leidet, und die Mitarbeiter übernehmen nicht in ausreichendem Maße Verantwortung.

3. Der kooperative Führungsstil

Der kooperativ führende Vorgesetzte informiert seine Mitarbeiter über beabsichtigte Entscheidungen. Hier besteht die Möglichkeit für den Angestellten, Meinungen zu äußern und unter Umständen etwas zu bewegen. Das heißt, die Arbeitnehmer sind an den Entscheidungen mitbeteiligt; sie haben ein Mitwirkungs- und Mitbestimmungsrecht. Der Vorgesetzte präsentiert nur eine vorläufige Entscheidung, die vor ihrer letztgültigen Fassung noch modifiziert werden kann.

Der kooperative Führungsstil ist zum einen durch das Bestreben gekennzeichnet, die Mitarbeiter aktiv in das Unternehmensgeschehen einzubeziehen. Ihre berufliche Entwicklung soll gefördert und auch im Berufsleben eine Möglichkeit zur Entfaltung ihrer Persönlichkeit gegeben werden. Zum anderen zeigt er sich in einer aufgeschlossenen Haltung gegenüber den Aufgaben und Zielen anderer Bereiche sowie in der Bereitschaft, auf einer sachlichen Basis mit ihnen zusammenzuarbeiten. Es besteht eine gemeinsame Form der Kontrolle.

Der kooperative Führungsstil verlangt eine realistische Einschätzung der Situation durch die Führungskraft. Die vertrauensvolle Zusammenarbeit zwischen Führungskraft und Mitarbeiter setzt im Grunde eine hohe soziale und fachliche Kompetenz des Vorgesetzten voraus. Aus dem kooperativen Führungsstil leiten sich auch die meisten gängigen Führungsaufgaben ab:

- ***Zielvereinbarungen*** müssen getroffen werden.
- ***Delegation*** von Aufgaben und Verantwortung muß erfolgen
- Informationen müssen ungehindert in alle Richtungen fließen können (***interne Kommunikation***).
- ***Entscheidungen*** müssen getroffen werden.
- ***Kontrollen*** müssen stattfinden.
- ***Beurteilungen*** müssen durchgeführt werden.
- ***Mitarbeiterentwicklung*** muß praktiziert werden (***Weiterbildung***).

Vorteile

Der kooperative Führungsstil ist in den meisten Alltagssituationen einer Führungskraft angebracht, vor allem aber dann, wenn die Führungskraft für die Mitarbeiter in einer komplexen Situationen eine Entscheidung fällen muß. Die Mitarbeiter sind häufig besser informiert und haben schon eine Reihe von Vorüberlegungen erstellt, die für die Führungskraft eine wertvolle Entscheidungshilfe sein können.

Risiken/Nachteile

Der kooperative Führungsstil gilt als der beste Führungsstil, da er richtig angewandt der flexibelste und erfolgreichste ist. Theoretisch hat er keine Risiken; sein Nachteil steckt darin, daß er enorm hohe Anforderung an die Führungskraft stellt und sehr schwer zu erlernen ist.

4. Der partizipative Führungsstil

Die partizipative Führungskraft läßt Vorschläge von seinen Mitarbeitern selbst entwickeln. Anhand der eingebrachten Vorschläge und gemeinsam diskutierten Lösungen kann der Vorgesetzte zumindest noch Zünglein an der Waage spielen, seine Meinung besitzt deutliches Gewicht. Der Mitarbeiter kann seine Interessen und sein Wissen in den Entscheidungsprozeß jedoch einbringen und Einfluß nehmen.

Der partizipative Führungsstil setzt dazu die Zurückhaltung der Führungskraft und die Bereitschaft der Mitarbeiter, Verantwortung zu übernehmen, voraus. Sie müssen ziel- und kostenbewußt handeln und durch persönliche Leistung zum Erfolg des Unternehmens beitragen.

Beim partizipativen Führungsstil wird genau wie beim kooperativen Führungsstil der einzelne wesentlich stärker in das Unternehmen integriert. Das hierarchische Gefälle ist nicht so groß. Der partizipative Führungsstil ist in Betrieben mit qualifizierten und/oder spezialisierten Mitarbeitern empfehlenswert. Besonders gut eignet er sich in Situationen, in denen die Führungskraft selbst keine fundierte Kompetenz im Entscheidungsbereich hat, zum Beispiel in technischen, medizinischen oder anderen Fachfragen, aber die Verantwortung trägt.

Vorteile

Der partizipative Führungsstil beruht auf der Selbstkontrolle der Mitarbeiter. Der Mitarbeiter wird durch die ihm gewährte Mitwirkung an Entscheidungen selbstbewußter, die einseitige Abhängigkeit vom Vorgesetzten weicht dem Gefühl gegenseitigen Aufeinander-Angewiesenseins. Er fühlt sich für eine Aufgabe verantwortlich und nicht als austauschbarer, weisungsgebundener Funktionsträger. In der Organisationsstruktur wird die horizontale Hierarchiestruktur abgelöst durch vertikal organisierte Arbeitsgruppen, bei denen eine kollegiale Kooperation der Experten im Vordergrund steht. Dies führt zu tendenziell qualifizierteren Leistungen.

Risiken/Nachteile

Der partizipative Führungsstil erfordert hohe ***Führungskompetenz***. Für die Führungskraft stellt er oftmals eine schwierige Gratwanderung dar. Eine zu hohe Beteiligung der Mitarbeiter kann einen Mangel an Leistung zur Folge haben. Werden die Mitarbeiter durch die Aufgabe, selbst Ideen und Lösungsvorschläge zu entwickeln und einzubringen, zu sehr gefordert, so können Routineaufgaben und dringende Auftragsabwicklungen in den Hintergrund gedrängt werden. Auf der anderen Seite kann zu wenig Partizipation einen Mangel an Verantwortung bei den Mitarbeiter auslösen.

5. Der partnerschaftliche Führungsstil (Laissez-faire)

Im partnerschaftlichen Führungsstil schließlich gibt es keinen Vorgesetzten im eigentlichen Sinne mehr. Die Mitarbeiter entscheiden, nachdem ihr offizieller Leiter das Problem dargestellt und eventuelle Grenzen angedeutet hat. Sowohl Sachkenntnisse wie auch kommunikative Fähigkeiten und persönliche Überzeugungskraft des einzelnen entscheiden über die diversen Handlungsalternativen. Unter den verschiedenen Führungsstilen bildet das sogenannte Laissez-faire eine Ausnahme. Laut Meinung einiger Kritiker beinhaltet es einen Widerspruch, da es nichts mit Führung zu tun hat; die für die Führung benötigte Zielgerichtetheit sei darin nicht vorzufinden. Gerade am Ziel aber mangelt es dieser Führung; Ziellosigkeit und Verzicht auf Gestaltungswillen sind ihre bestimmenden Wesensmerkmale. Insofern handelt es sich hier um einen Stil der Nicht-Führung, der unter anderem auch als Führungsunsicherheit aufgefaßt wird.

Das Laissez-faire ist gekennzeichnet durch ein Geschehen-Lassen, Arbeitsanweisungen werden nicht mehr gegeben, eine Kontrolle findet nicht statt. Statt dessen übt jeder Mitarbeiter Selbstkontrolle. Eine Führungskraft gibt es nur noch im nominellen Sinne, die hierarchische, horizontale Struktur wird zugunsten einer vertikalen aufgelöst.

Der partnerschaftliche Führungsstil des Laissez-faire erfordert ein Höchstmaß an Vertrauen, ***Motivation*** und Fähigkeit zu Selbsteinschätzung und Selbstkritik jedes einzelnen Mitarbeiters. Im Idealfall sollten alle Gruppenmitglieder immer den gleichen Ausbildungs- und Informationsstand haben, hochqualifiziert und in der ***Teamarbeit*** geübt und diszipliniert sein.

Vorteile

Der partnerschaftliche Führungsstil des Laissez-faire macht nur dort Sinn, wo jeder Mitarbeiter Selbstkontrolle ausübt und für seinen eigenen Bereich die ***Verantwortung*** trägt. Er ist eigentlich nur in Kleinstbetrieben wie Anwaltssozietäten erfolgreich, wenn eine im Grunde gleichwertige Gruppe von einer lediglich formalen Führungskraft geleitet wird (z. B. Arbeitsteam und Moderator).

Risiken/Nachteile

Der partnerschaftliche Führungsstil weist trotz seiner für manche verlockenden Perspektive einige problematische Punkte auf. Eine Gruppe fällt nicht zwangsläufig immer die beste Entscheidung, im Gegenteil, häufig ist es der kleinste gemeinsame Nenner nach unten, der einen Kompromiß bestimmt. Für bestimmte Unternehmensformen ist eine solche Zauderhaftigkeit sehr nachteilig, zum Beispiel wenn marode Unternehmen aus der Verlustzone gebracht werden sollen. Das Laissez-faire wird meist als Führungslosigkeit verstanden und wird deshalb so gut wie gar nicht praktiziert.

Literaturtip

Blanchard, Kenneth/Johnson, Spencer: Der Minutenmanager, Reinbek 1983

Gehalt/Entgelt

Welche Rolle spielt das Gehalt in der Führung?

Die Entgeltpolitik dürfte die neben dem ***Führungsstil*** wichtigste Konstante betrieblicher Personalpolitik sein. Für viele Mitarbeiter drückt sich die Wertschätzung des Unternehmens ihnen gegenüber in dem Gehalt aus, das sie jeden Monat bekommen. Geld wird nach der heute noch weitverbreiteten Vorstellung des Menschen als homo oeconomicus als das entscheidende personalpolitische Instrument angesehen (***Motivation***). Die Höhe des Gehalts sollte in einem entsprechenden Verhältnis zur Arbeitsleistung und zur Qualifikation stehen.

Wichtig in diesem Zusammenhang ist der Begriff »Incentive«. Darunter versteht man alle Formen betrieblicher Leistungsanreize wie etwa Gehalt, freiwillige Sozialleistungen, Arbeitsplatzsicherheit oder Aufstiegschancen. Man unterscheidet dabei zwischen materiellen und nicht-materiellen Incentives.

Insgesamt sollte die Stellung des Gehaltes nicht überbewertet werden, allerdings birgt gerade dieses Thema jede Menge Zündstoff. Man darf nicht vergessen, daß es die Führungskraft ist, die in den Augen der Mitarbeiter überdurchschnittlich viel verdient. Andererseits müssen die Mitarbeiter die Führungskraft um eine Gehaltserhöhung bitten. Diesen psychologischen Aspekt darf man nicht außer acht lassen.

Es gibt verschiedene alternative Belohnungssysteme:

- Erfolgsprovision,
- Dienstwagen,
- Incentives: Erlebnisreisen, Survival-Seminare.

Das Gehalt hat innerhalb des Unternehmens weitreichenden Einfluß. Geld kann ein Mittel der Sozialhygiene sein. Es kann Konflikte glätten, aber nicht lösen. Geld demonstriert Macht und Prestige. Geld drückt Anerkennung für erbrachte Leistung aus. Es ist aber auch ein Gestaltungsmittel, mit dem man Dinge verändern oder Ziele erreichen kann. Manchmal wird es auch als Druckmittel eingesetzt, um Interessen durchzusetzen. Dies geschieht zum Beispiel während eines Arbeitskampfes.

Welche Chancen und Gefahren gehen mit dem Entgelt einher?

Untersuchungen ergaben, daß Geld in einem Ranking erst die dritte Stelle – hinter dem Wunsch nach einem sicheren Arbeitsplatz und nach einer bevorzugten Arbeit – einnahm. Allerdings hat Geld häufig eine kompensatorische Funktion, so wird zum Beispiel der eigene Stellenwert innerhalb der Firma meist am Gehalt festgemacht.

Bei zu geringem Gehalt fühlt man sich als Person mißachtet. Der Vergleich mit anderen, besser bezahlten Kollegen, die die gleiche Tätigkeit verrichten, schürt die ***Arbeitsunzufriedenheit*** und läßt Gedanken an ***Kündigung*** aufkommen. Geld ist also auch ein Statussymbol, besonders in den Führungsetagen, deren Gehälter sich nach allen möglichen Kriterien richten, aber nicht immer nach der Leistung.

Wenn ein Mitarbeiter nicht genug Anerkennung für seine Leistunmg bekommt, wird er versuchen, dieses Defizit durch ein möglichst hohes Gehalt zu kompensieren. Bei zu wenig Anerkennung entsteht so sehr schnell die Forderung nach mehr Geld (***Anerkennungsgespräch***, ***Gehaltsgespräch***).

Literaturtip

Leciejewski, Klaus: Fringe Benefits – Gehaltserhöhung mit Sachzuwendungen, Wien, Frankfurt a. M. 1997

Gehaltsgespräch

Was ist ein Gehaltsgespräch?

Im Gehaltsgespräch wird über die Festsetzung des ***Gehalt***s verhandelt. Meist geht die Initiative dazu vom Mitarbeiter aus, es kann aber auch vorkommen, daß die Unternehmensleitung dieses Gespräch anregt. Im letzten Fall geschieht dies häufig in Zusammenhang mit einer Beförderung. In beiden Fällen ist ein Gehaltsgespräch oft an ein ***Beurteilungsgespräch*** gekoppelt. Dies sollte vor allem die Fragen »Wie lange ist er schon in der Firma?« »Was sind seine Qualifikationen?« und »Wie sieht seine Leistung aus?« berücksichtigen. Bei Arbeitern sind die Löhne tarifvertraglich festgelegt, Spielraum für Gehaltsverhandlungen in bezug auf Einzelpersonen ist deshalb im Zuge der Gleichbehandlung meist nicht gegeben.

Wie geht das?

Zunächst einmal gilt es, optimale Rahmenbedingungen für ein Gehaltsgespräch zu schaffen. Dazu gehören:

- ein geeigneter Ort, an dem man sich ungestört unterhalten kann,
- ein geeigneter Termin,
- die Vermeidung von störenden Einflüssen wie Telefonanrufen oder Besuchen,
- die Verhandlungsbereitschaft der Gesprächsteilnehmer.

Die Höhe des Gehalts sollte in einem entsprechenden Verhältnis zur Arbeitsleistung und zur Qualifikation stehen. Sinkt es unter einen bestimmten Betrag, so kommt es häufig zu ***Arbeitsunzufriedenheit***. Das zu geringe Gehalt erscheint als Geringschätzung der Arbeit des Mitarbeiters. Um zu einer möglichst »gerechten« Entlohnung zu gelangen, muß man sich zunächst einmal vor Augen halten, daß es eine absolute Lohnhöhe eigentlich nicht gibt – ganz einfach deshalb, weil niemand weiß, was die Arbeit eines Menschen wert ist. Deshalb wird in erster Linie nach der relativen Lohnhöhe gefragt, dem Verhältnis der einzelnen Löhne zueinander.

Doch wieviel der Mitarbeiter wirklich wert ist und ob das Unternehmen seine Qualitäten auch im Vergleich zu anderen Firmen angemessen entlohnt, kann er aus eigener Kraft selten feststellen. Die Bezahlung hängt von der Branche, der Größe des Unternehmens und dem Standort des Betriebes ab. Weitere Faktoren sind die wirtschaftliche Situation des Unternehmens, Alterszulagen, höhere Befugnisse, wichtigere Ressorts und die wirtschaftliche Selbständigkeit.

In einem Gehaltsgespräch gelten ähnliche Voraussetzungen wie bei dem ***Korrekturgespräch*** oder dem ***Einstellungsgespräch***. Gehaltsgespräche sollten als nondirektive Gespräche geführt werden, der Vorgesetzte sollte sich zuvor Gedanken über die passende Gesprächsführungstechnik machen. Dabei sollte die Führungskraft auf folgende Dinge achten:

- Man sollte zum Zuhören bereit sein (***aktives Zuhören***).
- Der globale Gesprächsrahmens sollte umrissen werden, danach sollte man das Wort dem Mitarbeiter überlassen.
- Offenheit ist oberstes Gebot. Der Mitarbeiter darf nicht als Bittsteller betrachtet werden, sondern es muß ihm verdeutlicht werden, daß man bereit ist, für seine Arbeit auch ein gerechtes Gehalt zu bezahlen. Der Vorgesetzte sollte deshalb geduldig und freundlich auf den Mitarbeiter eingehen (***Transaktionsanalyse***).

- Die Führungskraft sollte selbst wenig sprechen und in Pausen nicht unterbrechen.
- Die Führungskraft sollte die Gesprächsführung kontrollieren, sie hat die Aufgabe, den Mitarbeiter zum Sprechen zu bringen.
- Dem Mitarbeiter muß das Gefühl gegeben werden, daß man ihn ernst nimmt.
- Es muß der Führungskraft bewußt sein, daß ein erfolgreich verlaufendes Gehaltsgespräch eine stark motivierende Wirkung auf den Mitarbeiter haben kann.

Man muß dem Mitarbeiter aber auch das Verhältnis der erbrachten Leistung zum jetzigen Gehalt vor Augen führen. Mehr Gehalt kann es nur geben, wenn mehr Leistung erbracht wird oder bereits erbracht worden ist.

Welche Risiken beinhaltet ein Gehaltsgespräch?

Werden die Gehaltserwartungen des Mitarbeiters enttäuscht, so reagiert dieser auf die Frustration vielleicht mit Demotivation und ***Arbeitsunzufriedenheit***.

Gesprächsführungstechniken

Was sind Gesprächsführungstechniken?

Gesprächsführungstechniken helfen dabei, jede Art von Gesprächen aktiv mitzubestimmen, gleichgültig, ob es sich dabei um ein Einzel- oder ein Gruppengespräch handelt. Dazu müssen je nach Art des Gespräches und Verhalten des Gesprächspartners verschiedene Techniken zur Anwendung kommen.

Wie geht das?

Im Berufsalltag lassen sich Gespräche im allgemeinen in verschiedene Kategorien einteilen:

- *Das Geplauder:* Geplauder ist eine Gesprächsform, die an der Oberfläche bleibt. Hier kann jeder der Gesprächsteilnehmer die Gelegenheit ergreifen, das Gespräch zu steuern.

- *Der Dialog:* Im Dialog tauschen die Gesprächspartner wechselseitig Informationen aus. Keiner der Gesprächsteilnehmer ist dabei dominant oder gar autoritär, jeder geht auf die Wünsche und Bedürfnisse des anderen ein.
- *Das autoritäre Gespräch:* Im autoritären Gespräch redet fast ausschließlich die Führungskraft. Der Gesprächspartner hat kaum Gelegenheit, seinen Vorstellungen Gehör zu verschaffen, da der autoritäre Sprecher unbedingten Gehorsam einfordert.
- *Das patriarchalisch-autoritäre Gespräch:* Das patriarchalisch-autoritäre Gespräch ist eine Mischung aus autoritären und »fürsorglichen« Elementen. Die Führungskraft hält sich ein wenig zurück und berücksichtigt die persönlichen Belange des Gesprächspartners zu einem gewissen Teil. Doch sie geht dabei nicht wirklich auf seinen Gesprächspartner ein.
- *Die qualifizierte Beratung:* Der beratende Gesprächspartner bestimmt bei der Beratung den Gesprächsverlauf weitgehend selbst, geht dabei allerdings auf die Bedürfnisse und Fragen des Gegenübers präzise ein.
- *Das direktive Gespräch:* In einem direktiven Gespräch gibt einer der Gesprächspartner die Regeln allein vor und steuert das Gespräch allein – und zwar genau so, wie es ihm selbst am besten paßt. Dabei vernachlässigt er die Belange des anderen und redet viel, ohne sich in seinen Gesprächspartner hineinzuversetzen. In einem direktiven Gespräch unterbricht der Gesprächsführer den anderen Gesprächsteilnehmer, wann er will, er demonstriert somit ***Autorität***. Er bewertet dabei die Aussagen des anderen ausdrücklich, widerspricht oder erteilt Ratschläge. Ein Hauptkennzeichen eines direktiven Gespräches sind präzise, meist geschlossene Fragen, auf die der Gegenüber nur mit »ja« oder »nein« antworten kann.
- *Das Streßgespräch:* Ein extrem direktives Gespräch wird Streßgespräch genannt. Es zielt darauf ab, den Gesprächspartner durch ständige, scharf formulierte Fragen zu verunsichern und dadurch vielleicht zu Geständnissen oder Zugeständnissen zu bewegen. Verhöre werden beispielsweise als Streßgespräche geführt.
- *Das nondirektive Gespräch:* ***Aktives Zuhören*** ist eine grundlegende Bedingung dieses Gesprächsstils. Das nondirektive Gespräch ist dadurch gekennzeichnet, daß der Gesprächsführer sich an den Äußerungen des Gesprächspartners orientiert. Er versucht bei dieser Gesprächsform, den angesprochenen Sachverhalt mit den Augen seines Gegenübers zu sehen und sich auf dessen persönliche Sichtweise einzustellen. Er fordert nicht, weist nicht an und kritisiert auch nicht direkt, sondern versucht erst einmal zu verstehen. Im nondirektiven Gespräch kann sich der Gesprächspartner am besten einbringen.

Neben diesen verschiedenen allgemeinen Gesprächsformen gibt es noch diverse feinere Techniken, die innerhalb eines Gesprächs zum Einsatz kommen können. Dazu zählen vor allem:

- ***Aktives Zuhören:*** Beim aktiven Zuhören geht es darum, die Sichtweise des Gesprächspartners kennenzulernen und zu verstehen. Um Mißverständnisse auszuschließen, wiederholt der Gesprächsführer immer wieder entscheidende Teile der gehörten Sachverhalte: »Habe ich Sie richtig verstanden, daß ...?«, »Ich verstehe ...«, »Sie meinen also, daß ...«
- ***Fragetechniken:*** Durch Fragen kann man den Gesprächspartner aus der Reserve locken. Man erhält dadurch Informationen über seine Vor- und Einstellungen, auf die man dann angemessen reagieren kann.
- *Reframing:* Der Begriff Reframing stammt aus dem ***NLP***. Bei Reframing wird eine Verhaltensweise oder ein Sachverhalt in einen anderen Kontext gebracht. Indem die Dinge nunmehr aus einer anderen Perspektive betrachtet werden, ändert sich ihre Bedeutung und Bewertung. Gängigstes Beispiel für ein Reframing ist das halbgefüllte Glas: halbvoll oder halbleer? Die Antwort hängt vom Kontext ab. Auch der Begriff teuer wird in Verkaufsgesprächen durch ein Reframing in ein »preiswert« verwandelt.

Gesprächsführungstechniken sind grundsätzlich erlernbar. Allerdings verfügen Menschen mit größerem rhetorischen Talent meist intuitiv über eine Vielzahl von Gesprächsführungstechniken. Als wichtiger Bestandteil der ***Führungskompetenz*** empfiehlt es sich jedoch, Gesprächsführungstechniken gründlich und wiederholt zu erlernen und zu trainieren (***Weiterbildung***).

Mitarbeiter-Gespräche sind zudem ein Schlüsselinstrument zur Führung von Mitarbeitern, angefangen bei ***Einstellungsgesprächen***, über die ***Delegation*** und ***Korrekturgesprächen***, bis zum ***Anerkennungsgespräch***, Anhörung von Beschwerden, bei persönlichen Problemen des Mitarbeiters oder bei ***Konfliktmanagement***. Mit Hilfe der richtigen Gesprächstechnik in der richtigen Situation kann man die eigenen Ziele in einem Gespräch verwirklichen.

Welche Risiken beinhaltet der Einsatz von Gesprächsführungstechniken?

Die Wahl der richtigen Gesprächsführungstechnik ist oft schwierig, da eine Gesprächssituation von vielen unterschiedlichen Faktoren abhängt. Bei der Wahl der Gesprächsform ist zudem Vorsicht geboten: Oft glaubt nämlich eine Führungskraft, eine bestimmte Gesprächsform zu praktizieren (z. B. Dialog, nondirektives Gespräch), der Gesprächspartner hingegen nimmt das Gespräch ganz anders wahr (z. B. direktiv oder autoritär). Um solche Mißverständnisse zu vermeiden, sollte eine Führungskraft die Selbstkritik schulen (***Führung der eigenen Person***) und sich beim Gesprächspartner über seine Wahrnehmung rückversichern (***Feedback-Gespräch***).

Autoritäre, direktive und Streßgespräche haben meist negative Nebenwirkungen auf der Beziehungsebene. Sie werden vom Gesprächspartner meist sehr negativ wahrgenommen. Die Folge ist ***Angst***, innerer Rückzug oder Demotivation. Deswegen ist die direktive Gesprächsführung nur in Ausnahmefälle empfehlenswert.

Tip

Sie sollten als Vorgesetzter Ihre Meinung nie als erster sagen. Besonders bei problematischen Gesprächen sollte der Vorgesetzte zunächst Problembewußtsein signalisieren, Akzeptanz äußern und offene Fragen stellen, also solche, die sich nicht mit einem einfachen »ja« oder »nein« beantworten lassen.

Tips zur Führung eines nondirektiven Gespräches:

- Deuten Sie zu Beginn des Gespräches den Gesprächsrahmen nur grob an und überlassen Sie das Wort dann Ihrem Gegenüber.
- Gehen Sie auf Ihren Gesprächspartner ein! Seien Sie an seinen Problemen tasächlich interessiert; heucheln nützt nichts!
- Lassen Sie Ihren Gesprächspartner ausreden.
- Geben Sie keine Werturteile über die Äußerungen Ihres Gesprächspartners ab.
- Hören Sie aktiv zu!
- Stellen Sie offene Fragen!
- Verzichten Sie auf das Ausspielen Ihres Vorgesetztenstatus.
- Sprechen Sie selbst wenig und unterbrechen Sie auch Pausen nicht unbedingt.

Literaturtip

Crisand, Ekkehard/Crisand, Marcel: Psychologie der Gesprächsführung, Heidelberg 1997

Gesundheit

Was ist Gesundheit?

Gesundheit ist die Abwesenheit körperlicher oder seelischer Krankheiten. Außerdem beinhaltet sie körperliches, seelisches und geistiges Wohlbefinden, Ausgeglichenheit, allgemeine Zufriedenheit und eine positive Lebenseinstellung.

Menschliche Arbeit ist durch den Einsatz von Maschinen und Automaten in vielen Bereichen leichter geworden. Dennoch ist der Anteil der Beschäftigten, die durch die Arbeit so stark geschädigt werden, daß sie frühzeitig in Rente gehen müssen, in den letzten Jahren gestiegen. 1987 konnten 64,8 Prozent der Beschäftigten nicht bis zum normalen Rentenalter arbeiten. Allerdings hat sich die Art der Erkrankungen verändert. Die körperlichen Belastungen nehmen ab, an ihre Stelle treten vermehrt psychische Belastungen. Der Anteil der psychischen Erkrankungen, die zur Frühverrentung führten, hat sich zwischen 1980 und 1990 von sieben auf vierzehn Prozent verdoppelt. Sie stehen damit an dritter Stelle der Erkrankungen.

Was bedeutet das Thema Gesundheit in der Führung?

Die Führungskraft sollte sich aus naheliegenden Gründen für die Erhaltung und Förderung der Gesundheit ihrer Mitarbeiter einsetzen. Denn die positive Lebenseinstellung, die mit Gesundheit in der Regel einhergeht, wirkt sich positiv auf das gesamte Unternehmen aus: die Leistungsbereitschaft der Mitarbeiter steigt, sie sind sehr kreativ, was Problemlösungen und die Entwicklung neuer Ideen (***Innovation***) angeht.

Auch der Mitarbeiter selbst muß in Sachen Gesundheitsförderung aktiv werden. Dabei können Führungskräfte notwendige und hilfreiche Unterstützung leisten, sowohl zur Verbesserung der körperlichen wie auch der seelischen Gesundheit ihrer Mitarbeiter.

Es gibt viele Maßnahmen, die der Gesundheitsförderung der Mitarbeiter dienen:

- Das Essen in der Kantine kann auf gesündere Kost umgestellt werden.
- Eine aktive Pause kann eingeführt werden. Das Unternehmen stellt dafür Sportangebote zur Verfügung, wie günstigere Konditionen für Fitneßclubs oder Betriebssportvereine. Neben der Gesundheitsförderung hat dies als möglichen positiven Nebeneffekt noch eine verstärkte Identifikation mit dem Betrieb zur Folge.

- Es werden Projektgruppen gebildet, die die Einführung neuer Arbeitsabläufe vorbereiten. Werden dabei die Mitarbeiter mit einbezogen, die hernach an diesen Arbeitsplätzen arbeiten, so werden bereits im Vorfeld Reibungspunkte ausgeräumt.
- Es werden Gesundheitszirkel in Abteilungen mit einer hohen Arbeitsbelastung eingerichtet. Diese Zirkel bestehen aus einem Moderator, einem Betriebsrat, dem Betriebsarzt, drei bis fünf Beschäftigten, einer Fachkraft für Arbeitssicherheit und einem Mitglied der Betriebsleitung.

Welche Faktoren bedrohen die Gesundheit der Mitarbeiter?

Die häufigsten Gefahrenpunkte für eine Beeinträchtigung der Gesundheit sind:

- *physisch:* falsche ***Arbeitsplatz***gestaltung, schlechte oder ungenügende Arbeitsmittel, Schadstoffe im Büro oder der Produktion, Bildschirmarbeit ohne ausreichende Pausen, ungesunde Ernährung, ***Überstunden*** ,
- *physisch und/oder psychisch:* Überlastung und ***Streß,*** Überforderung oder Unterforderung, Mangel an Bewegung, Mangel an Herausforderungen, übertriebener ***Ehrgeiz*** ,
- *psychisch:* ***Arbeitsunzufriedenheit***, tägliche Reibereien und Ärgernisse, fehlende Anerkennung, soziale Konflikte, persönliche Konflikte, ***Mobbing***, traumatisierende Ereignisse.

Psychische Erkrankungen wie das ***Burn-out-Syndrom*** sind stark im Zunehmen begriffen. Oftmals gehen psychische und körperliche Beschwerden aber auch Hand in Hand, wie die ebenfalls häufig auftretenden psychosomatischen Beschwerden belegen.

Die Erkrankung von Mitarbeitern bringt schließlich auch Nachteile für das Unternehmen:

- Es sind negative Auswirkungen auf das ***Betriebsklima*** zu befürchten.
- Es droht die Überlastung der gesunden Mitarbeiter.
- Unternehmensziele werden nicht erreicht.
- Das Unternehmen bekommt ein Negativimage in der Öffentlichkeit.
- Aufgrund hoher Fehlzeiten steigen Personalkosten.

Literaturtip

Böning, Uwe: Umgang mit Streß, Düsseldorf, Wien und New York 1996

Gewinner-Gewinner-Modell

Was ist das Gewinner-Gewinner-Modell?

Das Gewinner-Gewinner-Modell wurde von Thomas Gordon entwickelt. Das Modell soll dabei helfen, die eigenen Ziele souverän zu verwirklichen und dabei auch andere, mitwirkende Menschen zu Gewinnern zu machen.

Das Modell geht davon aus, daß bei einem Gespräch oder einer Verhandlung alle Teilnehmer gewinnen können. Damit dies möglich wird, muß eine Interessenparallelität erreicht werden. Das Modell ist also eine Methode der Problemlösung: Je stärker zum Beispiel die Interessen des Vorgesetzten mit denen seiner Mitarbeiter verknüpft sind, desto tatkräftiger werden diese die Realisierung eines vom Vorgesetzten geplanten Vorhabens unterstützen. Ein echtes Gewinner-Gewinner-Modell sucht dabei keinen faulen Kompromiß und kein halbherziges Einlenken, sondern stellt ein Musterbeispiel für eine gelungene Kommunikation dar. Bei Interessenkonflikten kommt es für den Vorgesetzten darauf an, so viele Informationen wie möglich zu erfragen. Je mehr Kriterien zu einer übergreifenden Kombination von Interessen zur Verfügung stehen, desto leichter ist es, die vorhandenen Kräfte in eine gemeinsame Richtung zu lenken. Je höher dabei die Flexibilität der Führungskraft ist, desto mehr wird sie erreichen.

Das Gewinner-Gewinner-Modell umfaßt sechs Schritte zur Problemlösung:

1. Das Problem wird erkannt und definiert.
2. Alternative Lösungen werden entwickelt.
3. Die alternativen Lösungen werden bewertet.
4. Die Entscheidungen werden getroffen.
5. Die Entscheidung wird ausgeführt.
6. Anschließend wird die Lösung bewertet.

Zusätzlich sollten bei der Konfliktbewältigung beachtet werden, daß:

- die Gemeinsamkeiten des Vorhabens im Vordergrund stehen,
- die Ziele der anderen durch Fragen erforscht werden,
- die eigenen Ziele verständlich und klar kommuniziert werden,
- alle relevanten Ziele miteinander kombiniert werden,
- Einwände in Wünsche verwandelt werden,
- alle die gleichen Interessen verfolgen.

In welchen Situationen ist das Modell hilfreich?

Da es eine grundsätzliche Lebenseinstellung symbolisiert, ist das Gewinner-Gewinner-Modell in allen Lebenssituationen einsetzbar.

In jeder Führungssituation lassen sich Mitarbeiter kooperativ führen, wenn man ihnen die gemeinsam anvisierten Ziele auf anschauliche Weise vermittelt. Die Vorteile für den einzelnen Mitarbeiter müssen ihm bewußt sein, wenn er tut, was er tun soll. Je stärker sich die gegenseitigen Interessen decken, desto einfacher wird sich die Kooperation gestalten lassen. Dort, wo sich die Ziele der Menschen offensichtlich ergänzen, herrscht eine natürliche Interessenparallelität. Schwieriger wird es, wenn Interessenkonflikte die beteiligten Energien in verschiedene Richtungen lenken. Dann kommt es darauf an, die Ziele der verschiedenen Interessengruppen unter einen Hut zu bekommen. Erfolgreiches ***Konfliktmanagement*** ist gefragt. Der Konflikt wird dabei als kreative Herausforderung verstanden. Der Reibungspunkt wird gezielt bearbeitet, so daß alle Beteiligten mit dem Ergebnis wirklich zufrieden sind. Eine dauerhafte Lösung eines Konfliktes verlangt, daß sich alle Beteiligten als Gewinner empfinden. Denn schlechte Verlierer verwandeln sich nicht selten in heimliche Saboteure.

Literaturtip

Gordon, Thomas: Managerkonferenz, München 1989

Gruppenarbeit

Was ist Gruppenarbeit?

Arbeitsteilige Prozesse setzen in einem Unternehmen eine bestimmte Ordnung voraus: In den unterschiedlichen Bereichen des Unternehmens arbeiten Menschen in von der Personalplanung aufgeteilten Organisationseinheiten. Allgemein formuliert ist eine Gruppe eine Mehrzahl von Personen, die über einen längeren Zeitraum in direkter Interaktion stehen.

Gruppenmitglieder nehmen differenzierte Rollen wahr, sind jedoch durch gemeinsame Normen und ein Wir-Gefühl miteinander verbunden. Im Unterschied zur ***Teamarbeit*** hat jeder Mitarbeiter einer Gruppe seinen eigenen, genau definierten Verantwortungsbereich. Im Rahmen dieses zugewiesenen Bereiches ist das Gruppenmitglied allein für die Aufgabenerfül-

lung zuständig und besitzt auch die hierzu erforderlichen Kompetenzen. Gruppen kann man nach verschiedenen Kriterien bilden:
- nach Tätigkeiten,
- nach Objekten, Produkten oder Dienstleistungen,
- nach Kundengruppen,
- nach Regionen.

Wie gestaltet man Gruppenarbeit?

Bei der Gestaltung von Gruppenprozessen muß man klar zwischen sach-, zielorientierten und gruppenorientierten Aufgaben unterscheiden. Die sachzielorientierten Aufgaben eines Gruppenleiters sind:
- Ziele setzen,
- aktuelle Aufgaben führen,
- ***Kontrolle*** des Ergebnisses.

Die gruppenorientierten Aufgaben des Gruppenleiters bestehen darin:
- konstruktive Beziehungen zwischen den Mitgliedern aufrecht zu erhalten,
- verschiedene Einzelpersönlichkeiten zu verstärkter Gruppenarbeit anzuleiten.

Der Gruppenleiter muß also mit den Gefühlen und Verhaltensweisen von Einzelpersonen, die den Fortschritt der Gruppe bremsen könnten, umgehen können. Bei gruppenorientierten Aufgaben ist es wichtig, daß der Gruppenleiter die Beiträge in ihrer emotionalen Einfärbung erkennt, um so konstruktive Beziehungen in der Gruppe aufzubauen. Will der Gruppenleiter nicht autoritär führen, so muß er sich bemühen, ein Gruppenklima zu schaffen, in dem alle Beteiligten die Informationen möglichst reibungslos austauschen können (***interne Kommunikation***). Das setzt voraus, daß der Gruppenleiter die Wechselwirkung zwischen individuell geprägtem Verhalten und Gruppenverhalten kennt und zu deuten weiß. Mit geeigneten Maßnahmen muß er gruppendynamische Prozesse initiieren und gestalten können. Hierfür eignen sich besonders ***Kreativitätstechniken*** wie ***Workshops*** oder ***Brainstormings***. Aber auch der Einsatz von ***Gesprächsführungstechniken*** ist hier gefragt.

Es gibt verschiedene Formen, mit denen Gruppenarbeit attraktiv gestaltet werden kann:
- *Job-Rotation:* Beim systematischen Arbeitsplatzwechsel bleiben die Arbeitsinhalte die gleichen wie bisher. Die Beschäftigten haben jedoch die Mög-

lichkeit, die Arbeitsplätze untereinander zu wechseln. Die Arbeit wird dadurch abwechslungsreicher. Durch Mehrfachqualifikation erhöht sich das Qualifikationsniveau des einzelnen Mitarbeiters.

- *Job-Enlargement:* Durch die Arbeitserweiterung wird der Arbeitsvorgang, der bisher auf wenige Handgriffe reduziert war, wieder ausgeweitet. Waren zum Beispiel bisher nur zwei oder drei Teile einer Maschine zusammenzubauen, so montiert ein Arbeiter nun die ganze Maschine. Die Taktzeiten, die vorher oft nur wenige Sekunden betrugen, werden wieder erhöht. Der Arbeiter kann das Endergebnis seiner Arbeit sehen. So fühlt er sich mehr dafür verantwortlich. Nach wie vor sind die einzelnen Arbeitsgänge bis ins Detail vorgeschrieben.
- *Job-Enrichment:* Die Arbeitsbereicherung geht einen Schritt weiter als Job enlargement. Diese Überlegung geht davon aus, daß gerade diejenigen, die täglich ein Produkt erzeugen, über mehr Sachkenntnisse verfügen als der Planungsingenieur am grünen Tisch. Die Trennung zwischen Planungs-, Ausführungs- und Kontrolltätigkeit wird teilweise rückgängig gemacht. Arbeiter, die bislang nur ausführende Tätigkeiten ausübten, übernehmen nun wieder einen Teil der Planungstätigkeiten. Außerdem kontrollieren sie selbst die Durchführung der Arbeit und die Qualität des Endprodukts.

Welche Risiken und Gefahren beinhaltet Gruppenarbeit?

Die Gruppenarbeit hat eine wechselvolle Geschichte hinter sich. Nachdem seit den fünfziger Jahren bei den Arbeitsplätzen in der Produktion, insbesondere am Fließband, die Differenz zwischen Anforderungs- und Eignungsprofil aufgrund des stetig steigenden Bildungsstandes laufend zugenommen hatte, betrachtete man die vom ***Taylorismus*** geprägte Arbeitsteilung zunehmend kritisch. Die wachsende Unzufriedenheit mit den Arbeitsbedingungen wurde im Fachjargon in Anlehnung an einen Streik in Lordstown, Ohio, mit dem Begriff »Lordstown-Krankheit« belegt. Die Automobilindustrie, allen voran die schwedischen Unternehmen Volvo und Saab, suchten in den siebziger Jahren nach Möglichkeiten, die industrielle Arbeit an den Bedürfnissen der Menschen zu orientieren. Als Lösung wurde die (teil-) autonome Gruppenarbeit empfohlen. Die Fließbandarbeit sollte wegfallen.

Die Ergebnisse konnten allerdings nicht überzeugen: Die Schwierigkeiten der als »Volvoismus« bezeichneten Produktionsform in Gruppenarbeit führten letztendlich dazu, daß die Volvo-Fabrik Uddevalla schließen mußte. Im

Vergleich dazu wurde in einer konventionellen Volvo-Fabrik sehr viel produktiver gearbeitet. Dies ist eine Folge der einseitigen Konzentration der Verbesserungsbemühungen auf den Personalbereich. Man hatte nämlich vergessen, den technischen und wirtschaftlichen Teilbereich zu optimieren. Gruppenarbeit gilt darum eigentlich als überholte Arbeitsform.

Heimarbeit

Was ist Heimarbeit?

Ein Arbeitnehmer, der Heimarbeit verrichtet, hat seinen Arbeitsplatz nicht im Unternehmen, sondern zu Hause. Gesetzlich gesehen sind Heimarbeitnehmer keine eigentlichen Arbeitnehmer – das heißt, das allgemeine Arbeitsschutzrecht und auch das sonstige Arbeitsrecht gelten für diese Art des Beschäftigungsverhältnisses nicht.

Vor zwanzig Jahren noch war Heimarbeit hauptsächlich mit der Vorstellung an leichte handwerkliche Tätigkeiten verbunden. Die Ausführenden hatten meist nur einen niedrigen Qualifikationsstand. Durch den Einzug ***neuer Technologien***, vor allem der modernen Kommunikationsmittel wie Fax, Internet und E-mail, aber auch durch den Siegeszug der PCs, hat sich gerade auf diesem Sektor ein tiefgreifender Wandel vollzogen.

Heute sind es sehr oft hochqualifizierte Berufsgruppen, die von zu Hause aus arbeiten, beispielsweise Journalisten, Rechtsanwälte, Computer-Spezialisten oder Architekten.

Trotz dieser bemerkenswerten Veränderung hat sich das Mißtrauen gegen diejenigen gehalten, die nicht jeden Morgen in ein Unternehmen oder Büro gehen. Dabei bietet die Heimarbeit gerade für die Zukunft große Chancen. Experten rechnen in den nächsten Jahren mit einem stetigen Anstieg der Heimarbeit.

Heimarbeit beinhaltet diverse Vorteile:

- Der Mitarbeiter kann sich die Zeit frei einteilen.
- Dem Unternehmen entstehen geringere Kosten.
- Der Mitarbeiter kommt nicht in den Betrieb, um dort die Zeit abzusitzen.
- Auch Personen mit gesundheitlichen Problemen oder Mitarbeiter, die aus familiären Gründen, zum Beispiel zur Betreuung von Babys oder Pflegefällen in der Familie, ans Haus gebunden sind, können wieder in den Arbeitsprozeß eingegliedert werden.

Was sollte man bei Heimarbeit beachten?

Heimarbeit stellt besondere Anforderungen an die Führungskräfte:

- Dem Mitarbeiter muß eine sehr präzise Zielorientierung vermittelt werden (***Zielvereinbarung***).
- Das Belohnungs- und Prämiensystem sollte sich ausschließlich am Ergebnis ausrichten und nicht an der dafür aufgewendeten Zeit (***Gehalt***).
- Die Qualität der Arbeit muß nach genauen Kriterien festgelegt sein.
- Der soziale Kontakt muß aufrechterhalten werden.
- Bei neuen Mitarbeitern müssen anfangs viele Zwischenkontrollen durchgeführt werden. Sie können später allerdings wegfallen (***Kontrolle***).

Es muß gewährleistet sein, daß sowohl der Vorgesetzte als auch der Mitarbeiter ausreichend miteinander kommunizieren können. Beide müssen wissen, wann sie einander errreichen können.

Welche Risiken und Gefahren beinhaltet Heimarbeit?

- Der Vorgesetzte und die Kollegen haben keine direkte Zugriffsmöglichkeit.
- Durch den geringeren Face to Face-Kontakt besteht die Gefahr des Verlusts von sozialen Bindungen, sowohl gegenüber den Kollegen als auch in bezug auf das Gesamtunternehmen.
- Kommunikationsprobleme können entstehen (***interne Kommunikation***).
- Die ***Kontrolle*** der Leistung kann problematisch sein.
- Die Führungskraft kann dem Heimarbeiter keine direkte Hilfestellung geben.

Siehe auch Checkliste

Hierarchie

Was ist Hierarchie?

Der Begriff Hierarchie kommt aus dem Griechischen und bedeutet »heilige Herrschaft«. Hierarchie bezeichnet eine sehr alte ***Macht***struktur der Menschheit. Sobald eine Gruppe von Menschen in irgendeiner Form zusammentritt, werden sich unweigerlich Hierarchien aufbauen. Diese Verhältnisse innerhalb von Gruppen sind gekennzeichnet durch ein Geflecht von Beziehungen der Über- und Unterordnung zwischen den einzelnen Elementen.

Ein hierarchisches System kann unterschiedliche Ausformungen annehmen. In einem Unternehmen etwa ist die Hierarchie um so steiler, je höher die Anzahl der übergeordneten Ebenen ist. Umgekehrt ist sie um so flacher, je weniger übergeordnete Ebenen es in dem Unternehmen gibt.

Große Organisationen wie die Kirche oder die Armee wurden sehr erfolgreich hierarchisch geführt. In diesen Organisationen findet man die hierarchischen Strukturen auch heute noch in einer sehr prägnanten Form vor. In der Arbeitswelt und in anderen gesellschaftlichen Bereichen hingegen wurden die alten hierarchischen Systeme schrittweise aufgebrochen, manchmal auch gewaltsam beseitigt. Im letzteren Fall geschah dies allerdings meist mit dem Effekt, daß man eine mindestens ebenso hierarchische Struktur an Stelle des ehemaligen Systems etablierte.

Hierarchien haben eine Menge Vorteile, die sich auf folgende Punkte zusammenfassen lassen:

- Hierarchien sind sinnvoll, wenn Arbeiten von vielen Menschen auf eine Strategie hin koordiniert werden sollen.
- Hierarchien machen es möglich, Menschen mit unterschiedlichen Fähigkeiten zu steuern. Die bestehenden Organisationsstrukturen erleichtern den Mitarbeitern die Orientierung im Betrieb.
- Hierarchien schließen Mitbestimmung nicht aus. Die Mitarbeiter können und sollen an der Entscheidungsfindung beteiligt werden. Es werden zum Beispiel oft japanische Unternehmen als Beispiele dafür angeführt, hierarchische Strukturen in Frage zu stellen. Genauere Analysen zeigen aber, daß gerade die Japaner eine partizipatorische Entscheidungsfindung praktizieren. Vorstellungen der Führungskräfte werden dort gemeinsam diskutiert. So geht ein Vorschlag von oben nach unten und abschließend wieder nach oben. Auch Vorschläge von unten werden durch die Hierarchie nach oben geleitet (***Kaizen***, ***Mitarbeiterbeteiligung***). Dies fördert sowohl die ***interne Kommunikation*** als auch die Identifikation des einzelnen mit seiner Arbeit und seinem Unternehmen.

Was bedeuten Hierarchien für die Führung?

Wichtig für die Hierarchie sind vor allem zwei Faktoren: eine schnelle und funktionierende Kommunikation sowie unterschiedliche Formen der ***Mitarbeiterbeteiligung***.

Jeder Chef kann nur so gut sein wie seine Mitarbeiter. Prinzipiell sollte man darauf achten, die Hierarchie möglichst flach zu halten (***Lean Management***) und die ***Selbstverantwortung*** der Mitarbeiter zu stärken (***Organisationsentwicklung***, ***Mitarbeiterentwicklung***). Zufriedene, motivierte Mitarbeiter besitzen größeres Leistungsvermögen als Mitarbeiter, die von oben kleingehalten werden.

Wichtig ist auch, daß Ziele klar formuliert werden (***Zielsetzung***, ***Zielvereinbarung***) und sich alle Mitarbeiter mit dem Sinn der Ziele identifizieren können (***Sinnorientierung***). Sobald dies der Fall ist, werden weniger starke Hierarchiestrukturen erforderlich.

Die Wahl des richtigen ***Führungsstils*** entscheidet in Hierarchien zum großen Teil über den Erfolg der Führungskräfte. Er muß der eigenen hierarchischen Stellung und den Betriebsstrukturen entsprechen. Der Leiter eines kleinen Teams beispielsweie wäre mit der Wahl eines autoritären Führungsstils sicherlich schlecht beraten.

Welche Risiken beinhalten Hierarchien?

- Hierarchien werden oft in Frage gestellt. Um dies zu verhindern, muß eine Hierarchie beweglich und variabel gehandhabt werden. Ein rigides Durchsetzen der eigenen ***Macht***position wird immer starke Reaktionen herausfordern (***Autorität***).
- Am Beispiel des Militärs läßt sich ein Risiko von Hierarchiestrukturen besonders gut darstellen: Hierarchische Armeen waren immer erfolgreicher als unorganisierte, weil ihre Verhaltensweisen eingeübt und zielgerichtet koordiniert waren. Damit das funktionierte, mußte den Soldaten aber auch das Denken »aberzogen« werden. Streng hierarchisch geführte Unternehmen entwickeln demnach selten ***Innovationen***, da von seiten der Mitarbeiter keine Impulse mehr ausgehen. Man hat sich an das Gehorchen gewöhnt, ***Selbstverantwortung*** und damit auch Kreativität fallen weg. Ein weiterer Nachteil: Große Einheiten sind schneller durch kleine Zugriffe verletzbar (***Chaos Management***).
- Die Hierarchie darf nicht zum Selbstzweck werden. Besonders dann,

wenn eine Führungskraft ihre ***Macht*** mißbraucht, um die eigene Position zu sichern, wird Hierarchie gefährlich.

- Der Kontakt zur Basis kann durch zu steile Hierarchien gefährdet werden. Funktionierende ***interne Konmmunikation*** ist in allen streng hierarchisch geführten Unternehmen eine Seltenheit.
- Neben jeder offiziellen Hierarchie (***Organigramm***) existiert auch eine inoffizielle. Diese darf man nicht ignorieren. Zudem dürfen die offizielle und die inoffizielle Hierarchie nicht allzu weit auseinanderklaffen. So wird es zum Beispiel ein Vorgesetzter, der in der inoffiziellen Hierarchie ganz unten rangiert, ausgesprochen schwer haben, seinen offiziellen Status durchzusetzen. Die inoffizielle Hierarchie ist vor allem durch die ***soziale Kompetenz*** geprägt.

Literaturtip

Garfield, Charles: Spitzenmanagement im Team, Funktionale Führung statt Hierarchie, Berlin 1995

Innere Kündigung

Was ist innere Kündigung?

Der Begriff innere Kündigung bezeichnet eine mehr oder weniger bewußte Distanzierung vom Arbeitsplatz. Der Mitarbeiter möchte zwar sein ***Gehalt*** und seine Stellung im Unternehmen behalten, beabsichtigt aber nicht mehr, sich in irgendeiner Form zu engagieren. Er distanziert sich innerlich vom Betriebsgeschehen und verhält sich so weit wie möglich passiv. Bestes Beispiel hierfür ist der sogenannte »Dienst nach Vorschrift«.

Im Kern ist die innere Kündigung ein Zustand hochgradiger ***Demotivation***. Der Mitarbeiter strebt nach Aufgaben und Zielen, die entweder gar nicht oder nicht mehr realisierbar sind. So geschieht eine innere Kündigung oftmals dann, wenn Arbeitnehmer kurz vor Rente und Pensionierung stehen: Sie können absehen, daß sie in Zukunft nicht mehr mit ***Beförderungen***, Gehaltserhöhungen oder anderen Mitteln für ihre Arbeit belohnt werden. In anderen Fällen ist die Befürchtung vorherrschend, im Falle einer tatsächlichen ***Kündigung*** keine andere Arbeitsstelle zu bekommen. Ebenfalls häufig ist die innere Kündigung von dem Eindruck begleitet, eigene Interessen gegenüber Arbeitgebern und Vorgesetzten auch bei noch so guter Leistung nur schwer durchsetzen zu können. Dies mündet schließlich in ein Gefühl des Ausgeliefertseins und führt zu Ohnmacht, Hilflosigkeit und Resignation. Eine Folge der inneren Kündigung können auch die totale Selbstaufgabe und der Verlust des ***Selbstwertgefühls*** sein.

Die innere Kündigung vollzieht sich weitgehend unbemerkt vom Vorgesetzten. Der Betroffene wird sich darum bemühen, nach der inneren Kündigung zu einem besonders bequemen und angenehmen Mitarbeiter zu werden – schließlich will er nur seine Ruhe haben.

Was sind die Symptome und Ursachen von innerer Kündigung?

Zunächst einmal ist es äußerst schwierig, eine innere Kündigung zu erkennen. Folgende Symptome können auf eine innere Kündigung hinweisen: Der Mitarbeiter:

- wirkt lustlos,
- distanziert sich von der Arbeit,
- entwickelt keinerlei Eigeninitiative,
- hält sich strikt an die Regelarbeitszeit,
- macht konsequent »Dienst nach Vorschrift«,
- nutzt Freiräume während der Arbeitszeit für persönliche Interessen aus,
- erledigt Routinearbeiten mit möglichst geringem Aufwand und macht dabei häufig ***Fehler***,
- fällt durch häufige ***Krankheiten*** und viele ***Fehlzeiten*** auf,
- zeigt kein Interesse an den Ergebnissen und Erfolgen seiner Arbeit,
- läßt seine Fähigkeiten verkümmern,
- sabotiert die Arbeit beziehungsweise das Unternehmen,
- geht schlampig mit Gemeinschaftseigentum wie den ***Sozialräumen*** um.

Wichtig für die Führungskraft ist es herauszufinden, wo die Ursachen für eine innere Kündigung liegen. Mögliche Ursachen können sein:

- fehlende Anerkennung (***Anerkennungsgespräch***),
- fehlendes Feedback für die Arbeit des Mitarbeiters,
- fehlende Erfolgserlebnisse (***Mißerfolgskreislauf***),
- fehlende Belohnungen wie Gehaltserhöhungen oder ***Beförderung***en,
- fehlende Perspektiven beruflicher Art (***Karriereplanung***),
- stark eingeschränkte Entscheidungsfreiheit des Mitarbeiters (***Selbstverantwortung***),

- ungenügende Kompetenzen (***Personalauswahl***),
- permanente Unter- oder Überforderung,
- gravierende Führungsfehler und mangelnde ***Führungskompetenz***,
- ***Mobbing***.

Die Führungskraft sollte möglichst schnell reagieren, sobald sie bei einem Mitarbeiter eine innere Kündigung vermutet. Der Katalog der angemessenen Reaktionen von seiten der Führungskraft umfaßt:

- Die verschiedenen Formen der Mitarbeitergespräche bieten sich an wie ***Anerkennungsgespräch***, ***Personalgespräch***, ***Gehaltsgespräch***, ***Beurteilungsgespräch***, ***Zielsetzungs***gespräch und ***Zielvereinbarungs***gespräch. ***Korrekturgespräche*** und Gruppengespräche sind ebenfalls denkbar.
- Personelle Maßnahmen wie ***Beförderung***, ***Abmahnung***, ***Kündigung*** oder ***Versetzung*** können initiiert werden.
- Qualitative Aspekte der Arbeit können verbessert werden, dazu zählen etwa ***Weiterbildungs***maßnahmen, Kompetenzerweiterungen, die Beteiligung von Mitarbeitern an Entscheidungen und die Neu-***Delegation*** von Aufgaben. Zudem kann man bei älteren Mitarbeitern Perspektiven schaffen, etwa durch ***Mentoring***.
- Rahmenbedingungen können geändert werden: Freiräume müssen geschaffen werden, die ***Arbeitsplatz***gestaltung sollte überprüft, flexiblere ***Arbeitszeiten*** sollten eingeführt und die allgemeinen Bedingungen können durch die Durchführung von ***Mitarbeiterbefragungen*** optimiert werden.

Der Vorgesetzte sollte gegebenenfalls auch seinen eigenen ***Führungsstils*** überprüfen. Eine ***Selbstbild-/Fremdbildanalyse*** ist dafür ein gutes Mittel (***Führung der eigenen Person***).

Welche Risiken beinhaltet die innere Kündigung?

Die innere Kündigung birgt das Risiko der Demotivation des einzelnen Mitarbeiters. Dieser ist nicht mehr leistungsbereit und leistungsfähig. Dieses Verhalten kann sich auf andere Mitarbeiter negativ auswirken, vor allem, wenn es sich um eine enge Zusammenarbeit im Team handelt. Die Auswirkungen können ebenfalls einen negativen Einfluß auf das ***Betriebsklima*** haben. Der Mitarbeiter neigt dazu, häufiger Fehler zu machen. Die Fehlzeiten und Ausfälle durch Krankheit mehren sich. Im schlimmsten Fall kann der Mitarbeiter sogar das Unternehmen und die Arbeit seiner Kollegen sabotieren. Fast immer führt die innere Kündigung dazu, daß Mitarbeiter für eine normale Aufgabenerfüllung nicht mehr geeignet sind, wenn nicht gegengesteuert wird.

Literaturtip

Krystek, Ulrich/Becherer, Doris/Deichelmann, Karl H.: Innere Kündigung, Ursache, Wirkungen und Lösungsansätze, München, Mering 1995

Innovation

Was ist Innovation?

Unter Innovation versteht man die Entstehung neuer Ideen, Theorien, Formen und Produkte. Dabei ist es sehr wichtig, daß diese Neuerungen einerseits Bezug nehmen auf Entwicklungen im stattfindenden Wandel. Eine Idee, die niemand braucht, ist absolut nutzlos. Andererseits gehört zu einer guten Idee auch dazu, daß sie die Kraft entfaltet, in der Institution, in der sie entsteht, eine Veränderung zu bewirken.

Veränderungen werden von den meisten Menschen zuerst einmal als etwas Negatives empfunden. Sie fordern und erfordern ein Umdenken. Eine Innovation muß also eine gewisse Macht und Eigendynamik haben, um alte Gewohnheiten aufzubrechen.

Innovationen können auf verschiedene Arten geschehen:

- Sie können inhaltlicher Art sein, zum Beispiel, wenn ein Unternehmen seine ***Unternehmenskultur*** oder seine ***Unternehmensphilosophie*** ändert.
- Sie können organisatorischer Art sein, wenn etwa neue Organisationsformen eingeführt werden, zum Beispiel ***Lean Management***, ***Chaos Management***, ***Change Management***, ***Total Quality Management***, ***Kaizen*** oder ***Empowerment***.
- Sie können technischer Art sein, das bedeutet, daß ***neue Technologien*** die Arbeitsabläufe verändern. Dies ist zum Beispiel der Fall, wenn ein Betrieb auf eine neue EDV umstellt.
- Die Neuerungen können auch durch den Gesetzgeber erzwungen sein, wenn etwa neue Schadstoff-Emmissions-Richtlinien erlassen wurden.

- Veränderungen können auch durch die ***Konkurrenz*** erzwungen werden. Gute Beispiele dafür finden sich in der Computer- oder Automobil-Industrie.
- Schließlich können Veränderungen auch durch politische Veränderungen herbeigeführt werden, etwa durch die Einführung von ***Arbeitszeit***verkürzungen.

Was kann man als Führungskraft tun, um Innovationen zu begünstigen?

Erneuerungen erfordern Kreativität, klares Denken und die Fähigkeit, etwas zu Ende bringen zu können. Denker und Ausführende müssen eng zusammenarbeiten, und die Unternehmensspitze muß ein Klima schaffen, in dem die Manager nicht nur neue Ideen entwickeln können, sondern auch die für die Durchführung erforderlichen Mittel zur Verfügung haben. Der Erfolg eines innovativen Projektes ist daher von zwei Dingen abhängig: von den Eigenschaften der einzelnen Führungskräfte und vom Organisationsklima(***Kreativitätstechniken***).

Es gibt dabei individuelle Eigenschaften, die man braucht, um ein »Erneuerer« zu sein:

- Man muß eine klare Vorstellung von den Ergebnissen haben, die man erzielen möchte – ohne sich zu Beginn zu sehr über den Weg dorthin Gedanken zu machen.
- Man muß das Ziel und den Nutzen des Projektes klar definieren.
- Man muß Sinn und Zweck des Projektes überzeugend vortragen können.
- Man muß nicht nur von den Vorgesetzten, sondern auch von den Kollegen und Mitarbeitern unterstützt werden. Es ist wichtig, eine Koalition aufzubauen, in der jeder von der Nützlichkeit des Projektes einigermaßen überzeugt ist (***Gewinner-Gewinner-Modell***).
- Man muß den Mut haben, kalkulierte Risiken einzugehen, und sich dem Sturm entgegenstellen, wenn die unvermeidbaren Rückschläge eintreten.
- Man muß fähig sein, Menschen zu aktivieren. Man muß sie dazu mobilisieren, das Projekt mit allen Mitteln zu unterstützen, dafür eignet sich der partizipative ***Führungsstil*** am besten.
- Man muß die Kraft haben, Unterstützung und Ressourcen zu mobilisieren und eine Umsetzung der Arbeit zu erreichen.
- Man muß die Fähigkeit besitzen, Widerstand oder Einwände, die sich gegen das Projekt richten, aus der Welt zu schaffen. Zuweilen kommt der

Widerstand offen zum Ausdruck, doch oft tritt er in passiver oder versteckter Form auf: Einzelheiten des Plans werden kritisiert, Anfragen verspätet beantwortet oder die Zuweisungen für Zeit und Ressourcen verzögert – versteckter Widerstand zählt zum gefährlichsten.
- Man muß die Charakterstärke beweisen, die erforderlich ist, damit die anfängliche Begeisterung für das Projekt nicht abreißt, sobald die ersten Unannehmlichkeiten auftreten.

Zu den individuellen Eigenschaften, die eine Innovation begünstigen, kommen solche, die das Unternehmen benötigt:
- Ein freier Informationsfluß ist wichtig, der die Führungskräfte in unerwarteten Bereichen auf neue Ideen stoßen läßt und sie veranlaßt, Informationsfragmente zu kombinieren (***interne Kommunikation***).
- Die einzelnen Abteilungen müssen in einem engen und häufigen Kontakt zueinander stehen. Sowohl laterale als auch vertikale Beziehungen werden durch die freie Verfügbarkeit von Ressourcen, Informationen und Unterstützung gefördert.
- Teamarbeit und gleiche Anerkennung für alle müssen zu einer Tradition werden.
- Spitzenkräfte, die an die Notwendigkeit von Innovation glauben und die dafür erforderlichen Mittel verfügbar machen, sind notwendig (***visionäres Management***).
- Führungskräfte, die die Fähigkeit und den Wunsch haben, Gelegenheiten beim Schopf zu packen und sich für Innovationen Zeit zu nehmen, sind ebenfalls unerläßlich.

Innovationen können gefördert werden, wenn man folgende Regeln beachtet:
- Man sollte jeder neuen, von unten kommenden Idee mit Interesse und Neugier begegnen, weil sie neu ist und weil sie von der Basis, den Fachkräften, kommt.
- Man muß darauf achten, daß Mitarbeiter für eine Neuerung so wenig Zustimmungen wie möglich einholen müssen, auch nicht von höheren Ebenen.
- Man sollte Abteilungen oder Mitarbeiter davon abhalten, daß sie ihre Vorschläge gegenseitig kritisieren (***Konfliktmanagement***).
- Man sollte viel loben und wenig kritisieren. Das verhindert unnötigen Druck.
- Man sollte die Aufdeckung von Problemen belohnen, damit die Mitarbeiter ein Gespür dafür bekommen, wo Schwachstellen liegen. Außerdem ist das der beste Weg, um Informationen über Problembereiche zu erhalten. Man sollte möglichst viele Kontrollen abbauen.

- Entscheidungen zur Reorganisation sollten offen gefällt und mit den Mitarbeitern vorher abgesprochen werden.
- Man sollte Informationen für alle leicht und einfach zugänglich machen. Man sollte außerdem dafür sorgen, daß Informationen auch dann gegeben werden, wenn die Nachfrage nicht begründet wird.

Welche Chancen und Risiken beinhalten Innovationen?

Innovationen sind der Lebenssaft einer Organisation. Eine Organisation – oder die Menschen, die ihr angehören – kann sich keine größere Blöße geben als durch die Behauptung, die alten Methoden seien seit jeher die besten. Unternehmen müssen sich verändern, um überlebensfähig zu bleiben (***Kaizen***, ***Change Management***, ***Vorschlagswesen***).

Innovationen bedeuten jedoch auch Veränderung, und Veränderungen sorgen oft für Verunsicherung und Angst.

Neue Ideen stellen alte in Frage. Dadurch könnten sich diejenigen Mitarbeiter und Führungskräfte angegriffen fühlen, die diese alten Verfahren oder Abläufe entwickelt haben. Das kann wiederum zu einem schlechten ***Betriebsklima*** führen.

Literaturtip

Nefiodow, Leo A.: Der sechste Kondratieff, Wege zur Produktivität und Vollbeschäftigung im Zeitalter der Information, St. Augustin 1997

Tushman, Michael L./O'Reilly, Charles A.: Innovation ist machbar, Landsberg am Lech 1998

Instanzenmodell

Wie sieht das Instanzenmodell aus?

Das Instanzenmodell geht auf den Begründer der Psychoanalyse Sigmund Freud zurück. Er führte das menschliche Verhalten auf drei psychologische Instanzen zurück: das Ich, das Über-Ich und das Es.

Freud sah im Inneren des Menschen drei Instanzen, die im Widerstreit miteinander das menschliche Handeln bestimmen. Jede der drei Instanzen versucht, seine Vorstellungen zu verwirklichen. Die Vorstellungen können dabei denkbar unterschiedlich und überhaupt nicht miteinander vereinbar sein.

- *Ich:* Das Ich ist keine freie Instanz. Vielmehr ist es die Kontrollinstanz, die zwischen den Normen und Werten des Über-Ich und den Bedürfnissen und Wünschen des Es ausgleichen muß. Das Ich trifft letztlich die Entscheidung zwischen den oft widerstreitenden anderen beiden Instanzen.
- *Über-Ich:* Das Über-Ich ist ein Ideal-Ich, das durch unsere Erziehung geprägt wird. Hier sind alle Werte und Normen, auch unser »Gewissen« gespeichert. Das Über-Ich bestimmt, wie wir sein wollen und sein sollen. Das Elternhaus, die Schule und die Religion üben einen Einfluß auf uns aus und bestimmen unser persönliches Wertesystem.
- *Es:* Im Es befinden sich unsere Gefühle und Triebe. Hier regiert das Lustprinzip, sämtliche Wünsche und Bedürfnisse befinden sich in dieser Instanz.

Wann ist das Modell hilfreich?

Führungskräfte sollten in ihr Verhalten einbeziehen, daß alle Mitarbeiter – auch sie selbst – nicht allein aus dem Ich heraus handeln und reagieren, sondern gelernte Normen und Werte aus dem Über-Ich genauso wie natürliche Triebe und Bedürfnisse das Verhalten mitbestimmen.

Interne Kommunikation

Was ist interne Kommunikation?

Den Austausch von Informationen zwischen den verschiedenen Stellen und Abteilungen eines Unternehmens nennt man interne Kommunikation. Jedes Mitarbeitergespräch, jedes Korrekturgespräch, jede Delegation, aber auch Besprechungen, Konferenzen und Workshops sind Teil der internen Kommunikation. Da interne Kommunikation also immer und gewissermaßen sowieso stattfindet, wird sie von vielen Führungskräften auch nicht als spezifische Führungsaufgabe erkannt, sondern passiert einfach. Manchmal erfahren Mitarbeiter die neusten Nachrichten über ihr Unternehmen von Externen, z. B. von Kunden oder gar aus der Zeitung. Doch da auch Nicht-Kommunikation, wie das Verschweigen oder Tabuisieren von Themen, von Menschen auf verschiedenen Ebenen interpretiert wird (***vier***

Ebenen einer Botschaft), empfiehlt es sich, interne Kommunikation aktiv und direkt zu betreiben, Kommunikationswege zu schaffen und Freiräume zur Kommunikation bereitzustellen.

Wie fördert man interne Kommunikation?

Jedes Unternehmen sollte sich um eine offene Informationspolitik bemühen und die interne Kommunikation auf allen Bereichen fördern. Als Führungskraft sollte man auf Folgendes achten:

- Mitarbeiter brauchen nicht nur die Informationen, die sie zur direkten Erledigung ihrer Aufgaben unbedingt benötigen. Sie müssen Zusammenhänge sehen und ihr Arbeitsgebiet in einen größeren Rahmen einordnen können, um motiviert arbeiten zu können (***Sinnorientierung***).
- Der Vorgesetzte muß rechtzeitig und regelmäßig informieren und die Informationsbedürfnisse seiner Mitarbeiter ernst nehmen.
- Die Mitarbeiter ihrerseits sind verpflichtet, ihren Vorgesetzten über alle wesentlichen Vorkommnisse des eigenen Arbeitsbereiches zu unterrichten.
- Aus der Analyse unvorhergesehener Entwicklungen kann sich die Überprüfung oder Korrektur der Ziele ergeben. Der Anstoß hierzu muß von dem kommen, der als erster die abweichende Entwicklung erkennt.
- Querinformationen auf allen Ebenen zu Mitarbeitern anderer Zuständigkeitsbereiche sind unerläßlich, damit Doppelarbeit und Zeitverluste vermieden werden. Jeder Mitarbeiter ist deshalb verpflichtet, auch Mitarbeiter anderer Arbeitsbereiche zu informieren.
- Bei unzureichendem Informationsstand sind Führungskräfte und Mitarbeiter verpflichtet, sich selbst um Information zu bemühen. Aus der Information muß man eine Bring- und Holschuld machen.
- Es kann nicht jeder über alles informiert werden. Eine Informationsüberflutung sollte man vermeiden. Daher sollte man stets kurze und übersichtliche Informationen weitergeben. Wer dann mehr Informationen benötigt, kann nachfragen.
- Im Interesse des Unternehmens und seiner Mitarbeiter sollte absolute Vertraulichkeit sichergestellt sein.

Für die formalen Maßnahmen der Kommunikationsregelung stehen einer Führungskraft folgende Instrumente zur Verfügung:

- ***Stellenbeschreibung:*** Die Kommunikation kann durch Stellenbeschreibungen geregelt werden: Informationspflichten sind so formal abgesichert.

- *Sonderanweisungen:* Die Kommunikation kann aber auch durch besondere ***Anweisungen*** geregelt werden: Beim Auftauchen von Problemen im Kommunikationsbereich werden so durch Anweisungen Schwachstellen behoben.
- ***Besprechungen/Konferenzen:*** Der Informationsaustausch kann durch regelmäßige Gespräche und Besprechungen/Konferenzen gewährleistet sein: Alle Betroffenen können gleichzeitig und zwangsläufig auch mit den genau gleichen Regelungen vertraut gemacht werden. Verschiedene Konferenzarten sind etwa folgende:
  - *Die tägliche Postbesprechung:* Hier erfolgen kurze Absprachen über das Tagesgeschäft.
  - *Langfristigere Leistungskonferenzen:* Dies sind wöchentliche oder monatliche Konferenzen mit mittel- und langfristigen Problemstellungen und festgelegter Tagesordnung.
  - *Besprechung der Abteilungsleiter:* Hier werden übergeordnete Problemstellungen und langfristige Strategien besprochen.
- *Mitarbeiterzeitschrift:* In schriftlicher Form können Mitarbeiter auch durch regelmäßige Unternehmenspublikationen informiert werden; oft gibt es auch abteilungsbezogene regelmäßige Rundschreiben. Schriftliche Informationen empfehlen sich besonders bei Außendienstmitarbeitern, um zu sichern, daß alle Mitarbeiter recht- und gleichzeitg informiert werden.
- *Öffentliche Aushänge:* Ebenfalls schriftlich, aber ohne großen Aufwand lassen sich Informationen durch interne Aushänge am Schwarzen Brett oder im Eingangsbereich vermitteln. Das setzt allerdings voraus, daß alle Mitarbeiter Zugang zu diesem Informationspunkt haben und sich die Informationen dort auch aktiv abholen. Vertrauliche Informationen können aber auf diesem Weg sehr schnell in falsche Hände gelangen. Auch muß sichergestellt sein, daß niemand die Information eigenmächtig entfernen kann.

Welche Chancen beinhaltet interne Kommunikation?

Interne Kommunikation hat für ein Unternehmen viele Vorteile:

- Arbeitsabläufe können dadurch optimal koordiniert werden (***Innovation, Organisationsentwicklung***).
- Die Leistungsfähigkeit wird gesteigert, und das ***Betriebsklima*** verbessert sich.

- Das Unternehmen und seine Mitarbeiter bilden dann eine geschlossene Einheit, wenn die interne Kommunikation funktioniert. So fällt es zum Beispiel leichter, eine ***Unternehmenskultur*** zu schaffen und durchzusetzen.
- Durch interne Kommunikation werden die Mitarbeiter selbständiger, sie können besser Entscheidungen treffen (***Delegation***).
- Fehlentscheidungen können vermieden werden, wenn miteinander gesprochen wird.
- ***Neue Technologien***, wie E-Mail oder Intranet können als Hilfsmittel zum Einsatz kommen.

Welche Probleme tauchen bei interner Kommunikation auf?

Interne Kommunikation stellt in Unternehmen oft ein Problem dar. Jedoch gilt es zu bedenken, daß mangelnde oder verspätete Informationen den Betriebsablauf in einem erheblichen Maße stören können. Gründe dafür, daß interne Kommunikation nicht praktiziert wird, können folgende sein:

- Einzelne Mitarbeiter erhoffen sich Vorteile davon, wenn sie Informationen zurückhalten (»Wissen ist Macht«).
- Oft wird aus Bequemlichkeit nicht mit dem anderen gesprochen.
- Zeitmangel oder Streß bewirken, daß nicht genügend informiert wird.

Literaturtip

Lay, Rupert: Führen durch das Wort, Berlin 1996

Interne Kundenorientierung

Was heißt interne Kundenorientierung?

Das Modell der internen Kundenorientierung wurde ursprünglich im Zusammenhang mit neueren japanischen Managementkonzeptionen entwickelt. Hier ist insbesondere das ***Total Quality Management*** zu nennen.

Ausgangspunkt des komplexen Konzepts des Total Quality Managements war die Frage danach, wie den gestiegenen Ansprüchen an Produkt- und Herstellungsqualität des Endproduktes zu begegnen sei. Die langfristige Wettbewerbsfähigkeit sollte gewährleistet bleiben. Hierzu mußte die Koordination aller individuellen Arbeitsleistungen der im Unternehmen Beschäftigten verbessert werden. Gleichzeitig sollte die ***Motivation*** jedes Mitarbeiters erhöht und die Bereitschaft zur Kooperation gefördert werden. Die Bedürfnisse nach mehr Selbständigkeit und Verantwortlichkeit der Mitarbeiter mußten berücksichtigt werden. Eine neue ***Unternehmensphilosophie*** war verlangt, die als Verhaltensmodell die (betriebs-)interne Kundenorientierung beinhaltet.

Jeder Mitarbeiter ist sein eigener Unternehmer.

Jeder Mitarbeiter im Unternehmen soll sich vorstellen, er sei selbständiger Unternehmer, Anbieter oder Lieferant seiner Arbeitsleistung. Sein Arbeitsplatz sei eine Firma, deren wirtschaftliches Überleben davon abhängt, qualitativ hochwertige Produkte anzubieten und sich stark kundenorientiert zu verhalten. Sein Produkt, die eigene Arbeitsleistung, kann ein materielles Gut oder eine Dienstleistung sein. Seine Kunden sind alle Kollegen, Mitarbeiter oder Vorgesetzte, die bei ihm eine Leistung nachfragen. Die Leistung muß auf deren Bedürfnisse zugeschnitten sein.

Jeder Mitarbeiter ist Kunde und Lieferant seiner Kollegen.

Die Rollenverteilung ist dabei dynamisch. Der Mitarbeiter wechselt ständig von der Rolle des Kunden in die Rolle des Lieferanten und umgekehrt. So wird das gesamte Unternehmen mit einem Netzwerk von Kunden-Lieferanten-Beziehungen durchzogen.

In welchen Situationen ist interne Kundenorientierung hilfreich?

Das Modell der internen Kundenorientierung ist ein Instrument, das die ***interne Kommunikation*** optimieren kann. Wenn jeder Mitarbeiter sich abwechselnd in der Rolle des Kunden oder Lieferanten wiederfindet, wird er an die Abhängigkeit von seinen unmittelbaren Mitarbeitern und Kollegen erinnert. Es verhindert Isolation auch in ihren extremen Auswirkungen wie ***Mobbing*** oder ***innerer Kündigung***. Wenn interne Kundenorientierung in der Unternehmensphilosophie verankert ist, fällt es auch nicht schwer, diese nach außen zu kommunizieren.

Literaturtip

Geyer, Dietmar/Bauer, Andreas: Lean Marketing, Landsberg am Lech 1993

Jahresgespräch

Was ist ein Jahresgespräch?

Ein Jahresgespräch ist ein Mitarbeitergespräch. Es findet, wie der Name schon vermuten läßt, einmal im Jahr statt. In diesem Gespräch bekommt sowohl der Mitarbeiter als auch die Führungskraft ein allgemeines Feedback der vergangenen Monate. Das Jahresgespräch dient dazu, ein Resümee zu ziehen, Erfolge und Probleme zu analysieren und ***Zielvereinbarungen*** für das kommende Jahr zu treffen. Es darf jedoch nicht mit einem ***Gehaltsgespräch*** verwechselt werden.

Ein Jahresgespräch sollte einmal im Jahr zu einem passenden Termin angesetzt werden. Es hat für die Führungskraft jedoch einige Vorteile, wenn sie statt dessen Halbjahresgespräche führt. So bleibt der Vorgesetzte näher an der ***Mitarbeiterentwicklung*** und der ***Karriereplanung*** des einzelnen beteiligt. Auf diese Weise wird das Gespräch auch zu einer guten Alternative für ein ***Beurteilungsgespräch***, da es offener geführt werden kann.

Wie führt man ein Jahresgespräch?

Für das erfolgreiche Führen eines Jahresgesprächs gilt es, einige Voraussetzungen zu erfüllen:

- Die innere Bereitschaft zum Führen des Jahresgespräches muß bei beiden Beteiligten vorhanden sein. Jeder sollte mindestens zwei bis drei Stunden Zeit dafür einplanen, am besten wäre ein Termin, der Raum läßt für ein offenes Gesprächsende.
- Der Gesprächstermin sollte rechtzeitig bekannt sein, damit genug Zeit besteht, sich optimal darauf vorzubereiten.
- Das Gespräch sollte nicht gestört werden, deshalb ist es von Vorteil, wenn es außerhalb des Büros geführt wird. Dabei muß allerdings darauf geachtet werden, daß bei einem Gespräch zwischen Mann und Frau keiner der beiden kompromittiert wird.

Bei einem Jahresgespräch werden im Unterschied zu einem ***Beurteilungs-*** und ***Feedback-Gespräch*** keine einzelnen Vorkommnisse besprochen. Es geht darum, Tendenzen und Entwicklungen, die im letzten Jahr auffällig geworden sind, zu bilanzieren. Allgemeine Fragen sollen offen und möglichst ohne Druck besprochen werden. Jahresgespräche sind als nondirektive

Gespräche zu führen, dabei hilft der gezielte Einsatz von ***Gesprächsführungstechniken***.

Ein Jahresgespräch schafft eine gute Basis für eine weitere vertrauensvolle Zusammenarbeit zwischen Führungskraft und Mitarbeitern. Es macht den Vorgesetzten auf Fehlentwicklungen innerhalb seines Bereiches und in seinem ***Führungsstil*** aufmerksam. Es dient der ***Mitarbeiterentwicklung***.

Welche Risiken beinhaltet ein Jahresgespräch?

- Da das Jahresgespräch nur einmal jährlich stattfindet, besteht die Gefahr, daß anstehende Probleme bis dahin vertagt werden.
- Der Vorgesetzte sieht darin eine gute Möglichkeit, seinen Mitarbeitern Lob und Anerkennung auszusprechen, versäumt dies aber den Rest des Jahres über.
- Die Führungskraft kann nicht mehr auf einzelne, zurückliegende Vorfälle eingehen, weil dies gegenüber den Mitarbeitern nachtragend wirken würde.
- Es gibt im Unterschied zum Beurteilungsgespräch keine Beurteilungsskala und keinen vorgeschriebenen Gesprächsablauf. So kann das Jahresgespräch mit der Zeit zu einem Austausch von Nichtigkeiten verkommen.
- Die ***Zielvereinbarungen*** eines Jahresgespräches können wegen des eher formlosen Charakters (im Unterschied zur ***Stellenbeschreibung***) als nicht bindend angesehen werden.

Siehe auch Checkliste

Literaturtip

Meier, Harald: Personalentwicklung, Konzept, Leitfaden und Checklisten, Wiesbaden 1991

Kaizen

Was ist Kaizen?

Kaizen stammt aus dem Japanischen und bedeutet »langsame, niemals endende Vervollkommnung in allen Bereichen«. Die Kaizen-Philosophie geht davon aus, daß jedes System nach seiner Errichtung ständig vom Niedergang bedroht ist. Deshalb muß es ständig erneuert und verbessert werden (***Veränderung***).

Auf ein Unternehmen übertragen heißt das, daß man einen einmal erreichten Status, zum Beispiel das Qualitätsniveau, nur mit enormen Anstrengungen erhalten kann. Noch höhere Anstrengungen sind zur Weiterentwicklung und zu Verbesserungen notwendig. Kaizen bedeutet, Arbeitsprozesse ständig zu optimieren. Nur das Streben nach immer höheren Standards in jedem Unternehmensbereich führt zu einer Reihe von schrittweisen Verbesserungen. Diese ihrerseits ermöglichen bessere Leistungen. Das Ziel dabei ist, daß alle Mitarbeiter und Führungskräfte sowie die Geschäftsleitung mit ihrer Tätigkeit zur Verbesserung der Leistungen und der allgemeinen Effektivität beitragen.

Zur kontinuierlichen Verbesserung empfehlen sich folgende Schritte:

1. Die ***Unternehmensphilosophie*** wird formuliert und den Mitarbeitern vermittelt.
2. Die Schlüsselbereiche, in denen eine Politik der kontinuierlichen Verbesserung der Unternehmensstrategie dienlich sein kann, müssen festgelegt werden.
3. Programme zur kontinuierlichen Verbesserung werden ausgearbeitet, vor allem im Hinblick auf Prozeßoptimierung, Qualität und Beschleunigung von Entwicklung, Fertigung und Lieferzeiten (***Planung***, ***Total Quality Management***, ***Kundenorientierung***).
4. Neue Ideen werden systematisch gesammelt, geprüft und entwickelt, zum Beispiel mit Hilfe von ***Besprechungen, Workshops*** oder ***Vorschlagswesen.***
5. Schulungen zur Entwicklung und Realisierung von Ideen werden durchgeführt (***Weiterbildung***, ***Training***, ***Coaching***).
6. Es werden Leistungsmaßstäbe erarbeitet, die eine Überwachung der Fortschritte ermöglichen. Darüber hinaus eignen sie sich dazu, Prioritäten für zukünftige Entwicklungen festzulegen (***Kontrolle***).
7. Gute Ideen werden gebilligt und anerkannt (***Anerkennungsgespräch***, ***Gehalt***, Prämie).

Die Entwicklung einer Kultur der kontinuierlichen Verbesserung wird vor allem dann gefördert, wenn das Unternehmen eine ***lernende Organisation*** ist und über Richtlinien für die kontinuierliche Verbesserung verfügt.

Was bedeutet Kaizen für die Führung?

In einer Umgebung, die auf kontinuierliche Verbesserung ausgerichtet ist, besteht das vorrangige Ziel von Managern und Teamleitern, die ***Motivation*** ihrer Mitarbeiter dahingehend zu fördern, neue Ideen und Konzepte zu entwickeln.

Für die Führungskräfte besteht die Hauptaufgabe bei Kaizen demnach darin, ein Umfeld zu schaffen, in dem neues Denken begrüßt und gefördert wird:

- Kaizen erfordert einen ***Führungsstil***, bei dem Überzeugungskraft und die Fähigkeit, persönliche Erfahrungen weiterzuvermitteln, oberste Priorität haben.
- Zur Realisierung dieses Ziels sind flache Organisationsstrukturen (***Lean Management***) und möglichst geringe Kommunikationsbarrieren im Unternehmen (***interne Kommunikation***) erforderlich.
- ***Teamarbeit*** und offene Türen im Management unterstützen den freien Informationsfluß und damit die kreative Ideensuche und ***Innovation***.
- Führungskräfte haben nicht nur die Aufgabe, ***Kontrolle*** auszuüben oder Entscheidungen zu treffen (***Entscheiden***). Sie müssen darüber hinaus in der Lage sein, zu motivieren und Ideen zu managen. Hierbei ist es wichtig, das Verbesserungspotential auch in scheinbar kleinen Ideen erkennen zu können. Gleichzeitig gilt es, den Blick für das Ganze zu bewahren. Diese Fähigkeiten bedürfen ständiger Schulung (***Mitarbeiterentwicklung, Weiterbildung***, ***Training***, ***Coaching***).

Kaizen bedeutet für die Führungskraft vor allem, daß sie die Aktivitäten zur Problemlösung und zur kontinuierlichen Verbesserung leitet. Mit wachsender Erfahrung können dann auch andere Teammitglieder die Verantwortung in den Verbesserungsgruppen übernehmen. Manager und Aufsichtspersonen müssen akzeptieren, daß sie nicht das alleinige Wissen um die besten Methoden gepachtet haben, mit denen man Aufgaben ausführen oder Verbesserungen durchführen kann (***Macht***, ***Autorität***). Man sollte vielmehr davon ausgehen, daß ein Mitarbeiter, der die eigentliche Tätigkeit ausführt, sehr viel mehr von der detaillierten Aufgabenstellung weiß als seine Vorgesetzten (***Selbstverantwortung***, ***Delegation***).

Das Streben nach kontinuierlicher Verbesserung sollte zur Lebenshaltung eines Unternehmens werden, das sich im Verhalten aller Mitglieder der Organisation ausdrückt. Unterstützend wirkt dabei ein gezieltes Leistungs- und Belohnungsmanagement (***Gehalt***). Wichtig ist aber auch die persönliche Anerkennung für den Mitarbeiter (***Anerkennungsgespräch***).

Welche Risiken und Gefahren beinhaltet Kaizen?

- Eine Nichtbeachtung der Vorschläge ohne Angabe von Gründen kann leicht dazu führen, daß der Mitarbeiter frustriert ist. Eine mögliche Folge davon könnte sein, daß er sich nicht mehr um Verbesserungen bemüht.
- Erfahrungen mit Kaizen haben gezeigt, daß den Mitarbeitern vor allem die Realisierung der Vorschläge am Herzen liegt, weniger als die damit verbundene Belohnung. Nicht alle Vorschläge können jedoch sofort realisiert werden. Hierbei muß um das Verständnis der Mitarbeiter geworben werden.
- Manche Vorgesetzte neigen dazu, Verbesserungsvorschläge als Untergrabung der eigenen Qualitäten anzusehen. Diesem Denken muß man frühzeitig begegnen.
- Die Verwaltung der Vorschläge erfordert einen relativ hohen Verwaltungsaufwand.
- Der Prozeß des Kaizen hat die Tendenz, mit der Zeit immer stärker abzuflachen. Deshalb muß es immer wieder Impulse geben, um Verbesserungen auf den Weg zu bringen.
- Viele Mitarbeiter haben Angst vor Veränderungen. Deshalb müssen Neuerungen offen besprochen und diskutiert werden.

Tip

Transparenz ist äußerst wichtig! Vermitteln Sie allen Mitarbeitern immer wieder die Ziele der kontinuierlichen Verbesserung, und machen Sie ihnen klar, welche Beiträge man von ihnen erwartet und was bisher erreicht wurde.

Literaturtip

Urban, Christine: Das Vorschlagswesen und seine Weiterentwicklung zum europäischen Kaizen, Das Vorgesetztenmodell, Konstanz 1994

Karriereplanung

Was ist Karriereplanung?

Die Karriereplanung ist ein Instrument der Personalentwicklung. Durch die Karriereplanung schafft sich ein Unternehmen eine Leitlinie, an der sich die ***Mitarbeiterentwicklung*** und -ausbildung ausrichten kann. Die individuelle Laufbahnplanung stellt nicht nur die Basis der Mitarbeiterausbildung und -entwicklung dar, sondern sie ist ein wesentlicher Bestandteil von ihr. In der individuellen Karriereplanung wird festgelegt, wann ein Mitarbeiter welche Tätigkeit ausüben soll. Generell werden Laufbahnziele im Unternehmen durch drei Faktoren festgelegt:

- durch den Bedarf an Mitarbeitern, die die jeweiligen Anforderungen einer Tätigkeit erfüllen,
- durch die individuelle Eignung der Mitarbeiter für bestimmte Stellen,
- durch ihre persönlichen Entwicklungswünsche (***Lebensplanung***).

Eine der Schwierigkeiten der Karriereplanung resultiert daraus, daß ein Mitarbeiter den künftigen Bedarf der Firma nicht aufgrund gegenwärtig bestehender Anforderungen ermitteln kann. Vielmehr muß er selbst Annahmen über die zukünftig zu erwartenden Anforderungen treffen.

Karriereplanung ist vor allem bei jungen Menschen in mittleren und gehobenen Führungsebenen sinnvoll. Ein Unternehmen sollte die Karriereplanung unbedingt fördern, wenn es frei werdende Stellen aus den eigenen Reihen besetzen will.

Wie geht das?

Zunächst müssen die Vorbedingungen für eine effektive Karriereplanung geschaffen werden:

- Der Mitarbeiter benötigt eine eigene, persönliche ***Zielsetzung*** für seine Karriere. Er muß wissen, was er will.
- Geht es um die Planung der konkreten Ziele und der nächsten beruflichen Schritte, so sollte der dafür zuständige Vorgesetzte den Mitarbeiter einbeziehen. Der Mitarbeiter muß gefragt werden, dies ist die Voraussetzung dazu, daß er die Ziele akzeptiert.
- Das Anforderungsprofil für die nächsthöheren Positionen muß bekannt sein.
- Die innerbetriebliche Aus- und ***Weiterbildung*** und das Beurteilungssystem sollten tadellos funktionieren.

Die Karriereplanung wird meistens durch ein Gespräch zwischen Führungskraft und Mitarbeiter festgelegt. Sie kann daher gut Bestandteil des ***Jahres-*** oder ***Beurteilungsgespräches*** sein. Gute Kräfte fragen oft schon beim ***Einstellungsgespräch*** nach weiteren Aufstiegsmöglichkeiten, so etwa nach Auslandsaufenthalten. Die Führungskraft sollte diese Gespräche aktiv gestalten: Sie kann dem Mitarbeiter neue Anregungen geben und muß sich nicht nur an dessen Wünschen orientieren. In der Personalabteilung wird abschließend ein Plan erstellt, der festlegt, wie es mit dem Mitarbeiter vorangeht.

Karriereplanung bedeutet eine größere Sicherheit für die betriebliche Personalplanung und –entwicklung und hat damit vor allem eine größere Effizienz zur Folge. Ansonsten ergeben sich aus der Karriereplanung hauptsächlich individuelle Vorteile für den einzelnen Arbeitnehmer: Hat der Mitarbeiter ein erreichbares Karriereziel vor Augen, so erhöht dies seine ***Motivation*** und stärkt sein Vertrauen in die eigenen Fähigkeiten. Der Mitarbeiter wird bereit sein, viel zu leisten, um dieses Ziel zu erreichen. Gleichzeitig wird der Mitarbeiter auf positive Weise an den Betrieb gebunden, da er das Gefühl hat, daß er und seine Wünsche respektiert werden. Das Gefühl »Wir wollen gemeinsam etwas schaffen« wirkt sich oft stärker auf das Zugehörigkeitsgefühl zu einer Firma aus als abstrakte ***Unternehmensphilosophie***. Durch die gemeinsame Festlegung von Karrierezielen kann zum Beispiel auch das private Umfeld langfristiger und besser mit eingebunden werden. Dies wirkt sich wiederum fruchtbar auf die Arbeitszufriedenheit und Motivation aus.

Indem Entwicklungsziele für alle Mitarbeiter festgelegt und in regelmäßigen Abständen revidiert werden, erfahren die Mitarbeiter die gewünschte Förderung. Ihr Aufstieg verläuft um so schneller und direkter, je mehr bei der Karriereplanung der folgende Grundsatz beachtet wird: Die zukünftige Tätigkeit sollte möglichst weitgehend auf den Fähigkeiten und Verhaltensweisen aufbauen, die ein Mitarbeiter aufweist. Die Vorgabe von Laufbahnzielen wird von dem Mitarbeiter als Anreiz empfunden, an sich selbst zu arbeiten, um die geplante Entwicklungsstufe auch zu erreichen. Dieser Anreiz fällt um so höher aus, je mehr die Mitarbeiter an dem Prozeß der ***Zielsetzung*** beteiligt sind.

Darüber hinaus werden sie sich um so mehr für das Erreichen der Entwicklungsziele einsetzen, je weniger sachfremde Faktoren, wie etwa die langjährige Blockierung von Aufstiegsbahnen durch ältere Mitarbeiter, die Zielerreichung negativ beeinflussen.

Welche Risiken und Gefahren beinhaltet Karriereplanung?

Der Vorgesetzte könnte sich irren, und der Mitarbeiter erweist sich für die neue Stelle als nicht geeignet.

Es wurde keine Stelle geschaffen oder es ist keine Stelle frei, die der Karriereplanung des Mitarbeiters entspricht. Als Resultat kann Druck von unten auf das Management entstehen oder die ***Arbeitsunzufriedenheit*** der Mitarbeiter steigt.

Siehe auch Checkliste

Literaturtip

Walter, Henry: Die Führungsfalle, Von der Sucht erfolgreich zu sein, Frankfurt a. M., New York 1995

Konfliktmanagement

Was ist Konfliktmanagement?

Konflikte sind ein unvermeidlicher Bestandteil des Arbeitslebens, denn die Ziele, Wertvorstellungen und Bedürfnisse der verschiedenen Gruppen und Personen können nicht immer deckungsgleich sein. Konflikte können ein Zeichen für ein gesundes Organisationsleben sein. Es wäre unnatürlich und würde eine Organisation schwächen, wenn über alles Einvernehmen herrschte. Es sollte widersprüchliche Vorstellungen über Aufgaben und Projekte geben. Konfliktmanagement versucht nicht, den Konflikt zu beseitigen, sondern ihn konstruktiv zu lösen.

Konfliktmanagement ist vor allem dann notwendig:

- wenn sich zwei oder mehr Mitarbeiter in einer Sachfrage streiten, ohne zu einem Ergebnis zu kommen,
- bei ***Mobbing***.

Meinungsverschiedenheiten sollten nicht unterdrückt werden. Nur wenn sie ans Tageslicht treten, können offene Fragen geklärt und Konflikte gelöst werden. Ein Konfliktmanager sollte bei dem Konflikt keine eigenen Interessen verfolgen. Bei größeren innerbetrieblichen Konflikten empfiehlt es sich, einen externen Berater hinzuzuziehen.

Wie funktioniert Konfliktmanagement?

Es gibt verschiedene Methoden für die Lösung von Konflikten zwischen Gruppen:

- Bei der *friedlichen Koexistenz* besteht das Ziel darin, die Unterschiede auszuklammern und die Gemeinsamkeiten zu betonen.
- Beim *Kompromiß* wird die Auseinandersetzung durch Verhandlungen oder einen Handel in der Form beigelegt, daß keine Partei gewinnt oder verliert. Bei beiden Varianten ist es nicht wahrscheinlich, daß es zu einer Lösung der eigentlichen Konflikte kommen wird.
- Im Falle der *Konfliktlösung* hingegen wird der Versuch unternommen, eine wirkliche Lösung des Problems zu finden, anstatt die Gegensätzlichkeit der Standpunkte einfach hinzunehmen. In diesen Zusammenhang gehört das augenscheinliche Paradox des kreativen Konflikts. Konfliktsituationen können genutzt werden, um bessere Lösungen zu finden. Durch eine gemeinsame Neubewertung der verschiedenen Standpunkte können neue Ideen, Einsichten, Zugänge und Lösungen gefunden werden; allerdings muß diese Neubewertung auf einem objektiven und rationalen Austausch von Informationen und Ideen basieren.
- ***Kontrolle*** kann bedeuten, daß ein Aufeinandertreffen der Streitparteien verhindert, daß ihre Interaktion strukturiert oder daß der externe Druck verringert oder abgelenkt wird. Die Verhinderung des Aufeinandertreffens ist eine Strategie, die dann zum Einsatz kommt, wenn die Emotionen überschäumen. Strukturierung bedeutet das Erstellen und Einhalten von Grundregeln für den Umgang mit Konflikten. Persönliche Beratung schließlich ist eine Strategie, die den Betroffenen die Chance gibt, die aufgestaute Spannung abzubauen.
- Zweck der *konstruktiven Konfrontation* ist es, die beteiligten Konfliktparteien dazu zu bewegen, die Auffassung und die Gefühle der Gegenpartei zu verstehen. Ein unparteiischer Vermittler muß dabei ein konstruktives und kooperatives Klima schaffen. Ausgehend von einer gemeinsamen Analyse der situationsbezogenen Fakten und des tatsächlichen Verhaltens der Beteiligten regt er eine Gegenüberstellung der gegensätzlichen Standpunkte an. Konstruktive Konfliktaustragung, als Lösung von sachlichen Problemen und nicht als Bekämpfung der Beteiligten betrachtet, erfordert und ermöglicht Kreativität und macht neue Wege sichtbar (***Bewußtes/Unbewußtes***, ***Drama-Dreieck***).

Konfliktmanagement verhindert, daß Konflikte verdeckt oder verdrängt werden. Es sichert eine offene ***Unternehmenskultur*** und damit nicht nur das gesunde ***Betriebsklima***, sondern auch eine hohe Leistungsbereitschaft aller Mitarbeiter.

Konflikte haben, wenn man lernt mit ihnen umzugehen, auch eine positive Wirkung: Sie verhindern Stagnation und sind die Wurzel für ***Innovation*** und ***Veränderung***. Konflikte machen auf Probleme aufmerksam und helfen bei der Suche nach Lösungen.

Welche Risiken und Gefahren beinhaltet Konfliktmanagement?

- Es besteht die Gefahr der Überbewertung von Konflikten. Aus der Mücke kann unter Umständen ganz schnell ein Elefant werden.

Die Führungskraft darf sich nicht in jeden Konflikt zwischen den Mitarbeitern einmischen, denn manche Streitereien müssen die Mitarbeiter unter sich ausmachen.

Siehe auch Checkliste

Literaturtip

Regnet, Erika: Konflikte in Organisationen, Formen, Funktionen und Bewältigung, Göttingen 1992

Konkurrenz

Was ist Konkurrenz?

Konkurrenz heißt soviel wie Wettbewerb oder Rivalität. Derjenige, der in einem Konkurrenzwettkampf siegt, gilt als der Überlegene, da sich seine Ansichten oder sein Verhalten durchgesetzt haben. Somit muß seine Methode, seine Einstellung, seine Erfindung oder seine Strategie besser gewesen sein als die des Konkurrenten. Wer verliert, hat also unrecht. Durch Kombination mit dieser Logik ist das Konkurrenzprinzip einerseits notwendig, andererseits in unserer Kultur aber in Mißkredit geraten.

Was bedeutet Konkurrenz für die Führung?

Konkurrenz im Unternehmen hat zuerst einmal wichtige positive Folgen. Sie ist nützlich für:

- *die Schaffung von Vergleichssituationen:* Durch Konkurrenz kann man herausfinden, welcher Mitarbeiter für welche spezifische Aufgabe am meisten geeignet ist. Wenn man für eine Funktion jeweils den auswählt, der dafür am besten geeignet ist, kann insgesamt durch die Arbeitsteilung eine Arbeitserleichterung und eine Verbesserung des Ergebnisses erreicht werden.
- *Leistungsanreize:* Konkurrenzkonflikte sind prinzipiell etwas sehr Positives. Sie werden sogar oft als positiv erlebt, weil durch unsere Logik suggeriert wird, daß von zwei einander widersprechenden Behauptungen eine falsch sein muß. Damit ist der Anreiz »recht zu haben«, also der Bessere zu sein, noch größer.
- *Anreize für* ***Innovationen*** *oder bahnbrechende Erfindungen:* Konkurrenz begünstigt Neuerungen insofern, als der ständige Vergleich mit anderen den einzelnen Mitarbeiter oder das gesamte Unternehmen zwingt, sich an den stetigen Wandel der Umwelt anzupassen. Dieser Anpassungsprozeß kann am besten durch ein offensives Denken bewerkstelligt werden, das offen ist für neue Ideen und Ziele.

Welche Risiken und Gefahren beinhaltet Konkurrenz?

Konkurrenz zwischen den Mitarbeitern kann sich auf verschiedene Art negativ auswirken:

- Der Vorgesetzte läuft Gefahr, immer nur den Mitarbeiter zu beachten, der am selbstbewußtesten auftritt, auch wenn seine Ideen nicht wirklich die besten sind (***Engagement*** , ***Ehrgeiz***).
- Eine Förderung des Konkurrenzverhaltens durch die Führungskraft kann zu Konfliktsituationen führen. Die schlimmste Folge davon wäre ständiges ***Mobbing*** unter den Mitarbeitern. Solchen Gefahren sollte durch ***Konfliktmanagement*** frühzeitig vorgebeugt werden.
- Gute Mitarbeiter geraten leicht in Gefahr, überlastet zu werden, da man ihnen die meiste Arbeit aufbürdet (***Arbeitsunzufriedenheit***). Andererseits können weniger gute oder weniger durchsetzungsfähige Mitarbeiter sich leicht benachteiligt fühlen, wenn sie annehmen müssen, daß ihnen nichts zugetraut wird. Darunter kann ihr ***Selbstwertgefühl*** in nicht

unerheblichem Maß leiden. Dies kann in letzter Konsequenz bis zur ***inneren Kündigung*** führen.

Literaturtip

Flodell, Charlotta: Miteinander oder Gegeneinander: eine sozialpsychologische Untersuchung über Solidarität und Konkurrenz in der Arbeitswelt, Wiesbaden 1989

Kontrolle

Was ist Kontrolle?

Kontrolle ist ein wichtiges Führungsinstrument, mit dem Zwischen- oder Endergebnisse der Mitarbeiter auf ihre Richtigkeit hin überprüft werden. Die Kontrolle gehört zu den Führungsaufgaben, die nicht delegierbar ist. Aus diesem Grund sollte ein Vorgesetzter niemals per Report kontrollieren, sondern Kontrollen immer selbst durchführen.

Es werden zwei Formen von Kontrolle unterschieden: die Verhaltens- und die ***Ergebniskontrolle***.

Verhaltenskontrolle

Die Führungskraft überzeugt sich persönlich durch »Inaugenscheinnahme« davon, daß der Mitarbeiter seine Arbeit richtig ausführt. Hierbei wird das Verhalten des Mitarbeiters – also die Art und Weise seiner Aufgabenerfüllung – überprüft, indem der Vorgesetzte ihn bei der Arbeit beobachtet und zugleich das Produkt seiner Arbeit begutachtet. Verhaltenskontrolle ist in der Einarbeitungszeit und beim aktuellen Auftreten von Problemen notwendig. Als tägliches Kontrollinstrument ist sie jedoch ungeeignet, da sie zum einen sehr zeitaufwendig und zum anderen nicht aussagekräftig genug ist. Hinzu kommt, daß solche Verhaltenskontrollen von vielen Mitarbeitern mit Recht als unangenehm und herabsetzend empfunden werden, es sei denn sie sind als unterstützendes Führungsinstrument vereinbart (***Counselling***).

Ergebniskontrolle

Die ***Ergebniskontrolle*** ist ein Soll-Ist-Vergleich. Sie orientiert sich an konkret vorgegebenen und meßbaren Größen, beipielsweise Gewinn, Umsatz,

Kosten, Auftragseingang oder Ausschuß. Durch die Ergebniskontrolle wird der Mitarbeiter an seiner Leistung gemessen. Diese Zahlen sind objektiv feststellbare Erfolgskennzahlen. Wenn sie regelmäßig ausgewertet und entsprechend interpretiert werden, können sie mittelfristig einen gewissen Aufschluß über den Erfolg der Aufgabenerfüllung geben (***Leistungsmanagement***). ***Ergebniskontrolle*** ist in den Zeitabständen durchzuführen, die bei der ***Planung*** und ***Zielvereinbarung*** festgelegt wurden. Sie findet sinnvollerweise also bei Projektabschluß oder zu inhaltlich angemessenen Zwischenterminen statt.

Je stärker die ***Planung*** ausgebaut wird, desto mehr können konkrete, planungsbezogene Kontrollen durchgeführt werden. Sie entlasten die Führungskraft von aufwendigen Verhaltenskontrollen und ersetzen diese durch effizientere, ergebnisorientierte Kontrollarten.

Im ***organischen Management*** wird die hierarchische Kontrolle, das heißt die Kontrolle der Mitarbeiter durch den Vorgesetzten, durch die Selbstkontrolle abgelöst. Die Selbstkontrolle gehört zu den alltäglichen Aufgaben des einzelnen und resultiert aus einer klaren ***Zielvereinbarung*** und der ***Selbstverantwortung*** des Mitarbeiters. Kontrolle wird auf diese Weise zur wechselseitigen Dienstleistung.

Wie funktioniert Kontrolle?

Die Kontrolle als eine Form der Überwachung findet im Gegensatz zur Prüfung in der Regel laufend und prozeßbegleitend statt. Sie wird meist von Betriebsangehörigen durchgeführt.

Kontrolle ist eine unvermeidliche Führungsaufgabe. Sie ist ein notwendiges Instrument, mit dem man rechtzeitig drohende ***Leistungsmängel*** erkennen und Korrekturmaßnahmen einleiten kann. Obgleich Kontrolle der Vermeidung von Fehlern dient, also vom negativen Ergebnis ausgeht, gibt es zwei unabdingbare Grundlagen für Kontrolle:

- Vertrauen in die Leistungsfähigkeit der Mitarbeiter und
- Vertrauen in die Leistungsbereitschaft der Mitarbeiter.

Dieses Vertrauen aufzubauen und trotzdem zu kontrollieren, ist für viele Führungskräfte aufgrund der scheinbaren Widersprüchlichkeit eine der schwierigsten Aufgaben überhaupt. Doch nur wenn Kontrolle nicht als Kritik oder Zweifel am Mitarbeiter gemeint ist, kann der Mitarbeiter sie als Unterstützung seiner Leistungskraft akzeptieren.

Um Kontrollen wirkungsvoll durchführen zu können, müssen folgende Rahmenbedingungen erfüllt sein:

- Voraussetzung, um Kontrollen überhaupt durchführen zu können, ist eine ***Zielvereinbarung***, die zwischen Führungskraft und Mitarbeitern getroffen wird. Sie beinhaltet die Aussagen darüber, was in welchem Zeitrahmen erledigt sein soll und somit kontrolliert wird.
- Voraussetzung für eine optimale ***Ergebniskontrolle*** ist ein funktionierendes Rechnungswesen. Es kontrolliert nicht nur die aktuelle Situation, sondern liefert darüber hinaus auch Entscheidungsgrundlagen für wichtige zukunftsbezogene Überlegungen. Natürlich muß bei einer ***Ergebniskontrolle*** auch allen Beteiligten klar sein, welches Ergebnis gefordert ist. Klare ***Zielsetzungen***, eindeutige ***Zielvereinbarungen*** und funktionierende ***interne Kommunikation*** sind demnach ebenfalls Grundvoraussetzungen.

Eine Führungskraft sollte darauf achten, daß beim Durchführen von Kontrollmaßnahmen folgende Regeln eingehalten werden:

- *Offenheit:* Offenheit gehört zu den Grundprinzipien der Kontrolle. Der Vorgesetzte darf nicht heimlich und in Abwesenheit des Mitarbeiters kontrollieren. Der Mitarbeiter hat außerdem ein Recht darauf zu erfahren, wie der Vorgesetzte seine Arbeit beurteilt. Kontrolle ist eine Pflicht des Vorgesetzten, die richtig angewendet und durchgeführt ein objektives Feedback für den Mitarbeiter ermöglicht.
- *Transparenz:* Leistungsziele müssen klar formuliert werden. Der Mitarbeiter hat das Recht auf eindeutige und gerechte Maßstäbe. Die Kontrollmaßstäbe müssen dem Mitarbeiter vor Beginn der Arbeit bekannt sein. Unverständliche Ziele, beispielsweise Zahlen ohne Bezug, verunsichern den Mitarbeiter und wirken sich negativ auf seine ***Motivation*** aus.
- *Sachlichkeit:* Jeder Mitarbeiter muß den Eindruck haben, daß die Kontrolle eine selbstverständliche, korrekte Angelegenheit ist. Es darf keine Fehlersuche oder Strafexpedition sein. Kontrolliert werden nur die Sache oder die Rahmenbedingungen, also ob sich der Mitarbeiter im Rahmen der vorgegebenen Zielsetzungen, Normen und Richtlinien bewegt.
- *Respekt:* Der Mitarbeiter hat ein Anrecht auf menschliche Achtung. Die Durchführung einer Kontrolle ist für alle Beteiligten mitunter mit Streß verbunden. In dieser angespannten Situation kann es eher passieren, daß sich der Mitarbeiter angegriffen, mißverstanden oder verletzt fühlt. Deshalb sollte der Vorgesetzte freundlich, takt- und rücksichtsvoll kontrollieren. Er könnte beispielsweise den Mitarbeiter dazu auffordern, die Soll-Ist-Abweichung selbst zu suchen. Die Fehlerursachenanalyse wird somit zum ersten Schritt im Lernprozeß.

- *Aktionsorientierung:* Ein häufiger Fehler, der bei der Durchführung von Kontrollmaßnahmen gemacht wird, ist der, ausschließlich informationsorientiert zu kontrollieren. Kontrollen sollten jedoch immer aktionsorientiert sein. Die Antwort auf die Frage »Welches Ergebnis wurde erzielt?« besagt zunächst noch nicht viel. Die richtige Fragestellung muß vielmehr lauten: »Was läßt sich mit diesem Ergebnis anfangen? Was bedeutet es für die weitere Vorgehensweise?«
- *Zukunftsorientierung:* Kontrollen sollen sich nicht nur auf die Abweichung zwischen Soll und Ist konzentrieren, sondern Ansatzpunkte für verbesserte Vorgehens- oder Verhaltensweisen beinhalten.
- *Optimismus:* Kontrollen sollen sich nicht nur auf Negativ-, sondern insbesondere auch auf Positiv-Abweichungen beziehen.

Welche Risiken und Gefahren beinhaltet Kontrolle?

- Falsch eingesetzt, dienen Kontrollen oftmals als Machtmittel, um Mitarbeiter zu bestrafen oder zu erniedrigen. Auch anders herum dient das Ausbleiben von Kontrollen als Zeichen besonderen Vertrauens und als Anerkennungsinstrument. Kontrollen sollten jedoch niemals als Machtinstrument oder Mißtrauensbeweis gegenüber Mitarbeitern mißbraucht werden.
- Starkes Mißtrauen und zu viel Kontrolle erzeugen Frustration bei den Mitarbeitern. Sie bekommen dadurch sehr schnell das Gefühl, nicht richtig oder zufriedenstellend zu arbeiten. Dieses Gefühl beeinträchtigt die ***Motivation*** der Mitarbeiter in der Regel sehr. Zudem hält man die Mitarbeiter durch ständige oder zu häufige Kontrollmaßnahmen von der Arbeit ab.
- Blindes Vertrauen, also zu wenig Kontrolle hingegen ist naiv und gefährlich. Denn dann erkennt man Fehler in der Regel erst, wenn es schon viel zu spät dafür ist, korrigierende Maßnahmen einzuleiten.
- Werden Mitarbeiter regelmäßig kontrolliert, ohne daß sie nach einem ***Korrekturgespräch*** Gelegenheit haben, ihre Leistung zu verbessern, besteht die Gefahr einer Leistungsverschlechterung. Die Mitarbeiter arbeiten nicht mehr so sorgfältig, da alles, was sie tun, sowieso noch einmal kontrolliert wird.
- Die Kontrolle wird von den Mitarbeitern als Eingriff in die persönliche Freiheit empfunden.
- Kontrolle kann zum Selbstzweck verkommen. Deshalb sollte man versuchen, hauptsächlich stichprobenartig zu kontrollieren. Vollerhebungen kosten viel Zeit und damit auch viel Geld. Das Pentagon beispielsweise

führt das Instrument »Kontrolle« bei der Reisekostenabrechnung ad absurdum: Die Kontrolle der Reisekosten verschlingt dort mehr finanzielle Mittel als die Reisekosten selbst.

- Wenn kontrolliert wird, gilt die Suche meist aussschließlich den Fehlern. Die Mitarbeiter lehnen Kontrolle jedoch ab, wenn sie ausschließlich negative Rückmeldungen bekommen. Erfahren sie dagegen, was sie alles gut gemacht haben, dann wünschen sie sich sogar mehr Kontrolle. Daher sind positive Verweise besser als negative.
- Führungskräfte verbitten sich oftmals die Kontrolle durch ihre Mitarbeiter. Sie sehen es als ein Privileg ihrer Position an, Kontrolle ausüben zu können, ohne selbst kontrolliert zu werden. Entsprechend gilt wenig Kontrolle als Beweis der Bevorzugung eines Mitarbeiters.

Tip

Bemühen Sie sich um Vertrauen. Vertrauen Sie Ihren Mitarbeitern so weit Sie können. Stellen Sie jedoch sicher, daß Sie es merken werden, wenn Ihr Vertrauen mißbraucht wird. Stellen Sie ebenfalls sicher, daß Ihr Mitarbeiter das weiß! Machen Sie ihm klar, daß ein Vertrauensmißbrauch gravierende Konsequenzen haben wird.

Wenn ein Mitarbeiter erfährt, daß Kontrolle auch mit Anerkennung verbunden ist, wird er leichter akzeptieren, daß er kontrolliert wird.

Literaturtip

Bauer, Werner: Mut zum Vertrauen, Vom Gegeneinander zum Miteinander, Frankfurt a. M., New York 1996

Korrekturgespräch

Was ist ein Korrekturgespräch?

In einem Korrekturgespräch sprechen Führungskraft und Mitarbeiter über ein Fehlverhalten des Mitarbeiters. Ein Korrekturgespräch ist immer dann sinnvoll, wenn die Leistungen des Mitarbeiters nicht mehr den betrieblichen Zielen entsprechen (internes ***Benchmarking***). Unkorrektes Verhalten des Mitarbeiters gegenüber seinem Vorgesetzten oder Kollegen ist ein weiterer zwingender Grund, das persönliche Gespräch mit ihm zu suchen.

Wie geht das?

Zu einem Korrekturgespräch gehört ein geeigneter Ort, an dem man sich ungestört unterhalten kann. Einflüsse von außen wie Telefonanrufe oder Besuche sind so weit wie möglich auszuschalten. Eine Führungskraft sollte sich auf ein Korrekturgespräch sehr gut vorbereiten und auch dem Mitarbeiter die Gelegenheit dazu geben. Außerdem muß der Mitarbeiter bereit sein, das Gespräch zu führen, denn sonst werden in einem solchen Gespräch keine zufriedenstellenden Ergebnisse erzielt. Das Gesprächsziel muß dabei für beide Gesprächspartner akzeptabel sein (***aktives Zuhören***, ***Transaktionsanalyse***).

Ziele von Korrekturgesprächen sollten sein:

- qualifizierte Informationen einzuholen,
- Sach- und Beziehungsprobleme zu analysieren und zu lösen (***Selbstbild-/Fremdbild-Analyse***),
- die Ursachen des Fehlverhaltens herauszufinden und gemeinsam mit dem Mitarbeiter passende Maßnahmen zur Beseitigung dieses Verhaltens zu entwickeln (***Mißerfolgskreislauf***, ***Theorie X***),
- künftige Aktivitäten, Arbeitsschwerpunkte und Arbeitsmethoden zu planen und zu koordinieren,
- den Mitarbeiter in Entscheidungen einzubinden und seine ***Motivation*** zu fördern (***Erfolgskreislauf***),
- effektive ***Zielvereinbarungen*** festzulegen und ***Beurteilungsgespräche*** zu führen, die den Mitarbeiter motivieren.

Eine Führungskraft sollte sich in einem Korrekturgespräch vor allem darum bemühen, das Entstehen und die Hintergründe der zu korrigierenden Verhaltensweise aufzuklären. Es gilt, gemeinsam mit dem Mitarbeiter die Faktoren aufzuspüren, die zu dem aktuellen Problem geführt haben. Dabei hilft es, Fragen zu stellen wie: Fehlten dem Mitarbeiter die entsprechenden Kenntnisse oder Fähigkeiten, um die Arbeit ordnungsgemäß auszuführen? Hat der Vorgesetzte vielleicht selbst einen Fehler bei der ***Delegation*** gemacht? Hat der Mitarbeiter die Aufgabe nicht richtig verstanden? Fehlte ihm die richtige ***Anweisung***? Oder wollte er die Aufgabe vielleicht gar nicht übernehmen? Spielt der ***Führungsstil*** des Vorgesetzten bei dem Fehlverhalten vielleicht eine Rolle?

Ein Korrekturgespräch sollte nach folgendem Muster ablaufen:

Korrekturgespräch

Wenn die Leistung und / oder Verhaltensweisen Ihres Mitarbeiters nicht den betrieblichen Zielen entsprechen.

1. Stellen Sie das Gesprächsziel heraus, das für beide Gesprächspartner akzeptabel sein muß.

2. Klären Sie den Werdegang und die Hintergründe der Verhaltensweise ab.

3. Zeigen Sie auf, wohin das Verhalten ohne Korrektur führen könnte.

4. Erarbeiten Sie gemeinsam mit Ihrem Gesprächspartner das zukünftige konstruktive Handeln.

5. Sichern Sie das emotionale Umfeld ab.

1. *Gesprächsziel herausstellen:* Bei einem Korrekturgespräch wird zunächst das Gesprächsziel so schnell wie möglich herausgestellt. Das Ziel muß dabei so klar wie möglich benannt und positiv formuliert werden. Ein Korrekturgespräch zielt in der Regel ganz klar auf eine Verhaltensänderung ab. Das Ziel muß für beide Partner akzeptabel sein – und vor allem auch erreichbar. Unrealistische Ziele frustrieren.

2. *Werdegang klären:* In dieser Phase bemühen sich Vorgesetzter und Mitarbeiter gemeinsam darum, herauszufinden, welche Mißverständnisse oder Hintergründe zu dem fehlerhaften Verhalten führten. Dabei sollte der Vorgesetzte versuchen, aus der Sicht seines Gesprächspartners zu denken. Er sollte nur Verständnisfragen stellen und keine Rechtfertigung von dem Mitarbeiter verlangen. Außerdem sollte der Vorgesetzte die eigenen Fehler nicht verteidigen. Beide Gesprächspartner müssen versuchen, die Hintergründe wirklich zu verstehen, damit ähnliche Fehler in Zukunft ausgeschlossen werden können.
3. *Wohin kann das Verhalten führen?* Es ist wichtig, daß der Mitarbeiter versteht, wohin sein fehlerhaftes Verhalten ohne Korrektur führen könnte. Der Vorgesetzte sollte dem Mitarbeiter jedoch keine Vorhaltungen machen oder gar Moralpredigten halten. Am besten ist es, wenn der Mitarbeiter die möglichen Folgen selbst erkennt. Aus dieser Erkenntnis heraus läßt sich dann die Notwendigkeit zur Verhaltensänderung ableiten. Sie ist damit für den Mitarbeiter nachvollziehbar und wird nicht nur vom Vorgesetzten angeordnet. Der Vorgesetzte sollte erst dann zum nächsten Punkt des Korrekturgespräches übergehen, wenn der Mitarbeiter diese Einsicht deutlich zu erkennen gibt.
4. *Gemeinsames zukünftiges Handeln:* In diesem Schritt sollte zunächst der Mitarbeiter Lösungsansätze erarbeiten, doch auch der Vorgesetzte sollte zur Not eigene Lösungsvorschläge bereithalten. Gemeinsam überprüfen dann Führungskraft und Mitarbeiter die Lösungsansätze daraufhin, ob sie sich umsetzen lassen. Anschließend wird ein Überprüfungszeitraum vereinbart, in dem die besprochenen Maßnahmen durchgeführt werden.
5. *Emotionales Umfeld absichern:* Verhaltensänderungen sind nur dann realistisch, wenn sie auch vom Mitarbeiter aktzeptiert werden (***Ökologie-Prinzip***). Daher sollte der Vorgesetzte am Ende des Korrekturgespräches sicherstellen, daß der Mitarbeiter die getroffenen Vereinbarungen auch tatsächlich trägt. Man kann nochmals überlegen, ob das alte Verhalten nicht vielleicht doch besser war – und wenn nein, warum nicht. Der Vorgesetzte sollte an dieser Stelle den Mitarbeiter fragen, wie er die Gesprächsatmosphäre empfunden hat. Es ist wichtig, daß beide Gesprächspartner als Gewinner aus dem Korrekturgespräch herausgehen (***Gewinner-Gewinner-Modell***).

Eine Führungskraft sollte sicherstellen, daß ein Korrekturgespräch lösungsorientiert, zukunftsorientiert und ohne emotionale Spannungen geführt werden kann. Ausgehend von einer sachlichen Fehleranalyse erarbeiten

Führungskraft und Mitarbeiter gemeinsam das zukünftige konstruktive Handeln. In gegenseitigem Einverständnis entscheiden sie, welche Maßnahmen getroffen werden müssen, um ähnliche Schwierigkeiten in Zukunft zu vermeiden. Der Mitarbeiter sollte das Korrekturgespräch als Bereicherung betrachten und dadurch die ***Motivation*** finden, erfolgreicher zu arbeiten.

Für das Führen eines Korrekturgespräches ist es für die Führungskraft unerläßlich, die wichtigsten ***Gesprächsführungstechniken*** zu kennen.

Welche Risiken beinhaltet das Führen eines Korrekturgespräches?

- Bei der Wahl der falschen ***Gesprächsführungstechnik*** kann der Mitarbeiter das Gespräch blockieren.
- Korrekturgespräche können ergebnislos verlaufen und somit frustrieren anstatt zu motivieren.
- Bei mangelhaften Kenntnissen der ***Einwandbehandlung*** gelangt das Gespräch schnell an einen toten Punkt.

Siehe auch Checkliste

Literaturtip

Rischar, Klaus: Schwierige Mitarbeitergespräche erfolgreich führen, Landsberg am Lech 1994

Kreativitätstechniken

Was sind Kreativitätstechniken?

Unter Kreativitätstechniken versteht man verschiedene Methoden, Ideen zu entwickeln. Den Begriff »Kreativitätstechniken« könnte man mit »Ideenfindungsmethoden« übersetzen. Die unterschiedlichen Techniken lassen sich in zwei Hauptgruppen einteilen:

Kreativ-intuitive Kreativitätstechniken

Kreativ-intuitive Kreativitätstechniken werden vor allem dann angewandt, wenn es darum geht, grundlegend neue Ideen zu entwickeln, auf vollkommen neue Gedanken zu kommen und ganz andere Wege zu gehen. Sie eignen sich beispielsweise dafür, über neue Verkaufsstrategien oder die Grundlagen eines neuen Produktdesigns nachzudenken. Zu den kreativ-intuitiven Techniken gehören unter anderem:

- verschiedene ***Brainstorming***-Methoden: klassisches Brainstorming, Brainwriting, Galerie-Methode, ***Delphi-Technik***, ***Mind Mapping*** (***Visualisierung***),
- Methoden der intuitiven Konfrontation: Reizwortanalyse, Synektik, visuelle Konfrontation in der Gruppe, semantische Intuition (***Bewußtes/ Unbewußtes***).

Systematisch-analytische Kreativitätstechniken

Systematisch-analytische Kreativitätstechniken dienen hauptsächlich dazu, Ideen, die vielleicht mit einer der vorhergehenden kreativ-intuitiven Techniken gesammelt wurden, auszuarbeiten. Diese Techniken werden vor allem dann eingesetzt, wenn Schwierigkeiten gelöst oder Innovationen umgesetzt werden sollen. Wie der Name schon sagt, dient diese Art von Kreativitätstechniken dazu, bestehende oder fiktive Situationen systematisch zu analysieren. Sie eignen sich beispielsweise dazu, eine neue Verkaufsstrategie zu optimieren und mögliche Schwachstellen auszuschalten oder die Idee für ein neues Produktdesign auf die technische Machbarkeit hin zu überprüfen. Zu den systematisch-analytischen Kreativitätstechniken zählen unter anderem:

- der ***morphologische Kasten***,
- die sequentielle Morphologie (attribute listening),
- progressive Abstraktion,
- ***Szenario-Technik***.

Wie geht das?

Unternehmen, die sich heute im wachsenden und immer schwieriger werdenden Weltmarkt behaupten wollen, sehen sich zunehmend vor die Aufgabe gestellt, innovativ und kreativ zu sein. Sowohl die Produkte als auch die Dienstleistungen und Struktur eines Unternehmens können und sollten ständig verbessert werden. Die verschiedenen Kreativitätstechniken sind wichtige Werkzeuge für die Führungskräfte, um vorhandene Kreativität zu nutzen oder neue in Gang zu setzen.

Man setzt Kreativitätstechniken insbesondere bei der Konzeptentwicklung oder auf der Suche nach Innovationen ein. Mit Hilfe dieser Techniken lassen sich individuelle Gedankengänge oder gruppenorientierte Suchprozesse stimulieren. Die meisten Kreativitätstechniken sind für den Einsatz in Gruppen am besten geeignet. Denn in der Gruppe ist der Input meist größer, dort ergeben sich mehr Verkettungen von Gedankengängen. Kreativitätstechniken erhöhen die Wahrscheinlichkeit neuer Ideen beträchtlich.

Allgemein gilt: Kreativität, ob durchschnittlich oder überdurchschnittlich, ist wesentlich von Persönlichkeits- und Charakterprofilen der Menschen abhängig. Eine Führungskraft kann diese zwar erkennen und analysieren, aber sie kann darauf letztlich keinen Einfluß nehmen. Vorhandene Kreativität zu wecken ist jedoch durchaus möglich. Deshalb sollte jede Führungskraft die geläufigen Kreativitätstechniken beherrschen.

Welche Risiken und Gefahren beinhalten Kreativitätstechniken?

Bei allen Kreativitätstechniken besteht das Risiko, daß sie zu keinem Ergebnis führen. Kreativ sein kann man eben nicht erzwingen. Eine Erfolgsgarantie liefert leider keine Variante.

Literaturtip

Gamber, Paul: Ideen finden, Probleme lösen, Weinheim, Basel 1996

Malorny, Christian/Schwarz, Wolfgang/Backerra, Hendrik: Die sieben Kreativitätswerkzeuge, Kreative Prozesse anstoßen – Innovationen fördern, München, Wien 1997

Kaltenbach, Horst G.: Das kreative Unternehmen. Vom Elefanten zum Kolibri, Landsberg am Lech 1998

Kundenorientierung

Was ist Kundenorientierung?

Unter Kundenorientierung versteht man eine prinzipielle Ausrichtung der Unternehmensstruktur und der Unternehmensziele auf die Wünsche des Kunden.

Konsequente Kundenorientierung heißt, den Abnehmer in möglichst kurzer Zeit mit Produkten zu versorgen, die seinen Qualitätsansprüchen entsprechen. Daraus leiten manche Wirtschaftswissenschaftler die Forderung ab, den herkömmlichen Prozeß der Produktentstehung, also Entwicklung, Fertigungsvorbereitung, Produktion und Vertrieb, umzukehren. Ihrer Meinung nach müssen die Prozesse in den Mittelpunkt gestellt werden, die der Befriedigung von Kundenwünschen dienen.

Für diese Orientierung gibt es einen historisch bedingten Grund. 1945 bestand nach dem Krieg ein Mangel an Waren und Produkten. Heute, fast 50 Jahre später, herrscht hingegen ein totaler Überfluß. Somit ist nicht mehr die Produktion von Waren Gegenstand des zentralen Interesses, sondern deren Absatz.

Zunehmend etablieren sich in unserer Wirtschaftswelt reine Vertriebsorganisationen. Der gute Verkäufer gewinnt an Image. Am sichtbarsten wird diese Veränderung in der Errichtung von Marketing-Abteilungen in allen Unternehmensbereichen. Wichtig ist in diesem Zusammenhang nicht nur der einmalige Verkauf eines Produktes, sondern die langfristige Bindung eines Kunden an die Firma. Diese Bindung läßt sich erreichen durch Faktoren wie Flexibilität, das Eingehen auf Kundenwünsche und durch Sicherstellung der Qualität. Konsequente Kundenorientierung hat unterschiedliche Auswirkungen auf die einzelnen Unternehmensbereiche:

- *Geschäftsleitung:* Statt der Unternehmensaspekte dominieren die Kunden- oder Anwenderaspekte. Führungskräfte müssen lernen, sich selbst als Dienstleister zu sehen, der Kunde ist in diesem Fall der Mitarbeiter.
- *Produktion:* Es muß produziert werden, was der Markt fordert. Es reicht nicht mehr, das zu verkaufen, was hergestellt wird. Der Marktpreis ist wichtiger als die Produktionskosten. Die Fragen lauten heute: »Wieviel zahlt der Abnehmer? Wie reagiert die Konkurrenz?«, und nicht mehr: »Wie kann man billiger produzieren?«
- *Forschung:* Die analytische Forschung und Marktforschung muß im Vergleich zur technischen Forschung ausgebaut werden. Der Betrieb muß offen sein für Neuentwicklungen, die sowohl von innen als auch von außen kommen können.
- *Entwicklung:* Stil und Aufmachung eines Produkts werden zunehmend wichtiger. Die Arbeit des Produkt-Designers gewinnt gegenüber der des Ingenieurs an Gewicht. Die Verpackung wird als Absatzinstrument gesehen, der Werbeeffekt tritt in den Vordergrund.
- *Vertrieb:* Leistungsfähigkeit, Leistungswille und Leistungsmöglichkeiten werden mit den Marketingzielen koordiniert. Der Vertrieb hat einen großen Einfluß auf die Produktion. Die ***Motivation*** der Mitarbeiter erfolgt nicht mehr ausschließlich über das Geld. Oberstes Motto ist: »Erst kommt der Kunde, dann der Profit.«

Was bedeutet Kundenorientierung für die Führung?

- *Vorbild:* Den Führungskräften kommt eine besondere ***Vorbild***-Rolle zu. Sie müssen die Kundenorientierung vorleben. In dem amerikanischen Unternehmen Walt Disney verlassen die Führungskräfte beispielsweise einmal im Jahr für eine Woche ihren Schreibtisch, um aktiv in den Vergnügungsparks mitzuarbeiten.
- *Reklamationen:* Die Geschäftsführung interessiert sich für die Gewinnung neuer Kunden ebenso wie für die Gründe, warum Kunden Geschäftsbeziehungen aufgeben. Reklamationen werden damit zur Vorstandssache. Sie werden nicht routinemäßig bearbeitet.
- *Kundennähe aller Mitarbeiter:* Die Einarbeitung erfolgt grundsätzlich an der »Front«. Job-Rotation hat sich ebenfalls als probates Mittel erwiesen, die Mitarbeiter auf Kundenwünsche einzuschwören. Denkbar ist auch, daß Führungskräfte regelmäßig Kundenbesuche unternehmen.
- *Konsequente* ***Erfolgskontrollen:*** Prämiensysteme, ***Weiterbildungs***programme und ***Motivations***veranstaltungen sorgen dafür, daß außergewöhnliche und kundenorientierte Leistungen zu jeder Zeit anerkannt und belohnt werden.
- ***Interne Kundenorientierung:*** Eine besondere Form der Kundenorientierung hat sich im ***Total Quality Management*** herausgebildet. Um eine perfekte Kundenorientierung leisten zu können, sollte auch das Unternehmen intern so organisiert sein, daß jede Abteilung Kunde der anderen Abteilung und jeder Mitarbeiter Kunde des anderen Mitarbeiters ist. Das interne »Produkt« ist die eigene Arbeitsleistung,

Welche Risiken und Gefahren beinhaltet Kundenorientierung?

Eine Gefahr kann einem Unternehmen vor allem dann entstehen, wenn es keine Kundenorientierung praktiziert.

Siehe auch Checkliste

Literaturtip

Gündling, Christian: Maximale Kundenorientierung, Stuttgart 1997

Homburg, Christian/Werner, Harald: Kundenorientierung mit System, Frankfurt a. M., New York 1998

Kündigung

Was ist eine Kündigung?

Ein Arbeitsverhältnis endet immer mit Ablauf der vereinbarten Beschäftigungsdauer oder durch Kündigung. Kündigungen können in gegenseitigem Einvernehmen, also mit Zustimmung von Arbeitgeber und -nehmer, stattfinden. Oder einer der beiden Vertragspartner löst den Arbeitsvertrag von sich aus auf.

Ursachen für eine Kündigung können sein:

- Der Mitarbeiter möchte sich aus eigenem Antrieb heraus verändern.
- Das Verhalten des Mitarbeiters schließt seine weitere Beschäftigung im Unternehmen aus.
- Die Leistungen des Mitarbeiters schließen seine weitere Beschäftigung im Unternehmen aus.
- Die betrieblichen Rahmenbedingungen ändern sich derart, daß Personal abgebaut werden muß.

Wie geht das?

Ein Vorgesetzter kann seinem Mitarbeiter nicht einfach in einem mündlichen Gespräch kündigen. Kündigungen müssen immer schriftlich erfolgen. Der Betriebsrat ist vor jeder Kündigung schriftlich zu informieren.

Trennt sich ein Unternehmen von einem seiner Mitarbeiter, kann man dabei drei Arten von Kündigungen unterscheiden: die verhaltensbedingte, die personenbedingte und die betriebsbedingte Kündigung.

- *Verhaltensbedingte Kündigungen:* Ursachen für verhaltensbedingte Kündigungen können zum Beispiel disziplinarisches Fehlverhalten oder auch strafrechtliche Verfehlungen des Mitarbeiters sein wie: häufiges Fehlen (***Fehlzeiten***), Alkoholismus (***Drogen***), ***Diebstahl/Sabotage*** , ***Arbeitsverweigerung*** , Unterschlagung oder Annahme von Schmiergeldern.
- *Personenbedingte Kündigungen:* Personenbedingte Kündigungen haben zumeist mit der Arbeitsleistung des Mitarbeiters zu tun. Sie werden in der Regel ausgesprochen, wenn Faktoren wie mangelnde Eignung, Leistungsverringerung (***Leistungsmängel***) oder langandauernde ***Krankheit*** vorliegen.

- *Betriebsbedingte Kündigungen:* Ursachen für betriebsbedingte Kündigungen liegen in einer Veränderung des Arbeitskräftebedarfs. Gründe dafür können Umsatzrückgang, Rationalisierung oder Stillegung sein. Für betriebsbedingte Kündigungen sind im wesentlichen drei Einflußfaktoren verantwortlich:
  - der Markt: Vor allem sinkende Wachstumsraten und das Zunehmen internationaler Konkurrenz haben zur Abwanderung ganzer Industriezweige geführt. Besonders im Wettbewerb mit den sogenannten Billiglohnländern kann ein eventuell vorhandener Produktivitätsvorsprung, gerade wenn er auf Technik und Organisation beruht, nur bedingt vor betriebsbedingten Kündigungen schützen.
  - die eingesetzte Technik: Man kann zwischen zwei Entwicklungen unterscheiden, die zur Veränderung des betrieblichen Personalbedarfs führen können, sowohl was die Anzahl der Mitarbeiter als auch ihr Qualifikationsprofil betrifft: Die menschliche Arbeitskraft wird immer stärker durch fortschreitende Mechanisierung und Automatisierung ersetzt. Der Einsatz neuer Informationstechnologien und Fertigungsverfahren führt ebenfalls zu einem verringerten Personalbedarf. Aus beidem resultiert in der Regel auch eine Veränderung der Anforderungen, die an die benötigten Mitarbeiter gestellt werden.
  - die Gestaltung der innerbetrieblichen Organisation: Umstruktuierungen eines Betriebes (***Reengeneering***), Teilverkäufe oder die Übernahme eines anderen Unternehmens führen meist zu innerbetrieblichen Umstrukturierungen. Damit einher gehen betriebsbedingte Kündigungen.
- *Ordentliche Kündigung:* Bei der ordentlichen Kündigung werden die im Arbeitsvertrag vereinbarten Kündigungsfristen eingehalten.
- *Fristlose Kündigung:* Die fristlose Kündigung hat die sofortige Beendigung des Arbeitsverhältnisses zur Folge. Sie ist ohne vorherige ***Abmahnung*** bei Störungen im Vertrauens- und betrieblichen Bereich möglich. Hierzu gehören besonders grobe Pflichtverletzungen wie:
  - Manipulationen an der Zeiterfassungskarte,
  - unerlaubte Tätigkeit für die Konkurrenz,
  - Unterschlagung oder unkorrekte Abrechnungen (***Betrug***),
  - ***Diebstahl***,
  - Beleidigung oder Tätlichkeiten gegenüber Kollegen,
  - unsittliches Verhalten oder sexuelle Belästigung.

Eine Kündigung, die vom Arbeitgeber ausgesprochen wird, bedeutet für den Arbeitnehmer in aller Regel einen schwerwiegenden Einschnitt, sowohl in seiner persönlichen als auch in seiner beruflichen Laufbahn. Dieser Einschnitt betrifft sein ganzes Leben. Die ***Planung*** des ***Personalabbaus*** sollte daher das Ziel verfolgen, diesen so sozial verträglich wie nur möglich zu gestalten.

Kündigungen treffen aber nicht nur den Arbeitnehmer, sondern auch das Unternehmen selbst. Steigt der Personalbedarf im Unternehmen wieder langfristig, so ist das Know-how der entlassenen Mitarbeiter verloren. Es muß durch aufwendige Beschaffungs- und Entwicklungsmaßnahmen erst wieder neu erworben werden. Ein möglichst weitgehender Verzicht auf einschneidende Maßnahmen liegt deshalb auch im Interesse des Unternehmens.

Durch den modernen Begriff »Outsourcing« versucht man, die in vielen Unternehmen veränderte Kündigungspolitik zu beschreiben. Die Mitarbeiter werden nicht einfach entlassen, sondern durch Personalberatung, Bewerbungstraining und Weiterbildung auf neue Tätigkeiten in alternativen Unternehmen vorbereitet.

Andere sanfte Maßnahmen des Personalabbaus sind:

- Reduktion von Mehrarbeit,
- Einführung von Kurzarbeit,
- Umsetzung von Mitarbeitern,
- Versetzung von Mitarbeitern,
- Verkürzung der betriebsüblichen Arbeitszeiten,
- Umwandlung von Voll- in Teilzeitarbeitsplätze,
- Gewährung von Langzeiturlaub,
- Nichtverlängerung von befristeten Arbeitsverhältnissen,
- Verhängung von Einstellungsstops,
- Aufhebungsverträge,
- vorzeitige Pensionierung.

Bei aller Rücksichtsnahme sollte man Kündigungen jedoch nicht tabuisieren. In vielen Fällen sind Kündigungen der einzige Ausweg; aber auch sonst bieten Kündigungen gegenüber anderen Maßnahmen Vorteile: Sie dienen zur Entlastung des Unternehmens, zur Freisetzung unfähiger Mitarbeiter und damit zur Entlastung engagierter Mitarbeiter und häufig auch zur endgültigen Klärung von Konflikten (***Mobbing***).

Welche Risiken beinhalten Kündigungen?

Kündigungen, besonders in großem Stil, können weitreichende Folgen für den Betrieb haben. Zu den Gefahren gehören:

- Die Verschlechterung der Altersstruktur aufgrund des besonderen Schutzes älterer Mitarbeiter.
- Die Unternehmen haben die Kosten der Entlassung und eventuell späterer Neueinstellungen zu tragen.
- Der Know-how-Verlust der gekündigten oder kündigenden Mitarbeiter kann zu spüren sein.
- Es können sich negative Folgen für das ***Betriebsklima*** ergeben.
- Ein langfristiger Imageverlust, vor allem bei Massenentlassungen, kann dem Unternehmen erheblich schaden.

Siehe auch Checkliste

Lean Management

Was ist Lean Management?

Dem Lean Management liegt eine ganzheitliche Unternehmensauffassung zugrunde, die alle Mitarbeiter und Funktionsbereiche bis hin zur Unternehmensführung umfaßt. Neben ***Total Quality Management*** und dem ***organischen Management*** erfüllt das Lean Management am ehesten die Anforderungen an eine umfassende ***Unternehmensphilosophie***.

Lean Management ist nach innen mitarbeiter- und kostenorientiert, nach außen dagegen in erster Linie kundenorientiert (***Kundenorientierung***). Danach soll alles, was nach dieser Konzeption in einem Unternehmen geschieht, letztlich dem Kunden zugute kommen und die eigene Wettbewerbsposition verbessern. Lean Management ist eine grundsätzliche Abkehr vom ***Taylorismus***. Die Prinzipien der rationalistischen Arbeitsteilung und Spezialisierung haben keine Gültigkeit mehr. Statt dessen werden Gruppendenken und -dynamik wichtig, vor allem in bezug auf die Teamfähigkeit und das Verhalten der Mitarbeiter. An Stelle hierarchischer Befehlsstrukturen gilt die ***Delegation*** von Rechten und Pflichten als Organisationsmerkmal. Teams vereinigen in sich Fach- und auch ***Führungskompetenz*** zum Nutzen der Kunden. Die Teammitglieder denken kundenorientiert und handeln entsprechend.

Das gesamte Unternehmen inklusive seiner Funktionsträger konzentriert sich auf das Wesentliche. Denn nur das wird auf Dauer im Wettbewerb mit anderen Unternehmen von den Kunden honoriert. Flache Hierarchien sind Teil einer betont schlanken Organisation, die auf alles Überflüssige verzichtet, soweit nicht vom Gesetz oder vom Kunden gefordert. Zu Lean Management gehört deshalb auch der Abbau von Komplexität in den Unternehmensabläufen. Diese Komplexität ist meist durch Massenproduktion bedingt. Die starren, komplexen und meist auch kostenintensiveren Arbeitsabläufe sollen schlanker, einfacher und kostengünstiger werden. Nutznießer dieses Prozesses ist der Kunde.

Unternehmensleitung und Mitarbeiter stehen dabei allen notwendigen Veränderungen positiv gegenüber. Man konzentriert sich auf eine Wertschöpfung, die dem Kunden dient und einen hohen Nutzen bringt. Betriebsintern wird der gesamte Leistungsprozeß nach den Vorstellungen einer ganzheitlichen ***Unternehmensphilosophie*** in Prozeßketten optimiert.

Da Lean Management ein Gesamtkonzept darstellt, muß es auch unaufhörlich die Gesamtoptimierung des Ganzen im Auge haben. Lean Management ist von der Unternehmensleitung als Möglichkeit zu verstehen, schlanker, kostengünstiger und damit letztendlich auch rentabler zu werden.

Was heißt Lean Management für die Führung?

Beim Lean Management kommt den sogenannten Humanressourcen eine erhöhte Bedeutung zu. Denn schließlich sind es die Mitarbeiter, die diese ***Unternehmensphilosophie*** umzusetzen haben. Ihre Zusammenarbeit muß neu organisiert werden, um damit das Unternehmensinteresse über das Eigeninteresse der Mitarbeiter hinaus zu fördern. Verantwortung und Entscheidungskompetenz werden dahin verlagert, wo die höchste fachliche Zuständigkeit liegt (***Selbstverantwortung***). Die Gruppe wird dabei aufgrund ihrer Kompetenz zu einem wichtigen Entscheidungsgremium bezüglich des Nutzens für den Kunden. Sie denkt und handelt kunden- und qualitätsbewußt.

Das offensive Personalmanagement schaltet sich überall dort ein, wo eine neue Denk- und Verhaltensweise der Mitarbeiter zum Erkennen von Verbesserungen notwendig ist. Flexible Formen der Arbeitsorganisation und das kooperative Miteinander sind dabei wichtige Mittel des Personalmanagements. Notfalls müssen diese Maßnahmen auch gegen den Widerstand einzelner durchgesetzt werden.

Der dazu erforderliche Paradigmenwechsel in der Arbeitswelt führt beinahe zwangsläufig bei aller Kosten- und ***Kundenorientierung*** zu einer größeren Mitarbeiterorientierung. Das Arbeiten wird zu einem größeren Respekt voreinander führen, da man den anderen mit seinen besonderen Fähigkeiten in einem intensiveren Umgang erleben kann. Die Humanisierung der Arbeit trägt dazu bei, daß die Arbeit Freude macht (***Motivation***). Dies ist eines der wesentlichsten Verdienste des Lean Managements – und darauf basiert auch sein Erfolg.

Welche Risiken und Gefahren beinhaltet Lean Management?

- Mit der Einführung des Lean Managements geht zumeist eine starke Verunsicherung der Mitarbeiter einher, die Entlassungen befürchten. Ausreichende ***interne Kommunikation*** ist deshalb sehr wichtig.
- Wird eine Organisation zu sehr verschlankt, so besteht die Gefahr, daß sie nicht mehr funktionieren kann. Hier sollte man auf das richtige Maß achten.
- Die Konzentration auf Lean Management vernachlässigt unter Umständen weiche Faktoren wie ***Betriebsklima*** und Mitbestimmung.
- Lean Management bedeutet meist eine Mehrbelastung des einzelnen. Dies kann zu unabsehbaren Folgen führen, beispielsweise Überforderung, ***Arbeitsunzufriedenheit***, ein Ansteigen der ***Fehlzeiten***, ***Mobbing***, ***Burn-out-Syndrom*** oder sogar ***innere Kündigung***.

Literaturtip

Womack, James P./Jones, Daniel T./Roos, Daniel: Die zweite Revolution in der Autoindustrie, Frankfurt a. M., New York 1992

Lebensplanung

Was ist Lebensplanung?

Unter Lebensplanung versteht man das Festlegen von Lebenszielen und das Entwickeln von Strategien, mit deren Hilfe diese Ziele erreicht werden sollen. Lebensplanung schließt sowohl den beruflichen Werdegang als auch privates Glück ein.

Eine realistische Lebensplanung kann sich nur an gesetzten Zielen orientieren. Unter Lebenszielen versteht man persönliche Ziele, die man bis zum Ende seines Lebens erreicht haben will. Meist werden bei der ***Zielsetzung*** die berufliche ***Karriereplanung*** und der gewünschte Lebensstil miteinander verbunden.

Beispiele für Lebensplanung sind etwa die Gründung einer Familie, ein eigenes Haus oder eine große Reise, aber auch eine ausfüllende Arbeit oder die angestrebte berufliche Selbständigkeit. Die Ziele können sowohl nach ihrer zeitlichen Dimension in kurz-, mittel- oder langfristige Ziele unterschieden werden, als auch nach den Bereichen, auf die sie sich beziehen. Dazu gehören beispielsweise ***Gesundheit***, Partnerschaft und Freunde, Arbeit und Freizeit oder auch politische und kulturelle Aktivitäten.

Wie geht das?

Eine vorausschauende Planung ist für jede Lebensphase sinnvoll, denn der Mensch setzt sich in jedem Lebensalter mit neuen Entwicklungen und Anforderungen auseinander, sei es im beruflichen oder privaten Bereich. Diese Anforderungen verlangen von ihm immer neue Zielsetzungen und Lösungsansätze. Ohne Lebensplanung ist er diesen Anforderungen hilflos ausgeliefert und fühlt sich allzuschnell von den Umständen überrollt.

Erfolgreiche Lebensplanung setzt das Wissen um die eigenen Stärken, Schwächen und Bedürfnisse voraus. Sorgfältige Überlegung und Selbstdisziplin gehören dazu, Ziele zu setzen, zu verfolgen und zu erreichen. Lebensziele sollte man immer auf ihre Realisierbarkeit hin überprüfen und bereit sein, auf unrealistische Vorstellungen gegebenenfalls zu verzichten. Wenn private und berufliche ***Zielsetzungen*** miteinander kollidieren, muß man in der Lage sein, Prioritäten zu setzen.

Lebensplanung, die eine berufliche Karriere mit einbezieht, sollte je nach Alter unterschiedliche Ziele beinhalten. Die Ziele sollten sich daran orientieren, welche Anforderungen ein berufliches Weiterkommen in der jeweiligen Phase begünstigen. Man kann dabei in Zehnerschritten zwischen verschiedenen Lebensphasen unterscheiden:

- *Die Zwanziger:* In den Zwanzigern tritt ein junger Mensch normalerweise in das Berufsleben ein. Durch eine rasche Job-Rotation in Abständen von

ein bis zwei Jahren erhält ein junger Mitarbeiter Aufschluß darüber, ob er zum Beispiel ein eher konzeptionell arbeitender oder ein operativer Typ ist. In dieser Phase sollte er als Mitarbeiter die Gelegenheit erhalten, drei Erfahrungen zu machen:
- Er muß lernen, mit anderen Menschen zusammenzuarbeiten.
- Er muß lernen und verstehen, wie ein Unternehmen oder eine Organisation in ihrem Inneren funktioniert.
- Er muß erfahren, wie er selbst am besten und wirksamsten arbeitet – wo also seine spezifischen Stärken liegen.

- *Die Dreißiger:* In den Dreißigern sollte eine Phase beruflicher Kontinuität einsetzen. Auf diese Weise kann der Mitarbeiter eigenverantwortlich Leistungen erbringen, die zu Resultaten führen und für andere sichtbar sind.
- *Die Vierziger:* In den Vierzigern beherrscht der Mitarbeiter im Grunde zum erstenmal sein Metier. Er ist kompetent in einem umfassenden Sinne. Nun droht allerdings die Gefahr, völlig der Routine zu erliegen. Wenn jetzt nicht bewußt und systematisch eine Änderung herbeigeführt wird, besteht die Gefahr der ***Arbeitsunzufriedenheit*** oder ***inneren Kündigung*** – im schlimmsten Fall hält diese bis zur ***Pensionierung*** an. In dieser Phase sollte ein Unternehmen seinem Mitarbeiter helfen, die erforderlichen Änderungen zu vollziehen. Der Akzent der ***Mitarbeiterentwicklung*** muß nun auf »Job enrichment«, also auf der Erweiterung des Aufgabengebietes, liegen.
- *Die Fünfziger:* Wer auf dem oben beschriebenen Weg in die Fünfziger kommt, wird seine volle Leistungsfähigkeit besitzen. Dennoch muß er sich neuen Anforderungen stellen. Er muß seine Kenntnisse auf den neuesten Stand bringen und als Endfünfziger anfangen, sich Gedanken über seine Lebenspläne nach der ***Pensionierung*** zu machen.

Welche Risiken und Gefahren beinhaltet Lebensplanung?

Bei der Lebensplanung besteht vor allem die Gefahr der Selbstüberschätzung. Ziele werden so hoch gesetzt, daß sie nie erreicht werden können. Persönliche Frustration, und Demotivierung sind die Folge. Im Arbeitsalltag kann das von ***Arbeitsunzufriedenheit*** über das ***Burn-out-Syndrom*** bis hin zur ***inneren Kündigung*** führen.

Tip

Lebensplanung zeigt auf, was ein Mensch erreichen kann, und wie er dabei Schritt für Schritt vorgehen muß. Lebensziele sind eine wichtige ***Motivation*** für den einzelnen. Verlieren Sie dies nicht aus den Augen, sondern unterstützen Sie als gute Führungskraft den Mitarbeiter bei seiner Lebensplanung.

Auch der Verzicht auf Lebensziele wegen beruflicher Belastung zahlt sich erfahrungsgemäß nicht aus. Bedenken Sie, daß einige Lebensziele ein begrenztes Haltbarkeitsdatum haben. Der Kinderwunsch einer Frau richtet sich eben immer noch nach dem Alter und nicht nach dem Karriereverlauf.

Siehe auch Checkliste

Literaturtip

Steiner,Claude M: Wie man Lebenspläne verändert, Paderborn 1997

Leistungsmanagement

Was ist Leistungsmanagement?

Die Grundidee des Leistungsmanagements heißt: Der Erfolg eines Unternehmens hängt von der gemeinsamen Leistung aller seiner Mitarbeiter ab. Ziel des Leistungsmanagements ist es deshalb, die Leistung aller Mitarbeiter zu verbessern. Wie jede Managementmethode ist damit auch das Leistungsmanagement ein Mittel, mit dem die Mitarbeiter und letztendlich das gesamte Unternehmen zu besseren Ergebnissen geführt werden sollen.

Gutes Leistungsmanagement erkennt man an einem offenen und konstruktiven Dialog zwischen Managern und Mitarbeitern (***interne Kommunikation***). In diesem Dialog verständigt man sich darüber, wie die Arbeitsaufgaben besser gelöst werden können. Erfolgreiches Leistungsmanagement erkennt man daran, daß die individuellen und persönlichen Leistungen des Mitarbeiters laufend überprüft werden (***Ergebniskontrolle***).

Leistungsmanagement besteht im wesentlichen aus drei Schritten:

1. Zielvereinbarung

Mittels ***Zielvereinbarungen*** werden gemeinsam mit den Mitarbeitern die Ziele erarbeitet, die man erreichen will. Mitarbeiter, die an der Definition der gestellten Anforderungen aktiv beteiligt werden, wissen und verstehen, was von ihnen erwartet wird. So können sie diese Anforderungen optimal erfüllen. Die ***Zielsetzung*** erfolgt dabei auf der ***Hierarchie***ebene von oben nach unten: Von der obersten Organisationsebene wird die zukünftige Marschrichtung vorgegeben. Diese Strategien und Ziele ziehen dann detailliertere Definitionen der Zielsetzung in den einzelnen Abteilungen nach sich.

2. Leistungsvereinbarungen

Die einzelnen Führungskräfte schließen nun mit ihren Mitarbeitern Leistungsvereinbarungen ab. In diesen Vereinbarungen ist festgelegt, in welchen Arbeitsbereichen welche Ergebnisse erzielt werden sollen. Sie beinhalten auch die Fähigkeiten und Kompetenzen, die die Mitarbeiter für die einzelnen Arbeiten mitbringen müssen. Führungskräfte und Mitarbeiter machen in dieser Phase ebenfalls gemeinsam Pläne für die weitere persönliche Entwicklung (***Mitarbeiterentwicklung***). Sie entwickeln Leistungsstandards, mit denen die Leistungen des einzelnen gemessen, überprüft und beurteilt werden können. Bei jeder Leistungsvereinbarung sollte man darauf achten, folgende Fragen immer wieder zu beantworten:

- Weiß der Mitarbeiter, wieviel seine eigene Arbeit zur Leistung seiner Abteilung und damit zum Ergebnis des gesamten Unternehmens beiträgt?
- Hat der Mitarbeiter verstanden, welches Kompetenzniveau er erreichen soll?
- Ist dem Mitarbeiter klar, was er gegenwärtig tut?
- Sind alle Leistungen, die der Mitarbeiter erbringt, erfaßt?
- Kennt der Mitarbeiter seine derzeitigen Aufgaben und Prioritäten?
- Sind in der Vereinbarung auch alle Leistungen erfaßt, die der Mitarbeiter erbringt?

In jeder Leistungsvereinbarung müssen Rahmenbedingungen wie häufige, beruflich bedingte Autofahrten oder soziales Engagement berücksichtigt werden.

3. Beurteilung

Beurteilungen dienen in erster Linie dazu, dem Mitarbeiter ein Feedback zu geben (***Beurteilungsgespräch***, ***Jahresgespräch***). Durch Beurteilungen lassen sich auch Probleme aufdecken, erkennen und lösen. Sie stellen ebenfalls ein wesentliches Element des Leistungsmanagements dar. Die Mitarbeiter müssen wissen, wie gut oder schlecht sie arbeiten. Nur so können sie feststellen, wo sie sich in ihrer Entwicklung und auf dem Weg zum vereinbarten Ziel befinden. Damit Beurteilungen optimal wirken können, sollten sie in die Arbeitstätigkeit eingebaut werden und möglichst bald nach Erledigung der Aufgabe stattfinden. Bei Routineaufgaben sollte man Beurteilungszyklen vereinbaren.

Was bedeutet Leistungsmanagement für die Führung?

Leistungsmanagement ist ein andauernder Prozeß, in den Führungskräfte und die von ihnen geführten Mitarbeiter aktiv eingebunden sind. Diese Führungsmethode orientiert sich streng an den Leistungen der einzelnen Mitarbeiter. Durch die Beteiligung der Mitarbeiter an der Entwicklung der Leistungsvereinbarungen erhält man ein faires und weitgehend objektives Beurteilungssystem, dem die Mitarbeiter vertrauen. Dadurch läßt sich folgendes erreichen:

- Eine enge Bindung der Mitarbeiter an die strategischen Ziele des Unternehmens ist gewährleistet.
- Im Unternehmen verbreitet sich leistungsorientiertes Denken.
- Die Mitarbeiter werden mündig. Sie lernen, eigenverantwortlich zu arbeiten (***Selbstverantwortung***).
- Leistungsmanagement wirkt auf die Mitarbeiter anspornend und unterstützend und fördert somit ihre ***Motivation***.

Welche Risiken und Gefahren beinhaltet Leistungsmanagement?

Ein Gefühl der Überforderung kann sich durch permanente Leistungsorientierung bei Führungskräften und Mitarbeitern einstellen.

Leistungsmanagement bedarf eines großen Aufwands an ***Training***, der eventuell nicht gedeckt werden kann.

Die zu starke Orientierung nach innen kann sich negativ auf die ***Kundenorientierung*** auswirken, da jeder Mitarbeiter sehr stark mit sich selbst und den eigenen Leistungen beschäftigt ist.

Es werden sehr hohe Anforderungen an die ***Führungskompetenz*** der Vorgesetzten gestellt.

Bei Streß fehlt oft die Zeit für die notwendige ***interne Kommunikation*** zwischen den verschiedenen Ebenen.

Tip

Reduzieren Sie die Leistungsüberprüfung nicht auf ein formales ***Mitarbeitergespräch***. Denn diesem fehlt sowohl der direkte Bezug als auch die Unmittelbarkeit, die für die ständige Weiterentwicklung des Mitarbeiters entscheidend ist. Außerdem verhindert die Formalität, die in der Regel mit einem einmal im Jahr stattfindenden Gespräch einhergeht, oftmals eine konstruktive Diskussion. Führen Sie also statt dessen spontane und eher formlose ***Beurteilungsgespräche*** – und führen Sie sie häufig. Ergänzen Sie diese Beurteilungen zusätzlich mit ***Feedback-Gesprächen***. Sie stellen eine wertvolle Rückmeldung für Sie dar.

Literaturtip

Küchle, Erwin: Menschenkenntnis für Management, Der Schlüssel zum Anderen, Landsberg am Lech 1976

Lernende Organisation

Was ist eine lernende Organisation?

Eine lernende Organisation kann als eine Organisation definiert werden, die sich kontinuierlich verändert. Dadurch gibt sie allen ihren Mitgliedern die Möglichkeit, ständig zu lernen.

Organisationen können als Wissenssysteme gesehen werden, in denen nach und nach Wissen angesammelt und gespeichert wird. Man könnte sie etwa mit einem Computer vergleichen, der viele verschiedene User hat, die einen Teil ihrer Kennntnisse auf der Festplatte abspeichern. Dazu mußten in der Vergangenheit und müssen in der Gegenwart und Zukunft Lernprozesse stattfinden.

Eine lernende Organisation bemüht sich darum, auf allen Ebenen weiterzulernen. Sie fördert beispielsweise das informelle Lernen »on the job« unter der Anleitung von Führungskräften und Kollegen (***Counselling***, ***Mentoring***). ***Leistungsmanagement*** ist dabei eine Methode, die dieses beiläufige Lernen systematisieren kann. Es sorgt dafür, daß die Leistungen an den vereinbarten Zielen gemessen und die Verhaltensweisen, die zu Erfolg oder Mißerfolg beigetragen haben, analysiert werden.

Lernende Organisationen unternehmen neben dem informellen Lernen auch ausdrücklich Schritte, um aus der Erfahrung zu lernen. Dazu schaffen sie verschiedene Foren wie Entwicklungszentren, Teammeetings oder ***Workshops***. Bei diesen Arbeitstreffen lernen die Mitarbeiter, darüber nachzudenken, was sie gelernt haben und was sie noch lernen müssen. Solche Überlegungen bilden die Grundlage für die Formulierung von Verbesserungsplänen, sowohl für den einzelnen Mitarbeiter als auch für die Organisation als Ganzes.

Es gibt vier Grundformen, in denen eine Organisation lernen kann:

- *Lernen aus Erfahrung:* Diese Form des Lernens knüpft an die in der Vergangenheit gesammelten Erfahrungen einer Organisation an. Problemlösungen, Handlungsmuster und Routine, die bisher erfolgreich waren, werden beim Auftreten einer neuen Schwierigkeit hinsichtlich ihrer Zweckmäßigkeit und weiteren Erfolgswirkung beurteilt. Wenn nötig, werden sie verbessert oder durch neue Lösungsansätze ersetzt. Dadurch verändert sich die Wissensbasis einer Organisation.
- *Vermitteltes Wissen:* Vermitteltes Wissen liegt dann vor, wenn eine Organisation die Erfahrungen einer anderen Organisation nutzt. Dazu gehören unternehmensübergreifende Arbeitskreise und systematisches Auswerten von Veröffentlichungen (***Benchmarking***). Auch das Lernen durch ***Weiterbildungs***maßnahmen, wie Seminare, Schulungen oder Workshops, wird dazugezählt.
- *Lernen durch Erweiterung:* Erweitert eine Organisation ihren Bezugsraum, so ist damit auch immer die Eingliederung von organisationsfremdem Wissen verbunden. Dies geschieht etwa durch die Einstellung von externen Fachleuten oder den Aufkauf von Unternehmen mit passendem Spezial- oder Ergänzungswissen.
- *Selbstreferentielles Lernen:* Bei dieser Art des Lernens gewinnt man Wissen durch die neuartige Verknüpfung von bereits vorhandenen Wissenselementen. Die so gewonnenen Ansätze können zu innovativen Problemlösungen weiterentwickelt werden.

Zu jedem Lernprozeß gehört, so paradox das auch klingt, immer auch der Prozeß des Verlernens. Denn nur durch diesen Prozeß kann eine Organisation altes Wissen und überholte Verhaltensweisen ablegen. So werden Freiräume für neue Lösungsansätze und Handlungsweisen geschaffen. Der

Verlern-Prozeß ist zumeist schwierig und zeitaufwendig. Der Verlust gewohnter Denk- und Handlungsmuster wird von vielen Mitarbeitern als schmerzhaft empfunden.

Was bedeutet die lernende Organisation für die Führung?

Lernende Organisationen sind vor allem durch eine geringe ***Hierarchie***betonung, durch Selbstkoordination und die Fähigkeit zur Kommunikation gekennzeichnet. Die nahezu vollständige Flexibilisierung der vorhandenen Strukturen kann man als notwendige Voraussetzung für ein Lernen der Organisation ansehen. Unternehmen dieser Art befinden sich ständig im Wandel, indem sie Signale aus der Umwelt in Selbstorganisationsprozessen verarbeiten.

Wege in die lernende Organisation

Zunächst müssen die Hemmnisse des Organisationslernens analysiert werden. Kreativitätskiller sind beispielsweise Überspezialisierung, Abteilungsdenken und Sündenbockmentalität. Die größten Lernblockaden, die abgebaut werden müsen, sind:

- die Haltung: »Mein Job bin ich«: Viele Menschen verwechseln persönliche und berufliche Identität. Sie fühlen sich nicht für die Gesamtorganisation, sondern nur für ihren begrenzten Aufgabenbereich verantwortlich.
- die Meinung, der Feind käme von außen: Bei auftauchenden Problemen glauben viele, die Ursache liege in »äußeren Faktoren«.
- lineares Denken: Heute wird oft in Ursache-Wirkung-Komplexen gedacht, statt die Wechselbeziehungen komplexer Systeme einzubeziehen (***Chaos Management***).
- die Auswirkungen des eigenen Handelns: Die Folgen des eigenen Tuns sind für den einzelnen oft schwer erkennbar, da sie nur über einen längeren Zeitraum wirksam werden. Diese langfristigen Veränderungen müssen besser sichtbar gemacht werden.

Wer eine lernende Organisation aufbauen will, muß die verschiedensten praktischen Probleme überwinden. Was dabei im Vordergrund stehen sollte, ist das Schaffen von Offenheit, lokaler Autonomie, Lernmethoden und neuen Führungskonzeptionen.

- *Offenheit:* Heute sind die meisten Unternehmen von politischem Denken durchdrungen. »In einer politischen Umgebung zählt jedoch das »Wer« mehr als das »Was«. Wenn der Chef etwas vorschlägt, wird die Idee ernst genommen. Wenn jedoch jemand aus der unteren Hierarchiestufe eine neue Idee hat, wird sie ignoriert. Um ein lernfähiges Unternehmen zu schaffen, sollte deshalb zuerst Taktik und ***Konkurrenz***denken durch Offenheit ersetzt werden.
- *Lokale Autonomie:* Im heutigen schnellebigen Wirtschaftsprozeß wird lokale Autonomie immer wichtiger. Schließlich verfügen Personen vor Ort oft über aktuellere Informationen zu Markttrends, Kundenwünschen oder Konkurrenzaktivitäten. Sie sind so auch besser in der Lage, auf Veränderungen prompt zu reagieren. Für das lernfähige Unternehmen ist diese Autonomie ein wichtiger Bestimmungsfaktor. Menschen lernen dann am schnellsten, wenn sie sich für etwas verantwortlich fühlen.
- *Lernen im Team:* Durch Teamlernen verändert sich der Stellenwert der Arbeit: Sie wird vom notwendigen Übel zum höheren Ziel des Menschen (***Sinnorientierung***, ***Bedürfnispyramide***). Für den einzelnen Mitarbeiter bedeutet das, daß seine Arbeitsstätte zu einem Ort wird, an dem er seiner Kreativität freien Lauf lassen kann. Lernen im Team ist eine einzigartige Erfahrung, ermöglicht Höchstleistungen und schafft ein starkes Gefühl innerer Verbundenheit (***Betriebsklima***).
- *Neue Führungsmodelle:* Notwendig sind auch völlig neue Führungskonzeptionen (***Dienstleistung in der Führung***, ***organisches Management***). In der lernenden Organisation sind Führungskräfte die Forscher und Designer der Unternehmensentwicklung. Nicht fachliche Lösungen, sondern das Aufdecken notwendiger Strukturveränderungen sollte ihre wichtigste Aufgabe sein. Der ***Führungsstil*** einer lernenden Organisation zeichnet sich dadurch aus, daß die Führungskraft Manager und Mitarbeiter ermutigt, ihre Lernerfordernisse und Lernziele selbst zu stecken und herkömmliche Arbeitsmethoden in Frage zu stellen. Außerdem sollte eine Führungskraft in der lernenden Organisation die Leistungen und Lernfortschritte des einzelnen Mitarbeiters regelmäßig überprüfen und Feedback geben, wobei sie natürlich ein gewisses Maß an Fehlern tolerieren muß, vorausgesetzt, die Mitarbeiter versuchen, aus ihnen zu lernen. Wenn ein Vorgesetzter dann noch versucht, immer neue Erfahrungen anzubieten, aus denen die Mitarbeiter lernen können, und Schulungen »on the job« anbietet oder ermöglicht, dann ist die Führung der lernenden Organisation perfekt.

Welche Risiken und Gefahren beinhaltet die lernende Organisation?

Die lernende Organisation stellt hohe Anforderungen an Führungskräfte und Mitarbeiter. Sie müssen dabei folgende Disziplinen einüben: ***Persönlichkeits***entwicklung, ***Führung der eigenen Person*** und ***soziale Kompetenz***, ***visionäres Management***, ***Sinnorientierung***, Teamfähigkeit.

Macht

Was ist Macht?

Unter Macht versteht man die Möglichkeit einer Person, Gruppe oder Organisation, innerhalb einer sozialen Beziehung das Verhalten eines anderen zu bestimmen – auch gegen dessen Willen. Das Streben nach Macht drückt sich in Fragen wie »Wer ist der bessere« oder »Wer hat innerhalb einer Gruppe am meisten zu sagen« aus. Macht oder auch Status steht nach körperlichen Grundbedürfnissen, sozialer Sicherheit und sozialer Zugehörigkeit an vierter Stelle der menschlichen Bedürfnisse (***Bedürfnispyramide)***.

Eng verbunden mit dem Begriff der Macht ist der Begriff der ***Autorität***. Diese wird einem jedoch durch die Personen zugeschrieben, für die man über Autorität verfügt. Autorität ist also abhängig von der Akzeptanz durch andere. Macht hingegen wird einem erteilt oder man ergreift sie. Die Untergebenen müssen diese Macht nicht unbedingt befürworten. Macht hat aber auch, wer von jemandem in eine Machtposition gewählt wird. Für viele ist Macht ein negativer Begriff; wertfrei betrachtet ist Macht jedoch eine positive Möglichkeit, Einfluß zu nehmen, eigene Vorstellungen umzusetzen und die Realität mitzugestalten. Erst wenn Macht mit Gewalt gegen einen Widerstand aufrechterhalten wird, wird sie problematisch.

Was bedeutetet Macht für die Führung?

Jeder Vorgesetzte hat Macht. Per ***Organigramm*** oder ***Stellenbeschreibung*** ist er weisungsbefugt, d.h. er kann andere anweisen, Dinge zu tun oder zu unterlassen. Er hat die Macht, andere zu be- und verurteilen, er kann eine Kündigung aussprechen, einen Mitarbeiter befördern oder über eine Neueinstellung befinden, er kann über die Arbeitszeit und die Arbeitsinhalte bestimmen.

Neben den üblichen Machtmitteln der Belohnung oder Bestrafung (Lob, Tadel) besitzt besonders Information in einer immer komplexeren Arbeitswelt eine besondere Brisanz als Machtinstrument. Führungskräfte haben oftmals einen Informationsvorsprung. So wird die Führungskraft etwa von der Betriebsleitung über bevorstehende Änderungen früher informiert. Meist ist es ihr überlassen, diese Informationen zu gegebener Zeit an die Untergebenen weiterzuleiten. Damit bekommt eine Führungskraft Macht über die Entscheidungsgrundlagen seiner Untergebenen. Die bewußte Auswahl, Verfälschung oder Zurückhaltung von Informationen wird immer wieder als Machtmittel mißbraucht (»Wissen ist Macht«). Auf diese Weise hoffen manche Führungskräfte, die Mitarbeiter besser steuern zu können. Durch bewußte Fehlinformationen wird in Konkurrenzsituationen versucht, die Oberhand zu gewinnen.

Der Vorgesetzte, der dieses Machtmittel mißbraucht, läuft Gefahr, das Vertrauen seiner Mitarbeiter zu verlieren und sogar von ihnen bekämpft zu werden.

Vor diesem Hintergrund haben manche Führungskräfte extreme Schwierigkeiten im Umgang mit Macht. Dies kann soweit gehen, daß sie ihre Führungsrolle aufgeben und als Führungspersönlichkeit gar nicht mehr wahrgenommen werden (***Führungsstil***: Laissez faire). Doch Führung und Macht gehören schlichtweg zusammen; das eine ist ohne das andere undenkbar.

Welche Risiken und Gefahren beinhaltet Macht?

- Macht kann mißbraucht werden. Und sie verleitet offensichtlich immer wieder dazu. Dies geschieht vor allem dann, wenn Macht eine Schwäche kaschieren und kompensieren muß.
- Machtstrukturen können gegen die Firmeninteressen installiert und ausgebaut werden. Postenschacherei und Vetternwirtschaft können sich in der Folge ergeben.
- Macht kann so ausgeübt werden, daß nur einzelne davon profitieren. Die Firma gerät dann schnell ins Hintertreffen.
- Macht entsteht oft in einem Umfeld aus ***Angst*** und Schrecken. Angst lähmt aber die Kreativität und verhindert Innovation.

Tip

Macht ist nicht nur Status, Prestige oder plumpe Dominanz, sondern bedeutet vor allem die Möglichkeit zur Gestaltung und ***Veränderung***. Diese Macht sollten Sie nutzen! (***Entscheiden***)

Literaturtip

Schwertfeger, Bärbel/Lewandowski, Norbert: Die Körpersprache der Bosse, Düsseldorf, Wien und New York 1990
Tracy, Diane: Die Machtpyramide, Landsberg am Lech 1990

Management by Exception

Was ist Management by Exception?

Management by Exception ist eine Führungskonzeption, die man mit »Führung nach dem Prinzip der Ausnahme« übersetzen könnte. Management by Exception stellt das ***Entscheiden*** in den Mittelpunkt der Führungsaufgaben. Alle anderen Aufgaben werden delegiert.

Damit erlaubt Management by Exception den Führungskräften, sich auf ihre wesentlichen Führungsaufgaben – das Treffen von Entscheidungen – zu konzentrieren. Der einzelne Mitarbeiter erhält für seine Arbeit mehr Spielraum und weiß, daß nur ungewöhnliche Ereignisse nach oben weitergeleitet werden. Eine Führungskraft muß nach der Delegation nur noch dann in den Erfüllungsprozeß eingreifen, wenn Ausnahmesituationen auftreten, die nicht innerhalb eines vorgegebenen Ermessensspielraums des Mitarbeites liegen.

Zur Definition der Ausnahmesituation muß der Ermessensspielraum des Mitarbeiters genau abgegrenzt werden. Fälle, die eine nur geringe Abweichung vom Normalfall aufweisen, regelt der Mitarbeiter selbst. Der Vorgesetzte wird nicht unterrichtet und muß nicht eingreifen. Abweichungen, die über den Ermessensspielraum hinausgehen, sind Ausnahmesituationen. Diese Ausnahmefälle sind dem Vorgesetzten zu melden, damit er die Möglichkeit zum Eingreifen hat.

Management by Exception ist eine klassische Führungskonzeption, die sehr weit verbreitet ist und vor allem in der Praxis eine große Bedeutung besitzt. Das Prinzip Management by Exception wurde vom Vater des wissenschaftlichen Managements, Frederick Taylor, erfunden (***Taylorismus***). Unter dem Ausnahmeprinzip soll der Vorgesetzte nur sorgfältig überprüfte, zusammengefaßte und gleichbleibend komparative Berichte bekommen, die alle für das Management relevanten Elemente enthalten. Alle Ausnahmen gegenüber den vorangegangenen Standards, und zwar sowohl die außergewöhnlich guten als auch die außergewöhnlich schlechten Abweichungen, sollen dabei deutlich hervorgehoben werden.

Zu entscheiden, worin eine Ausnahme besteht, ist an sich schon eine nützliche Übung für den Mitarbeiter. Er muß lernen, Schlüsselereignisse und Maßnahmen, die gute, schlechte oder indifferente Ergebnisse aufzeigen, danach zu selektieren, ob die Arbeit nach Plan verläuft oder nicht. Potentielle Abweichungen und ihre Ursachen werden analysiert und vorgemerkt. Untersuchungen zur Fehlerbehebung können dann rasch in die entsprechende Richtung gelenkt und geeignete Hilfsmaßnahmen eingeleitet werden.

Jede Organisationsstruktur ist in ihrem Kern statisch. Sie ist nicht in der Lage zu beschreiben, wie einzelne Vorfälle und Abläufe sich abspielen sollen und wer im konkreten Einzelfall entscheidet. Auch wenn man in Organisationsplänen festlegt, wie einzelne Vorgänge ablaufen und die Beteiligten zusammenwirken sollen, kann man nur solche Aufgaben regeln, die vorher festgelegt werden können.

Unternehmen oder Behörden können jedoch nicht als für alle Zeiten unveränderlich angesehen werden. Sie sind vielmehr dynamisch und müssen es sogar sein, damit sie überlebensfähig sind (***Change Management***). In ihnen vollziehen sich ständig Veränderungen und Neuerungen, die aber nicht organisatorisch regelbar sind. Denn organisatorisch regelbare Prozesse können sich nur auf bereits bekannte Vorgänge beziehen. In diesen Fällen kann Management by Exception als Orientierungsrichtlinie für die ***Delegation*** von Aufgaben angesehen werden.

Was bedeutet Management by Exception für die Führung?

Vorgesetzte sind häufig stark mit Durchführungsaufgaben statt mit den eigentlichen Führungsaufgaben beschäftigt. Die Folge davon ist, daß für die eigentliche Führungsarbeit zu wenig Zeit bleibt. Dies resultiert vor allem aus der mangelnden Bereitschaft, Aufgaben, Vollmachten und Verantwortung an Mitarbeiter zu delegieren.

Für die Führungskräfte bedeutet Management by Exception eine spürbare Entlastung von Routineaufgaben. Sie ermöglicht eine Konzentration auf die Leistungsfähigkeit. Für die Mitarbeiter bedeutet dies die Förderung von Selbständigkeit, ***Selbstverantwortung*** und Leistungswille. Für das Unternehmen ergibt sich eine Verbesserung der Beurteilung und Bewertung von Führungskräften und Mitarbeitern.

Schon die bei jeder ***Delegation*** notwendige ***Kontrolle*** der Mitarbeiter erfordert einen hohen Zeitaufwand. Für den einzelnen Mitarbeiter ist es weder nötig noch möglich, jederzeit alles selbst zu entscheiden und durchzuführen. Weil es unterschiedlich bedeutsame Aufgaben gibt, sollte sich die Führungskraft nur auf besonders wichtige Entscheidungen konzentrieren. Die übrigen Aufgaben werden den Mitarbeitern zur eigenständigen Bearbeitung und Entscheidung übertragen. Ein positiver Folgeeffekt dieser Art der Führung ist, daß Mitarbeiter eine größere Effizienz entfalten, wenn sie Aufgaben selbständig bearbeiten können.

Welche Risiken und Gefahren beinhaltet Management by Exception?

- Die Konzentration auf die Meldung von Mißerfolgen oder Gefahren kann negative Auswirkungen auf die ***Motivation*** der Mitarbeiter haben. Erfolgserlebnisse bleiben aus.
- Weil der Vorgesetzte ausschließlich über Ausnahmesituationen unterrichtet wird, neigt er eher dazu, sich nur auf Maßnahmen zur Beseitigung von Störfaktoren zu konzentrieren. Informationen, die eine ***Innovation*** auslösen könnten, bleiben deshalb oftmals unentdeckt. In einem nach dem Ausnahmeprinzip aufgebauten Informationssystem sind Neuerungen eher die Ausnahme als die Regel.

Management by Objectives

Was ist Management by Objectives?

Das Konzept des Management by Objectives geht davon aus, daß Vorgesetzte und Mitarbeiter ***Zielsetzungen*** gemeinsam erarbeiten. Darin werden Aufgabenbereich und Verantwortung jedes einzelnen Mitarbeiters auf der

Grundlage des von ihm erwarteten Ergebnisses festgelegt. Um dies zu erreichen, muß folgendes gewährleistet sein:

- Es muß klare Vorstellungen darüber geben, was erreicht werden soll.
- Das Erfassen der Ergebnisse muß gesichert sein, um den Erfolg oder Mißerfolg überhaupt messen zu können.
- Es bedarf eines größeren Handlungsspielraums für die Mitarbeiter.

Die Grundrichtung über das »Was« bestimmt in einem Unternehmen die Zielfunktion. Als Existenzbedingung ist dabei eine angemessene Rentabilität auf lange Sicht erforderlich. Daneben können aber weitere, sich ergänzende oder miteinander konkurrierende Teilziele, gegebenfalls auch nicht wirtschaftlicher Art wie soziales Engagement eines Unternehmens oder Sponsoring, verfolgt werden. Diese dürfen langfristig nicht die Rentabilität des Unternehmens in Frage stellen.

Diese Zielorientierung bedeutet im wesentlichen zweierlei:

- Ziele werden nicht nur in globaler Form vorgegeben. Vielmehr werden aus dem Gesamtziel Unterziele und Einzelziele abgeleitet. Diese können den Führungskräften und Mitarbeitern als Orientierungshilfen für ihre Arbeit dienen.
- Das einmal aufgestellte Ziel und die zugehörigen Unterziele sind keine feststehenden Größen. Sie sind selbst veränderlich. Sie unterliegen einem ständigen Wandel durch die Führungs- und Ausführungsprozesse, durch deren Ergebnisse oder durch Anpassungsmaßnahmen. Die Zielbildung ist deshalb in den Gestaltungsprozeß mit einzubeziehen.

Was bedeutet Management by Objectives für die Führung?

Die Ziele jedes Vorgesetzten finden sich beim Management by Objectives in den Unterzielen seiner Mitarbeiter wieder. Eine Führungskraft kann ihre Ziele also nur dann erreichen, wenn auch die Mitarbeiter ihre eigenen Unterziele verwirklichen. Insofern hängt der Vorgesetzte weitgehend von den Leistungen seiner Mitarbeiter ab. Die Qualifikation des Vorgesetzten steht demnach in unmittelbarem Zusammenhang mit den Leistungen seiner Mitarbeiter.

Die Erarbeitung abgeleiteter Unterziele muß gemeinsam von Führungskraft und Mitarbeiter unter folgenden Aspekten konzipiert werden:

- *Zeitdimension:* Ohne konkreten Zeitbezug ist jede Zielsetzung sinnlos. Es muß festgelegt werden, bis zu welchem Zeitpunkt ein bestimmtes Ziel erreicht werden soll.

- *Präzise Zielformulierung:* Jeder Mitarbeiter muß ein klar umrissenes Ziel von seiner Führungskraft erhalten.
- *Kompatibilität:* Die Ziele dürfen den Grundsätzen, Richtlinien und Programmen des Unternehmens nicht widersprechen. Sie dürfen auch nicht mit den Grundeinstellungen des einzelnen Mitarbeiters kollidieren.
- *Kooperation:* Die Ziele sind in gemeinsamen Gesprächen zwischen Führungskräften und Mitarbeitern festzulegen. Sie müssen realistisch und erreichbar formuliert werden.
- *Quantifizierung:* Je näher man zur Basis der Zielhierarchie kommt, desto exakter müssen die Ziele wert- und mengenmäßig fixiert werden.
- *Prioritäten:* Die Ziele müssen durch eine Gewichtung, zum Beispiel nach ihrer Dringlichkeit, in eine Rangreihe gebracht werden.

Im Gegensatz zu ***Management by Exception*** führen die Vorgesetzten beim Management by Objectives nicht mehr nur ständige Anordnungen für Einzelfälle durch. Das ist ihnen heute auch gar nicht mehr möglich, weil die fachlichen Aufgaben in einer Organisation sehr vielfältig und spezialisiert sind. So müßte sich die Führungskraft mit Problemen beschäftigen, die nur ein Spezialist lösen kann. Management by Objectives hilft dem Vorgesetzten, indem es jedem einzelnen Mitarbeiter den Rahmen vorgibt, in dem er sich in bezug auf vielfältige Sachaufgaben frei bewegen kann. Die Aufgabe der Führungskraft kann sich darauf beschränken:

- die Aufgabenbereiche der Mitarbeiter klar zu kennzeichnen,
- eindeutige Ziele mit den einzelnen Mitarbeitern zu vereinbaren,
- den Mitarbeitern bei der Zielerreichung behilflich zu sein,
- den geeigneten Mitarbeiter für ein bestimmtes Ziel auszuwählen.

Die Führungskraft kann sich dann auf die eigentlichen Führungsaufgaben beschränken, weil sie von Routineaufgaben befreit ist. Dazu gehören langfristige strategische ***Zielsetzung***, ***Planung***, Förderung von ***Innovationen***, Aktionen statt Reaktionen, Generalisierung statt Spezialisierung, Ergebnisorientierung statt Verfahrensorientierung.

Der Mitarbeiter genießt ein höheres Maß an Entscheidungsspielraum und Selbständigkeit. Das ist mit der Anforderung verbunden, mehr Eigenverantwortung zu übernehmen (***Selbstverantwortung***). Der Mitarbeiter kann sich bei seinen Handlungen und deren Ergebnissen nicht mehr auf die Weisungen seines Vorgesetzten berufen. Für die Folgen seiner Entscheidungen und Resultate hat er selbst einzustehen. Der Mitarbeiter muß sich außerdem gefallen lassen, daß seine Entlohnung von den Zielsetzungen und ihrer Erfüllung abhängig gemacht werden. Grundvoraussetzung hierfür ist, daß sich das Unternehmen entschließt, sein Beurteilungs- und Entlohnungssystem (***Gehalt***) nach den Prinzipien des Management by Objectives auszurichten.

Welche Risiken und Gefahren beinhaltet Management by Objectives?

- Es herrscht immer wieder Unklarheit über die Frage, woran die Ziele ausgerichtet werden sollen.
- Die Anforderung, ständig neue Innovationen zu bringen und sich den neuen Gegebenheiten anzupassen, wird oftmals nicht in ausreichendem Maße berücksichtigt.
- Ob die richtigen Ziele gesetzt und formuliert wurden, kann durch die Management-by-Objectives-Konzeption nicht beantwortet werden. Die Zielerreichung kann vielmehr zum Selbstzweck werden und zur Selbstzufriedenheit bei Führungskräften führen. Alle gesetzten Ziele können erreicht oder sogar übertroffen werden, ohne daß dabei hinterfragt wird, ob die Ziele überhaupt noch zeitgemäß waren. Wesentliche Chancen und Entwicklungen werden nicht genutzt, weil sie nicht Gegenstand der Zielformulierung waren. Es kann daher nicht sichergestellt werden, daß durch Management by Objectives das Leistungspotential eines Unternehmens voll ausgeschöpft wird.
- Management by Objectives berücksichtigt die psychologischen Erkenntnisse der ***Motivations***lehre nicht. Da Management by Objectives auf der Psychologie von Zuckerbrot und Peitsche aufbaut, also auf Belohnung und Bestrafung, können Mitarbeiter nicht optimal oder sogar falsch motiviert werden.

Literaturtip

Engel, Peter/Riedmann, Wolfgang: Die neuen Managementtechniken in Fällen, Landsberg am Lech 1982

Management by Walking Around

Was ist Management by Walking Around?

Die meisten Arbeitsabläufe in Unternehmen könnten effizienter gestaltet werden. Management by Walking Around bedeutet, täglich im Unternehmen unterwegs zu sein, mit den eigenen Mitarbeitern zu reden und von ihnen zu erfahren, was sie für eine besser organisierte und effektivere Arbeitsweise brauchen.

»Vor Ort« erhalten die Führungskräfte Informationen, die sie nie bekommen würden, wenn sie nur in ihrem Büro sitzenblieben. Wegen der sprichwörtlich laufenden Präsenz redet man auch von »sichtbarem« Management. Die Führungskraft ist greifbar und versteckt sich nicht hinter verschlossenen Türen.

Was bedeutet Management by Walking Around für die Führung?

Für das Einführen von Management by Walking Around sprechen vor allem folgende Gründe:

- Im intensiven Gespräch mit den Mitarbeitern kann eine Führungskraft mit Hilfe von Management by Walking Around Schwierigkeiten bei Arbeitsabläufen gemeinsam identifizieren und lösen. Denn diese Schwierigkeiten beruhen nur selten auf mangelndem Engagement oder gar Böswilligkeit.
- Management by Walking Around stärkt die Kommunikation. Auf diese Weise lassen sich Probleme zwischen Teammitgliedern erkennen. Gruppen können bei Bedarf schnell umstrukturiert werden (***Konfliktmanagement***).
- Durch den direkten Kontakt entstehen neue Fragen, die zu Verbesserung und ***Innovation*** führen können.
- Neue Leitbilder oder Strategien lassen sich am besten im persönlichen Kontakt mit der Belegschaft vermitteln.
- Führungskräfte können mittels Management by Walking Around auch mit gutem Beispiel vorangehen und Visionen für alle Mitarbeiter sichtbar in Taten umsetzen.
- Management by Walking Around bezieht sich aber nicht ausschließlich auf berufliche oder fachliche Probleme. Auch Privates kann hierbei angesprochen werden. Zum einen erhält der Vorgesetzte ein besseres Bild von seinen Mitarbeitern. Andererseits resultieren Probleme am Arbeitsplatz

auch häufig aus privaten Ursachen. ***Fehlzeiten***, ***Krankheit***, ***Burn-out***, ***Mobbing***, ***Arbeitsunzufriedenheit*** oder ***Verschlossenheit*** sind nur einige der möglichen Symptome, die sich beim täglichen Rundgang durch das Unternehmen entdecken lassen.
- Doch nicht nur negative Auffälligkeiten lassen sich entdecken. Auch besonders gute Leistungen werden plötzlich sichtbar. Auf deren Grundlage sollte eine Führungskraft so oft wie möglich ***Anerkennungsgespräche*** mit ihren Mitarbeitern führen. Das stärkt sowohl die ***Motivation*** als auch die Sicherheit der Mitarbeiter.

Voraussetzung für Erfolg beim Management by Walking Around ist, daß Versprechen gehalten und angekündigte Hilfen auch verwirklicht werden. Funktionierende ***interne Kommunikation*** ist in diesem Zusammenhang sehr wichtig. Falls sich etwas als langwierig oder unmöglich erweist, sollte sich die Führungskraft unbedingt wieder bei dem betroffenen Mitarbeiter zeigen und mit ihm die Gründe dafür durchsprechen.

Welche Risiken und Gefahren beinhaltet Management by Walking Around?

- ***Hierarchie***stufen können durch den persönlichen Kontakt übersprungen werden. Die so Übergangenen können sich in ihrer Kompetenz beschnitten fühlen und verärgert reagieren.
- Zu exzessives Management by Walking Around kann von seiten der Mitarbeiter als Einmischung oder verdeckte ***Kontrolle*** mißverstanden werden. Sie fühlen sich ausspioniert und verlieren ihr Vertrauen und ihre ***Motivation***.
- Management by Walking Around ist nicht für alle ***Führungsstile*** geeignet.

Tip

Stellen Sie sicher, daß Management by Walking Around einen festen Platz in Ihrem täglichen Arbeitsplan bekommt. Es gibt Führungskräfte, die sogar vollkommen ohne eigenen Schreibtisch auskommen.

Führen Sie zur Unterstützung von Management By Walking Around besonders schnelle elektronische Kommunikationsmittel, beispielsweise E-Mail, ein.

Management versus Führung

Wie sieht das Modell aus?

Das Modell unterscheidet zwei unterschiedliche Arten der Führung. Es stammt aus dem ***organischen Management***.

Mit dem Begriff »managen« verbindet man meist etwas Kaltes und Unpersönliches. Es sind Dinge, die bewerkstelligt, geleitet oder eben gemanagt werden. Man wird kontrolliert, delegiert und angewiesen – und das in der Regel mit erheblichem bürokratischen Aufwand. Im Gegensatz dazu beinhaltet Führung jedoch wesentlich mehr. Der Begriff des Führens basiert auf dem Prinzip der ***Selbstverantwortung*** des einzelnen. Eine Führungskraft versteht sich als koordinierende und steuernde Einheit, die versucht ***Innovationen*** zu fördern.

Ein Manager organisiert den Einkauf, die Produktion oder den Vertrieb. Eine Führungskraft hingegen kümmert sich um ihre Mitarbeiter und geht auf deren Bedürfnisse ein.

Wo der Mitarbeiter seine Selbstverantwortung wahrnimmt und sich mit seiner Aufgabe identifiziert, ist eine übergeordnete Befehlsebene überflüssig. ***Kontrollen*** werden weitestgehend überflüssig und eine höhere Arbeitszufriedenheit wird erreicht. Der Wandel wird zur Konstanten eines Unternehmens und der Mitarbeiter ist am Erfolg des Unternehmens beteiligt. Das Vertrauen in den Mitarbeiter ist das Wesensmerkmal dieser ***Unternehmensphilosophie***.

Management versus Führung unterscheidet die beiden Begriffe nach folgenden Kriterien:

	Management	**Führung**
bedeutet	»leiten, zustande bringen, geschickt bewerkstelligen« oder »organisieren«	gezielt auf einen anderen Menschen Einfluß nehmen
Aufgaben	Leitung eines Unternehmens und Führung eines Betriebes	zielgerichtete Koordination der Zusammenarbeit einzelner
bezieht sich auf	leblose Dinge wie Prozeßabläufe, Produktionsanlagen oder Warenströme	Interaktion zwischen zwei oder mehreren Personen, wobei der eine führt und der andere sich führen läßt

	Management	**Führung**
richtet sich an	Menschen, beispielsweise Berufssportler, die auf ihre Leistung reduziert werden	Menschen, beispielsweise Mitarbeiter, Kollegen, Vorgesetzte und fördert deren Selbstverantwortung
geht wie	Management by Exception, Management by Objectves, Management by Walking Around	Führung durch Strukturen, Führung durch Personen
Bezug	technisch, sachbezogen	menschlich, personenbezogen
Mittel	Prämien- oder Leistungslohnsystem, Statussymbole, Arbeitsvorschriften	Zielvereinbarung, Stellenbeschreibung, Ergebniskontrolle

In welchen Situationen ist das Modell hilfreich?

Das Modell ist in Unternehmen mit hohem organisatorischen Aufwand notwendig. Es führt zu einer Verschlankung des Unternehmens, zum Abbau von Hierarchien und zur Förderung von Innovationen. Die beiden Methoden, Managen und Führen, werden hier gegenübergestellt. Es soll verdeutlicht werden, daß ein Vorgesetzter mehr als eine Möglichkeit der Mitarbeiterführung hat. Ein menschlicher Umgang miteinander bringt Vorteile für beide Seiten und führt langfristig zu einem höheren Erfolg des Gesamtunternehmens. Die Einführung von Neuerungen wird erleichtert. Die Motivation ist nicht mehr länger eine von außen gesetzte Rahmenbedingung, sondern entspringt der ***Sinnorientierung*** des einzelnen.

Mentoring

Was ist Mentoring?

Mentoring ist die institutionalisierte Form des Ratgebens durch einen älteren und erfahrenen Mitarbeiter. Ein Mentor ist Ansprechpartner und Ratgeber für einen neuen, unerfahrenen Mitarbeiter. Er steht seinem jüngeren Kollegen mit seinem Wissen zur Seite. Der Mentor gibt seine intimen langjährigen Kenntnisse und Erfahrungen an ihn weiter und hilft ihm dadurch, die neuen Aufgaben zu bewältigen.

Wie geht das?

Mentoring läßt sich sinnvoll zur Nachfolgeplanung und Organisationsentwicklung einsetzen:

- *Nachfolgeplanung:* Ein engagierter Mitarbeiter geht seiner ***Pensionierung*** erfahrungsgemäß gelassener entgegen, wenn er weiß, daß sein Nachfolger vor Beginn seines Ruhestands über längere Zeit eingearbeitet wird. Sowohl dem Unternehmen als auch den Mitarbeitern, die kurz vor der Pensionierung stehen, kann es helfen, wenn der Mentor auf die Entwicklung des jungen Mitarbeiters Einfluß nehmen kann.
- ***Organisationsentwicklung:*** Ältere Mitarbeiter vor dem Ruhestand hauptsächlich als Mentoren einzusetzen, ist für die ***Organisationsentwicklung*** außerordentlich sinnvoll. So wird den älteren Mitarbeitern einerseits ein weicher Übergang in den Ruhestand ermöglicht, andererseits werden die langjährigen Erfahrungen dieser Mitarbeiter an die nächste Generation weitergegeben.

Ein Mentor sollte im Rahmen einer systematischen ***Mitarbeiterentwicklung*** für diese Aufgabe vorbereitet werden. In diesem Mentorenkonzept wird besonders die enge Verflechtung zwischen ***Mitarbeiterentwicklung*** und Mitarbeiterführung deutlich. Das Konzept verlangt von den Mentoren eine fürsorgliche Einstellung gegenüber jungen Mitarbeitern. Um Mentoring in einem Unternehmen zu etablieren, ist es wichtig, diese »väterliche« Einstellung aktiv zu fördern. Die Mentoren müssen bei ihrer Arbeit von ihren Vorgesetzten unterstützt und anerkannt werden.

Ein Mentor wird von der Führungskraft in seine Aufgaben eingewiesen. Der Vorgesetzte muß dabei mit dem Mentor ausführlich dessen genaue Aufgaben und Herangehensweise besprechen.

Mentoring ist ein gezieltes Führungsinstrument. Es hat einen doppelten Effekt: Der Mentor selbst beschäftigt sich mit den aktuellen Entwicklungen innerhalb seines Bereiches, denn sein Wissen muß ja auf dem neuesten Stand sein. Die neuen Mitarbeiter ihrerseits profitieren bei der ***Einarbeitung*** von der Erfahrung und dem Know-how des Mentors. ***Mitarbeiterentwicklung*** und die Integration älterer Mitarbeiter gehen also Hand in Hand und verbessern kontinuierlich das ***Betriebsklima.***

Mentoring ist eine gute Methode des ***Trainings***: Fachwissen wird im Unternehmen von einem geschulten Mitarbeiter an den nächsten weitergegeben.

Mentoring ist eine effiziente Interventionstechnik: Der Mentor wird nämlich immer nur dann helfend tätig, wenn eine Arbeit seines Schützlings nicht so richtig klappt.

Der Mentor hat verschiedene Funktionen. Er ist für die von ihm betreuten Mitarbeiter:

- Lehrer/Coach/Trainer (***Coaching***, ***Training***),
- ***Vorbild***,
- Talentförderer,
- Türöffner,
- Beschützer, der negative Konsequenzen von Fehlern abwehrt,
- Sponsor, der für eine »gute Presse« sorgt,
- erfolgreicher Leader, der Akzente setzt.

Welche Risiken und Gefahren beinhaltet Mentoring?

- Es besteht die Gefahr, daß eine »Kronprinzenmentalität« beim Betreuen eines jungen Mitarbeiters aufgebaut wird.
- Der Mentor mischt sich zu sehr in die Arbeit des betreuten Mitarbeiters ein.
- Die betreuten Mitarbeiter übernehmen keine ***Selbstverantwortung***, sondern verlassen sich bei Entscheidungen ganz auf das Wissen des Mentors.

Tip

Versuchen Sie einmal, durch Mentoring die angeblich »alten Eisen« wieder zu aktivieren! Sie werden sich wundern, mit welcher ***Motivation*** die älteren Mitarbeiter an diese Aufgabe herangehen.

Siehe auch Checkliste

Mind Mapping

Was ist Mind Mapping?

Mind Mapping ist eine Kreativitätstechnik. Diese Technik wurde in den siebziger Jahren in England entwickelt und kann als eine Synthese von bildhaftem und sprachlichem Denken beschrieben werden. Sie ist eine Art visualisiertes ***Brainstorming.*** Beim Mind Mapping werden Zusammenhänge und Verzweigungen einer Aufgabe in Baumform auf einem Blatt Papier dargestellt.

Mind-Mapping-Bogen am Beispiel einer Seminarentwicklung

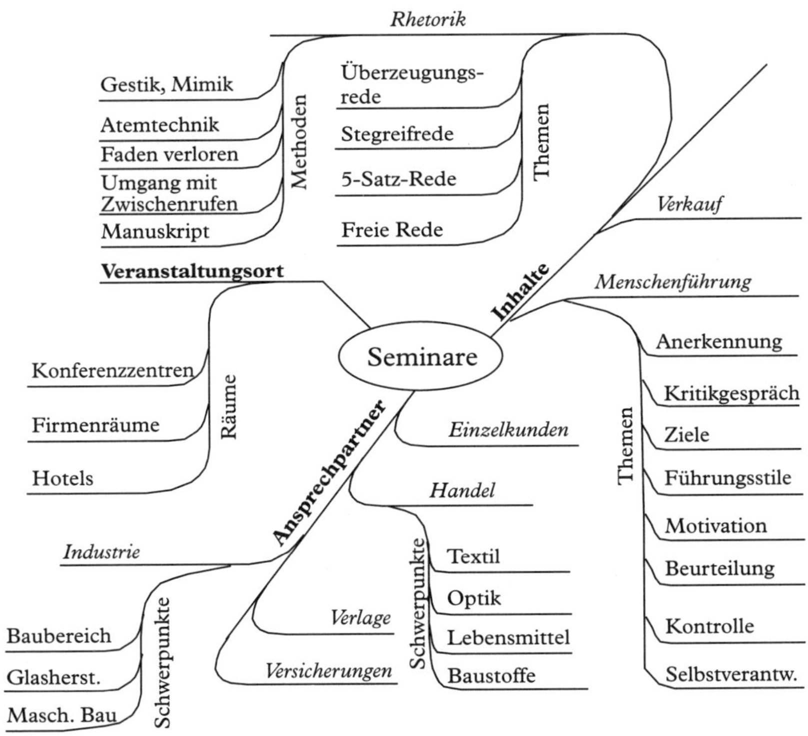

Mind Maps, die Landkarten des Gehirns, kommen immer dort zum Einsatz, wo entworfen, geplant oder konzipiert wird; wo also allgemein Ideen produziert werden. Die Technik eignet sich hervorragend, um komplexe Sachverhalte zu lösen. Deshalb wird Mind Mapping auch zur Lösung von Aufgabenstellungen in der Verfahrenstechnik und der technischen Konstruktion angewandt. Mind Mapping beinhaltet eine Reihe von Nutzenaspekten:

- Mind Maps regen zum kreativen Denken an.
- Sie schaffen einen schnellen Überblick über die Struktur des Sachverhalts.
- Sie fördern aufgrund der guten Strukturierung verborgene Ideen zutage.
- Sie sind daher auch zur Strukturierung von Brainstormings gut geeignet.

Wie geht das?

In der Grundform werden für ein Mind Mapping nur ein großes Stück Papier, Stifte und ein geeignetes Thema benötigt.

Es funktioniert allein oder in der Gruppe. Mit etwas Übung läßt es sich rasch erlernen. Funktioniert das Zusammenspiel in der Gruppe erst einmal, dann läßt sich Mind Mapping produktiv und effizient einsetzen. Wie beim Brainstorming bietet sich bei der Gruppenarbeit die Zuruf- oder Kartenabfragetechnik an. Die Aufgabe wird als Ausgangspunkt in die Mitte eines Blattes Papier geschrieben. Von diesem Zentrum aus werden analog zu den Ästen eines Baumes die einzelnen Apsekte des Themas entwickelt. So können beliebig viele Äste gezeichnet werden, je nachdem, wie viele Oberbegriffe sich finden lassen. Zu jedem Begriff wird ein Brainstorming gemacht. Da das fortschreitende Mind Mapping zu immer neuen Ideen anregt, ist es eigentlich nie ganz fertig. Es kann immer wieder ergänzt oder verändert werden. Trotzdem besteht das Ziel des Mind Mapping darin, nach Interdependenzen und Lösungen zu suchen.

Mind Mapping ist vor allem bei der Strukturierung von komplexeren Aufgaben hilfreich. Es läßt sich gut in mehrere Arbeitschritte zergliedern, ohne daß die Vernetzungen der Unterpunkte aus den Augen geraten.

Welche Risiken und Gefahren beinhaltet Mind Mapping?

Man legt sich sehr schnell auf eine Richtung fest, wenn man einer Assoziationskette folgt. Andere Wege geraten dann leicht ins Hintertreffen.

Literaturtip

Kirckhoff, Mogens: Mind Mapping, Offenbach 1997

Mißerfolgskreislauf

Wie sieht das Modell aus?

Das Modell des Mißerfolgskreislaufes geht davon aus, daß Menschen instinktiv nach einem Mißerfolg versuchen, sich gegen Vorwürfe zu schützen. Sie beginnen, ihre ***Fehler*** zu rechtfertigen und die eigene Unschuld zu beteuern. Dabei geraten sie automatisch in eine Beweisführung, die erklären soll, warum der Mißerfolg entstanden ist, warum er sogar entstehen mußte. Weil die gesamte Energie in die Beweisführung gesteckt wird, verstärkt sich das fehlerhafte Denken. Man wird gezwungen, als Schutz gegen Vorwürfe Mißerfolg als Erfolg zu verkaufen (***Theorie X***). Die Frage: »Wer hat das zu verantworten?«, nimmt die gesamte Energie in Beschlag. ***Verantwortungen*** werden hin- und hergeschoben. Statt dessen sollte man sich an den Mechanismen des ***Erfolgskreislaufes*** orientieren und fragen: »Wie machen wir es besser?«

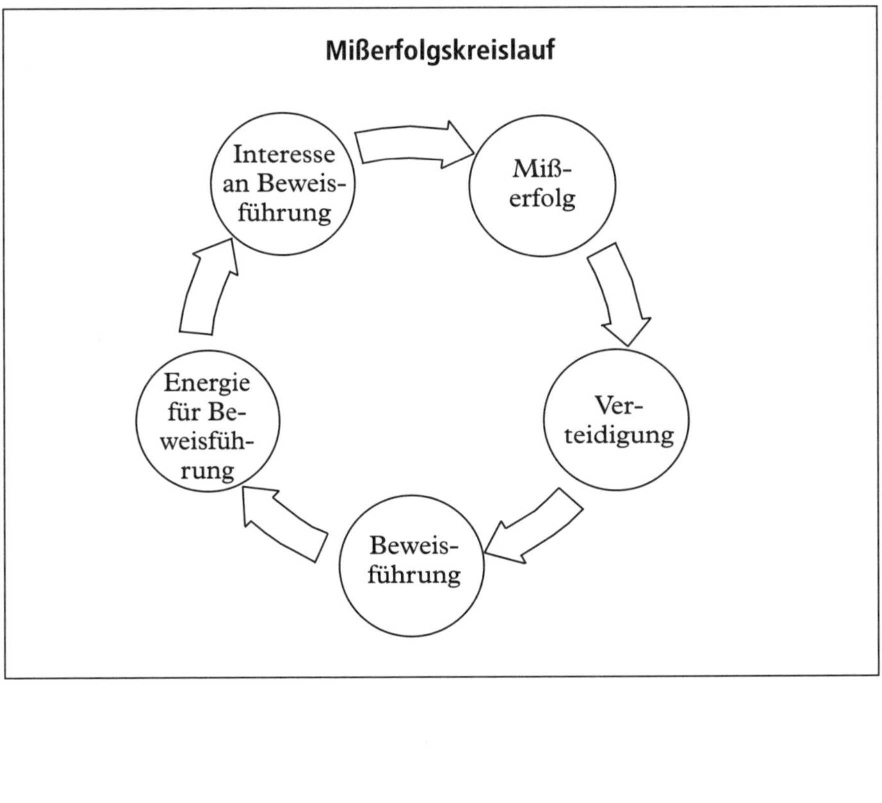

In welchen Situationen ist das Modell hilfreich?

Hilfreich ist das Modell nur zur Abschreckung – vor allem im ***Korrekturgespräch*** sollte man es sich in Erinnerung rufen und sich fragen, wie man seine Energie einsetzen will: zukunftsorientiert oder in der Vergangenheit verhaftet? Der Mißerfolgskreislauf kann zum ***Burn-out-Syndrom*** oder letztendlich zur ***inneren Kündigung*** führen.

Literaturtip

LeBoeuf, Michael: Das oberste Erfolgsprinzip für Manager, Belohnungsstrategien und Aktionsprogramme zur Steigerung der Motivation, Landsberg am Lech 1990

Mitarbeiterbefragung

Was ist eine Mitarbeiterbefragung?

Die Mitarbeiterbefragung dient dazu, die Meinung der Mitarbeiter einzuholen. Sie ist eine spezielle Form der inhaltlichen ***Mitarbeiterbeteiligung***.

Mitarbeiterbefragungen sind aus dem strategischen Personalmanagement, vor allem unter dem Gesichtspunkt der ***Mitarbeiterbeteiligung*** an Entscheidungs- und Entwicklungsprozessen, nicht mehr wegzudenken. Immer mehr Unternehmen aller Branchen setzen sowohl allgemeine als auch spezielle Mitarbeiterbefragungen ein. Denn ohne die Sachkunde, die Erfahrungen, die Kreativität und das Engagement der Mitarbeiter ist eine erfolgreiche Unternehmensführung nicht mehr möglich.

Nur durch eine Mitarbeiterbefragung kann ein Unternehmen wirklich Auskunft über Einstellungen, ***Motivation*** und Arbeitszufriedenheit der eigenen Mitarbeiter erhalten. Wie stehen diese zur bestehenden Organisation oder Reorganisation von Geschäftsbereichen? Wie werden die ***Unternehmenskultur,*** der ***Führungsstil*** und das ***Betriebsklima*** beurteilt? Mitarbeiterbefragungen sind vor allem dann sinnvoll, wenn es sich um ***Veränderungs***prozeße, ***Innovationen*** und Umstruktierungen im Unternehmen handelt.

Aber auch bei ganz praktischen Fragen, wie etwa der ***Arbeitsplatz*** besser gestaltet werden kann, bringt es Vorteile, die Betroffenen mit entscheiden zu lassen. Zudem dient eine Mitarbeiterbefragung in gewissen Abständen dem Unternehmen zur Selbstkontrolle.

Wie funktioniert eine Mitarbeiterbefragung?

Bei der Durchführung einer Mitarbeiterbefragung gibt es jedoch einiges zu beachten:

- Eine Mitarbeiterbefragung sollte der erste Schritt in einem umfassenden Konzept der Unternehmensveränderung sein. Sie dient also zur Überprüfung des Status Quo und zur Vorbereitung eines Wandels im Unternehmen. Voraussetzung für eine Mitarbeiterbefragung sind daher zumeist geplante und unternehmensinterne Veränderungen, die die Mitarbeiter betreffen.
- Aus der Sicht der betroffenen Mitarbeiter müssen Sinn und Zweck der Befragung klar erkenntlich sein. Sie müssen rechtzeitig über die Hintergründe und möglichen Auswirkungen der Mitarbeiterbefragung informiert werden. Die Befragung sollte bei kritischen Themen anonym durchgeführt werden, so sind ehrliche Antworten zu erwarten.

Grundsätzlich kann unterschieden werden nach umfassenden und speziellen Mitarbeiterbefragungen. Bei umfassenden Mitarbeiterbefragungen werden Fragen bezüglich vieler Bereiche gestellt. Sie geben zum Beispiel Auskunft über die allgemeine Arbeitszufriedenheit der Mitarbeiter oder die vorhandene ***Unternehmenskultur***.

Spezielle Mitarbeiterbefragungen konzentrieren sich dagegen auf ein einzelnes Thema, eine besondere Zielgruppe oder ausgewählte Unternehmensbereiche. Sie gewinnen immer mehr an Bedeutung. Oft werden sie nach umfassenden Befragungen eingesetzt, um Detailinformationen über besonders auffällige Ergebnisse zu erhalten. In vielen Fällen begleiten sie auch Schwerpunktprogramme zu Themen wie ***Kundenorientierung*** oder Qualitätsmanagement.

Durchgeführt werden Mitarbeiterbefragungen zumeist durch externe Spezialisten, zum Beispiel Unternehmensberater. Zur Erarbeitung der jeweils relevanten Fragen werden oft Teams gebildet, an denen auch ausgewählte Mitarbeiter beteiligt sind. Die Fragen können in Form direkter Interviews oder anhand von Fragebögen gestellt werden.

Mitarbeiter besitzen dauerhaft nur dann die gewünschte Leistungsbereitschaft, wenn sie als Persönlichkeiten im Betrieb anerkannt werden. Durch ein konkretes Leitbild des Unternehmens und den entsprechenden ***Führungsstil*** der Manager müssen sie spüren, daß dies auch über allgemeine Postulate wie »Der Mensch steht im Mittelpunkt« hinaus gilt. Eine zeitgemäße Personalführung berücksichtigt diese berechtigte Erwartung, indem sie geeignete personalpolitische Instrumente entwickelt und einsetzt.

Die Mitarbeiterbefragung ist ein solches Instrument, das eine wertvolle Hilfestellung leisten kann, wenn es um die Belange der Mitarbeiter geht.

Die Mitarbeiterbefragung ist zudem eine gute Möglichkeit, einen konstruktiven Dialog zwischen Management und Mitarbeitern in Gang zu bringen. Durch die Auswertung der gewonnenen Daten kann die Qualität der Entscheidungsprozesse im Unternehmen in vielen Bereichen gesteigert werden. Soll beispielsweise ein ***Total Quality Management*** im Unternehmen eingeführt werden, so schließt die Mitarbeiterbefragung natürlich Fragen nach ***Arbeitsplatz***gestaltung, ***Mitarbeiterentwicklung***, Führung und Zusammenarbeit ein. Ohne den Einsatz von Mitarbeiterbefragungen ist eine Verbesserung im Sinne einer Qualitätssteigerung kaum denkbar.

Doch eine Mitarbeiterbefragung kann auch noch andere Dinge verdeutlichen:

- Die Mitarbeiterbefragung zeigt den Grad der allgemeinen Arbeitszufriedenheit der Mitarbeiter.
- Sie hilft, Mängel in der Organisation aufzuzeigen. Die erkannten Schwächen können daraufhin durch geeignete Maßnahmen beseitigt werden (***Organisationsentwicklung***).
- Sie kann zur Unterstützung und Sicherung arbeitnehmergerechter Lösungen eingesetzt werden.
- Sie kann zur Erfolgskontrolle nahezu jeder betrieblichen Maßnahme dienen.
- Sie kann als eine Grundlage einer mitarbeiterorientierten Unternehmensplanung eingesetzt werden.
- Sie ist selbst ein gestalterischer Eingriff in die Organisation mit verschiedenen Folgewirkungen: die Mitarbeiter werden an den Belangen des Unternehmens beteiligt, die Distanz zwischen Unternehmensleitung und Mitarbeitern wird verringert und es entsteht eine intensive und offene Kommunikation.

Welche Risiken und Gefahren beinhaltet eine Mitarbeiterbefragung?

Jedes Unternehmen muß sich jedoch darüber im klaren sein, daß die Mitarbeiterbefragung eine besondere Herausforderung für die Unternehmensführung darstellt. Bei den Mitarbeitern wird zwangsläufig eine bestimmte Erwartungshaltung aufgebaut. Die Mitarbeiter rechnen damit, daß ihre geäußerten Meinungen und Einstellungen auch Konsequenzen haben. Sie wünschen sich, daß die Ergebnisse der Befragung analysiert und umgesetzt werden und sich positiv auf den Arbeitsalltag auswirken. Werden diese Erwartungen enttäuscht, das heißt, läßt das Unternehmen die Befragungsergebnisse ohne erkennbare Umsetzung auf sich beruhen, so kehrt sich mit Sicherheit die positive Wirkung der Mitarbeiterbefragung in ihr Gegenteil um. Der Mitarbeiter wird bei weiteren Befragungen die Haltung einnehmen: »Das bringt doch alles sowieso nichts.«

Mitarbeiterbeteiligung

Was ist Mitarbeiterbeteiligung?

Wie das Wort schon sagt, werden Mitarbeiter durch Mitarbeiterbeteiligung am Unternehmen direkt beteiligt.

Mitarbeiterbeteiligung fördert die ***Motivation***, Eigeninitiative und die Übernahme von ***Selbstverantwortung*** bei den Mitarbeitern. Durch Mitarbeiterbeteiligung kann die Leistungsbereitschaft der Mitarbeiter gesteigert werden, da sich die Mitarbeiter stärker mit dem Unternehmen identifizieren oder sogar finanziell daran beteiligt sind.

Wie beteiligt man Mitarbeiter?

Man unterscheidet grundsätzlich zwei Formen der Mitarbeiterbeteiligung:

- *finanzielle Mitarbeiterbeteiligung:* Sie geschieht in Form von Provisionen, Vorzugsaktien, Gewinnbeteiligungen, Weihnachtsgeld, Urlaubsgeld und anderen freiwilligen sozialen Leistungen oder durch Verkauf von Unternehmensanteilen.
- *inhaltliche Beteiligung:* Sie erfolgt durch den Betriebsrat, ***Mitarbeiterbefragungen***, die Möglichkeit, beispielsweise bei ***Zielsetzungen*** oder in ***Besprechungen*** an der Entscheidungsfindung beteiligt zu werden, oder ***Organisationsentwicklung***.

Die häufigste, weil gesetzlich vorgeschriebene Mitarbeiterbeteiligung funktioniert über den Betriebsrat. Der Betriebsrat ist das Vertretungsgremium der Arbeitnehmer in einem Unternehmen. Betriebsräte können nach dem Gesetz in allen Betrieben errichtet werden, in denen mindestens fünf wahlberechtigte Arbeitnehmer tätig sind. Die allgemeinen Aufgaben eines Betriebsrates sind vielfältig:

- Er hat das Recht, die Einhaltung der Gesetze, Verordnungen und Vorschriften zu überwachen, die zugunsten der Mitarbeiter erlassen wurden.
- Bei ordentlichen ***Kündigungen*** und geplanten Maßnahmen zum ***Personalabbau*** muß der Betriebsrat informiert werden. Er hat hierbei ein Recht auf Mitbestimmung. Bei Kurzarbeit, Schlechtwettergeld, Konkursausfallgeld muß er ebenfalls informiert werden.
- Der Betriebsrat kümmert sich um den Schwerbehindertenschutz.
- Er wirkt mit bei der Auswahl von Betriebsärzten und Fachkräften für Arbeitssicherheit.
- Er kann mitwirken bei der Wahl des Aufsichtsrates und diesen gegebenenfalls auch anfechten.
- Er kann beim Unfallschutz mitwirken.
- Er hat Informations- und Beratungsrechte bei Investitions- und Organisationsentscheidungen.
- Einstellungen und Versetzungen bedürfen seiner Zustimmung.
- Er hat ein Mitbestimmungsrecht bei der Ausarbeitung aller kollektiven Rahmenbedingungen, die vom Gesetz als soziale Angelegenheiten bezeichnet werden.

In den Betriebsrat sind alle Mitarbeiter wählbar, die dem Betrieb seit mindestens sechs Monaten angehören und die am Wahltag das 18. Lebensjahr vollendet haben. Dabei spielt es auch keine Rolle, welches Geschlecht, welche Herkunft oder Nationalität sie haben. Die Wahl des Betriebsrates findet alle drei Jahre statt, an der Wahl sind alle Arbeitnehmer beteiligt.

Die Größe des Betriebsrats richtet sich dabei nach der Größe des Unternehmens. Arbeiter und Angestellte müssen ihrem zahlenmäßigen Verhältnis entsprechend dem Betriebsrat angehören.

Welche Risiken bietet eine Mitarbeiterbeteiligung?

- Der organisatorische Aufwand vergrößert sich.
- Plötzlich will jeder mitreden.
- Die Entscheidungsprozesse werden langwieriger, weil sie von mehr Leuten abgesegnet werden müssen.
- Häufig kommt es zu Machtkämpfen zwischen der Unternehmensleitung und dem Betriebsrat.

- Bei der Diskussion einzelner Themen kann es zu einer Polarisierung kommen. Das Unternehmen in seiner Gesamtheit wird dabei in zwei Lager aufgespalten. Dadurch ist es schwieriger, das »Wir-Gefühl« aufrechtzuerhalten.
- Führungskräfte reagieren oft beleidigt auf Forderungen und Einwände der Mitarbeiter, da sie ihre ***Macht*** nicht gerne teilen.

Literaturtip

Zemke, Ron/Bell, Chip R.: Management des Umwerfenden Service, Frankfurt a. M., New York 1996

Fiedler-Winter, Rosemarie: Innovative Mitarbeiterbeteiligung. Beispiele aus der Praxis, Landsberg am Lech 1998

Mitarbeiterentwicklung/Personalentwicklung

Was ist Mitarbeiterentwicklung?

Unter Mitarbeiterentwicklung oder Personalentwicklung versteht man systematische und oft langfristig angelegte Maßnahmen, mit denen die Qualifikation der Mitarbeiter verbessert werden sollen. Durch Mitarbeiterentwicklung kann man sicherstellen, daß die Mitarbeiter den sich wandelnden Aufgaben und Anforderungen im Unternehmen stets gewachsen sind und bleiben. Die wichtigsten Hilfsmittel der Personalentwicklung sind:

- Arbeitsplatzanalysen,
- Stellenbewertungen,
- Stellenumfeldbefragungen,
- Eignungsprofile,
- Leistungsbeurteilungen,
- Potentialdiagnosen,
- ***Assessment Center***,
- ***Mitarbeitergespräche***,
- ***Mitarbeiterbefragungen*** und -beurteilungen.

Wie geht das?

Nicht nur neue Kenntnisse und Fähigkeiten sollen vermittelt werden, sondern auch die Bereitschaft und ***Motivation***, auf neue Herausforderungen flexibel zu reagieren. In heutiger Zeit hilft die Personalentwicklung auch, die Unternehmenskultur im Sinne der Unternehmensführung zu beeinflussen.

In der Praxis gibt es viele unterschiedliche Instrumente der Mitarbeiterentwicklung. Dazu gehören beispielsweise ***Weiterbildung***, Job-Enlargement, Job-Enrichment, Job-Rotation, Projektarbeit, Umschulung, Nachfolge- und ***Karriereplanung***.

Sowohl auf der Seite des Unternehmens als auch auf der Seite des Mitarbeiters gibt es dabei wichtige Voraussetzungen, die berücksichtigt werden müssen:

- Eine Weiterbildungsmaßnahme kann nicht gegen den Willen des betroffenen Mitarbeiters durchgesetzt werden, wenn sie produktiv sein soll. Der Mitarbeiter muß der Entwicklungsmaßnahme freiwillig zustimmen; er muß ihren Sinn und die Folgen für seine weitere berufliche Laufbahn erkennen.
- Das Unternehmen muß die für die Mitarbeiterentwicklung nötigen Ressourcen an Personal und Geld bereitstellen. Geeignetete Weiterbildungsmaßnahmen und qualifizierte Stellen für die Ausgebildeten müssen vorhanden sein.

Personalentwicklung wird heute noch oft als Incentive oder Sonderleistung verstanden, die man je nach Budgetlage – vergleichbar mit einer freiwilligen Sozialleistung – anbietet oder nicht. Erfolgreich kann aber nur eine dauerhafte, von Trends unabhängige Personalentwicklungspolitik sein.

Jeder Maßnahme zur Mitarbeiterentwicklung muß eine umfassende Situationsanalyse vorausgehen. Die Frage lautet: »Wo steht der Mitarbeiter, und wo soll er hin?« Der Entwicklungsbedarf der Mitarbeiter sollte streng bedarfs- und zielorientiert ermittelt werden. Auf keinen Fall darf er sich nach Modetrends im Seminarwesen oder nach dem persönlichen Wunschkatalog der Führungskraft richten.

Zur Weiterbildung und Förderung gehören insbesondere das systematische Einarbeiten neuer Mitarbeiter, die Erwerbung des Fachkönnens, das Übertragen neuer Aufgaben sowie der Erwerb von Führungsqualifikationen.

Grundregeln der Mitarbeiterförderung sind:

- Jeder Mitarbeiter soll seine sachlichen Kenntnisse und Fähigkeiten soweit wie möglich entwickeln, um sich für neue Anforderungen seines Arbeitsplatzes oder für andere Aufgaben zu qualifizieren.
- Weiterbildung bedarf in besonderem Maße der persönlichen Initiative.
- Aufgabe der Führungskraft ist es, den Mitarbeiter zu unterstützen. Sie muß sich vom Ausbildungsstand der Mitarbeiter überzeugen und die

erforderliche Weiterbildung im Rahmen der betrieblichen Möglichkeiten fördern.

- Neben dem Training in Kursen und Seminaren sollte gleichwertig die Ausbildung am ***Arbeitsplatz*** stehen.
- Mitarbeiter mit weitreichenden Fähigkeiten sollten gezielt gefördert werden. Dabei ist die Beurteilung der Mitarbeiter eine Führungs- und Förderungshilfe (***Beurteilungsgespräch***).

Das Ziel der Mitarbeiterentwicklung ist es, einen festen Stamm von Mitarbeitern zu schaffen, der leistungsfähig und flexibel ist. Humankapital in Form von gut ausgebildeten Mitarbeitern ist die beste Voraussetzung für ein Unternehmen, seine Wettbewerbsfähigkeit zu erhalten, neue Märkte zu erschließen oder die Unternehmensstruktur neu zu gestalten.

Mitarbeiter sehen in der Personalentwicklung oft eine Chance für beruflichen Aufstieg, neue und attraktive Aufgaben sowie mehr Arbeitsplatzsicherheit. Die Bedeutung als Leistungsanreiz sollte aber nicht das Ziel der Mitarbeiterentwicklung sein, sie darf höchstens eine der Nebenwirkungen sein.

Es gehört grundsätzlich zu den Aufgaben der Führungskräfte, den Personalentwicklungsbedarf zu erkennen und Maßnahmen zur Mitarbeiterentwicklung vorzuschlagen. Die Personalabteilung hat die Aufgabe, die erforderlichen Rahmenbedingungen festzulegen und die richtigen Maßnahmen zu organisieren. Wichtig ist es immer, Kosten und Nutzen einer Maßnahme im Auge zu behalten.

Welche Risiken beinhaltet Mitarbeiterentwicklung?

- Ein Risiko ist die aus der Mitarbeiterentwicklung resultierende Überqualifizierung. Der Mitarbeiter hat sich mühsam neues Wissen angeeignet, das er auch ausprobieren will. Bleibt er jetzt aber auf seiner alten Stelle, weil das Unternehmen ihm zur Zeit keine bessere anbieten kann, so führt dies leicht zu ***Arbeitsunzufriedenheit*** oder gar zu ***innerer Kündigung***.
- Der gegenteilige Fall, daß der Mitarbeiter sich durch die Weiterbildung völlig überfordert fühlt, hat ähnlich negative Folgen. ***Streß*** und, bei kontinuierlicher Überforderung, ***Burn-out-Syndrom*** drohen, sich negativ auf die Arbeitsleistung und das ***Betriebsklima*** auszuwirken.

Siehe auch Checkliste

Mitarbeitergespräch

Was ist ein Mitarbeitergespräch?

Der Begriff Mitarbeitergespräch wird als Sammelbegriff für alle Gespräche verwendet, die ein Vorgesetzter mit seinem Mitarbeiter führt.

Mitarbeitergespräche stellen ein wesentliches Element der Mitarbeiterführung und der ***internen Kommunikation*** dar.

Wie führt man Mitarbeitergespräche?

Bei einem erfolgreichen Mitarbeitergespräch sollte man als Führungskraft vor allem eines: Zuhören. Eine Führungskraft sollte in jedem Gespräch ihre volle Aufmerksamkeit auf den Mitarbeiter richten. Sie sollte die Prinzipien des ***aktiven Zuhörens*** verinnerlicht haben, über Kenntnisse der ***Gesprächsführungstechniken*** und der ***Fragetechniken*** verfügen sowie die ***Einwandbehandlung*** beherrschen.

Es gibt verschiedene Anlässe für und demzufolge auch verschiedene Arten von Mitarbeitergesprächen:

- *Anerkennungsgespräch:* In einem ***Anerkennungsgespräch*** erkennt man die Leistungen eines Mitarbeiters an. Der Mitarbeiter wird dabei ausdrücklich gelobt (***Motivation***).
- *Einstellungsgespräch:* Das ***Einstellungsgespräch*** findet im Rahmen der Personalauswahl statt. Der potentielle Mitarbeiter und die Unternehmensführung haben dabei die Gelegenheit, offene Fragen zu klären, die eventuell über eine Einstellung des Mitarbeiters entscheiden.
- *Korrekturgespräch:* ***Korrekturgespräche*** werden immer dann geführt, wenn ein Fehlverhalten des Mitarbeiters vorliegt. Ziel des Korrekturgespräches ist es, den Mitarbeiter auf seine Fehler aufmerksam zu machen und Maßnahmen zu entwickeln, wie solche Fehler in Zukunft vermieden werden können.
- *Wiederkehrergespräch:* Das ***Wiederkehrergespräch*** dient einerseits dazu, den Mitarbeiter nach längerer Krankheit wieder in das Unternehmen zu integrieren. Andererseits soll mit Hilfe eines ***Wiederkehrergespräches*** auch geklärt werden, ob die Krankheit betriebsbedingte Ursachen hatte, damit diese nach Möglichkeit abgestellt werden können.
- *Gehaltsgespräch:* In einem ***Gehaltsgespräch*** wird über das Gehalt eines Mitarbeiters verhandelt.

- *Beurteilungsgespräch:* ***Beurteilungsgespräche*** dienen dazu, dem Mitarbeiter ein Feedback über seine Leistungen und Fähigkeiten zu geben. In einem ***Beurteilungsgespräch*** werden die Stärken, Schwächen und der ***Weiterbildungs***bedarf eines Mitarbeiters anhand betimmter Kriterien ermittelt. Es dient außerdem dazu, gemeinsam mit dem Mitarbeiter neue ***Zielvereinbarungen*** für den nächsten Zeitraum zu bestimmen.
- *Feedback-Gespräch:* Das ***Feedback-Gespräch*** ist ein Gespräch, in dem der Mitarbeiter seinen Vorgesetzten nach bestimmten Kriterien beurteilt. In diesem Gespräch erfährt der Vorgesetzte, welche Stärken und Schwächen er besitzt.
- *Zielvereinbarungsgespräch:* In einem ***Zielvereinbarungsgespräch*** entwickeln Mitarbeiter und Führungskraft gemeinsam Zeit- und Maßnahmenpläne für das weitere Vorgehen.
- *Jahresgespräch:* In einem ***Jahresgespräch*** ziehen Mitarbeiter und Vorgesetzter gemeinsam eine Bilanz des vergangenen Arbeitsjahres. Gegenstand dieses Gesprächs ist ebenfalls eine Vorschau auf das kommende Jahr sowie die Karriereplanung und Lebensplanung des Mitarbeiters.

Regelmäßige Mitarbeitergespräche führen zu einer Verbesserung des Vorgesetzten-Mitarbeiter-Verhältnisses und fördern das Vertrauen zueinander. Die Verantwortung für die Gesprächsvorbereitung und den Gesprächsablauf liegt allein bei der Führungskraft.

Was sind die Risiken und Gefahren bei Mitarbeitergesprächen?

Die Gefahr besteht darin, zu wenig oder schlechte Mitarbeitergespräche zu führen. Anhand von Mitarbeitergesprächen zeigt sich letztendlich die ***Führungskompetenz*** eines Vorgesetzten.

Tip

Führen Sie einen bestimmten Rhythmus ein, in dem Sie die verschiedenen Mitarbeitergespräche führen. Nur so können Sie sicherstellen, daß diese wichtigen Gespräche nicht im Tagesgeschäft untergehen.

Literaturtip

Demmer, Christine: Mitarbeitergespräche erfolgreich führen, Landsberg am Lech 1998

Mobbing

Was ist Mobbing?

Mobbing ist ein Fachbegriff, unter dem man die zerstörerischen Kleinkriege versteht, die unter Kollegen, Untergebenen und Vorgesetzten im betrieblichen Alltag stattfinden. Oft sind diese schwelenden Konflikte schon lange in Gang, bevor ihre Symptome wahrgenommen werden können.

Das Heimtückische dieser Konflikte ist, daß sie immer hinter dem Rücken der Führungskraft durchgeführt werden. Es gibt mehrere Abstufungen des Mobbings: ständige kleinere Schikanen und Intrigen bis hin zum versteckten Psycho-Krieg, der unter den Kollegen zum Teil recht offen abläuft, vor dem Chef aber meist verborgen wird.

Mobbingkonflikte durchlaufen in der Regel vier Phasen:

- *Versuch der Konfliktlösung:* Man versucht, Konflikte wirkungsvoll zu lösen oder zu umgehen. Es wird dabei nicht sachlich diskutiert, sondern »mit allen Mitteln« gekämpft. Zwischen den Konfliktpartnern besteht dabei ein Gleichgewicht.
- *Verlagerung des Konfliktes:* Der eigentliche Konflikt ist schon fast vergessen, aggressive Verhaltensweisen werden jedoch beibehalten. Die Bereitschaft zur gegenseitigen Rücksichtsnahme sinkt. Einer der Konfliktpartner zeigt Schwächen, verliert an Widerstandskraft und kann auf die Angriffe nicht mehr reagieren (***Bewußtes/Unbewußtes***).
- *Ungleichgewicht der Konfliktpartner:* Der passiv Mobbende gibt seinen Widerstand auf und überläßt dem anderen das Feld. Die aktiv Mobbenden verlieren den Respekt vor ihrem Gegenüber und überschreiten seine persönlichen Grenzen.
- *Unterlegenheit eines Konfliktpartners:* Der Gemobbte übernimmt die Sichtweisen der Mobber. Seine angebliche Wertlosigkeit läßt ihn verzweifeln, er wird depressiv. Er wird entweder aus dem Unternehmen oder der Gruppe ausgeschlossen oder flüchtet in ***Krankheit*** oder ***Kündigung*** .

Symptome und Ursachen von Mobbing

Es gibt verschiedene Indizien, an denen man Mobbing erkennen kann:

Der Mitarbeiter:

- teilt sich nicht mehr mit, zieht sich zurück (***innere Kündigung***).
- wirkt verstört oder stark eingeschüchtert (***Verschlossenheit***).

- ist von den Kollegen isoliert. Zum Beispiel wird er in den Sozialräumen geschnitten oder nimmt nicht mehr an gemeinsamen Freizeitaktivitäten teil (***unsoziales Verhalten***).
- zeigt eine plötzliche depressive Zurückhaltung.
- zeigt eine panikartige Orientierungslosigkeit.
- verweigert bestimmte Aufgaben (***Arbeitsverweigerung***).
- streitet mit Kollegen über Nichtigkeiten.
- hat plötzlich unverständliche, heftige Wutausbrüche (***Emotionen***).
- weist plötzlich häufige ***Fehlzeiten*** auf.
- fällt durch einen unerklärlichen Leistungsabfall auf (***Leistungsmängel***).
- macht einen Selbstmordversuch.
- hat ein Suchtproblem (***Drogen***).
- reicht die ***Kündigung*** ein.
- klagt und jammert (***Beschwerden***).

Mögliche Ursachen für Mobbing können sein:
- Einzelne Mitarbeiter werden bevorzugt (***Konkurrenz***).
- Mitarbeiter sind neidisch auf die guten Leistungen anderer.
- Mitarbeiter leiden unter permanenter Überforderung (***Arbeitsunzufriedenheit***).
- Mitarbeiter sind unzufrieden mit den schlechten Leistungen anderer, die auf die Gruppe zurückfallen.
- Die Aufgaben sind unklar gestellt oder verteilt (***Delegation***).
- Mitarbeiter haben kein Verständnis oder zeigen keine Toleranz für die persönliche Situation anderer.

Für die Auflösung eines Mobbing-Konfliktes gibt es ein Drei-Phasen-Modell. Es bezieht Mobber, Gemobbte, Kollegen und Vorgesetzte gleichermaßen in den Konfliktlösungsprozeß ein:

1. *Mobbing aufdecken und zum Stillstand bringen:* Um Mobbing auflösen zu können, müssen zunächt einmal alle Beteiligten gefunden werden. Die sich mobbenden Parteien werden dann, wenn möglich, voneinander getrennt, sowohl räumlich als auch projektbezogen. Dann sollte ein Waffenstillstand geschlossen werden. Erst dann kann man den eigentlichen Konflikt aufdecken (***Konfliktmanagement***). Dazu werden gezielte Gespräche zwischen Vorgesetztem und Mitarbeitern, zum Beispiel ***Anerkennungsgespräche***, ***Korrekturgespräche***, ***Beurteilungsgespräche*** und Gruppengespräche geführt. Der Vorgang des Mobbings sollte dabei klar verurteilt werden – jedoch ohne gleichzeitig Urteile über Schuld oder

Unschuld abzugeben. Der Vorgesetzte sollte streng darauf achten, daß eine Anklage der vermeintlichen »Täter« vermieden wird.

2. *Mobbing lösen:* Die Führungskraft verdeutlicht den Mitarbeitern das Drei-Phasen-Projekt zur Auflösung von Mobbing, damit alle wissen, an welchem Punkt sie stehen. Alle Beteiligten analysieren nun gemeinsam die Situation, ohne sich dabei gegenseitig die Schuld zuzuweisen. Es gilt, gemeinsam einen Ausweg aus der bestehenden Situation zu finden. In einer Mobbingsituation empfiehlt es sich, unbeteiligte Berater zu Hilfe zu holen, beispielsweise geschulte Führungskräfte aus anderen Abteilungen oder externe Berater.
3. *Mobbing vorbeugen – Streitkultur schaffen:* Zur Vorbeugung weiterer Mobbingfälle sollte eine Führungskraft eine fruchtbare Streitkultur schaffen, damit Konflikte offen zutage treten und restlos geklärt werden können.

Angriffsformen beim Mobbing

Kommunikation verändern:
- nicht mehr mit jemandem sprechen
- Kommunikation übertreiben (schreien, brüllen)
- ständige Kritik
- nur noch schriftlich kommunizieren

Ansehen angreifen:
- schlecht über jemanden reden
- verleugnen, Gerüchte verbreiten
- das Urteilsvermögen in Frage stellen
- sexuell belästigen

Arbeitsaufgabe manipulieren:
- kränkende Aufgaben
- unlösbare Aufgaben
- sinnlose Aufgaben
- gar keine Aufgaben

Dabei sollte man jedoch keine speziellen Rollenmuster festschreiben (***Konfliktmanagement***, ***Drama-Dreieck***). Um das zu erreichen, muß eine Führungskraft konfliktarme Rahmenbedingungen herstellen. Dazu gehört beispielsweise, einen neuen Verhaltenskodex zu bestimmen, eine Betriebsethik festzuschreiben, Unternehmensziele zu definieren oder die ***interne Kommunikation*** zu verbessern. Des weiteren sollten Schulungen zur Konfliktbewältigung durchgeführt werden. Vorgesetzte und Mitarbeiter müssen lernen, Konflikte zu erkennen, Konflikte aufzudecken und Konflikte zu lösen.

Zugleich sollte man natürlich erkennen, wenn Mitarbeiter versuchen, Mobbing aktiv als Strategie zu eigenen Gunsten einzusetzen. Denn nicht immer entsteht Mobbing wie von selbst. Es gibt auch aggressive Mobbingattacken, die man schnellstens durch geeignete Maßnahmen unterbinden sollte. Das Aussprechen von ***Abmahnungen*** und ***Kündigungen*** sollte als letztes Mittel nicht ausgeschlossen werden.

Als Führungskraft muß man in Mobbingsituationen auch das eigene Führungsverhalten überprüfen. Dazu zählt etwa, daß Aufgaben neu oder eindeutig delegiert werden oder eindeutige Anweisungen erteilt werden müssen. Außerdem sollte man sich bei den Mitarbeitern über sein Führungsverhalten rückversichern (***Feedback-Gespräch***). Auch sollte man sich bemühen, ***Konkurrenz*** nicht zu fördern (***Frauen in der Führung***).

Welche Risiken beinhaltet Mobbing?

Mobbing grenzt einzelne Mitarbeiter aus und kann zum Teil sehr heftige Einzelreaktionen hervorrufen. Deshalb muß dem Mobbing auch mit genügender Vorsicht einerseits und Entschiedenheit andererseits begegnet werden. Es führt beim einzelnen zu Leistungsabfall und Demotivation; wenn es eine Gruppe betrifft, kann es das gesamte ***Betriebsklima*** vergiften. Mobbing ist eine absolut inakzeptable Lösung!

Literaturtip

Walter, Henry: Mobbing. Kleinkrieg am Arbeitsplatz, Frankfurt a. M., New York 1993

Moderation

Was ist Moderation?

Gruppengespräche wie Arbeits***besprechungen***, ***Brainstormings*** oder Seminare werden in der Regel von einem Moderator geleitet und koordiniert. Die Tätigkeit des Moderators nennt man Moderation. Ein Moderator verhält sich bei einem Gruppengespräch im Grunde genauso wie der Rundfunk- oder Fernsehmoderator einer Sendung: Er begrüßt die Teilnehmer, kündigt die einzelnen Punkte des Gesprächs an, erläutert und kommentiert sie und sorgt dafür, daß eine Besprechung in geordneten Bahnen abläuft.

Wie geht das?

Der Ablauf einer Moderation läßt sich in verschiedene Schritte untergliedern:

1. *Begrüßung:* Zu den Aufgaben des Moderators gehört zunächst einmal die Begrüßung der einzelnen Teilnehmer – und die Begrüßung des Publikums, sofern vorhanden. Dazu gehört einiges an Vorbereitung: Ein Moderator sollte vor jedem Gruppengespräch, sei es eine Reihe von Vorträgen mit abschließender Podiumsdiskussion oder eine Projektbesprechung, klären, was das Thema des Treffens ist, wer an dem Gespräch teilnimmt und wie der Informationsstand der einzelnen Teilnehmer ist.
2. *Vorstellen der geplanten Inhalte:* Der Moderator stellt nach der Begrüßung die Inhalte des Gruppengesprächs vor. Zunächst erläutert er dabei den Grund für das Gespräch. Er definiert die genaue Aufgabenstellung und stellt den geplanten Ablauf vor. Auch die erwarteten Ziele sollten in dieser Phase der Moderation bereits angesprochen werden. Manchmal sind die Ziele von Anfang an klar, weil sie sich bereits aus der Aufgabenstellung ergeben. Wenn jedoch ein ***Workshop*** zu einem komplexeren Thema stattfindet, so sollten die indviduellen Zielerwartungen frühzeitig durch den Moderator angesprochen werden. Soll der Workshop eine Bestandsaufnahme sein? Erwartet man die Erarbeitung von Kriterien zur Analyse des Themas? Oder möchte man vielleicht eher Anregungen mit nach Hause nehmen? Die Definition der Ziele an dieser Stelle ist sowohl wichtig für die Gesprächsteilnehmer als auch für den Moderator, da alle dabei die gewünschte Stoßrichtung des Gespräches klar erkennen können. Der Moderator kann das Gespräch dann gezielt in diese Richtung lenken, und

die Teilnehmer können die Veranstaltung am Ende hinsichtlich des erzielten Erfolges bewerten.

3. *Das eigentliche Gespräch:* Der Moderator leitet die unterschiedlichen Abschnitte eines Gruppengespräches bewußt ein. Er ist dabei nicht der Experte für Sachfragen, sondern vielmehr der Begleiter und Methodenhelfer. Ein Moderator ist ein Experte im Einsatz von ***Gesprächsführungstechniken***. Er ermuntert Teilnehmer zum Mitmachen, bremst die Vielredner und aktiviert die Schweiger. Er stellt Fragen, regt zum kritischen Nachdenken an und hält den Ideenfluß in Gang. Wenn nötig, setzt er ***Kreativitätstechniken*** ein, die den Ablauf des Gespräches begünstigen. Der Moderator ist auch derjenige, der während des gesamten Gespräches die gestellte Aufgabe, das Ziel und die Zeit im Blick behält. Ein Moderator ist zudem ein Meister des ***Konfliktmanagements***: Er ist in der Lage, Konflikte innerhalb der Gruppe zu erkennen, wertungsfrei anzusprechen und Streithähne, wenn nötig, zu trennen. Er akzeptiert Gefühle und läßt Humor zu. Er gibt Stichworte vor, dokumentiert Zwischenergebnisse und paßt auf, daß die Gruppe das eigentliche Thema nicht aus den Augen verliert.
4. *Verabschiedung:* Die Verabschiedung der Gesprächsteilnehmer gehört ebenfalls zu den Aufgaben eines Moderators. Bevor er jedoch die Runde auflöst, gibt er einen kurzen Rückblick über die einzelnen Phasen der Entscheidungsfindung und faßt die Ergebnisse des Gesprächs noch einmal kurz zusammen.

Der Gesprächsablauf eines Gruppengespräches besteht in der Regel aus drei Phasen: der genauen Aufgabenanalyse, dem Sammeln und Bewerten von Lösungsvorschlägen und der abschließenden Beschlußfassung. Während der unterschiedlichen Gesprächsabschnitte sollte der Moderator darauf achten, alle dazugehörigen Fragen ausreichend zu klären.

1. *Aufgabenanalyse:* Bevor man in einer Gruppe gemeinsam Ideen erarbeiten kann, muß jeder Gruppenteilnehmer auf dem gleichen Kenntnisstand sein. Bei der Suche nach einem Produktnamen bedeutet das beispielsweise, daß alle wissen, um welches Produkt es sich handelt, welche Eigenschaften dieses Produkt hat, welche Käuferschicht angesprochen werden soll und welche Botschaft man mit dem Namen transportieren möchte. Für den Moderator ist in dieser Phase besonders wichtig, darauf zu achten, daß alle Teilnehmer genau informiert werden und keine grundsätzlichen Fragen offenbleiben.
2. *Sammeln und Bewerten von Lösungsvorschlägen:* In diesem Gesprächsabschnitt findet der eigentlich kreative Prozeß statt. Zunächst werden

Lösungsvorschläge und Ideen gesammelt, auf ihre Konsequenzen hin überprüft und schließlich bewertet. Die Aufgabe des Moderators in dieser Phase ist es, sorgfältig darauf zu achten, daß sich das Sammeln, Überprüfen und Bewerten nicht vermischt; sonst könnte es zum Beispiel passieren, daß ausgefallene Ideen durch kritische Bemerkungen sofort »ausgemustert« werden.

3. *Beschlußfassung:* Die gesammelten und bewerteten Ideen und Lösungsmöglichkeiten werden in dieser Phase des Gesprächs auf ihre Tauglichkeit hin überprüft. Im günstigsten Fall findet die Gruppe ein konkretes Ergebnis und fällt einen endgültigen Beschluß. Dazu gehört unter Umständen auch das Erstellen eines Aktionsplanes – wer macht was und bis wann? Der Moderator achtet in dieser Phase darauf, daß das Besprechungsziel erreicht wird und daß jeder Teilnehmer – oder zumindest die Mehrheit der Teilnehmer – das Ergebnis auch teilt. Falls ein Aktionsplan erstellt wird, behält der Moderator im Blick, daß alle angeregten Schritte eingebunden werden und eventuell Termine vereinbart werden.

Der Moderator ist kein Leiter, Führer oder Hierarch, der »weiß wo's lang geht«. Er ist ein methodischer Helfer, ein Katalysator, eine »Hebamme« für Lösungen. Durch den Einsatz eines Moderators während eines Gruppengespräches kann man erreichen, daß die Kommunikation effektiv und zielgerichtet ist. Als Spezialist für Methodik und Prozeßsteuerung ist es die Hauptaufgabe des Moderators, das Miteinander in der Gruppe hinsichtlich einer optimalen Zielerreichung zu steuern. Sollten Meetings ineffektiv sein, hilft eine konsequente ***Zielsetzung***, ***Planung*** und ***Kontrolle*** der gemeinsamen Besprechungszeit.

Was sind die Risiken und Gefahren bei einer Moderation?

Es besteht die Gefahr, daß der Moderator nicht genug innere Distanz zum Thema der Moderation besitzt. Seine Meinung ist jedoch niemals gefragt. Oder, um es noch deutlicher auszudrücken: Was der Moderator über das Thema des Gespräches denkt, das sollte er für sich behalten, denn das hat an dieser Stelle absolut nichts zu suchen.

Sollten die Gruppenteilnehmer den Moderator nicht als Gesprächsleiter anerkennen, so ist das Gespräch von vornherein zum Scheitern verurteilt. In diesem Fall sollte die Besprechung vertagt und ein neuer Moderator bestimmt werden. Manchmal ist es am besten, einem externen Moderator die Gesprächsleitung zu überlassen.

Siehe auch Checkliste

Literaturtip

Klebert, Karin/Schrader, Einhard/Straub, Walter G.: Moderationsmethode, Essen-Werden, Ringbuch o. J.

Morphologischer Kasten

Was versteht man unter einem morphologischen Kasten?

Der morphologische Kasten ist eine ***Kreativitätstechnik***, die in den vierziger Jahren für den Flugzeug- und Raketenbau entwickelt wurde. Diese Technik hilft bei der Lösung komplexer Aufgabenstellungen. Zur Lösung der Aufgabe werden hier Faktoren unterschiedlichster Art miteinander kombiniert und in Beziehung gesetzt. Der morphologische Kasten dient nicht vorrangig dazu, neue Ideen zu entwickeln. Mit seiner Hilfe werden vielmehr die vorhandenen Ideen und Lösungsansätze optimal miteinander kombiniert.

Wie funktioniert der morphologische Kasten?

Die zu lösende Aufgabe wird bei diesem Verfahren in ihre einzelnen Komponenten oder Parameter zerlegt. In dem morphologischen Kasten werden sämtliche Problem- und Lösungsaspekte miteinander kombiniert und nebeneinander dargestellt, so daß man dadurch alle Möglichkeiten mit einem Blick erfassen kann.

Wenn zum Beispiel eine Weihnachtsfeier organisiert werden soll, so müssen zunächst verschiedene Rahmenbedingungen geklärt werden:

- Wann soll die Weihnachtsfeier stattfinden?
- Wer soll eingeladen werden?
- Welche Formen des Caterings bieten sich an?
- Wo soll die Feier stattfinden?
- Was darf die Feier kosten?

Diese Rahmenbedingungen stellen die einzelnen Parameter in einem morphologischen Kasten dar.

Beispiel: Morphologischer Kasten

	Welche Art von Seminaren führen wir durch?					
Parameter	Parameterausprägung					
Seminardauer	2 Tage	3 Tage	5 Tage	nur abends	Training on the Job	Programm. Unterweis.
Seminarort	Hotel	Konferenzr.	Verkaufsraum	Kantine	eigene Wohnung	
Themenkreis	Verkauf	Menschenführung	Rhetorik	Telefon	NLP	
Trainer	Vorgesetzter	Coach	externer Trainer	eigene Fachleute	Selbstlernprogramm	
Seminarart	reines Training	Vortrag	Mischform	Eigenstudium	Präsentation	
Erfolgskontrolle	Testkauf	Mitarbeiterbefragung	Fragebogen	Vorgesetzteninterview	Umsatzentwicklung	

Jede Frage beinhaltet verschiedene Antwortmöglichkeiten. So muß beispielsweise entschieden werden, ob die Weihnachtsfeier tagsüber, nachmittags oder abends stattfinden soll. Sie kann in der Firma, in einem nahegelegenen Restaurant oder in einer anderen Stadt abgehalten werden usw.

All diese verschiedenen Antwortmöglichkeiten werden als »Parameterausprägungen« bezeichnet.

Jede mögliche Kombination, die mit einem Strich verbunden werden kann, stellt jetzt eine mögliche Antwort auf die Fragestellung dar. Daraus kann nun die optimale Lösungsmöglichkeit gefunden oder mehrheitlich beschlossen werden.

Die Vorgehensweise beim morphologischen Kasten umfaßt demnach folgende Arbeitsschritte:

1. Das Ziel der Problemlösung wird definiert und analysiert.
2. Das zu lösende Problem wird fixiert und in seine übergeordneten Parameter zerlegt. Dabei sollte auf die Trennschärfe der Parameter geachtet werden. Sie müssen voneinander unabhängig sein. Es sollten nicht mehr als sieben Parameter bestimmt werden.
3. Mögliche Ausprägungen der Parameter werden bestimmt: Man sucht nach bekannten und denkbaren Lösungen.
4. Jede mögliche Kombination, die mit einem Strich verbunden werden kann, stellt nun eine mögliche Antwort dar. Auf diese Weise ergeben sich zahlreiche Lösungen.
5. Alternativen werden ausgewählt. Durch Ausschluß technisch oder wirt-

schaftlich nicht interessanter Ideen findet man die optimale Lösung der Aufgabe. Es können sich auch mehrere sich überkreuzende Kombinationen ergeben.

Der morphologische Kasten ist eine ***Kreativitätstechnik***, die bei komplexen und gestalterischen Aufgaben sinnvoll eingesetzt werden kann. Er bietet sich beispielsweise für eine Namensfindung, Produktverbesserung oder -neuentwicklung oder auf der Suche nach Organisationszielen an.

Der morphologische Kasten ist eine Gruppentechnik, die hohe Anforderungen an Moderator und Fachleute stellt (***Moderation***). Die Teilnehmer müssen technisch und analytisch denken können. Als Werkzeuge sind ein Flip-Chart oder Karten und eine Pinnwand notwendig. Die Gruppensitzung nimmt in der Regel mindestens eineinhalb Stunden in Anspruch.

Welche Risiken und Gefahren beinhaltet der morphologische Kasten?

Das Hauptproblem der Methode liegt darin, aus der Gesamtheit der möglichen Lösungen die optimale auszuwählen (***Entscheidung***).

Das Herauskristallisieren wirklich aller Parameter ist eine weitere Schwierigkeit der Technik. Außerdem müssen die Parameter unbedingt trennscharf sein, dürfen sich also nicht überlappen. Die Lösungsvorschläge sollten zudem möglichst konkret sein und nicht ihrerseits Parameter darstellen.

Alle Teilnehmer müssen darauf achten, vorzeitige Kritik und Bewertung von Lösungsvorschlägen zu vermeiden.

Motivation

Was ist Motivation?

Motivation ist ein sehr unpräziser und facettenreicher Begriff, der weder in der Wissenschaft noch in der Praxis einheitlich verwendet wird. Unter personalwirtschaftlichen oder Führungsaspekten kann Motivation als die Bereitschaft der Mitarbeiter in Unternehmen verstanden werden, gute Leistungen zu erbringen (***Erfolgskreislauf***).

Leistungsbereitschaft drückt sich dadurch aus, daß die Anforderungen und Aufgaben am Arbeitsplatz bestmöglich erfüllt werden. Neben der fachlichen Qualifikation ist die Motivation eine wichtige Voraussetzung zur Erfüllung der Arbeitsanforderungen und -aufgaben. Zugespitzt ausgedrückt entscheidet sie darüber, ob und wieweit der Mitarbeiter sein Wissen und Können tatsächlich einsetzt. Überlegungen zur Motivation gingen bislang davon aus, daß ausreichende und attraktive Möglichkeiten und Bedingungen zur Bedürfnisbefriedigung motivierend wirken (***Bedürfnispyramide***). Diese, so nahm man an, rufen als Leistungsanreize Motivation hervor oder verstärken sie und wirken sich somit positiv auf Arbeitsverhalten und –ergebnis aus. Fehlende oder unattraktive Leistungsanreize hingegen schwächen die Motivation, mit möglichen negativen Auswirkungen auf Arbeitsleistung, Arbeitszufriedenheit, ***Betriebsklima***, ***Fehlzeiten***, Fluktuation bis hin zur ***inneren Kündigung*** (***Theorie X***).

Generell unterscheidet man extrinsische und intrinsische Anreize:

- *Intrinsisch* ist ein Anreiz, wenn er aus der Arbeit selbst kommt, also die Befriedigung von Motiven wie dem Kontaktmotiv, dem Leistungsmotiv, dem Motiv nach Sinngebung, Selbstverwirklichung und Erfolg.
- *Extrinsisch* sind sowohl materielle Anreize wie Direktvergütungen, zum Beispiel durch ein höheres ***Gehalt***, Prämien oder Provison, als auch Erfolgsbeteiligungen und Sozialleistungen wie betriebliche Beiträge zur Lebensversicherung oder private Nutzung von Dienstwägen. Auch immaterielle Anreize, beispielsweise Arbeitsplatzsicherheit oder Einfluß, gehören dazu. Beide entsprechen dem Streben nach Sicherheit, Karriere und Prestige.

Mittlerweile setzt sich jedoch eher die Ansicht durch, daß extrinsische Anreize nicht per se motivierend wirken. Sie schaffen nur die Rahmenbedingungen, die nötig sind, um Motivation zu fördern. Motivation muß von innen kommen. Sie kann nicht durch äußere Faktoren geschaffen werden. Die stärksten Motivationsfaktoren sind ***Sinnorientierung*** und Erfolgsorientierung.

Wie beeinflußt man die Motivation der Mitarbeiter?

Unterstützend und fördernd auf die Motivation wirken sich folgende Faktoren aus:

- gute Arbeitshygiene (***Betriebsklima***),
- Offenheit und eine gut entwickelte ***interne Kommunikation***,
- Anerkennung in Form von Lob, ***Anerkennungsgesprächen*** und guten Beurteilungen,

- Möglichkeiten der Mitwirkung (***Kaizen***, ***Empowerment***, ***Vorschlagswesen***),
- Verantwortungsübertragung (***Delegation***),
- Möglichkeiten zur ***Persönlichkeits***entfaltung,
- Motivation durch ***Teamarbeit***,
- materielle ***Mitarbeiterbeteiligung***,
- Weiterbildung/***Training*** als Motivation.

Welche Risiken und Gefahren beinhaltet Motivation?

Motivierte Mitarbeiter sind einer der wichtigsten Faktoren einer erfolgreichen Unternehmensführung. Sie bringen den Betrieb zum Erfolg, halten ihn flexibel und leistungsfähig und sorgen für die notwendigen Veränderungen. Dennoch bestehen auch Risiken, die Führungskräfte beachten müssen:

- Führungskräfte könnten dazu neigen, Motivation wie eine Spritze zu betrachten, die sie vorbeugend nur einmal im Jahr verwenden.
- Motivation über finanzielle Anreize zu schaffen, kann problematisch werden. Es schafft eine Pseudomotivation. Der Mitarbeiter fühlt sich verpflichtet, zumindest so zu tun, als sei er motiviert. Aber seine Arbeitsergebnisse lassen davon nicht unbedingt etwas spüren.
- Finanzielle Anreize können Erwartungshaltungen von seiten der Mitarbeiter aufbauen.
- Der Irrglaube, daß sich Motivation erkaufen ließe, kann ein Unternehmen Unsummen kosten, ohne die gewünschten Effekte zu zeigen.

Tip

Denken Sie daran: Nur extrinsische Anreize zu geben schafft keine Motivation. Motivation kommt von innen. Selbstbestimmte Arbeit hat große Motivationskraft.

Literaturtip

Sprenger, Reinhard K.: Mythos Motivation, Frankfurt a. M., New York 1997

Neue Technologien

Was sind neue Technologien?

Unter neuen Technologien versteht man alle Arten von Automaten und Maschinen, die sichtbar oder versteckt auf der Mikroelektronik basieren. Dazu zählen computergesteuerte Werkzeugmaschinen genauso wie medizinische Diagnosegeräte und Taschenrechner, aber auch Verkehrskontrollsysteme und computergestützte Konstruktions- und Designverfahren.

Innerhalb der neuen Technologien kommt den neuen Medien eine besondere Bedeutung zu. Sie haben in den letzten Jahren die Kommunikation, die Informationsgewinnung und -speicherung sowie den Austausch von Daten revolutioniert. Ohne diese Medien, beispielsweise E-Mail, Faxgeräte oder Computernetzwerke wie das Internet, wären viele Aufgaben im Berufsleben heutzutage nicht mehr lösbar (***Heimarbeit***).

Was sollte man bei neuen Technologien beachten?

Besonders im Zuge der Globalisierung wird die Abfolge der technologischen ***Veränderungen*** und Neuerungen immer schneller. Der Zwang, sich anzupassen, wird dadurch immer dringlicher. Wer heute auf die falschen Technologien setzt oder wichtige Entwicklungen verpaßt, der kann morgen bereits vom Lauf der Zeit überholt sein. Doch nicht alles, was neu ist, ist auch gut. Vorsicht ist bei der Einführung neuer Technologien also durchaus angebracht.

Wenn man sich beispielsweise mit dem Gedanken trägt, neue Technologien im Zuge von ***Rationalisierungs***maßnahmen anzuschaffen, erfordert dies zunächst einmal eine sorgfältige Marktbeobachtung, damit auch die richtigen Geräte angeschafft werden. Der eigene Bedarf muß analysiert und bei den Mitarbeitern eine Basis für deren Akzeptanz geschaffen werden. Denn jede Technologie erfordert Menschen, die sie benutzen können, andernfalls ist sie zwecklos.

Viele Neuerungen stoßen bei der Belegschaft jedoch zuerst einmal auf Ablehnung. Sie rufen die Angst hervor, daß der einzelne Mensch vielleicht überflüssig würde. Auch werden viele Geräte als zu kompliziert empfunden. Vor allem ältere Mitarbeiter haben die Befürchtung, den Anforderungen, die dadurch an sie gestellt werden, nicht mehr gerecht werden zu können. Deshalb sollte man den Mitarbeitern, die von einer technischen Neuerung betroffen sind, viel Zeit und Aufmerksamkeit widmen. Auf diese Weise kann man Vorurteile abbauen.

Es wird zwar viel Geld in die Entwicklung neuer Software gesteckt, jedoch kaum etwas in die ***Motivation*** und Einweisung der Mitarbeiter. Deshalb sind ausreichende ***Weiterbildungs***maßnahmen in diesem Zusammenhang ebenfalls wichtig. Mitarbeiter, die der Technik ängstlich gegenüberstehen, bedürfen meist eines sorgfältigen ***Trainings***.

Es ist empfehlenswert, alle Mitarbeiter bei der geplanten Einführung neuer Technologien zu beteiligen. Ideologische Gegner sollte man beispielsweise frühzeitig in den Modernisierungsprozeß einbinden und somit zu konstruktiven Kritikern heranziehen. Technikvernarrte Mitarbeiter kann man zum Beispiel als Berater einsetzen. Des weiteren kann man sich die technischen Fähigkeiten von den Bastlern unter den Mitarbeitern ebenfalls zunutze machen. Und zwischen diesen Extremen gibt es dann noch viele Unentschlossene, die immer wieder motiviert werden müssen.

Neben den Auswirkungen auf den Betrieb und die Mitarbeiter gilt es aber auch, weitere Faktoren zu beobachten. So sollte man auch bei jeder technischen Neueinführung bedenken, ob, und wenn ja, welche Vorteile der Kunde davon hat. Denn meist sind solche Anpassungen von enormen Kosten begleitet. Diese rechtfertigen sich jedoch nur dann, wenn dadurch alte Kunden gehalten und neue hinzugewonnen werden können. Nichts ärgert Kunden mehr als die oft gehörte Auskunft: »Wir stellen gerade auf EDV um, deswegen dauert es die nächsten drei Wochen länger.«

Neue Technologien, mit denen Kunden direkt in Berührung kommen, sollten außerdem möglichst anwenderfreundlich sein. Man sollte sich auch prinzipiell davor hüten, die Technik höher zu schätzen als den Kunden. Diese Haltung ist leider weit verbreitet. Sie drückt sich aus in Sätzen wie: »Im Computer steht aber …« Doch nicht der Computer ist das Maß aller Dinge, sondern der Kunde (***Kundenorientierung***).

Welche Risiken und Gefahren beinhalten neue Technologien?

Durch die Konzentration auf die neuen Technologien kann der Mensch als Mitarbeiter oder Kunde aus dem Blick geraten.

Eine weitere Gefahr besteht in der Überschätzung der technischen Möglichkeiten. So wurde vor Jahren das »papierlose Büro« als Modell der Zukunft angepriesen. Heute ist jedoch der Papierberg in den Büros durch die neuen Informationstechnologien eher noch angewachsen.

Viele technische Anschaffungen sind nicht notwendig. Sie sind eine Spielerei technikbegeisterter Mitarbeiter. Den propagierten Nutzen bringen sie allerdings nicht.

Neue Technologien sind immer verbunden mit einem enormen Kosten- und Schulungsaufwand. Hier gilt es, den Aufwand und das angestrebte Ziel sorgfältig gegeneinander abzuwägen.

Vielen Menschen flößt die Unüberschaubarkeit und scheinbare Unbeherrschbarkeit neuer Technologien Angst ein. Diese Mitarbeiter müssen besonders sorgfältig geschult werden.

Tip

Wenn Sie über die Einführung neuer Technologien nachdenken, sollten Sie sich einen Grundsatz vor Augen führen:

Nicht alles, was machbar ist, muß gemacht werden, aber alles was gemacht wird, sollte auch beherrscht werden! Denn die Einführung neuer Technologien lohnt sich immer nur dann, wenn die Mitarbeiter sie auch beherrschen.

Literaturtip

Wüpper, Norbert: Der High-Tech-Check für Manager. Wie Sie neue Technologien erfolgreich einsetzen, Wiesbaden 1996

NLP – Neuro-Linguistisches Programmieren

Was ist NLP?

NLP, das **N**euro-**L**inguistische **P**rogrammieren, wurde in den achtziger Jahren im Bereich der Psychotherapie entwickelt. Es wird seit etwa 1990 auf Businessbereiche angewendet. Die Abkürzung NLP steht dabei für N = Neuro, Nervensystem, Gehirn; L = Linguistisch, Sprache, verbal und nonverbal; P = Programmierung, Programme und Programme verändern.

Laut NLP haben die Menschen bei allem, was sie tun, nur zwei Möglichkeiten, sich zu verhalten: Sie wählen entweder eine gänzlich neue Verhaltensweise, oder sie greifen auf ein vorhandenes, verinnerlichtes Programm zurück.

Solche Programme bestimmen das alltägliche Verhalten. Ohne sie wären die Menschen nicht lebensfähig. Beispielsweise ist es jedem Autofahrer in

Fleisch und Blut übergegangen, die Kupplung beim Anfahren automatisch langsam loszulassen. Nach NLP sind diese Programme so eng mit dem Neuro-System verbunden, daß sie unabhängig vom bewußten Willen ablaufen können, sie brauchen nur einen bestimmten Auslöser oder Anker.

Das Ergebnis der Programme ist manchmal ein gewünschtes, manchmal aber auch ein unerwünschtes Resultat. Egal wie das Ergebnis auch bewertet wird, es ändert sich dadurch nicht. Die von NLP angebotene Lösung für unerwünschte Programme besteht in einer gezielten Programmänderung, die eine Verhaltensänderung bewirkt. Denn was immer eine Person einmal gelernt hat – sie kann es neu lernen, verändern oder ergänzen.

Was bedeutet NLP für die Führung?

Um die Programmierung eines Menschen zu ändern, muß jedoch erst einmal der Zugang zu ihr erlangt werden. Dies geschieht über die Sprache. Sie repräsentiert diese »Programme«. Sprache umfaßt dabei nicht nur den verbalen Ausdruck, sondern insbesondere auch den nonverbalen, also Bilder, Geräusche und Empfindungen oder auch Körpersprache wie Haltung oder Gestik.

Die Fähigkeit eines NLP-Spezialisten besteht darin, durch Feinwahrnehmung innere Abläufe zu erkennen und diese Erkenntnisse zu nutzen, um die gewünschten Programme aufzubauen oder vorhandene Programme für neue Situationen und Herausforderungen einzusetzen.

Bei NLP handelt es sich gewissermaßen um einen Werkzeugkoffer mit Spezialwerkzeugen. In bezug auf das Unternehmen bedeutet NLP das »Modellieren von Erfolgsstrategien«. Diese sind besonders im Bereich der Zukunftsgestaltung, der Kommunikation, der Kreativität und im ***Konfliktmanagement*** einsetzbar. Das Ziel von NLP besteht darin, firmen-, gruppen- oder personenspezifische Erfolgsprogramme zu finden und diese dann auf andere Situationen, Gruppen oder Personen zu transferieren.

Die Kunst des NLP besteht weniger darin, grundsätzliche Methoden zu transferieren, als vorhandene Ressourcen, Verfahren und Mechanismen effektiver einzusetzen und zu kombinieren. Die meisten NLP-Anwendungen sind daher auch keine völlig neuentwickelten Konzepte und Ideen, sondern lediglich Verfeinerungen altbekannter ***Trainings***methoden.

In dem Maße, in dem im Unternehmen die Steuerung durch die ***Hierarchie*** abgebaut wird, wird von den Mitarbeitern nach einer Ersatzsteuerung gesucht. Durch NLP wird demnach die Orientierung an gemeinsamen Visionen und Werten eine erfolgskritische Aufgabe für die Unternehmensführungen.

Welche Gefahren und Risiken beinhaltet NLP?

NLP kommt aus der Therapie und orientiert sich damit an gestörten Menschen. Die Übertragung in den Businessbereich ist deshalb nicht eins zu eins möglich.

NLP orientiert sich sehr an psychotherapeutischen Denkmustern und löst damit bei vielen Menschen einen Abwehrmechanismus aus.

Das Menschenbild, das hinter NLP steht, ist sehr mechanistisch und technisiert. Es berücksichtigt zum Beispiel nicht, daß es einige Verhaltensmuster gibt, die sich nicht ändern lassen. So lassen sich zum Beispiel körperliche Reaktionen auf äußere Einflüsse wie ***Streß*** nicht durch ein Umprogrammieren mittels ***Training*** oder ***Coaching*** wegzaubern. Und das ist schließlich auch ganz sinnvoll.

Literaturtip

Birkenbihl, Vera: Einstieg in die Neuro-Linguistische Programmierung, Offenbach

Ökologie-Prinzip

Was ist das Ökologie-Prinzip?

Das Ökologie-Prinzip stammt aus der psychologischen Schule des ***NLP***, des **N**euro-**L**inguistischen **P**rogrammierens.

Das Ökologie-Prinzip basiert auf der Grundidee, daß jedes menschliche Verhalten einen Nutzen hat. Soll ein Verhalten geändert werden, wird das neue Verhalten um so schneller wirksam, je besser es gelingt, den Nutzen zu integrieren. Geschieht dies nicht, ist der Preis für die Änderung möglicherweise zu hoch. Die Veränderung kommt nicht zustande, verzögert sich oder wird boykottiert. In einem solchen Fall muß man darüber nachdenken, ob möglicherweise die neue Verhaltensweise den alten Nutzen nicht erfüllen kann.

Auch ein Verhalten, das andere als schlecht befinden, hat aus der Sicht des Betroffenen einen Nutzen. Man sollte sich also vor jeder Veränderung erst einmal die Frage stellen: »Wofür ist das jetzige Verhalten gut?«

Das Rauchen zum Beispiel ist bekanntlich gesundheitsschädlich. Und doch kann es durchaus einen Nutzen haben: Es hilft bei der Kontaktaufnahme, überdeckt Verlegenheitspausen, beruhigt bei Nervosität, ist nützlich als Imageträger oder auch bei Protest. Wer diesen Nutzen nicht aufgeben will, kann nur dann das Rauchen aufgeben, wenn er andere Mittel findet, mit denen er diese positiven Begleiterscheinungen erreichen kann.

Wer Verhaltensänderung bei sich oder anderen bewirken möchte, sollte versuchen, eine möglichst große Verhaltensflexibilität herzustellen. Er sollte verschiedene Verhaltensweisen ermöglichen, die alle gleichermaßen zu den gewünschten Zielen und Nebeneffekten führen. Erst dann ist es möglich, das alte Verhalten durch ein neues zu ersetzen. Ebenso ist abzuklären, ob die neue Verhaltensweise wirklich besser für den Betroffenen ist als das alte Verhalten.

Wann ist das Ökologie-Prinzip hilfreich?

Die Frage »Welchen Nutzen hat das gerade gezeigte Verhalten meines Gegenübers?« sollte man sich vor allem in Krisensituationen stellen. Gerade bei ***Mobbing*** ist das Verhalten, das der Mitarbeiter zeigt, oft nur ein Ablenkungsmanöver von den eigentlichen, tieferliegenden Konflikten (***Abwehrmechanismus***, ***Drama-Dreieck***).

Auch bei scheinbar harmlosem Fehlverhalten sollte man sich immer die Frage stellen, wozu das gerade gezeigte Verhalten gut ist. Vor allem in ***Korrekturgesprächen***, beim ***Konfliktmanagement*** oder bei der ***Mitarbeiter***- und ***Teamentwicklung*** ist es notwendig, sich Gedanken über die »Mitarbeiter- und Team-Ökologie« zu machen. Denn nur wenn das vereinbarte neue Verhalten eine echte Alternative zum fehlerhaften Verhalten darstellt, kann es auf Dauer geändert werden.

Literaturtip

Sawizki, Egon R.: NLP im Alltag, Einführung, Techniken, Übungen, Offenbach 1995

Organigramm

Was ist ein Organigramm?

Das Organigramm stammt aus der Organisationsplanung. Mit Hilfe eines Organigrammes lassen sich Organisationspläne und -strukturen in übersichtlicher Form grafisch darstellen. Als Hilfsmittel der ***Organisationsentwicklung*** stellt es Soll- oder Ist-Zustände von Strukturen dar. Die Pyramidenform, Kreisform, Blockform und Terassenform sind dabei die wichtigsten Darstellungsmodelle.

Mit Hilfe von Organigrammen kann man beispielsweise Strukturen und

Verantwortlichkeiten für Produktionsabläufe oder Vertriebsaufteilungen auf regionaler und internationaler Ebene sichtbar machen. Organigramme können ebenfalls die Zusammenfassung von Stellen zu Abteilungen und Bereichen zeigen. In Unternehmen mit strengen ***Hierarchien*** verdeutlichen sie außerdem die Rangordnung der verschiedenen Instanzen sowie die Zuordnung von Stabsstellen und Gremien.

Im Rahmen der Aufbauorganisation bilden Organigramme das System organisatorischer Einheiten ab. Sie veranschaulichen die Aufgabenverteilung und die Gliederung der Stellen und Abteilungen. Außerdem können sie Kommunikationsbeziehungen in der Organisation verdeutlichen.

Beispiele dafür sind:

- Funktionalorganisation,
- Matrixorganisation,
- Regionalorganisation,
- Spartenorganisation,
- Stellenbesetzungsdiagramm,
- Funktionendiagramm.

In der Ablauforganisation bilden Organigramme Arbeitsfolgen in zeitlicher oder räumlicher Form ab:

- Arbeitsgliederungsorganigramme stellen die Zerlegung von Aufgaben in Arbeitsgänge dar.
- Besetzungsorganigramme zeigen die zeitliche Beanspruchung von Personen oder Hilfsmitteln im zeitlichen Nacheinander auf.
- Harmonogramme stellen verschiedene Arbeitsfolgen gleichzeitig in räumlicher und zeitlicher Hinsicht dar.
- Organigramme können auch durch Texte ergänzt werden wie ***Stellenbeschreibungen***, Organisationsanweisungen oder Organisationshandbücher.

In welchen Situationen ist ein Organigramm hilfreich?

Organigramme sind eine wichtige Informationsquelle über vorhandene oder geplante organisatorische Lösungen. Deshalb sind sie bei vielen organisatorischen Darstellungen hilfreich.

Literaturtip

Gaster, Dietmar: Aufbauorganisation des Qualitätswesens, Berlin 1995

Organisationsentwicklung

Was ist Organisationsentwicklung?

Organisationsentwicklung ist ein geplanter, gelenkter und systematischer Prozeß zur Veränderung der Kultur, der Systeme und des Verhaltens einer Organisation. Die Absicht dieses Prozesses ist es, die Effizienz der Organisation bei der Lösung ihrer Probleme und der Erreichung ihrer Ziele zu verbessern (***Change Management***, ***Kaizen***, ***lernende Organisation***).

Organisationen können mit lebenden Organismen gleichgesetzt werden. Sie stehen in enger Wechselbeziehungen zu ihrer Umwelt, sie entwickeln und verändern sich. Dabei kann es passieren, daß »von Zeit zu Zeit der alte Anzug nicht mehr paßt«. In solchen Situationen müssen Organisationsmitglieder umdenken und eingeschliffene Verhaltensmuster überprüft werden.

Die Organisationsentwicklung basiert auf folgenden Grundannahmen:

- Jeder Mensch ist prinzipiell entwicklungsfähig. So wie bestimmte Verhaltensweisen erlernt worden sind, können sie auch schrittweise wieder verlernt oder verändert werden (***NLP***).
- Um bestehende personale und strukturelle Lernunfähigkeiten, -widerstände und -barrieren zu überwinden, bedarf es planmäßiger Anstöße oder Interventionen von außen (***Benchmarking***).
- Leistungsoptimierung, beziehungsweise Effektivität der Organisation, und Berücksichtigung der Arbeitnehmerinteressen schließen sich nicht prinzipiell aus. Sie bedingen sich sogar wechselseitig. In engem Zusammenhang mit Veränderungen der Umwelten können sie sich gegenseitig befruchten.
- Methoden zur Veränderung von Organisationen haben dann die besten Realisierungschancen und die größte Aussicht auf Erfolg, wenn die organisatorischen Veränderungen unter Einbeziehung der Wünsche und Hoffnungen aller Beteiligten und Betroffenen durchgeführt werden (***Mitarbeiterbefragung***, ***Mitarbeiterentwicklung***, ***Planung***).

Für eine Organisationsentwicklung gibt es unterschiedliche Anlässe:

- Menschen ändern sich. Neue Wertesysteme und Einstellungen erfordern eine andere Art der Führung.
- Die zu bewältigenden Aufgaben und Problemstellungen werden immer komplexer. Dies erfordert neue Bewältigungsstrategien (***visionäres Management***).

- Die Marktverhältnisse ändern sich.
- Der Einsatz ***neuer Technologien*** verändert ganze Betriebsstrukturen, also auch Inhalte und Formen der Arbeit, sowie Anforderungsprofile an die Mitarbeiter.
- Die Zeittakte passen sich an die Lebenszyklen von Produkten und die Reaktionen des Marktes an und werden somit immer kürzer. Eine höhere Flexibilität ist gefragt (***Change Management***, ***Chaos Management, Kundenorientierung***).
- Neue und gesellschaftliche Impulse, Vorschriften und Gesetze, beispielsweise im Umweltschutz, erfordern neue Unternehmensentscheidungen (***Unternehmenskultur***, ***Unternehmensphilosophie***).
- Eine veränderte Bevölkerungsstruktur hat Auswirkungen auf den Personalmarkt.

Symptome, an denen man die Verschlechterung einer Organisation erkennen kann, sind:

- Zunahme an Managementebenen,
- Probleme, die sich ständig wiederholen und die man scheinbar einfach nicht in den Griff bekommt,
- ständige und langandauernde Konferenzen und ***Besprechungen***, die wenige oder unbefriedigende Ergebnisse bringen,
- ständiges Befassen mit Fragen zum ***Betriebsklima***,
- Notwendigkeit vieler Koordinatoren und Assistenten.

Wozu ist Organisationsentwicklung in der Führung gut?

Wenn sie gemeinsam mit den Mitarbeitern entwickelt wird, sorgt Organisationsentwicklung für eine Humanisierung der Arbeitswelt. Sie kann dann mehr Raum für die Persönlichkeitsentwicklung und Selbstverwirklichung der Mitarbeiter schaffen.

Organisationsentwicklung erhöht außerdem die Leistungsfähigkeit einer Organisation und sorgt für mehr Flexibilität, Veränderungs- und ***Innovations***bereitschaft. Außerdem beeinflußt sie die ***Dienstleistungs***orientierung eines Unternehmens.

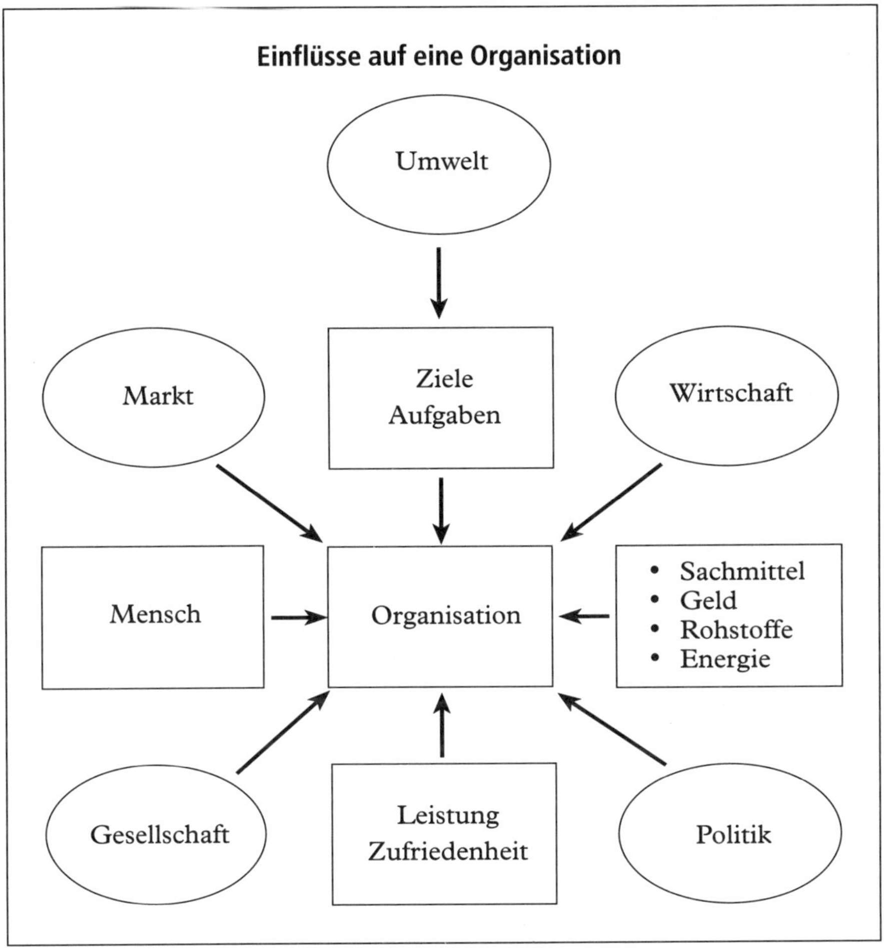

Welche Risiken und Gefahren beinhaltet Organisationsentwicklung?

Wird Organisationsentwicklung zu exzessiv betrieben, verursacht sie eine starke Verunsicherung der Kunden und Mitarbeiter. Diese gewinnen dann schnell das Gefühl, daß sie nicht mehr wissen, woran sie sind und an wen sie sich wenden sollen. Die Bezugspunkte des einzelnen verschwinden dann in einem Meer des ständigen Wechsels.

Organisationsentwicklung ist nicht immer notwendig. Viele Organisationsmängel können durch kompetentes Management kompensiert oder ausgeschaltet werden.

Es besteht die Gefahr, daß sich eine Organisation durch Organisationsentwicklung von der Realität weg bewegt. Das führt zwangsläufig zu Konflikten.

Wenn die Mitarbeiter bei der Organisationsentwicklung nicht mitziehen, dann nutzen auch die schönsten Konzepte nichts (***lernende Organisation***).

Tip

Achten Sie darauf, rasch und kompromißlos zu handeln, wenn eine Umorganisation nötig wird. Zeigen Sie dabei Mut zur ***Veränderung***. Vorsichtige Reorganisation, beispielsweise unter Beibehaltung der bisherigen Stellenbesetzung, wird nicht funktionieren.

Bewerten Sie Organisationen nicht nur nach den Problemen, die sie produzieren, sondern danach, welche Probleme sie nicht produzieren. Die »perfekte« Organisation, wenn es sie überhaupt geben kann, muß nicht gut sein – nur weniger schlecht als andere.

Literaturtip

Becker, Horst/Langosch, Ingo: Produktivität und Menschlichkeit, Stuttgart 1995

Organisches Management

Was ist organisches Management?

Der Begriff des organischen Managements bezeichnet ein neues Konzept der ganzheitlichen Führung. Organisch bedeutet in diesem Zusammenhang eine Orientierung an den Prinzipien des menschlichen Organismus. Im menschlichen Körper hat jedes Organ seine spezifische ihm zugewiesene Aufgabe. Jedes Organ führt diese Aufgabe weitgehend autonom aus. Das Gehirn hat dabei lediglich eine steuernde und koordinierende Funktion. Doch nicht nur der Körper gehört zu dieser Einheit, auch Geist und Seele haben ihren Platz innerhalb dieses Systems (***Schichtentheorie***).

Die Theorie des organischen Managements geht davon aus, daß in unternehmerischen Zusammenhängen ein ähnliches Vorgehen ebenfalls funktioniert und weitreichende Verbesserungen mit sich bringt. Ein Unternehmen funktioniert demnach als ein vollkommen selbststeuernder Organismus.

Die Führungskräfte erfüllen dabei die Funktion des Gehirns: Sie wirken ebenfalls nur noch koordinierend und steuernd auf das System ein, ohne dabei jedoch eine übergeordnete Funktion innezuhaben (***Dienstleistung in der Führung***). Ihre Aufgabe ist es, auf diese Weise ***Innovationen*** optimal unterstützen zu können. Und sobald jeder einzelne Mitarbeiter seine ***Selbstverantwortung*** wahrnimmt und sich mit seiner Aufgabe identifiziert, wird eine übergeordnete Befehlsebene überflüssig.

Was bedeutet organisches Management für die Führung?

Das organische Management zeichnet sich durch eine weitreichende Verschlankung des organisatorischen Aufwands aus (***Lean Management***). ***Hierarchien*** werden aber nicht deshalb abgebaut, weil dies den Apparat kostengünstiger gestaltet, sondern weil sie innovationshemmend wirken können. Denn vielfach gilt ***Innovation*** nämlich als gefährlich, da jede Veränderung die eigene (***Macht***-)Position zum Schwanken bringen kann und bedroht.

Durch den weitgehenden Wegfall der ***Kontroll***mechanismen, die auf ***Macht***ausübung aufbauen, und die Erweiterung der ***Selbstverantwortung*** des einzelnen wird eine höhere Arbeitszufriedenheit erreicht. ***Motivation*** muß nicht mehr durch aufwendige Rahmenbedingungen geschaffen werden, sondern entspringt der ***Sinnorientierung***, die eigenständiges Arbeiten beinhaltet. Führung wird zur ***Dienstleistung*** und basiert auf dem Prinzip der ***internen Kundenorientierung***.

Im organischen Management gilt der Wandel als einzige Konstante eines Unternehmens (***Change Management***). Dieser Wandel wird zur Hauptaufgabe – und zwar nicht mehr nur der Unternehmensleitung, sondern jeden Mitarbeiters. Jeder Mitarbeiter ist dazu angehalten, Teilnehmer und auch Teilhaber dieses Wandels zu sein. Das setzt voraus, daß er nicht nur ein Mehr an Verantwortung übernimmt, sondern auch am Erfolg beteiligt wird, ganz gleich in welcher Form (***Mitarbeiterbeteiligung***, ***Gehalt***).

Im organischen Management wird jedes Mitglied des Unternehmens auf dem ihm angemessenen Platz eingesetzt. Jeder Mitarbeiter initiiert auf diesem Platz die von ihm selbst entwickelten Neuerungen. Die einzige Rechtfertigung, die eine eingeführte Neuerung besitzen muß, besteht darin, daß sie das Unternehmen weiterbringt.

Das organische Management vereinigt die Vorzüge vieler anderer moderner Managementideen wie ***Empowerment***, ***Kaizen*** oder auch ***Change***

Management in sich. Im Gegensatz zu diesen wird beim organischen Management jedoch das Unternehmen und jeder darin beschäftigte Mensch als jeweils Ganzes und als Teil eines größeren Ganzen gesehen. Das Vertrauen in die Mitarbeiter und die Selbststeuerungskräfte eines Betriebes sind die Wesensmerkmale dieser ***Unternehmensphilosophie***.

Im organischen Management beschränken sich auch die Problemlösungen nicht auf Teilaspekte. Ein Ziel des organischen Managements ist es, ***Teamarbeit*** nicht nur auf der Produktionsebene, sondern auch im Bereich der Führung einzusetzen.

Der zentrale Punkt des organischen Managements ist ein neues Menschenbild. Der Mitarbeiter ist nicht länger Mittel zum Zweck, und das Interesse der Führungsebene gilt nicht nur ausschließlich seiner Arbeitsleistung. Wem echter Einsatz abverlangt wird, dem sollte auch echtes Interesse entgegengebracht werden. Wer jedoch echtes Interesse für das Unternehmen, die Kollegen und die Kunden haben soll, der muß sich als akzeptierten und respektierten Teil des Ganzen empfinden. Wer das Risiko eingehen soll, auf eigene Verantwortung Neuerungen einzuführen, der darf im Fall von Mißerfolgen nicht allein gelassen werden. Und wer Wissen einbringen soll, dem sollen auch alle Möglichkeiten gegeben werden, Wissen zu erwerben (***Weiterbildung***, ***Mitarbeiterentwicklung***).

Welche Risiken beinhaltet organisches Management?

Organisches Management verlangt sowohl von den Mitarbeitern als auch von den Führungskräften ein hohes Maß an ***Selbstverantwortung*** und ***Führungskompetenz***. Außerdem stellt es hohe Anforderungen an ***Schlüsselqualifikationen*** wie ***emotionale Intelligenz*** und ***soziale Kompetenz***. Um die Mitarbeiter nicht zu überfordern, ist die Einführung von organischem Management mit einem hohen ***Weiterbildungs***bedarf im Rahmen der ***Mitarbeiterentwicklung*** verbunden.

Literaturtip

McCoy, Thomas: Mit offenen Karten führen, München, Wien 1997

Patenschaft

Was ist eine Patenschaft?

Unter Patenschaft versteht man ein System der Mitarbeiterführung: Einem neuen Mitarbeiter wird in seiner ***Einarbeitungs***phase ein erfahrener Kollege als Pate zur Seite gestellt. Die Aufgabe des Paten ist es, dem neuen Mitarbeiter bei seiner fachlichen und vor allem sozialen Integration zu helfen.

Ein Pate macht den neuen Mitarbeiter beispielsweise mit Kollegen, Kunden und Lieferanten bekannt. Er zeigt ihm wichtige betriebliche Einrichtungen wie Sozialräume, Kantinen oder Produktionsstätten und macht ihn darüber hinaus mit wichtigen formellen und informellen Regeln vertraut. Der Pate kann für den neuen Mitarbeiter auch der geeignete Ansprechpartner für fachliche Fragen sein. Auch mit kleineren persönlichen und betrieblich bedingten Problemen kann sich der neue Mitarbeiter an den Paten wenden.

Wie funktioniert eine Patenschaft?

Mit Hilfe eines Patensystems können neue Mitarbeiter sozial verträglich eingegliedert werden. Ein Pate sollte seine Aufgaben jedoch nicht im Sinne eines zusätzlichen Vorgesetzten erfüllen. Die Aufgaben eines Paten sind vielmehr:

- den neuen Mitarbeiter mit seinem Arbeitsumfeld bekannt zu machen.
- die Kontaktaufnahme zu zukünftigen Kollegen, Mitarbeitern und sonstigen Gesprächspartnern zu unterstützen.
- ihn mit den geschriebenen und ungeschriebenen Gesetzen des Unternehmens vertraut zu machen.
- ihn eventuell in seinen Arbeitsbereich einzuweisen.

Sinnvoll ist eine Patenschaft daher vor allem während der Ausbildung junger Mitarbeiter oder beim Anlernen neuer Mitarbeiter, also in der ***Probezeit*** und während der ***Einarbeitung***. Auch wenn sich das Alter der Mitarbeiter sehr stark voneinander unterscheidet, kann ein Patensystem sinnvoll sein: Dadurch, daß die »alten Hasen« die »jungen Füchse« in neue Aufgabengebiete einarbeiten, kann die Kommunikation der Kollegen untereinander gefördert werden. Damit läßt sich die Bildung sogenannter »Generationen-Ghettos« vermeiden.

Die Patenschaft dient also sowohl der ***Mitarbeiterentwicklung*** als auch einer Verbesserung des ***Betriebsklimas***.

Ein Pate sollte auf keinen Fall identisch mit dem direkten Vorgesetzten sein. Der Pate kann den Vorgesetzten allerdings während der Einführungsphase in seiner Führungsaufgabe unterstützen. Ein Pate sollte dabei jedoch niemals die Rolle eines Ersatzvorgesetzten oder stellvertretenden Vorgesetzten übernehmen.

Der Erfolg des Paten hängt stark von seinem Engagement und seiner ***sozialen Kompetenz*** ab. Einfühlungsvermögen ist in diesem Zusammenhang sehr wichtig. Eine weitere Voraussetzung für den Erfolg des Paten ist aber auch, daß er von dem neuen Mitarbeiter akzeptiert wird. Eine Führungskraft sollte daher einen Paten sorgfältig nach psychologischen und pädagogischen Aspekten auswählen und auf seine Rolle vorbereiten. Ebenfalls wichtig ist, daß der Vorgesetzte den Paten zumindest teilweise von seinen Arbeitsaufgaben entbindet, damit dieser auch genug Zeit hat, seiner Rolle als Pate gerecht zu werden.

Welche Risiken und Gefahren beinhaltet eine Patenschaft?

Der Pate trägt durch seine zusätzliche Aufgabe zwar viel zu einem guten Betriebsklima bei, kann darüber aber leicht seine eigentlichen Aufgaben vergessen.

Der Kontakt zwischen dem neuen Mitarbeiter und seinem Vorgesetzten kann abreißen. Statt sich mit dem Vorgesetzten auseinanderzusetzen, konzentriert sich der neue Mitarbeiter auf den Paten.

Wird der Mehraufwand des Paten von der Führungsseite nicht entsprechend gewürdigt, beispielsweise durch ***Anerkennungsgespräche***, kann es passieren, daß der Pate seine ***Motivation*** verliert und damit dem neuen Mitarbeiter keine echte Hilfe mehr ist.

Tip

Nutzen Sie als Vorgesetzter den engen Kontakt des Paten zu dem ihm Anvertrauten auch für ***Karriereplanung*** und ***Mitarbeiterentwicklung***. Am besten eignen sich dafür regelmäßige Treffen, an denen die Paten, die Vorgesetzten und die zuständigen Personalentwickler teilnehmen.

Siehe auch Checkliste

Pensionierung

Was ist Pensionierung?

Unter Pensionierung versteht man den Übergang vom Berufsleben in die Rente. Der Mitarbeiter beendet sein Arbeitsleben in der Firma und geht in den Ruhestand.

In früheren Jahren herrschte das Prinzip der starren und kaum zu beeinflussenden Ruhestandsgrenze vor. Mit dem Erreichen eines bestimmten Alters wurde man automatisch pensioniert. Heutzutage wird dic Pensionierung flexibler gehandhabt. Das muß jedoch nicht in jedem Fall zu einer kürzeren Erwerbstätigkeit führen. Heutzutage ist eine Beschäftigung über die normale Altersgrenze hinaus durchaus vorstellbar.

Was bedeutet Pensionierung für die Führung?

Die flexible Pensionierung kann als beschäftigungspolitisches Instrument eingesetzt werden. Durch diese Art der Pensionierung wird der Freiraum des einzelnen Mitarbeiters erweitert. Der Übergang in den Ruhestand findet gleitend und ganz allmählich statt. Neue Arbeitszeitmodelle wie Gleitzeitarbeit, Job Sharing oder Teilzeitarbeit machen dies heutzutage möglich (***Rationalisierung***).

Allen Formen der Pensionierung ist eines gemeinsam: Der Mitarbeiter muß ein betrieblich vereinbartes Pensionsalter erreicht haben oder wird aus Gründen der Berufsunfähigkeit, zum Beispiel aufgrund einer schweren Krankheit, in den Ruhestand versetzt. Folgende Pensionierungsformen sind am geläufigsten:

- *Dynamische Pensionierungsform:* Die individuelle Arbeitszeit wird reduziert. Dies kann bedeuten, daß entweder die tägliche, wöchentliche oder jährliche Arbeitszeit verkürzt wird oder auch, daß die festgelegte Lebensarbeitszeit reduziert wird. Das kann in der Praxis beispielsweise bedeuten, daß die Arbeitszeit eines Arbeitnehmers von vierzig Wochenstunden auf dreißig verkürzt wird.
- *Gleitende Pensionierungsform:* Die individuelle Arbeitszeit wird verändert und täglich, wöchentlich oder monatlich variiert. So arbeitet ein Arbeitnehmer zum Beispiel nur noch drei Tage die Woche oder er kommt nur an 15 Tagen im Monat zur Arbeit.
- *Variable Pensionierungsformen:* Bei diesen Pensionierungsformen werden dynamische und variable Pensionierungsformen für den Mitarbeiter sinnvoll miteinander verknüpft.

Es gehört zu den Aufgaben einer Führungskraft, dem Mitarbeiter den Weg in die Pensionierung zu erleichtern. Um ***Motivation*** und Arbeitszufriedenheit des Mitarbeiters möglichst lange zu erhalten und seine Erfahrungen gewinnbringend einzusetzen, sollte eine Führungskraft die Pensionierung gemeinsam mit dem Mitarbeiter gut vorbereiten und dabei seine Wünsche so weit es geht berücksichtigen.

Welche Risiken beinhaltet die Pensionierung?

Der bisherige Mitarbeiter wird vom »Pensionierungsschock« getroffen. Er steht der neuen Situation, seinen Tagesablauf ohne geregelte Arbeit zu gestalten, völlig hilflos gegenüber.

Der Mitarbeiter fühlt sich aufgrund der bevorstehenden Pensionierung abgeschoben und nutzlos. Jegliche Motivation für seine Arbeit schwindet.

Tip

Helfen Sie dem Mitarbeiter, seine Pensionierung positiv zu verarbeiten! Ziehen Sie wenn möglich immer einen gleitenden Übergang einer starren Regelung vor, damit der Pensionierungsschock ausbleibt. Große Firmen unterstützen den Weg in die Pensionierung durch vorbereitende Seminare.

Siehe auch Checkliste

Personalabbau/-einsparung

Was versteht man unter Personalabbau?

Unter Personalabbau versteht man die Reduzierung der Mitarbeiterzahl in einem Unternehmen. Gründe für Personalabbau liegen heutzutage meist in der immer weiter fortschreitenden ***Rationalisierung***.

Neben dem Abbau von Arbeitsplätzen in der Produktion, der entweder durch die Einführung ***neuer Technologien*** oder die Abwanderung von Produktionsstätten ins kostengünstigere Ausland bedingt ist, führt auch die Idee des ***Lean Management*** zu Personaleinsparungen: Zur Verschlankung der ***Hierarchien*** in den Unternehmen werden mehr und mehr dispositive Aufgaben auf die ausführenden Ebenen verlagert. Im Zuge dieser Entwicklung werden plötzlich ganze Hierarchieebenen, die bisher als verhältnismäßig konjunktur- und krisensicher galten, vollkommen überflüssig.

Wie geht Personalabbau vor sich?

Sinkt der Bedarf an Arbeitskräften in einem Unternehmen, sei es, weil sich seine Markt- oder Konkurrenzsituation geändert hat oder neue Rationalisierungsmaßnahmen zu wirken beginnen, greift die Unternehmensleitung meist zum Mittel des Personalabbaus.

Stellenabbau kann nicht willkürlich entschieden werden. Das Gesetz verlangt, daß Stellenabbau immer sozial verträglich gestaltet wird. Der ***Betriebsrat*** hat in solchen Fällen ein Mitwirkungsrecht, damit soziale Härten so weit wie möglich vermieden werden können. Alle Beteiligten sind in bezug auf die Frage des Personalabbaus zu einer vorausschauenden ***Planung*** angehalten.

Bevor man jedoch zum letzten Mittel der ***Kündigung*** greifen muß, stehen einem Unternehmen verschiedene Lösungsmöglichkeiten offen. Eine Personaleinsparung ist auch ohne Stellenabbau möglich, beispielsweise durch:

- *Abbau von Mehrarbeit und Überstunden:* Das ist ein einfaches aber effizientes Mittel, um kurzfristig auf einen verringerten Personalbedarf zu reagieren. Dabei darf man jedoch weder die psychologischen noch die finanziellen Auswirkungen vergessen: Einkommensminderungen und unterschiedliche Arbeitszeitregelungen können sich negativ auf das ***Betriebsklima*** und die ***Motivation*** der Mitarbeiter auswirken.
- *Urlaubsgestaltung und Urlaubsplanung:* Mitarbeiter könnten ihren Urlaub vorziehen oder geschlossen in die Betriebsferien fahren, um damit Beschäftigungslücken zu schließen.
- *Kurzarbeit:* Kurzarbeit heißt, daß die betriebsübliche ***Arbeitszeit*** für den ganzen Betrieb oder einzelne Abteilungen herabgesetzt wird; entsprechend verringert sich auch das Arbeitsentgelt (***Gehalt***). Deswegen gibt es unter bestimmten Vorraussetzungen für die ausgefallenen Arbeitsstunden sogenanntes Kurzarbeitergeld, das die Arbeitslosenversicherung an die Arbeitnehmer bezahlt.
- *Umwandlung von Vollzeit- in Teilzeitarbeitsplätze:* Die Personaleinsparung durch Stellenabbau sollte das letzte Mittel sein, mit dem ein Unterneh-

men auf eine schlechte Geschäftslage reagiert. Zuvor sollte sorgfältig geprüft werden, ob es tatsächlich keine andere Alternative gibt. Kommt es jedoch tatsächlich zu betriebsbedingten Kündigungen, gibt es dabei mehrere Möglichkeiten:

- *Beendigung des Arbeitsverhältnisses in gegenseitigem Einvernehmen:* Der Mitarbeiter stimmt einer Beendigung seines Arbeitsverhältnisses freiwillig zu. Das kann zum Beispiel bei älteren Arbeitnehmern durch eine Verkürzung der Lebensarbeitszeit in Form einer vorzeitigen ***Pensionierung*** sozialverträglich geregelt werden. Da für den Arbeitnehmer allerdings kein Zwang besteht, einer solchen Regelung zuzustimmen, sind meist materielle Anreize zur Überzeugung nötig. So kann die zugesagte betriebliche Altersversorgung erhöht werden, oder es wird ein Zuschuß zum Altersruhegeld für die Zeit bis zum Erreichen des tatsächlichen Rentenalters gezahlt.
- *Aufhebungsvertrag:* Vorgesetzter und Mitarbeiter verständigen sich auf einen Aufhebungsvertrag. In diesem wird festgelegt, daß die gegenseitigen Rechte und Pflichten aus dem Arbeitsvertrag zu einem bestimmten Zeitpunkt außer Kraft treten werden. Das Unternehmen kann Aufhebungsverträge ganz allgemein, nur für bestimmte Arbeitnehmergruppen oder für eine bestimmte Zeitdauer anbieten. Der Aufhebungsvertrag enthält die betrieblich bedingten Gründe für die Beendigung des Arbeitsverhältnisses und belegt das gegenseitige Einvernehmen. Da Aufhebungsverträge in der Regel dem Image eines Unternehmens weniger schaden als Entlassungen, und die entstehenden Kosten zudem überschaubar bleiben, wird von ihnen häufig Gebrauch gemacht.
- *Entlassung:* Eine Entlassung, also die betriebsbedingte Einzelkündigung durch den Vorgesetzten, ist das folgenschwerste Mittel, das in Betracht kommt. Die Unternehmensleitung muß bei diesen Kündigungen sowohl die Schutzgesetze für bestimmte Personengruppen, zum Beispiel werdende Mütter, Schwerbehinderte, Auszubildende oder ***Betriebsräte***, als auch tarifvertragliche Regelungen beachten.

Welche Risiken und Gefahren beinhaltet Personalabbau?

Eine Kündigung wirkt sich negativ auf die Arbeitseinstellung der Kollegen aus. Im Unternehmen macht sich ***Angst*** breit, das ***Betriebsklima*** wird schlechter, weil alle Mitarbeiter angespannt sind. Die Angst um den eigenen Arbeitsplatz kann zu ***Mobbing*** führen.

Entlassungen in großem Umfang führen zu Demotivation, ***Arbeitsunzufriedenheit*** oder gar ***Arbeitsverweigerung*** .

Bei Firmen, in denen starke Freundschaften der Mitarbeiter untereinander bestehen, kündigen nach einem Personalabbau in der Regel auch gleich noch weitere Mitarbeiter. Die Summe dieser nachfolgenden Kündigungen kann bis zu fünfzig Prozent der Summe der Entlassenen betragen. So kann es passieren, daß einer Entlassung sofort Neueinstellungen folgen.

Literaturtip

Steinmann, Horst/Löhr, Albert: Grundlagen der Unternehmensethik, Stuttgart 1991

Personalauswahl

Was ist Personalauswahl?

Ein Unternehmen, das neue Mitarbeiter oder Auszubildende sucht, hat sehr oft die Qual der Wahl: Es muß sich aus einem großen Bewerberfeld für den Richtigen entscheiden. Dieses Verfahren bezeichnet man als Personalauswahl.

Die Personalauswahl wird dann am erfolgreichsten sein, wenn es gelingt, die ausgeschriebene Stelle präzise darzustellen. Mit geeigneten Auswahlverfahren können dann aus dem großen Kreis der Kandidaten die besten Bewerber ausgewählt werden (***Probezeit***).

Wie funktioniert die Personalauswahl?

Führungskräfte können sich bei der Personalauswahl auf verschiedene gängige und erprobte Verfahren stützen. Die meisten Auswahlkriterien sind jedoch subjektive. Ein Personalfragebogen kann die Personalauswahl systematisieren.

Zur Personalauswahl stehen verschiedene Auswahlverfahren zur Verfügung:

- *Auswertung der Bewerbungsunterlagen:* Der Lebenslauf gibt Auskunft über die Gesamtentwicklung des Bewerbers, Schulzeugnisse über die Allgemeinbildung und Arbeitszeugnisse über die Leistung bei vorhergehenden Arbeitgebern. Verklausulierte Umschreibungen sind allerdings bei letzterem üblich. Zur Bestätigung bestimmter Charakteristika und Entwicklungen werden gern Referenzen von Privatpersonen und ehemaligen Vorgesetzten herangezogen. Auch das Foto ist eine wichtige Informationsquelle: Von der Art der Selbstdarstellung kann man oft auf Lebensniveau und Einstellung schließen. Mit Hilfe eines graphologischen Gutachtens schließlich kann man auf Persönlichkeitsmerkmale des Bewerbers schließen.

- *Psychologische Tests:* Es gibt verschiedene Arten von psychologischen Tests. Sie werden unterteilt in allgemeine Leistungstests, Persönlichkeitstests und Intelligenztests
- *Einstellungsgespräch:* Ein ***Einstellungsgespräch*** verfolgt die Ziele, einen persönlichen Eindruck über den Bewerber zu gewinnen, fehlende Daten zur Person, zum Leistungsstand und zur Einsatzfähigkeit des Bewerbers zu ermitteln und eventuelle Widersprüchlichkeiten in der schriftlichen Selbstdarstellung zu klären. Außerdem werden im Vorstellungsgespräch die Erwartungen und Zielvorstellungen des Bewerbers ermittelt und gegebenenfalls unrealistische Erwartungen des Bewerbers korrigiert.
- *Assessment-Center:* In einem ***Assessment-Center*** unterziehen sich die Bewerber nicht einzeln, sondern in Gruppen von meist zehn bis 15 Kandidaten dem Bewertungsprozeß. Die Beobachtung, Beurteilung und Bewertung wird von speziell trainierten Personen vorgenommen. Diese Form der Personalauswahl findet Anwendung im Rahmen der Auswahl von internen und externen Bewerbern zur Besetzung von freien Stellen.
- *Biographische Fragebögen:* Biographische Fragebögen gehen davon aus, daß der bisherige Lebens- und Berufsweg eines Bewerbers Rückschlüsse über sein zukünftiges Verhalten liefert. Die Bewerber bearbeiten Fragen mit vorgegebenen Antwortalternativen, die überwiegend vergangene und gegenwärtige Aktivitäten und Lebensumstände des Bewerbers betreffen. Gefragt wird zum Beipiel nach Hobbys, Interessen oder Einstellungen. Die vom Bewerber gewählten Antworten werden sorgfältig nach einem empirisch entwickelten Punkteverfahren ausgewertet, wobei die erreichte Gesamtpunktzahl über die Teilnahme an der Endauswahl entscheidet.

Für alle Verfahren gilt, daß sich die Auswahl primär an der zu erwartenden Leistung für das Unternehmen orientiert. Ein Unternehmen wäre jedoch schlecht beraten, wenn es nicht auch die Zufriedenheit und ***Gesundheit*** der Mitarbeiter bei der Entwicklung der Kriterien für die Personalauswahl mitberücksichtigt.

Die Einstellung und ***Einarbeitung*** neuer Mitarbeiter kann für ein Unternehmen Investitionen in Höhe eines Jahresgehaltes bedeuten. Darin sind die Ausgaben für Anzeigen enthalten, der Aufwand für die Auswahlverfahren, der

Zeitaufwand für die Entscheidung, die Einarbeitungszeit sowie mögliche Kosten für Schulung oder Umzug. Eine sorgfältige Personalauswahl dient sowohl der Kostenersparnis als auch der Organisationsentwicklung.

Welche Risiken und Gefahren beinhaltet die Personalauswahl?

Die Testverfahren können den Führungskräften einen falschen Eindruck über einen Kandidaten vermitteln.

Bewerber, die sich gut präsentieren können und durch ihr Auftreten beeindrucken, können sich im Arbeitsalltag als »Blender« herausstellen, die für die ausgeschriebene Stelle völlig ungeeignet sind.

Der umgekehrte Fall ist ebenso denkbar: Bewerber, die durch Lampenfieber zu nervös reagieren, könnten in der Praxis durchaus überzeugen.

Siehe auch Checkliste

Literaturtip

Korff, Ernst/Schmidt, Walter: Menschen beurteilen und Menschen führen, Heidelberg 1983

Persönlichkeit

Was ist Persönlichkeit?

Persönlichkeit setzt sich zusammen aus allen für den einzelnen Menschen typischen Eigenschaften, Handlungsmotiven, Einstellungen, Interessen und Fähigkeiten. Diese entwickelt er im Laufe seines Lebens aus dem Zusammenwirken seiner Anlagen mit den kulturellen, gesellschaftlichen und sozialen Umwelteinflüssen.

Den Begriff der Persönlichkeit versuchen eine Unzahl von Definitionen zu beschreiben. Diese Definitionsprobleme sind vor allem deshalb entstanden, weil »Persönlichkeit« lange Zeit als ein unumstößlicher Faktor angesehen wurde. Aussagen wie: »Ich bin so wie ich bin« oder »Als Führungskraft wird man man geboren« waren typisch für diese Haltung.

In den letzten Jahren hat sich durch die Abkehr von einem rein materialistisch geprägten Weltbild auch im Managementbereich ein neues Interesse an geistigen Inhalten herausgebildet. Die daraus hervorgegangenen Richtungen werden unter dem Begriff »New age« zusammengefaßt. Eine Kernaussage der gesamten »New age«-Bewegung ist die Feststellung, daß die Persönlichkeit eines Menschen keineswegs als statisch und für alle Zeiten feststehend angesehen werden muß, sondern daß sie vielmehr trainiert, gestärkt oder optimiert werden kann. Neben Seminaren zur konkreten beruflichen Fortbildung boomen seit Mitte der achtziger Jahre vor allem Seminare, die Persönlichkeitstraining anbieten. Einige Beispiele hierfür sind ***NLP***, Positive thinking, autogenes Training, Hypnose oder Autosuggestion, Yoga oder andere Meditationstechniken und unzählige weitere. Nicht alle davon sind harmlos; besonders die Diskusssion um die Scientology-Sekte hat dazu beigetragen, daß viele dieser ***Trainings***maßnahmen in Verruf gerieten.

In jedem Fall ist es sinnvoll, die menschliche Persönlichkeit als eine vieldimensionale Persönlichkeit zu betrachten. Sie besteht aus mindestens sieben Dimensionen:

Merkmalsdimensionen einer Persönlichkeit

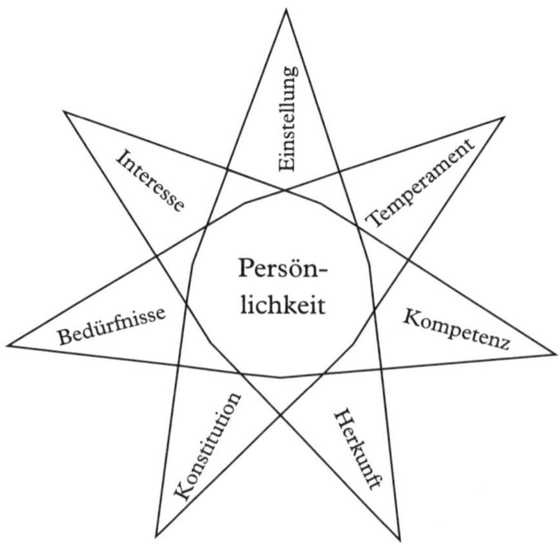

Menschliches Denken, Handeln und Empfinden sind Resultate aus dem Zusammenwirken von körperlichen, geistigen und psychischen Faktoren. Im körperlichen Bereich ist das die Fähigkeit, Körpersignale wahrzunehmen.

Sie zu verstehen und in angemessener Weise darauf zu reagieren, ist außerordentlich wichtig (***Schichtentheorie***).

Im Bereich der Psyche werden das eigene Anspruchsdenken, Gefühle, Wünsche, Hoffnungen, Träume, aber auch ***Angst*** sowie das Erfüllen der eigenen Bedürfnisse in den Mittelpunkt der Betrachtung gerückt. Ziel der Standortbestimmung und der Veränderungsstrategien im geistigen Bereich ist das Erkennen und Reduzieren von Belastungsfaktoren und ***Streß***ursachen in den einzelnen Lebensbereichen. Dazu gehört auch die Suche nach Möglichkeiten, die eigenen Konfliktpotentiale bewußt zu verarbeiten.

Wichtig ist hierbei die Erkenntnis, daß Körper, Geist und Seele eine Einheit bilden. Alle drei Teile sind eng miteinander verzahnt und reagieren ständig aufeinander. Die Entwicklung der Persönlichkeit bedarf daher des pfleglichen Umgangs mit all ihren Facetten und Ansprüchen.

Welche Bedeutung hat Persönlichkeit für die Führung?

Im betrieblichen Personalwesen ist Persönlichkeit eine Kategorie, die bestimmte, dem Mitarbeiter eigene Verhaltensweisen oder Eigenschaften umfaßt. Diese zeichnen sich dadurch aus, daß sie relativ konstant und nur langfristig beeinflußbar sind. Alle diese Eigenschaften stammen aus dem geistig-seelischen Bereich. Dazu zählt man zum Beispiel:

- Intelligenz,
- Verläßlichkeit,
- Verantwortungsbewußtsein,
- Einfühlungsvermögen,
- Durchsetzungsfähigkeit (***Selbstwertgefühl***),
- Leistungsbereitschaft,
- ***Schlüsselqualifikationen*** wie ***soziale Kompetenz*** oder ***emotionale Intelligenz***.

Persönlichkeit spielt vor allem bei der ***Personalauswahl*** eine Rolle, zumal wenn es um die Besetzung von Führungspositionen geht. Sie sollte aber auch bei der ***Mitarbeiterentwicklung***, der ***Lebens***- und der ***Karriereplanung*** berücksichtigt werden.

Häufig sind gerade diejenigen, die erfolgreich verantwortungsvolle Leitungsfunktionen ausüben, erstaunlich hilflos dabei, sich selbst und die eigene Lebenssituation genauso effektiv zu managen wie den beruflichen Alltag. Das wichtigste Instrument einer Führungskraft ist jedoch sie selbst, ihre eigenen körperlichen und geistig-psychischen Ressourcen, ihre Motivationen und ihre Energiepotentiale. Dieses Instrument kann durch eine konequente ***Führung der eigenen Person*** auf Dauer gepflegt werden.

Veränderungen der Persönlichkeit sind nur über einen langen Zeitraum möglich und sehr vorsichtig anzugehen (***Coaching***). Voraussetzung ist dabei unbedingt die Freiwilligkeit solcher Veränderungen; zugleich sollte man immer wieder kritisch hinterfragen, warum jemand eine Veränderung seiner Persönlichkeit sucht. Dies könnte Ausdruck eines fehlendes ***Selbstwertgefühls*** sein oder ein Hinweis für starke psychische Labilität. Hier bräuchte es dann kein Coaching, sondern ärztliche Hilfe.

Welche Risiken beinhalten Persönlichkeitstraining?

Bei allen Methoden des Persönlichkeitstrainings sollte man nicht vergessen, daß dieses nur tatsächlich vorhandene Persönlichkeitsmerkmale verstärken oder abschwächen, jedoch keinen neuen Menschen zaubern kann. Deshalb sollte Toleranz im Umgang mit der eigenen Persönlichkeit und mit der der Mitarbeiter oberstes Gebot sein. Interessante Ansätze für die Stärkung der Persönlichkeit bietet das Modell der ***emotionalen Intelligenz***. Es besagt, daß neben der rationalen Intelligenz die emotionale Seele der Antrieb für die meisten unserer Handlungen ist.

Immer wieder entsteht der Wunsch nach einem Persönlichkeitstraining aus einem allgemeinen Unlustgefühl oder dem Gefühl des Scheiterns. Gerade Führungskräfte der mittleren und höheren Ebenen sind durch ihren Beruf sehr stark in Anspruch genommen. Sie beklagen die Situation der Überforderung, der ständigen Hetze und der Fremdbestimmung, der sie sich ausgesetzt fühlen, und die ihnen immer weniger Zeit für Lebensbereiche außerhalb des Berufs läßt (***Burn-out-Syndrom***). Diese Faktoren werden als unabänderlich hingenommen oder als Begleiterscheinung des beruflichen Erfolgs billigend in Kauf genommen. Es bleibt jedoch meistens bei dem diffusen Gefühl, das Leben in seiner Gesamtheit nicht mehr unter ***Kontrolle*** zu haben. Häufig entwickelt sich daraus der Wunsch nach einer umfassenden Veränderung der eigenen Person. Richtig wäre aber in solchem Fall, das berufliche oder private Umfeld neu zu ordnen.

Literaturtip

Haubl, Rolf u. a.: Struktur und Dynamik der Person, Einführung in die Persönlichkeitsstruktur, Opladen 1986

Planung

Was ist Planung?

Unter Planung versteht man die gedankliche Vorbereitung zielgerichteter, zukünftiger Handlungen. Wer plant, der ist entweder auf der Suche nach dem kürzesten Weg, auf dem er mit dem geringstmöglichen Aufwand ein bestimmtes Ziel erreichen kann, oder er sucht nach Wegen, auf denen das Ziel mit einem vorgegebenen Aufwand erreicht werden kann.

Pläne schaffen eine Verpflichtung, bestimmte Ziele innerhalb einer angegebenen Zeit zu erreichen. Häufig werden bei der Planung auch Strategien und Maßnahmen vorgegeben, mit deren Hilfe der Plan dann in die Tat umgesetzt werden soll.

Welche Rolle spielt Planung bei die Führung?

Führung ohne Planung ist undenkbar. In einem Produktionsbetrieb muß die Planung beispielsweise sicherstellen, daß die benötigten Produktionsfaktoren rechtzeitig zur Verfügung stehen. Die übergeordnete Zielsetzung in diesem Fall lautet »termingerechte Produktion«. Um dieses Ziel erreichen zu können, muß sichergestellt werden, daß genug Mitarbeiter da sind, daß die benötigten Rohstoffe zum richtigen Zeitpunkt und in ausreichender Menge zur Verfügung stehen und daß die Maschinen eingestellt und gewartet wer-

Der Managementkreis

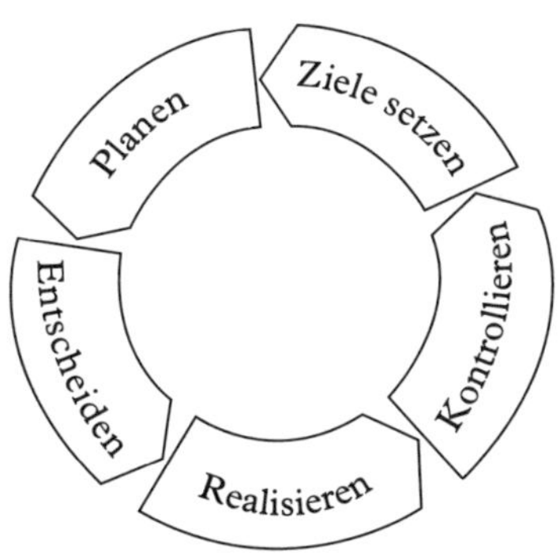

den. All diese Vorgänge gilt es nun zu koordinieren, damit das Produkt auch wie vereinbart beim Kunden ankommt.

Grundlage eines jeden Planungsvorganges ist die ***Zielsetzung***. Planung wird sogar erst dann sinnvoll, wenn die längerfristige Zielsetzung bekannt ist und mehrere Stellen koordiniert werden müssen, damit dieses Ziel erreicht werden kann.

In einem Planungsvorgang werden Wege ermittelt, die zum Ziel führen. Man sammelt Informationen, wertet sie aus und überprüft mögliche Schritte auf ihre Machbarkeit. Schließlich trifft man eine Entscheidung über die weitere Vorgehensweise (***Entscheidung***). Ein solcher Planungsvorgang erfolgt in genau festgelegten Schritten:

1. *Zielsetzung:* Was soll in welcher Zeit erreicht werden? Falls also ein neuer Mitarbeiter eingestellt werden soll, dann lautet die Frage: Wann soll der Mitarbeiter anfangen, und welche Qualifikationen muß er besitzen?
2. *Analyse der Aufgabenstellung:* Um derartige Fragen beantworten zu können, werden Informationen gesammelt und ausgewertet: Welche Anforderungen stellt die geplante Stelle an den neuen Mitarbeiter? Was kostet die Anzeige? Welches Gehalt soll für die neue Stelle gezahlt werden?
3. *Analyse der genauen Vorgehensweise:* Wege, die vom Ausgangspunkt zur ***Zielsetzung*** führen, werden erarbeitet und in ihren einzelnen Abschnitten festgelegt. Im Falle einer Neueinstellung hieße das: In welchem Medium sollen Stellenanzeigen geschaltet werden? Wie sieht die Stellenausschreibung aus? Wer kümmert sich darum?
4. *Entscheidung:* Im letzten Schritt werden unrealistische Möglichkeiten aussortiert, also alles das, was den Muß-Zielen nicht entspricht. Es wäre beispielsweise unrealistisch, den Eintrittstermin für den neuen Mitarbeiter bereits auf Januar festzulegen, wenn die Planung dazu erst im Dezember gemacht wird. Eine Entscheidung über die weitere Vorgehensweise wird getroffen und ein genauer Maßnahmenplan nach dem Muster »Wer macht was bis wann?« erarbeitet.

Planung ist nur dann sinnvoll und führt zum Erfolg, wenn bei der Planung einige Grundregeln eingehalten werden:

- *Vollständigkeit:* Planung muß sich auf die gesamte Unternehmung erstrecken und möglichst alle Komponenten mit einbeziehen, die auf dem Weg zur Erreichung des Zieles eine Rolle spielen könnten. Die Informationsbeschaffung und -auswertung muß so vollständig wie nur möglich sein.
- *Genauigkeit:* Die Informationen, die einer Planung zugrunde liegen, müssen stimmen und richtig beurteilt werden. Eine ***Kontrolle*** der Infor-

mationen ist deshalb wichtig. Vergleiche mit anderen Unternehmen (***Benchmarking***) oder Unternehmungen kann hierbei sehr hilfreich sein.

- *Flexibilität:* Wechseln die Voraussetzungen, auf denen die Planung aufgebaut ist, so muß der bestehende Plan natürlich den neuen Voraussetzungen angepaßt werden. Neue Bedingungen müssen demzufolge rechtzeitig erkannt werden.
- *Kontinuität:* Planung darf nicht sporadisch erfolgen, sondern muß kontinuierlich fortgeführt werden.

Einer Führungskraft stehen verschiedene Planungsmodelle offen (***Führungsstil***):

- *Autoritäre Strategie:* Die Führungskraft erstellt die Pläne allein, entweder auf der Basis der eigenen oder der bei den Mitarbeitern gesammelten Informationen. Dabei kann man den Mitarbeitern erklären, wozu man die angeforderten Informationen braucht, man muß es aber nicht. Die ausgearbeiteten Pläne teilt die Führungskraft dann den Mitarbeitern mit.
- *Konsultative Strategie:* Die Führungskraft bespricht die anstehende Planung mit den betroffenen Mitarbeitern entweder einzeln oder in der Gruppe. Sie nimmt deren Ideen und Vorschläge auf und definiert anschließend, wie weiter vorgegangen werden soll. Diese Entscheidung kann den Einfluß der Mitarbeiter widerspiegeln, muß aber nicht.
- *Gruppenorientierte Strategie:* Die Führungskraft plant nicht nur mit, sondern auch in der Gruppe. Zusammen finden und bewerten alle Beteiligten mögliche Vorgehensweisen. Die Führungskraft fungiert bei diesem Gespräch als neutraler Moderator (***Moderation***). Sie versucht dabei nicht, der Gruppe ihre Planungsideen aufzudrängen, sondern ist bereit, jeden Vorschlag anzunehmen, der die Unterstützung der ganzen Gruppe hat.

Welche Risiken und Gefahren beinhaltet Planung?

Planungen versagen immer dann, wenn für den Fall, daß etwas nicht klappt, keine Ersatzstrategien entwickelt wurden. Mögliche Schwierigkeiten müssen deshalb unbedingt in die Planung einkalkuliert werden. Wichtig ist auch eine gemeinsam vereinbarte ***Kontrolle***.

Tip

Nur eine sorgfältige Planung hilft Ihnen bei der Bewältigung komplexer Aufgabenstellungen. Achten Sie jedoch darauf, daß die Planung nicht zum Selbstzweck wird, denn sonst kommen Sie vor lauter Planung nicht mehr zum Arbeiten.

Präsentation

Was ist eine Präsentation?

Das Wort Präsentieren bedeutet soviel wie vorzeigen oder vorlegen, aber auch überreichen und darbieten. Und genau das macht man bei einer Präsentation: Man zeigt anderen die Ergebnisse seiner Arbeit oder besser gesagt: Man legt sie dar!

Führungskräfte unterrichten beispielsweise auf einer Präsentationsveranstaltung am Ende eines Geschäftsjahres den Vorstand über die Erfolge ihrer Arbeit. Dabei stehen sie in der Regel am Overhead-Projektor – und unter sehr kritischer Beobachtung (***Visualisierung***).

Wie funktioniert eine Präsentation?

Gute Ideen verkaufen sich selten allein – und gute Arbeit ebensowenig. Es wird immer wichtiger, Leistungen und Produkte ansprechend zu »verpacken« und zu präsentieren. Das Auge beurteilt immer mit. Der Vortrag eines Redners ist beispielsweise dann viel ansprechender, wenn er zur Illustrierung der Inhalte professionelle Grafiken zeigt, anstatt mit zittriger Hand schlecht lesbare Folien auf einen Overhead-Projektor zu legen.

Ausgefeilte Präsentationen sind zum Beipiel dann sinnvoll, wenn den Mitarbeitern oder den eigenen Vorgesetzten Idee und genauer Ablauf eines neuen Projektes verdeutlicht werden sollen. Präsentationen können auch als Führungsinstrument eingesetzt werden: So kann die Ausarbeitung bestimmter Projekte oder die Vorbereitung der eigenen Präsentation an Mitarbeiter delegiert werden (***Delegation***). Präsentiert wird aus verschiedenen Gründen. Eine Präsentation kann einen Kunden von einem Angebot überzeugen, die Unternehmensführung über die neucsten Forschungsergebnisse informieren oder auch ein bestimmtes Gremium zur Freigabe von Finanzmitteln für ein bestimmtes Projekt motivieren. Eine gute Vorbereitung ist in jedem Fall für den Erfolg einer Präsentation sehr wichtig, wenn nicht sogar ausschlaggebend.

Organisatorische Vorbereitung

Bei der organisatorischen Vorbereitung einer Präsentationsveranstaltung sind folgende Punkte zu beachten:

- *Ort und Konferenzraum:* Bei der Auswahl eines geeigneten Ortes für eine Präsentation sollte man darauf achten, daß der gewählte Veranstaltungsort den Anforderungen im Hinblick auf Größe, zentrale Lage und Bestuhlung genügt. In diesem Zusammenhang sollte auch die Ausstattung des gewählten Raumes, also beispielsweise Verdunkelungsmöglichkeiten, falls ein Film gezeigt oder ein Overhead-Projektor benutzt werden soll, genau geprüft werden.
- *Zeit:* Datum, Uhrzeit und Dauer der Veranstaltung sollten frühzeitig festgelegt und der gesamte Tagesablauf rechtzeitig organisiert werden. Besonders bei längeren Veranstaltungen sollten Pausen in kürzeren Einheiten, circa alle 45 Minuten eingelegt werden. Des weiteren ist zu klären, wie die Pausengestaltung im einzelnen aussieht, ob beispielsweise Catering organisiert werden muß oder ob vielleicht ein geeignetes Restaurant in der Nähe ist.
- *Einladungen:* Zu jeder Präsentationsveranstaltung gehört eine formale Einladung. Sie enthält das Thema der Präsentation, Ort und Raum, Zeitpunkt und -dauer, die Namen der Referenten, den Namen des Ansprechpartners bei Rückfragen und eine Teilnahmebestätigung, die zurückgeschickt oder gefaxt werden kann. Einladungen sollten frühzeitig verschickt werden.
- *Unterlagen für die Teilnehmer:* Die wesentlichen Aussagen der Präsentation können zusammengefaßt und den Teilnehmern mitgegeben werden. Diese Unterlagen sollten rechtzeitig fertiggestellt sein.

Persönliche Vorbereitung

Bei der Vorbereitung auf die eigentliche Präsentationsveranstaltung hilft die Beantwortung der folgenden vier Kernpunkte:

- *Thema und Ziel:* Thema und Ziel sind nicht dasselbe! Lautet das Thema beispielsweise »Entwicklungshilfe für Straßenkinder in Rio«, dann ist damit noch nicht klar, ob der Redner für eine Anschlußfinanzierung für das kommende Jahr werben, einen Geschäftsbericht vom vergangenen Jahr vorlegen oder sich für die Beseitigung organisatorischer Schwierigkeiten einsetzen soll. Das Ziel einer Präsentation sollte so klar wie möglich definiert werden, denn jede Präsentation ist zielgerichtet. Das bedeutet, die weitere ***Planung*** des Vortrages ordnet sich der ***Zielsetzung*** unter.

- *Zielgruppe:* Die Inhalte und der Ablauf einer Präsentation hängen zum größten Teil von der Zielgruppe ab. Der Redner muß immer genau wissen, zu wem er spricht. Auf diese Art kann er den Vortrag auf sein jeweiliges Publikum abstimmen, die entsprechende Fachsprache wählen und Beispiele aus der Lebenswelt seines Publikums nennen.
- *Inhalte:* Wenn Thema, Ziel und Zielgruppe der Präsentation feststehen, kann man zielgerichtet Material sammeln und auswählen. Die ausgewählten Inhalte werden dann auf das Wesentliche reduziert. Neue Informationen haben dabei immer Vorrang vor Bekanntem. Man sollte auch möglichst nur Informationen verarbeiten, die für Zielsetzung und Zielgruppe am aussagekräftigsten sind.
- *Ablauf:* Eine Präsentation besteht immer aus den drei Teilen Eröffnung, Hauptteil und Schluß. In einigen Fällen stellen sich die Redner einer anschließenden Diskussion:
  1. *Eröffnung:* Am Beginn jeder Veranstaltung steht die Begrüßung. Dabei wird der Anlaß der Präsentation vorgestellt, das Thema sowie die angestrebten Ziele benannt. Im Übergang von Begrüßung zu Einleitung wird den Zuhörern eine Art »Fahrplan« mit den Hauptgliederungspunkten der Präsentation vorgestellt. Könnern gelingt es schon bei der Begrüßung, das Publikum auf das Thema einzustimmen und neugierig zu machen. Das kann man entweder durch Fragen, durch eine Provokation, Nutzenversprechen oder persönliche Betroffenheit erreichen.
  2. *Hauptteil:* Im Hauptteil wird das Thema systematisch abgehandelt. Wichtig dabei ist, daß die Argumentation logisch aufgebaut ist, so daß sie alle Zuhörer einfach nachvollziehen können. Es gibt verschiedene Möglichkeiten, die Aufmerksamkeit der Teilnehmer zu fesseln: Man kann den Stoff in verschiedene Abschnitte gliedern und kurze Pausen einlegen, wirkungsvolle ***Visualisierungs***techniken benutzen, Abwechslung in den Medien bieten oder ein Thema mit mehreren Personen präsentieren. Dabei sollte man die Regel »Weniger ist mehr« beachten: Zuviel des Guten verwirrt das Publikum. Wichtig ist, daß die Präsentation lebendig bleibt.

3. *Abschluß:* Der Abschluß einer Präsentation sollte bereits am Ende des Hauptteils vorbereitet werden. Nur so läßt er sich sorgfältig inszenieren. Denn: So entscheidend wie der erste Eindruck ist, so bleibend ist auch der letzte. Jetzt werden die wichtigsten Kernpunkte zusammenfassend aufgezählt und die entscheidende These der Präsentation abschließend formuliert.
4. *Diskussion:* Falls eine Diskussion im Anschluß an die Präsentation stattfinden soll oder aufgrund des Themas absehbar ist, sollte man auch diesen Teil der Veranstaltung sorgfältig vorbereiten. Man muß sich klar darüber sein, welche Eröffnungsfrage man stellen möchte, welcher Art Kritik man sich aussetzt und wer sie üben wird. Auch sollte man die eigenen Argumente und Erwiderungen, die einem bei der Verteidigung des eigenen Standpunktes (***Einwandbehandlung***) hilfreich sein können, schon vor der Präsentation erarbeiten. Meistens kennt man ja die gängigen Einwände schon vorher.

Welche Risiken und Gefahren beinhaltet eine Präsentation?

Der Erfolg einer Präsentation läßt sich nie garantieren, da er neben bestimmten formalen Faktoren wie Lesbarkeit und Aussagekraft der verwendeten visuellen Hilfsmittel auch von persönlichen Faktoren wie Sympathie oder Ablehnung abhängig ist. Diese kann man allerdings beeinflussen. Mit einem ausgefeilten Aufbau der Präsentation, einem gekonnten Verhalten während der »Darbietung« und gelungenen Visualisierungstechniken wird man sicher Erfolg haben – selbst wenn man nicht als begnadeter Redner geboren wurde.

Der Vortragende muß darauf achten, daß er seine Rede nicht mit Grafiken, Statistiken und komplexen Inhalten überfrachtet, sonst besteht die Gefahr der Überforderung der Zuhörer.

Tips

Bereiten Sie sich für jede Präsentation einen Spickzettel vor. Notieren Sie sich darauf die Hauptgliederungspunkte der Präsentation mit den zugehörigen Überleitungen und Pausen am besten stichwortartig und in großer Schrift. Versehen Sie die Seiten außerdem mit Seitenzahlen, damit Sie die Übersicht nicht verlieren. Notieren Sie diese aber erst dann, wenn Sie mit der Vorbereitung fertig sind.

Lernen Sie die ersten Worte des Einstieges auswendig. Machen Sie vor wichtigen Präsentationen eine Generalprobe, beispielsweise vor Kollegen.

Inspizieren Sie unmittelbar vor Ihrer Präsentation die Räumlichkeiten und die eingesetzte Technik genau. So können Sie Verlegenheitspausen vermeiden, die beispielsweise dann entstehen, wenn Sie zu lange nach dem Knopf am Overhead-Projektor suchen.

Siehe auch Checkliste

Probezeit

Was ist eine Probezeit?

Tritt ein neuer Mitarbeiter eine Stelle in einem Unternehmen an, so wird für die Anfangszeit eine Probezeit vereinbart. Sie gibt dem neuen Mitarbeiter und dem Unternehmen die Möglichkeit, sich gegenseitig kennenzulernen.

Die Probezeit gehört zum Standard der deutschen Einstellungspraxis, sie ist selbst in Muster-Arbeitsverträgen bereits integriert. In der Regel dauert die Probezeit in einem Unternehmen zwischen drei Monaten und einem halben Jahr.

Wie läuft eine Probezeit ab?

Grundsätzlich läßt sich die Probezeit in drei Phasen aufteilen:

1. *Vor Beginn des Arbeitsverhältnisses:* Gut ist es, dem akzeptierten Bewerber schon vor Arbeitsantritt eine speziell für neue Mitarbeiter zusammengestellte Broschüre und eine Werkszeitschrift nach Hause zu senden. So kann er sich in Ruhe mit dem Aufbau des Unternehmens, dem Jahresumsatz, der Anzahl der Mitarbeiter und den Produkten vetraut machen.
2. *Während der Probezeit:* Trotz dieser Vorabinformationen müssen mit dem Mitarbeiter Fragen zum Verständnis des Betriebes und der ***Unternehmensphilosophie*** immer wieder während der ***Einarbeitungszeit*** behandelt werden. Der Mitarbeiter beginnt dann schnell, die richtige Einstellung und ***Motivation*** zu finden. Hilfreich bei der Einführung wirkt sich fast immer eine betriebliche ***Patenschaft*** aus: Der Pate begleitet den

neuen Mitarbeiter in der ersten Zeit am neuen Arbeitsplatz und ist Ansprechpartner für Fragen aus dem fachlichen, aber vor allem sozialen Bereich.

3. *Kurz vor Ablauf der Probezeit:* Kurz vor Ablauf der Probezeit sollte ein ***Beurteilungs***gespräch zwischen Vorgesetztem und Mitarbeiter stattfinden. In vielen Betrieben wird diese Unterhaltung leider nur dann geführt, wenn die Probezeit negativ ausfällt. Es wäre jedoch eine verpaßte Chance, nicht auch einen zufriedenstellenden Ausgang der Probezeit für ein persönliches ***Mitarbeitergespräch*** zu nutzen. Die Führungskraft kann in einem solchen Gespräch, vielleicht sogar schon vor dem Hintergrund der weiteren ***Karriereplanung***, mit dem Mitarbeiter über dessen künftige Erwartungen und Möglichkeiten sprechen.

Während der Probezeit sollte man als Führungskraft vor allem darauf achten, den sogenannten »Praxisschock« zu vermeiden und den neuen Mitarbeiter nicht zu überfordern. Des weiteren sollte man stets ein offenes Ohr für seine Anregungen und Vorschläge haben. Ein neuer Mitarbeiter, der mit den Abläufen in einem Unternehmen noch nicht vertraut ist, kann auch noch nicht betriebsblind sein. Ihm können Verbesserungspotentiale demzufolge eher ins Auge fallen als den Mitarbeitern, denen viele Abläufe schon zur Routine geworden sind.

Eine Probezeit sollte grundsätzlich immer vereinbart werden. Denn nur sie bietet die Möglichkeit, sich gegenseitig gut kennenzulernen. In einigen Fällen kann man jedoch unter Umständen auf eine Probezeit verzichten, beispielsweise wenn:

- der neue Mitarbeiter dem Unternehmen schon vor seiner Festanstellung als freier Mitarbeiter oder Auszubildender bekannt war,
- der Mitarbeiter lediglich innerhalb des Unternehmens die Position, Abteilung, Filiale wechselt.

Welche Risiken und Gefahren beinhaltet eine Probezeit?

Die Gefahr, daß der neu eingestellte Mitarbeiter das Unternehmen während der Probezeit bereits wieder verläßt, ist groß: Rund ein Drittel der Mitarbeiter tun dies. Solche Reaktionen schädigen das Unternehmen auf vielfache Weise:

- Der schlechte Ruf der Firma setzt sich fest.
- Die starke Fluktuation wirkt sich negativ auf das Betriebsklima aus.
- Kündigungen während der Probezeit kosten das Unternehmen Geld.

Tip

Wenn es in Ihrem Unternehmen häufiger vorkommt, daß Mitarbeiter vor Ablauf der Probezeit kündigen, so sollten Sie dringend die ***Stellenbeschreibung***, die Stellenausschreibung und die Methoden der ***Personalauswahl*** überprüfen.

Siehe auch Checkliste

Literaturtip

Korff, Ernst/Schmidt, Walter: Menschen beurteilen und Menschen führen, Heidelberg 1983

Problemlösung

Was ist ein Problem?

Probleme sind meist das Resultat falscher Entscheidungen in der Vergangenheit. Mit dem Wort »Problem« bezeichnet der Mensch Situationen, in denen etwas nicht so läuft, wie er es sich vorgestellt hat. Probleme werden deshalb von den meisten Menschen als negativ empfunden. Viele haben sogar ***Angst*** davor.

Tatsächlich sind Probleme jedoch nur ein Symptom für die Notwendigkeit, handeln zu müssen. Ein sogenanntes Problem beschreibt nichts anderes als die Tasache, daß gewisse Dinge besser funktionieren könnten als sie es tun. Deshalb sollten Probleme als Herausforderungen und Chance verstanden werden, etwas verbessern zu können. Wer Probleme in Ziele verwandelt, hat plötzlich nicht mehr ein Problem, sondern eine interessante Aufgabe zu lösen.

Wie löst man ein Problem?

Der Problemlösungsprozeß gliedert sich in sechs Schritte:

1. *Problem erkennen und definieren:* Der erste Schritt ist zugleich auch der entscheidende Schritt der Problemlösung. Denn nur wenn ein Problem von allen Seiten richtig erkannt und definiert wird, kann es auch zufrie-

Sechs Schritte zur Problemlösung

Das Problem wird erkannt und definiert.

↓

Alternative Lösungen werden entwickelt.

↓

Die Lösungsvorschläge werden bewertet.

↓

Die Entscheidung wird getroffen.

↓

Die Maßnahmen werden ausgeführt.

↓

Die abschließende Bewertung der Lösung wird vorgenommen.

denstellend gelöst werden. Ein Problem sollte immer so definiert werden, daß dabei weder Vorwurf noch Wertung zum Ausdruck kommen. Dabei sollten alle Beteiligten ihre Sichtweise des Problems darlegen. Anschließend sollten alle versuchen, die Einschätzung der anderen mit eigenen Worten auszudrücken. Dadurch müssen sie sich intensiv mit der Denkungsart der anderen beschäftigen, was die Verständigung und das Verständnis für die Sichtweisen der anderen fördert. Man sollte sich für diesen ersten Schritt genug Zeit lassen. Häufig dauert es eine Weile, ein Problem genau zu umreißen. Man sollte sicherstellen, daß alle am Lösungsprozeß beteiligten Personen die Definition des Problems akzeptieren und mittragen, bevor man zum nächsten Schritt übergeht. Dabei sollte man auch klarstellen, daß die Lösung von allen Beteiligten akzeptiert werden soll (***Gewinner-Gewinner-Modell***).

2. *Alternative Lösungen entwickeln:* Dieser Punkt ist der kreative Teil des Problemlösungsprozesses. Es stehen verschiedene ***Kreativitätstechniken*** zur Auswahl, mit denen man Alternativen entwickeln kann. Alle Beteilig-

ten müssen dazu aufgefordert werden, sich an diesem Schritt zu beteiligen und eigene Lösungsvorschläge zu entwickeln und darzulegen. Diese Vorschläge dürfen nicht bewertet oder gar kritisiert werden. Denn jede Idee kann die Grundlage für eine Lösung sein, selbst wenn es anfangs so aussieht, als könnten sie nicht durchgeführt werden. Bevor man zur Wertung und Erörterung einzelner Vorschläge übergeht, sollten erst einmal eine Reihe möglicher Lösungen gesammelt werden. Falls man dabei nicht weiterkommt, kann es helfen, noch einmal zum ersten Schritt überzugehen und das Problem erneut zu formulieren.

3. *Bewerten der Lösungsvorschläge:* In diesem Schritt werden die erarbeiteten Lösungsvorschläge zur Diskussion gestellt, damit der beste davon ausgewählt werden kann. Man sollte darauf achten, daß Kritik grundsätzlich konstruktiv ausgesprochen wird. Alle Lösungsvorschläge müssen konsequent zu Ende gedacht werden. Nur so läßt sich ausschließen, daß die vorgeschlagenen Alternativen nicht noch größere oder andere Probleme auslösen. Man sollte die Gelegenheit nutzen, die Lösungswege auf dieser Stufe genauestens zu überprüfen. Wer hierbei nachlässig handelt, gefährdet den gesamten Problemlösungsprozeß und muß sich später mit Unzulänglichkeiten abfinden. In diesem Stadium des Problemlösungsprozesses ist absolute Ehrlichkeit gefordert. Nur wer selbst vorbehaltlose Kritik übt, kann auch andere dazu bewegen, offen und ehrlich zu sein. Dieser Ehrlichkeit stehen im betrieblichen Alltag jedoch oft ***Macht***- oder ***Hierarchie***strukturen entgegen, die nach Möglichkeit komplett ausgeschaltet werden müssen.
4. *Entscheiden:* Wenn alle Lösungsmöglichkeiten ausreichend diskutiert wurden, muß man sich für eine Alternative ***entscheiden***. Dabei ist es wichtig, daß sich alle am Problemlösungsprozeß beteiligten Personen mit der Lösung identifizieren – denn sonst werden Realisierung und Erfolg der Lösung in Frage gestellt. Man sollte deshalb in dieser Phase unbedingt den Fehler vermeiden, andere zu drängen oder zu überreden.
5. *Ausführen der beschlossenen Maßnahmen:* Nicht jede beschlossene Lösung wird selbstverständlich ausgeführt. Viele Menschen entwickeln gute Ideen, realisieren sie aber nicht. Sobald eine Lösung gefunden wurde, ist das Gewissen beruhigt – und nichts passiert. Daher ist es wichtig, sich so schnell wie möglich über die Realisierung einer Lösung zu verständigen, sobald man sich geeinigt hat. Ein detaillierter Maßnahmenplan muß entwickelt werden, der die Frage »Wer macht was bis wann?« ausreichend beantwortet. Dieser Maßnahmenplan sollte schriftlich fixiert und allen Beteiligten ausgehändigt werden. Er kann sowohl als Arbeits***anweisung***

als auch als nützliche Checkliste dienen. In diesem Schritt sollten auch Termine für Zwischen***kontrollen*** vereinbart werden.

6. *Abschließende Bewertung:* Nicht alle Lösungen werden sich als ideal herausstellen. Manche enthalten Schwachpunkte, die im Laufe der Realisierung korrigiert werden müssen. Eine gemeinsam vereinbarte Lösung sollte jedoch niemals eigenmächtig und einseitig abgeändert werden. Alle Korrekturen müssen, wie die ursprünglich getroffene Vereinbarung auch, auf einem gegenseitigen Einverständnis beruhen. Es kann auch sein, daß sich eine Lösung als Fehlentscheidung entpuppt. In diesem Fall sollte man nicht daran festhalten. Jede Entscheidung kann neu überdacht werden. Eine Führungskraft sollte dafür sorgen, daß die Tür zu möglichen Neuentscheidungen immer weit offen steht.

Welche Risiken und Gefahren beinhaltet Problemlösung?

Manche Führungskräfte neigen dazu, ***Angst***, Vorbehalte oder Anregungen ihrer Mitarbeiter nicht ernst zu nehmen. Das kann dazu führen, daß Probleme übersehen oder nicht zufriedenstellend gelöst werden.

Besonders bei der Bewertung der Lösungsvorschläge kann es passieren, daß man sich zu sehr auf die Sache konzentriert und deshalb Probleme auf der Beziehungsebene nicht wahrnimmt, die jedoch bei der Realisierung der Lösung maßgebend sein können (***vier Ebenen einer Nachricht***, ***Transaktionsanalyse***).

Nicht jedes Problem erfordert den Aufwand einer mühsamen und zeitintensiven Suche nach Lösungen. Manche Probleme lösen sich von selbst – die »Strategie des Aussitzens« sollte deshalb als mögliche Lösung einkalkuliert werden.

Tip

Verharren Sie nicht zu lange bei dem Problem. Wer jammert, macht sich zum Opfer seiner Probleme. Verwandeln Sie deshalb Probleme in Ziele. Dann ist das Problem eine Herausforderung. Nur wer diese annimmt, macht sich zum Sieger.

Qualitätszirkel

Was ist ein Qualitätszirkel?

Qualitätszirkel sind kleine Arbeitsgruppen, die innerhalb der verschiedenen Bereiche eines Unternehmens zu den unterschiedlichsten Aufgaben gebildet werden. Sie sollen die traditionellen Arbeitsformen und -schritte kritisch überdenken und Vorschläge zur Verbesserung entwickeln.

Qualitätszirkel sind ein zentraler und integraler Bestandteil des ***Total Quality Managements***. Diese Unternehmensstrategie wird »Top-Down«, also von oben nach unten, umgesetzt. Ziel des Total Quality Managements ist die selbständige Mitwirkung der Führungskräfte und Mitarbeiter bei der Qualitätssicherung und bei ***Innovationen***.

Die Qualitätssicherung wiederum läßt sich nur »Bottom-Up«, also von unten nach oben, entfalten. In Qualitätszirkeln trifft sich diese Bottom-Up und Top-Down-Strategie.

Wie funktioniert ein Qualitätszirkel?

Qualitätszirkel sind eine moderierte Arbeitsgruppe (***Moderation***), die alles bearbeitet, was einem reibungslosen Arbeitsablauf im Wege steht. Produktqualität, Prozeßabläufe und soziales Verhalten stehen im Blickpunkt. Die Gruppe darf dabei alles in Frage stellen, was mit dem Arbeitsprozeß in seiner Gesamtheit zu tun hat. Ausgenommen sind tarifvertraglich oder arbeitsrechtlich geregelte Fragen und grundsätzliche Managemententscheidungen.

Ein Qualitätszirkel findet sich regelmäßig zusammen. Grundbedingung ist, daß sich alle Teilnehmer in dem Bereich, der untersucht wird, fachlich sehr gut auskennen. Diese Treffen werden von einem Moderator geleitet, der sowohl ein direkter Vorgesetzter als auch ein ausgewähltes Gruppenmitglied sein kann. Gemeinsam analysiert die Gruppe in regelmäßigen ***Besprechungen*** selbstgewählte Themen zu Schwierigkeiten und Schwachstellen ihres Arbeitsbereiches. In einem Qualitätszirkel werden auf diese Weise Lösungen erarbeitet, Verbesserungsvorschläge verwirklicht und die dabei erzielten Ergebnisse erneut kontrolliert. Dies geschieht alles mit dem Ziel, die Arbeit effektiver und qualitativ besser als bisher zu erfüllen.

Ein Qualitätszirkel hat jedoch nur Erfolg, wenn es dadurch gelingt, die Mitarbeiter zur Suche nach Innovationen und neuen Lösungsvorschlägen zu motivieren, und diese dann auch umgesetzt werden können.

Welche Risiken und Gefahren beinhaltet ein Qualitätszirkel?

- Ein Qualitätszirkel gerät dann zum Mißerfolg, wenn die Mitarbeiter hausgemachte Probleme nicht wirklich lösen und Veränderungen nicht verwirklichen wollen.
- Ohne eine klare ***Zielsetzung*** kann ein Qualitätszirkel leicht zum Selbstzweck werden. Er endet dann schnell als Kaffeekränzchen, das einigen Mitarbeitern zwar die Gelegenheit für einen netten Plausch bietet und somit die ***interne Kommunikation*** fördert, aber mehr auch nicht bewegt.

Literaturtip

Simon, Walter: Die neue Qualität der Qualität, Offenbach 1996

Rationalisierung

Was ist Rationalisierung?

Rationalisierung bezeichnet die Summe aller Maßnahmen, die helfen, Zustände und Abläufe in einem Unternehmen zu verbessern. Rationalisierende Maßnahmen sollen nicht nur den Unternehmenserfolg in Form eines erhöhten Bilanzgewinns herbeiführen, wie dies heute oft fälschlicherweise angenommen wird. Das Ziel von Rationalisierung besteht vielmehr darin, Unternehmensziele sicherer und mit vermindertem Aufwand zu erreichen. Dies gilt nicht nur für Unternehmen aus dem Produktionsbereich, sondern auch für Dienstleistungsunternehmen, die sich nicht mit der Herstellung von Waren beschäftigen.

Die Feststellung des Rationalisierungspotentials beginnt mit dem Vergleich der Markt- und ***Konkurrenz***situation (***Benchmarking***). Das Ergebnis wird dann einer Bewertung unterzogen, die nach verschiedenen Kriterien erfolgen kann. Die Bewertungsmaßstäbe sollen zu vergleichenden Maßzahlen und zur Bildung von Prioritäten führen.

Darauf können dann in der folgenden Phase schwerpunktmäßig geordnete Maßnahmepläne für den Einsatz von Mitarbeitern entwickelt werden. Die Einleitung der nun folgenden Schritte sollte mit allen verantwortlichen Mitarbeitern diskutiert werden. Die Gründe und Ziele der Rationalisierung müssen allen Mitarbeitern transparent gemacht werden, um Überraschungseffekten und Ängsten vorzubeugen. Womöglich können Verbesserungsvorschläge von seiten der Mitarbeiter in den Rationalisierungsprozeß eingebaut werden. Damit läßt sich eine bessere Identifikation der Mitarbeiter mit den geplanten Maßnahmen erreichen (***Mitarbeiterbefragung***, ***Mitarbeiterbeteiligung***, ***Veränderung***).

Neben der Organisation müssen aber auch alle anderen Abläufe innerhalb des Betriebes einer Neuordnung unterzogen werden. Als Beispiele wären hierfür etwa ***Planung*** und Überwachung, Fertigung, Lagerung und Verteilung von Gütern zu nennen.

Von besonderer Bedeutung ist die realistische Einordnung der neuzeitlichen Verfahren und Werkzeuge der Informations- und Entscheidungstechnik, aber auch der Handhabungstechnik und Automation. Häufig bringen die erforderlichen Vorbereitungen zur Einführung solcher modernen Technik bereits einen wesentlichen Beitrag zur Rationalisierung mit sich (***neue Technologien***).

Was bedeutet Rationalisierung für die Führung?

Rationalisierungen zwingen das Unternehmen dazu, seine Arbeits- und Organisationsabläufe einer ständigen Prüfung zu unterziehen. Alte Gewohnheiten werden beseitigt, das Unternehmen wird flexibler und leistungsfähiger (***Change Management***, ***lernende Organisation***). Außerdem kommen ***neue Technologien*** zum Einsatz, die sich besonders positiv auf die Qualität (***Total Quality Management***) auswirken und dem einzelnen spürbare Erleichterungen bringen können.

Rationalisierungsmaßnahmen zielen darauf ab, daß

- Unternehmensziele schnell an geänderte Voraussetzungen angepaßt werden.
- die Funktionen von Führung und Verwaltung gestrafft werden.
- marktgerechte Erzeugnisse entwickelt und die zu ihrer Herstellung benötigten Verfahren und Arbeitssysteme eingeführt werden.
- Produkte, Arbeitssysteme und begleitende Dokumente vereinfacht werden.
- Qualitätsforderungen und -prüfungen an neue Möglichkeiten angepaßt werden.
- Produktivität und Leistungen der Systeme optimiert werden.
- Datenerfassung und -sicherung, Informationsverarbeitung und Kommunikations- und Entscheidungsvorgänge verbessert werden.
- Fehlleistungen nach Möglichkeit vermieden werden.

- Leistungsbereitschaft und die Identifikation der Mitarbeiter mit der Gesamtleistung des Unternehmens verbessert werden.

Rationalisierungsziele ergeben sich normalerweise aus der ***Konkurrenz***situation eines Unternehmens. Aber auch Häufungen von Managementfehlern oder Abweichungen vom Unternehmenszweck können Rationalisierungsmaßnahmen notwendig machen.

Eine wichtige Grundlage für Rationalisierungsmaßnahmen besteht im Überdenken und Neudefinieren der Unternehmensaufgabe. Mit dieser verbunden ist die Beschreibung, das Bewerten und Ordnen der damit verknüpften langfristigen Ziele (***Zielsetzung***). Durch diese Vorgaben können sich die Mitarbeiter leichter mit dem Unternehmen identifizieren. Außerdem sind die Vorgaben notwendig, um die angestrebten Erfolge meßbar zu machen. Das oberste Gebot bei allen festgelegten Bedingungen und den daraus sich ergebenden Handlungen sollte sein, daß sie sich ausschließlich am Erfolg orientieren.

Zu den vordringlichen rationalisierenden Maßnahmen gehört die Einführung neuzeitlicher Führungsorganisation. Die organisatorischen Abläufe müssen in den Unternehmen neu durchdacht werden.

Diese Abläufe zeichneten sich bisher durch eine klare ***Delegation*** der Urteils- und Entscheidungsfindung auf die Ebenen der bestqualifizierten Spezialisten aus. Die funktionale oder divisionale Aufgabenteilung weist bislang eine klare ***Autoritäts***- und Verantwortungsabgrenzung auf.

Durch eine Einführung neuer Führungsformen, beispielsweise des ***Lean Managements*** oder des ***organischen Managements***, und der damit verbundenen Delegation von Verantwortung auch auf niedrigere ***Hierarchie***stufen wird nicht nur die Unternehmensspitze von Detailarbeit entlastet, sondern das unternehmerische Denken und Handeln der Mitarbeiter gefördert (***Empowerment***, ***Selbstverantwortung***). Durch diese kontrollierte Selbständigkeit der Mitarbeiter werden Kreativität und Einsatzfreude sowie die Leistungsbereitschaft und die Beziehungen zwischen den Mitarbeitern in aller Regel positiv beeinflußt (***Motivation***, ***Betriebsklima***).

Diese grundlegenden Maßnahmen werden von der ständigen Beobachtung der Marktentwicklung und technischen Neuerungen begleitet. Sie sichern damit die entsprechende Anpassung des Unternehmens an seine geschäftsrelevante Umwelt. Ein Unternehmen muß sich in diesem Zusammenhang auch an den anfallenden Kosten und den zu erwartenden Erträgen orientieren. Dieses Verhältnis muß möglichst günstig gestaltet werden.

Welche Risiken und Gefahren beinhaltet Rationalisierung?

Rationalisierung wird häufig mit dem Schreckgespenst des ***Personalabbau***s gleichgesetzt. Diese Assoziation hat es besonders für die Arbeitnehmerseite zum Reizwort gemacht (***Vorruhestand***).

Tip

Gehen Sie offen mit anstehenden Rationalisierungsmaßnahmen um und praktizieren Sie eine Politik der Transparenz. So können Sie viel Unruhe aus dem Unternehmen heraushalten.

Reengineering

Was ist Reengineering?

Reengineering ist zu einem Synonym für die radikale Veränderung der Organisation eines Unternehmens geworden (***Change Management***). Das Konzept des Reengineering geht von einer fundamentalen und strukturübergreifenden Umgestaltung des Unternehmens oder wesentlicher Unternehmensprozesse aus. Radikal ist das Konzept deshalb, weil Reengineering in kleinen, vorsichtigen Schritten nicht möglich ist (***Kaizen)***.

Reengineering kümmert sich nicht um die im Unternehmen bestehenden eingespielten Verhältnisse. Es wird auch nicht durch bestehende Methoden oder Abteilungengrenzen eingeschränkt. Im Grunde muß beim Reengineering die Frage gestellt werden: »Wie würden wir das Unternehmen führen, wenn wir es neu gründeten?« Um diese Vision in die Praxis umzusetzen, sind meist drastische Maßnahmen nötig (***visionäres Management***).

In herkömmlichen Unternehmen wird unter Arbeit nach wie vor die Abfolge eng definierter Aufgaben verstanden. Mitarbeiter sind in Abteilungen zusammengefaßt, die unter der Führung von Abteilungsleitern stehen. Die Entscheidungsprozesse sind in dieser ***Hierarchie*** streng von oben nach unten geregelt.

Reengineering geht hingegen von einer vollkommen anderen Sichtweise aus: Es betrachtet die grundlegenden Prozesse in einem Unternehmen funktionsübergreifend. Reengineering betrifft immer einen gesamten Geschäftsprozeß unter Berücksichtigung aller damit verbundenen Abläufe. Bei der Neuausrichtung der Geschäftsabläufe wird dabei keine Rücksicht auf bestehende Abteilungen, Aufgaben- und Kompetenzverteilungen oder ***Macht***verhältnisse genommen. Das Ziel von Reengineering besteht darin, sämtliche Prozesse zu integrieren und eine neue und in sich geschlossene Lösung zu finden.

Was bedeutet Reengineering für die Führung?

Ein entscheidender Erfolgsfaktor bei der Durchführung von Reengineerings-Maßnahmen ist, daß die Unternehmensführung eine echte Vision für die Umgestaltung des Unternehmens entwickelt hat. Da Reengineering darüber hinaus funktionsübergreifend ist, muß es von Personen vorangetrieben werden, die genügend Fachkompetenz besitzen, um einen Prozeß vollkommen überblicken zu können. Der Unternehmensleiter sollte im Falle eines Reengineerings ein Kernteam einrichten, das unter seiner Führung steht und dem die Leiter der einzelnen Funktionsbereiche angehören.

Ein gut durchgeführtes Reengineering kann Geschwindigkeit, Produktivität und Rentabilität beträchtlich verbessern. Manche Stimmen behaupten sogar, Reengineering könnte Leitungssteigerungen bis um das Zehnfache bewirken.

Reengineering kann zur Durchführung einer fundamentalen und vollständigen Überprüfung der Strategie, der Struktur und der Geschäftsabläufe verwendet werden. Zu den erreichten Veränderungen gehören oft die Konzentration auf Kernkompetenzen, eine Verringerung der Managementebenen (***Lean Management***) und die Gründung multidisiziplinärer Teams. Diesen fällt die Aufgabe zu, Leerläufe und doppelte Arbeitsgänge aus dem System zu eliminieren.

Welche Risiken und Gefahren beinhaltet Reengineering?

- Reengineering läßt sich nicht detailliert planen und in kleinen behutsamen Schritten durchführen. Meist muß eine weitreichende Entscheidung gefällt werden. Der Ausgang des Unternehmens ist dabei jedoch häufig ungewiß. Aus diesem Grund kann Reengineering ein sehr riskantes Unterfangen sein. Es lohnt sich nur dann, wenn im Unternehmen wirklich Handlungsbedarf besteht.
- Viele Unternehmen erzielen keine guten Ergebnisse durch Reengineering, weil sie es versäumen, den Prozeß genau zu durchdenken. Außerdem

gelingt es ihnen oft nicht, das Engagement der Mitarbeiter zu gewinnen. Manchmal versagen aber auch einfach die beratenden Instanzen.

Tip

Reengineering eignet sich nicht für eine Anwendung auf einzelne Funktionen. Führen Sie ein Reengineering nur dann durch, wenn grundlegende Prozesse des Unternehmens aus einer funktionsübergreifenden Perspektive betrachtet werden sollen.

Reifegrad des Mitarbeiters

Wie sieht das Modell aus?

Das Modell basiert auf der Gaußschen Glockenkurve. Auf der x-Achse ist die Aufgabenorientierung und auf der y-Achse die Mitarbeiterorientierung abgebildet.

Der Reifegrad des Mitarbeiters ist der Schlüssel dazu, welcher ***Führungsstil*** angewendet werden kann. Je reifer ein Mitarbeiter ist, desto eher kann man die Prinzipien des Laissez-faire anwenden. Je unreifer der Mitarbeiter ist, desto eher muß man sich des patriarchalischen oder autoritären Führungsstils bedienen.

Man sollte bei der Auswahl des geeigneten Führungsstils zwei Dinge beachten:

- Einen Mitarbeiter mit hohem Reifegrad sollte man nicht unterfordern. Nimmt man ihm Verantwortung weg oder enthält sie ihm vor, so gibt man ihm das Gefühl, ihn nicht ernst zu nehmen.
- Einen Mitarbeiter mit niedrigem Reifegrad hingegen sollte man nicht dadurch überfordern, daß man ihm zuviel Verantwortung übergibt.

In beiden Fällen wird die ***Motivation*** des Mitarbeiters rapide absinken.

Ein durchschnittlicher Mitarbeiter besitzt auch eine durchschnittliche Reife. Deshalb sollte sich eine Führungskraft in den meisten Fällen am Durchschnitt orientieren. Das bedeutet die Anwendung kooperativer und partizipativer Führungsprinzipien.

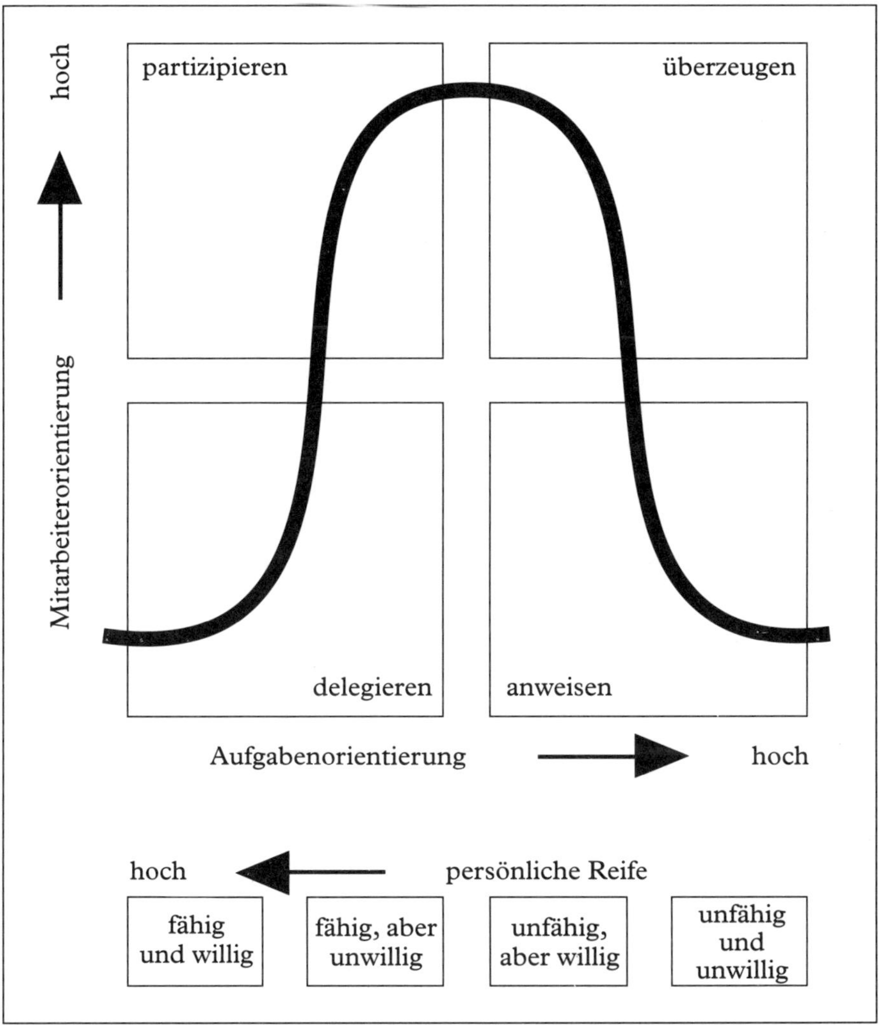

In welchen Situationen ist das Modell hilfreich?

Das Modell ist in allen Führungssituationen zu beachten. Die Führungskraft sollte sich darüber im klaren sein, mit welchen Mitarbeitern sie es zu tun hat. Sie muß auf dieser Basis entscheiden, ob ***Anweisung*** oder ***Delegation*** fruchtbar ist, oder ob sie autoritär oder partizipativ mit dem Mitarbeiter umgeht.

Mitarbeiterentwicklung und ***Personalauswahl*** sollten sich an den angewendeten Führungsstilen orientieren, um Auseinandersetzungen und Fehler zu vermeiden.

Schichtentheorie

Wie sieht das Modell aus?

Das wohl älteste und geläufigste Modell, den Menschen zu erklären, ist die Schichtentheorie. Danach besteht der Mensch aus drei Schichten: Geist, Gefühl und Trieb.

»Geistreich, gefühlvoll oder triebbezogen?« lautet die Kernfrage, die wir uns in unserer Kultur am liebsten mit »geistreich!« beantworten. Diese Antwort stimmt jedoch nur selten. In der Regel dominieren nämlich immer die Beziehungskonflikte den Ausgang eines Sachkonfliktes. Stimmt die emotionale Chemie, stimmt auch die sachliche Zusammenarbeit. Der Trieb, der sich im sozialen Leben als ***Macht***wille äußert, unterliegt einem starken Tabu.

Die drei Schichten sind eng miteinander verbunden. Keine von ihnen ist denkbar unter völliger Ausschaltung nur einer der anderen beiden.

Wann ist das Modell hilfreich?

Führungskräfte sollten in keiner Situation vergessen, daß ihre Mitarbeiter Menschen sind, also gefühlsbetonte Wesen, die zugleich intellektuelle und körperliche Ansprüche haben. Alle drei Bereiche sind in der Arbeitsorganisation zu berücksichtigen, sei es durch die Gestaltung des ***Arbeitsplatzes*** oder die ***Stellenbeschreibung***.

Im Bereich Kundenkontakt gehört das Schichtenmodell mittlerweile zum Standardwissen und wird hier sogar aktiv genutzt: »Kunden kaufen kein Produkt, sondern ein Gefühl. Das Produkt gibt es gratis dazu.« In der Führung aber wird derlei nur ungern vernommen. Schließlich wollen die meisten Führungskräfte Mitarbeiter, die nach rationalen Gesetzen »funktionieren«.

Der ***Führungsstil*** ist allgemein zu selten von ***emotionaler Intelligenz*** geprägt. Im innerbetrieblichen Etikettenschwindel werden Beziehungskonflikte als Sachkonflikte deklariert und persönliche Sympathien in geschäftlichen Partnerschaften versteckt. Die tabuisierten Triebe schließlich werden auf körperliche Bedürfnisse reduziert und in Wasch- und Sozialräumen, in Kantinen und Toiletten jenseits der Arbeitswelt gebündelt. Der ***Macht***wille, der bislang in strengen ***Hierarchien*** kanalisiert war, äußert sich in heimlichem Platzhirsch-Gebahren bei der modernen ***Teamarbeit***, wird aber nur selten positiv bewertet oder aktiv genutzt.

Schlüsselqualifikation

Was ist eine Schlüsselqualifikation?

Unter Schlüsselqualifikationen versteht man im allgemeinen grundlegende Fähigkeiten, Begabungen und Neigungen, die weit über die fachliche Ebene hinausgehen. Diese Qualifikationen eignen sich für die Bewältigung der Anforderungen einer großen Zahl von beruflichen und gesellschaftlichen Positionen und Funktionen. Zu den Schlüsselqualifikationen zählen beispielsweise Kommunikationsfähigkeit, Problemlösungsfähigkeit, Entscheidungsfähigkeit und Kreativität.

Sie sind für das Arbeitsleben zwar wichtig, werden aber während der beruflichen Ausbildung nach wie vor nur am Rande vermittelt – wenn überhaupt! Anders ausgedrückt: Schlüsselqualifikationen sind die Fähigkeiten, die uns erlauben, über den Tellerrand hinauszuschauen, Zusammenhänge richtig einzuschätzen, bestimmte Situationen zu erkennen und zu bewerten sowie interdisziplinär zu denken.

Ein begnadeter Erfinder muß beispielsweise nicht notwendigerweise auch ein erfolgreicher Projektleiter sein. Wenn ihm die Fähigkeit zur ***Teamarbeit*** fehlt, dann wird er selbst als Leiter einer Arbeitsgruppe seine Erfindungen nur schwer in die Praxis umsetzen können. Besitzt er aber die Fähigkeit zur ***Delegation***, so kann er die Umsetzung seiner Entwürfe an einen geeigneten Projektleiter abgeben und seine Ideen auf diese Weise doch realisieren.

Schlüsselqualifikationen wie das Kommunizieren, das Kooperieren und Delegieren, selbstgesteuertes Lernen oder auch das Führen von Mitarbeitern (***Führungskompetenz***) sind Qualifikationen, die in der Arbeitswelt unbedingt notwendig sind. Deshalb ist es wichtig, daß man sie im Berufsleben lernt, beispielsweise in Form von speziellen ***Trainings***- oder ***Weiterbildungs***maßnahmen (***Mitarbeiterentwicklung***, ***Organisationsentwicklung***, ***lernende Organisation***).

Was bedeuten Schlüsselqualifikation für die Führung?

Schlüsselqualifikationen können dem einzelnen Arbeitnehmer die Bewältigung vieler Aufgaben erleichtern. Deshalb sollte jede Führungskraft die Schlüsselqualifikationen ihrer Mitarbeiter und deren Position kennen, um sie entsprechend ihrer Fähigkeiten optimal einsetzen zu können. ***Soziale Kompetenz*** und Kommunikationsfähigkeit helfen beispielsweise beim

Umgang mit anderen Mitarbeitern und sind deshalb für einen Teamleiter besonders wichtig (***interne Kommunikation***). Kreative Mitarbeiter eignen sich für Bereiche wie Forschung, Konzeption oder Projektleitung, systematische Mitarbeiter für Qualitätskontrolle, entscheidungsfreudige Mitarbeiter wiederum sollten weitgehend selbstbestimmt arbeiten.

Führungskräfte sollten im Umgang mit ihren Mitarbeitern – vor allem aber bei der ***Personalauswahl*** – auf folgende Aspekte achten:

- Man sollte auf die eigenen und auf die Schlüsselqualifikationen der einzelnen Mitarbeiter achten und diese analysieren.
- Die Mitarbeiter sollten ihren Schlüsselqualifikationen entsprechend eingesetzt werden.
- Man sollte sich selbst und die Mitarbeiter in den Schlüsselqualifikationen schulen, die für das Arbeitsgebiet besonders wichtig sind.

Welche Risiken beinhalten Schlüsselqualifikationen?

Die größte Gefahr ist die Überbewertung von Schlüsselqualifikationen. Daraus erwächst die Gefahr, daß inhaltliche Qualifikationen, die bei der Personalauswahl ebenfalls eine entscheidende Rolle spielen, zugunsten formaler Qualifikationsaspekte vernachlässigt werden könnten.

Literaturtip

Kaiser, Arnim: Schlüsselqualifikation in der Arbeitnehmer-Weiterbildung, Neuwied, Kriftel, Berlin 1992

Selbstbild-/Fremdbild-Analyse

Was heißt Selbstbild-/Fremdbild-Analyse?

Unter Selbstbild versteht man das Bild, das man von sich selbst hat. Fremdbild bezeichnet die Meinung, die sich andere Menschen gebildet haben (***Selbstwertgefühl***).

Die Meinung, die ein Mensch von sich selbst hat, wird nicht immer von seiner Umgebung geteilt. Oftmals schätzen einen die eigenen Freunde, Kollegen oder Mitarbeiter völlig anders ein, als man es selbst tut.

Was bedeuten Selbstbild- und Fremdbild für die Führung?

Unterscheiden sich Selbst- und Fremdbild zu stark voneinander, können sehr leicht Mißverständnisse entstehen, da beide Parteien von unterschiedlichen Voraussetzungen ausgehen.

- *Selbstbild:* Untersuchungen ergeben immer wieder, daß der größte Teil der Vorgesetzten meint, die eigene Führungsaufgabe gegenüber den Mitarbeitern vorbildlich zu lösen. Die Führungskräfte bekunden auf Nachfragen, gute Fähigkeiten zu loben. In bezug auf ***Kontrolle***, den Umgang mit ***Fehlern***, Teamfähigkeit, Einbeziehen von Mitarbeitern, Kritikfähigkeit, ***Motivations***fähigkeit, Unterstützung und ***Vorbild***funktion halten sich die Manager für erfolgreich. Alle Führungskräfte sind im wesentlichen mit sich selbst zufrieden.
- *Fremdbild:* Die meisten Mitarbeiter wollen ihren Vorgesetzten jedoch diese gute Ausführung ihrer Führungsrolle nicht bescheinigen. Bei Untersuchungen kommen die jeweiligen Führungskräfte in der Einschätzung ihrer Mitarbeiter in allen Bereichen ziemlich schlecht weg. So fühlen sich die meisten Mitarbeiter nicht ausreichend anerkannt. In den Augen der Mitarbeiter fehlen den Vorgesetzten vor allem menschliche Komponenten, zum Beispiel ***emotionale Intelligenz***.

Solche Mißverständnisse können sich in der Führung gefährlich auswirken. Die meisten Führungskräfte beispielsweise halten sich selbst für einen ausgesprochen guten Chef; von ihren Mitarbeitern hingegen werden sie keineswegs so euphorisch beurteilt. Durch die fehlende Selbstkritik verlieren die Vorgesetzten den Kontakt zu ihren Mitarbeitern, leiden unter Prestige- und Autoritätsverlust und werden auf lange Sicht nicht mehr als Führungskräfte akzeptiert. Jenseits der formalen Hierarchien bilden sich informelle Hierarchien aus. In Konkurrenz zu den eigentlichen Führungskräften erscheinen plötzlich nicht autorisierte Führungspersönlichkeiten. In Extremfällen kann beispielsweise der Betriebsrat zur eigentlichen Geschäftsführung werden.

Die häufige Selbstüberschätzung der Führungskräfte ist nicht ungefährlich, denn die eigene Wunschphantasie kann keine wirkungsvolle Basis für realistische Führungsentscheidungen sein. Die Selbstbild-/Fremdbild-Analyse dient demnach nicht allein zur Überprüfung des eigenen Weltbildes und zur realistischen Einschätzung der betrieblichen Führungssituation, sondern ist auch Grundlage für die Definition eines wirkungsvollen Führungs-Sollbildes. Anhand des ermittelten Fremdbildes kann eine Führungskraft die angemessene und richtige Führungsrolle definieren und das eigene Verhalten den Bedürfnissen und Erwartungen der Mitarbeiter anpassen. Aus der Definition der Rolle als Führungskraft folgt wiederum der jeweilige ***Führungsstil***.

Ziel einer exakten Selbstbild-/Fremdbild-Analyse in der Führung ist eine kritische und ehrliche Analyse der erwarteten Rolle, der eigenen Rollenwünsche und der gelebten Realität. Eine solche Analyse kann dazu beitragen, die eigene individuelle und realistische Rolle als Führungskraft erst einmal präzise zu definieren und dann auch einzunehmen. Zielgerichtete Veränderung, erfolgreiche Führung, eine Erweiterung der ***Führungskompetenz***, ***Motivation*** der Mitarbeiter durch ***Persönlichkeit***, Akzeptanz der Führungskraft als ***Vorbild*** – das alles kann eine ehrliche Selbstbild-/Fremdbild-Analyse bewirken.

Wie funktioniert die Selbstbild-/Fremdbild-Analyse?

Für eine Selbstbild-/Fremdbild-Analyse erarbeitet die Führungskraft am besten einen Fragebogen, in dem alle Eigenschaften, die zu einem guten Vorgesetzten gehören, aufgelistet sind. Zu diesen Eigenschaften gehören zum Beispiel ***Führungsstil***, ***soziale Kompetenz*** und ***Führungskompetenz*** oder auch die Fähigkeit zur ***Delegation***.

Die Führungskraft bewertet nun anhand einer Skala, beispielsweise von eins bis zehn, sich erst einmal selbst. Anschließend beurteilen die Mitarbeiter den Vorgesetzten anhand des gleichen Fragebogens. Aus ihren Antworten läßt sich nun die zweite Kurve erstellen: das Fremdbildprofil. Im Idealfall würden sich die Bewertungen decken.

Da der Idealfall allerdings recht unwahrscheinlich ist, kann die Führungskraft nach der Analyse genau die Punkte erkennen, an denen ihre und die Einschätzung ihrer Mitarbeiter auseinandergehen. Hier gilt es, einzuhaken und die eigene Führungskompetenz in diesen Punkten zu verbessern. Zusätzliche Informationen darüber, wie die Mitarbeiter ihren Vorgesetzten sehen, bringt ein ***Feedback-Gespräch***.

Eine Selbstbild-/Fremdbild-Analyse setzt voraus, daß alle Beteiligten sich offen und ehrlich verhalten. Nur dann ist es sinnvoll, sie in regelmäßigen Abständen durchzuführen. Besonders wichtig ist die Selbstbild-/Fremdbild-Analyse in folgenden Situationen:

- kurze Zeit, nachdem man eine Führungsposition neu eingenommen hat,
- kurze Zeit, nachdem man neue Mitarbeiter eingestellt hat,
- wenn über einen langen Zeitraum keine Veränderung stattgefunden hat und Führung zur Routine verkommt.

Fremdbild / Wie andere mich sehen

Selbstbild / Wie ich mich selbst sehe

positiv	3	2	1	0	1	2	3	negativ
freundlich								verbittert
optimistisch								pessimistisch
sicher								unsicher
kreativ								nachahmend
humorvoll								humorlos
fleißig								faul
aktiv								passiv
kontaktfreudig								kontaktarm
hilfsbereit								egoistisch
sympathisch								unsympathisch
kompromißbereit								kompromißlos
sparsam								verschwenderisch
vorsichtig								leichtsinnig
verbindlich								gefühlskalt
verschwiegen								geschwätzig
zuverlässig								unzuverlässig
kooperativ								selbstherrlich
ehrgeizig								gleichgültig
sachlich								unsachlich
natürlich								unnatürlich
Stimme betonend								monoton
Tempo ruhig								hastig
rhythmisch								abgehackt
mit Pausen								ohne Pausen
keine Füller								Füller
kurz, klar								lang, verschachtelt
verständlich								unverständlich
oberes Emotionsniveau								unteres Emotionsniveau
Jeder Mensch versteht sich von seinen Zielen her, die er unbewußt oft als erfüllt betrachtet. Reaktionen unserer Umwelt zeigen uns, wie wir erlebt werden und - wie wir sind.								
extrovertiert								introvertiert

3 = sehr stark ausgeprägt
2 = stark ausgeprägt
1 = ausgeprägt
0 = weder noch (neutral)

Markieren Sie diesen Bogen so (•)

Welche Risiken und Gefahren beinhaltet die Durchführung einer Selbstbild-/Fremdbild-Analyse?

Die Führungskräfte »schummeln« bei der Bewertung der eigenen Fähigkeiten und beschönigen ihre Antworten. Damit fehlt die Grundlage, auf der ein echtes Umdenken stattfinden könnte.

Mitarbeiter, die sich abhängig von den Vorgesetzten fühlen, weil sie zum Beispiel Angst um ihren Arbeitsplatz haben, trauen sich gar nicht, den Vorgesetzten ehrlich zu beurteilen.

Führungskräfte wollen der Wahrheit nicht ins Gesicht sehen. Sie bezeichnen die Aussagen ihrer Mitarbeiter einfach als unqualifiziert. Klaffen die Antworten zu weit auseinander, und akzeptiert die Führungskraft diese Divergenz nicht, so kann es außerdem leicht zu Konflikten kommen.

Tip

Die zukünftige Rolle einer Führungskraft wird immer mehr vom Dienstleistungsgedanken bestimmt (***Dienstleistung in der Führung***, ***organisches Management***). Um dieser Rolle gerecht werden zu können, müssen Sie genau wissen, wie Ihre Mitarbeiter Sie wirklich erleben und betrachten. Stellen Sie sich dieser Herausforderung. Denn nur dann haben Sie dauerhafte Chancen, als Führungskraft anerkannt zu werden und erfolgreich zu sein.

Selbstverantwortung

Was ist Selbstverantwortung?

Verantwortung bedeutet, daß eine Person für etwas eigenständig zuständig ist. Das kann beispielsweise eine bestimmte Aufgabe oder auch eine andere Person sein. Verantwortung läßt sich durch drei Charakteristika beschreiben:

- sie liegt immer *bei* jemandem,
- sie wird *für* etwas übernommen,
- sie besteht *gegenüber* jemandem.

Auf das Arbeitsleben übertragen heißt das: Die Verantwortung für die Erfüllung einer Aufgabe liegt bei einem Mitarbeiter und besteht für die Erfüllung der Aufgabe. Die Verantwortung dafür, die Aufgabe zu erfüllen, hat der Mitarbeiter sowohl gegenüber sich selbst als auch gegenüber seinen Kollegen, seinem Vorgesetzten und dem gesamten Unternehmen (***organisches Management***).

Eine selbstverantwortliche Person sollte sich der Verantwortung sich selbst gegenüber sehr bewußt sein. Die Übernahme von Selbstverantwortung ist ein kreatives und schöpferisches Handeln. Sie erfolgt in drei Schritten:

1. *Die Wahl:* Der erste Schritt ist das Wählen. In bezug auf die Arbeitswelt heißt das, daß man entweder eine passive, beobachtende Rolle einnehmen kann. Man kann sich aber auch selbst als aktiven Teilnehmer und Teilhaber seines Unternehmens begreifen. Diese Wahl muß freiwillig und autonom erfolgen (***Reifegrad des Mitarbeiters***).
2. *Das Wollen:* Aus dieser Wahl heraus entwickelt sich das Wollen. Wenn man etwas will, so bedeutet das, daß man aus eigenem Antrieb heraus engagiert handelt.
3. *Das Antworten:* Der letzte Schritt der Selbstverantwortung wird als Antworten verstanden – also ein Reagieren auf die im ersten Schritt getroffene Wahl. Wer die passive, beobachtende Rolle einnimmt, antwortet mit Passivität. Wer sich als Teilnehmer seines Unternehmens begreift, wird sich aktiv daran beteiligen. Mit diesem Handeln reagiert man als Einzelperson auf die Erfordernisse seiner Ungebung und formuliert seine eigenen Ansprüche nach außen.

Was bedeutet Selbstverantwortung für die Führung?

Früher begriff man unter Verantwortung »eine abnehmbare Last, die sich leicht Gott, dem Schicksal, dem Zufall oder dem Nächsten aufbürden ließ« (Ambrose Bierce). Für die Arbeitswelt müßte man dieser Aufzählung noch den Vorgesetzten hinzufügen.

Ältere Organisationsformen wie etwa Kirche, Militär oder auch bestimmte Unternehmensformen, die einen autoritären oder patriarchalen ***Führungsstil*** aufweisen, sind von einer starken ***Hierarchie***struktur geprägt. Die Führungskraft hat die absolute ***Macht*** inne. Das ist den Mitarbeitern mitunter auch recht angenehm, weil ihnen alle Entscheidungen abgenommen werden. Die Führungskraft nennt sich in diesem Fall auch Entscheidungsträger. Darin stecken allerdings auch einige Gefahren:

- Bei einem Wegfall des obersten Entscheidungsträgers ist oftmals der Fortbestand der gesamten Organisation gefährdet (***Entscheidung***).
- Fällt der oberste Entscheidungsträger kurzfristig oder ganz aus, so brechen ***Macht***kämpfe aus, um das entstandene Machtvakuum zu füllen.
- Die Mitbestimmungsrechte der Mitarbeiter sind äußerst gering. Dies führt häufig zu ***Arbeitsunzufriedenheit*** und Unruhe.
- Die Ziele der Unternehmung werden oft nicht von allen mitgetragen. Das führt dazu, daß die Leistungen der Gemeinschaft nicht effektiv sind.
- Die Mitarbeiter freuen sich, wenn falsche Entscheidungen getroffen werden. Dies ist eine willkommene Gelegenheit, dem Vorgesetzten »eins auszuwischen«.

Das Prinzip der Selbstverantwortung stellt einen Grundpfeiler im Konzept des ***Empowerments*** dar. Selbstverantwortung geht jedoch noch weit über die Idee des Empowerments hinaus: Die Arbeit der Führungskraft ändert sich durch richtig praktizierte Selbstverantwortung radikal. Selbstverantwortung fordert einen vollkommen neuen Typus der Führungskraft (***Dienstleistung in der Führung***, ***organisches Management***).

Auch der Mitarbeiter muß anderen Anforderungen genügen als bisher (***Stellenbeschreibung***). Der Aktionsbereich jedes einzelnen Mitarbeiters wird möglichst groß gehalten und unterliegt zu hundert Prozent seiner Verantwortung. Der Mitarbeiter übernimmt ebenso Verantwortung für das gesamte Unternehmen und die Ergebnisse, die es erzielt. In manchen Unternehmen versucht man dies dadurch zu unterstützen, daß die Mitarbeiter Aktien ihrer eigenen Firma besitzen (***Mitarbeiterbeteiligung***).

Das Prinzip der Selbstverantwortung fordert darüber hinaus von jedem einzelnen, sei es der Mitarbeiter oder die Führungskraft, ein Höchstmaß an ***sozialer Kompetenz*** und ***emotionaler Intelligenz***. Ebenso wichtig wird die Fähigkeit zum ***Konfliktmanagement***, da auch die Beziehungen zu den Kollegen nicht mehr von »oben« beobachtet und gesteuert werden. Zwischen der Führungskraft und dem einzelnen Mitarbeiter müssen gemeinsame ***Zielvereinbarungen*** getroffen werden. Nur wenn das Ziel von allen Beteiligten anerkannt und mitgetragen wird, kann es optimal verwirklicht werden.

Die Führungskraft erlebt durch die Einführung des Prinzips Selbstverantwortung eine Art ***Macht***wechsel. Sie ordnet nicht mehr an, wie eine Aufgabe gemacht werden soll, sondern ist nur noch der Katalysator, der Schwung in die Dinge bringt und sie beschleunigt. Sie muß auch keine ***Motivation*** mehr vermitteln, denn die Motivation kommt nun vom Mitarbeiter selbst (***Sinnorientierung***). Die Führungskraft beschränkt sich darauf, unterstützend zu wirken (***Counselling***). ***Kontrollen*** werden als Dienstleistung von den Mitarbeitern eingefordert. Die Gesamtstruktur des Unternehmens wird schlanker (***Lean Management***), weil die Abteilungen, die zur Organisation der betrieblichen Abläufe eingerichtet wurden, wegfallen. Jeder einzelne Mitarbeiter steuert sich selbst – und somit auch das Unternehmen insgesamt.

Die ***Delegation*** von Verantwortung an Mitarbeiter stellt dabei eine spürbare Entlastung der Führungskraft dar. Sie kann sich dadurch besser auf die eigentlichen Führungsaufgaben – Dinge in Bewegung bringen und koordinieren – konzentrieren. Die Mitarbeiter, die ihren Aufgabenbereich in Selbstverantwortung bearbeiten, haben eine höhere ***Motivation***, sind leistungsfähiger und leistungsbereiter. Darüber hinaus fördert Selbstverantwortung die Kreativität des einzelnen. Sie führt dazu, daß Verbesserungen innerhalb eines Betriebs nicht die Ausnahme, sondern die Regel werden (***Organisationsentwicklung***, ***Vorschlagswesen***). Durch die Eigenverantwortlichkeit jedes Mitarbeiters wird jeder von ihnen zu einem Einzelunternehmer im betrieblichen Rahmen. Dies kann genutzt werden, um die ***interne Kundenorientierung*** sowie die ***Dienstleistungsorientierung*** zu optimieren.

Welche Risiken und Gefahren beinhaltet Selbstverantwortung?

Durch die intensive Beschäftigung mit der eigenen Arbeit kann der Blick fürs Ganze verloren gehen. Der Mitarbeiter kümmert sich nur noch um die eigenen Aufgaben und sieht die anderen gar nicht mehr. Das führt unweigerlich zum Chaos. Aus der Selbstverantwortung kann so eine »Egoverantwortung« werden.

Ein weiteres Risiko ist, daß die ***interne Kommunikation*** ins Stocken gerät oder gar nicht mehr funktioniert, was sich negativ auf den Betriebsablauf auswirken kann.

Verantwortung ist nicht beliebig auf jeden übertragbar. Sie fordert auch von den Mitarbeitern spezifische Fähigkeiten. Viele empfinden Verantwortung eher als Last, weil dadurch Fehler auf sie zurückgeführt werden können. Durch den Wegfall autoritärer ***Kontrollen*** können sich Gewohnheiten entwickeln, die zu ***Fehlern*** führen können. Fehler können auch leicht vertuscht werden. Es besteht also ein enorm hoher Schulungsbedarf für jeden Mitarbeiter, sowohl fachlich als auch persönlich.

Andererseits kann Selbstverantwortung nicht wirklich gelernt, sondern nur unterstützt und gefördert werden. Es gibt also keine Garantie dafür, daß jeder Mitarbeiter zur Selbstverantwortung fähig ist.

Tip

Wichtigste Grundlage der Selbstverantwortung ist Vertrauen! Gewöhnen Sie sich daran, sonst haben Sie keine ruhige Nacht mehr.

Literaturtip

Sprenger, Reinhold: Das Prinzip Selbstverantwortung, Frankfurt a. M., New York 1996

Selbstwertgefühl

Was versteht man unter Selbstwertgefühl?

Das Modell des Selbstwertgefühls stammt aus der ***Transaktionanalyse***. Selbstwertgefühl nennt man auch Ich-Stärke. Wer ein hohes Selbstwertgefühl hat, zeigt ein anderes Verhalten als jemand mit niedriger Ich-Stärke.

Das Selbstwertgefühl entwickelt sich im Laufe der Jahre. Bereits in der frühesten Kindheit bildet sich ein Selbstwertblock, der durch die Erlebnisse während dieser frühen Entwicklungsphase geprägt wird. Je nach Zuwendung und Anerkennung durch die Eltern sammeln sich positive und negative Selbstwert-Erlebnisse. Die weiteren Erfahrungen in Schule, Ausbildung und Beruf prägen die Ich-Stärke ebenfalls.

Die frühesten Erfahrungen, der sogenannte »kindliche Selbstwertblock«, haben den stärksten Einfluß auf das Selbstwertgefühl. Jede spätere Erfahrung wird erst dann wirkungsvoll, wenn sie häufig wiederkehrt. Ein Mensch mit einem negativen Selbstwertblock braucht wesentlich mehr Erfolgserlebnisse als ein Mensch mit einer von Kindheit an hohen Ich-Stärke. Jeder Mensch versucht, sein Selbstwertgefühl zu stärken. Dabei ist er abhängig von der ***Beurteilung*** durch die Umwelt.

Das Selbstwertgefühl eines Menschen wird von vielen verschiedenen Faktoren ständig beeinflußt. Vor einem Streit hat ein Mensch ein anderes Selbstwertgefühl als hinterher. Mit einem sicheren Arbeitsplatz hat er ein anderes als nach jahrelanger Arbeitslosigkeit.

Allerdings wirkt sich nicht das objektive Erlebnis auf das Selbstwertgefühl aus, sondern erst die Interpretation des Ereignisses. So kann zum Beispiel der objektiv gleiche Erfolg bei zwei verschiedenen Personen zu unterschiedlicher Stärkung des Selbstwertgefühls führen. Die Aussage »Ich habe etwas geleistet« oder »Ich habe Glück gehabt« sind bezeichnend. Auch die gleiche Krankheit kann das Selbstwertgefühl in verschiedener Weise negativ beeinflussen. Das können hier beispielsweise die beiden unterschiedlichen Einschätzungen »Nicht einmal dafür reicht meine Kraft« und »Das habe ich bald überwunden« deutlich machen.

Die unterschiedliche Interpretation hängt wiederum von der ***Persönlichkeits***struktur eines Menschen ab. Im Kern läßt sich behaupten: Wer ein hohes Selbstwertgefühl hat, wird sich positive Erlebnisse eher zugute schreiben und dadurch seine Ich-Stärke noch weiter stärken. Wer dagegen nur über ein schwaches Selbstwertgefühl verfügt, wird positive Ereignisse eher dem Zufall zuschreiben und negative Erfahrungen auf das eigene Unvermögen zurückführen (***Theorie X***).

Es gibt verschiedene Merkmale, an denen man ein starkes Selbstwertgefühl erkennen kann:

- *Übereinstimmung mit dem Ideal-Ich:* Das Ideal-Ich stimmt mit dem realen Ich überein: Man ist, wie man sein soll und will.
- *Übereinstimmung mit dem Gewissen:* Das ideale Handeln stimmt mit den moralischen Geboten überein. Man tut, was man auch vor sich selbst verantworten kann.
- *Erotisch-sexuelle Befriedigung:* Die seelischen und körperlichen Liebesbeziehungen sind positiv und befriedigend. Eine stabile und ausgeglichene Partnerschaft stärkt das Selbstwertgefühl.
- *Angepaßte Aggressivität:* Der psychologische Energiehaushalt ist ausgeglichen. Das Energiepotential wird ausgeschöpft, aber nicht überfordert. Ein Verkäufer hat beispielsweise den richtigen Biß, ist dabei aber nicht lästig.
- *Erfolg:* Gesteckte Ziele werden aus eigener Kraft erreicht.
- *Wertschätzung:* Die Umgebung gibt einem ausreichend Anerkennung für die eigenen Fähigkeiten, beispielsweise durch Lob, Bewunderung, Gehaltserhöhung oder Beförderung.
- *Gesundheit:* Gesundheitlich gibt es keine Beeinträchtigung. Krankheiten werden überwunden und besiegt.

Wann ist das Modell hilfreich?

Führungskräfte sollten sich frühzeitig und immer wieder Gedanken machen, wie sie das Selbstwertgefühl ihrer Mitarbeiter stärken können.

Literaturtip

Birkenbihl, Vera: Erfolgstraining, Schaffen Sie sich Ihre Wirklichkeit selbst!, Landsberg am Lech 1997

Sinnorientierung

Was ist Sinnorientierung?

Den Begriff »Sinnorientierung« könnte man mit dem motivationstheoretischen Konzept eines »Willens zum Sinn« umschreiben. Sinn kann einen sehr starken ***Motivations***schub beim Menschen auslösen. Findet der Mensch einen Sinn in dem, was er tut, dann ist er, wenn nötig, sogar bereit, Verzicht zu leisten, Leiden auf sich zu nehmen oder sogar sein Leben zu opfern. Umgekehrt aber, wenn er keinen Sinn in dem erkennen kann, was er tut, dann ist er innerlich vollkommen gleichgültig, selbst wenn es ihm äußerlich noch so gut gehen mag.

Dem Menschen von heute fällt die Sinnorientierung im allgemeinen ziemlich schwer. Er hat zwar genug, wovon er leben kann, aber weiß kaum, wofür er leben möchte. Mit einem Wort: Er leidet an einem Gefühl der Sinnlosigkeit. Der Wohlfahrtsstaat und die Wohlfahrtsgesellschaft befriedigen praktisch alle Bedürfnisse des Menschen. Bedürfnisse werden vereinzelt durch die Konsumgesellschaft überhaupt erst erzeugt. Ein Bedürfnis des Menschen geht jedoch leer aus: das Sinnbedürfnis. Unter den herrschenden gesellschaftlichen Umständen wird es im Grunde nur frustriert.

In der sogenannten humanistischen Konzeption der Arbeitszufriedenheit stehen die spezifisch menschlichen Probleme der Daseinsbewältigung und der Lebenserfüllung im Vordergrund. Kausale Erklärungen eines menschlichen Verhaltens werden abgelehnt zugunsten eines ganzheitlichen, sinnbezogenen Verstehens. Sinnerfüllung und Selbstverwirklichung sind hier die großen Aufgaben des menschlichen Daseins. Dieses Modell baut auf der ***Bedürfnispyramide*** nach Maslow auf.

Was bedeutet Sinnorientierung für die Führung?

Bestimmte Einflüsse aus der Arbeitswelt waren bei statistischen Untersuchungen häufig mit der Beschreibung »extreme Zufriedenheit« verbunden. Man nennt sie deshalb »satisfiers«. Dabei handelt es sich um Leistungserfolg, Aufstieg, Arbeitsinhalt und Entfaltung.

Zu den sogenannten »dissatisfiers« gehören soziale Beziehungen mit Kollegen, Vorgesetzten und Untergebenen, Firmenpolitik und -organisation, Bezahlung, Arbeitsbedingungen sowie die Sicherheit des Arbeitsplatzes. Diese Hygienefaktoren waren zwar in der Lage, Unzufriedeneheit zu verhindern, aber es gelang ihnen nicht, Zufriedenheit zu schaffen.

Man kann daraus erkennen, daß Arbeitszufriedenheit und Sinnerfüllung wesentlich stärker an Erfolg und Aufstieg als an soziale Kontakte gekoppelt sind. Dieses Ergebnis soll jedoch keinesfalls als Aufforderung verstanden werden, die sozialen Momente am Arbeitsplatz zu vernachlässigen. Man kann sich diese Erkenntnisse bei der ***Motivation*** von Mitarbeitern zunutze machen.

In bezug auf die Arbeitsleistung hat man festgestellt, daß sich nur ein Sinn bezüglich der Arbeitsinhalte und Tätigkeiten in hohem Maße auf die Motivation auswirkt. Viele Mitarbeiter verstehen den Sinn von Anordnungen nicht und führen sie deshalb lustlos aus. Wenn sie jedoch den Sinn einer Aufgabe erkennen, kann man sich als Vorgesetzter lange Erklärungen und Anweisungen ersparen. Denn wenn der Mitarbeiter den Sinn einer Tätigkeit erkennt und akzeptiert, wird er eigene Kräfte entwickeln.

Sinnorientierung kann in diesem Zusammenhang gleichgesetzt werden mit Erfolgsorientierung. Diesen Effekt gilt es, bei der Personalführung zu nutzen. In modernen ***Führungsstilen*** wie dem ***organischen Management*** kommt dabei dem Sinn eine besondere Bedeutung zu (***Unternehmensphilosophie***).

In einer ganzheitlichen Sichtweise des Menschen und der Arbeitswelt müssen sowohl die Bedürfnisse nach Sinn, als auch nach Lust und ***Macht*** in gleicher Weise zufriedengestellt werden, um eine Stabilität des Organismus zu gewährleisten.

Welche Risiken und Gefahren beinhaltet Sinnorientierung?

Die Sinnorientierung galt lange Zeit als Domäne der immer noch boomenden Esoterik-Szene. Damit waren die Claims abgesteckt. Aber Sinn ist gerade heute ein viel zu kostbares Gut geworden, als daß man ihn einfach bestimmten Gruppen zur freien Verfügung überlassen dürfte.

Im Hinblick auf die Sinnorientierung werden leider auch vielfach »Pseudosinne« geschaffen. Sie können jedoch niemals der ***Motivation*** dienen, im Gegenteil: Kritische Mitarbeiter können ein solches Vorgehen leicht durchschauen, was zu einer Abnahme der ***Motivation*** bis hin zu ***Arbeitsunzufriedenheit*** oder sogar ***innerer Kündigung*** führen kann.

Literaturtip

Zoche, Hermann-Josef: Macht Erfolg Sinn? Eine neue Ethik für Unternehmer und Manager, Paderborn 1996

Frankl, Victor E.: Im Anfang war der Sinn, München, Zürich 1991

Sozialbereiche

Was sind Sozialbereiche?

Sozialbereiche sind der Teil des Unternehmens, der allen zugänglich ist und von allen genutzt wird. Dies sind zum Beispiel die Kantine, Teeküchen und Toiletten. Innerhalb eines Unternehmens stellen die Sozialbereiche einen sehr wichtigen Bereich der ***Arbeitsplatz***gestaltung dar, der jedoch leider oft unterschätzt wird.

Sozialbereiche sind die Rückzugsmöglichkeiten der Mitarbeiter innerhalb des Unternehmens. Hier kann die Kommunikation, auch über das Berufliche hinaus, geführt werden (***interne Kommunikation***). In ihnen treffen sonst räumlich getrennte Mitarbeiter sowie Mitarbeiter aus unterschiedlichen ***Hierarchie***stufen aufeinander. In Sozialräumen haben die Mitarbeiter die Chance, auch einmal die private Seite des Kollegen, Vorgesetzten oder Mitarbeiters kennenzulernen.

Was bedeuten Sozialbereiche für die Führung?

Die Sozialräume bilden einen Ort der unverbindlichen Begegnung. In ihnen können sich neue Kontakte bilden, hier kann im Gespräch mit Kollegen zwanglos über neue Ideen nachgedacht werden. Sozialräume haben deshalb einen sehr starken Einfluß auf das ***Betriebsklima***.

Als Führungskraft sollte man darauf achten, daß die Sozialbereiche regelmäßig gereinigt und die Verantwortlichkeiten während der Arbeitszeit gerecht verteilt werden. Die gemeinsame Instandhaltung und auch das gemeinsame Gestalten der Sozialräume kann den Zusammenhalt innerhalb des Unternehmens fördern und somit indirekt zum Prosperieren des Unternehmens beitragen.

Der Zustand der Sozialbereiche läßt oft Rückschlüsse auf den ***Führungsstil*** und das Umgehen der Mitarbeiter untereinander innerhalb des Unternehmens zu. Ungepflegte, vernachlässigte Sozialräume sind immer ein schlechtes Zeichen.

Die Wirkung nach außen darf im Zusammenhang mit Sozialräumen nicht unterschätzt werden. Sozialbereiche sind die Visitenkarte eines Unternehmens. Ein Besucher oder Geschäftspartner wird einen denkbar schlechten Eindruck von einem Unternehmen mitnehmen, wenn die Sozialbereiche vernächlässigt oder sogar stark verschmutzt sind.

Welche Risiken beinhaltet die Schaffung von Sozialbereichen?

Sozialbereiche bieten oft Anlaß zu Konflikten und Streitereien zwischen den Mitarbeitern. Jeder hat beispielsweise seine private Tasse und wacht eifersüchtig darüber, daß sie niemand anderes benutzt. Oder keiner fühlt sich verantwortlich dafür, das Geschirr zu spülen. Hier helfen klare Regeln und Arbeitspläne, Konfliktsituationen zu vermeiden.

Oft wird die Chance zur Begegnung in den Sozialräumen nicht genutzt. Einige Führungskräfte schaffen sich eigene, noblere Sozialbereiche an. So gibt es zum Beispiel in einigen Unternehmen getrennte Kantinen, eine für das »normale Volk« und eine für die Führungskräfte. Dies schürt den Neid auf »die da oben« und verstärkt die Polarisierung zwischen den verschiedenen ***Hierarchie***ebenen.

Viele Führungskräfte sehen die Sozialbereiche als etwas an, das die Mitarbeiter von der Arbeit abhält: »Die sollen arbeiten und nicht in der Teeküche rumhängen.«

Tip

Achten Sie darauf, daß die Sozialräume von den Mitarbeitern als Ort der Begegnung genutzt werden – und nutzen Sie sie ebenfalls. Gestalten Sie die Sozialräume so, daß man sich darin auch wohlfühlen kann, wenn möglich gemeinsam mit Ihren Mitarbeitern. Wer bei den Sozialbereichen in einem

Betrieb spart, der spart am falschen Ende. Beim ***organischen Management*** wird sogar besonderer Wert darauf gelegt, daß die Mitarbeiter in Sozialbereichen miteinander kommunizieren. Das erspart dem Unternehmen so manche Besprechung, die in der Regel sowieso viel teurer ist.

Soziale Kompetenz

Was versteht man unter sozialer Kompetenz?

Es ist nicht einfach, zu dem Begriff »soziale Kompetenz« eine verständliche, allgemein verbindliche und umfassende Definition in der einschlägigen Literatur zu finden. Das liegt daran, daß die Dimensionen der sozialen Kompetenz sich in demselben stetigen Wandel befinden, wie die gesellschaftlichen Strukturen, mit denen sie unmittelbar zusammenhängen.

Soziale Kompetenz bedeutet den Einsatz verantwortungsbewußten und selbstsicheren Handelns, um für die eigenen Bedürfnisse und Rechte einzutreten. Dabei dürfen allerdings die Rechte anderer Menschen nicht verletzt werden. Die soziale Kompetenz umfaßt drei Dimensionen:

- die Einstellung sich selbst gegenüber,
- den Bereich sozialer Umgangsweisen und Fertigkeiten,
- Komponenten, die im weitesten Sinne mit der erfolgreichen Bewältigung von Angst und Hemmungen zusammenhängen.

Soziale Kompetenz setzt sich zusammen aus:

- *Sprechkompetenz:* Sie bezeichnet die Fähigkeit, anderen verbal oder schriftlich seine Meinung und Einstellung nahe zu bringen.
- *Verhaltenskompetenz:* Sie baut im wesentlichen auf der ***emotionalen Intelligenz*** auf.
- *Gruppenkompetenz:* Sie bezeichnet die Fähigkeit, verschiedene Rollen in unterschiedlichen Situationen gut einnehmen und vertreten zu können.
- *Frustrationstoleranz:* Sie sorgt dafür, daß feindselige Reaktionen auf das eigene soziale Handeln akzeptiert werden.
- *Kontrollierte Selbstdarstellung:* Sie besteht in der Fähigkeit, den verschiedenen Rollen zu entsprechen, die man angenommen hat.
- *Wertorientierung:* Sie bezeichnet die Fähigkeit, die Pluralität der Werte auszuhalten. Das bedeutet eine ständige Kontrolle und ein Hinterfragen von Werten und Normen.

- *Lösungsorientierung:* Sie besteht in der Fähigkeit, Vergleiche anstellen zu können: »Wie haben andere Personen ähnliche Probleme gelöst? Kann ich deren Lösungen für mich nutzbar machen?«

Der ursprüngliche Ansatz, soziale Kompetenz zu definieren, hatte vor allem das Ziel, Ängste und Hemmungen abzubauen. In den siebziger Jahren wurde er ergänzt durch die Betonung der Fähigkeit, sich durchzusetzen sowie spontan und aggressiv zu sein. Heute ist man jedoch der Meinung, daß man zwar über Durchzusetzungsvermögen verfügen sollte, dies aber gegenüber kooperativer sozialer Interaktionen zurückstellen sollte. Wirkliche soziale Kompetenz erlaubt eben auch ein gelassenes Nachgeben.

Wie erlernt man soziale Kompetenz?

Fachliche Qualifikationen sind in unserer Gesellschaft heutzutage ein selbstverständliches Gut. In beruflichen Bereichen entscheidet deshalb insbesondere die soziale Kompetenz darüber, ob jemand für eine Führungsaufgabe geeignet ist oder nicht (***Führung der eigenen Person***). Sie bildet neben der Sach- und Fachkompetenz einen wichtigen Teil der ***Führungskompetenz***.

Am Anfang steht eine Bestandsaufnahme, um die eigenen Schwächen hinsichtlich der sozialen Kompetenz herauszufinden. Dazu sollte man folgende Fragen ehrlich beantworten:

- An welche Situationen erinnern Sie sich, in denen Sie Schwierigkeiten hatten?
- Gibt es Unterscheidungs- und Übereinstimmungsmerkmale mit ähnlichen Situationen?
- Welche Gefühle erlebten Sie in diesen Situationen?
- Wie, glauben Sie, werden Sie von anderen eingeschätzt? (***Selbstbild-/Fremdbild-Analyse***)
- Wie haben Sie sich tatsächlich verhalten?
- Wie haben die Beteiligten in den entsprechenden Situationen reagiert, und wie haben Sie diese Reaktionen beurteilt?
- Wie wollen Sie sich in Zukunft in den von Ihnen als schwierig erlebten Situationen verhalten?

Danach gilt es, mögliche Ursachen des Fehlverhaltens herauszufinden. Diese können beispielsweise sein:

- Fehlverhalten kann durch bestehende Erkrankungen oder Medikamenteneinnahme verstärkt werden.

- Es kann auch auf Sachzwängen beruhen. Damit sind die nicht veränderbaren Bedingungen der Umwelt gemeint.
- Normen und Werte können ebenfalls in einem hohen Maß das Verhalten prägen.
- Defizite in bezug auf Bildung und Wissen beeinflussen ebenfalls oftmals die eigenen Reaktionen.
- Fehlverhalten kann auch auf negativen Emotionen beruhen, die man aus anderen Gründen mit sich herumträgt.
- Zuletzt können sich auch Kognitionen auf das Verhalten auswirken. Darunter versteht man rationale Bewußtseinsfunktionen wie Gedanken, Überzeugungen, Vorstellungen, Befürchtungen, Erwartungen und Weltanschauungen.

Nach dieser Bilanz erfolgt das Einüben von Fertigkeiten sogenannter »härterer Kompetenzen«. Darunter versteht man Aspekte des sozialen Know-hows, beispielsweise Selbstbehauptung, Durchsetzungsvermögen oder Situationskontrolle. Dabei sind folgende Fragestellungen wichtig:
- Wie geht man mit eigenen und fremden Forderungen um?
- Wie verwirklicht man Wünsche und Bedürfnisse?
- Wie sagt man »nein«?
- Wie geht man mit Kritik um?

Welche Risiken beinhaltet soziale Kompetenz?

Ein Risiko läßt sich hauptsächlich dann feststellen, wenn die soziale Kompetenz nicht vorhanden oder nur sehr schwach entwickelt ist.

Ein weiteres Risiko besteht darin, wenn die soziale Kompetenz nicht ganzheitlich ausgerichtet ist oder nur Teilkompetenzen betont werden.

Wer nur an seiner sozialen Kompetenz arbeitet, um andere zu übervorteilen, kann sich diese Arbeit sparen – denn damit wird er keinen Erfolg haben.

Literaturtip

Goleman, Daniel: Emotionale Intelligenz, München 1997

Stellenbeschreibung

Was ist eine Stellenbeschreibung?

Mit Hilfe von Stellenbeschreibungen kann man Kompetenzen und Verantwortung festlegen, die ***Delegation*** von Aufgaben und Arbeitsverteilung klarstellen und somit Arbeitsinhalte präzise definieren.

Stellenbeschreibungen sind ein Instrument zur ***Personalauswahl***. Aus einer Stellenbeschreibung läßt sich das Anforderungsprofil ableiten, das ein Bewerber erfüllen muß. Jede Stellenausschreibung, egal ob außer- oder innerbetrieblich, wird auf der Basis einer Stellenbeschreibung konzipiert. Stellenbeschreibungen liefern außerdem die Grundlagen zur Gestaltung von Arbeitsverträgen. Auch die ***Einarbeitung*** und Eingliederung neuer Mitarbeiter ist in der Regel eng an die Stellenbeschreibung angelehnt.

Wie macht man eine Stellenbeschreibung?

Das Ziel einer Stellenbeschreibung ist es, die Stellung des Mitarbeiters in der betrieblichen Organisation zu definieren. Dazu werden in der Stellenbeschreibung die konkreten Aufgaben des Mitarbeiters beschrieben. Somit lassen sich durch die Stellenbeschreibung die Kompetenzen des Mitarbeiters klar abstecken, was insgesamt seine Selbständigkeit und Eigeninitiative bei der Arbeit fördert.

Stellenbeschreibungen sollten immer wertungsfrei, unparteiisch und rein deskriptiv sein.

Eine Stellenbeschreibung *muß* Angaben zu folgenden Punkten beinhalten:

- Stellenbezeichnung,
- Stellenbezeichnung des unmittelbaren Vorgesetzten,
- Stellenbezeichnung der direkt unterstellten Mitarbeiter,
- Stellenbezeichnung des Vertreters und der zu vertretenden Stelle,
- Beschreibung der Tätigkeiten, die der Stelleninhaber auszuführen hat,
- Angaben zu den Kompetenzen, die mit der Stelle verbunden sind.

Zusätzlich *sollten* in jeder Stellenbeschreibung folgende Informationen enthalten sein:

- Ziel der Stelle,
- Rang der Stelle,

- Führungsspanne,
- Anzahl und Funktion der indirekt unterstellten Mitarbeiter,
- fachliche Weisungsbefugnis und Personalverantwortung,
- Einzelaufträge oder Sonderaufgaben,
- technisch-organisatorische Angaben,
- Zusammenarbeit mit anderen Stellen,
- Mitarbeit in Gremien, Arbeitskreisen oder Institutionen.

Durch präzise Stellenbeschreibungen, die Aufgaben und Befugnisse des Stelleninhabers genau festlegen, lassen sich Spannungen und Kompetenzstreitereien zwischen den Mitarbeitern vermeiden. Auch ***Mitarbeitergespräche*** und Tarifverhandlungen können auf Grund von eindeutigen Stellenbeschreibungen deutlich versachlicht werden.

Mit Hilfe von klaren Stellenbeschreibungen kann außerdem die innerbetriebliche Mobilität gefördert werden. ***Mitarbeiterentwicklung*** und vernünftige Job rotation können dadurch ermöglicht werden.

Stellenbeschreibungen sind ebenfalls ein gutes Rationalisierungsmittel. Personalkosten können auf ihrer Basis besser geplant und überwacht werden. Die Verwaltungsarbeit wird vereinfacht, und die Aufgabenverteilung läßt sich leichter optimieren.

Welche Risiken und Gefahren beinhaltet eine Stellenbeschreibung?

Eine Stellenbeschreibung darf nicht zuviel zusätzlichen Arbeitsaufwand verursachen.

Mitarbeiter können sich weigern, andere Aufgaben als die in der Stellenbeschreibung vorgesehenen auszuführen. Eine Lösung wäre, vorübergehende oder gelegentliche Sonderaufgaben in die Stellenbeschreibung einzubauen.

Tip

Vermeiden Sie Doppelbotschaften, also Stellenbeschreibungen, die in sich widersprüchlich sind. Ein Niederlassungsleiter beispielsweise kann nicht dauernd im Verkaufsraum beim Kunden sein und gleichzeitig die Verwaltung erledigen.

Formulieren Sie die Stellenbeschreibung gemeinsam mit dem Mitarbeiter. Dann haben Sie die größte Chance, eine sowohl realistische wie auch verbindliche Stellenbeschreibung zu erhalten.

Siehe auch Checkliste

Literaturtip

Höhn, Dr. Reinhard: Stellenbeschreibung – aber richtig, Bad Harzburg 1977

Szenario-Technik

Was ist die Szenario-Technik?

Die Szenario-Technik gehört zu den ***Kreativitätstechniken*** und ist eine Art Handlungskonzept. Sie wurde in den sechziger Jahren entwickelt. Mit ihrer Hilfe kann man Voraussagen zu bestimmten Ereignissen in der Zukunft treffen. Dabei soll sie allerdings traditionelle Prognosemethoden nicht ersetzen, sondern ergänzen.

Wie funktioniert die Szenario-Technik?

Mit ihrer Hilfe werden potentielle Zukunftsszenarien entwickelt, beispielsweise die mögliche Entwicklung der Verkaufszahlen eines bestimmten Produktes in der Zukunft. Alle möglichen Ereignisse und Entwicklungen in diesem Feld, die sich auf eine bestimmte Zeitperiode beziehen und auf irgendeine Art miteinander verbunden sind, werden dabei mit einbezogen und bilden das Szenario. Dies können beispielsweise Werbeaktionen, jahreszeitliche Einflüsse oder die Entwicklung von Konkurrenzprodukten sein.

Die Szenario-Technik wird in vier Phasen gegliedert:

1. *Analysephase:* Die Aufgabenstellung wird entworfen und das Problem analysiert.
2. *Prognosephase:* Es werden Bandbreiten zukünftiger Entwicklungen prognostiziert, gegensätzliche, den Rahmen absteckende Szenarien ausgewählt und interpretiert. Überraschende Ereignisse werden identifiziert und Konsequenzen ermittelt.

3. *Synthesephase:* Erstellung eines neuen Szenarios unter Berücksichtigung der Ergebnisse aus der Prognosephase.
4. *Implementierungsphase:* Die Ergebnisse werden in den Planungsprozeß integriert.

Szenarien können auf vielen unterschiedlichen Betrachtungsebenen angesiedelt werden. Sie können sehr komplex, aber auch ganz einfach gehalten sein. Mit Hilfe der Szenario-Technik können sowohl quantitative als auch qualitative Prognosen erarbeitet werden.

Zur ***Visualisierung*** dienen große Papierwände, auf die Informationen ins Unreine geschrieben werden und jederzeit den Stand der Problemlösung sichtbar machen. Mit entsprechenden Markierungen können Zusammenhänge, Widersprüche und Gegenargumente gekennzeichnet werden. Solche lebenden, das heißt sich ständig verändernden Pinnwände, können nicht nur sehr gut komplexe Zusammenhänge veranschaulichen, sondern laden auch zum Ergänzen ein. Das Szenario kann dadurch ständig entworfen, verändert und neu strukturiert werden. Es ermöglicht damit immer wieder neue Entwicklungen von Lösungsansätzen, die zu der gerade dargestellten Situation passen.

Welche Risiken und Gefahren beinhaltet die Szenario-Technik?

Da nie alle Einflußfaktoren berücksichtigt werden können, kann ein Szenario auch niemals vollständig sein. Doch schon kleine Ursachen können extreme Auswirkungen hervorrufen (***Chaos Management***). Man sollte sich immer bewußt machen, daß ein Szenario nicht die Realität, sondern nur eine potentielle Möglichkeit darstellt.

Taylorismus

Was ist Taylorismus?

Unter dem Begriff Taylorismus versteht man eine wissenschaftliche Betriebsführung, die auf dem Prinzip der Arbeitsteilung aufgebaut ist. Der Ingenieur Frederick Winslow Taylor (1856-1915) gilt als der Vater dieser wissenschaftlichen Betriebsführung. Er war der erste, der das Prinzip der Arbeitsteilung einführte.

Das Taylor-System hatte, ausgehend von der traditionellen Handwerksfertigung, das Ziel, das Verhältnis zwischen Arbeitsergebnis und den dafür aufgewendeten Mitteln effizienter zu gestalten. Die Grundlage für eine Aufteilung sind Zeit- und Bewegungsstudien. Die gesamten Arbeitsvorgänge werden dabei in kleinste Einheiten unterteilt. Zerlegt man einen Produktionsvorgang auf diese Weise in kleinste Schritte, so kann man bei der Herstellung des Produktes sowohl Fehlerquellen ausschließen als auch Zeit sparen: Je kleiner die Arbeitseinheiten sind, desto einfacher und schneller lassen sie sich wiederholen. Und im optimalen Fall muß ein Arbeiter dann zu deren Bewältigung keine oder höchstens ganz geringe Denkvorgänge leisten. Die disponierende Einteilung und Koordination der Arbeiten übernehmen in Taylors Modell wenige, sogenannte »Funktionsmeister«.

Um die Arbeiter trotz der Monotonie am Arbeitsplatz zu Leistungen zu motivieren, wählte Taylor vor allem monetäre Anreize, um die subjektive Arbeitsleistung zu steigern: Ein spezielles Lohnsystem, das sich an der Leistung der Arbeiter orientierte, wurde eingeführt. Das Leistungslohnsystem funktionierte nach einem einfachen Prinzip: Höhere Stückzahlen bedeuten gleichzeitig mehr Geld.

Die möglichst effiziente Gestaltung der Arbeitsvorgänge auf der Grundlage einer festgesetzten Zeitvorgabe wirkte für die damalige Industrie geradezu revolutionierend. Ihren Durchbruch fanden Taylors Ideen erstmals in einem Automobilunternehmen: Henry Ford übertrug die Ideen des Wissenschaftlers auf die rationelle Organisation von Großbetrieben. Allerdings war in Taylors eigener Musterfabrik ein teurer und aufwendiger Überwachungsapparat zur ***Kontrolle*** nötig gewesen: Die 45 Arbeiter wurden von fast 30 Angestellten angeleitet und überwacht. Im Unterschied dazu sorgte Ford über die Arbeitsteilung hinaus auch für eine größtmögliche Mechanisierung. Er nutzte dabei erstmals das Montageband für die arbeitsteilige industrielle Massenfertigung. Das erste Ford-Automobilwerk mit Fließbandfertigung nach tayloristischen Ideen entstand 1913. Durch die Nutzung des Montagebands als Tempomacher für die Arbeiter konnte Ford auf die zusätzlichen Angestellten, die die Arbeiter nach Taylors Prinzip überwachten, verzichten. So entstand die Fließbandfertigung (***Fordismus***).

Was bedeutet Taylorismus für die Führung?

Durch die Schematisierung und Mechanisierung der individuellen Arbeitsleistung legte Taylor den Grundstein für die Massenproduktion. Bis heute liegt das Prinzip der Arbeitsteilung jeder industriellen Arbeit zugrunde.

Taylors Vorstellungen von einer »wissenschaftlichen Betriebsführung« können mit vier Prinzipien zusammengefaßt werden:

- Sämtliche Arbeitsaufgaben werden in einzelne Arbeitselemente zergliedert, mit Hilfe von Zeit- und Bewegungsstudien genauestens analysiert und auf größtmögliche Effizienz hin organisiert.
- Die Arbeitskräfte werden speziell auf ihre Tätigkeit hin ausgebildet bzw. schon entsprechend ausgewählt.
- Kopf- und Handarbeit werden strikt getrennt: Das Management übernimmt die »Kopfarbeit« (Planungs- und Überwachungsaufgaben) und die Arbeiter die »Handarbeit« (praktische Ausführung).
- Ziele des Taylorismus sind Harmonie und »herzliches Einvernehmen« zwischen Arbeitgebern und Arbeitnehmern.

Nach Taylors Vorstellungen sollten seine ***Rationalisierungs***maßnahmen beiden Seiten Vorteile bringen: Höhere Löhne für die Beschäftigten und höhere Leistungen und Gewinne für die Arbeitgeber.

Welche Gefahren birgt die Idee des Taylorismus?

Der Arbeiter entfremdet sich vom gesamten Arbeitsprozeß. Er identifiziert sich nicht mehr mit seiner Tätigkeit, verliert seine ***Motivation*** und arbeitet deshalb nicht mehr sorgfältig.

Einseitige Belastungen, sowohl physischer wie psychischer Art, gehören zu den Kennzeichen des Taylorismus: Einerseits wird die körperliche Belastung des Arbeiters durch die immer wiederkehrenden, gleichen Bewegungsformen erhöht. Andererseits wird der Arbeiter durch die minimalen Arbeitsinhalte geistig vollkommen unterfordert. Eine häufige Folge davon sind beispielsweise ***Krankheit***, fehlende Motivation trotz leistungsorientierter Bezahlung und häufige ***Fehlzeiten***.

Die Bindung des Arbeitnehmers an das Unternehmen geht verloren, was zu ***Kündigung*** und damit höherer Personalfluktuation führen kann.

Das ***Betriebsklima*** verschlechtert sich, da der Arbeiter sich weder mit seiner Arbeit noch mit dem Unternehmen identifiziert.

Teamarbeit

Was ist Teamarbeit?

Mitarbeiter und Führungskräfte waren es bislang gewöhnt, als Einzelkämpfer ihre Arbeitsaufgaben in erster Linie allein zu lösen. Ihre Leistung wurde individuell honoriert, und die innerbetriebliche Karriere war maßgeblich durch das persönliche Durchsetzungsvermögen bestimmt. Bei der Teamarbeit sollen sie dagegen auf ein gemeinsames Ergebnis hinarbeiten. Das bedeutet, daß Informationen ausgetauscht, andere unterstützt und ein gemeinsames Ziel angesteuert werden muß.

Zentral organisierte, hierarchisch gegliederte Strukturen werden zugunsten dezentraler, selbststeuernder Teams aufgegeben. Die Einführung hängt wesentlich von der Fähigkeit der Mitarbeiter und Führungskräfte ab, beim Aufbau neuer Strukturen aktiv mitzuwirken. Erst die Beteiligung der Mitarbeiter und Teamleiter bei der Einführung der Teamarbeit stellt sicher, daß diese neue Form der Arbeitsorganisation und der Zusammenarbeit im Unternehmen von allen Beteiligten akzeptiert und getragen wird. Teamarbeit erfordert in der Regel eine Veränderung der ***Unternehmenskultur***. Über die fachliche und methodische Qualifikation muß daher besonders die ***soziale Kompetenz*** ausgebaut werden, da ihr in diesem Zusammenhang eine besondere Bedeutung zukommt.

Die Qualifizierung der Mitarbeiter und Führungskräfte zur Arbeit in und mit Teams bildet daher einen wichtigen Bestandteil bei der Einführung der Teamarbeit. Durch die Qualifizierung der Mitarbeiter werden die Voraussetzungen für eine Übernahme erweiterter Handlungs- und Entscheidungskompetenzen vor Ort geschaffen. Damit wird die Grundlage für eine dezentrale, flache Organisation gelegt (***Lean Management***, ***Hierarchie***). Die breitere Qualifikation des Mitarbeiters führt zu einer höheren Flexibilität des Personaleinsatzes. Auf veränderte Anforderungen des Marktes und auf Schwankungen der Personalkapazität kann man damit schneller reagieren. Qualifizierte Mitarbeiter stärken somit die betriebliche Leistungsfähigkeit. Langfristig schafft eine zielgerichtete Entwicklung der Mitarbeiter die Grundlage für einen kontinuierlichen Anpassungsprozeß des Unternehmens an veränderte Marktbedingungen im Sinne einer ***lernenden Organisation***.

Teams sind heutzutage die grundlegenden Leistungseinheiten in den meisten Organisationen. Sie vereinigen in sich die Erfahrungen und Erkenntnisse von Menschen und damit auch Charakteren. Teams leisten wesentlich mehr als allein oder in großen Gruppen arbeitende Einzelpersonen – vor allem dann, wenn das Lösen einer Aufgabe verschiedene Fähigkeiten, Denkweisen und Erfahrungen erfordert.

Teams sind flexibel. Sie reagieren schnell auf neue Entwicklungen und geänderte Anforderungen. Wenn sich neue Informationen oder Herausforderungen ergeben, können sie ihren Ansatz schneller, genauer und effektiver anpassen als Einzelpersonen. Denn diese sind immer in ein Netz weitreichender organisatorischer Verbindungen eingebunden.

Teams werden durch folgende Charakteristika gekennzeichnet:

- Die Anzahl der Mitarbeiter ist relativ gering.
- Die Mitarbeiter eines Teams verfügen über einander ergänzende Fähigkeiten.
- Die Teammitglieder haben die Fähigkeit, die ihnen gestellten Aufgaben selbständig zu lösen und Entscheidungen zu treffen.
- Die interpersonellen Fähigkeiten wie ***Konfliktmanagemen***t, Feedback, ***interne Kommunikation*** und ***soziale Kompetenz*** sind bei den Teammitgliedern sehr gut entwickelt.
- Die Mitglieder verpflichten sich zu einer gemeinsamen Arbeitsmethode.
- Das Team ist sich seiner gemeinsamen Verantwortung und der ***Selbstverantwortung*** jedes einzelnen Mitglieds bewußt.

Bei der Teamarbeit gibt es aufeinanderfolgende Entwicklungsstufen: Arbeitsgruppen, Arbeitsteams und Hochleistungsteams. Sie zeichnen sich wie folgt aus:

- *Arbeitsgruppe:* In einer Arbeitsgruppe besteht kein Grund, die Leistung insgesamt zu steigern und somit die Entstehung eines richtigen Teams voranzutreiben. Die Mitglieder tauschen in ihrem jeweiligen Verantwortungsbereich vorrangig Informationen, Erfahrungen und Perspektiven aus. Sie treffen Entscheidungen, ohne daß der Wunsch nach einer gemeinsamen Arbeitsmethode oder einer kollektiven Verantwortung entstünde.
- *Arbeitsteam:* Ein Arbeitsteam dagegen ist eine Gruppe mit wachsendem Leistungsbedürfnis. Die Mitglieder versuchen, ihre Leistung durch gemeinsame Anstrengungen zu verbessern. Sie sind mit ergänzenden Fähigkeiten ausgestattet, haben sich dem gemeinsamen Zweck, den Teamzielen und der Arbeitsmethode verpflichtet und fühlen sich als gemeinsam verantwortlich.
- *Hochleistungsteam:* Das Hochleistungsteam ist eine Gruppierung, die alle Merkmale eines Teams aufweist, deren Mitglieder sich durch die Verpflichtung und das Engagement für die persönliche Weiterentwicklung und den persönlichen Erfolg anderer auszeichnen.

Was bedeutet Teamarbeit für die Führung?

Ein Team ist weitgehend autonom organisiert. Es ist selbst für die ***Planungs*-**arbeit, Entwicklung seiner Aufgaben sowie für Festlegung von Überwachung von Teamleistung und Qualitätsstandards verantwortlich (***Kontrolle***).

Die Funktion des Teamleiters ist vor allem die eines Koordinators und Moderators (***Moderation***). Sein ***Führungsstil*** soll eher unterstützend und teilnehmend sein als befehlend. Wenn sich die Teammitglieder nicht einig sind, so sollten sie offen über ihre Differenzen diskutieren – oder auch streiten. Konflikte sollten vom Unternehmen genutzt werden, um im Wettbewerb vorne zu bleiben. Denn es ist besser, Konflikte zu kanalisieren und eine gemeinsame Lösung zu suchen, als sie zu unterdrücken.

Wird ein Problem gelöst, so geht das Team gestärkt daraus hervor. Das bedeutet, daß man sich mit allen Widerständen solange konsequent auseinandersetzen muß, bis ein funktionsfähiges Team erreicht ist. Daraus ergibt sich die Forderung nach einer gut entwickelten Streitkultur und einem ausgeprägten Sinn für ***Konfliktmanagement***.

Ein Teamleiter kann von der Führungskraft bestimmt oder von den anderen Teammitgliedern gewählt werden. Er ist verantwortlich für die Einhaltung von Zeitplänen, Qualitäts-, Kosten- und Personalentwicklungszielen. Außerdem ist er zuständig für die Beziehungen zum übergeordneten Management, für Außenkontakte und die Zusammenarbeit mit anderen Teams. Es gibt bereits Unternehmen, in denen der Teamleiter keine Führungsfunktion innehat, sondern ausschließlich koordinierend handelt (***organisches Management***). Verschiedene Teamformen erfordern dabei verschiedene Arten der Führung:

- *Das Orchester:* Eine Form der Teamarbeit läßt sich mit einem Orchester vergleichen. Dieses besitzt eine gemeinsame ***Zielsetzung***, nämlich die erfolgreiche Aufführung eines Musikstücks. Um den Gleichklang zu gewährleisten, bedarf es eines Dirigenten. Er sorgt dafür, daß alle Teilnehmer auf einander abgestimmt miteinander arbeiten. Die verschiedenen Charaktere und Funktionen der einzelnen Mitglieder erfordern, daß der eine eher gezügelt werden muß, während der andere vielleicht der ***Motivation*** bedarf. Das Team – oder Orchester – weist eine interne ***Hierarchie*** auf. Vom Leiter wird eine ausgeprägte ***Führungskompetenz*** und ***soziale Kompetenz*** erwartet. Der Leiter – oder Dirigent – behält dabei immer das gemeinsame Ziel im Auge. Sein ***Führungsstil*** wird dadurch etwas stärker von ***Autorität*** bestimmt als bei den anderen Modellen. Diese Form der Teamarbeit erfordert ausschließlich Spezialisten – ein Geiger ist eben ein Geiger und kein Trommler. Man kann zwar einen Geiger durch einen anderen Geiger ersetzen; der Trommler wird jedoch nie in der Lage sein, die Aufgaben des Geigers zu erfüllen oder umgekehrt.

- *Das Football-Team:* Die zweite Form der Teamarbeit läßt sich mit einem American Football-Team vergleichen. Prinzipielle Rangunterschiede sind aufgehoben. Jedes Mitglied besitzt eine andere Fertigkeit und einen unterschiedlichen Charakter. Der Teamleiter hat die gleiche Aufgabe wie ein Quarterback: Er verteilt nur noch die Bälle, also die Aufgaben. Von ihm wird vor allem die Fähigkeit zur ***Moderation*** sowie eine sehr hohe ***soziale Kompetenz*** verlangt. Er muß sehr genau wissen, wer für welche Aufgabe die optimale fachliche Kompetenz besitzt. Bei dieser Form der Teamarbeit können einzelne Teammitglieder durchaus in verschiedene Rollen schlüpfen. Die Spieler können – bis auf den Quarterback – durchaus auf unterschiedlichen Positionen spielen. Das Spezialistentum ist hier nicht so ausgeprägt wie beim Orchester.
- *Das Tennis-Doppel:* Das dritte Modell der Teamarbeit läßt sich mit einem Tennisdoppel vergleichen. Es weist keinerlei ***Hierarchie***strukturen mehr auf. Voraussetzung für diese Art der Teamarbeit ist, daß sich die Mitglieder sehr gut miteinander verstehen – wie die Partner im Doppel auch. Sie sollten von ***Macht***ansprüchen und persönlichen Eitelkeiten frei sein. Ein Teamleiter ist in diesem Modell nicht mehr zu erkennen. Die fachliche und ***soziale Kompetenz*** jedes einzelnen sind hierbei sehr wichtig. Jedes Teammitglied muß außerdem über ein hohes Maß an ***Selbstverantwortung*** verfügen. Konflikte werden ohne Vermittlung direkt ausgetragen.

Welche Risiken und Gefahren beinhaltet Teamarbeit?

Teamarbeit erfordert, daß sich die Mitarbeiter im Streben nach gemeinsamen Zielen oder Werten zusammenschließen. Die Zusammenarbeit verschiedener Menschen bedeutet jedoch manchmal auch, daß der Königsweg zum Erreichen des gesteckten Zieles nicht immer gleich feststeht. Dadurch können Auseinandersetzungen oder sogar Streit entstehen.

Durch Teamarbeit wird in den Köpfen der Mitarbeiter ein Wandel in Gang gebracht, der nicht von oben angeordnet werden kann. Er muß im Rahmen einer ***Mitarbeiterentwicklungs***strategie unterstützt, begleitet und gemeinsam mit den Betroffenen entwickelt werden. Dies geschieht durch entsprechende ***Weiterbildungs***maßnahmen und ***Workshops***. Teamarbeit führt zu einer veränderten Zusammenarbeit im Unternehmen und damit zu einer Veränderung der ***Unternehmenskultur***. Das verläuft nicht immer exakt nach den Vorstellungen der Geschäftsführung. Teamarbeit geht darum auch mit einem Verlust an ***Macht*** einher.

Siehe auch Checkliste

Literaturtip

Francis, Dave/Young, Don: Mehr Erfolg im Team. Ein Trainingsprogramm, Essen-Werden 1996
Bennis, Warren/Biedermann, Patricia W.: Geniale Teams. Das Geheimnis kreativer Zusammenarbeit, Frankfurt a. M., New York 1998

Teamentwicklung

Was ist Teamentwicklung?

Die Teamentwicklung umfaßt alle Schritte, die die Zusammenarbeit und Wirksamkeit der Arbeit in einem bereits bestehenden Team verbessern (***Gruppenarbeit***, ***Teamarbeit***).

Wie funktioniert Teamentwicklung?

Teamentwicklung ist immer dann sinnvoll, wenn Menschen gemeinsam an einem Projekt arbeiten. Das Team muß dafür aus sich selbst heraus eine Veränderung fordern und einen Entwicklungsbedarf formulieren. Teamentwicklungsprozesse werden häufig von einem Moderator begleitet, der nicht zu der Gruppe gehört (***Moderation***). Er unterstützt die Gruppe in den einzelnen Phasen ihrer Entwicklung.

Zunächst gilt es, bei jedem Mitglied der Gruppe ein Bewußtsein für gruppendynamische Prozesse zu schaffen. Mögliche Probleme, die die Gruppenarbeit erschweren, müssen für jedes Mitglied klar erkennbar sein. Zu den Inhalten der Teamentwicklung gehört es beispielsweise, gemeinsame ***Zielsetzung***en in der Teamarbeit und der Teamentwicklung zu erarbeiten und die Koordination, ***interne Kommunikation*** und Arbeitsorganisation zu verbessern. Gemeinsam lassen sich auch am besten

Rollenerwartungen, Gruppennormen und Einzelverantwortlichkeiten festlegen.

Das Team wählt schließlich einen Teamsprecher als Sprachrohr für die Gruppe. Er stellt keine Führungskraft dar, sondern bleibt weiterhin ein gleichberechtigtes Gruppenmitglied.

Als konkrete Beispiele für Team***trainings*** lassen sich nennen:

- Seminare zu Techniken der Gruppenarbeit,
- gruppendynamische Seminare,
- Trainings zur gezielten Veränderung von Einstellungen und Verhaltensweisen,
- ***Qualitätszirkel***,
- ***Gesprächsführungstechniken***,
- ***Fragetechniken***,
- Outward-Bound-Programme, das sind spezielle Schulungsprogramme in der freien Natur wie Überlebenstraining in der Gruppe,
- ***Coaching*** als begleitende Maßnahme im Teamentwicklungsprozeß.

Das Führungstraining sollte als Teil des Teamtrainings betrachtet werden. Es sollte unter anderem die kritischen Fähigkeiten und Verhaltensweisen reflektieren, mit deren Hilfe die Gruppenziele realisierbar sind. Außerdem sollte es die Erwartungen der Teammitglieder an den ***Führungsstil*** enthalten, die ***interne Kommunikation*** zwischen Teamleiter und Gruppenmitgliedern zum Gegenstand machen und verbessern und damit zu einem stärkeren Vertrauen in den Teamleiter beitragen.

Zu den wichtigsten Zielsetzungen bei der Teamentwicklung zählen:

- Gemeinsame Wertvorstellungen und partnerschaftliches Verhalten im Team sollen herausgearbeitet und gefördert und Machtkämpfe verhindert werden.
- Die Kommunikation und Kompromißbereitschaft sowie soziale Sensibilität in der Gruppe sollen verbessert werden.
- Die gegenseitige Unterstützung und die Fähigkeit, sich zu beteiligen, sollen gefördert werden.
- Die Dynamik von Gruppenprozessen soll bewußt gemacht werden.
- Das Verständnis für die Rolle eines jeden Teammitglieds innerhalb der Arbeitsgruppe soll gestärkt werden, da jeder einzelne auf die Unterstützung des anderen angewiesen ist.
- Die konstruktive Handhabung von Konflikten zur Verbesserung der Zusammenarbeit soll gefördert werden (***Konfliktmanagement)***.
- Die teamübergreifende Kooperation mit anderen Arbeitsgruppen soll intensiviert werden.

- Die Anwendung von gruppenbezogenen Techniken für eine kreativere und effektivere Zusammenarbeit soll erlernt werden.

Welche Risiken und Gefahren beinhaltet Teamentwicklung?

Ein Team kann falsch eingesetzt werden, zum Beispiel in Bereichen, in denen eigentlich Einzelleistung erforderlich ist.

Siehe auch Checkliste

Literaturtip

Jay, Ros: Erfolgsgeheimnis Teambildung, Niedernhausen 1998

Theorie X

Wie sieht das Modell aus?

Theorie X und Theorie Y wurden beide von dem amerikanischen Organisationsberater McGregor in den fünfziger Jahren entwickelt. Als Theorie X wurde der auffällige Umstand bezeichnet, daß das Handeln eines Großteils des Managements von pessimistischen Überzeugungen und Einstellungen geleitet wird (***Mißerfolgskreislauf***).

Danach ist der Durchschnittsmensch von Natur aus träge, arbeitsscheu und ohne ***Ehrgeiz***. Er muß durch Belohnungsanreize und negative Sanktionen zur Arbeit angehalten werden. Er übernimmt ungern ***Verantwortung*** und will geführt werden. Führungskräfte mit einer solchen Auffassung praktizieren einen ***Führungsstil***, den McGregor kurz als »Lenkung und Kontrolle durch ***Autorität***« charakterisiert.

Dieses traditionelle Führungsverhalten mag bei hoher Arbeitslosigkeit oder einem geringen Lebensstandard wirksam sein, im allgemeinen hat es jedoch negative Auswirkungen auf die Effizienz von Organisationen. Die Folgen sind ***Leistungsmängel***, fehlendes ***Engagement***, fehlende Kreativität und ***Arbeitsunzufriedenheit***.

Tatsächlich kommt es aber laut McGregor häufig vor, daß der Mensch nicht passiv und gleichgültig den Organisationszielen gegenübersteht. Er bringt dann ***Motivation***, ***Selbstverantwortung*** und Verantwortungsbereitschaft mit. Diese Idee nannte McGregor Theorie Y. Auf ihrer Grundlage läßt sich ein Mitarbeiter durch gemeinsam vorgenommene ***Zielvereinbarung*** und ***Zielsetzung*** motivieren und lenken. Körperliche wie geistige Arbeiten sind ebenso natürlich wie Spiel und Ruhe. Die intellektuellen Potentiale des Menschen werden nach seiner Auffassung unter den Bedingungen des modernen Industriestaates nur teilweise genutzt.

Zur Begründung, warum die Theorie Y der Theorie X überlegen ist, beruft sich McGregor auf die ***Bedürfnispyramide*** von Maslow.

In welchen Situationen ist das Modell hilfreich?

Das Modell dient dazu, die Einstellungen seinen Mitarbeitern gegenüber grundsätzlich zu überprüfen. Der wesentliche Beitrag der Theorie von McGregor liegt in der Bewußtmachung von Vorurteilen, die in der Theorie X dargestellt werden. Die Übernahme dieser Theorie hat Führungskräfte dazu angeregt, Überzeugungen und Führungspraktiken zu ändern. In der Tat hat es so mancher Unternehmer, getreu dem Prinzip der »Self-fulfilling prophecy«, schließlich geschafft, seine Mitarbeiter mit der Unterstellung, sie seien sowieso antriebsarm, endgültig zu demotivieren.

Total Quality Management

Was ist Total Quality Management?

Das erklärte Ziel der Unternehmensphilosophie des Total Quality Management lautet: »Qualität für den Kunden«. Qualität ist im Total Quality Management der absolute Maßstab – egal was auch immer der Kunde den Produkten und Dienstleistungen abverlangen mag. In dieser Managementmethode, die ähnlich umfassend wie die des ***Lean Managements*** zu sehen ist, ist die Qualitätsorientierung das wichtigste Kennzeichen für die Unternehmenspolitik. Bei der ***Kundenorientierung*** gilt sie ebenfalls als Grundprinzip.

Ziel des Total Quality Managements ist es, dem Kunden die beste Qualität zu optimalen Preisen anzubieten. Dies wird zusätzlich mit einem hohen Maß an zeitlicher Zuverlässigkeit kombiniert. Damit wird die Qualität zum Ausdruck einer strengen Kosten- und ***Kundenorientierung***.

Entscheidend ist, daß Total Quality Management nur betriebsübergreifend zu realisieren ist. Als Beweis für die Notwendigkeit einer ganzheitlichen Unternehmensführung (***organisches Management***) ist das Total Quality Management besonders gut geeignet. Zu den Bausteinen des Total Quality Managements gehören Methoden wie das ***Benchmarking*** oder ***Kaizen***.

Was bedeutet Total Quality Management für die Führung?

Hinsichtlich der Qualität fordert das Total Quality Management Perfektion und das anspruchsvolle Ziel einer Null-Fehler-Quote. Beides zusammen soll im relevanten Markt zu einer »Qualitätsführerschaft« führen.

Total Quality Management kann nur funktionieren, wenn sich letztlich jeder Mitarbeiter für das Ergebnis seiner Arbeit verantwortlich fühlt und auch die Konsequenzen seiner Fehler trägt. Qualität ist in allen Produkten und Dienstleistungen zu erbringen. Sie ist Teil des Unternehmens und des Arbeitsprozesses.

Was Qualität ist, entscheidet dabei letztlich der Kunde: Die vom Kunden selbst formulierten Anforderungen an die Qualität sind zu erfüllen. Nur sie sind für ein Unternehmen von Bedeutung. Qualitätssicherung muß kundenorientiert sein und sollte als bindendes Ziel für das gesamte Unternehmen in allen Bereichen und auf allen Ebenen gelten.

Total Quality Management läßt sich als eine Einstellung beschreiben, die aus folgenden Grundüberzeugungen besteht:

- Kundenzufriedenheit ist der einzige wirkliche Maßstab für die Qualität eines Produktes.
- Jeder, der innerhalb des Unternehmens Güter oder Dienstleistungen von einem Kollegen erhält, ist Kunde dieses Kollegen und damit genauso zu behandeln wie die eigentlichen Kunden (***interne Kundenorientierung***).
- Sämtliche Mitarbeiter der Organisation müssen fortwährend in die Erfüllung sämtlicher Kundenerfordernisse eingebunden sein.
- Da der Anspruch des Kunden mit jeder gut erbrachten Leistung wächst, muß auch die Qualität kontinuierlich gesteigert werden.

Diese Grundüberzeugungen sprechen eine besondere Aufgabe des offensiven Personalmanagements an: Die Führungskräfte müssen jedem Mitarbeiter ständig vor Augen führen, daß er und seine Arbeitsleistung enorm wichtig sind. Unabhängig davon, ob Qualität an Eigeninitiative und Selbständigkeit eines Mitarbeiters oder an ein gutes Teamwork gebunden ist, gilt es, die Mitarbeiter für Qualität zu motivieren und zu überzeugen (***Motivation***).

Das Schaffen eines Qualitätsbewußtseins in Denken und Handeln zählt deshalb in einer ganzheitlichen Unternehmensführung primär auch zu den Aufgaben des ***Coachings***. Die Führungskräfte sind von den Zielen des Total Quality Managements so zu überzeugen, daß sie sich dafür selbst engagieren. Das Personalmanagement kann dabei in seiner Tätigkeit überzeugend als gutes Beispiel wirken, indem es Qualität im Denken und Handeln vorlebt.

Die zentralen Aufgaben der Führungskräfte bei Total Quality Management sind:

- unbedingte Vorbildfunktion in puncto ***Kundenorientierung***, Fehlerfreiheit der Produkte und Dienstleistungen sowie ständige Verbesserung von Prozessen und Leistungen des eigenen Arbeitsbereiches,
- Anerkennung von Leistungsfähigkeit, Leistungsbereitschaft und Innovationskraft der Mitarbeiter sowie Schaffung von Freiräumen für deren Entfaltung.

Hierfür empfehlen sich folgende Maßnahmen der Mitarbeiterführung:

- Klare Qualitätsstandards müssen gesetzt werden, z. B. null Fehler bei hundert Prozent Leistung.
- Die Qualität muß durch Prozeßsteuerungs- oder ähnliche Techniken meßbar gemacht werden.
- Die Qualität muß anhand eines Qualitätsplans zielgerichtet anvisiert werden (***Qualitätszirkel***).
- Die Qualität muß organisatorisch festgelegt werden; die Verantwortung aller Mitarbeiter eines Teams muß genau definiert sein (***Teamarbeit***).
- Qualitäts***trainings*** müssen in Form von ***Weiterbildungs***maßnahmen eingeführt werden.
- Eine ***Motivation*** zur Qualität muß erfolgen, etwa durch entsprechende Leistungsanreize (***Gehalt***, ***Leistungsmanagement***).

Welche Risiken und Gefahren beinhaltet Total Quality Management?

Qualitätskriterien müssen stets hinterfragt und die Qualitätsansprüche beständig aktualisiert werden. Passiert das nicht, wird Qualität zur leeren Worthülse. Das ständige Schielen auf die Qualität kann den Blick für die tatsächlichen Bedürfnisse des Kunden trüben. Ständiges Achten auf die

Qualität kann auch dazu führen, daß die Bedürfnisse der Mitarbeiter nicht mehr beachtet werden.

Total Quality Management erfordert eine ständige Qualitätskontrolle von außen. Dies kann dazu führen, daß die einzelnen Mitarbeiter sich auf diese Endkontrollen zu sehr verlassen und somit die Qualität letztlich aus dem Auge verlieren.

Die Forderung nach einer Fehlerquote von null Prozent verführt dazu, Fehler zu vertuschen. Besonders schlimm ist es, wenn der Kunde diese Fehler später trotzdem zu spüren bekommt.

Man sollte sich in bezug auf ein Produkt stets fragen, ob eine hundertprozentige Fehlerfreiheit tatsächlich notwendig ist. Einige Software-Programme beispielsweise wären in einer abgespeckten, weniger aufwendigen Version viel einfacher zu handhaben. Es existiert eine Faustregel, nach der achtzig Prozent einer Arbeit in zwanzig Prozent der Zeit zu schaffen sind, während für die letzten zwanzig Prozent an Qualität ganze achtzig Prozent der Zeit aufgewendet werden müssen.

Die Forderungen des Total Quality Management können nur erfüllt werden, wenn sich alle Mitarbeiter damit identifizieren.

Literaturtip

Radtke, Philipp/Wilmes, Dirk: European Quality Award, Die Kriterien des EQA umsetzen, München, Wien 1997

Training

Was ist Training?

Training ist eine ***Weiterbildungs***maßnahme, die im Rahmen der ***Mitarbeiterentwicklung*** durchgeführt wird. Training bedeutet dabei nicht die bloße Wissensvermittlung auf einem Fachgebiet wie Rhetorik oder Verkaufsverhalten. Zum Training gehören auch das Einüben und Ändern von Verhaltensweisen. Training von Führungskräften ist eine wichtige und zukunftsweisende Maßnahme für jedes Unternehmen, das ein Interesse an gut ausgebildeten und hochqualifizierten Mitarbeitern hat (***Workshops***).

Künftige Vorgesetzte werden während ihrer Ausbildung in der Lehre, der Fachschule, der Fachhochschule oder der Universität zwar fachlich auf ihre spätere Berufstätigkeit vorbereitet. Was sie dort jedoch nicht lernen, ist, andere Menschen erfolgreich zu führen oder qualifizierte Fachleute zielgerecht zu koordinieren. Ihnen fehlt das Wissen über einen adäquaten Umgang mit anderen Menschen, wie man fächerübergreifend denkt, koordiniert und strategische Zukunftsplanung betreibt.

Wie läuft ein Training ab?

Es sollten nur solche Fähigkeiten trainiert werden, die auch tatsächlich notwendig sind. Effizientes Training muß zielbezogen sein und nach dem spezifischen Bedarf ausgewählt werden. Dazu ein Beispiel: Eine Führungskraft im Innendienst, die zuständig für den Produktionsablauf ist, muß nicht notwendigerweise Verkaufsgespräche trainieren. Sie sollte eher im Zeitmanagement, in der Koordination von Arbeitsabläufen und im richtigen Umgang mit Mitarbeitern ausgebildet werden.

Nachwuchskräfte mit einem Diplom in der Tasche verfügen meist über wenig praktisches Wissen bezüglich des Alltagsgeschehens in einem Unternehmen, sie müssen in der Regel auf drei Gebieten weitergebildet werden:

- Sie müssen perfekt mit der Bürotechnologie am Arbeitsplatz umgehen können, also beispielsweise die Handhabung der unternehmenseigenen Computersysteme und -programme erlernen.
- Sie müssen die kognitiven Kompetenzen entwickeln, die es der zukünftigen Führungskraft ermöglichen, die Anforderungen ihrer Aufgabe im Gesamtzusammenhang zu bewältigen. Neben dem fachlichen Wissen geht es dabei oftmals auch um Einstellungen und Überzeugungen, die eine Führungskraft mittragen muß (***Führung der eigenen Person***).
- Die zwischenmenschlichen und kommunikativen Fähigkeiten müssen gestärkt werden. Im Umgang mit Mitarbeitern, Kollegen und Vorgesetzten, aber auch mit Lieferanten und Kunden besteht meist der größte Lernbedarf (***interne Kommunikation***, ***emotionale Intelligenz***).

Wer trainiert werden soll und vor allem was er dabei lernen soll, wird im wesentlichen von drei Faktoren bestimmt:

- von der Struktur des Unternehmens,
- von der Position der Führungskraft in diesem Unternehmen und
- von der Führungskraft selbst.

Um dem Nachwuchs optimales und effizientes Training zu ermöglichen, sollten verschiedene Faktoren genau analysiert werden und die Trainingsinhalte darauf abgestimmt werden:

- *Analyse des Unternehmens:* Wichtig sind dabei die organisationstypischen Abläufe. Daraus läßt sich ableiten, welche Kompetenzen Führungskräfte in welcher Art von Organisation benötigen. Aber auch die kurz-, mittel- und langfristigen Ziele einer Organisation spielen eine Rolle. Ebenfalls berücksichtigen muß man Änderungen im Umfeld der Organisation, beispielsweise Änderungen der gesetzlichen Rahmenbedingungen.
- *Analyse der Arbeit:* Vor allem der konkrete Arbeitsinhalt bestimmt den Trainingsbedarf von Führungskräften. Eine genaue Analyse der Tätigkeiten ist die Voraussetzung dafür, das optimale Training zusammenzustellen.
- *Analyse der Person:* Zu einer umfassenden Analyse des Trainingsbedarfs gehört auch die Analyse davon, wie der betreffende Mitarbeiter auf die Anforderungen reagiert, die seine Tätigkeiten an ihn stellen. Eine detaillierte Analyse der individuellen Stärken und Schwächen gibt Aufschluß darüber, wo gezieltes Training am ehesten ansetzen sollte.

Nachdem durch die Analyse dieser drei Faktoren der genaue Trainingsbedarf ermittelt wurde, sollte man die Lernziele präzisieren. Dabei sollte man darauf achten, diese Ziele in kurze und prägnante Worte zu fassen und dazu eine Formulierung zu wählen, die eine Erfolgskontrolle nach dem Training ermöglicht.

Bestimmung des Trainingsumfeldes

Bei der Wahl des geeigneten Trainingsstandortes kann man zwischen drei Möglichkeiten wählen: Man kann das Training unmittelbar am Arbeitsplatz durchführen, es kann in Seminarräumen direkt im Unternehmen stattfinden oder an einen externen Trainingsort verlegt werden.

- *Training am Arbeitsplatz:* Dieser Trainingsort ist dann zu empfehlen, wenn die individuelle, arbeitsspezifische Beratung einer Führungskraft im Fokus der Trainingsmaßnahme steht. Falls sich eine Führungskraft beispielsweise darüber beklagt, daß sie sich bei der Arbeit nicht konzentrieren kann, häufig abgelenkt wird oder mit der Zeit nicht auskommt, so ist es sinnvoll, wenn der Trainer direkt an den Arbeitsplatz kommt, um sich ein genaues Bild vor Ort machen zu können. Viele Fragen wird ein Trainer nämlich nur dann beantworten können, wenn er die konkreten Arbeitsbedingungen sehen und die Probleme dort direkt analysieren kann.

- *Training im Unternehmen:* Ein Training kann auch in separaten Räumen im Unternehmen selbst durchgeführt werden, wenn dort Störungen auf ein Minimum reduziert werden können. Allerdings muß sichergestellt sein, daß selbst scheinbar wichtige Angelegenheiten nicht als Störung akzeptiert werden. Die im Vordergrund stehende Kostenersparnis kann sich jedoch negativ auf das Trainingsklima und die informellen Trainingsbestandteile auswirken. So finden beispielsweise die abendlichen Gespräche an der Bar nicht statt, in denen sich die Teilnehmer eines Seminars besser kennenlernen und die Trainingsinhalte des Tages nochmals aufarbeiten können. Arbeitsplatznahe Trainingsräume eignen sich nur dann, wenn es um reine Wissensvermittlung geht, zum Beispiel neue Bestimmungen im Arbeitsrecht, Einführung einer neuen Produktnorm oder eine Computerschulung.
- *Externe Trainingsorte:* Ein solcher Trainingsort sollte möglichst fern vom Arbeitsplatz und von der heimatlichen Wohnung liegen. Er eignet sich vor allem für verhaltensorientierte Seminare und Schulungen, in denen sich die Teilnehmer untereinander sehr viel Feedback geben, um Selbstbild und Fremdbild einander anzugleichen (***Selbstbild-/Fremdbildanalyse***). Ein externer Ort ist um so empfehlenswerter, je länger eine Trainingsmaßnahme dauert und je stärker sie auf die Persönlichkeit der Führungskraft zielt.

Transfersicherung

Nicht nur das Training selbst sollte sorgfältig ausgewählt werden, denn damit allein ist es meist noch nicht getan. Darüber hinaus sollte man sicherstellen, daß nach dem Training die Bedingungen dafür geschaffen werden, das Gelernte auch anzuwenden. Egal ob neu gelernte Verhaltensweisen oder neues Datenverarbeitungsprogramm – man vergißt schnell, wenn man das Gelernte nicht aktiv praktizieren kann.

Deshalb ist es wichtig, daß auch die Führungskraft mit dem Teilnehmer des Trainingsprogramms über die Inhalte des Trainings spricht. Der Teilnehmer sollte seinem Vorgesetzten eine Zusammenfassung der gelernten Trainingsinhalte geben. Dies dient dazu, daß man gemeinsam überlegen kann, in welcher Form die Lerninhalte in der betrieblichen Praxis umgesetzt und vertieft werden können.

Dazu sollten auch Gelegenheiten geschaffen werden, in denen Konflikte, die sich aus dem Widerspruch zwischen neu erlernten Verhaltensweisen und bestehenden Einstellungen und Gewohnheiten ergeben, erkannt und bewältigt werden können. Die Übertragung des Gelernten auf die jeweilige Arbeitssituation kann auf diese Weise gewährleistet und optimiert werden. Es ist ebenfalls sinnvoll, die Ergebnisse nach einem vorher festgelegten Zeitraum erneut zu diskutieren.

Welche Risiken und Gefahren beinhaltet ein Training?

Führungskräfte können Angst haben, sich in einem Training vor den anderen Teilnehmern bloßzustellen. Sie können durch ein Training in ihrem ***Führungsstil*** verunsichert werden.

Sie empfinden ein Training nicht als praxisnah, da es mehr einer Laborsituation ähnelt. Deshalb ist ein häufigeres Training on the job meist besser als seltene Trainingsseminare

Wenn Unternehmen vergessen, die Inhalte und Trainingsprogramme der externen Trainer zu überprüfen, so besteht die Gefahr, unseriösen Angeboten aufzusitzen; man denke hier nur an Scientology.

Siehe auch Checkliste

Literaturtip

Kimmeskamp, Dagmar: Außer Spesen nichts gewesen, Stuttgart 1996

Transaktionsanalyse

Was ist die Transaktionsanalyse?

Die Transaktionsanalyse ist eine Theorie der menschlichen Persönlichkeit. Diese Methode der Psychologie wurde Ende der sechziger Jahre von den amerikanischen Psychologen Thomas A. Harris und Eric Berne entwickelt. Sie hatten festgestellt, daß die zwischenmenschliche Kommunikation auf drei verschiedenen Ebenen ablaufen kann.

Ähnlich wie bei dem ***Instanzen-Modell*** von Sigmund Freud geht es auch bei der Transaktionsanalyse um drei Ebenen des Ichs. Der Ich-Zustand einer Person ist dabei als die Gesamtheit von zusammenhängenden Verhaltensweisen, Denkmustern und Gefühlen eines Menschen zu verstehen.

Nach der Transaktionsanalyse unterteilt sich eine Persönlichkeit in drei Seins-Zustände: das Erwachsenen-Ich, das Eltern-Ich und das Kind-Ich. Jeder Mensch kommuniziert immer aus einem der drei Ich-Zustände heraus – und zwar bewußt oder unbewußt – mit einer anderen Person. Der Gegenüber wiederum antwortet – ebenfalls bewußt oder unbewußt – aus einem seiner drei Ich-Zustände. Ein solcher Austausch von Mitteilungen wird als Transaktion bezeichnet.

- *Eltern-Ich:* Das Eltern-Ich ist eine Art Aufzeichnung aller Verhaltensregeln und Moralvorstellungen, die ein Mensch in seiner Kindheit unüberprüft von den Eltern oder anderen Autoritätspersonen übernommen hat. Das Eltern-Ich teilt sich in das fürsorgliche und in das strenge Eltern-Ich: Handelt jemand aus dem fürsorglichen Eltern-Ich, so übernimmt er beschützende oder tröstende Aufgaben. In allen sozialen und pädagogischen Berufen ist das fürsorgliche Eltern-Ich gefordert. Das strenge Eltern-Ich hingegen zweifelt und bemängelt; es ist ein wichtiger Ich-Teil für Betriebswirte, Qualitätskontrolleure und Wissenschaftler. Sprachlich erkennt man das Eltern-Ich meist an »Soll-«, »Darf-« und »Muß«-Formulierungen: »Herr Meier, Sie sollen doch nicht so viele Überstunden machen« (fürsorgliches Eltern-Ich) oder »Herr Meier, sie müssen jetzt endlich mal Ihre Ergebnisse abliefern« (strenges Eltern-Ich). Die häufige Verwendung des Wörtchens »man« deutet ebenfalls darauf hin, daß der Gegenüber aus einer der beiden Eltern-Ich-Positionen heraus agiert: »Das kann man so nicht machen.« Eine sehr starke Ausprägung des fürsorglichen Eltern-Ichs äußerst sich in einem Helfer-Syndrom. Die starke Ausprägung des kritischen Eltern-Ich kann man in der Regel an »Besserwisserei« erkennen.
- *Kind-Ich:* Das Kind-Ich ist der innere Kern einer Persönlichkeit. Es teilt sich in das freie und das angepaßte Kind-Ich. Das freie Kind-Ich reagiert spontan, ist neugierig und unternehmungslustig. Forscher und Entwickler sowie alle kreativen Berufe agieren stark aus dem freien Kind-Ich. Das freie Kind-Ich spielt auch im Berufsleben gerne mit hohem Einsatz. Das angepaßte Kind-Ich ist zurückhaltend, flexibel und anpassungsfähig. Es wird vor allem von Dienstleistungsberufen, wie Hotelfachleute, Taxifahrer oder Kundenberater, gefordert.
- *Erwachsenen-Ich:* Das Erwachsenen-Ich bewegt sich zwischen dem durch Werte und Normen geprägten Eltern-Ich und dem durch Wunsch- und Lustgefühle bestimmten Kind-Ich. Das Erwachsenen-Ich ist vor allen Dingen analytisch. Es ist dafür zuständig, die Umwelt zu analysieren, Informationen aufzunehmen, Erfahrungen zu sammeln und verschiedene

Möglichkeiten zu erwägen. Das Erwachsenen-Ich in uns trifft wichtige Entscheidungen, die es dann mit seinen anderen beiden Ich-Ebenen in Einklang bringen muß.

Nach Psychologenmeinung nimmt jeder Mensch seine Umwelt über das Erwachsenen-Ich wahr. Seine Reaktionen auf diese Umwelt hängen allerdings davon ab, wie er diese Informationen mit seinem inneren Kind-Ich und seinem Eltern-Ich in Einklang bringen kann. Je nachdem, welcher Teil dominiert, wird seine Reaktion anders ausfallen. Eine Führungskraft, die eine wichtige Entscheidung zu treffen hat, von der vielleicht sogar Arbeitsplätze abhängen, wird diese Entscheidung eher aus dem fürsorglichen Eltern-Ich heraus als aus dem freien Kind-Ich treffen.

Wann ist das Modell hilfreich?

Die Transaktionsanalyse läßt sich auf jedem Gebiet anwenden, wo es um das Verständnis des einzelnen, das Erfassen von Beziehungen und die Theorie und Praxis der Kommunikation geht. In der Ausbildung von Führungskräften, im Kommunikationstraining sowie zur Analyse von Organisationen werden die Erkenntnisse der Transaktionsanalyse eingesetzt. Wichtig für die Führung ist insbesondere das Verständnis der Ich-Modelle der Transaktionsanalyse. Damit läßt sich unter anderem erklären, wann, wie und warum die Menschen manchmal Strategien aus der Kindheit im Erwachsenendasein wieder einsetzen.

Jeder Führungskraft sollten deshalb die verschiedenen Ich-Ebenen der zwischenmenschlichen Kommunikation bewußt sein, da sie jede Art von beruflichen Gesprächen beeinflussen – egal, ob es sich dabei um ein ***Mitarbeitergespräch***, ***Wiederkehrergespräch***, ***Korrekturgespräch***, ***Gehaltsgespräch*** oder ***Jahresgespräch*** handelt.

Die Analyse der Transaktionen wird in großem Maße bei der Ausbildung von Mitarbeitern, die den direkten Publikumskontakt pflegen, angewandt, beispielsweise im Empfang oder Verkauf (***Kundenorientierung***). Die Mitarbeiter lernen durch die Ich-Modelle der Transaktionsanalyse, wie der Kommunikationsfluß glatt und angenehm verlaufen kann. Sie begreifen und verstehen die unterschiedlichen Positionen, aus denen die Gesprächspartner agieren und lernen, wie sie eine drohende Auseinandersetzung zwischen Eltern-Ich und Kind-Ich vermeiden können.

Um so reibungslos wie möglich mit Mitarbeitern, Vorgesetzten, Geschäftspartnern und Kunden umgehen zu können, sollte man wissen, aus welchen Ich-Bereichen man miteinander kommuniziert. Nur so lassen sich Aussagen richtig einordnen. Damit werden angemessene Reaktionen möglich. Vor allem im ***Konfliktmanagement*** sollte man sich die jeweils aktiven Ich-Ebenen bewußt machen. Nur so kann man zu einer sachlichen und tragfähigen Konfliktlösung finden.

Darüber hinaus kann die ***interne Kommunikation*** und der Umgang zwischen den einzelnen Mitarbeitern in einer Organisation durch Kenntnis der Ich-Zustände gefördert werden. Führungskräfte könnten sich zum Beispiel darüber klar werden, daß sie in einer negativen Elternposition verharren. Ihre Mitarbeiter können aus einer negativen, angepaßten Kind-Haltung heraus agieren, indem sie entweder aufsässig oder übermäßig gefügig sind. Um die Effizienz der Organisation zu verbessern, müssen beide Seiten den Einsatz ihres Erwachsenen-Ichs erhöhen.

Auch in den ***Kreativitätstechniken*** ist es wichtig, die Ich-Zustände zu kennen. Wer bei einem ***Brainstorming*** aus dem Eltern-Ich agiert, wird zur Kreativitätsbremse: »Das paßt jetzt aber wirklich nicht hierher.« Hier ist vor allem das freie Kind-Ich gefragt, das ohne Vorbehalte alle Assoziationen preisgibt und damit Raum für neue Ideen schafft.

Organisationen besitzen ebenfalls etwas, was den verschiedenen Seins-Zuständen der Transaktionsanalyse entspricht. Dabei handelt es sich zwar nicht um Ich-Zustände, doch jedes Unternehmen verfügt über Elemente, die in ähnlicher Weise funktionieren. Sie haben meist unanfechtbare Überzeugungen, beispielsweise eine ***Unternehmenskultur***, die dem Eltern-Ich-Zustand ähnlich ist.

Nachteile der Transaktionsanalyse

Die Transaktionsanalyse stellt auf dem Gebiet der praktischen Anwendungen zunächst eine Methode der Psychotherapie dar. Sie wird zur Behandlung von psychischen Störungen eingesetzt, deshalb sollte man mit einer direkten Übertragung auf das Berufsleben vorsichtig sein.

Literaturtip

Berne, Eric/Harris, Thomas A.: Ich bin o. K. – Du bist o. K., Reinbek 1998
Meininger, Jut: Transaktionsanalyse, Landsberg am Lech 1987

Unternehmenskultur

Was ist Unternehmenskultur?

Die Unternehmenskultur eines Betriebes drückt sich in gemeinsamen Überzeugungen, Einstellungen und Werten der gesamten Belegschaft aus. Sie bestimmt maßgeblich Verhalten und Kommunikation zwischen den Mitarbeitern sowie zwischen Mitarbeitern und Management. Die Unternehmenskultur prägt die Art und Weise, wie die Arbeit innerhalb des Unternehmens getan wird – egal, ob sie nun ausdrücklich festgeschrieben steht oder nicht (***Unternehmensphilosophie***).

Worin besteht Unternehmenskultur?

Die Unternehmenskultur hat einen entscheidenden Einfluß darauf, inwieweit es dem Unternehmen gelingt, seine Ziele zu verwirklichen, die Effektivität seiner Organisation zu verbessern und ***Veränderungen*** zu bewältigen.

Die Bedeutung der Unternehmenskultur besteht darin, daß sie auf fest verankerten Überzeugungen beruht. Sie spiegelt wider, was in der Vergangenheit funktioniert hat und beinhaltet jene Vorgehensweisen, die zum Erfolg führten. Die Unternehmenskultur kann einer Organisation dadurch dienen, daß sie ein Umfeld schafft, in dem eine Optimierung der Leistung und eine aktive Gestaltung des Wandels ermöglicht werden (***Change Management***). Die Unternehmenskultur kann anhand von Werten und Normen beschrieben werden:

- *Werte:* Werte betreffen das, was als wichtig betrachtet wird. Sie finden ihren Ausdruck in Überzeugungen bezüglich dessen, was für das Unternehmen gut ist, und welches Verhalten erwünscht wird. Der Werterahmen einer Organisation kann entweder nur der höchsten Führungsebene bewußt sein oder aber von der gesamten Organisation geteilt werden. Solche Werte können beispielsweise sein:
  - Die Mitarbeiter genießen als wichtigstes Kapital eines Unternehmens eine hohe Wertschätzung.
  - Produktivität, Wachstum und ***Innovationen*** werden durch ein offenes ***Betriebsklima*** und flache ***Hierarchie***strukturen gefördert.
  - Markt- und ***Kundenorientierung*** sind gewährleistet.
  - Leistungsorientierung durch ***Leistungsmanagement*** und ein leistungsbezogenes ***Gehalt*** auf allen Ebenen herrschen vor.

- Es besteht Chancengleichheit für alle Mitarbeiter.
- Qualitätssicherungsmaßnahmen werden sorgfältig durchgeführt (***Total Quality Management***).
- Das Unternehmen nimmt seine soziale Verantwortung wahr.
- ***Teamarbeit*** und ***Selbstverantwortung*** sollten unterstützt werden.

• *Normen:* Normen sind ungeschriebene Verhaltensregeln. Sie drücken die Erwartungen bezüglich dessen aus, was die Leute tun, sagen, glauben – oder in einigen Fällen sogar, was sie anziehen sollen. Normen können, obwohl sie nur mündlich oder durch das Verhalten vermittelt werden, starken Druck auf das Verhalten ausüben. Normen gelten für folgende Verhaltensweisen:
  - die Art und Weise, wie Führungskräfte mit ihren Mitarbeitern umgehen,
  - die allgemeine Einstellung zur Arbeit,
  - Leistung,
  - Loyalität,
  - Förmlichkeit.

Welche Risiken beinhaltet Unternehmenskultur?

Unternehmenskultur kann einem Unternehmen dann schaden, wenn sie Hindernisse aufrichtet, die eine Umsetzung der Unternehmensstratgie blockieren. Wenn eine Unternehmenskultur nicht gezielt gesteuert und umgesetzt wird, können sich unterschiedliche, mitunter konkurrierende Systeme entwickeln.

Tip

In jedem Unternehmen existiert eine Unternehmenskultur – die Frage ist nur, ob sie sich kontrolliert oder unkontrolliert entwickelt. Überlassen Sie diese Entwicklung niemals dem Zufall! Machen Sie sie zur Chefsache und nehmen Sie so aktiv den gewünschten Einfluß darauf. Aufgabe der Führungskräfte ist es, sie tagtäglich vorzuleben.

Literaturtip

Müri, Peter: Dreidimensional Führen. Mit Verstand, Gefühl und Intuition, Handbuch des modernen Managements, Thun 1996

Unternehmensphilosophie

Was ist eine Unternehmensphilosophie?

Unternehmensphilosophie ist der deutsche Fachausdruck für den ebenfalls geläufigen englischen Ausdruck »Corporate Identity«. Unternehmensphilosophie ist ein wichtiger Teil der strategischen Unternehmensführung. Corporate Identity bezeichnet den schlüssigen Zusammenhang von Erscheinung, Worten und Taten eines Unternehmens mit seinem Wesen. Unter der Unternehmensphilosophie versteht man demnach das dargestellte Selbstverständnis eines Unternehmens, das sich in der Übereinstimmung von Verhalten, Erscheinungsbild und Kommunikation des Unternehmens äußert (***Unternehmenskultur***). Grundvoraussetzung für die Schaffung einer wirklichen, langfristigen Corporate Identity ist dreierlei:

- Das Management muß erkennen, daß Corporate Identity keine aus Werbegründen inszenierte, formale Spielerei ist.

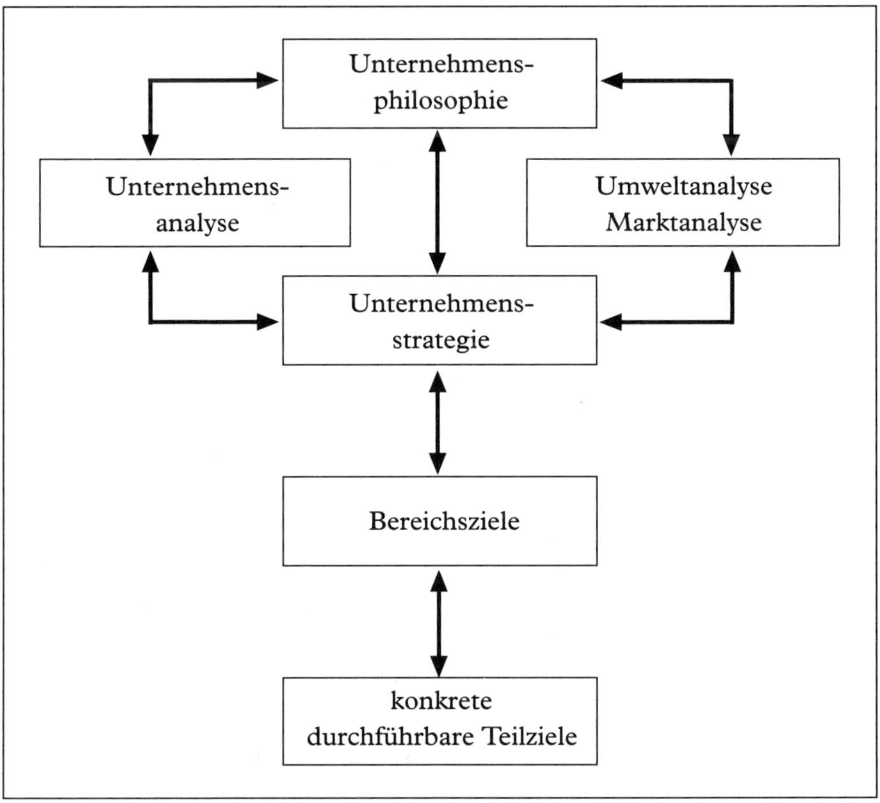

- Die Definition einer Unternehmensphilosophie muß zusammen mit der daraus resultierenden, langfristig angelegten Unternehmensstrategie entwickelt werden.
- Eine Kriterienliste muß als Meßlatte für das angestrebte Persönlichkeitsprofil des Unternehmens, das sogenannte »Soll-Image«, ausgearbeitet werden.

Die Unternehmensphilosophie ist dabei keine Rechengröße wie die Jahresplanung, sondern sie stellt eher ein allgemeiner gehaltenes »Glaubensbekenntnis« des Unternehmens dar. Dieses dient als Plattform und Ausgangsbasis für die Leitlinien, die für die verschiedenen Unternehmensbereiche entwickelt werden. Die Unternehmensphilosophie bezieht sowohl die Gegenwart als auch die Zukunft ein. Sie hat eine existentielle Bedeutung für ein Unternehmen.

Präzise formuliert werden dabei häufig die juristischen oder organisatorischen Aussagen. Die Hinweise auf die gesellschaftliche oder sozialpolitische Grundhaltung sind dagegen meist eher allgemein gehalten.

Die Unternehmensphilosophie steht natürlich nicht für sich allein, sondern im gesamten unternehmerischen Kontext: So werden die Inhalte der Unternehmensphilosophie zunächst in Zusammenhang mit den Bedingungen der Umwelt und des Marktes sowie mit den betrieblichen Gegebenheiten betrachtet. Auf dieser Basis werden die unternehmerischen Oberziele formuliert. Aus diesen wiederum werden Bereichsziele für die einzelnen Unternehmensteile abgeleitet, die letztlich in konkrete, durchführbare ***Zielvereinbarungen*** zwischen Vorgesetzten und Mitarbeitern münden.

Was bedeutet Unternehmensphilosophie für die Führung?

Corporate Identity ist Ausdruck einer langfristigen Strategie mit Leitcharakter für alle Bereiche und Handlungen eines Unternehmens. Grundlage für eine solche zukunftsorientierte Planung muß ein klares Selbstverständnis sein. Corporate Identity kann nur dann seine dauerhafte Wirkung entfalten, wenn das Unternehmen für sich definiert hat, was es ist und was es will. Nur auf diese Weise kann es bewirken, daß die Mitarbeiter sich mit ihrem Unternehmen identifizieren und sich zu ihm bekennen. Mit Hilfe dieser Aussagen kann Corporate Identity eine neue, klare Positionierung des Unternehmens auslösen. Es kann so gegenüber den Wettbewerbern ein eigenständiges, unverwechselbares Profil zeigen. Dieses klare Selbstverständnis des Unternehmens erzeugt vorteilhafte Effekte, sowohl für seine Rolle als Arbeitgeber, als auch für seine Rolle als Markt- und Gesellschaftsfaktor.

Außergewöhnlich wichtig für ein Unternehmen in seiner Rolle als Arbeitgeber ist das Auslösen einer hohen Identifikation der Mitarbeiter mit dem Unternehmen. Damit steuert das Unternehmen dem Trend der Anonymisierung von Arbeitsplätzen entgegen. Es schafft neue Bindungsqualitäten und beeinflußt das Mitarbeiterverhalten auch qualitativ, beispielsweise in bezug auf das Fluktuationsverhalten. Der Mitarbeiter wird durch eine klar formulierte Unternehmensphilosophie, mit der er sich identifiziert, stärker an das Unternehmen gebunden (***Mitarbeiterbefragung***).

Auf diese Weise trägt die Corporate Identity zu einem positiven und motivierenden ***Betriebsklima*** bei. Gegenüber der Öffentlichkeit, aber auch Lieferanten und Kunden, wird aufgrund des offenbarten Selbstverständnisses eine bessere Wahrnehmung und Erkennbarkeit des Unternehmens gewährleistet. Außerdem wird ein klares Verständnis über die Rolle und das Ansehen des Unternehmens geschaffen. Eine bessere Marktposition, erhöhte Anziehungskraft und größeres Vertrauenspotential sind die Folgen.

Aus der Unternehmensphilosophie heraus wird die Leitlinie für die Unternehmenspolitik, das »Grundgesetz des Unternehmens«, entwickelt. In dieser Leitlinie werden sowohl die allgemeinen Unternehmensziele als auch die Ziele für einzelne Ressorts und Funktionen definiert. Unternehmensziele können beispielsweise lauten:

- Die Leistungsfähigkeit im weltweiten Wettbewerb muß gesichert werden.
- Die ***Dienstleistungs***orientierung und ***Kundenorientierung*** muß gewährleistet sein.
- Ein befriedigendes Wachstum muß geschaffen werden, um die Position auf dem Markt festigen zu können.
- Anteilseigner und Mitarbeiter müssen am Unternehmenserfolg teilhaben (***Mitarbeiterbeteiligung***).

Die Corporate Identity-fundierten Leitlinien einzelner Unternehmensbereiche sind natürlich spezifischer formuliert. Sie setzen vor allem Maßstäbe, um bereichsrelevante Ziele zu erreichen. Leitlinien für den Bereich Personal könnten zum Beispiel so aussehen:

- Das Arbeitsumfeld und die Sicherheit am ***Arbeitsplatz*** müssen ständig verbessert werden.
- Ein kooperativer ***Führungsstil*** auf der Basis von Informationen, ***Delegation*** und ***Zielvereinbarung*** muß installiert werden.

- Die Entlohnung muß leistungsgerecht gestaltet sein bei angemessenen Sozialleistungen (***Gehalt***).
- Die Mitarbeiter müssen durch Aus- und ***Weiterbildung*** gefördert werden.
- Die Mitarbeiter müssen auf Arbeitsplätzen eingesetzt werden, die ihren Fähigkeiten und Leistungen entsprechen.

Diese beispielhaft aufgezeigten Leitlinien verdeutlichen die Rahmenbedingungen, die innerhalb der Corporate Identity für alle Aktivitäten gelten. Sie sind Ausführungsbestimmungen der festgelegten Unternehmensphilosophie. Sie spielen eine Rolle als Sozialpartner nach innen wie außen, als Marktfaktor, das heißt für die wirtschaftlichen Leistungen, und als Gesellschaftsfaktor, indem Leistungen für die Allgemeinheit erbracht werden.

Welche Risiken und Gefahren beinhaltet eine Unternehmensphilosophie?

Der Terminus der Unternehmensphilosophie kann als Leerformel gebraucht werden, die nichts bewirkt oder verändert. Oft erweisen sich zum Beispiel Versprechungen wie »Wir bieten zukunftssichere Arbeitsplätze« bei wirtschaftlichen Turbulenzen als leere Luftblasen. Das Schlimmste, was Unternehmen mit dieser Art Unternehmensphilosophie passieren kann, ist, daß man ihre Philosophie ernst nimmt oder sie sogar darauf festnagelt. Man sollte also immer darauf achten, daß die Unternehmensphilosophie nur aus Inhalten besteht, die das Unternehmen dann auch konsequent umsetzen kann.

Es kommt leider immer noch viel zu häufig vor, daß sich das Management nicht an die eigene Unternehmensphilosophie hält. Dies bewirkt meist, daß diese im gesamten Unternehmen nicht mehr praktiziert werden kann (***Vorbild***).

Literaturtip

Birkigt, Klaus/Stadler, Marinus M./Funck, H. J.: Corporate Identity. Grundlagen, Funktionen, Beispiele, Landsberg am Lech 1998

Jonas, Hans: Das Prinzip Verantwortung, Versuch einer Ethik für die technologische Zivilisation, Frankfurt am Main 1989

Veränderung

Was ist Veränderung?

Unter Veränderung versteht man den Wandel eines bestehenden Zustandes. Veränderung im Unternehmen bedeutet, daß bestehende Strukturen in allen Bereichen neu überdacht werden müssen. Dies können beispielsweise Produktionsmethoden, Modelle der Unternehmensführung (***Total Quality Management***, ***Reengineering***, ***Benchmarking***) oder Umstellungen auf neue Produkte oder Dienstleistungen sein.

Die Gründe für Veränderungen sind zahlreich. Sie liegen vor allem in der Vielzahl an technischen Innovationen. Veränderungen in Unternehmen basieren meist auf dem tatsächlichen oder vermeintlichen Druck, immer neue Produkte auf den Markt bringen zu müssen: Durch Faktoren wie die ständig anwachsende globale Kommunikation (***neue Technologien***), der intensive internationale Wettbewerb und die sinkende Produktlebensdauer sind ständig neue Produkte gefragt. Der Anspruch an diese neuen Produkte ist meist sehr hoch. Von ihnen wird verlangt, daß sie Lösungssysteme oder Produkt-Dienstleistungs-Kombinationen sind, die sowohl innovativ als auch qualitativ hochwertig sind.

Was bedeuten Veränderungen für die Führung?

Der wirtschaftliche Wandel und die zunehmende Globalisierung der Märkte erfordern ein immer höheres Maß an Flexibilität und Veränderungsbereitschaft. Organisationsstrukturen müssen auf neue Gegebenheiten eingestellt werden. Versetzung von Mitarbeitern, Umstrukturierungen von Abteilungen oder Entlassungen (***Rationalisierung***) sind die Folgen.

Um offen für Veränderungen zu sein, bedarf es einiger Regeln:

- Man sollte ständig über neue Produkte und Dienstleistungen nachdenken. Wichtig hierbei ist auch die Beobachtung der weltweiten Konkurrenz.
- Die Verwirklichung von erfolgversprechenden Ideen fordert mutige Investitionen (***Innovations***bereitschaft).
- Die Kundenbeziehungen müssen intensiviert und im Betrieb umgesetzt werden (***Kundenorientierung***).
- Denken und Handeln sollte in systematischen Unternehmenszusammenhängen erfolgen. Man sollte lernen, das Unternehmen als Ganzes zu begreifen und über den Tellerrand zu schauen.

- Unerschrockenes Denken und Mut zum Handeln sind erforderlich und müssen gefordert werden (***Selbstverantwortung***).
- Scharfe Umfeld- und Umweltbeobachtung in bezug auf politische, soziologische und technische Entwicklungen sind notwendig, sowohl national als auch international.
- Mitarbeiter müssen zur Wandlungsfähigkeit ermutigt werden.
- Ängste gegenüber Neuerungen müssen abgebaut werden. Dies kann bereits dadurch geschehen, daß Sie ein offenes Ohr für die Vorschläge Ihrer Mitarbeiter haben.
- Das ***Vorschlagswesen*** sollte ausgebaut und intensiviert werden.
- Über grundsätzliche Änderungen zur Kultivierung einer Veränderungsbereitschaft wie ***Change Management***, ***Kaizen***, ***Empowerment*** sollte nachgedacht werden.
- ***Hierarchie***n sollten möglichst abgebaut werden.
- Die ***Weiterbildungs***möglichkeiten sollten verbessert werden.
- Die Formen der ***internen Kommunikation*** sollten optimiert und freier gestaltet werden.

Doch nicht nur globalwirtschaftliche Veränderungen beschäftigen eine Führungskraft, sie muß auch auf private Veränderungen und karrierebedingten Wandel eingehen, sowohl bei sich selbst als auch bei ihren Mitarbeitern. Hier sollte man mit den Instrumenten der ***Mitarbeiterentwicklung*** und –weiterbildung arbeiten (***Coaching***, ***Mentoring***, ***Training***).

Politik und Gesetzgebung tragen ebenfalls zu Veränderungen bei. Eine Folge all dieser Veränderungen sind grundsätzliche gesellschaftliche Werteverschiebungen, die ihrerseits in der Regel wieder neue Veränderungen einleiten. Dabei scheinen die Veränderungen immer mehr den Gesetzen der Chaostheorie zu gehorchen; bereits die Änderung einer Industrienorm in Japan kann dafür sorgen, daß hierzulande ganze Betriebe schließen müssen, weil sie einschneidende Entwicklungen verpaßt haben (***Chaos Management***).

Welche Risiken beinhalten Veränderungen?

Veränderungen werden nicht rechtzeitig erkannt oder schlichtweg verschlafen.

Weltwirtschaftliche Änderungen wie Billigimporte, besonders in der Textil- oder Automobilindustrie und in der Unterhaltungselektronik, steigende Energie- und Rohstoffpreise oder Marktsättigung lassen Unternehmen unverschuldet in Not geraten.

Veränderungen sind nicht nur positiv, und nicht jede Veränderung ist gut, Veränderungen bedeuten auch Abschied vom Vertrauten und den Aufbruch in eine ungewisse Zukunft, die vielen Menschen Angst macht.

Literaturtip

Seifert, Theodor: Schneewittchen. Das fast verlorene Leben, Zürich 1992

Verantwortung

Was ist Verantwortung?

Unter Verantwortung versteht man ganz allgemein eine Zuständigkeit für eine bestimmte Aufgabe. Verantwortung läßt sich weiterhin genauer eingrenzen:

1. sie liegt *bei* jemandem,
2. sie wird übernommen *für* etwas,
3. sie besteht *gegenüber* jemandem.

Im gesamtwirtschaftlichen Kontext versteht man unter Verantwortung zum Beispiel die institutionelle oder auch sozial-ökologische Verantwortung der Unternehmen:

- Der innerste Verantwortungsbereich umfaßt die Erfüllung der ökonomischen Funktion des Unternehmens sowie die Einhaltung der Gesetze.
- Der zweite Verantwortungsbereich bezieht sich auf die Berücksichtigung negativer sozialer, ökologischer, kultureller und politischer Folgen der Unternehmenstätigkeit.
- Der dritte, äußere Kreis der Verantwortung ist der umfassendste. Er fordert die Übernahme von Mitverantwortung des Unternehmens bei der Lösung von gesellschaftlichen Problemen. Dieser Verantwortungsbereich besteht auch dann, wenn die Probleme tendenziell durch das einzelne Unternehmen nicht oder nur wenig verursacht wurden. Dazu könnte man zum Beispiel die Integration von Minoritäten, die Bekämpfung der Jugendarbeitslosigkeit oder die Integration von Frauen in das Management zählen.

Ein sehr wichtiger Punkt ist vor allem auch die Verantwortung eines Unternehmens für seine Mitarbeiter und deren Angehörigen. Diese Verantwortlichkeit sollte als oberstes Prinzip des Denkens und Handelns der Geschäftsführung begriffen werden (***Selbstverantworung*, *organisches Management***).

Was bedeutet Verantwortung für die Führung?

Die Leistungsbereitschaft eines Mitarbeiters steigt in dem Maß, wie er für seine Arbeit Verantwortung übernehmen kann und ihm die erforderliche ***Autorität*** übertragen wird.

Gründe für die Führungskraft, Verantwortung zu delegieren

- Für den Vorgesetzten ergibt sich ein Zeitgewinn und eine psychische Entlastung.
- Spezialwissen der Mitarbieter wird besser genutzt. Insgesamt entsteht mehr Transparenz.
- Die Verantwortungsübertragung bewirkt eine ***Motivation*** der Mitarbeiter.
- Ehrliche Kritik wird eher geäußert, neue Problemlösungen und Ideen können so leichter entstehen.

Gründe für den Mitarbeiter, mehr Verantwortung zu übernehmen:

- Er erhält eine bessere Übersicht über die Arbeitsabläufe, wird inhaltlich aktiv beteiligt und kann leichter Zusammenhängen erkennen (***Reifegrad des Mitarbeiters***).
- Er erlebt eine persönliche Aufwertung (***Persönlichkeit***).
- Selbständiges Handeln kann besser gelernt und Kritik besser geäußert werden.
- Klare »eigene« Erfolge wirken motivierend.
- Das Handeln wird zielgerichteter (***Zielorientierung***).

Welche Risiken beinhaltet Verantwortung?

Die Übernahme von Verantwortung für einen eigenen Bereich kann unter Umständen dazu führen, daß man nur noch innerhalb dieses Rahmens denkt. Die Idee des Ganzen gerät so leicht in Vergessenheit.

Manche Führungskraft glaubt, an ***Autorität*** zu verlieren, wenn Mitarbeiter den Aufgabenbereich ebenso gut oder gar besser ausfüllen. ***Konkurrenz***-angst wird gegenüber Mitarbeitern gefördert, die selbständig und verantwortlich arbeiten, Selbstbewußtsein entwickeln und Aufstiegsbewußtsein bezeugen.

Oft wird nur die arbeitsintensive oder unangenehme Seite der Verantwortung weitergereicht, die daraus erwachsenden Privilegien werden jedoch zurückbehalten. Verantwortung wird außerdem von manchen Mitarbeitern als Last empfunden, weil die Angst vor ***Fehlern*** tief sitzt.

Literaturtip

Bußmann, W. F.: Gemeinsam zu neuen Vertriebserfolgen, Landsberg am Lech 1996

Jonas, Hans: Das Prinzip Verantwortung, Versuch einer Ethik für die technologische Zivilisation, Frankfurt a. M. 1989

Versetzung

Was ist eine Versetzung?

Eine Versetzung liegt dann vor, wenn der Arbeitgeber dem Arbeitnehmer dauerhaft ein neues Arbeitsgebiet zuweist. Die Versetzung stellt eine der wichtigsten personellen Maßnahmen im betrieblichen Alltag dar.

Betriebliche Notwendigkeiten bringen es immer wieder mit sich, Mitarbeitern eine andere als die bisher von ihnen ausgeübte Tätigkeit zuzuweisen. Die Veränderungen können sich auf den Arbeitsort, die Arbeitszeit, aber auch auf den Inhalt der Arbeit beziehen. In der alltäglichen Praxis kommen solche Wechsel in der Beschäftigung in den vielfältigsten Formen vor. Es gibt vorübergehende, langfristige, inhaltlich funktionale, organisatorische Versetzungen sowie räumlich-örtliche Änderungen.

Was bedeutet eine Versetzung für die Führung?

Von seiten des Arbeitgebers besteht grundsätzlich die Berechtigung, einen Mitarbeiter zu versetzen. Eine Versetzung setzt jedoch das Einverständnis des Mitarbeiters und die Eignung für die zu besetzende Stelle voraus.

Die Berechtigung des Arbeitgebers zu einer Versetzung ist anhand des zugrunde liegenden Arbeitsvertrages zu beurteilen. Soweit die Tätigkeit in den vom Arbeitsvertrag gezogenen Grenzen bleibt, ist der Arbeitgeber berechtigt, die Versetzung einseitig anzuordnen. Grundsätzlich ist jedoch immer eine einvernehmliche Lösung anzustreben. Wird die Versetzung nicht vom Inhalt des Arbeitsvertrages abgedeckt, bedarf es einer Änderung des Vertragsinhaltes. Dies kann nur übereinstimmend geschehen oder durch eine Änderungskündigung.

Versetzungen können unterschiedliche Ursachen haben. Sie treten beispielsweise bei Umstrukturierungen im Unternehmen auf. Jede Änderung der Organisationsstruktur macht Versetzungen erforderlich. Auch ***Beförderung***en stellen eine Art von Versetzung dar. Der Mitarbeiter wird in diesem Fall auf eine höhere Position versetzt. Die Veränderung der Arbeitszeit eines Mitarbeiters kann auch eine Form der Versetzung darstellen, wie z. B. der Wechsel von der Schicht- in die Normal***arbeitszeit***.

Man unterscheidet zwischen der vorübergehenden und der längerfristigen Versetzung.

- *Die vorübergehende Versetzung:* kann darin bestehen, daß die Mitarbeiter in ein ausländisches Unternehmen des gleichen Konzerns anläßlich von Entwicklungsaufgaben beordert werden. Die Dienstreise eines Mitarbeiters zu einer Messe, um das Produkt in einer Werbemaßnahme zu demonstrieren, kann man als vorübergehende Versetzung auffassen. Mitarbeiter können zur Aushilfe bei Filialeröffnungen herangezogen werden.
- *Die dauerhafte Versetzung:* meint zum Beispiel den Wechsel eines Mitarbeiters von einem Betrieb des Unternehmens in einen anderen. Sie kann aber auch in der Versetzung von einer Abteilung in eine andere bestehen. Wenn einem Sachbearbeiter die Kundenbetreuung entzogen wird, gilt dies ebenso als langfristige Versetzung wie die Änderungen des Gebietes von Vertriebsbeauftragten. Der Übergang vom Zeitlohn zum Akkordlohn und umgekehrt der Wechsel von einer Schicht in eine andere sind dauerhafte Versetzungen. Die Versetzung aus Disziplinargründen ist schließlich als letzte Maßnahme dieser Art zu nennen.

Eine Versetzung sollte positive Auswirkungen haben, sowohl auf den Mitarbeiter als auch auf das Unternehmen. Mögliche positive Auswirkungen können sein:

- Dem Mitarbeiter wird die Möglichkeit geboten, neue Arbeitsgebiete kennenzulernen. Seine Flexibilität steigt.
- Der Mitarbeiter lernt neue Fähigkeiten dazu, er bildet sich beruflich weiter.
- Neue Aufgaben steigern die ***Motivation*** des Mitarbeiters.

- Der Mitarbeiter wird entsprechend seinen Fähigkeiten eingesetzt und bringt eine höhere Leistung.
- Es werden Leerlaufzeiten verhindert.
- Es werden Konfliktsituationen gelöst.

Welche Risiken beinhalten Versetzungen?

Die Versetzung stellt für den Mitarbeiter meist eine einschneidende Veränderung in seinem Leben dar. Er muß seine bisherigen Gewohnheiten ändern, sich mit neuen Sachgebieten auseinandersetzen und sein Arbeitsumfeld ändern.

Bei einem Ortswechsel hat eine Versetzung Auswirkungen auf das Privatleben des Mitarbeiters, und am neuen Arbeitsplatz muß er sich mit neuen Arbeitskollegen arrangieren.

Diese Veränderungen muß der Mitarbeiter bewältigen. Die Führungskraft kann ihm bei der Vorbereitung der Versetzung eine Hilfe sein. Sie kann die Organisation des Umzugs veranlassen oder den Mitarbeiter gezielt für die neue Stelle schulen, um den Einstieg am neuen Arbeitsplatz zu erleichtern (***Coaching***).

Der Mitarbeiter sollte sanft an die neuen Aufgaben herangeführt werden. Er darf sich nicht abgeschoben fühlen. Daher ist eine Zustimmung zur Versetzung von seiten des Mitarbeiters unbedingt anzustreben, um ***Arbeitsunzufriedenheit*** zu vermeiden. Die Versetzung sollte durch intensive ***Mitarbeitergespräch***e vorbereitet werden.

Vier Ebenen einer Nachricht

Was sind die »vier Ebenen einer Nachricht«?

Kommunikation ist sehr vielschichtig. Das Kommunikationsmodell Schulz von Thuns versucht, dieser Vielschichtigkeit gerecht zu werden. Es unterscheidet dazu die vier Ebenen einer Nachricht:

- *Sach-Ebene:* Die Sach-Ebene beinhaltet die Sach-Aussage der Nachricht. Informationen über Vorgänge in dieser Welt werden weitergegeben und sachlich aufgenommen: Chef: »Wie lange dauert der Vorgang noch?« Mitarbeiter: »Der Vorgang ist in zwei Stunden abgeschlossen.«

- *Beziehungs-Ebene:* Die Beziehungs-Ebene drückt das Verhältnis zwischen Sender und Empfänger aus. Der Empfänger reagiert dabei nicht sachlich auf die Nachricht, sondern bringt die Beziehungsebene mit ins Spiel: Chef: »Wie lange dauert der Vorgang noch?« Mitarbeiter: »Immer setzen Sie mich unter Druck!«
- *Appell-Ebene:* Auf der Appell-Ebene reagiert der Empfänger auf eine Nachricht, indem er etwas tut: Chef: »Wie lange dauert der Vorgang noch?« Mitarbeiter: »Ich weiß, ich muß mich mehr beeilen.«
- *Selbst-Offenbarung:* Auf der Ebene der Selbstoffenbarung gibt der Empfänger mit seiner Erwiderung auf eine Nachricht etwas von sich preis. Chef: »Wie lange dauert der Vorgang noch?« Mitarbeiter: »Sie brauchen sich keine Sorgen zu machen, ich werde rechtzeitig fertig sein.«

Wenn Sender und Empfänger dieselbe Interpretation und Gewichtung der Ebenen vornehmen, verstehen sie sich. Wenn eine Information vom Sender anders gemeint war, als sie beim Empfänger ankommt, liegt eine Kommunikationsstörung vor.

Chef: »Wann ist der Vorgang abgeschlossen?« (Sachebene)
Mitarbeiter: »Was soll ich denn hier noch alles machen?« (Appellebene)

Der »vierohrige« Empfänger

Was ist das
für einer?
Was ist mit ihm?

Wie ist der
Sachverhalt
zu verstehen?

Wie redet der
eigentlich mit mir?
Wen glaubt der, vor
sich zu haben?

Was soll ich tun,
denken, fühlen
aufgrund seiner
Mitteilung?

Ein guter Vorgesetzter merkt, auf welchem Ohr sein Mitarbeiter die Botschaft aufgenommen hat, und korrigiert nötigenfalls die Aussage.

In welchen Situationen ist das Modell hilfreich?

Das Modell der vier Ebenen einer Nachricht ist in allen Bereichen der Kommunikation hilfreich. Bei jeder Art von ***Mitarbeitergespräch***, wie etwa einem ***Korrekturgespräch***, ***Gehaltsgespräch*** oder ***Feedback-Gespräch*** sollte man sich bewußt sein, daß Informationen auf verschiedenen Ebenen übermittelt werden. Vor allem bei der ***Delegation*** ist es wichtig, daß zwischen Führungskraft und Mitarbeiter Einigkeit über die Ebenen der Kommunikation herrscht.

Tip

Viele Menschen haben eine besondere Empfindlichkeit für eine der vier Ebenen. Wenn man beispielsweise seiner Mutter sagt, daß man Hunger hat, so macht sie meist etwas zu essen. Sie hört die Nachricht auf der Appell-Ebene. Der Vater reagiert auf diese Ankündigung in der Regel ganz anders. Seine Entgegnung könnte lauten: »Ich esse dann auch etwas mit.«
Achten sie aus diesem Grund sowohl auf Ihre besonderen Empfindlichkeiten als auch auf die Ihrer Mitarbeiter und reagieren Sie entsprechend. Nur so können Sie weitgehend sicherstellen, daß Ihre Botschaften richtig interpretiert werden.

Literaturtip

Schulz von Thun, Friedemann: Miteinander reden, Reinbek 1998

Visionäres Management

Was ist visionäres Management?

Visionen sind keine rationale Leistung des Bewußtseins wie die ***Zielsetzung***, sondern eine emotional geprägte Leistung des Unterbewußtseins (***Bewußtes/Unbewußtes***). Worte, ob gesprochen oder geschrieben, lassen im Gehirn des Zuhörers oder des Lesers bestimmte Bilder auftauchen. Der Visionär nutzt mentale Manöver der phantasierten Zielerreichung für seine persönlichen Veränderungswünsche. Dies erreicht er, indem er zunächst in seiner Vorstellung ein Modell von dem neuen, erwünschten Verhalten erzeugt. Er entwickelt positive innere Zielbilder und nutzt das Prinzip der »Vorfreude« zur ***Motivation***. Der Visionär nimmt frühzeitig Kontakt mit den angenehmen Gefühlen auf, die er erleben wird, wenn er an seinem Ziel angekommen sein wird.

Visionäres Management geht von der Idee aus, daß es zwei Prinzipien gibt, die den Menschen zum Handeln bewegen:

- *Lust:* drückt sich in einer »Hin-zu-Strategie« aus. Sie agiert nach dem Leitspruch: »Diese Ziele möchte ich erreichen!« (***Zielsetzung***). Je klarer und sinnorientierter dieses Ziel gesetzt ist, desto wahrscheinlicher ist die tatsächliche Erreichung dieses Zieles (***Sinnorientierung***).
- *Unlust:* drückt sich in der »Weg-von-Strategie« aus. Der Mensch handelt nach dem Motto: »Diese Probleme möchte ich vermeiden!« Diese Strategie kann in bestimmten Situationen sehr nützlich sein. In einer kritischen oder extrem schlechten Situation zum Beispiel ist die Chance, daß die eintretende Veränderung ein besseres Resultat bringt, relativ hoch. In einem brennenden Haus spielt es meist keine Rolle, wohin man sich bewegt, solange es gelingt, aus dem brennenden Gebäude zu entkommen. Dabei weiß man allerdings nicht, wo man landen wird.

Visionäres Management macht sich diese beiden Motoren für menschliches Handeln zunutze.

Was bedeutet visionäres Management für die Führung?

»Nicht nur Millionäre, sondern jeder einzelne sollte sich ein Auto leisten können«, lautete Henry Fords Vision (***Fordismus***). Das Entscheidende an diesem Gedanken war, daß die Kraft, die ihn antrieb, von allen Mitarbeitern auf allen Organisationsstufen seines Unternehmens geteilt wurde. So wurde sie zur gemeinsamen Vision. Eine solche Zielvorstellung, die von allen geteilt wird, treibt die Menschen an. Sie macht die Arbeit zum Teil eines höheren Zweckes und verändert das Verhältnis der Mitarbeiter zum Unternehmen (***Sinnorientierung, Bedürfnispyramide***). Plötzlich ist das Unternehmen für den einzelnen nicht mehr irgendein Betrieb, sondern »unser Unternehmen« (***Unternehmensphilosophie***).

Eine gemeinsame Vision fördert Experimentierfreude und Risikobereitschaft und kann langfristige Perspektiven bieten. Führungskräfte müssen dafür die Fähigkeit entwickeln, andere an ihren persönlichen Visionen teilhaben zu lassen. Die gemeinsamen ***Zielvereinbarungen*** benötigen Zeit zum Wachsen. Sie erfordern laufende ***Mitarbeitergespräche***, (***interne Kommunikation***, ***Mitarbeiterbeteiligung***), beispielsweise ***Jahresgespräche***. In ihnen muß der einzelne offen über seine eigenen Träume sprechen können und auch lernen, den Träumen anderer zuzuhören (***aktives Zuhören***).

Eine Führungskraft sollte dabei bedenken: Das Arbeitsklima in einem Unternehmen verbessert sich in dem Maße, in dem immer mehr Führungskräfte und Mitarbeiter die Hin-zu-Strategie verfolgen. Natürlich kann auch die Androhung von Strafe als ***Motivation*** wirken – allerdings höchstens kurzfristig. Sie beeinträchtigt das ***Betriebsklima*** erheblich.

Die Weg-von-Strategie ist nur akzeptabel, wenn positive Argumente nicht mehr helfen. Im Regelfalle ist es jedoch möglich, sich selbst und andere durch attraktive Belohnungen (***Gehalt***, aber auch andere Faktoren wie das ***Anerkennungsgespräch***) zu motivieren.

Welche Risiken und Gefahren beinhaltet visionäres Management?

Visionen haben vor allem einen Nachteil: Sie müssen sich erst einmal bewahrheiten. Durch die beständige Orientierung an der Zukunft besteht zudem die Gefahr, die Gegenwart aus den Augen zu verlieren.

Tip

Das Unbewußte kann nicht verneinen. Wenn man sich vornimmt, morgen *nicht* durch die Prüfung zu fallen, bleibt im Unbewußten nur der Befehl »durch die Prüfung fallen« gespeichert. Positive Sprachgewohnheiten sind deshalb außerordentlich wichtig! Achten Sie darauf, Ziele immer positiv zu formulieren: »Ich werde morgen die Prüfung bestehen!« Das gilt ebenfalls für Situationen, in denen Sie etwas ablehnen. Dann sollten Sie nicht nur Ihre abschlägige Antwort aussprechen, sondern auch Alternativen anbieten können.

Literaturtip

Bennis, Warren: Führungskräfte – die vier Schlüsselstrategien erfolgreichen Führens, Frankfurt a. M., New York 1992

Visualisierung

Was ist eine Visualisierung?

Unter Visualisierung versteht man die optische Darstellung von Zusammenhängen und Informationen. Es hängt mit der Struktur des menschlichen Gedächtnisses zusammen, daß das Sprichwort »Ein Bild sagt mehr als tausend Worte« wahr ist. Das menschliche Gehirn ist in der Lage, innerhalb von zwanzig Minuten, so lange dauert das Kurzzeitgedächtnis an, nur bis zu sieben Informationen bewußt zu speichern. Doch bereits in einer zwanzigminütigen ***Besprechung*** werden wesentlich mehr Informationen ausgetauscht. Daher müssen wichtige Beiträge schriftlich oder bildlich fixiert werden, um möglichst lange erhalten zu bleiben.

Wie visualisiert man?

Man visualisiert, indem man Sprache in geschriebene Worte, Bilder, Skizzen oder Zeichnungen übersetzt. Die wichtigste Regel dabei ist, daß der Zuschauer versteht, was ihm die Bildersprache sagen soll. Die Vorteile der Visualisierung sind:

- Sie bewirkt einen gleichen Informationsstand bei allen Gruppenmitgliedern und ermöglicht dadurch eine klarere und genauere Diskussionsführung.
- Verbal schwierig zu erklärende Sachverhalte lassen sich durch optische Unterstützung leichter fassen.
- Durch Visualisierung wird der Stand der Problemlösung auch für Außenstehende jederzeit sichtbar. Dies regt zum kritischen Nachdenken und zu neuen Ideen an.
- Schriftlich fixierte Ziele wirken für alle Teilnehmer verbindlich, und es gibt einen gemeinsamen Konsens, der für alle sichtbar ist.
- Eine Visualisierung kann bei Störungen oder Konflikten als Unterbrechung eingesetzt werden. Der Wechsel des Wahrnehmungskanals von der Sprache zum Bild bewirkt Veränderungen. Festgefahrene Situationen lösen sich auf. Es kommt Bewegung in die Debatte.

Visualisieren kann man auf unterschiedliche Art und Weise. Zu den Hilfsmitteln gehören:

- *Flipchart/Tafel:* Beim Einsatz eines Flipcharts ist darauf zu achten, großzügig den Platz auszunutzen und ihn gleichzeitig nicht zu überladen. Man sollte sorgfältig schreiben und während des Schreibens nicht reden. Wichtige Flipcharts können auch als Wandposter eingesetzt werden. So hat die Gruppe ständig vor Augen, was sie bereits geleistet hat.
- *Meta-Plan- oder Galerie-Technik:* Bei der Meta-Plan- oder auch Galerie-Technik beschriftet entweder jeder Mitarbeiter seine eigenen Karten, oder ein oder zwei Mitarbeiter schreiben mit, was die anderen sagen. Anschließend werden die Karten an eine Pinnwand geheftet. Bei der Präsentation der Ergebnisse steht der Moderator mit dem Gesicht zur Gruppe und zeigt mit der Hand auf die Karte, die er kommentarlos vorliest. Diese Technik hat den Vorteil, daß sich die Karten leicht umgruppieren und neu clustern lassen. Dadurch entwickeln sich dynamische Prozesse, auch das Sortieren wird damit leichter gemacht.
- *Overheadprojektor:* Der Overheadprojektor ist ein buchstäblich »leuchtendes Beispiel« für die starke Wirkung von Visualisierungstechniken, da er als Blickfänger wirkt. Bei der Anwendung ist darauf zu achten, daß die Folien übersichtlich gestaltet sind und das Wesentliche hervorgehoben ist. Overheadprojektoren sollten nur für die Dauer der Präsentation angeschaltet werden.
- *Bewertungspunkte:* Bunte Klebepunkte können als Ausdrucksmedium der Gruppe für Meinungen, Stimmungen, Entscheidungen, Prioritäten oder als Feedback-Instrument eingesetzt werden. Sie dienen der Aktivierung einer Gruppe, die Teilnehmer werden dadurch aufgefordert, sich aus ihrer (Sitz-)Position zu erheben und einen Bewertungspunkt an der Tafel anzubringen. Alle, auch die Schweiger, werden damit in eine Problemlösung oder Entscheidungsfindung einbezogen.

Um Informationen bei der Visualisierung unterscheidbar zu machen, gibt es verschiedene Mittel. Der Einsatz von Farben ist ein gern gewähltes Visualisierungsmittel, um Dinge abzuheben, herauszustellen oder in Kategorien einzuteilen. Formen erleichtern eine sinnliche Unterstützung der Information, und die Textgestaltung mittels Symbolen, Grafiken oder Diagrammen fördert die Übersichtlichkeit.

Für die Anordnung und Optik von Tafelbeschriftungen hat sich der Einsatz verschiedener Farben und Formen bewährt:

- *Form:* Es gibt eckige, ovale oder runde Karten. Die jeweilige Form einer Karte kann verschiedene Themenkreise repräsentieren. Eckige Karten

können dann zum Beispiel für noch zu klärende Fragen stehen, oder auf den ovalen Karten werden die nächsten Handlungsschritte notiert.
- *Farbe:* Geeignete Farben sind weiß, grün, rot und gelb, also helle und somit gut sichtbare Farben. Unterschiedliche Farben lassen sich dabei für unterschiedliche Kategorien einsetzen. So können beispielsweise alle negativen Argumente auf rote Karten geschrieben werden, positive Argumente stehen auf blauen Karten.
- *Schriftgröße:* In normalen Gruppen- und Arbeitsraumgrößen mit einer maximalen Entfernung von zehn Metern bis zur Tafel oder Pinwand sollten sinnvollerweise zwei unterschiedliche Schriftgrößen verwendet werden: Beispielsweise eine etwa fünf Zentimeter große Schrift für Überschriften und Betonungen und eine etwa zweieinhalb Zentimeter große Schrift für den einfachen Text.
- *Schriftart:* Es sollten Druckbuchstaben verwendet werden, da das Auge diese am besten erfassen kann. Die einzelnen Buchstaben sollten dabei eng zusammengeschrieben werden. So können sie einfacher als Wort erkannt werden.

Welche Risiken und Gefahren beinhaltet eine Visualisierung?

- Visualisierungen erfordern einen größeren Organisationsaufwand und Zeitaufwand als das gesprochene Wort.
- Einmal fixierte Informationen können nur schwer wieder rückgängig gemacht werden. Daher sollte man sich gut überlegen, was man für wichtig erachtet und was nicht.
- Einzelne Aspekte können durch Visualisierung leicht überbewertet werden. Zuviel Visualisierung kann von älteren Mitarbeitern auch leicht als Spielerei abgetan werden.

Siehe auch Checkliste

Literaturtip

Hierhold, Emil: Sicher präsentieren – wirksamer vortragen, Wien 1995

Vorbild

Was ist ein Vorbild?

»Es gibt keine andere vernünftige Erziehung, als Vorbild zu sein, wenn's nicht anders geht, ein abschreckendes.« (Albert Einstein)

Vorbilder sind die selbstgewählten Leitbilder, denen man nacheifert, weil ihr Handeln als erstrebenswert angesehen wird. Dabei ist es unwichtig, ob diese Vorbilder tatsächlich existieren, oder ob man sie sich aus verschiedenen Elementen zusammenbaut. Jede exponierte Stellung, in der Gesellschaft wie auch im Unternehmen, ist verbunden mit der Anforderung, Vorbild zu sein.

Eine philosophische Definition des Begriffs Vorbild besagt, daß man auf verschiedene Art und Weise daran arbeiten soll, sich selbst und anderen ein besseres Leben zu ermöglichen. Die Aspekte, nach denen man als Vorbild von anderen gewählt wird, sind:

- Wahrheit,
- Schönheit,
- Gutes,
- Einheit und Ganzheitlichkeit.

Wie wird man Vorbild?

Vorbild kann man nicht aus eigenem Antrieb werden, als Vorbild wird man gewählt. Vorbild zu sein bedeutet jedoch nicht nur ein Privileg und eine Ehrung der eigenen Person und Grundsätze. Vorbild zu sein bedeutet auch eine Verpflichtung zum Dienst.

Dienen und Führen sind dabei keine Gegensätze. Führen ist vielmehr eine besondere Kategorie des Dienens (***Dienstleistung in der Führung***). Denn alles, was die Mitarbeiter sehen, hören oder auf irgendeine andere Weise erfahren, färbt auf sie ab. Die eigene Vorbildfunktion muß man als Chance begreifen, eine Partnerschaft für ein gemeinsames Ziel einzugehen. Wenn sich eine Führungskraft mit ungerechtfertigten Sonderrechten und Statussymbolen umgibt, steigt auch das Anspruchsniveau der Mitarbeiter. Die ***Motivation*** sinkt, und jeder versucht nur noch, eigene Vorteile aus dem Arbeitsverhältnis zu ziehen. Wichtig im Zusammenhang damit, die eigene Vorbildfunktion wahrzunehmen, sind folgende Punkte:

- Das ***Betriebsklima*** muß gepflegt werden.
- Die Leistung der Mitarbeiter sollte anerkannt werden (***Anerkennungsgespräch***).

- Die Arbeit sollte ergebnisorientiert vermittelt und verrichtet werden.
- Die Arbeit sollte einem selbst und den anderen Spaß machen.
- Die ***Moderations***fähigkeit muß hochentwickelt sein.
- Eine Führungskraft sollte Charisma besitzen und ***Autorität*** vermitteln (***Persönlichkeit***).
- Interesse an den Mitarbeitern, auch auf privatem Gebiet, muß vorhanden sein.
- Man muß Wert legen auf die Zustimmung der Mitarbeiter (***Mitarbeiterbefragung***, ***Mitarbeiterbeteiligung***, kooperativer ***Führungsstil***).
- Man sollte bereit sein, auf ***Macht***erhalt und Machtausübung sowie Statussymbole zu verzichten.
- ***Soziale Kompetenz*** und ***emotionale Intelligenz*** müssen stark ausgeprägt sein.

Wenn man den deutschen Führungskräften Glauben schenken darf, haben es ihre Mitarbeiter ziemlich gut, denn mehr als drei Viertel der Vorgesetzten glauben, den Untergebenen ein Vorbild zu sein. Befragt man jedoch die Mitarbeiter, so halten nur knapp vierzig Prozent ihren Chef für ein Vorbild. Diese Diskrepanz zwischen Selbst–und Fremdeinschätzung ist ziemlich eklatant (***Selbstbild-/Fremdbild-Analyse***).

Welche Risiken beinhaltet die Vorbildfunktion?

- Die Orientierung an anderen Personen kann dazu führen, daß man die eigenen Möglichkeiten unterschätzt und vernachlässigt.
- Das angestrebte Vorbild kann so gewählt sein, daß es keinerlei Bezug zur Realität hat.
- Das Vorbild kann zu hoch angesetzt sein, so daß es nicht erreicht werden kann.
- Wer stets in die Fußstapfen seines Vorbildes tritt, wird niemals in der Lage sein, das Vorbild zu überholen.

Tip

Der erste Schritt auf dem Weg zum Vorbild ist im Grunde recht einfach: Halten Sie sich selbst konsequent an Ihre eigenen Regeln und Vorschriften.

Literaturtip

Zander, Ernst: Goethe und die Menschenführung, München, Mering 1997

Vorruhestand

Was ist Vorruhestand?

Der Vorruhestand ist eine vom Unternehmen gesteuerte vorzeitige ***Pensionierung***, also eine formalisierte, endgültige altersbedingte Beendigung der Berufsausübung von Mitarbeitern. Diese Maßnahme kann zu einer Verjüngung der Altersstruktur innerhalb des Unternehmens führen.

Wie geht das?

Vorruhestandsregelungen stellen eine sanfte Methode des ***Personalabbaus*** dar. Sie werden vor allem praktiziert, wenn aus betrieblichen Gründen Personal reduziert werden muß.

Das vorzeitige Ausscheiden aus dem Erwerbsleben, verbunden mit der Inanspruchnahme des Vorruhestandes, liegt in der freien Entscheidung des Mitarbeiters und des Unternehmens. Arbeitgeber und Arbeitnehmer können von Fall zu Fall die Beendigung des Arbeitsverhältnisses und den Eintritt in den Vorruhestand vereinbaren.

Arbeitnehmer, die das 58. Lebensjahr vollendet haben, können nach dem Vorruhestandsgesetz grundsätzlich in den Vorruhestand eintreten. Dazu müssen sie innerhalb der letzten fünf Jahre wenigstens 1080 Kalendertage, also drei Jahre, in einem beitragspflichtigen Arbeitsverhältnis gestanden haben. Auch Teilzeitarbeitnehmer können von der Vorruhestandsregelung Gebrauch machen. Der Eintritt in den Vorruhestand bedingt, daß der Mitarbeiter endgültig aus dem Erwerbsleben ausscheidet. Eine Rückkehr ins Berufsleben ist ausgeschlossen und die Ausübung von Nebentätigkeiten nur in begrenztem Rahmen erlaubt.

Das vom Arbeitgeber zu zahlende Vorruhestandsgeld muß mindestens 65 Prozent vom letzten Bruttogehalt betragen. Dabei wird der Durchschnitt der letzten sechs Monatsgehälter zugrunde gelegt. Zulagen, Akkordzuschläge, Prämien oder Urlaubsentgelte sind mit einzubeziehen. Nicht einzubeziehen sind einmalige oder jährlich wiederkehrende Zuwendungen wie Urlaubsgeld und dreizehntes Monatsgehalt.

Das Vorruhestandsgeld ist wie Arbeitsentgelt zu versteuern, das heißt der Arbeitgeber hat die anfallende Lohnsteuer abzuführen. Auch Kranken- und Rentenversicherung muß weiter abgeführt werden.

Man unterscheidet zwei Formen des Vorruhestandes: die einstufige Pensionierung und die gleitende Pensionierung.

- *Die einstufige Pensionierung:* Sie erfolgt von einem Tag auf den anderen. Ein genaues Datum ist festgelegt, an dem der Mitarbeiter seinen letzten Arbeitstag hat.
- *Die gleitende Pensionierung:* Die gleitende, auch mehrstufige oder stufenweise Pensionierung genannt, kann sich über einen mehrjährigen Zeitraum erstrecken. Die Arbeitszeit des Arbeitnehmers reduziert sich dabei langsam, aber stetig im Laufe der Zeit.

Die gleitende Pensionierung birgt einige wesentliche Vorteile gegenüber der einstufigen Pensionierung:
- Sie erleichtert dem Arbeitnehmer den Übergang in das Rentendasein. Das kann positive Rückkopplungen auf die Leistungen des Arbeitnehmers haben, weil dieser in seiner verbleibenden Zeit motivierter arbeitet.
- Die Erfahrungen langjähriger Arbeitnehmer im gleitenden Vorruhestand können für das Training junger Mitarbeiter eingesetzt werden. Sie könnten etwa im Rahmen des ***Mentoring*** im Unternehmen eingesetzt werden.

Welche Risiken und Gefahren beinhaltet der Vorruhestand?

Wenn von seiten des Unternehmens eine solche Regelung angeboten wird, kann dies zur Demotivierung der Mitarbeiter führen. Sie haben plötzlich das Gefühl, zum alten Eisen zu gehören.

Zudem kann ein Verlust an Know-how eintreten, wenn das Wissen der langjährigen Mitarbeiter nicht an die nächste Generation von Mitarbeitern weitergegeben wird.

Vorschlagswesen

Was ist das Vorschlagswesen?

In Deutschland wird das betriebliche Vorschlagswesen als eine Einrichtung zur Förderung, Begutachtung, Anerkennung und Umsetzung von Verbesserungsvorschlägen der Mitarbeiter definiert. Die Vorschläge beziehen sich auf die Vereinfachung von Arbeitsabläufen, die Qualitätssteigerung, die Unfallvermeidung oder auf Kosteneinsparungen. Das betriebliche Vorschlagswesen bietet allen Mitarbeitern die Möglichkeit, sich am Betriebsgeschehen und an der Verbesserung der Unternehmensorganisation zu beteiligen (***Veränderung***).

Wie funktioniert das Vorschlagswesen?

Der Erfolg eines Vorschlagswesens hängt mit der Organisationsstruktur und der ***Unternehmensphilosophie*** des Unternehmens zusammen ***(Change Management, Kaizen***).

Voraussetzungen für den Erfolg des Vorschlagswesens sind:

- Offenheit für Kritik,
- Akzeptanz neuer und ungewöhnlicher Ideen,
- Möglichkeit zu schnellem Feedback,
- Bereitschaft, Ideen wirklich umzusetzen und kritisierte Zustände zu verändern.

Ein Vorschlagswesen empfiehlt sich in Großunternehmen, in denen die Führungskräfte nur selten persönlichen Kontakt zu einzelnen Mitarbeitern pflegen können. Um dennoch aus allen Bereichen des Unternehmens Ideen, Anregungen, Verbesserungsvorschläge oder Kritik empfangen zu können, empfiehlt sich das institutionalisierte Vorschlagswesen.

Das betriebliche Vorschlagswesen kann in folgenden Bereichen eingesetzt werden:

- ***Rationalisierung:*** Die Steigerung der Effizienz von Arbeitsabläufen stand als traditionelles Ziel des betrieblichen Vorschlagswesen von Anbeginn im Vordergrund.
- ***Innovation:*** Innovationen, also Neuentwicklungen, sind die Grundlage jedes Unternehmens. Sie allein bestimmen über den Fortbestand des Unternehmens.

Jede Personalführung ist daran interessiert, ein erfolgreiches Vorschlagswesen zu betreiben. Die Gründe hierfür sind naheliegend. Es spart Kosten und bringt neue Ideen in das Unternehmen ein. Es muß allerdings in das ganzheitliche betriebliche Konzept passen und von den Führungskräften aller Ebenen getragen werden. Die Führungskräfte, deren Aufgabe es ist, übergeordnete Zielsetzungen des Unternehmens anzustreben, nehmen dabei eine wesentliche Rolle ein. Die Information, Förderung und ***Motivation*** der Mitarbeiter sind die Voraussetzung für ein funktionierendes Vorschlagswesen.

Das Vorschlagswesen hat außer den direkten Auswirkungen weitere positive Nebeneffekte:

- Die Identifikation der Mitarbeiter mit dem Unternehmen wird durch die Möglichkeit der aktiven Mitgestaltung des Betriebsgeschehens erhöht. Der Mitarbeiter ist motiviert und setzt sich mit den Problemen des Unternehmens auseinander.
- Leistungsreserven werden freigesetzt und die Kreativität sowie das Verantwortungsbewußtsein der Mitarbeiter gefördert.
- Durch die gemeinsame Arbeit an einem Vorschlag kann eine positive ***Teamentwicklung*** stattfinden.
- Das ***Betriebsklima*** insgesamt kann verbessert werden.
- Eine Optimierung von Arbeitsabläufen kann zur Qualitätsverbesserung und gleichzeitig zum Abbau von ***Streß*** führen.

Welche Risiken und Gefahren beinhaltet das Vorschlagswesen?

Meist besteht die Gefahr einer Frustration der Mitarbeiter, wenn sie merken, daß ihre Vorschläge gar nicht oder zu langsam umgesetzt werden. Der hohe bürokratische Aufwand kann abschreckend und eher innovationshemmend als -fördernd wirken. Die Honorierung der Vorschläge kann Neid und Mißgunst unter den Kollegen hervorrufen.

Siehe auch Checkliste

Literaturtip

Merz, Eberhard/Biehler, Bernhard: Betriebliches Vorschlagswesen, professionell und wirksam, Landsberg am Lech 1994

Weiterbildung

Was ist Weiterbildung?

Unter Weiterbildung versteht man alles das, was man lernt, während man bereits im Berufsleben steht. Weiterbildung ist notwendig, um mit neuen beruflichen Entwicklungen Schritt halten zu können. Sie stellt einen wichtigen Teil der ***Mitarbeiterentwicklung*** dar.

Wie funktioniert Weiterbildung?

Sobald sich das Arbeitsgebiet eines Mitarbeiters ändert, ändern sich auch dessen Arbeitsanforderungen. Er muß auf die neuen Aufgaben vorbereitet und ausreichend geschult werden. Unkenntnis ist oft die Ursache für Frustrationen und ***Arbeitsunzufriedenheit***. Deshalb ist Weiterbildung grundsätzlich immer sinnvoll.

Weiterbildungsmaßnahmen können:

- die Leistungsfähigkeit der Mitarbeiter erhöhen,
- der Mitarbeiter auf neue Arbeitsanforderungen vorbereiten,
- die Motivation der Mitarbeiter verbessern,
- das Selbstbewußtsein der Mitarbeiter steigern.

Vor allem bei ***Innovationen*** im Unternehmen ist die Weiterbildung der Mitarbeiter besonders wichtig. Die Einführung ***neuer Technologien*** ist nur sinnvoll im Zusammenhang mit umfassenden Schulungen. Neue Computerprogramme zum Beispiel können nur dann optimal genutzt werden, wenn die Mitarbeiter sie auch beherrschen. Um einen Mitarbeiter zielgerichtet und optimal weiterbilden zu können, müssen einige Voraussetzungen erfüllt sein:

- Der Lernbedarf eines Mitarbeiters muß bekannt sein.
- Zielgerichtete Weiterbildungsmaßnahmen müssen vorhanden sein.
- Ein Mitarbeiter muß bereit sein, sich weiterbilden zu lassen. Dafür braucht er ***Motivation*** und die Bereitschaft, zu lernen.
- ***Interne Kommunikation*** ist im Zusammenhang mit Weiterbildungsmaßnahmen ebenfalls wichtig. Der Mitarbeiter muß wissen, was auf ihn zukommt. Er darf nicht überfordert werden.
- Es muß ausreichend Zeit für die Weiterbildungsmaßnahmen des Mitarbeiters eingeplant werden. Von anderen Arbeiten sollte er dann soweit wie möglich entlastet werden.
- Der Vorgesetzte sollte die Inhalte der Weiterbildungsmaßnahmen kennen, um ihnen im täglichen Arbeitsalltag nicht kontraproduktiv entgegenzuwirken.

Es gibt verschiedene Arten von Weiterbildung. In der ***Mitarbeiterentwicklung*** unterscheidet man zwischen stellengebundenen Personalentwicklungsmaßnahmen (Training on the job) und stellenübergreifenden Personalentwicklungsmaßnahmen (Training near job).

Training on the job

Zu den Maßnahmen des Trainings on the job gehören einerseits Maßnahmen, die der allgemeinen Vorbereitung des Mitarbeiters auf seinen konkreten späteren Einsatz dienen. Dazu gehören Informationsveranstaltungen wie Vorträge, Seminare, Lehrgänge, Vorlesungen, programmierte Lehrgänge, in denen der Lernstoff in kleine Lernelemente unterteilt wird und kombinierte Methoden, in denen interaktive Informationsvermittlung mit reinem ***Training*** gekoppelt ist. Beim Einsatz gruppendynamischer Methoden wird das Verständnis des eigenen Sozialverhaltens und seiner Auswirkung auf Dritte erlernt. Beispiele hierfür sind:

- Rollenspiele: Der Mitarbeiter wird für Konfliktsituationen geschult.
- Lernkonferenzen: Der Lernstoff wird in Gruppendiskussionen erarbeitet.
- Planspiele und Fallstudien: Das Lösen von Problemen wird in der Gruppe erlernt.

Zum Training on the job zählt man auch Maßnahmen, die arbeitsbegleitend als praktische Schulungen innerhalb des Unternehmens durchgeführt werden:

- Planmäßige Schulung: Der Mitarbeiter wird von Führungskräften und Kollegen in die verschiedenen Aspekte der Arbeitsaufgabe eingearbeitet (***Mentoring***, ***Counselling***). Diese Weiterbildungsmaßnahme findet aktiv statt und darf keine reaktive Anpassungsschulung sein.
- Job enlargement: Das Aufgabenspektrum des Mitarbeiters wird um gleichartige Arbeitsinhalte ausgedehnt.
- Job enrichment: Der Mitarbeiter wird in Planung, Steuerung und Überwachung miteinbezogen und erhält einen besseren Überblick über betriebliche Zusammenhänge.
- Bei der Entwicklung von Führungskräften wird den zukünftigen Vorgesetzten die Verantwortung zunächst häppchenweise übertragen, beispielsweise als Assistent mit eingeschränkten Befugnissen (***Delegation***).
- ***Coaching***, das von höherrangigen Führungskräften oder durch externe Trainer oder Berater durchgeführt wird.
- Die Mitarbeit in Projektgruppen, die den fachlichen Horizont erweitern und die Team- und Integrationsfähigkeit schulen (***Teamentwicklung***).
- Multiples Management: Gruppen von Führungskräften arbeiten zusammen und geben ihre Lösungsvorschläge an die Unternehmensleitung weiter.

Training near job

Training near job, also stellenübergreifende Personalentwicklungsmaßnahmen, dienen der allgemeinen Weiterqualifizierung des Mitarbeiters. Sie befähigen ihn, über den Tellerrand hinauszuschauen und betriebliche Zusammenhänge zu erkennen. Zu diesen Weiterbildungsmaßnahmen gehören Lernwerkstatt-Konzepte, Arbeit in ***Qualitätszirkeln***, Job-Rotation und Stellvertretung.

Alle Weiterbildungsmaßnahmen können sowohl intern als auch extern durchgeführt werden.

Interne Weiterbildungsmaßnahmen

Sie sind vor allem für aufgabenbezogene Qualifizierung wie die Vermittlung von Fachkenntnissen geeignet. Vorteile und Nachteile eines solchen Trainings sollten sorgfältig gegeneinander abgewogen und mit dem Mitarbeiter besprochen werden. Durch die bekannte Umgebung erhöht sich die Teilnahmebereitschaft des Mitarbeiters. Vorbehalte gegen diese Trainingsmaßnahmen sind selten, da sich der Mitarbeiter in vertrauter Umgebung bewegt. Die Trainer kennen das Arbeitsumfeld des Mitarbeiters und können so auf konkrete Beispiele Bezug nehmen. Damit läßt sich auch der Wissenstransfer verbessern. Inhalte und Termine des Trainings können nach Bedarf abgestimmt werden. Andererseits reicht das Methoden-Know-how der Trainer manchmal nicht aus, die unternehmenseigenen Trainer werden von Bekannten oder Kollegen nicht akzeptiert.

Externe Weiterbildungsmaßnahmen

Sie sind besonders geeignet für laufbahn- und karriereorientierte Qualifizierung. Dazu gehört vor allem die Förderung von ***Schlüsselqualifikationen*** wie ***soziale Kompetenz***, ***emotionale Intelligenz*** oder ***Führungskompetenz***. Besonderer Vorteil externer Seminare ist, daß hier ein breites Angebot an Weiterbildungsmaßnahmen existiert. Vor allem Rahmenqualifikationen, wie Rhetorik oder Fremdsprachen, können dadurch erworben werden. Spezialisierte Trainer verfügen meist über ein umfassendes Methoden-Know-how. Und diese Weiterbildungsmaßnahmen werden ständig überarbeitet und sind damit auch ständig aktuell; das betrifft vorrangig den pädagogischen Hintergrund und die didaktische Aufbereitung der Seminare. Andererseits kann der anschließende Transfer der gelernten Inhalte auf den individuellen Arbeitsalltag schwierig sein. Wenn nicht bereits ein Mitarbeiter an einem Kurs oder Seminar eines bestimmten Veranstalters teilgenommen hat, ist die Qualität der Maßnahmen zunächst unbekannt. Und schließlich können unternehmensspezifische Anforderungen nur selten berücksichtigt werden.

Welche Risiken beinhaltet Weiterbildung?

Weiterbildungsmaßnahmen kosten Zeit und Geld. Die kurzfristig recht hohen Investitionen rechnen sich erst langfristig.

Qualifizierte Mitarbeiter können das Unternehmen wieder verlassen. Die Investition in die Zukunft wird dann vielleicht zum Geschenk an den Wettbewerber.

Literaturtip

Möllemann, Jürgen: Innerbetriebliche Weiterbildung, Braunschweig, Wiesbaden 1990

Wiederkehrergespräch

Was ist ein Wiederkehrergespräch?

Wenn ein Mitarbeiter nach längerer ***Krankheit*** in den Betrieb zurückkehrt, sollte man ein Wiederkehrergespräch führen. Ziel dieses Gespräches ist es, den Zurückkehrenden wieder an die Arbeit heranzuführen und über Neuerungen aufzuklären. Außerdem sollte man herausfinden, ob eventuell die Arbeit selbst oder Rahmenbedingungen im Arbeitsalltag etwas mit der langen ***Fehlzeit*** zu tun hatten. Ist dies der Fall, so sollten Lösungen gefunden werden, um berufsbedingte Erkrankungen in Zukunft zu verhindern.

Die Erfahrung der Unternehmen, die seit längerem Wiederkehrergespräche mit ihren Mitarbeitern führen, ist ausschließlich positiv. Mängel am ***Arbeitsplatz*** und in der Arbeitsorganisation konnten dadurch aufgedeckt und behoben werden. Das hat die Fehlzeiten in den Unternehmen deutlich verringert.

Wie sollte ein Wiederkehrergespräch geführt werden?

Das Wiederkehrergespräch sollte möglichst am ersten Arbeitstag oder zumindest in der ersten Woche stattfinden. Das Wiederkehrergespräch ist immer nach längerer Abwesenheit des Mitarbeiters vom Unternehmen angebracht. Darüber hinaus sollte es auch bei wiederholten zyklischen Fehlzeiten, beispielsweise dem sogenannten »blauen Montag«, ein solches Gespräch geben. Ein Wiederkehrergespräch sollte allerdings *nicht* von dem direkten Vorgesetzten des Mitarbeiters geführt werden.

Wie bei allen ***Mitarbeitergesprächen*** muß das Gespräch gut geplant und vorbereitet werden. Störungen jeglicher Art sollten ausgeschlossen sein. Offenheit von seiten desjenigen, der das Gespräch führt, sei es der Personalchef oder ein Mitglied des Betriebsrates, ist oberstes Gebot. Damit kann man einer eventuellen ***Verschlossenheit*** des Mitarbeiters begegnen.

Das Wiederkehrergespräch sollte sich am Mitarbeiter orientieren. Der Gesprächspartner sollte dem Mitarbeiter unbedingt zeigen, daß er sich darüber freut, ihn wieder gesund zu sehen. Der Mitarbeiter ist schließlich nicht nur eine Nummer auf dem Personalbogen.

Man sollte sich für ein solches Gespräch sehr viel Zeit nehmen. Das Gesprächsende sollte offen sein. Der Mitarbeiter muß spüren, daß das Unternehmen sich für ihn interessiert und auch bereit ist, Rahmenbedingungen zu ändern und zu verbessern. Der Mitarbeiter muß bei diesem Gespräch den Eindruck gewinnen, daß man sich um seine persönlichen Belange kümmert und nicht um die Belange der Firma.

Ein gut geführtes Mitarbeitergespräch liefert häufig Hinweise auf Fehlerquellen innerhalb des Betriebes. So kann beispielsweise die Ergonomie am ***Arbeitsplatz*** des Mitarbeiters nicht stimmen, oder ungesunde raumklimatische Verhältnisse können zu wiederholten Erkrankungen führen. Schon mit kleinen ***Veränderungen*** läßt sich der Krankenstand oftmals verringern – man muß nur einmal auf sie aufmerksam gemacht werden. ***Beschwerden*** des Mitarbeiters über die Arbeitsbedingungen müssen dabei auf jeden Fall ernst genommen werden.

Als ***Gesprächstechnik*** empfiehlt sich hier zwingend das nondirektive Gespräch. Das heißt vor allem ***aktives Zuhören***. In einem Wiederkehrergespräch muß der Gesprächspartner versuchen, sich in den Mitarbeiter hineinzuversetzen. Durch behutsames Nachfragen kann man auch herausfinden, ob eventuell ***Arbeitsunzufriedenheit*** hinter der Erkrankung steckt. Denn oft haben Krankheiten keine physischen, sondern psychische Ursachen, die mit ***Streß***, ***Mobbing*** oder anderen Störungen des ***Betriebsklimas*** zusammenhängen können.

Welche Gefahren beinhaltet ein Wiederkehrergespräch?

Der Mitarbeiter könnte das Gespräch als stillen Vorwurf von seiten des Unternehmens ansehen. Er darf sich bei diesem Gespräch auf keinen Fall überwacht oder gar bedroht fühlen. Und keinesfalls sollte der Mitarbeiter das Gefühl haben, sich für seine Krankheit rechtfertigen zu müssen.

Werden Beschwerden des Mitarbeiters in einem Wiederkehrergespräch nicht ernst genommen, so verliert das Führungsinstrument »Wiederkehrergespräch« seine Glaubwürdigkeit. Der Mitarbeiter kann ein solches Gespräch dann als ungerechtfertigte ***Kontrolle*** empfinden. Er wird mißtrauisch, wodurch seine ***Motivation*** deutlich nachlassen kann.

Siehe auch Checkliste

Workshop

Was ist ein Workshop?

Ein Workshop ist ein Arbeitstreffen in Klausuratmosphäre, bei dem großer Wert auf den Einsatz von ***Kreativitätstechniken*** gelegt wird. Die Teilnehmer eines Workshops widmen sich dabei einem ausgewählten Thema sehr intensiv. Obwohl der Name »Arbeit« signalisiert, ist ein Workshop jedoch meist mit einer verhältnismäßig »relaxten« Grundstimmung verbunden, in der es sich sehr gut kreativ arbeiten läßt. Man unterscheidet zwischen verschiedenen Arten von Workshops:

- Problemlösungs-Workshops,
- Konfliktlösungs-Workshops,
- Konzeptions-Workshops,
- Zukunftswerkstatt,
- Entscheidungs-Workshop.

Ein Workshop empfiehlt sich immer dann, wenn komplexe Aufgaben gelöst, Konflikte zwischen Führung und Mitarbeitern ausgeräumt, neue Konzeptionen oder Visionen entwickelt oder Entscheidungen getroffen werden sollen. Ein Workshop kann ein Instrument der ***Organisationsentwicklung*** sein. Dort eignet er sich dazu, Fehleranalysen durchzuführen oder Schwachstellen in der Organisation zu finden. Ein Workshop kann ebenfalls als ***Trainings***maßnahme eingesetzt werden. So wird er beispielsweise im Rahmen von ***Assessment-Centern*** zur ***Personalauswahl*** oder ***Beförderung*** von Mitarbeitern gerne veranstaltet.

Wie veranstaltet man einen Workshop?

Bei einem Workshop nimmt sich eine Gruppe Zeit, um außerhalb des Arbeitsalltages eine spezielle Aufgabe zu lösen. Ein Workshop muß sowohl organisatorisch wie inhaltlich erstklassig vorbereitet werden. Die wichtigste Voraussetzung ist jedoch der Wille der Teilnehmer, die gestellten Aufgaben auch wirklich zufriedenstellend zu lösen.

Die Teilnehmer eines Workshops können sowohl externe Spezialisten als auch direkt Betroffene der jeweiligen Aufgabenstellung sein. Die ***Moderation*** übernimmt ein Moderator, der ein Experte für Besprechungsmethodik und Gruppendynamik sein sollte. Die Zeit für einen Workshop sollte niemals zu knapp bemessen werden. Der Ablauf eines Workshops gliedert sich in der Regel folgendermaßen:

1. *Vorfeldkontakte:* Der Termin für den geplanten Workshop wird festgelegt, die Teilnehmer werden eingeladen, der Raum gebucht.
2. *Einfädelphase:* Der Moderator bittet jeden der Teilnehmer darum, seinen Standpunkt zu dem Thema des Workshops darzulegen.
3. *Informationsphase:* Ein gemeinsamer Informationsstand wird hergestellt.
4. *Zielphase:* Ein Ziel wird gemeinsam definiert.
5. *Ideensuche und Ordnung:* In Gruppen aufgeteilt, machen die Teilnehmer jeweils acht bis zehn Vorschläge.
6. *Vertiefung:* Die Vorschläge werden bewertet und in Kleingruppen konkretisiert.
7. *Präsentation und Diskussion der Ergebnisse:* Die Teilnehmer präsentieren die konkretisierten Vorschläge im Plenum und diskutieren sie, Einwände und Fragen werden dabei notiert.
8. *Bewerten und* ***Entscheiden****:* Argumente für favorisierte Vorschläge werden gesammelt und diskutiert. Anschließend stimmt die Gruppe darüber ab.

9. *Maßnahmenkatalog:* Im Idealfall ist das Ergebnis so konkret, daß es direkt umgesetzt werden kann. Ein Maßnahmenkatalog oder Aktionsplan wird erstellt. Es muß ein Teilnehmer festgelegt werden, der kontrolliert, ob die erarbeiteten Maßnahmen auch umgesetzt werden.

Ein Workshop bietet einer einfachen Besprechung gegenüber klare Vorteile:

- *Konzentration auf eine Thematik:* Man kann sich einer Aufgabe in Ruhe ohne Störungen und ohne Zeitdruck widmen. Ein tieferes Eindringen und differenzierte Sichtweisen sind möglich.
- *Kurzfristige Aktivierung von Leistungsreserven:* Die Rahmenbedingungen eines gut laufenden Workshops führen dazu, daß sich die Teilnehmer förmlich in die Arbeit stürzen.
- *Synergieeffekte:* Die Vielfalt der Sichtweisen regt neue Gedanken an. Das Ergebnis eines Workshops ist mehr als die Summe dessen, was die einzelnen Teilnehmer einbringen.
- *Workshop-Ergebnisse sind Gruppenergebnisse:* Dadurch erhöht sich die Akzeptanz der Ergebnisse. Die Um- und Durchsetzung der Workshop-Ergebnisse wird erleichtert.
- *Positive Nebenwirkungen:* Workshops haben positive Auswirkungen auf die ***Mitarbeiterentwicklung***. Fähigkeiten wie das Zusammenarbeiten im Team, das prägnante Einbringen von Informationen oder das Über-den-Tellerrand-Blicken können optimal erlernt werden.

Welche Risiken und Gefahren beinhaltet ein Workshop?

Die Risiken eines Workshops lassen sich in drei Worten zusammenfassen: teuer, aufwendig und riskant: Der Kostenfaktor eines Workshops ist sehr hoch, da Arbeitsausfall, Hotel, Reisekosten und Spesen der Teilnehmer bezahlt werden müssen. Die Vorbereitung eines Workshops verschlingt ebenfalls viel kostbare Zeit. Zudem bleibt die Unsicherheit, ob der Workshop auch tatsächlich zu einem brauchbaren Ergebnis führt. Denn eine optimale Lösung läßt sich auch durch dieses Verfahren nicht garantieren.

Des weiteren läßt sich nie vorhersagen, ob die in einem Workshop entwickelten Maßnahmen auch tatsächlich umgesetzt werden können. Zu hohe Zieldefinitionen, die zu keinen Erfolgen führen, können zu einer Frustration der Teilnehmer führen.

Siehe auch Checkliste

Literaturtip

Klebert, Karin/Schrader, Einhard/Straub, Walter G.: Moderationsmethode, Essen-Werden o. J. (Ringbuch)

Zeitmanagement

Was ist Zeitmanagement?

Zeitmanagement, Time-based-Management, High-Speed-Management, Tempomanagement – all das sind verschiedene Ausdrücke für die gleiche Sache. Mit Hilfe von Zeitmanagement läßt sich das kostbare Gut »Zeit« sinnvoll einteilen und investieren. Oder anders gesagt: Zeitmanagement managt Zeit, besonders ***Arbeitszeit***. In jedem Arbeitsprozeß sind einige große, vor allem aber viele kleine Zeiteinheiten versteckt, die ungenutzt vergehen. Zeitmanagement wird dazu eingesetzt, den gesamten Prozeß auf diese ungenutzten Stunden und Minuten hin zu überprüfen. Ziel ist es, die Ausreißer zu finden und die leeren Minuten mit Aktivitäten zu füllen. Dabei müssen alle Betriebsprozesse auf den Prüfstand kommen: von der Ideen-Entwicklung, über das Design, das Prototyping, die Konstruktion und Fertigung bis hin zur Markteinführung. Anfangen aber sollte man mit einer Analyse des eigenen Zeitplanes.

Beim Zeitmanagement gilt es, das sogenannte Parkinsonsche Gesetz zu beachten, das folgendermaßen lautet: Arbeit paßt sich der verfügbaren Zeit an. Feste Terminierungen und knappe Zeitkalkulierung sind deshalb hilfreich, um Arbeiten effizient zu erledigen. Konkret bedeutet das zum Beispiel: Wenn man für vier Briefe vier Stunden Zeit hat, so wird man sie in dieser Zeit auch fertig haben. Stehen nur zwei Stunden zur Verfügung, sind die Briefe allerdings ebenfalls fertig – und dabei nicht unbedingt kürzer oder schlechter geschrieben.

Wie funktioniert Zeitmanagement?

Um sinnvolles Zeitmanagement betreiben zu können, muß man alle Arbeitsprozesse laufend zeitlich erfassen. Man muß wissen, was wie lange dauert und wo die vielen kleinen Zeiteinheiten eigentlich genau stecken. Dann kann man die Zeit auch sinnvoll managen.

Zeitmanagement ist immer dann sinnvoll, wenn:

- man ständig gestreßt ist und das Gefühl hat, der Tag sollte mindestens zehn Stunden mehr haben.
- die Effizienz einzelner Arbeitsabläufe gesteigert werden soll.
- zwei oder mehrere unterschiedliche Arbeitsprozesse miteinander koordiniert werden sollen.

Man unterscheidet verschiedene Formen des Zeitmanagements:
- das eigene, alltägliche Zeitmanagement,
- Zeitmanagement für Gruppenarbeiten,
- Zeitmanagement für strategische Unternehmensplanung.

Allen Formen von Zeitmanagement sind folgende Schritte gemein:
- *Zeit erfassen:* Man sollte genau wissen, welche Arbeitsschritte wie lange dauern. Es reicht nicht, ein paar Schätzungen oder Vermutungen anzustellen. Vielmehr sollte man einige Wochen lang ein genaues Aktivitätenprotokoll führen.
- *Aktivitätenprotokoll auswerten und Zeiteinheiten genau analysieren:* Bei der sorgfältigen Auswertung der Aktivitätenprotokolle bekommt man ein recht detailliertes Bild davon, wo die persönlichen »Zeitdiebe« stecken. Zeitkiller oder Leerlaufzeiten lassen sich entlarven. Die Dauer einzelner Arbeitsschritte, die man entweder über- oder unterschätzt hat, kann man damit ebenfalls genau erkennen.
- *Maßnahmen ergreifen:* Weiß man genau, wo die Zeit eigentlich bleibt, so kann man Maßnahmen zur Verbesserung des Zeitmanagements einleiten. Organisatorische Schwachstellen wie langsame Bürokratien oder unnötige Meetingkultur können effizienter gemacht werden. Einzelne Arbeitsschritte werden realistischer geplant.

Jeder, der das Gefühl kennt, im Arbeitsalltag ständig der Uhr hinterherzulaufen, wird den Vorteilen des Zeitmanagements zustimmen:
- Zeitmanagement hilft dabei, ***Streß*** abzubauen. Arbeitsdruck, der sowohl auf den Mitarbeitern als auch auf der eigenen Person lastet, kann reduziert werden. Das wirkt sich sowohl positiv auf die ***Gesundheit*** als auch auf das ***Betriebsklima*** aus.
- Sowohl die ***Motivation*** als auch die Leistung der Mitarbeiter kann erhöht werden.
- Kosten, die durch Leerlaufzeiten oder Zeitkiller verursacht werden, können eingespart werden.
- Arbeitsprozesse können sinnvoll aufeinander abgestimmt werden.

Welche Gefahren beinhaltet das Zeitmanagement?

Die permanente Suche nach Zeiteinsparungen, nach ***Rationalisierung***, kann zur Besessenheit werden. Das kann dazu führen, daß man zuviel Zeit in das Zeitmanagement investiert.

Wird der Zeitfaktor als Maßstab aller Dinge deklariert, so kann es passieren, daß man andere wichtige betriebliche Faktoren aus den Augen verliert. Denn Zeit ist nur einer von vielen Faktoren, die ein Unternehmen steuern und beeinflussen.

Das Einteilen der Zeit in viele kleine Einheiten beeinhaltet auch einen negativen Aspekt: Subjektiv gesehen vergeht »zerschlagene« Zeit schneller. Wenn man also seinen Arbeitstag minutiös durchorganisiert, so kann das durchaus das genaue Gegenteil des eigentlich gewünschten Effektes zur Folge haben.

Siehe auch Checkliste

Literaturtip

Mackenzie, Alec: Die Zeitfalle, Heidelberg 1995

Zeugnis

Was ist ein Zeugnis?

Ein Zeugnis ist eine Urkunde, die der Arbeitgeber dem Arbeitnehmer nach Beendigung des Arbeitsverhältnisses ausstellen muß. Es ist eine schriftliche Beurteilung, die gesetzlichen Bestimmungen unterliegt; so darf ein Zeugnis beispielsweise keine negativen Formulierungen und keine Kritik beinhalten.

Wie sollte ein Zeugnis ausssehen?

Es werden zwei unterschiedliche Arten von Zeugnissen unterschieden, das einfache und das qualifizierte Zeugnis. Das einfache Zeugnis enthält nur kennzeichnende Angaben zum Arbeitnehmer und bestätigt die Art und Dauer der Beschäftigung. Das qualifizierte Zeugnis wird auf Wunsch des

Arbeitnehmers ausgestellt und beschreibt und bewertet zusätzlich dessen Arbeitsleistung und Führung.

Inhalt eines qualifizierten Zeugnisses:

- Angaben über Arbeitnehmer und Arbeitgeber,
- Beschäftigungsdauer,
- Positionsbezeichnung,
- Aufgabenbeschreibung,
- Beurteilung der Leistung nach Quantität, Qualität und Einsatzbereitschaft,
- Beurteilung der Führung gegenüber Vorgesetzten, Mitarbeitern, Kollegen und eventuell Kunden,
- ein Schlußsatz, in dem der Grund des Ausscheidens, Dank für die Mitarbeit, ein Ausdruck des Bedauerns oder Zukunftswünsche stehen.

Zeugnisse müssen einerseits die Wahrheit über Leistung und Verhalten des Mitarbeiters enthalten, um zukünftigen Arbeitgebern ein zuverlässiges Gesamtbild zu geben. Andererseits müssen sie wohlwollend formuliert sei, um den Mitarbeiter in seinem Fortkommen nicht zu behindern. Aufgrund dieses Balanceakts hat sich eine besondere Zeugnissprache entwickelt, die dem Leser eine Gesamtbeurteilung des Bewerbers erleichtern soll. In einschlägigen Büchern werden die Floskeln und ihre wahren Bedeutungen erklärt. Ein wohlklingender Begriff kann danach sehr negativ belegt sein. Beispielsweise drückt »Der Mitarbeiter hat sich redlich bemüht« eigentlich die Unfähigkeit des Beurteilten aus.

Welche Risiken beinhalten Zeugnisse?

Ein Zeugnis kann zur indirekten Abrechnung genutzt werden. Dies sollte man als Führungskraft tunlichst vermeiden. Es zeigt nur die Art des im Unternehmen gepflegten ***Führungsstils*** und repräsentiert die ***Unternehmenskultur***. Ein respektvoller Umgang miteinander auch nach der Trennung zeichnet dagegen ein positives Image nach außen.

Zeugnisse sind immer wieder Gegenstand von juristischen Auseinandersetzungen. Arbeitnehmer haben das Recht auf ein ordentliches Zeugnis. Die gesetzlichen Bestimmungen sind in umfangreicher Literatur dokumentiert und im Grunde recht einfach einzuhalten.

Immer häufiger lassen Vorgesetzte ihre Mitarbeiter die Zeugnisse selbst schreiben. Dadurch wird das Zeugnis letztlich sinnentleert, da es nur noch eine Scheinreferenz darstellt. In Bewerbungsverfahren sollte man sich also auf die Aussagekraft von Zeugnissen nur bedingt verlassen.

Literaturtip

Friedrich, Hans: Zeugnisse im Beruf, Niedernhausen 1997

Zielsetzung

Was heißt Zielsetzung?

Zielsetzung heißt, etwas Konkretes erreichen zu wollen, sich etwas vorzunehmen oder auf etwas hin zu arbeiten. Sich ein Ziel zu setzen ist der erste Schritt, es zu erreichen.

Die Funktionsweise des menschlichen Gehirns ist mit der eines Autopiloten vergleichbar: Zuerst wird ein konkretes Ziel vorgegeben. Danach steuert man mittels einer sich selbst korrigierenden Feedbackschleife automatisch auf das programmierte Ziel zu. Diese nützliche Eigenart des Unbewußten läßt sich in vielen Alltagssituationen beobachten (***Bewußtes/Unbewußtes***). Man sitzt beispielsweise in einem Konferenzraum und möchte eine Tasse Kaffee trinken. Sobald man sich von seinem Stuhl erhebt, konzentriert sich die gesamte Aufmerksamkeit präzise auf das gewünschte Ziel. Zum Tisch gehen, Tasse greifen, Kaffee einschenken, Tasse an den Mund führen und schlucken. All das läuft automatisch ab. Man denkt nur an den Kaffee, und das Gehirn aktiviert automatisch alle notwendigen Verhaltensprogramme. Selbst die Motorik funktioniert gänzlich unbewußt. Man kann währenddessen sogar mit den anderen Teilnehmern plaudern. Dieses Beispiel verdeutlicht, daß man sein Ziel ganz einfach erreichen kann – man muß dazu nur sein Unterbewußtsein auf den gewünschten Zielzustand programmieren.

Zielsetzung ist sowohl im Berufsleben als auch für die persönliche ***Lebensplanung*** außerordentlich wichtig. Wer nicht weiß, in welchen Hafen er segeln will, für den ist kein Wind geeignet. Schon die alten Seefahrer wußten, daß ohne Ziel der beste Kompaß nutzlos ist. Wer seine Ziele nicht kennt, kann nicht beurteilen, ob er sich auf dem richtigen Weg befindet, und wer kein Ziel hat, überläßt seinen Weg und seine Ankunft dem Zufall. Auch im Privatleben gilt: Wünsche, Träume und Visionen sind die Samen, aus denen die persönliche Zukunft erwächst. Eine bewußte Lebensführung braucht möglichst präzise Vorstellungen der gewünschten Ziele. Die Schnittmenge zwischen beruflichen und privaten Zielen findet sich in der ***Karriereplanung***.

Wie sollte man in der Führung Ziele setzen?

Zielsetzungen gehören zu den Führungsaufgaben. Man unterscheidet dabei zwischen persönlichen Zielen und Tätigkeitszielen. Persönliche Ziele betreffen die Leistungen, Kompetenzen oder den Zustand des einzelnen. Tätigkeitsziele hingegen orientieren sich immer auf das Unternehmen oder ein bestimmtes Arbeitsprojekt. Individuelle Tätigkeitsziele legen fest, welche Resultate erreicht werden sollen. Man unterscheidet dabei ergebnis– oder projektbezogene Zielsetzungen und gleichbleibende Zielsetzungen. Tätigkeitsziele eines Unternehmens bestimmen den Einsatz des einzelnen Teams oder der einzelnen Abteilung. Auf Abteilungsebene beziehen sie sich auf den Auftrag des Unternehmens, seine zentralen Werte und strategischen Pläne. Auf Teamebene beziehen sie sich auf den Zweck des Teams und seine Aufgaben innerhalb des Unternehmens. Auch auf individueller Ebene gibt es Tätigkeitsziele. Sie betreffen Verantwortungen, Tätigkeitsbereiche oder Schlüsselaufgaben.

Tätigkeitsziele sollten folgende Charakteristika aufweisen:

- Sie stimmen mit den Werten und Zielen der Organisation überein.
- Sie sind präzise, klar und gut definiert und positiv formuliert.
- Sie sind meßbar, das heißt, man kann anhand verschiedener Kriterien feststellen, wann das Ziel erreicht ist.
- Sie sind erreichbar, das heißt, sie liegen im Rahmen der eigenen Möglichkeiten oder der Möglichkeiten des Mitarbeiters.
- Sie wurden gemeinsam zwischen Führungskraft und Mitarbeiter vereinbart (***Zielvereinbarung***).
- Die Zeit, die zur Erreichung des Zieles vorgesehen ist, ist begrenzt.
- Die Ziele sind teamorientiert.

Eine Zielsetzung gliedert sich in folgende Schritte:

1. *Festlegung von Tätigkeitszielen:* Der Prozeß sollte damit beginnen, daß eine Liste der mit einer Tätigkeit verbundenen Hauptaufgaben erstellt wird. Danach einigt man sich auf geeignete Ziele und Leistungsstandards.
2. *Festlegen von Zielen:* Zunächst müssen anhand der Liste der Verantwortlichkeiten oder Hauptaufgaben die wichtigsten Ergebnisbereiche festgelegt werden. Diesen versucht man dann, ein Ziel zuzuordnen.

3. *Visionen entwickeln:* Zur Zielsetzung braucht man zunächst eine Vision (***visionäres Management***). Das muß erst einmal nicht realistisch sein, sondern sollte den inneren Wünschen und Träumen entspringen. Um Hemmungen beim Entwickeln dieser Ziele zu überwinden, empfiehlt sich der Einsatz von ***Kreativitätstechniken***.
4. *Formulieren der ersten Schritte:* Die frei formulierten Visionen werden nun mit den zu erwartenden Schwierigkeiten und Hindernissen konfrontiert. Diese wiederum werden in Verhältnis zu den vorhandenen Ressourcen wie Zeit, Mitarbeiter oder Geld gesetzt. Auf dieser Basis werden dann die ersten und nächsten Schritte festgelegt, die langfristig der angestrebten Vision näherkommen.
5. *Pessimismus-Check:* Anschließend sollte man überprüfen, ob sich die formulierten Schritte tatsächlich in die Realität umsetzen lassen oder was möglicherweise dagegen spricht. Gegebenenfalls sind die ersten Schritte neu zu benennen und kritisch zu überprüfen.
6. *Konkrete Zieldefinition:* Aus den formulierten ersten Schritten werden zum Abschluß der Zielsetzung konkrete, erreichbare Ziele definiert. Ziele sind positiv und zukunftsorientiert formuliert. Für jede einzelne Maßnahme muß die dreifache Frage »Wer macht was bis wann« konkret beantwortet werden. Ein Ziel ist nur dann ein wirkliches Ziel, wenn überprüfbar und objektiv feststellbar ist, ob und wann dieses Ziel erreicht ist. Ziele sind also quantifizierbar und zeitbezogen – sie definieren immer spezifische und meßbare Ergebnisse und den Zeitpunkt, an dem sie erreicht werden können.
7. *»T-O-T-E-Konzept«:* Bei der Umsetzung der festgelegten Schritte zum Ziel ist das T-O-T-E-Konzept eine hilfreiche Methode: Die vier Buchstaben stehen für »Test-Operate-Test-Exit«. Jeder Buchstabe symbolisiert einen bestimmten Schritt im menschlichen Zielerreichungsprogramm:
   - Test – Zunächst wird das Zielbild mit der Realität verglichen. Man überprüft, wie weit der Zustand, in dem man sich befindet, von dem entfernt ist, den man erreichen möchte.
   - Operate – Man handelt, um das aktuelle Geschehen so zu verändern, daß man dem Ziel näher kommt oder es erreicht.
   - Test – Um nicht in blinden Aktionismus zu verfallen, werden die bereits erzielten Fortschritte immer wieder kritisch überprüft.
   - Exit – Wenn man sein Ziel erreicht hat, verläßt man das Programm. Ansonsten durchläuft man die Schleife erneut. Oft ergibt sich eine T-O-T-O-T-O-T-O-T-E-Vorgehensweise.

In der Führung sollte die Zielsetzung vor allem unter folgenden Aspekten betrachtet werden:

- *Transparenz:* Die Führungskraft weiß, in welche Richtung die Aktivitäten der Mitarbeiter zielen. Sie kann beurteilen, ob die Leistung der Mitarbeiter den Erfordernissen entspricht. Auch die Leistung der Führungskraft wird damit bewertbar. Wenn gemeinsame Ziele bestehen, arbeiten alle Mitarbeiter synchron in eine Richtung.
- *Motivation:* Klare Ziele vermitteln ein Gefühl von Souveränität, denn Führungskraft und Mitarbeiter wissen genau, warum sie etwas tun. Ihr alltägliches Verhalten bekommt einen konkreten Sinn, und damit steigt die ***Motivation*** (***Sinnorientierung***). Das Unbewußte spürt in jedem Moment, warum es sich lohnen wird, die bevorstehenden Anstrengungen mit Elan zu bewältigen.
- *Erfolg:* Erfolg wird erst durch eine genaue Zielfestlegung möglich. Je erkennbarer eine Handlung zum Erreichen der wesentlichen Ziele beiträgt, desto höhere Wertungen müssen wir ihr auf der Prioritäten-Skala beimessen. Je genauer man seine Ziele kennt, desto bessere Voraussetzungen hat man dafür, intelligente Entscheidungen zu treffen.
- *Verbesserung des Zeitmanagements:* Jede Form effektiven ***Zeitmanagements*** basiert auf der präzisen Kenntnis der angestrebten Ziele. Wenn man die richtigen Prioritäten setzt, verbessert man sein Selbstmanagement (***Führung der eigenen Person***). Man gewinnt wertvolle Zeit, sein Vorhaben zu planen und intelligente Strategien zu entwickeln. Man bewertet genauer, was in welcher Reihenfolge getan werden muß, um ein Vorhaben in die Tat umzusetzen. Man schätzt Spielräume realistisch ein und reagiert angemessen auf mögliche Veränderungen der Rahmenbedingungen. Auch wenn die Zeit drängt, entscheidet man bewußt, welche Aktivitäten in den Turbulenzen der Alltagshektik wirklich wichtig sind.

Welche Risiken und Gefahren beinhaltet eine Zielsetzung?

Ziele werden jedes Jahr höher gesteckt, beispielsweise wenn die Unternehmensleitung ständige Umsatzsteigerungen im Visier hat. Deshalb haben die Mitarbeiter oft keine rechte ***Motivation***, das gesteckte Ziel auch tatsächlich zu erreichen. Denn sie wissen, daß sie im Grunde für Erfolg bestraft werden – weil sie dann das Jahr darauf noch höhere Umsätze erwirtschaften sollen.

Ziele, die enorme Disziplin brauchen und ihre Motivation nur aus Pflicht- oder Verantwortungsgefühl ziehen, haben wenig Kraft. Aussagen wie »In den nächsten Jahren will ich früher aufstehen, härter arbeiten, kürzere Pausen machen, mehr Aufträge bearbeiten und abends länger im Büro bleiben« sind deshalb schwer umzusetzen. Innerlich werden solche Vorhaben durch mangelnde ***Motivation*** sabotiert. Besser sind positive, auch für den »inneren Schweinehund« attraktive Ziele, beispielsweise: »In fünf Jahren werde ich ein großes Haus mit Swimmingpool haben, wo ich abends auf der Terrasse meine Freunde begrüßen kann. Dafür werde ich in den nächsten Jahren gerne etwas mehr arbeiten.«

Tip

In Gesprächen oder Konferenzen werden häufig nicht die angestrebten Ziele betont. Statt dessen werden mögliche Probleme und potentielle Schwierigkeiten endlos debattiert. Dadurch wird der Fokus auf die Probleme gelenkt, es wird Problembewußtsein geschaffen, ohne nach konstruktiven Lösungen zu suchen. Zielorientierung bedeutet dagegen, die Fragen zu stellen, die dafür sorgen, daß eine Sache konstruktiv vorangeht. Verwandeln Sie Probleme in Ziele! Das Prinzip der konsequenten Zielorientierung richtet den Blick nach vorn. Natürlich müssen bei der Verwirklichung von Zielen auch die Hindernisse berücksichtigt werden – sie sollten jedoch nicht der Ausgangspunkt einer Unternehmung sein. Sie sollten sich erst dann mit möglichen Schwierigkeiten auseinandersetzen, wenn das angestrebte Ziel genau definiert ist.

Siehe auch Checkliste

Literaturtip

Scanlan, Burt K.: Erfolgreiche Mitarbeitermotivation, Landsberg am Lech 1990

Bullinger, Hans-Jörg/Lott, Claus-Ulrich: Target Management. Unternehmen zielorientiert gestalten und ergebnisorientiert führen, Frankfurt a. M., New York 1998

Zielvereinbarung

Was ist eine Zielvereinbarung?

Eine Zielvereinbarung ist ein Abkommen zwischen Führungskraft und Mitarbeiter. Hierbei einigen sie sich – meist zu zweit in einem Gespräch, manchmal auch in einer Teambesprechung – auf gemeinsame Ziele. Zielvereinbarungen sind wichtiges Element sowohl der ***Planung*** als auch der Erfolgs- und ***Ergebniskontrolle*** (***Erfolgskreislauf***). Zur Zielvereinbarung gehört auch immer ein exakter Zeit- und Maßnahmenplan, dessen Umsetzung zur Erlangung der vereinbarten Ziele notwendig ist. Zielvereinbarungen sollten immer dann getroffen werden, wenn

- Arbeitsleistungen gesteigert werden sollen,
- Arbeitsleistungen neu definiert werden,
- der Mitarbeiter wissen soll, was er bis wann und warum zu erledigen hat.

Es gibt gute Gründe dafür, Zielvereinbarungen zu treffen. Zum einen geben Ziele Werte: Die gemeinsamen Ziele bilden für alle einen verbindlichen Maßstab, an dem jede Verhaltensweise und jeder Vorschlag gemessen und bewertet werden kann. Zum andern können Ziele motivieren: Es spornt einen Mitarbeiter an, wenn Erfolgskriterien benannt und damit öffentlich bekanntgegeben werden. Werden Ziele dann erreicht, erlebt sich der Mitarbeiter als arbeitsfähig und wird positiv bestärkt. Die ***Motivation*** steigt. Deshalb ist es wichtig, die Erfolge sichtbar zu machen und zu würdigen.

Wie trifft man eine Zielvereinbarung?

Um Zielvereinbarungen treffen zu können, müssen einige wichtige Voraussetzungen erfüllt sein:

- Der Mitarbeiter muß umfassend informiert sein.
- Der aktuelle Ist-Zustand und die zukünftige Arbeitsleistung (Zeit und Energie) muß realistisch eingeschätzt werden.
- Das Zeitmanagement muß aktiv und energisch verfolgt werden.

Beim Treffen von Zielvereinbarungen gibt es zudem einige Grundregeln, die immer eingehalten werden sollten:

- *Zielvereinbarung präzise formulieren:* Zielvereinbarungen müssen positiv und so präzise wie möglich formuliert werden. Das Ziel »Umsatzsteigerung« zum Beipiel hat eine riesige Spannbreite. Rein rechnerisch gesehen reicht sie von einer Steigerung im Promillebereich bis hin zu unendlich. »Steigerung des Umsatzes um 15 Prozent« ist eine wesentlich genauere Aussage. Sie macht die Erreichung des Zieles für alle Beteiligten einfacher. Die Führungskraft kann auf der einen Seite besser planen, und der Mitarbeiter weiß auf der anderen Seite genau, worauf er hinarbeiten muß. Zudem wird die Erfolgskontrolle wesentlich leichter, da die Kriterien, nach denen der Erfolg beurteilt wird, genau definiert wurden. Wenn Ziele nicht präzise durch Fakten vereinbart werden können, sollte man mit Schätzungen arbeiten. Bei einer Zielvereinbarung sollten sich alle Beteiligten fragen: »Woran merke ich, daß ich mein Ziel erreicht habe?« Erst wenn die Antwort darauf klar ist, ist auch das Ziel klar.

- *Ziele gemeinsam definieren:* Gemeinsame Ziele sind das Rückgrat jedes Teams! Sie bilden eine Basis der Übereinstimmung. Die Energien der einzelnen Mitarbeiter bekommen eine gemeinsame Richtung. Werden die Ziele von der Gruppe als Teamwork formuliert, dann können sich die Teammitglieder damit auch identifizieren. Ziele fördern die ***Teamentwicklung***. Menschen identifizieren sich natürlicherweise mit ihren eigenen Leistungen und sind entsprechend motiviert, die gemeinsamen Ziele zu tragen und zu erreichen. Aus diesem Grund sollten auch meßbare Zwischenziele, beispielsweise nach Qualität, Quantität, Kosten, Terminen oder Güte der Zusammenarbeit vereinbart werden.
- *Zeitrahmen festlegen:* Jedes Ziel sollte mit einem Zeitrahmen versehen werden. Lautet das Ziel beispielsweise »Steigerung des Umsatzes«, so sollte auch der Zeitrahmen, in dem der Umsatz gesteigert werden soll, festgelegt werden; drei Monate, ein halbes Jahr oder innerhalb eines Jahres wären denkbare Varianten.
- *Detaillierten Maßnahmenkatalog festlegen:* Zu einer Zielvereinbarung gehört es auch, festzulegen, auf welche Weise das Ziel erreicht werden soll. Ein solcher Maßnahmenkatalog könnte einen Ausbau der Vertriebstätigkeit oder eine Intensivierung der Werbeaktionen beinhalten. Man sollte grundsätzlich darauf achten, daß alle Zielvereinbarungen sinnvolle Aktivitäten aufgrund sinnvoller Ziele nach sich ziehen. Zielvereinbarungen müssen sicherstellen, daß die Erreichung der Ziele nicht auf Kosten anderer und damit auf Kosten der gesamten Leistung der Organisation geht.
- *Zielvereinbarungen schriftlich festhalten:* Gemeinsam getroffene Zielvereinbarungen sollten immer schriftlich festgehalten werden, um Mißverständnisse zu vermeiden. Vertrauliche Ziele können jedoch mündlich vereinbart werden. Vor allem in ***Besprechungen*** kann es sinnvoll sein, Ziele

schriftlich zu fixieren, am besten auf Flipcharts. So kann man sie die ganze Zeit für alle sichtbar im Raum postieren. Auch nach der Besprechung lassen sie sich dann beispielsweise an die Wand hängen. Ein solches Schriftstück ist eine Erinnerung für die Ausrichtung auf das Wesentliche. Es ist quasi die vertragliche Grundlage der Zusammenarbeit.

- *Zieländerungen müssen möglich sein:* Zielvereinbarungen können durch nicht vorhersehbare Umstände gefährdet werden. In einer sich ständig verändernden Wirtschaftswelt müssen sie den wirtschaftlichen Gegebenheiten angepaßt werden können. Eine Überprüfung und ***Kontrolle*** der Ziele sollte von Zeit zu Zeit stattfinden. Es sollte jedem Beteiligten bewußt sein oder deutlich klargemacht werden, daß die Änderung einer Zielvereinbarung unter Umständen erhebliche Änderungen im Gesamtgefüge eines Unternehmens nach sich ziehen kann. Wird die anvisierte Umsatzsteigerung nicht erreicht, so kann das unter Umständen Auswirkungen auf geplante Investitionen oder Anzahl der Mitarbeiter haben; im umgekehrten Fall müßte man bei einer wesentlich höheren Umsatzsteigerung frühzeitiger über den Ausbau von Produktionskapazitäten nachdenken.

Welche Risiken beinhalten Zielvereinbarungen?

Zielvereinbarungen können zum Selbstzweck verkommen. Der Vorgesetzte sollte sich vor jeder Zielvereinbarung überlegen, ob sie auch tatsächlich sinnvoll ist. Nicht jede Arbeitsaufgabe setzt eine Zielvereinbarung voraus. So kann beispielsweise der Portier eines Hotels die anfallenden Routineaufgaben ohne Zielvereinbarungen erledigen. Eine andere Situation tritt dann auf, wenn bei der Erledigung der Routineaufgaben Schwierigkeiten des Mitarbeiters auffallen – in diesem Fall ist ein Zielvereinbarungsgespräch durchaus sinnvoll.

Manche Ziele dienen nur zur Selbstdarstellung. Ziele werden mitunter nicht ehrlich, sondern aus taktischen Gründen heraus formuliert. Das kann zur Folge haben, daß die Mitarbeiter das Instrument »Zielvereinbarung« nicht mehr ernstnehmen.

Unrealistische Zielvereinbarungen wirken demotivierend. Der Mitarbeiter, der ständig versucht, unrealistische Zielvereinbarungen zu erfüllen, die er niemals erreichen kann, beginnt, an seinen eigenen Fähigkeiten zu zweifeln und wird von Tag zu Tag unsicherer. Fehlende Erfolgserlebnisse lösen den ***Mißerfolgskreislauf*** aus, der Mitarbeiter verliert dadurch stark an ***Motivation***, sogar ***innere Kündigung*** kann die Folge sein.

Mangelnde Flexibilität gegenüber Veränderungen kann dazu führen, sich an einmal getroffenen Zielvereinbarungen zu starr festzuklammern. Man verliert dadurch den Blick auf die gesamte Situation. Ändern sich nun die äußeren Rahmenbedingungen, so versäumt man, die Zielvereinbarungen daran anzupassen.

Tip

- Vereinbaren Sie durchaus auch Ziele, die Außergewöhnliches anstreben (Visionäres Management). Formulieren Sie ansonsten Ziele grundsätzlich realistisch, situationsbezogen und vor allem positiv!
- Fordern Sie Ihre Mitarbeiter. Lassen Sie sich von ihnen die Voraussetzungen für die Zielerreichung nennen. Bei geringem ***Reifegrad des Mitarbeiters*** sollten Sie sich den Plan darlegen lassen, wie die Ziele erreicht werden sollen. Fordern Sie Ihre Mitarbeiter dazu auf zu begründen, warum sie bestimmte Ziele in das Zielsystem aufnehmen und andere nicht.
- Setzen Sie sich mit den Schwierigkeiten auseinander, die Ihre Mitarbeiter bei der Zielerreichung haben und unterstützen Sie sie. Führen Sie ***Korrekturgespräche***, wenn Ziele nicht erreicht wurden und ***Anerkennungsgespräche***, sobald sie erreicht wurden.
- Halten Sie nicht krampfhaft an einmal getroffenen Zielvereinbarungen fest. Reduzieren Sie das Ziel, wenn der betroffene Mitarbeiter oder Sie selbst feststellen, daß das Ziel zu optimistisch gesetzt wurde. Scheuen Sie sich auch nicht, Ziele, die unwichtig geworden sind oder die sich als nicht erreichbar herausgestellt haben, ganz fallen zu lassen.

3. Teil

Checklisten

Anerkennungsgespräch

Vorbereitung eines Anerkennungsgespräches

- Beherrsche ich die Technik des Anerkennungsgespräches und setze sie auch ein?
- Nutze ich Anerkennungsgespräche als motivierendes Führungsinstrument zur Mitarbeitersteuerung?
- Führe ich mehr Anerkennungsgespräche als Korrekturgespräche mit meinen Mitarbeitern?
- Erkenne ich auch Kleinigkeiten genug an?
- Habe ich meine Mitarbeiter heute schon gelobt?
- Habe ich eine klare Systematik in der Erfassung, welche Mitarbeiter ich wie oft anerkenne?
- Kann ich Anerkennungsgespräche unabhängig von Sympathie oder Antipathie führen?
- Beurteile ich die Leistungen meiner Mitarbeiter objektiv nach den vereinbarten Zielvorgaben?
- Ist sichergestellt, daß das Anerkennungsgespräch nur unter vier Augen durchgeführt wird?
- Denke ich daran, deutlich herauszustellen, welchen konkreten Nutzen das Verhalten oder die Leistung des Mitarbeiters für das gesamte Unternehmen hat?
- Ist es möglich, ein anstehendes Anerkennungsgespräch spontan und ohne vorherige umständliche Terminierung zu führen?
- Kann ich das Anerkennungsgespräch an ein sichtbares Zeichen der Wertschätzung wie eine Prämie, eine Gehaltserhöhung oder ein Incentive koppeln?
- Kann ich das Anerkennungsgespräch – wenn angemessen – an eine Beförderung oder eine interessante Aufgabenstellung koppeln?
- Weiß ich über alle Facetten des Projekts oder der Arbeitsleistung Bescheid, über die ich mit dem Mitarbeiter ein Anerkennungsgespräch führen möchte?
- Habe ich für mich selbst die lobenswerten Eigenschaften und Leistungen des Mitarbeiters definiert, damit ich sie in dem Anerkennungsgespräch deutlich machen kann?
- Habe ich genug Zeit für das Gespräch eingeplant?
- Hat auch der Mitarbeiter Zeit für das gemeinsame Gespräch?
- Habe ich sichergestellt, daß wir nicht unterbrochen werden?

Ablauf eines Anerkennungsgespräches

- Trenne ich klar zwischen Anerkennungsgespräch, einem Beurteilungs- oder Korrekturgespräch?
- Denke ich auch daran, mich bei dem Mitarbeiter ausdrücklich für seine Leistungen zu bedanken?
- Bleibe ich konsequent bei der Anerkennung und vermeide Sätze wie: »Das haben Sie ja diesmal ganz gut gemacht, Meier, aber ...«?
- Werte ich während des Gespräches keine anderen Personen ab?
- Gebe ich dem Mitarbeiter genug Freiraum, seine eigenen Eindrücke zu schildern und eventuell eigene Anregungen zu äußern?
- Gehe ich auf mögliche Kritik von seiten des Mitarbeiters konstruktiv ein?
- Gehe ich bei der Zusammenfassung des Lobes noch einmal ausdrücklich auf die Punkte ein, die besonders gut waren?

Nachbereitung eines Anerkennungsgespräches

- Nutze ich die Anregungen des Mitarbeiters aus dem Anerkennungsgespräch für weitere Maßnahmen und Verbesserungsmöglichkeiten?
- Kann ich aus dem Anerkennungsgespräch auch für meinen Führungsstil Konsequenzen ziehen?

Arbeitsplatz

- Ist eine Checkliste für die komplette Ausstattung angelegt?
- Ist der Arbeitsplatz entsprechend der Checkliste komplett ausgestattet?
- Ist eine Checkliste für die Arbeitsmittel angelegt?
- Sind alle notwendigen Arbeitsmittel entsprechend der Checkliste vorhanden und funktionsfähig?
- Besitzt und benutzt jeder Mitarbeiter die notwendigen Checklisten?
- Werden die Checklisten regelmäßig aktualisiert?
- Wird das Benutzen der beiden Checklisten regelmäßig kontrolliert?
- Weiß jeder Mitarbeiter, wo und wie er seinen Bestand an Arbeitsmitteln auffüllen kann?
- Entspricht der Arbeitsplatz den Vorschriften der Arbeitssicherheit?
- Erfüllt der Arbeitsplatz die ergonomischen Anforderungen?

- Ist der Arbeitsplatz technisch auf dem neuesten Stand?
- Überprüfe ich regelmäßig, ob die Mitarbeiter mit ihrem Arbeitsplatz zufrieden sind?
- Bin ich als Vorgesetzter sensibel für Statusfragen rund um den Arbeitsplatz?
- Führe ich regelmäßig Gespräche mit den Mitarbeitern über ihren Arbeitsplatz?
- Beteilige ich die Mitarbeiter an der Umgestaltung ihrer Arbeitsplätze?
- Ist die Raumaufteilung optimal?
- Sind die oft zu gehenden Wege kurz?
- Prüfe ich regelmäßig, ob die Arbeitsplätze kompatibel mit anderen Arbeitsplätzen sind?
- Ist der Arbeitsplatz modern und zeitgemäß?
- Entspricht die Raumaufteilung der sozialen Struktur der Mitarbeiter?
- Ist genügend Raum für die Kommunikation der Mitarbeiter vorhanden?
- Ist der Arbeitsplatz frei von Störungen wie Lärm, ungünstigen Lichtverhältnissen, Wärme, Kälte oder Luft?
- Entspricht der Arbeitsplatz den persönlichen Gestaltungsvorstellungen des Mitarbeiters?
- Ist es am Arbeitsplatz möglich, Ordnung zu halten?
- Gibt es geeignete Ablagemöglichkeiten und Schränke?

Beförderung

Grundsätzliches

- Gibt es eine Stellenbeschreibung für die neu zu besetzende Position?
- Gibt es intern einen oder mehrere Mitarbeiter, die das Anforderungsprofil erfüllen?
- Könnte die Stelle besser von außerhalb besetzt werden?
- Ist klar, zu welchem Zeitpunkt die Stelle besetzt werden soll?
- Liegt eine Zeitplanung für die notwendigen Einarbeitungsmaßnahmen vor?
- Sind alle an der Einarbeitung oder der Umstrukturierung beteiligten Mitarbeiter in die Zeitplanung einbezogen und informiert?

Zur Auswahl des Mitarbeiters

- Hat der Mitarbeiter die soziale und fachliche Kompetenz für die neue Aufgabe?
- Besteht Trainings- oder Schulungsbedarf?
- Kann ich sicherstellen, daß der Mitarbeiter die Beförderung als Belohnung empfindet?
- Paßt die Beförderung in die persönliche Lebensplanung des Mitarbeiters?
- Ist durch die Beförderung ein Umzug des Mitarbeiters nötig?
- Ist sichergestellt, daß der Mitarbeiter die zusätzliche Belastung auffangen und verkraften kann?
- Ist geklärt, ob die mögliche Gehaltserhöhung im Rahmen der Beförderung durch zusätzlich entstehende Lebenshaltungskosten am neuen Wohnort nicht zu einer realen Reduzierung des verfügbaren Einkommens führt?
- Paßt die Beförderung in den allgemeinen Organisationsaufbau des Unternehmens?
- Paßt die Beförderung zu anderen personellen Veränderungen des Unternehmens?
- Wird der Beförderte von seinen zukünftigen Mitarbeitern und Kollegen akzeptiert?
- Was bedeutet die Beförderung für die gegenwärtigen Kollegen und das alte Arbeitsumfeld des Mitarbeiters?
- Gibt es einen Nachfolger für dessen jetzige Stelle?
- Ist aus dieser neuen Position ein weiterer Aufstieg für den Mitarbeiter möglich?

Besprechungen

Grundsätzliches

- Ist die Besprechung wirklich nötig?
- Könnte ich die Entscheidung auch allein treffen?
- Muß wirklich etwas verändert werden?
- Eignet sich die Fragestellung für eine Besprechung?
- Rechtfertigt das angestrebte Ergebnis die voraussichtlichen Kosten?
- Werden Teilnehmer nur aus Freundlichkeit und falsch verstandener Rücksichtnahme eingeladen, und ist das sinnvoll?

- Hat die Gruppe die erforderliche Entscheidungskompetenz?
- Ist der geplante Rahmen dem Anlaß und dem Thema der Besprechung angemessen?
- Weiß ich, was die Stärken unserer Besprechungen sind, beispielsweise ein gutes Zeitmanagement, und weiß ich diese Stärken zu nutzen?
- Weiß ich, was an unseren Besprechungen verbessert werden muß, und denke ich daran, auf diese Punkte während der geplanten Besprechung zu achten?

Vorbereitung einer Besprechung

- Sind alle Mitarbeiter oder Fachabteilungen vertreten, die vom Thema betroffen sind?
- Ist der Zeitpunkt der Besprechung so gewählt, daß möglichst alle Teilnehmer anwesend sein können?
- Sind alle Teilnehmer eingeladen?
- Sind alle Teilnehmer über Thematik, Ort, Zeit und Dauer der Besprechung informiert?
- Sind alle zur Besprechung nötigen Informationen an die Teilnehmer weitergeleitet worden?
- Ist die Tagesordnung festgelegt und an alle Beteiligten verschickt?
- Wurde ein Protokollführer bestimmt?
- Sind die Räume reserviert?
- Stehen die erforderlichen Visualisierungsmedien zur Verfügung?
- Ist der Raum störungsfrei?
- Stehen bei längeren Terminen Getränke und Speisen bereit?

Moderation einer Besprechung

- Sind alle Besprechungsteilnehmer anwesend?
- Ist allen das Ziel der Besprechung bekannt?
- Sind die Tagesordnungspunkte präsentiert und mit Prioritäten versehen?
- Sind die Regeln für die Zusammenarbeit definiert, akzeptiert und visualisiert?
- Habe ich alle Vereinbarungen und Maßnahmen für alle verständlich und klar wiederholt?
- Ist ein Time-Manager benannt, der darauf achtet, daß die Zeit wie geplant eingehalten wird?

- Sind alle Teilnehmer konzentriert und aufmerksam?
- Kommen in der Besprechung alle zu Wort?
- Sind die Redezeiten der einzelnen Teilnehmer annähernd gleich lang?
- Finden Vorschläge und Wünsche genug Raum?
- Werden Unterbrechungen von außen vermieden?
- Sind alle Beiträge wirklich konstruktiv?
- Beobachte ich kritische Punkte in der Diskussion und achte darauf, wenn nötig auch zu unterbrechen?
- Fördere ich die Diskussion wenn nötig durch geschickte Fragetechniken oder eigene Beiträge?
- Wird die Zielsetzung der Sitzung konsequent verfolgt?
- Werden die thematisierten Ideen und Argumente gesammelt und auf ihre Nützlichkeit überprüft?
- Werden die Zwischenergebnisse immer wieder zusammengefaßt?
- Wurde definiert, wer was bis wann macht?
- Ist sichergestellt, daß alle Aufgaben und Projekte bis zu dem vereinbarten Termin umgesetzt werden können?

Am Ende einer Besprechung

- War die Besprechung erforderlich?
- Ist eine weiterführende Besprechung nötig?
- Weiß jeder, wann die weiterführende Besprechung stattfindet?
- Ist klar, wer das Protokoll der Besprechung bis wann kopiert und verteilt?
- Haben wir pünktlich angefangen?
- Haben wir pünktlich aufgehört?
- Entsprach der Verlauf und Erfolg der Besprechung den Erwartungen?
- Ist ein Moderator für die nächste Besprechung bestimmt?
- Wie kann ich als Moderator Besprechungen optimieren?

Nachbereitung einer Besprechung

- Ist das Ergebnisprotokoll wie vereinbart fertiggestellt und verteilt?
- Wird der Maßnahmenplan regelmäßig kontrolliert?
- Steht Unerledigtes auf der nächsten Tagesordnung?
- Gibt es eine Checkliste für die nächste Besprechung?

Betriebsklima

- Interessiert mich das Betriebsklima?
- Sind die Sozialräume, Flure, etc. ordentlich, aber nicht unwohnlich?
- Herrscht ein freundlicher, respektvoller Umgangston?
- Bestehen persönliche Kontakte zwischen den Mitarbeitern?
- Wird bei Mitarbeitergesprächen gelacht, geschimpft, gejammert und gestritten?
- Werden Probleme offen und sofort besprochen?
- Wird mit Konflikten offen umgegangen, gibt es eine Streitkultur im Unternehmen und in der Abteilung?
- Gibt es auffällige Fehlzeiten im Unternehmen?
- Gibt es viele Kündigungen von Mitarbeitern, wenn ja, warum?
- Gibt es gemeinsame Aktivitäten von Mitarbeitern, die über das betriebliche Miteinander hinausgehen?
- Sind die Mitarbeiter bei der Vorbereitung von betrieblichen Veranstaltungen initiativ?
- Beteiligen sich die Mitarbeiter an Betriebsfesten, Mitarbeiterzeitschriften und ähnlichen Projekten?
- Werden die Mitarbeiter ausreichend über Aktivitäten des Unternehmens informiert?
- Informieren sich die Mitarbeiter untereinander?
- Werden Erfolge gemeinsam gefeiert?
- Freut man sich über die Erfolge von Kollegen?
- Identifizieren sich die Mitarbeiter mit den Unternehmenszielen?
- Habe ich Zeit eingeplant, die lediglich dem sozialen Miteinander dient?
- Gibt es eine Schlichtungsstelle für Konflikte, die die Mitarbeiter nicht allein lösen können?
- Gibt es eine Betriebsethik, die den Umgang untereinander regelt?
- Sorge ich für offene Kommunikation innerhalb des Unternehmens?
- Habe ich Zeit eingeräumt, in der ich ausschließlich den Mitarbeitern zur Verfügung stehe?
- Trauen sich die Mitarbeiter, mich zu kritisieren?
- Ist dafür gesorgt, daß die Arbeiten wenig Streß auslösen?

Beurteilungsgespräch

Vorbereitung eines Beurteilungsgespräches

- Bin ich der Richtige, um dieses Beurteilungsgespräch zu führen? Bin ich dem Mitarbeiter nah genug?
- Habe ich den Mitarbeiter systematisch beobachtet? Kann ich gerecht und objektiv urteilen?
- Reichen meine Beobachtungen für eine Beurteilung aus? Gründen sich diese Beobachtungen auf einen längeren Zeitraum?
- Entsprechen meine Beobachtungen den Kriterien, die ich mit dem Mitarbeiter als Beurteilungskriterien vereinbart habe?
- Entsprechen die Beobachtungskriterien der Stellenbeschreibung und dem Arbeitsvertrag?
- Bin ich sicher, daß meine aktuelle Beurteilung unbeeinflußt ist von früheren oder fremden Urteilen?
- Habe ich die Beurteilung mit anderen Mitarbeitern, die ein ähnliches Anforderungsprofil haben, verglichen?
- Habe ich mir genug Zeit genommen, um zu einer gerechten Beurteilung zu kommen?
- Habe ich mich vom ersten Eindruck, den ich einmal von dem Mitarbeiter hatte, freigemacht?
- Bin ich frei von Vorurteilen und Erwartungen, um gerecht urteilen zu können?
- Habe ich meine Beobachtungen durch wiederholtes Kontrollieren überprüft?
- Konnte ich Änderungen im Verhalten des Mitarbeiters erkennen?
- Verstehe ich den Mitarbeiter nicht nur auf der sachlich, rationalen Verhaltensebene, sondern akzeptiere ihn auch auf der gefühlsmäßigen Ebene?
- Bin ich mir der großen Verantwortung bewußt, die ein Beurteilungssystem mit sich bringt?
- Ist mein Urteil klar und sachlich? Gibt es Widersprüche in meiner Beobachtung, die ich gemeinsam mit dem Mitarbeiter fair und offen diskutieren sollte?
- Habe ich meine Sympathien und Antipathien unter Kontrolle?
- Bin ich in der richtigen Verfassung für ein Beurteilungsgespräch, also frei von Streß und Anspannung, ausgeglichen und ruhig?
- Liegen die Schwerpunkte meiner Beurteilung auf positiven oder verbesserungswürdigen Punkten?

- Zeige ich die notwendige Anerkennung für positive Leistungen?
- Bin ich in mir selbst gefestigt? Bin ich mir nicht nur meines Selbstbildes, sondern auch meines Fremdbildes bewußt?
- Weiß ich, wann ich mir das letzte Mal von meinem Vorgesetzten eine Leistungs- und Persönlichkeitsbilanz habe erstellen lassen?
- Habe ich an der Führung der eigenen Person konsequent gearbeitet?

Ablauf eines Beurteilungsgespräches

- Weiß ich, wo die besonderen Stärken des Mitarbeiters liegen?
- Ist mir klar, in welchen Bereichen der Mitarbeiter noch Lernbedarf hat und wo er sich steigern kann?
- Weiß ich, welche Maßnahmen ich zu seiner Weiterbildung vorschlagen kann?
- Messe ich den Mitarbeiter am Durchschnitt aller Mitarbeiter und nicht an mir selbst?
- Entspricht der Mitarbeiter in seinen Leistungen der Stellenbeschreibung und den früher getroffenen Zielvereinbarungen?
- Inwiefern wird die Leistung des Mitarbeiters durch sachliche Gegebenheiten des Arbeitsplatzes und der Aufgabenstellung gefördert oder gebremst?
- Was kann ich an den Arbeitsbedingungen verbessern, um die Leistungsfähigkeit des Mitarbeiters zu steigern?
- Wie schätzt sich der Mitarbeiter selbst ein?
- Welche zuküftigen Pläne und Ziele hat der Mitarbeiter?
- Sind die neuen gemeinsamen Ziele genau definiert und festgehalten?
- Sind geeignete Weiterbildungsmaßnahmen vereinbart worden?

Nachbereitung eines Beurteilungsgespräches

- Habe ich mich strikt an die Beurteilungsrichtlinien gehalten?
- Wurde die Beurteilung mit dem Mitarbeiter eingehend besprochen?
- Hat der Mitarbeiter alles erfahren, was ich an ihm schätze und was er noch verbessern kann?
- Habe ich den Mitarbeiter nur deswegen gut beurteilt, weil seine Interessen und Neigungen meinen eigenen entsprechen?
- Habe ich dem Mitarbeiter Gelegenheit gegeben, meine Beurteilung zu kommentieren?

- Entsprach das Beurteilungsgespräch dem Ziel, dem Mitarbeiter Orientierung und Förderung zu geben?
- Hat der Mitarbeiter erfahren, daß ihm die Beurteilung weiterhelfen soll?
- Wurden konkrete, den Mitarbeiter fördernde Maßnahmen verankert?
- Werden die gemeinsamen neuen Ziele auch kontrolliert?
- Habe ich alle erforderlichen Stellen über die begleitenden Maßnahmen, z. B. Schulungsbedarf, informiert?

Brainstorming

Vorbereitung eines Brainstormings

- Ist die Themenstellung möglichst präzise beschrieben und besprochen?
- Sind relevante Hintergrundinformationen allen Teilnehmern bekannt?
- Ist die Aufgabe des Brainstormings genau definiert?
- Ist der Teilnehmerkreis sorgfältig ausgewählt?
- Sind auch konstruktive Querdenker eingeladen?
- Sind alle bereit, die Problemstellung offen, engagiert, lustvoll und kreativ zu bearbeiten?
- Ist der Moderator benannt?
- Ist der zeitliche Rahmen – Beginn und Ende – abgeklärt?
- Kennen alle Teilnehmer die Verhaltensregeln für Brainstormings?
- Herrscht Konsens, daß es keine »dummen Ideen« gibt, sondern nur möglichst viele Anregungen gewünscht sind?
- Ist sichergestellt, daß auch alle Ideen geäußert werden?
- Sind sich alle bewußt, daß keine Abwertungen der Vorschläge vorgenommen werden?

Moderation eines Brainstormings

- Werden alle Ideen – ohne Bewertung auf ihre »Brauchbarkeit« – konsequent vom Moderator protokolliert?
- Halten sich alle an die Regel, keine Kritik an den Ideen oder Gedanken der anderen zu äußern?

- Sind alle Vorschläge – auch unorthodoxe – erwünscht?
- Können auch »Unsinn« oder »Spinnereien« geäußert werden?
- Versuchen alle, die Ideen der anderen aufzugreifen und weiterzutreiben?
- Sind alle unbefangen? Fühlen sich alle wohl?
- Herrscht eine entspannte, aber konzentrierte Atmosphäre?
- Sind alle Teilnehmer mit Spaß bei der Sache?
- Ist sichergestellt, daß die Vorschläge nicht bereits während des Brainstormimgs diskutiert werden? Wird immer wieder der Weg freigemacht für neue Ideen und Ansätze?
- Spreche ich als Moderator unterschiedliche Sinnebenen an?
- Werden in kurzer Zeit so viele Beiträge wie nur möglich geliefert?

Nachbereitung eines Brainstormings

- Werden die Ideen bewertet und zusammengefaßt?
- Wird die Bewertung von allen Teilnehmern mitgetragen?
- Ist allen klar, wie das weitere Vorgehen nach dem Brainstorming aussieht?
- Wird ein eindeutiger Aktionsplan – wer macht was bis wann – aufgestellt?

Coaching

Grundsätzliches

- Ist mir meine Motivation für das Coaching klar?
- Habe ich meine Ziele und Wünsche definiert?
- Bin ich wirklich offen für Veränderung?
- Bin ich mir über meine persönlichen Grenzen im klaren?
- Habe ich mich freiwillig zum Coaching entschlossen?
- Habe ich ausreichend Zeit und Kraft für das Coaching eingeplant?
- Habe ich geklärt, wer mich in Teilen meiner Arbeit während der Coachingzeit entlastet?
- Bin ich über die Ziele, Funktion und den Ablauf des Coachings ausreichend informiert?
- Habe ich Vorstellungen über die zeitliche Dauer des Coachings?
- Weiß ich, wen ich über die Coachingmaßnahmen informieren will?
- Ist mir auch klar, wer auf keinen Fall etwas von dem Coaching wissen soll?

- Weiß ich, wie ich die Vertraulichkeit des Coachings sicherstellen kann?
- Ist abgesprochen, auf welchem Wege der Coach mit mir Kontakt aufnehmen soll?

Coaching-Prozeß

- Habe ich mit dem Coach die Ziele und Vorgehensweise des Coachings abgesprochen?
- Wurden Zwischenziele und Ergebniskontrollen vereinbart?
- Wurden Honorar und Themen des Coachings klar definiert?
- Ist mir der Coach sympathisch? Vertraue ich ihm?
- Ist festgelegt, wie sich der Coach gegenüber Dritten verhält?
- Sind die Coachingergebnisse auf mein Arbeitsleben wirklich übertragbar?
- Ist der Transfer auf mein Arbeitsleben ausreichend thematisiert?
- Akzeptiert der Coach meine Grenzen?
- Akzeptiere ich die Grenzen des Coachings?
- Ist der Coachingvertrag zeitlich genau definiert?
- Ist der Coach offen für Kritik?
- Sorgt der Coach dafür, daß meine Problemlösungs- und Entscheidungskompetenzen gestärkt werden?
- Thematisiert der Coach meine Unabhängigkeit von ihm und seinen Dienstleistungen?
- Ist sichergestellt, daß ich mich jederzeit von dem Coach lösen kann?

Nach dem Coaching

- Kann ich die im Coaching erarbeiteten neuen Arbeits- und Lebensformen tatsächlich allein weiterführen?
- Habe ich Techniken gelernt und bereits während des Coachings eingeübt, um den Rückfall in alte Verhaltensmuster zu verhindern?
- Gibt es Personen meines Vertrauens, die mich auf fehlerhaftes Verhalten aufmerksam machen können?
- Bietet der Coach eine Hotline für offene Fragen?
- Sind Auffrischungsgespräche mit dem Coach möglich?
- Sind regelmäßige Treffen in längeren Zeitabständen mit dem Coach vereinbart, um den Veränderungsprozeß zu optimieren und zu festigen?

Delegation

- Weiß ich selbst genug über die Aufgaben, die Ziele und die möglicherweise entstehenden Probleme, so daß mir klar ist, was genau ich delegieren kann?
- Habe ich die zu delegierende Aufgabe exakt beschrieben?
- Habe ich genaue Kenntnis über die Fähigkeiten, die Stärken und Schwächen meiner Mitarbeiter?
- Vertraue ich dem Können und der Leistungsbereitschaft meiner Mitarbeiter?
- Habe ich geklärt, welcher Mitarbeiter sachlich und persönlich für die Übernahme der zu delegierenden Aufgabe geeignet ist?
- Hat der Mitarbeiter ein ähnliches Verständnis von der Aufgabe wie ich?
- Ist der Mitarbeiter ausreichend instruiert und informiert?
- Kann sich der Mitarbeiter mit den Zielen und Aufgaben identifizieren?
- Hat der Mitarbeiter alle nötigen Entscheidungskompetenzen?
- Sind Kontrollen klar vereinbart?
- Sind Mitarbeiter, Kollegen, Vorgesetzte, die von der Delegation der Aufgabe betroffen sein könnten, über die Delegation informiert?
- Weiß ich, wie ich reagieren soll, wenn der Mitarbeiter die Delegation ablehnt?
- Benutze ich die Delegation auch dazu, die Mitarbeiter mit neuen Aufgaben zu fördern?
- Ist sichergestellt, daß ich gute Mitarbeiter nicht mit zu viel delegierter Arbeit überlaste?

Nutze ich das Instrument der Delegation für mich richtig?

- Organisiere ich unsere Arbeitssituation so, daß ich Zeit für die Erklärung und Kontrolle delegierbarer Aufgaben habe?
- Delegiere ich Aufgaben, auch wenn ich die Arbeit selbst schneller als meine Mitarbeiter erledigen könnte und somit kurzfristig Zeit einsparen könnte?
- Delegiere ich Aufgaben, auch wenn ich die Arbeit selbst besser und sorgfältiger als meine Mitarbeiter erledigen könnte?
- Delegiere ich Aufgaben, ohne einen Konflikt mit meinem Vorgesetzten zu befürchten, weil ich eine an mich übertragene Aufgabe weiterdelegiert habe?

- Delegiere ich eine Aufgabe, auch wenn ich an ihr besonders hänge, weil sie mir beispielsweise Spaß macht?
- Delegiere ich Aufgaben, ohne zu befürchten, der Mitarbeiter könnte sie besser lösen als ich selbst?
- Macht es mir nichts aus, Arbeit aus den Händen zu geben, auch wenn ich dadurch möglicherweise die absolute Kontrolle über sie verliere?
- Delegiere ich auch Aufgaben, die ich selbst bisher wahrgenommen habe, ohne zu befürchten, daß ich etwas von meiner Autorität und meinem Image verliere?
- Habe ich genügend Vertrauen in meine Mitarbeiter und delegiere Aufgaben so, daß die Mitarbeiter auch die letzte Entscheidung selbständig und ohne mich treffen?

Einarbeitung

Vorbereitungen für einen neuen Mitarbeiter

- Liegt mir die Stellenbeschreibung für die Position des neuen Mitarbeiters vor?
- Ist der Arbeitsplatz – gemäß Anforderungsprofil und Arbeitsplatzcheckliste – richtig und vollständig ausgestattet?
- Habe ich eine Arbeitsplanung für die Einarbeitungsphase des neuen Mitarbeiters erstellt?
- Habe ich in dieser Arbeitsplanung eine kurzfristig zu lösende Aufgabe an den Anfang gestellt?
- Gibt es konkrete Arbeiten, die der neue Mitarbeiter schon durchführen kann?
- Sind die Kollegen und Mitarbeiter der Abteilung informiert?
- Ist die Personalabteilung informiert?
- Ist ein Willkommensgruß, beispielsweise Blumen, organisiert?
- Ist ein Ansprechpartner oder Pate für den neuen Mitarbeiter bestimmt worden, der ihn einführt?
- Liegen die für die Tätigkeit des neuen Mitarbeiters notwendigen Listen mit wichtigen Namen, Telefonnummern, einem Organigramm des Unternehmens, eine Kundenliste etc. bereit?
- Habe ich selbst genug Zeit eingeplant, den neuen Mitarbeiter zu empfangen und vorzustellen?

- Habe ich auch für meine Mitarbeiter genug Zeit eingeplant, sich mit dem neuen Kollegen bekannt zu machen?
- Habe ich den Paten von anderen Aufgaben freigestellt?
- Habe ich gemeinsam mit dem Paten einen Ablaufplan für die ersten Tage erarbeitet?
- Habe ich Zeit eingeplant, um nach dem ersten Arbeitstag mit dem neuen Mitarbeiter über seine Eindrücke zu sprechen?

Der erste Arbeitstag des neuen Mitarbeiters

- Ist sichergestellt, daß der neue Mitarbeiter am ersten Tag durch den Betrieb geführt wird?
- Ist sichergestellt, daß der Pate dem neuen Mitarbeiter möglichst gleich zu Beginn des ersten Arbeitstages vorgestellt wird?
- Lasse ich dem neuen Mitarbeiter genug Zeit, Fragen zu stellen?
- Zeige ich ausreichendes Interesse an dem neuen Mitarbeiter?
- Ist es sichtbar, daß ich mir gerne für den neuen Mitarbeiter Zeit nehme?
- Achte ich darauf, daß sich der neue Mitarbeiter willkommen fühlt?
- Denke ich daran, mit dem neuen Mitarbeiter den Einarbeitungsplan detailliert durchzusprechen?
- Haben wir Konsens hergestellt über die ersten konkreten Projekte und Aufgaben?
- Haben wir geklärt, wie die Arbeitsergebnisse zu erstellen sind und wie die Ergebnisüberprüfung stattfindet?
- Habe ich den neuen Mitarbeiter seinem Arbeitsteam vorgestellt?
- Habe ich darauf geachtet, daß der neue Mitarbeiter nicht gleich am ersten Tag mit Informationen oder Arbeit überfrachtet wird?
- Habe ich Zeit eingeplant, um gemeinsam mit dem neuen Mitarbeiter ein Resümee des ersten Tages ziehen zu können?

Während der Einarbeitungszeit des neuen Mitarbeiters

- Ist sichergestellt, daß dem neuen Mitarbeiter auch Kollegen, die an seinem ersten Tag nicht anwesend waren, bekannt gemacht wurden?
- Informiere ich mich darüber, ob sich der neue Mitarbeiter gut eingearbeitet hat?
- Kontrolliere ich regelmäßig die Arbeitsergebnisse des neuen Mitarbeiters?

- Verfolge ich seine Einarbeitung?
- Führe ich regelmäßig Mitarbeitergespräche mit dem neuen Mitarbeiter?
- Beobachte ich die Integration des neuen Mitarbeiters in die Abteilung, in das Arbeitsteam?
- Informiere ich mich bei dem Paten über die Einarbeitung?
- Spreche ich den neuen Mitarbeiter in den ersten Wochen und Monaten gezielt auf Anregungen zur Arbeitsoptimierung an und nutze seinen »Blick von außen« zur Verbesserung der Arbeitssituation in meiner Abteilung?
- Denke ich noch mindestens drei Monate daran, daß der Mitarbeiter neu ist und stelle ihn Kunden und Lieferanten im Laufe der Zeit vor?
- Wird zum Ende der Einarbeitungszeit konkret darüber entschieden, ob der Neue auch ins Unternehmen und ins Team paßt?

Einstellungsgespräch

Vorbereitung eines Einstellungsgespräches

- Liegt die Stellenbeschreibung für die zu besetzende Position vor?
- Ist den Entscheidern die genaue Aufgabenstellung für den neuen Mitarbeiter präsent?
- Ist definiert und kommuniziert, welche persönlichen Voraussetzungen von dem »idealen neuen Mitarbeiter« erwartet werden?
- Sind die Bewerbungsunterlagen vorhanden, gesichtet, ausgewertet und diskutiert?
- Liegt für jeden Bewerber, der in die Endausscheidung kommt, ein kurzes Stärken-Schwächen-Profil und eine Stichpunktliste mit zu klärenden Fragen vor?
- Herrscht Konsens über die einzuladenden Bewerber?
- Wurde innerbetrieblich mit den an der Einstellungsentscheidung Beteiligten –Personalchef und Kollegen – ein passender Termin für das Gespräch vereinbart?
- Wurde ein Gesprächsleitfaden für die Durchführung des Einstellungsgespräches mit allen Beteiligten vereinbart?
- Ist die Rollenverteilung und »wer fragt was« besprochen?
- Wurden die Bewerber rechtzeitig eingeladen, und liegen Gesprächszusagen vor?
- Wurden Anfahrtskizzen mitgeschickt?

- Hat der Bewerber Informationen über die ausgeschriebene Position, das Unternehmen und dessen Tätigkeit vorab erhalten?
- Ist der Raum für das Gespräch organisiert und lange genug reserviert?
- Habe ich mich optimal vorbereitet und die Bewerbungsunterlagen, meine Stichwort-Fragenliste, die Stellenbeschreibung, Unterlagen über das Unternehmen etc. griffbereit?
- Habe ich mögliche Störungen ausgeschlossen?
- Weiß die Sekretärin, daß keine Anrufe durchgestellt werden?
- Wissen die Kollegen, daß ich in einer Besprechung bin?
- Ist der Empfang informiert, damit die Bewerber freundlich empfangen werden?

Ablauf eines Einstellungsgespräches

- Habe ich mir einen guten Einstieg überlegt, um eine entspannte Atmosphäre zu schaffen?
- Ist ein Protokollführer bestimmt?
- Wurde für das Gespräch ein Zeitlimit vereinbart?
- Hören alle aktiv zu?
- Werden die Fragen präzise formuliert?
- Wird der vereinbarte Gesprächsleitfaden eingehalten?
- Können aus dem Stärken-Schwäche-Profil mögliche Schwächen oder eventuell kritische Fragen in dem Gesprächsverlauf geklärt werden?
- Werden Suggestivfragen vermieden?
- Werden ausreichend Fragen zur Fachkompetenz des Bewerbers gestellt?
- Werden ausreichend Fragen zur Sachkompetenz gestellt?
- Werden ausreichend Fragen zur sozialen Kompetenz gestellt?
- Ist sichergestellt, daß der Bewerber ein genaues Bild von seinem zukünftigen Arbeitsplatz hat?
- Wird die Motivation des Mitarbeiters, warum er ausgerechnet in Ihrem Unternehmen arbeiten will, genügend geklärt?
- Wird auf die Karrierevorstellungen sowie die Lebensplanung des Bewerbers eingegangen?
- Denken alle daran, dem Bewerber auch genügend Zeit für seine Fragen einzuräumen?
- Kann pünktlich aufgehört werden?
- Ist über die für den Betrieb wichtigsten Rahmenbedingungen wie Arbeitsbeginn, Gehaltsvorstellungen, Arbeitszeit, Urlaub, Arbeitsvertrag etc. gesprochen worden?

Nachbereitung eines Einstellungsgespräches

- Kann eine einhellige Entscheidung in dem Auswahlteam getroffen werden?
- Habe ich genug Zeit zur Besprechung der Eindrücke mit meinen Kollegen eingeplant?
- Ist eine Zusammenfassung der Ergebnisse des Bewerbungsgespräches erstellt?
- Werden noch andere Auswahlverfahren angeschlossen wie Assessment-Center oder eine zweite Gesprächsrunde mit ausgewählten Bewerbern?
- Sind die Termine dafür klar und weiß jeder, wer wann dazu eingeladen wird?
- Ist der Termin klar, an dem die endgültige Auswahl getroffen wird?
- Wer informiert den ausgewählten Bewerber über die Zusage?
- Ist klar, wie diese Zusage aussehen soll?
- Wer schreibt die Zusage und erstellt den Arbeitsvertragsentwurf?
- Wer kümmert sich darum, die Absagen zu schreiben, nachdem einer der Bewerber verbindlich eingestellt wurde?

Entscheidung

- Ist das Problem genügend strukturiert und so deutlich wie möglich beschrieben?
- Habe ich mich ausreichend von den entsprechenden Stellen informieren lassen?
- Wird klar zwischen Entscheidungsprozeß und Entscheidung getrennt?
- Habe ich genügend Alternativen durchdacht?
- Habe ich als Vorgesetzter genügend Informationen, um eine sinnvolle Entscheidung zu treffen?
- Sind alle Alternativen wirklich gewissenhaft und gründlich durchdacht worden?
- Habe ich alle Vorteile und Nachteile der unterschiedlichen Alternativen durchdacht?
- Ist die Akzeptanz der Entscheidung durch die Mitarbeiter bedeutsam für die effektive Ausführung des Beschlusses und für das, was dem Beschluß folgt?
- Wenn ich als Vorgesetzter den Beschluß allein treffen werde, wird er dann von den Mitarbeitern akzeptiert werden?

- Teilen die Mitarbeiter die Organisationsziele, die durch diese Entscheidung erreicht werden sollen?
- Werden die bevorzugten Lösungen möglicherweise zu Konflikten zwischen den Mitarbeitern führen?
- Entscheide ich nach dem Gewinner-Gewinner-Modell?
- Binde ich Mitarbeiter genügend in die Entscheidungsfindung ein?
- Mache ich die Entscheidung zu der Entscheidung einer Gruppe und fördere somit die Motivation und Umsetzbarkeit?
- Ist wirklich mit allen Betroffenen offen über die mögliche Entscheidung gesprochen worden, und konnten alle ausreichend ihre Bedenken verbalisieren?
- Ist genug diskutiert worden, was gegen die geplante Entscheidung sprechen kann?
- Ist allen klar, an welcher Stelle der Beschluß nicht mehr umkehrbar ist?
- Birgt der Beschluß ein Risiko, das Sie sich nicht leisten können?
- Werden durch den Beschluß mehr Optionen eröffnet, oder führt die Entscheidung in eine Sackgasse?
- Habe ich beim Entschluß genügend auf meine innere Stimme gehört?
- Sind mit der Entscheidung auch eindeutig Verantwortliche bestimmt worden?
- Ist ausreichend sichergestellt, daß die Entscheidung auch realisiert wird?
- Habe ich mich persönlich durch Inaugenscheinnahme von der Durchführung überzeugt?

Ergebniskontrolle

- Wird die Ergebniskontrolle von den Mitarbeitern als Unterstützung und nicht als Belastung gesehen?
- Wurden die Kriterien für die Ergebniskontrolle gemeinsam mit den ausführenden Mitarbeitern definiert?
- Sind jedem Mitarbeiter die Kriterien für die Ergebniskontrolle klar und einsichtig?
- Herrscht Konsens und Akzeptanz bei den Mitarbeitern über die Art und Weise der Überprüfung der Arbeitsergebnisse?
- Habe ich genug Vertrauen in die Leistungsfähigkeit meiner Mitarbeiter?
- Weiß jeder Mitarbeiter, daß Sie es merken werden, wenn Ihr Vertrauen mißbraucht wird, und daß das dann gravierende Konsequenzen haben wird?

- Kennt der Mitarbeiter seine Aufgaben, Ziele und Leistungsprioritäten?
- Ist die Aufgabenstellung klar erfolgt und vom Mitarbeiter anerkannt?
- Habe ich die Ergebniskontrolle angekündigt?
- Weiß der Mitarbeiter, daß er kontrolliert wird?
- Rede ich offen über Ergebniskontrolle?
- Betone ich den Nutzen der Kontrolle von Ergebnissen für den einzelnen Mitarbeiter, die Abteilung und das Unternehmen?
- Kann ich diesen Nutzen glaubwürdig und überzeugend belegen?
- Herrscht in meiner Abteilung ein ergebnisorientiertes Denken und Arbeiten vor?
- Fließt die Auswertung der Ergebniskontrolle in die Mitarbeitergespräche ein?
- Habe ich meinen Mitarbeitern vermittelt, wozu Ergebniskontrolle gut ist?
- Vertraue ich dem Mitarbeiter auch über Stichproben hinaus?
- Respektiere ich Sorgen und Ängste des Mitarbeiters gegenüber der Ergebniskontrolle?
- Nehme ich bei der Ergebniskontrolle auch die positiven Aspekte zur Kenntnis?
- Verknüpfe ich Kontrolle mit einem Anerkennungs-, Beurteilungs- oder einem Korrekturgespräch?
- Kontrolliere ich systematisch und regelmäßig?
- Lasse ich auch für mich selbst Ergebniskontrollen durchführen?
- Binde ich den Mitarbeiter genug in die strategischen Zielsetzungen der Abteilung und des Unternehmens ein?
- Beachte ich das Prinzip der Selbstverantwortung?
- Überfordere ich meine Mitarbeiter mit permanenter Leistungsorientierung?
- Orientiere ich mich durch die Ergebniskontrolle unter Umständen zu sehr nach innen und vernachlässige die Kundenorientierung?
- Bin ich den hohen Anforderungen an mich selbst gewachsen?
- Ist ein hohes Maß an Selbstkontrolle in meiner Abteilung eingeführt?

Feedback-Gespräch

Vorbereitung eines Feedback-Gespräches

- Ist der Anlaß für das Feedback-Gespräch allen Beteiligten klar?
- Bin ich mir sicher in der Umsetzung des Feedback-Gespräches?

- Fühle ich mich selbstbewußt und offen dem Mitarbeiter gegenüber?
- Wissen Ihre Mitarbeiter, daß Sie Kritik an Ihren Verhaltensweisen annehmen können und sogar fordern?
- Habe ich Vorbehalte gegenüber dem Gespräch, dem Anlaß und/oder dem Mitarbeiter?
- Haben der Mitarbeiter und ich Konsens hergestellt über den Anlaß des Gespräches?
- Habe ich mit dem Mitarbeiter einen passenden Termin für das Feedback-Gespräch vereinbart?
- Habe ich die Dauer des Gespräches festgelegt und in meinen Tagesablauf eingeplant?
- Habe ich mich auf Kritik seitens des Mitarbeiters eingestellt?
- Kann ich auf Kritik sachlich reagieren?
- Fühle ich mich gut vorbereitet und rundherum wohl?
- Kann ich persönliche Sympathien oder Antipathien während eines solchen Gespräches ausschalten?
- Bin ich bereit, eigene Fehler einzugestehen?
- Habe ich mögliche Störungen ausgeschlossen?
- Weiß die Sekretärin Bescheid, daß keine Anrufe durchgestellt werden, und die Kollegen, daß ich in einer Besprechung bin?
- Kann ich pünktlich anfangen?

Ablauf eines Feedback-Gespräches

- Habe ich eine entspannte Atmosphäre für das Gespräch geschaffen?
- Signalisiere ich meinem Gegenüber deutlich, daß ich auch wirklich offen für Kritik bin?
- Habe ich den Mitarbeiter ausdrücklich dazu aufgefordert, konstruktive Kritik zu äußern?
- Wird das Gespräch offen und sachlich geführt?
- Stelle ich dem Mitarbeiter offene Fragen?
- Frage ich nach, wenn ich etwas nicht verstanden habe, ohne den Eindruck zu erwecken, mich verteidigen zu wollen?
- Höre ich dem Mitarbeiter aktiv zu?
- Spiele ich meine eigenen Fehler auch wirklich nicht herunter?
- Kann ich der Versuchung widerstehen, mich vor dem Mitarbeiter für meine Fehler zu rechtfertigen?
- Nehme ich die Kritik an?

- Ist das Gespräch strukturiert?
- Vermeide ich »Retourkutschen«, selbst wenn ich getroffen bin?
- Nehme ich ein Lob von seiten des Mitarbeiters nicht als selbstverständlich an, sondern bringe meine Freude darüber deutlich sichtbar zum Ausdruck?

Am Ende eines Feedback-Gespräches

- Denke ich daran, mich bei dem Mitarbeiter für dieses Gespräch und seine Kritik ausdrücklich zu bedanken?
- Kann ich gemeinsam mit dem Mitarbeiter konkrete Verbesserungsvorschläge und -maßnahmen formulieren?
- Können gemeinsam Kontrollmaßnahmen zur Ergebniskontrolle entwickelt werden?

Nachbereitung eines Feedback-Gespräches

- Integriere ich die Ergebnisse des Gespräches in mein Führungsverhalten?
- Stelle ich systematisch sicher, daß ich die nötige Sensibilität für die besprochenen Kritikpunkte beibehalte?
- Kann ich meinen Arbeitsalltag so beeinflussen, daß ich mein Verhalten tatsächlich ändern kann?
- Weiß ich konkret, welche Veränderungen meinerseits nötig sind?

Führung der eigenen Person

Formulierung eines realistischen Zielkatalogs

- Weiß ich, was ich in meinem Arbeitsalltag ändern möchte?
- Weiß ich, was ich beruflich noch erreichen möchte?
- Weiß ich, welche Umstellungen ich bei der Erledigung meiner beruflichen Aufgaben vornehmen möchte?
- Weiß ich, wie ich in nächster Zeit leben möchte?
- Weiß ich, wie ich von jetzt an in meinem Leben die Prioritäten setzen möchte?
- Weiß ich, was ich an meinem Leben verändern kann und will?

- Weiß ich, was ich im familiären Leben anders machen will?
- Weiß ich, welche Bedürfnisse, Interessen und Aktivitäten ich in meiner Freizeit stärker als bisher zum Tragen kommen lassen möchte?

Standortbestimmung

- Kenne ich meine eigenen Ziele?
- Habe ich meine Wünsche, Visionen und Ziele für mein Berufs- und mein Privatleben schriftlich niedergelegt?
- Stimmt meine berufliche Standortbestimmung mit meinen Vorstellungen von Freizeit, sozialem und familiärem Umfeld überein?
- Habe ich mir realistische Lebensziele gesetzt?
  Habe ich Strategien entwickelt, mit denen ich diese Ziele erreichen kann?
- Realisiere ich geplante Veränderungen in ausreichendem Maße?
- Kann ich Regelungen, die mich einschränken, so weit wie möglich abbauen?
- Entwickle ich meine Sensibilität weiter, vor allem Gefühlen anderer gegenüber?
- Trainiere ich das positive Denken in ausreichendem Maße?
- Habe ich vor mir und anderen ausreichenden Respekt?
- Anerkenne ich für mich selbst meine guten Eigenschaften?
- Gibt es in meinem Leben ein stabiles Gleichgewicht zwischen Beruf, Freizeit und Familienleben?

Berufliche Selbstorganisation

- Sind mir meine Arbeitsziele klar?
- Stimmen meine Ziele und Wünsche mit meiner jetzigen Arbeitssituation überein?
- Setze ich meine Prioritäten entsprechend meinen persönlichen Zielsetzungen?
- Plane ich meine Arbeit individuell und optimal?
- Teile ich meine Arbeitszeit effizient ein?
- Halte ich einen angemessenen Arbeitsrhythmus ein?
- Gönne ich mir genug Zeit zum Abschalten?
- Pflege ich meine sozialen Kontakte ausreichend?
- Trainiere ich meine Fähigkeiten zur Selbstkritik konsequent?

- Kann ich Kritik von außen annehmen?
- Akzeptiere ich meine eigenen Schwächen?
- Kann ich mit den Schwächen meiner Mitarbeiter umgehen?
- Kann ich interdisziplinär denken und handeln?
- Habe ich Respekt vor den Menschen in meiner Umgebung?
- Akzeptiere und wertschätze ich mich selbst?
- Beherrsche ich meine eigenen Gefühle?

Entwicklung von Strategien zur Erreichung der persönlichen Zielsetzung

- Ist mir klar, welche Schritte notwendig sind?
- Weiß ich, womit ich anfangen und wie ich weitergehen werde?
- Gibt es Personen oder Institutionen, die mir bei der Verwirklichung meiner Vorstellungen und Vorsätze helfen können?
- Kann ich diese Personen dazu bringen, mich zu unterstützen?

Führungskompetenz

- Orientiere ich mich an den Resultaten und nicht an der Arbeit?
- Kann der Mitarbeiter bei der Zielvereinbarung mitwirken?
- Gebe ich immer eine eindeutige Beschreibung der Arbeitsaufgaben an meine Mitarbeiter weiter?
- Definiere ich stets genau, welche Aufgaben erfüllt werden müssen?
- Informiere ich die Mitarbeiter über die Arbeitsaufgaben ausreichend und umfassend?
- Beschreibe ich stets exakt, welche Aufgaben zu erfüllen sind?
- Interessiere ich mich für die Meinung der Mitarbeiter?
- Bin ich offen für Vorschläge der Mitarbeiter, wie die Aufgabe bewältigt werden kann?
- Halte ich mich an meine eigenen Anweisungen?
- Sorge ich dafür, daß die für die Erledigung der Arbeitsaufgaben notwendigen Mittel zur Verfügung stehen?
- Suche ich regelmäßiges Feedback der Mitarbeiter über mich?
- Habe ich klare Bewertungsmaßstäbe?
- Lobe ich meine Mitarbeiter und belohne ihre Leistungen?

- Führe ich motivierende Anerkennungsgespräche?
- Gebe ich einem erfolgreichen Mitarbeiter sofort Rückmeldung?
- Nehme ich mir ausreichend Zeit für die Belange meiner Mitarbeiter?
- Vermeide ich persönliche Freundschaften mit Untergebenen?
- Kontrolliere ich offen und nachvollziehbar?
- Kann ich eigene Irrtümer und Fehler zugeben?
- Belüge ich meine Mitarbeiter niemals?
- Gebe ich Entscheidungen, die ich eigentlich nur selbst fällen kann, aus Bequemlichkeit an andere weiter?
- Überlasse ich dem Mitarbeiter genug Entscheidungsspielraum?
- Überprüfe ich mich regelmäßig selbst?
- Erkenne ich meinen eigenen Lernbedarf?
- Sorge ich für die persönliche Weiterentwicklung meiner Mitarbeiter?
- Nehme ich die Sorgen und Nöte der Mitarbeiter ernst?
- Gebe ich den Mitarbeitern so viel Freiraum und so viel Führung, wie sie jeweils brauchen?
- Orientiere ich mich an den Stärken meiner Mitarbeiter und versuche sie für alle zu nutzen?
- Denke ich konstruktiv und zielgerichtet?
- Ist mein Verhalten für die Leistungsfähigkeit der Mitarbeiter förderlich?
- Bleibt der Erfolg der Mitarbeiter ihr Erfolg?
- Übernehme ich meinen Teil der Verantwortung für die Fehler meiner Mitarbeiter?
- Akzeptiere ich die Meinungen anderer, auch wenn sie gegen meine Einstellung stehen?
- Bin ich frei von Standesdünkel?
- Kenne ich meine persönlichen Grenzen?
- Halte ich mich auch an meine eigenen Anweisungen?
- Weiß ich mit meiner Macht und Autorität verantwortungsbewußt umzugehen?
- Habe ich meine persönlichen Launen und Stimmungen unter Kontrolle?
- Delegiere ich ausreichend Entscheidungen und Befugnisse an meine Mitarbeiter?
- Fühle ich mich wohl mit der Führung meiner eigenen Person?
- Nehme ich mir genügend Freiraum für mich selbst und mein Privatleben?
- Teile ich meinen Erfolg mit den Mitarbeitern?
- Übernehme ich meine Fehler allein?
- Bin ich zufrieden mit meinen Führungsleistungen?
- Erhalte ich positive Rückmeldung?

- Fühle ich mich akzeptiert von meinen Mitarbeitern?
- Kenne ich meinen definitiven Beitrag für das gesamte Unternehmen?
- Verzettele ich mich auch nicht mit meinen Aktivitäten?
- Stelle ich mindestens einmal im Jahr Prozeduren, Produkte, Listen, administrative Aufgaben, benutzte EDV-Programme und Sitzungen in Frage?

Heimarbeit

- Ist sich der Heimarbeiter über die Zielvereinbarungen im klaren?
- Sind die Aufgaben des Heimarbeiters klar definiert?
- Herrscht Konsens zwischen mir und dem Heimarbeiter über Ziele, Aufgaben und Herangehensweisen sowie die Zwischen- und Ergebniskontrollen?
- Gibt es feste Gesprächszeiten für den Informationsaustausch zwischen Heimarbeiter und Vorgesetztem?
- Habe ich genügend Zeit für persönliche Arbeitstreffen mit dem Heimarbeiter eingeplant?
- Gibt es feste Gesprächszeiten, in denen mich der Heimarbeiter für Rückfragen erreichen kann?
- Gibt es feste Gesprächszeiten, in denen ich den Heimarbeiter erreichen kann?
- Kann ich schnell auf Anfragen des Heimarbeiters reagieren?
- Sind die technischen Rahmenbedingungen vorhanden? Hat der Heimarbeiter geeignete Geräte, Arbeitsmittel und Werkzeug?
- Funktionieren die Kommunikationsmittel, wie Fax, E-mail oder Telefon, zuverlässig?
- Vertraue ich dem Heimarbeiter in ausreichendem Maße?
- Herrscht Klarheit über die Möglichkeiten zur Leistungskontrolle der Heimarbeiter?
- Signalisiere ich dem Heimarbeiter in ausreichendem Maße, daß er mich jederzeit um Hilfe bitten kann?
- Bin ich sensibel für »stille Hilferufe«?
- Bin ich mir der eventuell auftretenden Kommunikationsprobleme bewußt?
- Fühle ich mich sicher und kompetent, diese möglicherweise auftretenden Probleme konstruktiv zu lösen?
- Orientiert sich die Entlohnung des Heimarbeiters ausschließlich am Ergebnis?

- Finden regelmäßig Zwischenkontrollen statt?
- Sind Zwischenkontrollen zum jetzigen Zeitpunkt noch notwendig?
- Habe ich den Austausch zwischen dem Heimarbeiter und den Kollegen und Mitarbeitern im Unternehmen institutionalisiert?
- Denke ich daran, alle Heimarbeiter rechtzeitig zu Betriebsveranstaltungen einzuladen?
- Vergesse ich die Heimarbeiter auch bei informellen, spontanen Veranstaltungen nicht?
- Sind die Heimarbeiter an betrieblichen Vergünstigungen, wie Kantinenessen, Gratisprodukten, Ermäßigungen oder Vorzugsaktien beteiligt, oder erhalten sie entsprechenden Ausgleich?

Jahresgespräch

Vorbereitung eines Jahresgespräches

- Bin ich ausreichend über die Entwicklung des Mitarbeiters im letzten Jahr informiert?
- Weiß ich über seine Stellenbeschreibung und über die Zielvereinbarungen Bescheid?
- Habe ich meine Ziele und Inhalte für das Jahresgespräch formuliert?
- Habe ich mir die Relevanz des Jahresgespräches für die Karriere des Mitarbeiters deutlich vor Augen geführt?
- Fühle ich mich wohl und bin ich mir mit meiner Einschätzung der Entwicklung des Mitarbeiters sicher?
- Habe ich mir Gedanken über die Entwicklungsmöglichkeiten des Mitarbeiters in der kurz-, mittel- und langfristigen Zukunft gemacht?
- Ist mir die Lebensplanung des Mitarbeiters bekannt?
- Kenne ich die beruflichen und persönlichen Ziele des Mitarbeiters?
- Habe ich diese Hintergrundinformationen in meine Bewertung des letzten Arbeitsjahres und in den Ausblick für die Zukunft einbezogen?
- Weiß ich über die Entwicklungswünsche des Mitarbeiters Bescheid?
- Habe ich mit dem Mitarbeiter einen gemeinsamen Gesprächstermin abgestimmt?
- Kennt der Mitarbeiter die Inhalte und Ziele des Jahresgespräches und erkennt er sie an?

- Hat der Mitarbeiter ein echtes, freudiges Interesse an dem Jahresgespräch?
- Habe ich genug Zeit für dieses Gespräch anberaumt?
- Habe ich sichergestellt, daß das Jahresgespräch in einer vertraulichen Atmosphäre, in einem geschlossenen Raum und wirklich ungestört stattfinden kann?
- Habe ich – falls im Betrieb ein solcher vertraulicher Rahmen nicht realisierbar sein sollte – externe Räumlichkeiten (in einem Hotel oder Restaurant) gebucht?

Ablauf eines Jahresgespräches

- Ist dafür gesorgt, daß möglichst keine Störungen auftreten?
- Kommt der Mitarbeiter zuerst zu Wort?
- Habe ich mich innerlich auf Aktives Zuhören eingestellt?
- Denke ich daran, zuerst die Stellenbeschreibung mit dem Mitarbeiter zu besprechen?
- Ist die Stellenbeschreibung noch aktuell?
- Müssen Veränderungen realisiert werden?
- Haben diese Veränderungen Auswirkungen auf andere Mitarbeiter oder andere Abteilungen?
- Hat mir der Mitarbeiter dargestellt, wie er sein Verständnis der Aufgabenstellung definiert?
- Haben wir die Schwerpunkte der Tätigkeiten des Mitarbeiters laut Stellenbeschreibung im Detail durchgesprochen?
- Haben wir alle Tätigkeitsschwerpunkte gemeinsam mündlich bewertet?
- Weiß der Mitarbeiter nun genau, wo er leistungsmäßig in den einzelnen Tätigkeitsschwerpunkten steht?
- Haben wir alle Zielvereinbarungen aus dem letzten Jahresgespräch und zwischenzeitlichen Mitarbeitergesprächen notiert, diskutiert und bewertet?
- Haben wir die persönlichen Entwicklungsziele des Mitarbeiters besprochen?
- Haben wir die Qualifizierungsschwerpunkte diskutiert und Maßnahmen, Seminare oder Schulungen für das nächste Jahr vereinbart?
- Sind Arbeitsverhalten, soziales Verhalten und Kundenorientierung besprochen?
- Sind konkrete Arbeitsziele mit dem Mitarbeiter gemeinsam definiert worden, die nachvollziehbar, erreichbar und überprüfbar sind?

- Haben wir persönliche Entwicklungsziele fixiert?
- Erkenne ich die Leistungen des Mitarbeiters an?
- Kann ich meine Kritik positiv formulieren und Potentiale des Mitarbeiters aufzeigen?
- Fällt es mir leicht, Kritik an meiner eigenen Person zuzulassen?
- Kann der Mitarbeiter seine Erwartungen und Ängste offen und ehrlich formulieren?
- Kann ich meine Erwartungen und Ängste offen und ehrlich formulieren?
- Bin ich auf die Erwartungen und Ängste meines Gegenübers eingestellt?
- Achte ich die Intimsphäre meines Mitarbeiters?
- Beziehe ich auch das Privatleben und die Lebensplanung des Mitarbeiters mit ein?
- Sind alle wichtigen Punkte von meiner Seite angesprochen worden?
- Sind alle wichtigen Punkte von seiten des Mitarbeiters angesprochen worden?
- Haben wir vereinbart, daß die Ergebnisse des Jahresgespräches und die neuen Ziele schriftlich festgehalten werden?

Nachbereitung eines Jahresgespräches

- Stelle ich sicher, daß die besprochenen Maßnahmen und Änderungen meinerseits umgesetzt werden?
- Überprüfe ich, ob der Mitarbeiter die Zwischenziele im Laufe des Jahres erreicht?
- Stelle ich sicher, daß ich auch meine vereinbarten Beiträge leiste?
- Habe ich eine Kopie des schriftlichen Protokolls des Jahresgespräches in meiner – vertraulichen – Personalführungsakte abgelegt?
- Wurden eventuelle Aktualisierungen der Stellenbeschreibung an die Personalabteilung weitergereicht?

Karriereplanung

- Kann ich das konkrete Ziel für meine Karriere formulieren?
- Weiß ich, welche Position ich erreichen möchte?
- Kenne ich meine eigenen Stärken und Schwächen?
- Habe ich die notwendigen Fachkenntnisse?

- Leite ich Maßnahmen ein, die erforderlichen Fachkenntnisse zu erlangen?
- Habe ich die notwendigen Qualifikationen?
- Leite ich Maßnahmen ein, die erforderlichen Qualifikationen zu erlangen?
- Weiß ich um meine Entwicklungspotentiale?
- Bin ich bereit, mich weiterzubilden?
- Kenne ich die externen und internen Weiterbildungsmaßnahmen?
- Paßt die angestrebte Position in meine Lebensplanung?
- Weiß ich, was mich in der angestrebten Position erwartet?
- Ist mir klar, welchen Eindruck meine Vorgesetzten von mir haben?
- Ist mir klar, welchen Eindruck meine Mitarbeiter und Kollegen von mir haben?
- Erhalte ich Rückmeldung über mein Verhalten und meine Leistungen von meinen Vorgesetzten und meinen Kollegen?
- Kenne ich die Facetten des »Fremdbildes«, das meine Kollegen und meine Vorgesetzten von mir haben?
- Klaffen Selbst- und Fremdbild auseinander?
- Mache ich mir Gedanken über die Bewertung der Unterschiede?
- Bin ich bereit, mich der Konkurrenz von Mitbewerbern zu stellen?
- Fühle ich mich im Wettbewerb sicher und selbstbewußt?
- Kann ich andere von meinen Leistungen überzeugen?
- Bin ich im Umgang mit Streß und Belastungen, Zeit- und Arbeitsdruck stabil und sicher?
- Gibt es in meinem Unternehmen entsprechende Aufstiegsmöglichkeiten?
- Ist ein Unternehmenswechsel günstig, um meine Karriere voranzutreiben?
- Bin ich den anstehenden Aufgaben körperlich, geistig und emotional gewachsen?
- Ist mir selbst klar, warum ich nach der jeweiligen Position strebe?
- Bin ich zu jung oder zu alt für die Position?
- Stimmen meine persönlichen Rahmenbedingungen mit der angestrebten Position überein?
- Habe ich ausreichend Durchsetzungskraft, um die Position zu erreichen?
- Weiß ich, was ich tue, wenn ich die Position erreicht habe?
- Habe ich ein stabiles persönliches Umfeld?
- Tragen mein Lebenspartner, meine Familie, meine Kinder, meine Freunde die angestrebte Karriere mit?
- Wissen meine Familie und Freunde um die Auswirkungen meiner Karriere auf ihr Leben und ihre Lebensplanung?
- Habe ich langfristig genug geplant?

- Weiß ich, wo die Kraftquellen für meine Karriere liegen?
- Kann ich auf äußere Einflüsse reagieren?
- Kenne ich meine tiefste, innerste, ganz persönliche Motivation zu Karriere und Höchstleistung?
- Sehe ich die Vorteile und die Nachteile meiner Karriereplanung ganz deutlich vor mir?
- Habe ich die Gefühlsseite der Vor- und Nachteile der Karriere aufrichtig betrachtet?
- Weiß ich, worauf ich in meinem Leben verzichten muß, um die gewünschte Karriere zu realisieren und durchzuhalten?
- Bin ich mir des Endes meiner persönlichen Karriereleiter bewußt?
- Ist die Selbständigkeit eine Möglichkeit meiner persönlichen Karriere?
- Weiß ich, ob der nächste Karriereschritt in eine Sackgasse oder zu weiteren Optionen führt?

Konfliktmanagement

Persönliche und betriebliche Einstellung zu Konflikten

- Habe ich mir überlegt, was »Konflikt« für mich bedeutet?
- Bin ich mir über meine Gefühle beim Umgang mit Konflikten im klaren?
- Weiß ich, wie ich persönlich Konflikte bewerte?
- Neige ich dazu, Konflikten aus dem Weg zu gehen?
- Kenne ich mein persönliches Konfliktmanagement?
- Kenne ich die Techniken für den optimalen Umgang mit Konflikten?
- Fühle ich mich sicher in der Anwendung und Umsetzung dieser Konflikmanagement-Techniken?
- Bin ich bereit und in der Lage, Konflikte als solche zu erkennen und zu bearbeiten?
- Bin ich bereit, Konflikte auszutragen?
- Sorge ich in meiner Umgebung für eine schnelle Lösung von Konflikten?
- Schiebe ich Konflikte in der Hoffnung, daß sie sich von selbst erledigen, lieber vor mir her?
- Sehe ich in Konflikten die Chance der Veränderung?
- Nutze ich Konflikte als Veränderungs- und Verbesserungsimpulse?
- Gibt es Konflikte oder Konfliktpotentiale in meiner Abteilung?
- Muß ich mich unbedingt an der Lösung aller Konflikte beteiligen, oder

kann ich ertragen, daß sich zwei Parteien streiten, ohne daß ich mich einmische?
- Gibt es eine Streitkultur im Unternehmen, werden Konflikte im Betrieb offen und konstruktiv ausgetragen?
- Achte ich als Vorgesetzter darauf, Maßnahmen zum konstruktiven Konfliktmanagement in meiner Abteilung durchzuführen?
- Wird das innerbetriebliche Vorschlagswesen ausreichend genutzt?
- Ist es ratsam, bei der Lösung des Konfliktes selbst als Konfliktmanager aufzutreten?
- Akzeptieren die streitenden Parteien eventuell eher einen Konfliktmanager aus den eigenen Reihen?
- Ist es sinnvoll, einen externen Konfliktmanager einzusetzen?
- Kann ich einen geeigneten Konfliktmanager bestimmen?

Lösung von Konflikten

- Habe ich Personalgespräche mit allen am Konflikt beteiligten Parteien geführt?
- Sind alle Beteiligten an einer Lösung interessiert?
- Gibt es eine gemeinsame Basis für alle Parteien?
- Wurde mit den einzelnen Parteien abgeklärt, welche Lösung sie vorschlagen?
- Sehe ich als Konfliktmanager eine Lösung?
- Sehe ich als Vorgesetzter eine Lösung?
- Kann ich mit den streitenden Parteien ein gemeinsames Gespräch zur Entwicklung einer Lösung führen?
- Kann ich den Konfliktparteien jeweils Verständnis für die Sichtweise der anderen vermitteln?
- Wird festgelegt, welche Kriterien eine geeignete Lösung erfüllen soll?
- Gibt es eine Lösung, die für alle Parteien akzeptabel ist, oder zumindest einen tragbaren und von allen akzeptierten Kompromiß?
- Ist das Gewinner-Gewinner-Modell einsetzbar?
- Kann man Streitanlässe im täglichen Miteinander weitmöglichst reduzieren, indem man klare Absprachen und Vereinbarungen trifft?
- Werden Tabuthemen, wie zum Beispiel Politik oder Religion, aus dem Arbeitsalltag ausgeklammert?
- Besteht die Möglichkeit, streitende Mitarbeiter räumlich oder projektbezogen zu trennen, falls kein zufriedenstellender Kompromiß gefunden werden kann?

- Muß ich Mitarbeiter in andere Abteilungen versetzen oder sogar kündigen?
- Kann der Konflikt als ein Anlaß für notwendige Veränderungen und Verbesserungen genutzt werden?
- Ist eine klare Kontrolle für die Lösung des aktuellen Konflikts vorgesehen?
- Spiegelt der Streit tieferliegende Probleme des Arbeitsalltags wider?
- Ziehe ich in Erwägung, daß eine organisatorische Schwäche vorliegt, wenn sich Konflikte ständig wiederholen:?
- Spiegelt der Streit das allgemeine Betriebsklima wider?
- Deutet der Konflikt auf Führungsprobleme hin?
- Ist der Konflikt ein Ventil für andere, nicht offen benannte Probleme?
- Handelt es sich bei diesem aktuellen Konflikt um die »Spitze des Eisberges«, um ein Symptom für eine weiterreichende und tieferliegende Problemsituation?
- Ist der Konflikt ein Anzeichen für Mobbing im Unternehmen?
- Läßt sich der Konflikt kreativ zur Entwicklung neuer Ideen nutzen?
- Lassen sich Kontrollmechanismen zur Verhinderung neuer Konflikte entwickeln?
- Bin ich mir der Mechanismen des Drama-Dreiecks bewußt?

Korrekturgespräch

Vorbereitung eines Korrekturgespräches

- Kenne ich die genauen Arbeitsziele meiner Mitarbeiter?
- Weiß ich über das zu korrigierende Verhalten des Mitarbeiters genau Bescheid?
- Kenne ich das Verständnis des Mitarbeiters von seinen Zielen?
- Weiß der Mitarbeiter, was das Thema des Gespräches ist?
- Kann der Mitarbeiter den Anlaß akzeptieren, und ist er emotional stabil?
- Habe ich mit dem Mitarbeiter einen passenden Termin vereinbart?
- Habe ich die Dauer des Gespräches festgelegt und in meinen Tagesablauf eingeplant?
- Ist der Raum für das Gespräch organisiert?
- Habe ich mögliche Störungen ausgeschlossen?
- Weiß die Sekretärin Bescheid, daß keine Anrufe durchgestellt werden, und die Kollegen, daß ich in einer Besprechung bin?
- Kann ich pünktlich anfangen?

- Fühle ich mich sicher und sachlich optimal vorbereitet?
- Gehe ich emotional stabil in das Gespräch, oder bin ich noch verärgert?
- Kenne ich den optimalen Ablauf eines Korrekturgespräches?
- Habe ich meine Ziele für das Korrekturgespräch fixiert?

Ablauf und Moderation eines Korrekturgespräches

- Habe ich mir einen guten Einstieg überlegt, um eine entspannte Atmosphäre zu schaffen?
- Habe ich das Ziel dieses Gespräches klar und deutlich benannt?
- Haben wir Konsens über Inhalt, Ziele und Vorgehen des Korrekturgespräches hergestellt?
- Haben wir gemeinsam Regeln zur Gesprächsführung besprochen?
- Kann sich der Mitarbeiter mit dem Ziel identifizieren?
- Wird das Gespräch offen und sachlich geführt?
- Treffe ich während des Gespräches keine Pauschalurteile?
- Bleibe ich im Gespräch stets konkret?
- Höre ich aktiv zu?
- Weiß der Mitarbeiter, wohin sein – schwieriges – Verhalten führen könnte?
- Gebe ich dem Mitarbeiter genug Freiraum für die Darstellung der Gründe seines Verhaltens?
- Vermeide ich den »Rechtfertigungsstrudel« in ausreichendem Maße?
- Versuche ich wirklich, den Mitarbeiter zu verstehen?
- Kann ich die Erklärungen des Mitarbeiters akzeptieren?
- Mache ich dem Mitarbeiter klar, daß ich ihn als Mensch respektiere?
- Stelle ich die Suche nach Lösungsansätzen in den Vordergrund?
- Vermeide ich Schuldzuweisungen und Schulddiskussionen?
- Kann ich die Gesprächsinhalte für den Mitarbeiter verständlich zusammenfassen?
- Habe ich dem Mitarbeiter die Folgen seines Handelns in ausreichendem Maße aufgezeigt?
- Hat der Mitarbeiter seinen Fehler verstanden?
- Kann ich gemeinsam mit dem Mitarbeiter Maßnahmen zur künftigen Vermeidung des Fehlers entwickeln?
- Sind diese Maßnahmen zukunfts- und nicht vergangenheitsorientiert?
- Sind die Maßnahmen gemeinsam erarbeitet worden?
- Können Kontrollmaßnahmen zur Ergebniskontrolle entwickelt werden?

- Kann sich der Mitarbeiter wirklich mit dem Gesprächsergebnis identifizieren?
- Fühle ich mich wohl mit Verlauf und Ergebnis des Gespräches?
- Spreche ich den Mitarbeiter auf seine Gefühle an?
- Haben wir eine emotional neutrale, offene und konstruktive Atmosphäre wiederhergestellt?

Nachbereitung eines Korrekturgespräches

- Ist ein Gesprächsprotokoll, eine Aktennotiz zu erstellen?
- Habe ich sichergestellt, daß der Mitarbeiter das Protokoll erhält?
- Werden vereinbarte Änderungen oder Verbesserungen auch tatsächlich in die Praxis umgesetzt?
- Wird die Kontrolle auch wirklich durchgeführt?
- Gebe ich dem Mitarbeiter Anerkennung, wenn er sein Verhalten wie vereinbart ändert?
- Bestärke ich positives Verhalten?
- Ziehe ich Konsequenzen für mein Führungsverhalten und meine Personalpolitik?
- Habe ich für mich im Umgang mit Schwierigkeiten Neues gelernt?
- Habe ich Zusatzinformationen über meine Abteilung erhalten?
- Habe ich die Kontrollmaßnahmen in meine Arbeitsplanung integriert?

Kundenorientierung

- Kenne ich meine Kunden?
- Kenne ich auch die Wünsche, Ziele und Kritikpunkte meiner Kunden?
- Behandle ich alle Kunden gleich?
- Führe ich regelmäßig Kundenbefragungen durch?
- Berücksichtige ich in der Kundenanalyse sämtliche Kundengruppen, wie potentielle Kunden, Neukunden, Stammkunden, kritische und verärgerte Kunden, ehemalige, abgeworbene Kunden, ehemalige oder bedarfslose Kunden?
- Steht der Kunde wirklich in allen Bereichen des Unternehmens im Mittelpunkt?
- Gibt es eine interne Kundenorientierung?

- Verstehe ich mich selbst als Dienstleister für die Kunden?
- Ist Kundenorientierung zentraler Firmengrundsatz und entsprechend dominant verankert in der Unternehmensphilosophie, im Verhalten von Führungskräften und Mitarbeitern?
- Wird die Kundenorientierung von allen Mitarbeitern gelebt?
- Wie wird sichergestellt, daß die Kundenorientierung regelmäßig überprüft wird?
- Weiß ich ganz genau, daß ohne den Kunden der Betrieb keine Existenzgrundlage hat?
- Wertschätze und achte ich meine Kunden?
- Erbringe ich meine Leistungen für den Kunden wirklich gerne?
- Bin ich offen für Verbesserungsvorschläge von Kunden?
- Sehe ich Reklamationen als Chance?
- Hat der Betrieb das Vorgehen bei Reklamationen institutionalisiert?
- Sind die Mitarbeiter für Kundenorientierung geschult?
- Bin ich selbst kundenorientiert?
- Sorge ich dafür, daß die Mitarbeiter durch die Kundenorientierung nicht in Konflikt mit betrieblichen Vorschriften geraten?
- Verfüge ich über ausgebildete und fachkompetente Kundenberater?
- Achte ich auf die soziale Kompetenz meiner Kundenberater und Mitarbeiter?
- Herrscht Konsens über die Anerkennung und Wertschätzung der Kunden für das Unternehmen und bei jedem einzelnen?
- Verstehe ich mich selbst als Dienstleister für meine Mitarbeiter?
- Beobachten wir den Markt und bieten unseren Kunden Innovationen?
- Wissen wir Bescheid über Entwicklungen, Trends und Störungen im Markt?
- Fließen diese Marktrecherchen in unsere Kundenbetreuung und Produktoptimierung ein?
- Ist das Unternehmen flexibel, reagiert auf den Markt und verwirklicht Neuentwicklungen?
- Hat der Vertrieb Einfluß auf die Produktion?
- Kommt bei uns erst der Kunde und dann der Profit?

Kündigung

- Habe ich alle Alternativen zur Kündigung durchdacht? Gibt es wirklich keine andere Alternative als die Kündigung?
- Kann ich die Kündigung in irgendeiner Weise verhindern?
- Ist mir klar, daß ich den gekündigten Mitarbeiter für immer verloren habe?
- Bin ich mir wirklich sicher, welcher Mitarbeiter gekündigt werden muß?
- Habe ich externe Berater konsultiert?
- Bin ich mir klar über den Anlaß der Kündigung?
- Ist der Mitarbeiter, dem gekündigt werden soll, informiert?
- Kenne ich die Kündigungsfristen?
- Kann ich die Kündigung so schnell wie möglich durchführen?
- Gibt es Vereinbarungen über Abfindungen?
- Ist geklärt, wer die Arbeit des gekündigten Mitarbeiters nach seiner Entlassung erledigt?
- Sind die Kollegen des gekündigten Mitarbeiters über die Gründe seiner Entlassung, soweit erlaubt, informiert?
- Wurde der Betriebsrat in den Entscheidungsprozeß einbezogen?
- Ist der Betriebsrat schriftlich über die Kündigung informiert?
- Habe ich die Folgen der Kündigung im Blick?
- Kann ich die Verunsicherung der verbleibenden Mitarbeiter reduzieren?
- Wird die Altersstruktur des Unternehmens nicht zu sehr durch die Kündigung beeinträchtigt?
- Kann ich den Know-how-Verlust durch die Entlassung des gekündigten Mitarbeiters verkraften?
- Kann ich den Imageschaden für das Unternehmen so klein wie möglich halten?
- Finde ich in ausreichender Zeit adäquaten Ersatz für den verlorenen Mitarbeiter?
- Habe ich alle rechtlichen Konsequenzen überprüft?

Lebensplanung

- Habe ich mir überlegt, wo ich in ein, zwei, fünf, zehn oder zwanzig Jahren stehen will?

Berufliche Perspektiven

- Arbeite ich in dem Beruf, der mich ausfüllt?
- Will ich mich beruflich verändern?
- Will ich noch weiter aufsteigen?
- Will ich mich selbständig machen?
- Kann ich meine beruflichen Ziele bei meinem jetzigen Unternehmen überhaupt erreichen?
- Will ich mich innerhalb meines Berufes örtlich verändern?
- Möchte ich beruflich ins Ausland gehen?

Private Perspektiven

- Berücksichtige ich mein Privatleben in ausreichendem Maße in der Lebensplanung?
- Räume ich meinem Privatleben genug Zeit ein?
- Habe ich darüber hinaus auch Zeit für außergewöhnliche familiäre Termine wie Feiern beziehungsweise Verpflichtungen?
- Will ich mich privat verändern, will ich zum Beispiel eine Familie gründen?
- Habe ich genug Zeit für Freunde?
- Habe ich Urlaubspläne? Fallen diese zeitlich aus dem normalen Rahmen? Plane ich zum Beispiel eine Weltreise?
- Habe ich genug Zeit für meine Hobbys und Interessen wie etwa Sport?
- Habe ich genug Zeit für gesellschaftliches, soziales oder politisches Engagement eingeplant?
- Gibt es Dinge, die ich noch verwirklichen möchte?
- Gibt es Dinge, die ich noch lernen möchte, zum Beispiel eine Fremdsprache?

Gesundheit und Finanzen

- Treffe ich genug Vorsorge für meine Gesundheit?
- Habe ich bei meiner Planung auch einkalkuliert, daß ich krank werden könnte?
- Habe ich finanziell vorgesorgt?
- Könnte ich es mir leisten, weniger zu verdienen?
- Sind meine Ansprüche meinem Gehalt angemessen?

- Habe ich finanzielle Verpflichtungen, die ich abdecken muß?
- Plane ich in nächster Zeit größere Anschaffungen?

Mentoring

- Weiß ich, wer für die Position als Mentor geeignet ist?
- Sind Aufgaben, Ziele und Arbeitsumfang des Mentors eindeutig definiert?
- Hat der Mentor eine realistische Vorstellung von seiner Aufgabe?
- Habe ich dem Mentor seine Aufgaben vermittelt?
- Ist der Mentor zeitlich in der Lage, die Aufgabe zu erfüllen?
- Herrscht Konsens zwischen dem Mentor und mir über seine Aufgaben, Ziele und den Arbeitseinsatz?
- Brauche ich einen Mentor für den neuen Mitarbeiter?
- Akzeptiert der jüngere Mitarbeiter einen Mentor?
- Ist klar, was inhaltlich mit dem Mentoring erreicht werden soll?
- Ist die zeitliche Planung abgesichert?
- Ist geklärt, in welcher Situation der Mentor in Anspruch genommen werden soll?
- Sind Zielsetzung und Lernbedarf geklärt?
- Habe ich den passenden Mentor gefunden?
- Ist der Mentor geeignet und akzeptiert den jüngeren Mitarbeiter?
- Habe ich die Rahmenbedingungen geschaffen für das Mentoring?
- Ist der Mentor sich seiner Rolle bewußt?
- Weiß er um seine Funktion als »Türöffner«, Beschützer und Talentförderer?
- Habe ich die Kompetenzen des Mentors abgeklärt?
- Kann ich beim betreuten Mitarbeiter die »Kronprinzenmentalität« verhindern?
- Kann ich sicherstellen, daß sich der Mentor nicht zu sehr in die Arbeit des neuen Mitarbeiters einmischt?
- Kann ich dafür soregen, daß der neue Mitarbeiter auch Selbstverantwortung übernimmt?
- Kann ich dazu beitragen, daß auch der Mentor von seiner Aufgabe profitiert?
- Ist geklärt, an wen der Mentor einen Teil seiner »normalen« Arbeit abgibt?
- Habe ich mir Gedanken über die Reaktion der Kollegen gemacht?

- Habe ich sichergestellt, daß alle Mitarbeiter und Kollegen die Aufgaben des Mentors unterstützen, akzeptieren und anerkennen?
- Weiß ich, wie ich die Leistungen des Mentors honorieren kann?
- Wurden Zwischenziele und Ergebniskontrolle vereinbart?
- Ist ein Kenntnisgewinn auch für den Mentor gewährleistet?
- Wird der Mentor durch seine Aufgabe neu motiviert?
- Findet eine Abwechslung bei der Auswahl des Mentors statt, um eine Abstumpfung zu verhindern?

Mitarbeiterentwicklung

Allgemeines

- Gibt es im Betrieb ein funktionierendes Personalentwicklungsmodell?
- Liegen Ergebnisse von Mitarbeiterbefragungen vor, auf die man zurückgreifen kann?
- Gibt es freie Stellen, die ein qualifizierter Mitarbeiter anstreben kann?
- Ist der tatsächliche Stellenbedarf des Unternehmens durch Instrumente und Techniken wie Stellenbeschreibungen, Arbeitsplatzanalysen oder Stellenumfeldbefragungen festgestellt worden?
- Liegen Eignungsprofile und Stellenbeschreibungen für die vakanten Positionen vor?
- Habe ich Informationen aus der Personalabteilung über mittel- und langfristige Verschiebungen in der Stellenstruktur des Betriebes?
- Gibt es Mitarbeiter, die den aufgestellten Eignungsprofilen entsprechen?
- Kann ich auf Mitarbeiter des Betriebs zurückgreifen, um den Bedarf abzudecken?
- Gibt es interne Stellenausschreibungen im Unternehmen?

In bezug auf den Mitarbeiter

- Sehe ich einen Entwicklungsbedarf bei diesem Mitarbeiter?
- Kenne ich die Potentiale meines Mitarbeiters?
- Hat der Mitarbeiter das Potential zum Aufstieg?
- Sieht der Mitarbeiter auch einen Entwicklungsbedarf?
- Hat der Mitarbeiter selbst Entwicklungsbedarf geäußert?

- Will der Mitarbeiter sich beruflich weiterentwickeln?
- Kenne ich die beruflichen Ziele des Mitarbeiters?
- Kenne ich die persönlichen Ziele dieses Mitarbeiters in bezug auf dessen Lebensplanung?
- Weiß ich, welche Ziele sich der Mitarbeiter für sich selbst, für seine berufliche Karriere gesetzt hat?
- Kann ich aus der Kenntnis der Ziele und Qualifikationen des Mitarbeiters den Entwicklungsbedarf präzise definieren?
- Unterstütze ich den Mitarbeiter durch gezielte Fördermaßnahmen wie Beurteilungsgespräche oder Schulungen ausreichend?
- Entsteht durch die neue Aufgabendefinition des Mitarbeiters auf anderen Positionen ein Handlungsbedarf?
- Ist die Stellenbeschreibung des Mitarbeiters den Veränderungen der Tätigkeiten und Kompetenzen angepaßt?
- Habe ich die Stellenbeschreibungen der Kollegen, die durch die Weiterentwicklung des einen Mitarbeiters tangiert sind, auch entsprechend modifiziert?
- Erfüllt der Mitarbeiter auf seiner jetzigen Position eine wichtige soziale Aufgabe? Fungiert er beispielsweise innerhalb einer Gruppe als Stabilisator?
- Nutze ich Schulungen, Fort- und Weiterbildungsmaßnahmen gezielt zur Mitarbeiterentwicklung in meiner Abteilung?

Mitarbeitergespräch

Vorbereitung eines Mitarbeitergespräches

- Weiß ich über die Themen des Gespräches Bescheid oder muß ich mir dafür noch zusätzliche Informationen besorgen?
- Habe ich Klarheit über meine Ziele?
- Fühle ich mich sicher und kompetent?
- Liegen mir alle Unterlagen (z. B. Stellenbeschreibungen, Protokolle der Jahresgespräche) vor?
- Kenne ich die Techniken zur optimalen Moderation eines Mitarbeitergespräches?
- Habe ich mich auf mögliche Kritikpunkte vorbereitet?
- Habe ich die Teilnehmer für das Gespräch festgelegt?
- Kennen die Teilnehmer die Themen des Gespräches?

- Haben alle Teilnehmer die nötigen Informationen vorab erhalten?
- Habe ich mit allen Teilnehmern einen passenden Termin vereinbart?
- Habe ich die Dauer des Gespräches festgelegt und in meinen Tagesablauf eingeplant?
- Ist der Raum für das Gespräch organisiert?
- Habe ich mögliche Störungen ausgeschlossen?
- Weiß die Sekretärin Bescheid, daß keine Anrufe durchgestellt werden, und die Kollegen, daß ich in einer Besprechung bin?
- Kann ich pünktlich anfangen?

Ablauf eines Mitarbeitergespräches

- Habe ich mir einen guten Einstieg überlegt, um eine entspannte Atmosphäre zu schaffen?
- Habe ich das Thema nochmals für alle Teilnehmer klar formuliert?
- Denke ich daran, den Zeitrahmen für das Gespräch vorzugeben?
- Ist ein Protokollführer bestimmt?
- Wird das Gespräch offen und sachlich geführt?
- Höre ich aktiv zu?
- Kommen alle Teilnehmer zu Wort?
- Sind Zwischenergebnisse erarbeitet, fixiert und visualisiert?
- Denke ich daran, pünktlich aufzuhören?
- Fasse ich die Gesprächsinhalte für alle zusammen?
- Denke ich daran, die Ergebnisse schriftlich festzuhalten?
- Wird ein Aktionsplan erstellt, in dem definiert wird, wer was bis wann macht, und haben den alle Teilnehmer akzeptiert?
- Können Maßnahmen zur Ergebnissicherung und Ergebniskontrolle festgelegt werden?
- Wird ein zukünftiger Gesprächstermin festgelegt?

Nachbereitung eines Mitarbeitergespräches

- Ist ein Gesprächsprotokoll, eine Aktennotiz zu erstellen?
- Ist der Verteiler für das schriftliche Protokoll definiert?
- Haben alle Teilnehmer das Protokoll erhalten?
- Verfolge ich die Umsetzung des Maßnahmenplanes?
- Kontrolliere ich die Ergebnisse des Gespräches regelmäßig?

- Führe ich die vereinbarten Kontrollmaßnahmen durch?
- Werden vereinbarte Änderungen oder Verbesserungen auch tatsächlich in die Praxis umgesetzt?
- Behalte ich die nötige Sensibilität für das Besprochene bei, selbst in der hektischen Alltagsarbeit?
- Weiß ich, mit welchen Instrumenten ich die Aktivitäten und Kontrollschritte in meine Arbeitsplanung integriere?
- Mache ich mir Gedanken über die Anerkennung, wenn die Maßnahmen adäquat umgesetzt werden?

Moderation

Vorbereitung einer Moderation

- Steht das Thema der zu moderierenden Sitzung fest?
- Liegen die einzelnen Tagesordnungpunkte vor?
- Ist die zu bearbeitende Fragestellung klar definiert?
- Habe ich ausreichend Informationen über die Thematik?
- Steht der Teilnehmerkreis fest?
- Weiß ich über deren Funktionen und Titel Bescheid?
- Kenne ich das Aufgabengebiet jedes Teilnehmers?
- Bin ich über die Ziele der einzelnen Besprechungsteilnehmer informiert?
- Weiß ich, wie gut sie informiert sind?
- Weiß ich um mögliche Konflikte zwischen den einzelnen Teilnehmern?
- Habe ich mich auf mögliche Konflikte, kontroverse Standpunkte und unterschiedliche Ziel- und Interessenschwerpunkte vorbereitet?
- Habe ich mögliche Konfliktsituationen gedanklich vorweggenommen?
- Fühle ich mich hinsichtlich Thematik, Teilnehmerkreis und Aufgabenstellung kompetent für die Moderation?
- Ist ein Raum für das Meeting gebucht?
- Wissen alle Teilnehmer über Ort, Anfang und Dauer der Sitzung Bescheid?
- Stehen mir die notwendigen technischen Hilfsmittel (z. B. Overheadprojektor, Flipcharts, Pinwände) für die Moderation zur Verfügung?
- Habe ich mir Gedanken gemacht, wie ich die Diskussionsergebnisse in der Gruppe zusammenfasse und visualisiere?
- Ist der Zeitrahmen optimal (ca. eine Stunde) begrenzt?

Ablauf einer Moderation

- Ist geklärt, wie ich den Teilnehmern die Aufgabenstellung vermittle?
- Habe ich die Zielsetzung und Aufgabenstellung der Sitzung klar und deutlich definiert?
- Habe ich unter allen Beteiligten Konsens über Ziele und Vorgehensweise hergestellt?
- Habe ich sichergestellt, daß alle Teilnehmer sowohl Aufgabenstellung als auch Zielsetzung verstanden haben und sich damit identifizieren können?
- Ist der Zeitrahmen festgelegt?
- Achte ich auf die Einhaltung des Zeitrahmens?
- Achte ich bei längeren Meetings auf eine Pause und auf die Einhaltung des Zeitlimits bei den einzelnen Tagesordnungspunkten?
- Ist formuliert, was die Teilnehmer von dem Gespräch erwarten?
- Ist geklärt, welche Erwartungen die Teilnehmer an mich als Moderator haben?
- Nutze ich Visualisierungshilfen für die Moderation?
- Denke ich daran, alle Diskussionsbeiträge für alle sichtbar zu sammeln und aufzuschreiben?
- Führe ich am Ende der Moderation eine Ergebnissicherung durch?
- Haben wir als Ergebnis der Diskussion einen Aktionsplan erarbeitet?
- Habe ich einen Teilnehmer bestimmt, die Umsetzung der Maßnahmen im Aktionsplan zu betreuen und zu kontrollieren?
- Weiß jeder, was er bis wann zu tun hat?
- Denke ich daran, den Aktionsplan allen Beteiligten mitzugeben oder den Plan allen Teilnehmern zukommen zu lassen?
- Bitte ich am Ende der Sitzung jeden Teilnehmer um ein Feedback und stelle folgende Fragen: Was hat Ihnen gefallen? Was möchten Sie an der Moderation verbessert, verändert haben? Welche Anregungen und Anmerkungen haben Sie zum Verlauf?

Anforderungen an den Moderator

- Bin ich bereit, meine eigenen Meinungen, Ziele und Werte als Teilnehmer der Besprechung zurückzustellen?
- Kann ich durch sinnvolle Fragestellungen die Gruppe aktivieren und führen?
- Verstehe ich mich als Anwalt jedes einzelnen Teilnehmers?

- Schaffe ich eine positive Atmosphäre?
- Bin ich Vermittler zwischen dem Thema, der Gruppe und jedem einzelnem?
- Schaffe ich es, die Energien der anderen Konferenzteilnehmer zu kanalisieren, biete ich Vorschläge an, stelle Fragen, unterstütze ich die Teilnehmer und spreche vorhandene Konflikte an?
- Kann ich zwischen dem einzelnen, dem Gruppenprozeß und dem Thema die Balance halten?
- Schaffe ich es, durch Blickkontakt und Fragen eine Verbindung zu allen Teilnehmern aufzubauen?
- Vermittle ich Wertschätzung, indem ich alle Teilnehmer mit ihren Namen anspreche, ihre Beiträge ernst nehme, Verständnisfragen stelle und dafür sorge, daß jeder zu Wort kommen kann?
- Greife ich die Beiträge der Gruppe aufmerksam auf?
- Gelingt es mir, ohne Kommentar und Bewertung das Gesagte zu ordnen und zusammenzufassen?
- Bin ich in der Lage, das Ganze von außen auf der Meta-Ebene wahrzunehmen, ohne mich mit den momentanen Themen allzusehr zu identifizieren?
- Weiß ich, welche Möglichkeiten es gibt, eine ins Stocken geratene Konferenz wieder in Schwung zu bringen?
- Setze ich versiert, glaubwürdig und zielgenau neue Reize zur Diskussionsführung (z. B. Pausen, frische Luft, Bewegung, andere Beleuchtung, Sitzplatzwechsel, Themawechsel, Änderung der Sprechgeschwindigkeit oder Betonung) ein?
- Weiß ich, wie ich mit Einwänden umgehe?
- Kann ich souverän und entspannt mit kritischen Situationen umgehen?
- Gelingt es mir, eine Eskalation von unproduktiven Gefühlen zu verhindern?
- Anerkennen die Teilnehmer meine Autorität als Moderator?
- Schaffe ich es, verfahrene und verhärtete Fronten zu lösen und Gesprächsbereitschaft zu bewirken?

Patenschaft

- Brauche ich einen Paten für den neuen Mitarbeiter?
- Ist die Aufgabenstellung des Paten klar?
- Ist geklärt, in welcher Situation der Pate in Anspruch genommen werden soll?

- Akzeptiert der jüngere Mitarbeiter einen Paten?
- Ist die zeitliche Planung abgesprochen, z. B. wie lange der Pate dem neuen Mitarbeiter zur Verfügung stehen soll?
- Weiß ich, wer für die Aufgabe des Paten geeignet ist?
- Ist der Pate zeitlich in der Lage, die Aufgabe zu erfüllen?
- Ist mit dem Paten abgesprochen, welche Arbeiten er zurückstellen kann?
- Ist der Pate geeignet und akzeptiert er den jüngeren Mitarbeiter?
- Sind dem Paten die geschriebenen und ungeschriebenen Gesetze des Unternehmens genau bekannt?
- Kennt er sich im Betrieb genug aus?
- Weiß er um die arbeitsschutzrechtlichen Richtlinien des Unternehmens?
- Kennt er die Arbeitsbedingungen des neuen Mitarbeiters?
- Besitzt er die soziale Kompetenz im Umgang mit dem neuen Mitarbeiter?
- Besitzt er die notwendige Emotionale Intelligenz für seine Aufgabe?
- Ist der Pate sich seiner Rolle als Vorbild bewußt?
- Sind die Kompetenzen des Paten abgeklärt?
- Kann ich dazu beitragen, daß auch der Pate von seiner Aufgabe profitiert?
- Werden die Leistungen des Paten anerkannt?
- Wird der Pate durch seine Aufgabe neu motiviert?
- Besetze ich die Aufgabe des Paten regelmäßig mit einer anderen Person?

Pensionierung

- Haben wir in unserem Betrieb ein sorgfältig durchdachtes Verfahren, wie mit dem Thema Pensionierung/Verrentung/Übergang in den Ruhestand umgegangen wird?
- Kenne ich das »normale« Pensionierungs-Procedere in unserer Firma?
- Haben wir in der Unternehmensphilosophie eine Aussage zum Umgang mit älteren Mitarbeitern und zum Übergang in den Ruhestand verankert?
- Bezieht diese Aussage in der Unternehmensphilosophie auch die sozialen, menschlich-persönlichen Aspekte der Pensionierung ein?
- Ist mir der formale Ablauf transparent und vertraut?
- Habe ich eine fachkompetente Beratung, Begleitung und Bearbeitung durch die Personalabteilung?
- Kenne ich einen Mitarbeiter unseres Betriebes, der sich auf den Themenkomplex Pensionierung spezialisiert hat?

- Erfahren ältere Mitarbeiter generell in der Unternehmenskultur und im Arbeitsalltag angemessene Wertschätzung?
- Haben alle Mitarbeiter – insbesondere ältere Mitarbeiter – die vollständigen Informationen zu diesem Thema aus Geschäftsleitung, Personalabteilung vorliegen?
- Habe ich eine Strategie, wie ich mit dem Thema Pensionierung in meiner Abteilung, bei meinen Mitarbeitern umgehen will?
- Sind mir die Möglichkeiten für einen gleitenden Übergang aus der Arbeitszeit in den Ruhestand in meinem Unternehmen bekannt?
- Gibt es Anlässe und konkrete Fälle, die mich zum Nachdenken brachten, wie ich älteren Mitarbeitern helfen kann, die einen »Pensionierungsschock« haben?
- Kann ich älteren Mitarbeitern helfen, ihre individuellen optimalen Wege für ihre Pensionierung zu finden?
- Könnte ich ein Netzwerk für Pensionierungskandidaten in meinem Unternehmen ins Leben rufen?
- Könnte ich externe Unterstützung für die psychosoziale Betreuung der Mitarbeiter vor dem Ruhestand organisieren?
- Gebe ich den älteren Mitarbeitern in ausreichendem Maße das Gefühl, gebraucht zu werden?
- Kennt der ältere Mitarbeiter seine Wichtigkeit für das Unternehmen?
- Könnte ich ältere Mitarbeiter durch neue Aufgaben nochmals neu motivieren und herausfordern?
- Versuche ich in ausreichendem Maß, ältere Mitarbeiter vor zuviel Routinearbeiten zu schützen?
- Gibt es die Möglichkeit, ältere Mitarbeiter im Unternehmen bei der Übernahme von Patenschaften oder im Mentoring einzusetzen?
- Verspüre ich aufrichtigen Respekt für die Leistungen älterer Mitarbeiter?
- Habe ich älteren Mitarbeitern schon für ihre langjährige Tätigkeit gedankt?
- Anerkenne ich die älteren Mitarbeiter für ihre Leistungen?
- Könnte ich pensionierte Mitarbeiter zeitweise sinnvoll und sozial in das Unternehmen einbinden?
- Pflege ich auch nach der Pensionierung noch Kontakt zu den ehemaligen Mitarbeitern und lade sie zu Events oder Jubiläen ein?
- Wäre Jobsharing zwischen älteren und jüngeren Mitarbeitern denkbar?

Personalauswahl

Personalsuche

- Gibt es eine klare Stellenbeschreibung?
- Liegt ein klares Anforderungsprofil für den potentiellen neuen Mitarbeiter vor?
- Ist der Personalbedarf genau analysiert?
- Ist den Kollegen klar, daß der neue Mitarbeiter zur Optimierung der Arbeiten der gesamten Abteilung kommt?
- Sind interne Bewerber auf diese Position bekannt?
- Paßt die Stellenausschreibung in die Organisationsstruktur und in die Organisationsentwicklung?
- Ist definiert, ab wann der neue Mitarbeiter gebraucht wird?
- Wurde eine entsprechende Zeitplanung in bezug auf Ausschreibung, Vorstellungsgespräche, Auswahl, endgültige Entscheidung, Arbeitsbeginn und Einarbeitung vollzogen?
- Sind alle am Auswahlverfahren beteiligten Mitarbeiter in die Zeitplanung einbezogen und informiert?
- Ist entschieden, daß der Mitarbeiter von außen kommen soll und die Stelle nicht durch eine interne Ausschreibung besetzt werden soll?
- Herrscht bei allen Mitarbeitern der betroffenen Abteilung Akzeptanz darüber, daß die neue Stelle besetzt wird?
- Ist entschieden, ob der neue Mitarbeiter über Stellenanzeigen, Headhunter oder über persönliche Kontakte gesucht wird?
- Ist der Anzeigentext mit den verantwortlichen und betroffenen Mitarbeitern abgesprochen?
- Entsprechen Text, Gestaltung und Schaltung der Personalsuchanzeige den Anforderungen des Unternehmens und der Zielgruppe der potentiellen Bewerber?
- Ist definiert, wer die eingehenden Bewerbungen sammelt, sichtet und bewertet?
- Ist geregelt, wer bei Anrufen Auskunft gibt und in welchem Maße Auskunft gegeben werden soll?
- Wurde ein Kriterienkatalog erstellt, mit dem die Bewerbungen gesichtet werden sollen?
- Herrscht Konsens bei allen Entscheidern über die Inhalte der Checkliste?
- Herrscht Einigkeit bei allen Entscheidern über die Anforderungen an die fachlichen und persönlichen Qualifikationen des Bewerbers?

Nach Eingang der Bewerbungsunterlagen

- Wurden die Bewerber über den Eingang ihrer Bewerbung informiert?
- Wurden die Bewerbungsunterlagen fair und gründlich – mit Hilfe der Stellenbeschreibung, des Anforderungsprofils und der Checkliste – ausgewertet?
- Wurde völlig ungeeigneten Bewerbern unverzüglich eine Absage geschickt?
- Geht die Einladung zum Vorstellungsgespräch/Assessment-Center rechtzeitig raus?

Einstellungsgespräch

- (eigene Checkliste)

Entscheidung

- Sind sich alle an der Auswahl beteiligten Personen über die Eignung eines Kandidaten einig?
- Wurde dem gewünschten neuen Mitarbeiter rechtzeitig zugesagt?
- Hat der gewünschte neue Mitarbeiter seinerseits dem Betrieb zugesagt?
- Ist der Arbeitsvertrag ausgearbeitet und verschickt?
- Ist der Anstellungsvertrag von beiden Seiten unterschrieben?
- Wurden alle Mitbewerber unverzüglich über die Absage informiert?
- Sind alle Mitarbeiter über die Neueinstellung des Kollegen informiert?
- Sind Vorbereitungen zur Einarbeitung für den neuen Mitarbeiter getroffen?

Präsentation

Organisatorisches

- Wurden die Einladungen für die Präsentation mit Angaben zu Thema, Termin, Uhrzeit, Dauer, Ort sowie einer Wegbeschreibung rechtzeitig verschickt?
- Ist der Termin für die Präsentation rechtzeitig festgelegt und bekannt gemacht worden?

- Ist die Teilnehmerliste vollständig?
- Liegt von allen Teilnehmern eine Zusage vor?
- Sind die benötigten Unterlagen wie Folien, Grafiken oder Redemanuskripte rechtzeitig fristgerecht – mit Pufferzeit – fertiggestellt?
- Ist der Raum gebucht?
- Sind die Konferenzgetränke organisiert?
- Wurde für die Pausen ein Buffet mit Obst, Keksen und Getränken rechtzeitig organisiert?
- Sind die notwendigen technischen Werkzeuge, wie Mikrophon, Overheadprojektor, Fernseher oder Videorecorder, vorhanden? Funktionieren diese Geräte auch?
- Ist die Projektion von überall erkennbar?
- Stehen die benötigten Hilfsmittel, wie Pinwand, Flip-Chart und Stifte, zur Verfügung?
- Habe ich mir die Räumlichkeiten selbst angesehen?
- Sind alle von mir benötigten technischen Hilfsmittel und Materialien vorhanden und funktionieren sie?
- Ist für Ersatzbirnen für den Overheadprojektor, ein Reserve-Videogerät etc. gesorgt?
- Habe ich das selbst überprüft?
- Sind die Präsentationsunterlagen, die den Teilnehmern ausgehändigt werden, fertiggestellt?
- Sind die Präsentationsunterlagen für die Teilnehmer in ausreichender Anzahl vorhanden?
- Habe ich mein Manuskript in zweifacher Ausfertigung dabei?
- Sind die Seitenzahlen durchnummeriert?
- Habe ich die zur Visualisierung der Präsentation vorbereiteten Materialien – wie Dias, Overheadfolien, Videofim oder Präsentationspappen – dabei?
- Sind die Visualisierungsinstrumente in der richtigen Reihenfolge sortiert?

Inhaltliches

- Habe ich das Kernthema der Präsentation klar – empfängerorientiert – formuliert?
- Ist mir der Unterschied zwischen Thema und Ziel meiner Präsentation bewußt?
- Weiß ich präzise, was ich mit meiner Präsentation erreichen möchte?

- Kennc ich die Zusammensetzung meines Publikums?
- Habe ich die Begrüßung entsprechend geplant und formuliert?
- Habe ich meine Präsentation auf die Zielgruppe ausgerichtet?
- Ist die Argumentation logisch aufgebaut?
- Habe ich ausreichend darauf geachtet, meine Zuhörer zu fesseln?
- Verwende ich ausreichend Bilder und Metaphern in meinem Vortrag?
- Enthält der Hauptteil der Präsentation eine kurze Zusammenfassung der wesentlichen Punkte?
- Ist der Abschluß meiner Präsentation sorgfältig in Szene gesetzt?
- Habe ich mich sorgfältig auf mögliche Fragen und Gegenargumente vorbereitet?
- Fühle ich mich der anschließenden Diskussion gewachsen?
- Bin ich auf kritische Fragen eingestellt?
- Habe ich mir mein Verhalten und meine Argumente im schlimmstmöglichen Fall überlegt?
- Lasse ich genug Zeit, Charts und Dias zu lesen, bevor ich weiterspreche?

Probezeit

Arbeitsplatzvorbereitung

- Stehen Schreibtisch, Schreibutensilien, Bürostuhl, Garderobe zur Verfügung?
- Ist ein Namensschild an der Tür?
- Ist der Empfang informiert?
- Sind Blumen besorgt?
- Habe ich mir einen Gesprächstermin am ersten Arbeitstag freigehalten?
- Bin ich auf das Gespräch mit dem neuen Mitarbeiter vorbereitet?
- Habe ich eine Einführungsbroschüre oder Hausordnung besorgt?
- Bin ich bereit und darauf eingestellt, nach Problemen zu fragen und Hilfe anzubieten, beispielsweise bei der Zimmersuche?

Abklärung der Arbeit

- Habe ich die Kollegen des neuen Mitarbeiters informiert?
- Habe ich die Paten ausgewählt und informiert?

- Habe ich den Mitarbeiter über das Arbeitsgebiet und über herausragende Projekte aufgeklärt?
- Weiß der Mitarbeiter über sein Arbeitsgebiet und die Kompetenzen für die erste Zeit Bescheid?
- Habe ich den Mitarbeiter über die Arbeitszeit und andere Regelungen informiert?
- Habe ich dem Mitarbeiter das nötige Informationsmaterial übergeben?

Die ersten Tage am Arbeitsplatz

- Habe ich den neuen Mitarbeiter dem Paten vorgestellt und umgekehrt?
- Habe ich den neuen Mitarbeiter über das Betreuungsprogramm informiert?
- Habe ich den neuen Mitarbeiter seinen Kollegen und Mitarbeitern vorgestellt?
- Ist ein Pate vorhanden oder muß ich folgende Aufgaben selbst übernehmen?
- War ich mit dem neuen Mitarbeiter beim Essen, habe ich ihm die Kantine gezeigt?
- Habe ich ihm wichtige Ansprechpartner, wie Werksschutz, Telefonzentrale oder Betriebsarzt, genannt oder gezeigt?
- Habe ich dem neuen Mitarbeiter die örtlichen Gegebenheiten, wie Parkplatz, Stempeluhr, sanitäre Anlagen, Kopierer, Fax, Pausenraum und Notausgänge, gezeigt?

Während der Probezeit

Jeweils nach zwei, acht und zwanzig Wochen:
- Habe ich ein Integrationsgespräch mit dem Mitarbeiter geführt?
- Habe ich ein Kontaktgespräch mit dem Vorgesetzten geführt?
- Habe ich vor Ende der Probezeit alle erreichbaren Informationen gesammelt, um zu entscheiden, ob der Mitarbeiter übernommen werden soll oder nicht?

Stellenbeschreibung

- Ist mir die genaue Stellenbezeichnung bekannt?
- Gibt es eine firmeninterne Verwaltungsbezeichnung, z. B. eine Stellennummer?
- Ist das Ressort für die Stellenbeschreibung klar?
- Ist klar, für welche Abteilung die Stellenbeschreibung ist?
- Sind von anderen Stellen oder anderen Abteilungen zusätzliche Weisungen für diesen Mitarbeiter in dieser Position möglich?
- Ist mir der Name des direkten Vorgesetzten bekannt?
- Kenne ich die nachgeordneten Stellen?
- Ist mir bekannt, an wen die Weisungen des Stelleninhabers gehen?
- Kenne ich den Vertreter des Stelleninhabers?
- Weiß ich, wen der Stelleninhaber vertritt?
- Sind mir die Zielsetzungen der Stelle bekannt?
- Kenne ich die Aufgaben, Rechte und Pflichten des Stelleninhabers?
- Gibt es irgendwelche Sonderaufgaben des Stelleninhabers?
- Hat der Stelleninhaber spezielle Vollmachten?
- Weiß ich, wann die Stellenbeschreibung erstellt wurde?
- Ist geklärt, wann die nächste Überarbeitung der Stellenbeschreibung stattfindet?
- Ist bekannt, wer die Stellenbeschreibung erstellt hat?

Teamarbeit

Vorbereitung der Teamarbeit

- Ist die Aufgabe dazu geeignet, von einem Team erledigt zu werden?
- Weiß ich, welche verschiedenen Aufgabenbereiche die Teammitglieder abdecken müssen?
- Ist mir bewußt, daß die Teammitglieder auch ergänzende charakterliche Eigenschaften haben müssen?

Zu Beginn der Teamarbeit

- Berücksichtige ich bei der Zusammenstellung des Teams auch, ob die einzelnen Mitglieder sich überhaupt für Teamarbeit eignen?
- Habe ich dem Team die nötigen Kompetenzen eingeräumt?
- Gibt es ausreichende Freiräume und regelmäßige Maßnahmen zur Teamentwicklung?
- Deckt die Summe der versammelten Einzelkompetenzen auch die allgemeinen Anforderungen ab?
- Ist das gemeinsame Ziel der Arbeit genau festgelegt worden?
- Ist für diese Art der Arbeit ein Teamleiter notwendig?
- Ist die Funktion des Teamleiters geklärt?
- Habe ich einen Teamleiter ernannt?
- Gibt es für die Teamleiterstelle ein Rotationsverfahren? Wechselt die Führung ab?
- Hat der Teamleiter die notwendigen Eigenschaften und Kompetenzen?

Teamentwicklung

Emotionale Intelligenz des einzelnen

- Kann ich mich in die Lage anderer Menschen hineinversetzen?
- Suche ich eher Gemeinsamkeiten in der Zusammenarbeit?
- Gebe ich genug Anerkennung?
- Pflege ich eine konstruktive Streitkultur, die Lösungen sucht, anstatt sich in Schuldzuweisungen und Rechthabereien aufzureiben?
- Vermeide ich internen Wettbewerb?
- Zeige ich Lernbereitschaft?
- Drücke ich ehrlich, ohne politische Absichten, meine Meinung aus?

Umgang miteinander

- Gehen wir humorvoll miteinander um?
- Steht Fairneß im Vordergrund?
- Können wir uns gegenseitig vertrauen?
- Stehen gemeinsame Interessen vor eigenen Interessen?

- Bleibt der Blick auf das gemeinsame Ziel erhalten?
- Wird das Team von Leistungsbereitschaft getragen?
- Wird Cliquenbildung im Team ausgeschaltet?
- Werden die Ziele kooperativ erarbeitet?
- Sind allen im Team die Ziele klar?
- Richtet sich die Energie des Teams auf die Lösung von Problemen?
- Sind alle Teammitglieder gleichberechtigt?
- Kommen in Kreativphasen alle zu Wort?
- Wird auch offen über Gruppengefühle kommuniziert?
- Übernimmt das ganze Team die Verantwortung für Erfolg und Mißerfolg?
- Arbeitet das Team konzentriert?
- Steht das Ergebnis im Vordergrund?
- Wird Information als Arbeitsmittel und nicht als Machtfaktor betrachtet?
- Wird ausreichend Zeit für Entscheidungen eingesetzt?

Eigener und fremder Standpunkt

- Kommuniziere ich meine eigene Meinung deutlich?
- Erkläre ich auch, wie ich zu dieser Meinung gelangt bin?
- Zeige ich, auf welchen Daten mein Urteil basiert?
- Ermutige ich Kollegen und Mitarbeiter dazu, meine Ansicht zu hinterfragen und nach Lücken in meiner Argumentation zu suchen?
- Reagiere ich positiv auf abweichende Ansichten? Interessiere ich mich für Einwände und andere Schlußfolgerungen?
- Setze ich mich mit den Ansichten anderer aktiv auseinander?
- Habe ich geprüft, daß ich keine wichtigen Fakten übersehen habe bei meiner Urteilsbildung?
- Weiß mein Gegenüber, worauf meine Annahmen beruhen? Und weiß er vor allem, daß es sich dabei um Annahmen handelt?
- Gewähre ich Einblick in meine Informationsquellen?
- Stelle ich auch wirklich nur dann Fragen, wenn ich tatsächlich an etwas interessiert bin?
- Habe ich den Mut, mir einzugestehen, welche Schwierigkeiten ich damit habe, die eigene Meinung zu äußern? Ermutige ich auch die anderen, dieser Frage nachzugehen?
- Bin ich dazu bereit, gemeinsam mit den anderen Beteiligten Methoden zur Überwindung der Hindernisse zu entwickeln, wenn der Wunsch nach mehr Offenheit besteht?

Entwicklung während der Teamarbeit

- Habe ich an ausreichende Weiterbildungsmaßnahmen für einzelne wie auch für das gesamte Team gedacht?
- Muß ich Maßnahmen zur Verbesserung der Organisation ergreifen?
- Weiß jeder um seinen Verantwortungsbereich und nimmt ihn auch entsprechend wahr?
- Gibt es innerhalb des Teams Rollenerwartungen?
- Gibt es Zeit und Raum dafür, gruppendynamische Prozesse zu berücksichtigen?
- Beachte ich in genügender Weise die Entwicklung des Verhältnisses des Teams zum Gesamtunternehmen?
- Nehme ich die Teammitglieder noch in gebührender Weise als Einzelpersonen wahr?
- Kann ich für jedes Teammitglied einen geeigneten Arbeitsplatz finden?
- Sind aus der Auflösung des Teams Aufgabenstellungen entstanden, die ich regeln muß?

Training

Grundsätzliches

- Ist ein Trainingsbedarf offensichtlich?
- Wird der Trainingsbedarf regelmäßig untersucht, oder liegt bereits eine Bedarfsanalyse vor?
- Werden alle Mitarbeiter bei der Bedarfsanalyse berücksichtigt?
- Formulieren Mitarbeiter Trainingsbedarf?
- Gibt es bestehende Vereinbarungen zur Mitarbeiterentwicklung?
- Habe ich mich über das interne Trainingsangebot informiert?
- Weiß ich über den Trainingsmarkt Bescheid?
- Sind mir die Vor- und Nachteile von internen und externen Seminaren bewußt?
- Weiß ich, welche Art von Training ich bei welcher Schulungsaufgabe auswähle?
- Bin ich mir sicher in der Wahl des Trainings für die gewünschte Zielsetzung?
- Sind die Ziele des Trainings prägnant und transparent formuliert?

- Entsende ich meinen Mitarbeiter auf ein Seminar, das am freien Markt angeboten wird?
- Beauftrage ich einen Trainer damit, ein speziell auf die Bedürfnisse meines Unternehmens, meiner Mitarbeiter oder meiner Abteilung zugeschnittenes Seminar zu entwickeln?
- Ist das Zeitbudget für das Training festgelegt?
- Ist der Mitarbeiter mit dem von mir angeregten Training einverstanden?
- Wird zwischen den Trainingsinhalten und den Motiven der Teilnehmer eine sinnvolle Beziehung erstellt?
- Habe ich den Trainer präzise und umfangreich informiert?
- Habe ich das Gefühl, daß der Trainer mein Anliegen verstanden hat und adäquat in die Schulungsinhalte, -methoden und -vorgehensweisen umgesetzt hat?
- Berücksichtigt der Trainer bei der Wahl der Trainingsinhalte und der Trainingsmethodik die individuellen Unterschiede der Trainingsteilnehmer (z. B. Lernverhalten, Wahrnehmungstypen, Ausbildungsniveau)?
- Habe ich eine Erfolgskontrolle mit dem Trainer vereinbart?
- Vermittelt das Seminar die Lerninhalte konzentriert und in kurzer Zeit?
- Liegt der Schwerpunkt des Trainings auf der Vermittlung von Fakten?
- Sind viele Übungsphasen in das Seminar integriert?
- Wird mit praktischen Übungen aus dem realen Arbeitsalltag gelernt?
- Sind die Kollegen über die Abwesenheit des Mitarbeiters informiert?
- Wurde organisiert, wer die anfallenden Arbeiten des abwesenden Mitarbeiters während der Trainingszeit erledigt?
- Ist sichergestellt, daß der Mitarbeiter während des Seminars nicht gestört wird?
- Akzeptiere ich als Führungskraft, daß ich während des Trainings keinen Zugriff auf die Mitarbeiter habe?

Nachbereitung

- War der Mitarbeiter mit dem Training zufrieden (Ziele, Form, Inhalt, Dauer, Trainer)?
- Berichtet der Mitarbeiter motiviert und engagiert von dem Training?
- Benennt der Mitarbeiter von sich aus Themen oder Techniken, die er im Training gelernt hat?
- Findet eine Lern- und Erfolgskontrolle statt?
- Werden die Lerninhalte in den Arbeitsalltag integriert?

- Motiviert der Mitarbeiter seine Kollegen, z. B. ein Verkaufsgespräch so zu führen, wie er es gerade im Training gelernt hat?
- Ist gesichert, daß der Mitarbeiter Gelegenheit hat, das Neuerlernte in der Praxis zu üben und umzusetzen?
- Praktiziert der Mitarbeiter neu gelernte Verhaltensweisen?
- Gibt der Mitarbeiter seinen Kollegen Tips, wie sie eine Arbeit machen können?
- Gibt es Gelegenheiten, in denen Konflikte bearbeitet und beseitigt werden können, die sich aus dem Widerspruch zwischen neu erlernten Verhaltensweisen und bestehenden Einstellungen und Gewohnheiten ergeben?
- Ist im Seminarkonzept durch den Trainer dafür gesorgt, daß die Schulungsteilnehmer ihre Lernerfolge später weiter optimieren können?
- Nutze ich Seminare gezielt zur Mitarbeiterentwicklung und Qualifizierung meines Teams?
- Finden regelmäßig Trainings für meine Mitarbeiter statt?
- Plane ich die Weiterbildung meiner Mitarbeiter systematisch?
- Sind Seminarbesuchrückmeldung und Trainingswünsche fester Bestandteil der Jahresgespräche mit meinen Mitarbeitern?
- Biete ich die Teilnahme an Seminaren als Anerkennung für besondere Leistungen an?
- Integriere ich Trainings in die Karriereplanung meiner Mitarbeiter?
- Ist sichergestellt; daß Trainings nicht zum Selbstzweck verkommen oder von den Mitarbeitern gar als Strafe betrachtet werden?
- Bilde ich mich selbst weiter?

Visualisierung

Planung einer Visualisierung

- Kann ich den betreffenden Sachverhalt überhaupt visualisieren?
- Ist es sinnvoll, ihn zu visualisieren?
- Ist mir klar, was genau ich verdeutlichen will?
- Weiß ich, welches Medium sich für diese spezielle Aufgabe am besten eignet?
- Kann ich durch das Visualisieren überhaupt eine Vereinfachung oder Verdeutlichung des Sachverhaltes erreichen?
- Ist die Art der Visualisierung (etwa Flipchart, Video oder Overheadpro-

jektor) der Situationsart (Besprechung, Training oder Präsentation) angepaßt?
- Gibt es Hilfsmittel (z. B. Computerprogramme), die ich für die Erstellung der Visualisierung benutzen kann?
- Gibt es formale Vorgaben, wie etwa Corporate Design, an die ich mich halten muß?
- Liegen die benötigten Hilfsmittel wie Stifte und Folien bereit?
- Ist ein geeigneter Raum vorhanden?
- Kann ich zum Beispiel den Raum für eine Projektion verdunkeln?
- Bin ich gut vorbereitet?

Ablauf einer Visualisierung

- Ist ein störungsfreies Arbeiten möglich?
- Kann ich mit der gewählten Darstellungsart überhaupt umgehen?
- Kann jeder der Anwesenden das Dargestellte gleich gut erkennen?
- Ist das Dargestellte für alle Anwesenden gleichermaßen verständlich?
- Ist das Niveau der Darstellung dem Stand der Anwesenden angepaßt?
- Entspricht die Art der Darstellung meinem eigenen Naturell?
- Habe ich die möglichen negativen Aspekte einer Visualisierung berücksichtigt?
- Achte ich darauf, daß einzelne Aspekte nicht zu sehr in den Vordergrund rücken?
- Gibt es Verständnisprobleme?
- Stimmt das Verhältnis von anvisiertem Effekt und der Zeit, die ich dafür aufwende?

Vorschlagswesen

- Gibt es ein institutionalisiertes innerbetriebliches Vorschlagswesen in meinem Unternehmen?
- Gibt es eine zentrale Instanz, die sämtliche Vorschläge sammelt?
- Kenne ich die Regeln und Kriterien?
- Wird das innerbetriebliche Vorschlagswesen stark genutzt?
- Kenne ich die Zuständigkeiten und die Verantwortlichen?
- Werden innerbetriebliche Verbesserungsvorschläge von Mitarbeitern gemacht?

- Ist die Unternehmenskultur so, daß das Unternehmen wirklich offen für Verbesserungsvorschläge aus den Reihen der Mitarbeiter ist?
- Wird im Unternehmen regelmäßig über realisierte Verbesserungen geredet?
- Ist die Informationspolitk rund um das Vorschlagswesen angemessen?
- Kenne ich Betriebsoptimierungen, die auf Verbesserungsvorschlägen von Mitarbeitern beruhen?
- Bin ich auch offen für Verbesserungsvorschläge, wenn sie meine Ideen in Frage stellen?
- Fordere ich die Mitarbeiter aktiv zur permanenten Verbesserung auf?
- Habe ich selbst Ideen, was zu optimieren sei?
- Wissen alle Mitarbeiter, daß innerbetriebliche Verbesserungsvorschläge erwünscht sind?
- Wird jeder Mitarbeiter sofort benachrichtigt, wenn sein Vorschlag eingegangen ist?
- Nehme ich auch – nicht über den offiziellen Weg – geäußerte Verbesserungsvorschläge wahr?
- Bin ich sensibel für unauffällig und beiläufig geäußerte Vorschläge der Mitarbeiter zur Verbesserung?
- Gibt es eine unabhängige Jury, die sämtliche Vorschläge begutachtet und bewertet?
- Trifft sich die Jury regelmäßig zu einer Auswertung der Vorschläge?
- Kann man die Vorschläge sowohl schriftlich wie mündlich und ohne großen bürokratischen Aufwand äußern?
- Werden garantiert alle Vorschläge aufgenommen, anerkannt und ausgewertet?
- Gibt es grundsätzlich positives Feedback auf die Vorschläge?
- Erscheint mir das Belohnungssystem für die Vorschläge gerecht?
- Nehme ich die in Vorschlägen enthaltene Kritik an, selbst wenn der Verbesserungsvorschlag nicht geeignet ist?
- Suche ich – angeregt durch die eingereichten Verbesserungsideen – nach weiteren Verbesserungsvorschlägen für dieselben Problemstellungen?
- Sorgt jemand dafür, daß die Vorschläge wirklich umgesetzt werden?
- Wird der Mitarbeiter auch informiert, wenn sein Vorschlag nicht angenommen wird?
- Werden auch die Gründe für die Ablehnung mitgeteilt?
- Fließen die Anregungen zur Verbesserung in das Qualitätssicherungsmanagement der Firma ein?
- Motiviere ich insbesondere die Auszubildenden, sich Gedanken über innerbetriebliche Verbesserungen zu machen?

- Informiere ich neue Mitarbeiter bei der Einarbeitung und rege sie an, besonders aufmerksam für innerbetriebliche Verbesserungsmöglichkeiten zu sein?

Wiederkehrergespräch

Vorbereitung eines Wiederkehrergespräches

- Kenne ich die Ursache für das Fehlen oder die Krankheit meines Mitarbeiters?
- Weiß ich Bescheid über die Dauer seiner Abwesenheit?
- Bin ich offen und ehrlich interessiert daran, daß es dem Mitarbeiter gut geht, und freue ich mich, daß er wieder im Betrieb ist?
- Habe ich die Dauer des Gespräches festgelegt und in meinen Tagesablauf eingeplant?
- Ist der Raum für das Gespräch organisiert?
- Habe ich mögliche Störungen ausgeschlossen?
- Weiß die Sekretärin Bescheid, daß keine Anrufe durchgestellt werden, und wissen die Kollegen, daß ich in einer Besprechung bin?

Ablauf eines Wiederkehrergespräches

- Beginne ich das Gespräch, indem ich eine entspannte Atmosphäre schaffe?
- Höre ich aktiv zu und achte besonders auf versteckte Signale des Mitarbeiters?
- Denke ich daran, den Zeitrahmen für das Gespräch darzulegen?
- Frage ich nach dem jetzigen Befinden des Mitarbeiters?
- Vermeide ich es unbedingt, nach der genauen Krankheit zu fragen?
- Bringe ich meine Freude darüber, daß es dem Mitarbeiter wieder gut geht, deutlich genug zum Ausdruck?
- Signalisiere ich Offenheit und Interesse?
- Frage ich danach, ob die Krankheit des Mitarbeiters in Zusammenhang mit betrieblichen Dingen, wie Arbeitsplatzausstattung oder schlechtem Betriebsklima, stehen könnte?
- Verspürt der Mitarbeiter besondere Belastungen bei seiner Arbeit, wie Streß oder Versagensängste?

- Kann ich etwas im Betrieb ändern, um damit zur Entlastung des Mitarbeiters beizutragen?
- Kann ich die Arbeitszeiten oder Arbeitsverteilung ändern oder durch Weiterbildungsmaßnahmen und Trainings eine Verbesserung schaffen?
- Kann ich gemeinsam mit dem Mitarbeiter Verbesserungsvorschläge diskutieren und konkrete Maßnahmen festlegen, damit mögliche Krankheitsursachen ausgeschaltet werden?
- Danke ich dem Mitarbeiter für seine Offenheit und Kooperation?
- Denke ich daran, den Mitarbeiter darüber ins Bild zu setzen, was während seiner Abwesenheit passiert ist?
- Gebe ich dem Mitarbeiter einen Überblick über aktuell anliegende Projekte und Tätigkeiten in seinem Bereich?
- Teile ich dem Mitarbeiter mit, wie während seiner Abwesenheit sein Arbeitsausfall bewältigt wurde und durch wen?
- Besprechen wir, welcher Kollege ihm bei seiner Einarbeitung hilft?
- Denke ich daran, pünktlich aufzuhören?

Nachbereitung eines Wiederkehrergespräches

- Ist es sinnvoll, ein Gesprächsprotokoll oder eine Aktennotiz zu erstellen?
- Lege ich die Anregungen des Mitarbeiters zur Optimierung der Arbeitsplatzsituation schriftlich nieder?
- Ist mit dem Mitarbeiter geklärt, daß ich ein »Optimierungs-Protokoll« verfasse?
- Leite ich Maßnahmen zur Verbesserung der Situation am Arbeitsplatz, in meiner Abteilung oder im Betrieb zügig ein?
- Kontrolliere ich, ob die vereinbarten Änderungen oder Verbesserungen auch tatsächlich in die Praxis umgesetzt werden?
- Bewahre ich die nötige Sensibilität für das besprochene Thema auch lange genug, selbst in der hektischen Alltagsarbeit?

Workshop

Vorbereitung eines Workshops

- Ist ein Workshop die geeignete Form, um dieses Thema zu bearbeiten?
- Gibt es Anlaß für einen Workshop?

- Ist klar, wer an dem Workshop teilnehmen soll?
- Ist ein Zeitbudget für den Workshop definiert?
- Sind alle Teilnehmer über den Termin des Workshops informiert?
- Gibt es einen Moderator für den Workshop?
- Sind die Ziele des Workshops klar und offen definiert?
- Ist der Raum für einen Workshop geeignet?
- Stehen alle Hilfsmittel, wie Flipchart oder Stifte, für den Workshop zur Verfügung?

Ablauf eines Workshops

- Kennen sich alle Teilnehmer?
- Ist jeder Teilnehmer einmal kurz zu Wort gekommen?
- Sind alle Teilnehmer im gleichen Maße über das Thema informiert?
- Hat der Moderator die Ziele und den Ablauf des Workshops deutlich vorgestellt?
- Sind alle Teilnehmer motiviert, das definierte Ziel zu erreichen?
- Wurde ein Protokollführer bestimmt?
- Kommen alle Teilnehmer zu Wort?
- Sorgt der Moderator für die nötige Steuerung?
- Werden alle Beiträge respektiert und für die weitere Arbeit festgehalten?
- Werden alle Beiträge offen und sachlich diskutiert?
- Werden die wichtigsten Facetten für alle Teilnehmer sichtbar visualisiert?
- Wird eventuell in Kleingruppen intensiver diskutiert?

Am Ende des Workshops

- Wurden alle Diskussionsbeiträge dem Plenum präsentiert?
- Wurden die Ergebnisse der Kleingruppenarbeit zusammengetragen?
- Sind alle Ergebnisse schriftlich fixiert?
- Ist eine Bewertung der Ergebnisse erfolgt?
- Wurden alle Ergänzungen, Einwände und offenen Fragen festgehalten?
- Ist das Ergebnis konkret genug für einen genauen Maßnahmenkatalog?
- Wurde in einer Schlußrunde der Workshop von jedem Teilnehmer einzeln abschließend bewertet?

Zeitmanagement

Persönliche Zeitplanung

- Halte ich meine Termine ein?
- Bin ich immer auf dem laufenden mit der Erledigung meiner Arbeiten?
- Erledige ich meine Aufgaben sofort und vollständig?
- Fühle ich mich häufig unter Zeitdruck?
- Muß ich Termine oft verschieben?
- Komme ich oft zu spät?
- Habe ich eine realistische Einschätzung meiner Termine?
- Treffe ich eine bewußte und kritische Auswahl hinsichtlich von Informationen, Daten, Medien etc.?
- Schränke ich meine Beschäftigung mit Informationen, Daten, Medien etc. wirklich auf das notwendige Maß ein?
- Habe ich für meine Korrespondenz, E-mails etc. feste Zeiten eingeplant, in denen ich sie lese und gleich bearbeite?
- Habe ich Routinearbeiten gebündelt, erledige ich beispielsweise in einem Block die Korrespondenz mit Kunden, dann alle Rechnungen?
- Habe ich meine ständig wiederkehrenden Tätigkeiten, wie Telefonate, so organisiert, daß ich feste Zeiten habe, in denen ich sie erledige?
- Plane ich in Zeitblöcken, z. B. Telefonieren, Gespräche, Korrespondenz?
- Habe ich meine unterschiedlichen Aufgaben so angelegt, daß sie der Länge meiner Leistungs- und Konzentrationsfähigkeit entsprechen, also etwa neunzig Minuten nicht überschreiten?
- Habe ich mir jeden Tag Zeitpuffer für unvorhersehbare Aufgaben eingeplant und freigehalten?
- Werte ich die in dieser Reservezeit anfallenden Tätigkeiten aus und erkenne wiederkehrende Muster und Aktivitäten, die ich ab sofort einplanen kann, da sie regelmäßig auftauchen?
- Bin ich zufrieden mit meiner Zeiteinteilung?
- Wünsche ich mir mehr Zeit für anspruchsvolle Tätigkeiten?
- Habe ich den Anteil an Routinearbeiten und den Anteil an eher inhaltlicher Arbeit in letzter Zeit überprüft?
- Stimmen die aktuelle Wirklichkeit und meine Stellenbeschreibung noch überein?
- Kann ich anhand meiner persönlichen Zeitplanung und der Auswertung meiner Pläne Anregungen erhalten, meine Arbeitstage anders, optimaler zu strukturieren?

- Erhalte ich aus der Auswertung meiner Arbeits- und Zeitdokumentation Aufschluß über Arbeiten, die ich delegieren kann?

Zeitplanung in bezug auf die Mitarbeiter

- Liegen mir die Projekt- und Zeitpläne der laufenden Aufgaben in meiner Abteilung vor?
- Kenne ich die Zeitplanung meiner Mitarbeiter?
- Respektiere ich die Zeitplanung des anderen?
- Habe ich meine Mitarbeiter klar und umfassend über das Zeitbudget für die abzuwickelnden Projekte und Aufgaben informiert?
- Habe ich meinen Mitarbeitern die zur zeitgemäßen, zügigen Erledigung ihrer Arbeiten nötigen Informationen gegeben?
- Habe ich wöchentliche Termine für Mitarbeitergespräche zu festen Zeiten eingeplant?
- Gibt es in meiner Gruppe oder in meinem Bereich einen Time-Manager, der auf die Einhaltung der anvisierten Zeiten achtet?
- Ist sichergestellt, daß alle Mitarbeiter umgehend Terminverschiebungen, Zeitverzögerungen diesem verantwortlichen Time-Manager mitteilen?
- Habe ich meine Zeitplanung mit dem Zeitplan der Projektgruppe zur Erarbeitung des gemeinsamen Zieles koordiniert?
- Sind die Termine im Team immer abgestimmt und aktuell?
- Haben wir feste Besprechungstermine und Routine-Treffen institutionalisiert?
- Achte ich darauf, daß auch die Mitarbeiter Pufferzeiten in ihren täglichen Arbeitsplan einbauen?
- Sorge ich dafür, daß in die Planung von Projekten immer Pufferzeiten einkalkuliert werden?

Zeitplanung in bezug auf Besprechungen/Moderation

- Sind die zeitlichen Rahmenbedingungen definiert und von allen Teilnehmern akzeptiert?
- Wurde ein Zeitlimit für die Diskussion und Bearbeitung der einzelnen Tagesordnungspunkte vereinbart?
- Ist diese Zeit-Vereinbarung während des Meetings für jeden klar ersichtlich, und wird sie z. B. auf einem Flipchart festgehalten?

- Werden diese gemeinsamen Zeitvorgaben später überprüft, um eine Optimierung der Einschätzungsfähigkeit zu gewährleisten?
- Sind Zwischenziele und/oder Zeitlimits vereinbart, um die Erreichung von Zielvorgaben zu überprüfen und die Einhaltung des geplanten zeitlichen Ablaufs zu kontrollieren?
- Stelle ich sicher, daß der Zeitplan bei Bedarf aktualisiert oder verändert wird?
- Achte ich auf die Einhaltung des vereinbarten Zeitrahmens?
- Behalte ich im Blick, daß der festgelegte Zeitrahmen seinen Zweck erfüllt, aber nicht entscheidende Verhandlungsphasen oder die Kreativität der Gruppe behindert?
- Ist der Zeitplan an den Bedürfnissen der Teilnehmer ausgerichtet?

Zielsetzung

Grundlegendes zur Zielformulierung

- Kann das Ziel in meßbaren Größen wie Menge, Qualität oder Zeitdauer ausgedrückt werden?
- Wurden die Ziele präzise und positiv formuliert?
- Sind die angestrebten Ziele realistisch?
- Weiß ich, was ich brauche, um das Ziel zu erreichen?
- Wurden alle notwendigen Schritte festgelegt, die zur Erreichung des Zieles führen?

Ziele des Unternehmens, des Mitarbeiters

- Wurden die Mitarbeiter in die Erarbeitung und Definition der Unternehmens- bzw. Abteilungszielsetzung einbezogen?
- Weiß jeder der Beteiligten genau, welcher Zustand anstatt des jetzigen erreicht werden soll?
- Erscheinen die Ziele den Mitarbeitern erreichbar?
- Habe ich sichergestellt, daß sich die Mitarbeiter für die angestrebten Ziele aus vollem Herzen begeistern?
- Stimmen die persönlichen und beruflichen Ziele der Mitarbeiter mit den Werten und Zielen der Organisation überein?

- Kennt jeder Mitarbeiter die übergeordneten Zielsetzungen für seine Tätigkeit?
- Weiß jeder Mitarbeiter, wozu das Ergebnis seiner Arbeit im Rahmen des gesamten Unternehmens dient?
- Ist jedem klar, was er selbst dazu beitragen kann, seine Ziele – beruflich und persönlich – zu erreichen?
- Kennt jeder Mitarbeiter die Ziele seines beruflichen Handelns?
- Wurden im Jahresgespräch die Teilziele und Aufgaben gemeinsam mit den Mitarbeitern festgelegt?
- Wurde das Leistungsvermögen des einzelnen Mitarbeiters bei der Zielsetzung berücksichtigt?
- Habe ich den Arbeitsablauf entsprechend organisiert?
- Entsprechen Anzahl, Bewertung und Besetzung der Arbeitsplätze dem Umfang und der Qualität der zu erfüllenden Aufgaben?
- Ist die Belastung der Mitarbeiter gleichgewichtig?
- Kann der Mitarbeiter soweit wie möglich selbst bestimmen, wie er seine Arbeitsziele erreicht?
- Ist Flexibilität gewährleistet? Kann auf Veränderungen der Rahmenbedingungen reagiert werden?
- Wurde eine Kontrolle der Ziele vereinbart?
- Anerkenne ich die zeitgenaue Erreichung von Zielen?
- Unterscheide und plane ich kurz-, mittel- und langfristige Ziele?
- Bin ich mit meiner Zielsetzung – persönlich und beruflich – zufrieden?
- Betrachte ich Ziele als eine Bündelung und Konzentration von Mitteln, Ressourcen, Kräften?
- Bin ich mir der Relevanz des Instrumentariums »Zielsetzung« als Führungsinstrument bewußt?
- Setze ich das Instrumentarium »Zielsetzung« auch zur Selbststeuerung ein?